本書出版得到國家古籍整理出版專項經費資助

新編諸子集成

呂氏春秋集釋

上

許維遹 撰
梁運華 整理

中華書局

圖書在版編目(CIP)數據

呂氏春秋集釋/許維遹撰. —北京：中華書局，2009. 9
(2025. 6 重印)
(新編諸子集成)
ISBN 978-7-101-06393-6

Ⅰ. 呂… Ⅱ. 許… Ⅲ. ①雜家②呂氏春秋-注釋
Ⅳ. B229. 2

中國版本圖書館 CIP 數據核字(2008)第 178563 號

責任編輯：張繼海
封面設計：周 玉
責任印製：陳麗娜

新編諸子集成
呂氏春秋集釋
(全二册)
許維遹 撰
梁運華 整理
*
中華書局出版發行
(北京市豐臺區太平橋西里 38 號 100073)
http://www.zhbc.com.cn
E-mail:zhbc@zhbc.com.cn
大廠回族自治縣彩虹印刷有限公司印刷
*
850×1168 毫米 1/32 · 23¾ 印張 · 4 插頁 · 560 千字
2009 年 9 月第 1 版 2025 年 6 月第 14 次印刷
印數：26201-27200 册 定價：98.00 元

ISBN 978-7-101-06393-6

新編諸子集成出版説明

子書是我國古籍的重要組成部分。最早的一批子書産生在春秋末到戰國時期的百家争鳴中，其中不少是我國古代思想文化的珍貴結晶。秦漢以後，還有不少思想家和學者寫過類似的著作，其中也不乏優秀的作品。

二十世紀五十年代，中華書局修訂重印了由原世界書局出版的諸子集成。這套叢書匯集了清代學者校勘、注釋子書的成果，較爲適合學術研究的需要。但其中未能包括近幾十年特别是一九四九年後一些學者整理子書的新成果，所收的子書種類不够多，斷句、排印尚有不少錯誤，爲此我們從一九八二年開始編輯出版新編諸子集成，至今已出滿四十種。

新編諸子集成所收子書與舊本諸子集成略同，是一般研究者經常要閲讀或查考的書。每一種都選擇到目前爲止較好的注釋本，有的書兼收數種各具優長的注本。出版以來，深受讀者歡迎，還有不少讀者提出意見建議，幫助我們修訂完善這套書，在此謹致謝忱。

本套書目前以平裝本行世，每種單獨定價。近期我們還將出版精裝合訂本，以滿足不同層次讀者的需求。

後續整理的重要子書，將納入新編諸子集成續編陸續刊出，敬請讀者關注。

中華書局編輯部

二〇一〇年一月

整理説明

許維遹先生經過約四年半(一九二八年六月——一九三三年正月)時間精心結撰的吕氏春秋集釋,於一九三五年由清華大學作爲清華大學古籍整理叢刊之一排印出版,一九五五年文學古籍刊行社、一九八五年中國書店曾予以影印再版。現中華書局擬將其收入新編諸子集成,約我依例點校,加工要點如下:

一、原書僅有斷句,今一律改爲新式標點,其中不同之處不再説明。

一、原書「依據畢刻」,故用諸子集成本復校。畢本所取「舊校」,實乃明宋邦乂等校本,故更校以四部叢刊本。其他引文亦予復核。凡有改動,一律出校説明。

一、全書編排順序一依舊貌,其内容不予增删。學識所限,錯誤難免,盼讀者指正。

梁運華　二〇〇八年十月

呂氏春秋集釋總目

孝行覽第二凡八篇卷第十四

慎大覽第三凡八篇卷第十五

先識覽第四凡八篇卷第十六

呂氏春秋集釋序

呂氏春秋爲我國最早之有形式系統之私人箸述。蓋自先秦貴族政治崩壞以後，雖百家並起，各有述作，然皆僅具篇章，未有如後世所有之整書也。若世所傳之墨子、莊子等整書，乃秦以後人所結集，非其本如此也。即此等整書，就形式系統上言，亦不過差優於後世人之文集。獨呂氏春秋乃依預定計畫寫成，有十二紀、八覽、六論，綱具目張，條分理順，此在當時，蓋爲創舉，所以書成之後，文信侯布之國門，以自矜誇也。惟其書成於衆手，各記所聞，形式上雖具系統，思想上不成一家。然此書不名曰「呂子」，而名曰呂氏春秋，蓋文信侯本自以其書爲史也。史記謂呂不韋以其書「爲備天地萬物古今之事，號曰呂氏春秋」，亦以爲呂不韋以其書爲史耳。史記十二諸侯年表敘以呂氏春秋與左氏春秋、虞氏春秋並列，是史公亦以此書爲史也。以此書爲史，則其所紀先哲遺説、古史舊聞，雖片言隻字，亦可珍貴。故此書雖非子部之要籍，而實乃史家之寶庫也。有清一代，學者整理古書，是正文字，成績之大，超越前古。畢沅既已採諸家之説，爲呂氏春秋新校正矣，然自畢氏迄今，已百餘年，中間學者對於呂氏春秋又多整理，惟各家所得，散在羣書，讀呂氏春秋者苦難利用。許駿齋先生乃遍搜衆説，參以己見，成呂氏春秋集釋，使後之讀此書者得不勞而盡食以前學者整理此書之果，其利物之功宏矣。誠文信侯之功臣，高誘、畢沅之畏友，而孫詒讓、王先謙諸人之勁敵也。謹序。

中華民國二十四年九月十六日，唐河馮友蘭。

呂氏春秋集釋序

許君駿齋校栞其所爲呂氏春秋集釋既成，徵序於余。余受而讀之，曰：嗚呼！周、秦之際，士之治方術者多矣。百家之學，衆技異説，各有所出，皆有所長，時有所用。雖然，陰陽、儒、法、刑、名、兵、農之於治道，辟猶橑之於蓋，輻之於輪也，皆有所明而不能相通，是故攬掇一迹之蹤，拘繫一隅之指，而自以爲獨擅天地之美，判析萬物之理，徧察古今之全，此諭於一曲而不通天地之情者也。後之學者不達天地之純，宇宙之總，各爲其所欲，以自爲方，百家衆説蠭起，而道術乃爲天下裂矣。呂不韋以仲父之尊，處相國之位，獨能明黄帝、伊尹之道，使其客人人著所聞，集論以爲呂氏春秋，斟酌陰陽、儒、法、刑、名、兵、農百家衆説，採擷其精英，捐棄其畛挈，一以道術之經紀條貫統御之，誠可謂懷囊天地，爲道關門者矣。漢代大師高誘尋繹此書，以爲大出諸子之右，復依師訓，爲之詁解，并舉音讀，其可寶貴，直與許洨長説文解字竝驅爭先。班固志藝文，列之雜家。夫雜者會也，蓋先以道德爲標的，既定綱紀品式，乃博採九流，罔羅百氏，納於檢格之中，實能綜合方術之長，以成道術，非徒以鈔内羣言爲務者也。後之鄙儒隘士既昧斯義，又薄不韋爲人，遂少爲呂覽者。

其不陵遲以盡者，不絕如綫耳。有清諸師推本經術、研討故訓之間，每多援據，頗有匡正，而整齊補藝者未易得也。許君青士之彥，博通經傳，尤精校勘訓詁之學，棲心墳典，篤好呂書，以十年之力，著爲集釋廿六卷。嗚呼！當此九服崩離、學術放絕之日，許君獨能取我先民之鴻寶，補苴諟正，理而董之，使復大顯於世，其發揚文化之功，豈不偉與！後之覽者，欽念哉，欽念哉！

中華民國二十有四年十月十八日，合肥劉文典。

又余所爲札記，駿齋既採入注矣。頃復過余寓齋，偶檢敝篋稿本眎之，與共商討。察今篇「口惛之命不愉」，余校云：「本書精諭篇：『口㖧不言，以精相告。紂雖多心，弗能知矣。』口惛，蓋周季恒言，惛、㖧音同字通。愉、諭形相近，又竝從俞得聲，古亦通用。『口㖧不言，以精相告』，故臣下不能諭其指也。」駿齋頗韙余說，而剞劂久成，不及增入，故附誌於此。同日文典記。

呂氏春秋集釋序

駿齋從余遊，治呂覽，以畢校簡略，因參閲羣書，搜輯舊説，精研博討，撰次集釋一十六卷，而請序於余。余舊有舉正，已散見於注中。嘗謂：「呂氏春秋一書，雖有錯簡，而今本目次不相紊也。十二紀初爲一部，蓋以秦勢彊大，行將一統，故不韋延集賓客，各據所聞，撰月令，闡圜道，證人事，載天地、陰陽、四時、日月、星辰、五行、禮義之屬，名曰春秋，欲以定天下，施政教，故以序意殿其後焉。八覽、六論自可別行。觀其覽首有始，論原開春，旨趣相同，何容重複？實以智略之士各有所輯，編者混而一之，遂沿用春秋之名，太史公序紀於末。」又曰：「不韋遷蜀，世傳呂覽。序於末者，意甚尊之，非謂其次第必如此也。稱呂覽者，則行文之便矣。不韋著書之旨，當在十二紀，則覽、論置前殿末，竝無不可，不得拘滯於馬遷之文也。」晚周殽亂，百家蠭起，往往託古以自重，今世傳本，多失其真。呂書所引，最可依據。上農、任地、辯土、審時四篇，馬宛斯以爲即漢志農家野老之言，雖非塙論，而書中蘊藏皆此類也。高誘，漢末大儒，經術深邃，讀音解誼，竝有師承。惜今本譌錯衍挩，迷其意旨。「鋗」誤爲「餲」，遂欲改移文注矣。「下」譌爲「至」，遂謂老子書名「上至經」矣。凡此之類，竝成大謬。駿齋分别斠注，其功匪細。若於校理之餘，仿賈、孔疏經之例，斟酌羣言，文注分釋，使先秦佚説觸類而推知，漢儒舊誼因此以徵彼，豈不善歟？駿齋其勉力爲之。

中華民國二十四年九月二十九日，鹽城孫人和。

吕氏春秋集釋自序

余爲吕氏春秋集釋二十六卷，起戊辰六月，至癸酉正月而殺青，爰序其首曰：夫吕覽之爲書，網羅精博，體製謹嚴，析成敗升降之數，備天地名物之文，總晚周諸子之精英，薈先秦百家之眇義，雖未必一字千金，要亦九流之喉襟，雜家之管鍵也。第自東京以降，脱誤漸多，屢經繕寫，校讐久廢。清儒治經，首以諟正文字爲事，旁及諸子，亦循此術。畢尚書秋帆廣採羣言，重付剞劂，補苴理董，功蓋前人。而篳路初開，榛蕪未剪，徵援雖廣，遺缺尚多。雖云據元本以下悉心校勘，而執編覆按，疏漏譌脱尚待刊正者猶數百事。且精槧如明張登雲、姜璧、李鳴春諸本，皆弇山所未及見。弇山以降百五十年，諸大師匡正寖多，考訂益富，惟簡編繁博，未有會歸。其他短書筆記，旁證遺聞，披沙揀金，取長舍短，雖通人其猶病諸，在初學更苦其蕪雜。是則狐白既集，成裘待人；和璞含光，敦琢斯貴矣。況夫孔、賈疏經，李氏注選，採華集萃，曲證旁求，雖有述事忘義之譏，實亦汲古考文之道。宋、元以來，踵注疏之風，遂多集注、集解、集傳、集釋之作。晚近學人，益相競尚，于是縱横四部，各有專書。採摭既多，檢尋俑便，其精者如孫仲容之詁墨子，劉先生之解淮南，衡量辨正，學者賴焉。余遠念前修，近承師教，于玩索之餘，輒自鈔纂，採真削繁，間附管見，依據畢刻，參伍別本，蓋于前人校讐訓詁之書，凡有發明，靡不甄録。其沿明、清人評點陋習及穿鑿附會者，輒加删正。更自旁涉典籍，以廣異聞，質正師友，俾就繩墨。其或稽疑莫解，則丘蓋不言。如謂載咸陽市門之金，補高氏古注之闕，則吾豈敢。

中華民國二十有二年八月二十九日，榮成許維遹。

呂氏春秋集釋引用諸書姓氏

黄　生著義府。

臧　琳著經義雜記。

徐文靖著竹書紀年統箋。

惠　棟著九經古義。

盧文弨著鍾山札記。

程瑶田著九穀考。

段玉裁著説文解字注。

桂　馥著札樸。

孫志祖有校説引見呂子校補。

邵晉涵著南江札記。

梁玉繩著呂子校補、呂子校續補。

蔡　雲著呂子校補獻疑。

諸以敦有校説引見呂子校續補。
陳昌齊著呂氏春秋正誤。
錢坫著説文解字斠詮、爾雅釋地四篇。
王念孫著讀書雜志呂氏春秋校本（即呂氏春秋雜志初稿依畢刻本）。
茆泮林著呂氏春秋補校。
汪中著舊學蓄疑、經義知新記。
武億著經讀考異。
洪亮吉著曉讀書齋雜録。
梁履繩有校説引見呂子校補。
李賡芸著炳燭編。
郝懿行著山海經箋疏、爾雅義疏。
牟庭著雪泥書屋雜志。
翟灝著四書考異。
江藩著爾雅小箋。
朱亦棟著羣書札記。

焦　循著易餘籥録、孟子正義。

王引之著經義述聞、經傳釋詞。

臧　庸著拜經日記。

許宗彦有校説引見吕子校續補。

嚴元照有校説引見吕子校續補。

陸繼輅著合肥學舍札記。

日本松皋圓著畢校吕氏春秋補正(鈔本)。

日本鹽田有校説引見上。

俞正燮著癸巳存稿、癸巳類稿。

凌　曙著羣書答問。

沈赤然著寄傲軒隨筆。

沈　濤著銅熨斗齋隨筆。

沈欽韓著左傳地名補注、左傳補注。

宋翔鳳著過庭録。

胡承珙著毛詩後箋。

王　筠著說文句讀。
朱駿聲著說文通訓定聲。
汪遠孫著國語發正。
張雲璈著四寸學。
張文虎著舒藝室隨筆。
徐　鼒著讀書雜釋。
沈　濂著懷小編。
左　暄著三餘偶筆。
王紹蘭著讀書雜記、說文段注訂補。
林昌彝著硯桂緒録。
陳　澧著聲律通考。
喬松年著蘿藦亭筆記。
蘇時學著爻山筆話。
徐時棟著煙嶼樓讀書志、煙嶼樓筆記。
吕調陽著吕氏春秋釋地。

孫鏘鳴著呂氏春秋高注補正。
蔣超伯著南漘楛語。
俞　樾著諸子平議、羣經平議。
阮惟和著小戴日記。
李慈銘著越縵堂日記。
吳汝綸著呂氏春秋點勘。
郭慶藩著莊子集釋。
孫詒讓著札迻、墨子間詁。
陶鴻慶著讀呂氏春秋札記（鈔本）。
王國維著觀堂集林。
劉咸炘著呂氏春秋發微。
劉師培著左盦集。
李寶泫著呂氏春秋高注補正。
章炳麟著劉子政左氏説、莊子解故、管子餘義、新方言。
吳闓生有校説引見呂氏春秋點勘。

馬叙倫著讀呂氏春秋記。

吴檢齋著呂覽舊注校理（稿本）、淮南舊注校理。

劉叔雅著三餘札記、淮南鴻烈集解、莊子補正。

孫蜀丞著呂氏春秋舉正（稿本）。

楊樹達有校説以函札商榷而得者。下同。

丁聲樹

楊德崇

呂氏春秋序

漢河東高誘撰〇梁玉繩曰：「誘，涿人。見水經易水注。當靈、獻之時，從仝縣盧植。建安十年，辟司空掾，除東郡濮陽令。十七年，遷監河東。見高氏淮南子序。（誘又有正孟章句。見玉海。）」

呂不韋者，濮陽人也。爲陽翟之富賈，家累千金。秦昭襄王者，孝公之曾孫，惠文王之孫，武烈王之子也。太子死，以庶子安國君柱爲太子。柱有子二十餘人，所幸妃號曰華陽夫人。華陽夫人無子。〇維遹案：「華陽夫人」原不重，據元至正嘉興本、許宗魯本、宋邦乂本、張登雲本、姜璧本增補。安國君庶子名楚，其母曰夏姬，不甚得幸，令楚質於趙。而不能顧質，數東攻趙。趙不禮楚。時不韋賈於邯鄲，見之，曰：「此奇貨也，不可失。」乃見楚曰：「吾能大子之門。」楚曰：「何不大君之門，乃大吾之門邪？」不韋曰：「子不知也，吾門待子門大而大之。」楚默幸之。不韋曰：「昭襄王老矣，而安國君爲太子。竊聞華陽夫人無子，能立適嗣者，獨華陽夫人耳。請以千金爲子西行，事安國君，令立子爲適嗣。」不韋乃以寶玩珍物獻華陽夫人，因言楚之賢，「以夫人爲天母，日夜涕泣，思夫人與太子」。夫人大喜，言於安國君，於是立楚爲適嗣，華陽夫人以爲己子，使不韋傅之。不韋取邯鄲姬，已有身。楚見説之，遂獻其姬。至楚所，生男，名之曰正，楚立之爲夫人。暨昭襄王薨，太子安國君立，○維遹案：「立」字許本、張本、姜本作「爲王」二字，史記本傳作「立爲王」。華陽夫人爲后，楚爲太子。安國君立一年薨，謚爲孝文王。太子楚立，是爲莊襄王，以不韋爲丞相，封爲文信侯，食河南雒陽十萬户。

莊襄王立三年而薨，太子正立，是爲秦始皇帝，尊不韋爲相國，號稱仲父。不韋乃集儒書，使著其所聞，○梁玉繩曰：「意林注作『儒士』，是也。『書』字譌。」○維遹案：「集儒書」御覽六百二引作「集諸儒」，禮記月令孔疏謂「集諸儒士」。爲十二紀、八覽、六論，合十餘萬言，○畢沅曰：「梁伯子曜北云：『史記十二諸侯年表序及呂不韋傳竝云著八覽、六論、十二紀。以紀居末，故世稱呂覽，舉其居首者言之。今呂氏春秋以十二紀爲首，似非本書序次。』愚案：以十二紀居首，此春秋之所由名也。漢書藝文志雜家載呂氏春秋二十六篇，不稱呂覽。鄭康成注禮記禮運『故聖人作則必以天地爲本』一節云：『天地以至於五行，其制作所取象也。禮義人情，其政治也。四靈者，其徵報也。此則春秋始於元、終於麟包之矣。呂氏説月令而謂之春秋，事類相近焉。』正義疏之云：『呂不韋説十二月之令謂爲呂氏春秋，事之倫類與孔子所修春秋相附近焉。月令亦載天地、陰陽、四時、日月、星辰、五行、禮義之屬，故云相近也。』據此，則自漢以來皆以呂氏春秋爲正名，至於行文之便則容有不拘耳。」○梁玉繩曰：「此余初校妄説也。史記表傳、文選楊修答臨淄侯牋注引桓譚新論及誘序俱著其名曰呂氏春秋，不獨藝文志、禮運注稱之。且古人作序皆在卷末，呂氏十二紀終而綴以序意，可知紀當居首，八覽、六論乃其附見者。」○維遹案：此文原作「爲十二紀八覽六論訓解各十餘萬言」，攷訓解爲高氏注呂氏春秋之名，此述紀、覽、論，中間不當涉及訓解，蓋後人以爲呂書字數十萬餘，高注字數十七萬餘，宜兼計之，故先增「訓解」二字，後改「合」字爲「各」，以足其數，其妄改痕迹可推知矣。御覽引正作「爲十二紀、八覽、六論合十餘萬言」，月令孔疏亦謂「著爲十二月紀合十餘萬言」，今據刪正。備天地萬物古今之事，名爲呂氏春秋。暴之咸陽市門，懸千金其上，有能增損一字者與千金。○畢沅曰：「梁伯子云：『太平御覽八百九卷引史記同此序，而百九十一卷引史云：「呂不韋撰春秋成，牓於秦市曰：有人能改一字者，賜金三十斤。」豈別有所據乎？』」時人無能增損者。誘以爲時人非不能也，蓋憚相國畏其勢耳。○梁玉繩曰：「論衡自紀云：『呂氏懸於市門，觀讀之者惶恐畏忌，雖乖不合，焉敢譴一字。』誘蓋本此。」然此書所尚，以道德爲標的，○維遹案：御覽引「標」作「準」。以無爲爲綱紀，以忠義爲品式，以公方爲檢格，與孟軻、孫卿、淮南、揚雄相表裏也，是以著在録、略。誘正孟子章句，作淮南、孝經解畢訖，家有此書，尋繹案省，大出諸子之右，既有脱誤，小儒又以私意改定，猶慮傳義失其本真，少能詳之，故復依先師舊訓，輒乃爲之解焉，以述古儒之旨，凡十七萬三千五十四言。若有紕繆不經，後之君子斷而裁之，比其義焉。○維遹案：張本「斷」作「斲」。

呂氏春秋集釋卷第一

榮成許維遹學

呂氏春秋訓解　高氏

孟春紀第一　本生　重己　貴公　去私

一曰：**孟春之月，日在營室，**孟，長。春，時。夏之正月也。營室，北方宿，衛之分野。是月，日躔此宿。**昏參中，旦尾中。**參，西方宿，晉〔一〕之分野。尾，東方宿，燕之分野。是月昏旦時皆中於南方。**其日甲乙，其帝太皞，**甲乙，木日也。太皞，伏羲氏，以木德王天下之號，死祀於東方，爲木德之帝。○維遹案：據淮南天文注，此注「死」下當有「託」字。孟夏紀注：「神農死，託祀於南方。」其比正同。**其神句芒，**句芒，少皞氏之裔子曰重，佐木德之帝，死爲木官之神。**其蟲鱗，其音角，**東方少陽，物去太陰，甲散爲鱗。鱗，魚屬也，龍爲之長。角，木也，位在東方。**律中太蔟，其數八，**太蔟，陽律也。竹管音與太蔟聲和，太陰氣衰，少陽氣發，萬物動生，蔟地而出，故曰「律中太蔟」。五行數五，木第三，故數八。**其味酸，其臭羶，**春，東方，木王。木味酸，酸者鑽也，萬物應陽，鑽地而出。羶，

〔一〕「晉」，原作「衛」，據諸子集成本改。

木香羶也。○梁玉繩曰：「淮南時則注同。周禮天官瘍醫『以酸養骨』，鄭注：『酸，木味。木根立地中似骨。』釋曰『木立地中，似人之骨立肉中』，義亦精。」**其祀户，祭先脾。**蟄伏之類始動生，出由户，故祀户也。脾屬土。陳俎豆，脾在前，故曰「祭先脾」。春，木勝土，先食所勝也。一説脾屬木，自用其藏也。○淩曙曰：「高誘前一説本今文尚書歐陽説『脾，土』，與白虎通合；後一説乃古文尚書『脾，木也』，與白虎通異。」○維遹案：王引之主後一説，詳經義述聞。**東風解凍，蟄蟲始振，**蟄，讀如詩「文王之什」。東方木。木，火母也。火氣温，故東風解凍冰泮釋也；蟄伏之蟲乘陽始振動蘇生也。○陳昌齊曰：「據注及淮南時則訓『振』下當有『蘇』字。王念孫、沈濤説同。」○維遹案：注「釋」下「也」字原作「地」，今改從張本、姜本。**魚上冰，獺祭魚，**魚，鯉鮒之屬也，應陽而動，上負冰。獺，獱，水禽也，取鯉魚置水邊，四面陳之，世謂之祭魚爲時候者。○陳昌齊曰：「據注及夏小正、淮南時則訓當作『魚上負冰』。」○維遹案：玉燭寶典引正有「負」字，逸周書時訓解及月令俱無。又案：注水禽猶云水獸，説文「禽，走獸總名」，是也。**候鴈北。**候時之鴈從彭蠡來，北過至北極之沙漠也。○畢沅曰：「禮記月令作『鴻鴈來』，鄭注云：『今月令鴻皆爲候。』正義云：『月令出有先後，入禮記者爲古，不入禮記者爲今，則呂氏春秋是也。』盧案：『仲秋雁自北徼外而入中國，可以言來，若自南往北，非由南徼外也，似不可以言來，呂氏作「候鴈北」，當矣。』」○陳昌齊曰：「注『北過』下脱『周雒』二字，當據時則訓注增入。」**天子居青陽左个，**青陽者，明堂也，中方外圜，通達四出。各有左右房謂之个，个猶隔也。東出謂之青陽，南出謂之明堂，西出謂之總章，北出謂之玄堂。是月，天子朝日告朔，行令於左个之房，東向堂，北頭室也。○畢沅曰：「案：明堂之制，中外皆方，不得如注所云『个猶隔也』。舊本缺一『个』字，今補。」○維遹案：注「个」、「隔」乃一聲之轉。

个與介音義同，王弼注易兑卦云「介，隔也」，羣經音辨「个，副也，音介」，介之言界也。高釋个爲隔，此展轉相訓之例也。

乘鸞輅，駕蒼龍，輅，車也。鸞鳥在衡，和在軾，鳴相應和。後世不能復致，鑄銅爲之，飾以金，謂之鸞輅也。周禮「馬八尺以上爲龍，七尺以上爲騋，六尺以上爲馬」也。○畢沅曰：「『鸞』〔一〕字與月令同，唯劉本作『鑾』，注『鸞鳥在衡』作『鑾在鑣』。案：詩蓼蕭毛傳『在鑣曰鸞』，鄭於駟驖〔二〕箋云『置鸞於鑣，異於常車』，若據鄭説則劉本非是，但説文鑾字從金，云『人君乘車四馬，鑣八鑾鈴，象鸞鳥聲』，高氏之解或異於鄭，未可知也，亦不得竟以劉本爲非。」○王引之曰：「高注『馬八尺以上爲龍』，失之。『龍』當讀爲『駹』，下文赤騮、黄騮、白駱、鐵驪下一字皆馬色名，『倉龍』不應獨異。説卦傳『震爲龍』，虞翻『龍』作『駹』，云：『駹蒼色，震東方，故爲駹。』」○俞樾曰：「『鸞』本作『鑾』，今作『鸞』者，後人依月令改之也。呂氏原文本作『乘鑾輅』，注『鸞輅』本作『鑾輅』，蓋高意鑄銅象鸞鳥形，故其字從金從鸞省，若正文作『鸞』，則不必有鑄銅飾金之説矣。明劉如寵本正作『乘鑾輅』，是其所據本不誤，惟因正文是『鑾』字，疑注文不當以鸞鳥爲説，遂改注文『鸞鳥在衡』作『鑾在鑣』，則又失注意矣，不可從也。」**載青旂，衣青衣，服青玉，**旂，旗名，交龍爲旂。載者，若今之雞翹車是也。服，佩也。所衣佩玉皆青者，順木色也。○畢沅曰：「蔡邕獨斷云：『鸞旗車，編羽毛列繫橦旁，俗人名之雞翹車，非也。』續漢輿服志同。劉昭引胡廣曰『以銅作鸞鳥車衡上』，則與高誘注合。」**食麥與羊，其器疏以達。**麥屬

〔一〕「鸞」，原作「鑾」，據諸子集成本改。
〔二〕「驖」原作「鐵」，據諸子集成本改。

金，羊屬土，是月也，金、土以老，食所勝也。宗廟所用之器，皆疏鏤通達，以象陽氣之射出。

是月也，以立春。冬至後四十六日而立春，立春之節多在是月也。**先立春三日，太史謁之天子曰：「某日立春，盛德在木。」**謁，告也。周禮「太史掌國之六典」，正歲時以序事，故告天子以立春日也。盛德在木，王東方也。**天子乃齋。**論語曰：「齋必變食，居必遷坐。」自禋潔也。**立春之日，天子親率三公九卿諸侯大夫以迎春於東郊。**率，使也。迎春木氣於東方八里之郊。○茆泮林曰：「朱子經傳通解附注謂吕『率』作『帥』，無『三』、『九』〔一〕及『諸侯』字。今本『帥』作『率』，餘同禮月令。案：吕下句無『三』、『九』字，高注亦無，則朱子所見本是也。無『諸侯』字，當是朱子所見本脱去，今有者，是後人據禮月令增入。」**還，乃賞卿諸侯大夫於朝。**賞，爵禄之賞也。三公至尊，坐而論道，不嫌不賞，故但言卿諸侯大夫者也。○畢沅曰：「舊本『卿』上衍『公』字，乃後人據月令增入，而不知其與注不合也。」○俞樾曰：「據高注則『卿』上無『公』字，畢説是也。然吕氏原文實有『公』字，其上文云『天子親率三公九卿諸侯大夫以迎春於東郊』，下文云『率三公九卿諸侯大夫躬耕帝籍田』，又云『反，執爵于太寢，三公九卿諸侯大夫皆御』，竝以三公九卿對言，則此文亦必當有『公』字矣。若謂三公至尊，不嫌不賞，則執爵太寢，三公至尊亦何嫌不預而必及之乎？然則吕氏原文當與月令同。今奪『公』字者，涉下文『卿諸侯大夫九推』而誤。高氏所據本已無『公』字，正高氏序所謂『既有脱誤』者。不加是正而曲爲之説，疏矣。」**命相布德和令，行慶施惠，下及**

〔一〕朱子儀禮經傳通解未言吕「無三九」，只謂「唐無三九字」。

兆民。相，三公也。出爲二伯，一相處于内也。布陽德和柔之令，行其慶善，施其澤惠，下至于兆民，無不被之也。○王引之曰：「『和』讀爲『宣』，謂布其德教，宣其禁令也。大宰職曰『始和布治于邦國都鄙』，『和』亦讀爲『宣』。古聲『宣』與『和』相近，故『宣』字通作『和』。高注謂『布陽德和柔之令』，失之。」**慶賜遂行，無有不當。**各得其所也。**迺命太史守典奉法，司天日月星辰之行，**典，六典。法，八法。日月五星行度遲速，太史之職也，故命使司知之也。**宿離不忒，無失經紀，以初爲常。**忒，差也。星辰宿度，司知其度，以起牽牛之初爲常。○畢沅曰：「冬至十一月中起牽牛一度。」

是月也，天子乃以元日祈穀于上帝。日，從甲至癸也。元，善也。祈，求也。上帝，天帝也。**乃擇元辰，天子親載耒耜，措之參于保介之御間，**元，善也。辰，十二辰，從子至亥也。耒耜，耕器也。措，置也。保介，副也。御，致也。擇善辰之日，載耒耜之具於籍田，致于保介之間施用之也。○畢沅曰：「月令『參于』作『于參』，注『元，善也』三字衍，所解於文義不甚順。鄭以保介爲車右，此云副也，當謂副車。」○維遹案：「參于」疑當作「參乘」，「于」爲「乘」字壞脱。攷他籍多以「參乘」連文，其義易了，故高氏不注。月令作「于參」，蓋「乘」字既壞爲「于」，校者知「參于」難解，遂乙轉以就上文，幸賴呂覽尚有痕迹可尋。鄭注謂「參乘備非常」，孔疏謂「置此耒器於參乘保介及御者之間」，是注、疏作「參乘」，則經文亦作「參乘」明矣。且參乘兼保介與御者言，故疏又云保介御皆「參乘」。至疏以「參保介御」四字連語，乃行文之便，容有不拘耳。**率三公九卿諸侯大夫躬耕帝籍田，**躬，親也。天子籍田千畝，以供上帝之粢盛，故曰帝籍。○畢沅曰：「月令『帝籍』下無『田』字，此書上農篇亦有之。」**天子三推，三公五推，卿諸**

侯大夫九推。禮以三爲文，故天子三推，謂一發也。國語曰：「王耕一發，班三之。」班，次也。謂公卿大夫各三，其上公三發，卿九發，大夫二十七發也。○畢沅曰：「正文『大夫』，月令無。案：周語作『王耕一墢』。墢有鉢、跋二音，説文作『坺』，云『一〔一〕臿土』也。」○陳昌齊曰：「『三公五推』，『三』字因上『三公九卿』文而衍。」王念孫説同。**反，執爵于太寢，**爵，飲爵。太寢，祖廟也。示歸功於先祖，故於廟飲酒也。**三公九卿諸侯大夫皆御，命曰勞酒。**御致天子之命，勞羣臣於太廟，飲之以酒。○維遹案：據高注以「御命」連文，于義未安。月令鄭注云：「既耕而宴飲，以勞羣臣也。御，侍也。」則從「御」字爲句，是也。黄甫龍本「致」字作「侍」，殆依鄭注改正。黄本即畢引之朱夢龍本，本書稱黄本。下同。

是月也，天氣下降，地氣上騰，天地和同，草木繁動。是月也，泰卦用事，乾下坤上，天地和同，繁衆動挺而生也。○畢沅曰：「『繁動』，月令作『萌動』。」**王布農事，命田舍東郊，**命，令也。東郊，農郊也。命農大夫舍止東郊，監視田事。**皆修封疆，審端徑術，**修，治也。封，界也。起其疆畔，糾督惰窳於疆下也。詩云「中田有廬，疆場〔二〕有瓜」，無休廢也。端正其徑路，不得邪行敗稼穡也。○畢沅曰：「漢書五行志載謠曰：『邪徑敗良田。』滅明不由徑，亦當是不隨衆人，穿田取捷耳。」**善相丘陵阪險原隰，**相，視也。阪險，傾危也。廣平曰原。下溼曰隰。

〔一〕説文「一」下有「曰」字。
〔二〕「場」，原作「埸」，據毛詩注疏改。

土地所宜，五穀所殖，殖，長。以教道民，必躬親之。詩云：「弗躬弗親，庶民弗信。」田事既飭，先定準直，農乃不惑。飭讀作勑。勑督田事，準定其功，農夫正〔一〕直不疑惑。○維遹案：月令鄭注：「準直，謂封疆徑遂也。夏小正曰：『農率均田。』」於義爲長。

是月也，命樂正入學習舞。樂正，樂官之長也。入學，官教國子講習羽籥之舞。周禮：「大胥掌學士之版，以六樂之會正舞位也。」乃修祭典，命祀山林川澤，犧牲無用牝。典，掌也。功施於民則祀之。山林川澤，百物所生，又能興雲雨以殖嘉苗，故祀之。無用牝，尚蠲潔也。○梁玉繩曰：「月令注：『爲傷妊生之類。』」禁止伐木，春，木王，尚長養也。無覆巢，無殺孩蟲胎夭飛鳥，無麛無卵，蕃庶物也。麋子曰夭，鹿子曰麛也。○畢沅曰：「月令正義云『胎謂在腹中』者，『夭謂生而已死〔二〕』者。此及淮南注皆云『麋子曰夭』，本爾雅釋獸文，彼『夭』字作『麇』。」無聚大衆，無置城郭，置，立也。揜骼霾髊。髊讀水漬物之漬。白骨曰骼。有肉曰髊。揜霾者，覆藏之也，順木德而尚仁恩也。

是月也，不可以稱兵，稱兵必有天殃。稱，舉也。殃，咎也。兵戎不起，不可以從我始。春當行仁，非興兵征伐時也，故曰「不可以從我始」。

〔一〕「正」，原脱，據諸子集成本補。

〔二〕「死」，原作「出」，據禮記注疏改。

無變天之道，變猶戾也。無絶地之理，絶猶斷也。無亂人之紀。人反德爲亂。紀，道也。孟春行夏令則風雨不時，草木早槁，國乃有恐。春，木也。夏，火也。木德用事，法當寬仁，而行火令，火性炎上，故使草木槁落，不待秋冬，故曰天氣不和，國人惶恐也。○畢沅曰：「『風雨』，月令作『雨水』。」○維遹案：作「風雨」是。詳經義述聞。「早槁」，許本、宋邦乂本作「旱槁」。別本與畢本同。莊本淮南作「旱落」，朱本、景宋本作「早落」，月令作「蚤落」。徐鼒據鄭注、孔疏謂「旱槁義較蚤落義長，此吕覽爲正也」。行秋令則民大疫，疾風暴雨數至，藜莠蓬蒿竝興。木仁，金殺而行其令，氣不和，故民疫病也。金生水，與水相干，故風雨數至，荒穢滋生，是以藜莠蓬蒿竝興。○畢沅曰：「月令『疾風』作『猋風』，『數至』作『總至』。」行冬令則水潦爲敗，霜雪大摯，首種不入。○春陽，冬陰也而行其令，陰乘陽故水潦爲敗，雪霜大摯，傷害五穀。春爲歲始，稼穡應之不成熟也，故曰「首種不入」。○畢沅曰：「月令注云：『舊説首種謂稷。』」○孫先生蜀丞曰：「『霜雪』本作『雪霜』，與月令同，今本蓋誤倒也。高注云云，是正文作『雪霜』明矣。孟冬紀『行秋令則雪霜不時』，與月令、逸周書、淮南子同。高注先『霜』後『雪』，亦後人誤易，當以吕覽注正之。」

孟春紀

二曰：始生之者，天也。養成之者，人也。始，初也。能養天之所生而勿攖之，謂之天子。攖猶戾也。○畢沅曰：「舊本作『謂天子』，無『之』字。」孫據太平御覽七十七增。天子之動也，以全天爲

故者也。全猶順也。天，性也。故，事也。**此官之所自立也，**官，正也。自，從也。○維遹案：亢倉子君道篇「所」下有「以」字。**立官者以全生也。**生，性也。○維遹案：黄氏日抄引「以」上有「所」字。**今世之惑主，**主謂王也。**多官而反以害生，則失所爲立之矣。**多立官，致任不肖人，亂象干度，故以害生也，失其所爲立官之法也。○孫鏘鳴曰：「官謂耳目鼻口，下貴生篇所言『四官』是也。聲色滋味之欲，四官主之，皆牛人養生之具，故聖人立之，如神農教民粒食皆是。『多官』謂縱欲不節，則適以害生矣。注『官』訓『正』，『多立官』爲『任不肖』，皆非。此篇專以重生言，不及政與用人也。」**譬之若修兵者，以備寇也。今修兵而反以自攻，則亦失所爲修之矣。**若秦築長城以備患，不知長城之所以自亡也，亦失其所爲修兵之法也。

夫水之性清，土者抇之，故不得清。抇讀曰骨。骨，濁也。○畢沅曰：「注似衍一『骨』字。説文『淈，濁也』，與汩、滑義同，竝音骨。」○陳昌齊曰：「淮南俶真訓云：『水之性真清而土汩之。』」○俞樾曰：「高注曰：『抇讀曰骨。骨，濁也。』此注必有錯誤。下文曰『人之性壽，物者抇之，故不得壽』，注曰：『抇，亂也。』抇字既見於前，不應又注於後。疑此文『土者抇之』本作『土者滑之』，高注『抇讀曰骨』本作『滑讀曰骨』。淮南原道篇『混混滑滑』，高注曰：『滑讀曰骨也。』即其例矣。『骨，濁也』當作『滑，濁也』，滑滑與混混同，故有濁義。」**人之性壽，物者抇之，故不得壽。**抇，亂也。亂之使夭折也。**物也者，所以養性也，非所以性養也。**物者，貨賄所以養人也。世人貪欲過制者多所以取禍，故曰「非所以性養也」。○陳昌齊曰：「下句『所』字衍。」○俞樾曰：「下句當作『非以性養也』，涉上句而衍『所』字，則義不可通。注文有『所』字，亦誤衍也。」**今世之人，惑者多以性養物，**夫無爲者不以身役物，有爲者則以物役身，故曰「惑者多以性養物」也。**則不知輕重也。**輕，喻物。重，喻身。**不知輕重，則重者爲輕，輕者爲重矣。若此，則每動無不敗。以此爲君悖，以此爲臣亂，以此爲子狂。三者國有一焉，無幸必亡。**假令有幸，且猶危危病者也。○俞樾曰：「『無幸必亡』乃到句也，言其國必亡，無可幸免也。高注未得其義。」

今有聲於此，耳聽之必慊慊，快也。**已，聽之則使人聾，必弗聽。**以聾故不當聽也。**有色於此，目視之必慊已，視之則使人盲，必弗視。**以盲故不當視也。**有味於此，口食之必慊已，食之則使人瘖，必弗食。**以瘖故不當食也。老子曰：「五聲亂耳，使耳不聰；五色亂目，使目不明；五味實口，使口爽傷也。」○畢沅曰：「老子道經云：『五音令人耳聾，五色令人目盲，五味令人口爽。』此約略其文耳。『實口』，後注亦同，非誤。」○陳昌齊曰：「『三『必慊』字，據文皆當連下『已』字爲句。」○陶鴻慶曰：「高注讀『已』爲『以』，於正文語氣未合。『已』當讀如字，言既聽之則使人聾，故必弗聽也。下文『已視之』、『已食之』義並同。下文又云：『世之貴富者，其於聲色滋味也多惑者，日夜求，幸而得之則遁焉。遁焉，性惡得不傷。』即申說此義。」○孫先生曰：「陳、陶說是也。然不解三『則』字之義，文亦不了。余謂『則』猶『若』也，詳見經傳釋詞。此言聲所以快耳，聽之若使人聾則必不聽矣。色所以快目，視之若使人盲則必不視矣。味所以快口，食之若使人瘖則必不食矣。」○楊樹達曰：「『慊已』，陳讀是。孫釋『則』爲『若』，其說當矣。然以『聽之則使人聾』、『視之則使人盲』、『食之則使人瘖』爲句，仍非。此當以『聽之』、『視之』、『食之』爲句，蓋文謂聽之必慊於己則聽之，若使人聾則必不聽。視之必慊於己則視之，若使人盲則必不視。食之必慊於己則食之，若使人瘖則必不食也。」**是故聖人之於聲色滋味也，利於性則取之，害於性則舍之，此全性之道也。**

世之貴富者，其於聲色滋味也多惑者，惑，眩。**日夜求，幸而得之則遁焉。**遁，流逸不能自禁也。**遁焉，性惡得不傷。**惡，安也。傷，病也。**萬人操弓，共射其一招，招無不中。**招，埻的也。衆人所見，會弓射之，故曰「無不中」也。○畢沅曰：「『共射其〔一〕一招』，中間『其』字衍。注『埻』與『準』音義同。」○孫先生曰：「御覽三百四十七引正無『其』字，畢校是也。」○楊樹達曰：「詩小雅賓之初筵篇『發彼有的』，毛傳：『的，質也。』此『招』字即『的』字。召聲、勺聲古音同在豪部也。高以『埻的』訓『招』，殆已不知招、的爲一字矣。段氏説文注土部『埻』字下謂招、的同字，引戰國策『以其類爲招』、春秋後語作『以其頸爲招』、文選詠懷詩注引作『以其頸爲的』爲證，知段君小學過於高誘矣。」**萬物章章，以害一生，生無不傷；**章章，明美貌。故生隕〔二〕也。○陳昌齊曰：「據下句注例，當云『害其生性，故生隕也。』」**以便一生，生無不長。**便，利也。利其生性，故生長久也。**故聖人之制萬物也，以全其天也。**天，身也。○維遹案：注「天，身」者，疊韻爲訓，亦高之常詁。「天」訓「身」猶「天」訓「性」

〔一〕「其」，原脱，據正文補。

〔二〕「生隕」，原作「隕生」，據諸子集成本乙。

也。淮南原道篇云「故達於道者不以人易天」，高注：「天，性也。」一說曰：「天，身也。」是其比。三國志吴質傳注「上將軍曹〔一〕真性肥，中領軍朱鑠性瘦」，性肥性瘦即身肥身瘦，尤爲明顯。**天全則神和矣，目明矣，耳聰矣，鼻臭矣，口敏矣，三百六十節皆通利矣。若此人者，不言而信，**法天不言，四時行焉，是其信也。**不謀而當，不慮而得，**詩云：「不識不知，順帝之則。」故曰不謀慮而當合得事實。**精通乎天地，神覆乎宇宙；**宇宙，區宇之内。言其德大，皆覆被也。**其於物無不受也，無不裹也，**受猶承也。裹猶囊也。**若天地然；**其德如天無不覆，如地無不載，故曰「若天地然」也。**上爲天子而不驕，**常戰栗也，故堯戒曰：「戰戰栗栗，日慎一日。」**下爲匹夫而不惛，**惛讀憂悶之悶，義亦然也。**此之謂全德之人。**其德行升降無所虧闕，故曰全。

貴富而不知道，適足以爲患，不知持盈止足之道，以至破亡，故曰「適足以爲患」也。**不如貧賤。貧賤之致物也難，雖欲過之，奚由？**貧賤無勢，不能致情欲之物，故曰「難」也。於禮無爲，於身無闕，故曰「雖欲過之，奚由」也。○李寶淦曰：「『雖欲過之，奚由』，言貧賤無力致物，故可免於淫奢之事，所以足上文貴富『適足以爲患』之意。」**出則以車，入則以輦，務以自佚，**人引車曰輦。出門乘車，入門用輦，此驕佚之務也。**命之曰招蹷之機。**招，至也。蹷機，門内之位也。乘輦於宫中遊翔，至於蹷機，故曰「務以自佚」也。詩云：「不遠伊爾，薄送我

〔一〕「軍曹」，原脱，據三國志注補。

畿。」此不過靡之謂。○臧琳曰：「七發注引聲類『佁，嗣理切』，又集韻六止『佁，至也』，呂氏春秋『佁靡之機』，高誘讀案李善、丁度所引，知呂覽本作『佁靡』，今作『招』，乃形近之譌。高引詩證車行不過畿，明出車入輦爲至靡之機。此注當作：『佁，至也。乘輦於宮中遊翔至於靡，故曰「務以自佚」也〔一〕。詩云「不遠伊爾，薄送我畿」，此不過畿之謂。畿，門內之位也。』正文機括字與注『門內之位』畿字迥然不同，不知何時溷并爲一，致〔二〕凌躐失次，誤不可讀。李善謂『枚乘好奇，改佁靡爲靡痿』者，案七發以伐性與腐腸爲對，靡痿與寒熱爲對，故改佁靡爲靡痿。然呂氏春秋以機爲佁靡，以食爲爛腸，以斧爲伐性，三句一例，高注亦與本文合。若文人出新竄變，何足爲據。宋之黃震熟於文選，反譏高注爲非，失之不審。」○畢沅曰：「此注全不諳文義而妄說。蓋招，致也；靡者，痿靡；過佚則血脈不周通，骨幹不堅利，故爲致靡之機括。高誤以靡爲門橛，又誤以機即詩之畿，故有斯訛。黃東發亦言其誤。」又曰：「李善注文選枚乘七發引此，『招』作『佁』，『嗣理切』，孤文無證，亦不可從。」○梁玉繩曰：「高注雖誤，然疑古『機』與『畿』通借，故云然。又集韻『佁』訓『固滯』，司馬相如大人賦『仡以佁儗』，張揖曰『佁儗，不前也』，義亦得通。李善譏枚叔好奇，改『佁靡』爲『靡痿』，知呂子元是『佁』字。」○維遹案：王念孫校本據選注改「招」爲「佁」，與廣雅疏證釋詁「眙」字下引此文改同。又改注「靡機」作「靡畿」，謂「佁之言待也，止也」。「佁靡謂痿靡不能行之病，出車入輦即佁靡病之所由來，故謂之佁靡之機。高注訓佁爲至，靡機爲門內之位，皆失之。」**肥肉厚酒，務以自彊，命之曰爛腸之食。**論語曰：「肉雖多，不使勝食

〔一〕「也」，原脫，據經義雜記補。
〔二〕「致」，原脫，據經義雜記補。

氣。」又曰：「不爲酒困。」老子曰：「五味實口，使口爽傷。」故謂之「爛腸之食」也。○畢沅曰：「『務以自彊』舊作『相彊』，孫據御覽八百四十五改，與前後句法正同。盧云：『案賈誼書傅職云「飲酒而醉，食肉而飽，飽而彊食」，正「自彊」之謂也。』」**靡曼皓齒，鄭、衞之音，務以自樂，命之曰伐性之斧。**靡曼，細理弱肌，美色也。皓齒，詩所謂「齒如瓠犀」者也。鄭國淫辟，男女私會於溱、洧之上，有詢訏之樂，勺藥之和。昔者，殷紂使樂師作朝歌北鄙靡靡之樂，以爲淫亂。武王伐紂，樂師抱其樂器自投濮水之中。暨衞靈公北朝于晉，宿于濮上，夜聞水中有琴瑟之音，乃使師涓以琴寫其音。靈公至晉國，晉平公作樂，公曰：「寡人得新聲，請以樂君。」遂使涓作之，平公大說。師曠止之曰：「此亡國之音也。紂之太師以此音自投於濮水，得此聲必於濮水之上。」地在衞，因曰「鄭、衞之音」。以其淫辟滅亡，故曰「伐性之斧」者也。○畢沅曰：「梁仲子案：意林所載作『伐命之斧』，注『細理弱肌』本多無『理弱』二字，今從朱本，與洪興祖補注楚辭招魂所引合。」**三患者，貴富之所致也，故古之人有不肯貴富者矣，由重生故也。**古人，謂堯時許由、方回、善綣，舜時雄陶，周時伯夷，漢時四皓，皆不肯富貴者。高位實疾顛，故曰「重生故也」。○畢沅曰：「注『方回』，舊本皆誤作『方因』，『善綣』或『善卷』之駁文，『雄陶』誤作『皋陶』。案國策齊顔斶曰『舜有七友』，陶潛四八目具載其名，以雄陶爲首，蓋本尸子，今從之。漢書古今人表作雒陶。『高位實疾顛』，周語文，今本依宋庠之説改作『僨』字。案注『顛，隕也』，正是隕墜之義，宋誤爲『殞』，故云『宜從僨』。若是『僨』，注當言『踣』乃合，誘注知分篇亦是『顛』字。」○梁玉繩曰：「路史後紀十二注云：『雄字作雒，隸轉失之。』」**非夸以名也，爲其實也，**夸，虚也。非以爲輕富貴求虚名也，以爲其可以全生保性之實也。○陳昌齊曰：「據注當作『非以夸名也』。」**則此論之不可不察也。**論此上數句貴賤禍福不可不察也。○維遹案：注「數」字原脱，據許本增。

本生

三曰：倕至巧也，人不愛倕之指，而愛己之指，有之利故也。倕，堯之巧工也，雖巧無益於己，故不愛之也。己指雖不如倕指巧，猶自爲用，故言「有之利故也」。人不愛崑山之玉、江漢之珠，崑山之玉，燔以爐炭，三日三夜，色澤不變，玉之美者也。江、漢有夜光之明珠，珠之美者也。而愛己之一蒼璧小璣，有之利故也。蒼璧石多玉少也，珠之不圜者曰璣，皆喻不好也，而愛之者，有之爲己用，得其利故也。今吾生之爲我有，而利我亦大矣。吾生我有，有我身也，天下之利有我，如我之愛蒼璧與小璣，有之利故也，故曰「利我亦大矣」。論其貴賤，爵爲天子，不足以比焉。論其所貴所賤，人雖尊爲天子，不足以比己之所賤。論其輕重，富有天下，不可以易之。論其所輕所重，人雖富有天下之財，不肯以易己之所輕。○楊樹達曰：「此言雖天子之貴不足以比吾生之貴，雖有天下之重不可以易吾生之重也。高注未瞭。」○維遹案：注末句原作「不肯以己易之」，今據姜本補正。論其安危，一曙失之，終身不復得。貧賤所以安也，富貴所以危也。曙，明日也。言一日失其所以安，終身不能復得之也。○俞樾曰：「高注曰『曙，明日也』，然一明日失之，文義未安。說文無『曙』字，日部『睹，旦明也』，文選魏都賦注引作『曙』，蓋『曙』即『睹』之俗體耳。『一曙失之』者，一旦失之也。旦明謂之曙，故旦即謂之曙矣。」○孫先生曰：「注語有誤文。『曙』即『睹』之俗字，疑原文當作『曙，旦明也』，與說文同。『旦』壞爲『日』，又誤乙，故作『明日』。『一日』疑亦『一旦』之誤。」○維遹案：明刊百家類纂「曙」字下有注云「旦也」，蓋本高注。此三者，有道者之所

慎也。道尚無爲，不尚此三者，故曰「有道者之所慎」。

有慎之而反害之者，不達乎性命之情也。守慎無爲，輕貴重身，當時行則行，時止則止，而反有害之者，故曰「不達乎性命之情者也」。**不達乎性命之情，慎之何益？**雖慎之猶見害，故曰「何益」。**是師者之愛子也，不免乎枕之以糠；是聾者之養嬰兒也，方雷而窺之于堂，有殊弗知慎者。**師，瞽師，目無見者也，故枕子以糠，糠易眯子目，非利之者也。聾者不聞雷之聲，不頓顙自拍解謝咎過，而反徐步窺兒於堂，故曰「有殊弗知慎者」也。殊猶甚也。○畢沅曰：「注『易眯』舊作『其盲眯』，訛。」○孫詒讓曰：「此謂方雷時，兒聞雷聲驚怖，而聾者不聞，方抱兒窺堂，使之益怖也。注説謬。」○陶鴻慶曰：「此言嬰兒畏雷，聾者不聞雷聲，而以嬰兒出窺，反使之驚，猶瞽師愛子，枕之以糠，反使之眯也。注非是。」又曰：「『有殊弗知慎者』，言此瞽師、聾者無殊於不知慎之人也。句末當有『乎』字，古書多省其文，而令讀者自得之。説詳俞氏古書疑義舉例。高注云『殊猶甚也』，亦非。」**夫弗知慎者，是死生存亡可不可未始有別也。**言不能別知也。○俞樾曰：「此當作『是死生存亡可不未始有別也』。可不即可否也。死生存亡可不，皆兩字相對，後人不知『不』爲『否』之叚字，故又加『可』字耳。序意篇曰『若此則是非可不可無所遁矣』，亦當作『是非可不』，其誤正與此同。」○維遹案：此文不誤。「可不可」爲周、秦恒語，圜道、離謂諸篇皆有。**未始有別者，其所謂是未嘗是，其所謂非未嘗非，是其所謂非，非其所謂是，此之謂大惑。**己之所是，衆人之所非也，故曰「未嘗是」。己之所非，衆人之所是也，故曰「未嘗非」。是己之所是，非己之所非，而以此求同於己者也，故謂之「大惑」。○陶鴻慶曰：「『非』、『是』二字當互易，元文本云『是其所謂是，非其所謂非』。

上文云『其所謂是者未嘗是』，是『是其所謂是』也。又云『其所謂非者未嘗非』，是『非其所謂非』也。今本互誤，則非其旨。高注云『是己之所是，非己之所非，而以此求同於己者也，故謂之大惑』，是其所見本不誤。」○楊樹達曰：「下二句『其所謂非』、『其所謂是』乃真非、真是，與上二句『其所謂是』、『其所謂非』不同。『是其所謂非』正承『其所謂是未嘗是』而言，『非其所謂是』正承『其所謂非未嘗非』而言。陶泥於貌同，不知心異，欲改本文，非也。高注『是己之所是』，『求同於己』云云，皆非本文所有之義，尤不足據以改本文也。」**若此人者，天之所禍也。**禍，咎也。**以此治身，必死必殃。以此治國，必殘必亡。**以其天之所禍也，不死不亡者未之有也，故曰「必」。**夫死殃殘亡非自至也，惑召之也。**召，致也。以惑致之也。**壽長至常亦然。**亦以仁義召之也。○陳昌齊曰：「『至常』二字疑爲『國安』之訛，緣『國』或作『或』，遂訛爲『至』，『安』與『常』形亦稍近也。後求人篇亦有『身定國安』語。」○俞樾曰：「『常』乃『當』字之誤。『壽長至』三字連讀。下文高注曰：『推行仁義，壽長自至。』」**故有道者不察所召，而察其召之者，**所召，仁與義也。推行仁義，壽長自至，故曰「不察所召」也。召之者，不行仁義，殘亡應行而至，故曰「察其召之」也。○陶鴻慶曰：「『所召』謂死亡與壽長，『召之者』謂己也。高注以所召指仁義言，召之者指不行仁義言，殊誤。」**則其至不可禁矣。**禹、湯皋己，其興也勃焉。桀、紂皋人，其亡也忽焉。皆己自召之，何可禁御！**此論不可不熟。**熟猶知也。

使烏獲疾引牛尾，尾絶力勯而牛不可行，逆也。烏獲，秦武王力士也，能舉千鈞。勯讀曰單。單，盡也。○梁玉繩曰：「注本史記秦本紀，然文子自然篇已言烏獲，豈古力士同名，如羿後之有羿歟？」○蔡雲曰：「趙邠卿〔一〕孟子注『古之有力人也』，不言秦武王力士，豈亦因文子疑之邪？抑複壁中不及憶秦本紀文邪？文子九卷，見漢志。柳子厚謂其多竊取他書，陳直齋亦謂自班固時已疑其依託，況又未必當時本書，似難爲據。常樅或轉襲説苑文，然元序已信文子在吕氏、淮南前矣。」○王念孫曰：「亹之爲勯，因上文『力』字而誤。説文、玉篇、廣韻皆無『勯』字。集韻『勯，力竭也』，即爲俗本吕覽所誤。」使五尺豎子引其棬，而牛恣所以之，順也。恣，從也。之，至也。○凌曙曰：「棬與桊同。説文：『桊，牛鼻上環。』廣韻：『牛拘也。』」○孫先生曰：「御覽七十七引無『以』字，疑此衍。」世之人主貴人，人主，謂王者諸侯也。貴人，謂公卿大夫也。無賢不肖，莫不欲長生久視，視，活也。而日逆其生，欲之何益？王者貴人所行淫侈縱欲暴虐，反戾天常，不順生道，日所施行無不到逆其生，雖欲長生，若烏獲多力，到引牛尾，尾絶不能行，故曰「欲之何益」也。○畢沅曰：「注『到』字從李本，古『倒』字。」凡生之長也，○畢沅曰：「『之』字舊本缺，孫據御覽七百二十增。」順之也，使生不順者欲也，欲，情欲也。故聖人必先適欲。適猶節也。

室大則多陰，臺高則多陽，多陰則蹷，蹷，逆寒疾也。多陽則痿，痿，躄不能行也。此陰陽不適之患也。患，害也。是故先王不處大室，爲蹷疾也。不爲高臺，爲痿疾也。味不衆珍，爲傷胃也。衣不燀熱，燀讀曰亶。亶，厚也。燀熱則理塞，理塞，脈理閉結也。○畢沅曰：「『塞』字舊本作『寒』，孫據御覽作

〔一〕「卿」，原脱，今補。

『塞』。下同。」○陶鴻慶曰：「『燀熱則理塞』句上當有『衣』字。上云『味不衆珍，衣不燀熱』，此文承之，與下文『味衆珍則胃充』文相對。」**理塞則氣不達，**達，通也。**味衆珍則胃充，**充，滿也。**胃充則中大鞔，**鞔讀曰懣。不勝食氣爲懣病也。肥肉厚酒，爛腸之食，此之謂也。**中大鞔而氣不達，**不達，壅閉也。**以此長生可得乎？**言不得也。○畢沅曰：「御覽作『以此求長生，其可得乎』。」**昔先聖王之爲苑囿園池也，足以觀望勞形而已矣。**畜禽獸所，大曰苑，小曰囿，詩云：「王在靈囿。」樹果曰園，詩曰：「園有樹桃。」有水曰池，可以遊觀娛志，故曰「足以勞形而已」。○李寶洤曰：「古人以勞形爲養生，故華佗語吴普〔一〕曰：『人體欲得勞動，但不當使極耳。動搖則穀氣得銷，血脈流通，病不能生，譬猶户樞終不朽也。』注未明。」**其爲宮室臺榭也，足以辟燥溼而已矣。**宮，廟也。室，寢也。爾雅曰：「宮謂之室，室謂之宮。」築〔二〕土方而高曰臺。有屋曰榭。燥謂陽炎，溼謂雨露，故曰足以備之而已。○舊校云：「『辟』一作『備』。」○孫先生曰：「據舊校與高注合，似正文本有『備』字。又考御覽七百二十引作『足以辟燥備溼而已矣』，與『足以觀望勞形而已矣』、『足以逸身煖骸而已矣』、『足以適味充虚而已矣』、『足以安性自娱而已矣』語例相合，疑今本正文及注竝有誤脱。」**其爲輿馬衣裘也，足以逸身煖骸而已矣。**逸，安也。**其爲飲食酏醴也，足以適味充虚而已矣。**酏讀如詩「虵虵碩言」之虵。周禮：「漿人掌王之六飲，水漿醴涼醫酏也。」

〔一〕「普」，原作「晉」，據後漢書改。
〔二〕「築」，原脱，據四部叢刊本補。

又酒正：「二曰醴齊。」醴者，以蘖與黍相體，不以麴也，濁而甜耳。○畢沅曰：「注『相體』舊作『相醴』，誤，今改正。」**其爲聲色音樂也，足以安性自娱而已矣。**聲，五音宫商角徵羽也。色，青黄赤白黑也。**五者，聖王之所以養性也，**○孫先生曰：「御覽七十七引『五』上有『此』字，與上文『此三者，有道者之所慎也』語例相同，疑亦當有『此』字。」**非好儉而惡費也，節乎性也。**節猶和也。和適其情性而已，不過制也。

重己

四曰：昔先聖王之治天下也必先公，公，正也。**公則天下平矣，**平，和也。**平得於公。**得猶出也。**嘗試觀於上志，**上志，古記也。**有得天下者衆矣，其得之以公，**○畢沅曰：「孫云：『御覽七十七作「有天下」，無「得」字，「得之」下有「必」字。』」○孫先生曰：「『得之』下當有『必』字，今本蓋誤脱。治要、書鈔三十七、類聚二十二、御覽四十九引竝有『必』字，當據補。」**其失之必以偏。**偏，私不正也。**凡主之立也生於公，**生，性也。○陶鴻慶曰：「慶雅釋詁：『生，出也。』言立君之本義，出於人心之公，所謂『天生烝民，作之君，作之師』也。高注非是。」**故鴻範曰：「無偏無黨，王道蕩蕩。**蕩蕩，平易也。詩云：「魯道有蕩。」**無偏無頗，遵王之義。**義，法也。○畢沅曰：「義古音俄，正與頗協，而唐孝明詔改從易泰卦九三之『無平不陂』，非是。觀此與宋世家猶作『頗』字，乃古書之未經竄改者。梁伯子云：『王逸注離騷「循繩墨而不頗」，引易作「不頗」，知易本不作「陂」也。「義」古作「誼」，案宜有何音，亦與頗協。』」**無或作好，遵王之道。**或，有也。好，私好，鬻公平於曲惠也。**無或**

作惡，遵王之路。」惡，擅作威也。○維遹案：今本尚書洪範「或」字竝作「有」。惠棟謂：「古『有』字皆作『或』。鄭康成注論語亦云『或之言有也』。韓非子曰：『無或作利，從王之指。無或作惡，從王之路。』文雖異，然皆以或爲有。韓子、呂氏皆在未焚書之前，必有所據。王伯厚以爲述洪範而失之，未盡然也。」

天下非一人之天下也，天下之天下也。書曰：「皇天無親，惟德是輔。」故曰「天下之天下也」。陰陽之和，不長一類。甘露時雨，不私一物。私猶異也。萬民之主，不阿一人。阿亦私也。伯禽將行，請所以治魯，伯禽，周公子也，成王封之於魯。詩云：「建爾元子，俾侯于魯。」周公曰：「利而勿利也。」務在利民，勿自利也。○陶鴻慶曰：「下文云『天地大矣，生而弗子，成而弗有，萬物皆被其澤、得其利而莫知其所由始』，即此文『利而勿利』之義。高注解爲利民勿自利，未得其旨。」荊人有遺弓者而不肯索，遺，失也。曰：「荊人遺之，荊人得之，又何索焉？」孔子聞之曰：「去其荊而可矣。」言人得之而已，何必荊人也。老聃聞之曰：「去其人而可矣。」故老聃則至公矣。公，正也。言天下得之而已，何必人，故曰「至公」，無所私爲也。○吳先生檢齋曰：「注云『天下得之』，猶云天下之人得之也，與老子去『人』之説不相應。疑『天下』當爲『天地』，注義蓋逆探下文爲説。」天地大矣，生而弗子，成而弗有，天大地大，生育民人不以爲己子，成遂萬物不以爲己有也。萬物皆被其澤、得其利而莫知其所由始，由，從也。萬物皆蒙天地之澤而得其利，若堯時父老無繇役之勞，擊壤於里陌，自以爲當然，故曰莫知其所從始也。此三皇、五帝之德也。三皇、五帝德大，能法天地，民人被其澤而得其利，亦不知其所從始也。老子云：「聖人不仁，以百姓爲芻狗。」此之謂也。

管仲有病，桓公往問之曰：「仲父之病矣，病，困也。○畢沅曰：「孫云：『本書知接篇作「仲父之疾病矣」，列子力命篇倒作「病疾」。又莊子徐無鬼篇作「仲父之病病矣」。』」○維遹案：當重「病」字。御覽六百三十二引作「仲父之病冀矣」，冀字雖異，語例則同。盧重元本列子亦作「仲父之病病矣」。漬甚，國人弗諱，漬亦病也。按公羊傳曰：「大眚者何？大漬也。」國人弗諱，言死生不可諱也。○畢沅曰：「御覽六百三十二作『如漬甚』。注『大眚』公羊本作『大災』，見莊二十年傳。此『眚』字當是後人因後有『肆大眚』之文而誤改之。」○孫鏘鳴曰：「漬，浸也，謂病浸深也。」寡人將誰屬國？」屬，託也。管仲對曰：「昔者，臣盡力竭智猶未足以知之也，未足以知人也。今病在於朝夕之中，臣奚能言？」奚，何也。桓公曰：「此大事也，願仲父之教寡人也。」教猶告也。管仲敬諾，曰：「公誰欲相？」言欲用誰爲相。公曰：「鮑叔牙可乎？」管仲對曰：「不可。夷吾善鮑叔牙，夷吾，管仲名。善猶和也。○王念孫曰：「注『和』當爲『知』。」鮑叔牙之爲人也清廉潔直，視不己若者不比於人，比，方也。一聞人之過，終身不忘。念人之過，必亡人之功，不可爲霸者之相也。○畢沅曰：「注『亡』似當作『忘』。」勿已，則隰朋其可乎。隰朋之爲人也〔一〕上志而下求，志上世賢人而模之也。求猶問也。論語曰：「孔文子不恥下問，是以謂之文也。」○維遹案：管子戒篇作「上識而下問」，莊子徐無鬼篇作「上忘而下畔」，列子力命篇作「上忘而下不叛」。案：識、志古通。高釋求爲問，與管子相會。莊、列「忘」字

〔一〕「也」，原作「之」，據諸子集成本改。

疑爲「志」之形誤。「畔」、「叛」同借作「判」。説文：「辨，判也。」是判、辨義同。禮記王制鄭注：「辨謂考問。」據此，辨即辨問之意。列子誤叛爲背叛，妄增「不」字以足其義，失之遠矣。**醜不若黄帝而哀不已若者。**自醜其德不如黄帝。詩云：「高山仰止，景行行止。」鄉昔人也。哀不如己者，欲教育訓厲使與己齊也。○畢沅曰：「醜，恥也。『黄帝』劉本作『皇帝』，皇、黄古通用。」**其於國也，有不聞也。**不求聞其善也，志在利國而已矣。**其於物也，有不知也。**物，事也。非其職事，不求知之也。**其於人也，有不見也。**務在濟民，不求見之。孝經曰：「非家至而日〔一〕見之也。」此總説隰朋所行。**勿已乎，則隰朋可也。」**言可用也。**夫相，大官也。處大官者不欲小察，**察，苛也。**不欲小智，**小智則好知小事以自矜伐也。**故曰：「大匠不斲，**但視模範而已，不復自斲削也。○李賡芸曰：「斲在廣韻入聲四覺，竹角切。説文鬭字從鬥，斲聲。」老子制惑章：「夫代司殺者，是謂代大匠斲。夫代大匠斲者，希有不傷手者〔二〕矣。斲與手韻，然則斲之本音當與〔三〕鬭同。竹角切者，其轉音〔四〕也。」○沈濤曰：「豆、鬭、寇皆韻，則斲字亦韻也。斲，古音如晝，讀竹救切。斲之轉爲晝，猶啄之轉爲咮也。」○孫先生曰：「御覽六百三十二引注上句作『但規模而已』，是也。蓋『規』以形近誤爲『視』，後人又加『範』字以足其義，非高氏之舊，當改正。」**大**

〔一〕「日」，原脱，據孝經補。

〔二〕「者」，原脱，據老子補。

〔三〕「與」，原作「爲」，據炳燭編改。

〔四〕「轉音」，原作「音轉」，據炳燭編乙。

庖不豆，但調和五味使神人享之而已，不復自列簠簋籩豆也。○俞樾曰：「高注云云，若然，則不簠、不簋、不籩無不可言，何獨言不豆乎？　豆當讀爲剅。廣雅釋詁曰：『剅，裂也。』玉篇曰：『小裂也。』大庖不剅，言大庖但調和五味，不親爲宰割之事，與上句『大匠不斲』一律。古無『剅』字，故叚『豆』爲之。亦或叚用『脰』字，後漢書馬融傳『脰完瓶』，王氏念孫讀脰爲剅是也。」**大勇不鬬，**大勇之人，折衝千里而能服遠，不復自鬬也。**大兵不寇。」**寇，害也。若武王之伐紂，掃除無道，釋箕子之囚，朝成湯之廟，撫殷之民，不寇害之也。**桓公行公去私惡，**於人之過無所念，無所私也，故曰「去私」也。**用管子而爲五伯長；**長，上也。○維遹案：李鳴春本「伯」作「霸」。下同。伯、霸雙聲，古字通用。**行私阿所愛，用豎刀而蟲出於户。**阿豎刀、易牙〔一〕之諛，不正適長。其死也，國亂民擾，五子爭立，無主喪，六十日乃殯，至使蟲流出户也。○畢沅曰：「刀本有貂音，後人始作『刁』字，今從古。」

人之少也愚，其長也智，故智而用私，不若愚而用公。用私以敗，用公則濟。**日醉而飾服，**飾讀曰勅。禮「喪不飲酒食肉」，而日醉於酒，欲整喪紀，猶無目欲視青黄，無耳欲聽宫商也。**私利而立公，**○陶鴻慶曰：「爾雅釋詁：『公，君也。』立與位同。言私利而在君位也，與上文『日醉而飾服』、下文『貪戾而求王』語意一律。」**貪戾而求王，舜弗能爲。**舜猶不能爲，況凡人乎！

貴公

〔一〕「易牙」，原脱，據諸子集成本補。

五曰：天無私覆也，地無私載也，日月無私燭也，四時無私行也，○畢沅曰：「舊校云：『行一作爲。』孫案：『御覽四百二十九正作爲。』」行其德而萬物得遂長焉。遂，成也。

黄帝言曰：「聲禁重，不欲虚名過其實也。○畢沅曰：「黄氏日抄云：『此禁聲色太過耳。注非〔一〕。』」色禁重，不欲好色至淫縱也。衣禁重，不欲衣服踰僭，若子臧好聚鷸冠也。○維遹案：重己篇云「衣不燀熱，燀熱則理塞，理塞則氣不達」即此文衣禁重之義。注非。香禁重，不欲奢侈芬香聞四遠也。味禁重，不欲厚味勝食氣傷性也。室禁重。」不欲宫室崇侈使土木勝也。○蘇時學曰：「『行其德而萬物得遂長焉』下，忽接『黄帝言曰：聲禁重，色禁重，衣禁重，香禁重，味禁重，室禁重』，此數語與前後文義並不相蒙，通篇亦無此意，蓋必重己篇内所引，而後人轉寫錯誤，溷入此篇者。」

堯有子十人，不與其子而授舜；孟子曰：「堯使九男二女事舜。」此曰十子，殆丹朱爲胤子，不在數中。舜有子九人，不與其子而授禹，至公也。國語曰：「舜有商均。」此曰「九子」，不知出於何書也。

晉平公問於祁黄羊曰：「南陽無令，其誰可而爲之？」南陽，晉山陽、河北之邑，今河内温陽、樊州之屬皆是也。令，君也。而，能。爲，治。○畢沅曰：「注『州』舊本訛作『川』。案：州爲漢河内郡之縣，今改正。」○王念孫曰：「而、能古雖同義，此而字不可訓爲能。而猶以也，言誰可以爲之也。（誰可以爲之，猶言誰能爲之。若云誰

〔一〕「非」，黄氏日抄作「誤」。

可能爲之，則不辭矣。）古者而與以同義，故『可以』或曰『可而』。功名篇曰：『故當今之世，有仁人在焉，不可而不此務。有賢主，不可而不此事。賢不肖不可以不相分。』（而與以同義，故二字可以互用。）不屈篇曰：『惠子曰：「若王之言，則施不可而聽矣。」』用民篇曰：『處次官，執利勢，不可而不察於此。』墨子尚賢篇曰：『使天下之爲善者可而勸也，爲暴者可而沮也。』又曰：『上可而利天，中可而利鬼，下可而利人。』尚同篇曰：『上用之天子可以治天下矣，中用之諸侯可而治其國矣，下用之家君可而治其家矣。』皆其證也。餘見荀子『到而獨鹿』下。」**祁黄羊對曰：「解狐可。」**黄羊，晉大夫祁奚之字。○梁玉繩曰：「即左氏祁奚請老一事。奚字黄羊惟見此，即誤以悼公爲平公，復誤以軍尉爲南陽令，與韓子外儲説左下言解狐薦其讎邢伯柳于簡主爲上黨守、韓詩外傳九言解狐薦荆伯柳于魏文侯爲西河守同一繆傳，高不糾其失，何也？」張雲璈説同。**平公曰：「解狐非子之讎邪？」**平公，晉悼公之子彪。○畢沅曰：「平公、黄羊不於始見，下注，何也？」**對曰：「君問可，非問臣之讎也。」平公曰：「善。」遂用之。國人稱善焉。**

居有間，間，頃也。**平公又問祁黄羊曰：「國無尉，其誰可而爲之？」對曰：「午可。」**傳曰：「祁奚請老，晉侯問嗣焉。稱解狐，其讎也，將立之而卒。又問〔一〕，對曰：『午也可。』」○畢沅曰：「左傳在魯襄三年，晉悼公之四年也。此云平公，誤。注引傳文雖略，亦足以正呂氏所記之謬。」**平公曰：「午非子之子邪？」對曰：「君問可，非問臣之子也。」平公曰：「善。」又遂用之。國人稱善焉。孔子聞之曰：「善**

〔一〕左傳「問」下有「焉」字。

哉！祁黄羊之論也，外舉不避讎，内舉不避子。」祁黄羊可謂公矣。

墨者有鉅子腹䵍居秦，鉅，姓。子，通〔一〕稱。腹䵍，字也。䵍讀曰車笹之笹。○畢沅曰：「鉅子猶鉅儒，鉅公之稱，『腹』乃其姓耳。莊子天下篇『以巨子爲聖人』，向、崔本作『鉅』，向云：『墨家號其道理成者爲鉅子，若儒家之碩儒。』『䵍』與檀弓下『孺子䵍』實同一字，彼釋文音吐孫反，此音車笹。淮南子精神訓『守其篅笹』，蓋竹簞席所爲。玉篇音徒本切，與今人所呼合。舊本作『笔』，蓋書家『屯』字往往作『乇』，而此又誤從『毛』也。」○梁玉繩曰：「御覽四百二十九引注『䵍讀大車啍啍之啍』。」其子殺人。秦惠王曰：「先生之年長矣，非有它子也，寡人已令吏弗誅矣，惠王，秦孝公子駟。先生之以此聽寡人也。」○陶鴻慶曰：「句首當有『欲』字。不屈篇魏惠王謂惠子亦有此語，正作『欲先生之以此聽寡人也』，此文當與彼同。」腹䵍對曰：「墨者之法曰：『殺人者死，傷人者刑。』此所以禁殺傷人也。夫禁殺傷人者，天下之大義也，王雖爲之賜，受賜也。○畢沅曰：「賜猶惠也。注似誤。」○陳昌齊曰：「『受賜也』三字當是正文，謂感王之意云爾。」○孫先生曰：「畢説固非，陳校尤誤。注『受賜也』本作『賜，愛也』，受即愛之形誤，又錯入于上者。墨子魯問篇『釣者之恭，非爲魚賜也；餌鼠以蟲，非愛之也』，上言賜，下言愛，是賜、愛誼近，故高云『賜，愛也』。御覽四百二十九引此句下有『賜愛』二字注，即高氏之原文。」而令吏弗誅，腹䵍不可不行墨者之法。」欲必行之，殺其子也。○維遹案：「墨者」原作「墨子」，陳昌齊

〔一〕「通」上太平御覽四百二十九引有「男子」二字。

云：「元刻劉節軒校本作墨者。」案：許本、姜本、張本、李本亦作「墨者」，今據改正。書鈔三十七、御覽四百二十九引同。

不許惠王而遂殺之。子，人之所私也，私，愛也。忍所私以行大義，忍讀曰仁，行之忍也。○畢沅曰：「注『曰仁』李本作『仁行』，俱未詳。」○維遹案：王念孫校本改正文「忍」作「仁」，注「仁讀曰忍行之忍也」。鉅子可謂公矣。

庖人調和而弗敢食，故可以爲庖。若使庖人調和而食之，則不可以爲庖矣。王伯之君亦然，誅暴而不私，以封天下之賢者，故可以爲王伯。若使王伯之君誅暴而私之，則亦不可以爲王伯矣。傳曰：「作事威，克其愛，雖小必濟。」故曰「誅暴而弗私」也。假令有所私枉，則不可以爲王伯君矣。

去私

呂氏春秋集釋卷第二

榮成許維遹學

仲春紀第二　貴生　情欲　當染　功名

呂氏春秋訓解　高氏

一曰：仲春之月，日在奎，仲春，夏之二月。奎，西方宿，魯之分野也。是月，日躔此宿。昏弧中，旦建星中。弧星在輿鬼南，建星在斗上，是月昏旦時，皆中於南方。○茆泮林曰：「朱子謂：呂『弧作孤』。今本作『弧』。」其日甲乙，其帝太皞，其神句芒，其蟲鱗，其音角，律中夾鐘，夾鐘，陰律也。是月，萬物去陰，夾陽而生，故竹管音中夾鐘也。○畢沅曰：「盧云：『案注舊本作「去陽夾陰」，訛。淮南注作「去陰夾陽，聚地而生」。』今據改正。又初學記引高注云『是月，萬物去陰而生，故候管者中夾鐘』，可以互證。其不并引『竹管』之語者，以正月已用鄭注『管以銅爲之』，故不欲互異也。鐘、鍾得兩通。」其數八，其味酸，其臭羶，其祀户，祭先脾。始雨水，桃李華，自冬冰雪至此，土發而耕，故曰「始雨水」也，桃李之屬皆舒華也。○畢沅曰：「禮記月令作『桃始華』。」蒼庚鳴，鷹化爲鳩。蒼庚，爾雅曰「商庚、黎黃，楚雀」也。齊人謂之搏黍，秦人謂之黄離，幽、冀謂之黄鳥。詩云「黄鳥于飛，集于灌木」，是也。至是月而鳴。鷹化爲鳩，喙正直，不鷙擊也。鳩蓋布穀鳥。○畢沅曰：「爾雅『黎黃』作『鵹黃』，郭璞注『皇，黄鳥』下云：『俗呼黄離留。』淮南注作『秦人謂之黄流離』。此作『黄離』。三者皆可通，無煩補字。」○維遹案：蒼庚即今之黄鸝。此注及揚子方言、郭注爾雅皆誤爲黄鳥之名。詳毛詩傳疏葛覃篇。**天子居青陽太廟，**青陽，東向堂。太廟，中央室。**乘鸞輅，駕蒼龍，載青旂，衣青衣，服青玉，食麥與羊，其器疏以達。**説在孟春。

是月也，安萌牙，養幼少，存諸孤。順春陽，長養幼少，存恤孤寡。萌牙諸當生者不擾動，故曰安。○劉師培曰：「據高注所釋，則『養幼少』二語當在『安萌牙』前，今本乃後人據月令所更。○維遹案：劉説是，淮南正作「養幼少，存孤獨，以通句萌」。又案：注「牙」下「諸」字，疑涉正文而衍。**擇元日，命人社。**元，善也。日，從甲至癸也。社祭后土，所以爲民祈穀也。嫌日有從否，重農事，故卜擇之。○孫先生曰：「月令、淮南『人』竝作『民』，此疑因唐諱而未經改正者。」**命有司，省囹圄，去桎梏，無肆掠，止獄訟。**有司，理官主獄者也。囹圄，法室。省之者，赦輕微也。在足曰桎。在手曰梏。肆，極。掠，笞也。言「無」者，須立秋也。止，禁。

是月也，玄鳥至，至之日，以太牢祀于高禖。玄鳥，燕也。春分而來，秋分而去。傳曰：「玄鳥氏，司啓者也。」周禮媒氏：「以仲春之月合男女，於時也，奔則不禁。」因祭其神於郊，謂之郊禖。郊音與高相近，故或言高禖。王者后妃以玄鳥至日祈繼嗣於高禖。三牲具曰太牢。○畢沅曰：「周禮本作『於是時也，奔者〔一〕不禁』。」**天子親**

〔一〕「者」，原作「走」，據諸子集成本改。

往，后妃率九嬪御，王者一后、三夫人、九嬪、二十七世婦，但后、夫人率九嬪祀高禖耳。御，見天子於高禖中也。乃禮天子所御，帶以弓韣，授以弓矢，于高禖之前。禮后妃之侍見於天子者於高禖祠之前。韣，弓韜也。授以弓矢，示服猛，得男象也。○桂馥曰：「『禮』，蔡氏月令章句作『醴』，云『飲以醴酒』，是也。」

是月也，日夜分，雷乃發聲，始電，分，等，晝夜鈞也。冬陰閉固，陽伏於下，是月陽升，雷始發聲。震氣爲雷，激氣爲電。蟄蟲咸動，開户始出。蟄伏之蟲始動蘇，開蟄之户始出生。○陳昌齊曰：「据注及淮南時則訓，『咸動』下當有『蘇』字。」王念孫、沈濤説同。先雷三日，奮鐸以令于兆民曰：「雷且發聲，鐸，木鈴也。金口木舌爲木鐸，金舌爲金鐸，所以振告兆民，使知將雷也。有不戒其容止者，生子不備，必有凶災。」有不戒慎容止者，以雷電合房室者，生子必有瘖躄通精狂癡之疾，故曰「不備必有凶災」。○畢沅曰：「『通精』未詳。」○嚴元照曰：「此與淮南時則注同，惟『躄』作『聾』。釋名釋疾病云『眸子明而不正曰通視』，蓋即通精之謂。後漢書梁冀傳『洞精矘眄』，章懷注：『洞猶通也。』」日夜分則同度量，鈞衡石，角斗桶，正權概。度，尺丈也。量，鬴鐘也。鈞，銓。衡石，稱也。石，百二十斤。角，平。斗桶，量器也。稱錘曰權。概，平斗斛者。令鈞等也。○畢沅曰：「月令『角斗甬』，桶與甬通用。史記商君傳『平斗桶』，鄭康成音勇，小司馬音統。淮南作『稱』，亦桶之訛。李善注文選陸佐公新刻漏銘引作『角升桶』，升字誤。」

是月也，耕者少舍，少舍，皆耕在野，少有在都邑者也。尚書曰「厥民析」，散布在野。傳曰「陰陽分布，震雷出滯，土地〔一〕不備墾，辟在司寇」之謂也。○俞正燮曰：「少於古語爲小，謂小小閒止耳。且少在都邑語亦不辭。月令『命農勉〔二〕作，毋休於都』，在孟夏之月。」**乃修闔扇，寢廟必備，**闔扇，門扇也。民所由出，故治之也。寢以安身，廟以事祖，故曰必無墮頓也。○畢沅曰：「『必』，月令作『畢』，古通用，注自從『必』字作解。」**無作大事，以妨農功。**大事，兵戈征伐也。○維遹案：注「兵戈」疑是「兵戎」，戈乃戎形之殘。音律篇云「無或作事，以害羣生」，注：「事，兵戎事也。」淮南注：「大事，戎旅征伐之事。」可互證。

是月也，無竭川澤，無漉陂池，無焚山林。皆爲盡類夭物。**天子乃獻羔開冰，先薦寢廟。**開冰室取冰，以治鑒，以祭廟。春薦韭卵。詩云：「二之日，鑿冰沖沖。三之日，納于凌陰。四之日，其早獻羔祭韭。」此之謂也。○畢沅曰：「注『治鑒』二字舊作『鑿』，訛，今據周禮改正。」**上丁，命樂正入舞舍采，**是月上旬丁日，命樂官正率卿大夫之子入學官習舞也。舍猶置也。初入學官，必禮先師，置采帛於前，以贄神也。周禮：「春入學舍采合舞，秋頒學合聲，以六樂之會正舞位。」此之謂也。○畢沅曰：「『入舞舍采』，月令作『習舞釋菜』。鄭注學記『菜謂芹藻之類〔三〕』，與此注異。注『入學官』，各本多作『學宮』，唯李本作『官』。案賈子保傅云『學者所學之官也』，此官蓋謂官寺，正月紀注中正作『學官』。」○梁玉繩曰：「贄帛，古禮也，似勝鄭注。此與周禮春官大胥作『採』，蓋菜、採古通，故月令、

〔一〕「地」，國語無。
〔二〕「勉」，原脱，據禮記補。
〔三〕「類」，禮記注作「屬」。

文王世子作『菜』。又天官『夏採』，釋文『或作菜』。隸釋帝堯碑以『眉八採』爲『八菜』也。鄭司農云：『或曰學者皆人君卿大夫之子，衣服採飾，舍採者，減損解釋盛服，以下其師。』説亦別。」○俞樾曰：「孟春已有『命樂正入學習舞』之文，故月令於仲春止言『命樂正習舞』，不言『入學』，從省也。此不云『習舞』而云『入舞』，文義不足，疑呂氏原文本作『入學習舞』，傳寫奪『學』、『習』二字耳。下云『中丁，又命樂正入學習樂』，『又』字承此而言，是則『學』、『習』二字固不可省也。」**天子乃率三公九卿諸侯親往視之。**常事曰視。○畢沅曰：「月令『諸侯』下有『大夫』。」**中丁，又命樂正入學習樂。**中旬丁日又入學官習樂。樂所以移風易俗、協和民人也。謂六代之樂雲門、咸池、大韶、大護、大夏、大武也。周禮曰：「以樂教和則民不乖。」此之謂也。○畢沅曰：「注『大護』汪本作『大護』，與『濩』竝通用。」

是月也，祀不用犧牲，用圭璧，更皮幣。是月尚生育，故不用犧牲。更，代也，以圭璧代犧牲也。皮幣，鹿皮玄纁束帛也。記曰：「幣帛皮圭，告於祖禰。」此之謂也。○俞樾曰：「『更皮幣』三字當自爲句。周官『女祝掌以時招梗禬禳之事』，注曰：『杜子春讀梗爲更，玄謂梗御未至也。』此文更字即『招梗禬禳』之梗，與杜讀合。正義引蔡氏云『此祀不用犧牲者，祈不用犧牲，謂祈禱小祀也』。然則祀謂祈禱，更謂梗御，其事相近。凡有祈禱之事，不用犧牲而用圭璧。若梗御之事，則止用皮幣而已，以其事尤輕也。當讀云『祀，不用犧牲，用圭璧。更，皮幣』，則得其義矣。」

仲春行秋令則其國大水，寒氣總至，寇戎來征；仲春，陽中也。陽氣長養而行秋金殺戮之令，故寒氣猥至，寇害之兵來伐其國也。**行冬令則陽氣不勝，麥乃不熟，民多相掠；**冬陰肅殺而行其令，陰氣乘陽，陽氣不勝，故麥不成熟，民飢窮，故相劫掠也。**行夏令則國乃大旱，煖氣早來，蟲螟爲害。**夏氣炎陽而行其令，故大旱。火氣熱，故旱熯也。極陽生陰，故蟲螟作害也。蟲食稼心謂之螟。

仲春紀

二曰：聖人深慮天下，莫貴於生。夫耳目鼻口，生之役也。役，事也。○畢沅曰：「有君之者故曰役，觀下文自明。」耳雖欲聲，目雖欲色，鼻雖欲芬香，口雖欲滋味，害於生則止。在四官者止，禁也。四官，耳目鼻口也。不欲，利於生者則弗爲。則不治此四官之欲。○陳昌齊曰：「『在四官者』四字當連下『不欲』二字爲句。『弗』字衍。此即前本生篇『利于性則取之，害于性則舍之』之意也。」俞樾說同。由此觀之，耳目鼻口不得擅行，必有所制。擅，專也。制，制於心也。譬之若官職不得擅爲，爲，作。必有所制。制於君也。此貴生之術也。

堯以天下讓於子州支父，子州支父，古賢人也。○畢沅曰：「舊作『子州友父』，訛。太平御覽八十引作『子州支父』，與莊子讓王篇、漢書古今人表皆合。」子州支父對曰：「以我爲天子猶可也。○孫先生曰：「御覽八十引『猶』下有『之』字，與莊子讓王篇合。」雖然，我適有幽憂之病，方將治之，未暇在天下也。」幽，隱也。詩云：「如有隱憂。」我心不悅，未暇在於治天下。○畢沅曰：「爾雅云：『在，察也。』」天下，重物也，重，大。物，事。而不以害其生，又況於它物乎！它猶異也。惟不以天下害其生者也，可以託天下。託，付。

越人三世殺其君，王子搜患之，王子搜，淮南子〔一〕云「越王翳」也。○畢沅曰：「案竹書紀年，翳之前，唯有不壽見殺。次朱句立，即翳之父也。翳爲子所弒，越人殺其子，立無余。又見弒，立無顓。是無顓之前方可云三世殺其君，王子搜似非翳也。」○梁玉繩曰：「史越世家索隱據樂資以搜爲翳子無顓，當是。」逃乎丹穴。淮南云「山穴」也。越國無君，求王子搜而不得，從之丹穴。王子搜不肯出，越人薰之以艾，乘之以王輿。王子搜援綏登車，仰天而呼曰：「君乎，獨不可以舍我乎！」舍，置也。王子搜非惡爲君也，惡爲君之患也。患，害。若王子搜者，可謂不以國傷其生矣，此固越人之所欲得而爲君也。欲得王子搜爲君也。

魯君聞顏闔得道之人也，使人以幣先焉。顏闔守閭，鹿布之衣，而自飯牛。○陳昌齊曰：「『鹿布』疑作『麤布』，形近而誤也。」○梁履繩曰：「『鹿布』疑『麄布』。」○洪頤煊曰：「鹿即麤字之省。莊子讓王篇作『苴布之衣』，苴即麤字。晏子春秋外篇：『晏子相景公，衣鹿裘以朝。公曰：「夫子之家，若此其貧也？是奚衣之惡也？」』鹿裘亦謂麤裘也。」俞樾説與陳同。

魯君之使者至，顏闔自對之。使者曰：「此顏闔之家邪？」顏闔對曰：「此闔之家也。」使者致幣，顏闔對曰：「恐聽繆而遺使者罪，不若審之。」恐繆誤致幣得罪，故勸令審之。使者還反審之，復來求之，則不得已。顏闔踰坯而逃之，故不得。故若顏

〔一〕「子」，原作「記」，據諸子集成本改。

闔者，非惡富貴也，由重生惡之也。世之人主多以富貴驕得道之人，其不相知，驕，泰也。淮南記曰：「魚相忘乎江湖，人相忘乎道術。」言各得其志，故不相知之也。豈不悲哉！悲於富貴而驕人也。

故曰：道之真以持身，其緒餘以爲國家，以持身之餘緒以治國家。其土苴以治天下。土，瓦礫也。苴，草蒯也。土鼓蒯桴，伊耆氏之樂也。孝經曰「安上治民莫善於禮，移風易俗莫善於樂」，故可以治天下。苴音同鮓。○畢沅曰：「莊子釋文：『土，敕雅反，又音〔一〕如字。苴，側雅反。』觀此注意，土自作『如』字讀。」○王念孫曰：「注蒯當爲蔛，草蔛即草芥。『土鼓蒯桴』以下，疑後人所加。」○孫鏘鳴曰：「土苴，輕賤之物也。緒餘以治國家，土苴以治天下，言天下國家不如身之爲貴，而以治身之餘治之，二語意同。注謂『土鼓蒯桴』可以治天下，非。」由此觀之，帝王之功，聖人之餘事也，聖人治之，優有餘裕，故曰「餘事」。非所以完身養生之道也。堯、舜、禹、湯之治天下，黎黑瘦瘠，過家門而不入，故曰「非所以完身養生之道」，趨濟民而已。○畢沅曰：「趨與取同，如楊子『取爲我』、史記酷吏傳『取爲小治』之意相似。」○梁玉繩曰：「趨讀曰促，言急于濟民。」今世俗之君子，危身棄生以徇物，徇猶隨也。彼且奚以此之也？此，此物也。之，至也。彼且奚以此爲也？彼，謂今世俗人。云君子優之也，何以物爲也。○陶鴻慶曰：「高注云：『此，此物也。之，至也。』義殊未明。之當訓爲往。上句此字指身言，下句此字指物言。上文云『今世俗之君子，危身棄生以徇物』，此文承之，言彼何用此身往？又何用此物爲也？論語公冶

〔一〕「音」，原脱，據釋文補。

長篇『魯無君子者，斯焉取斯』，邢疏云：『斯子賤安得取斯君子之德行〔一〕而學行之。』莊子列禦寇篇『彼故使彼』，郭注云：『彼有彼性，故使習彼。』兩文同而各有所指，古文行文，原有此例。下文云：『凡聖人之動作也，必察其所以之與其所以爲。今有人於此，以隋侯之珠彈千仞之雀，世必笑之。是何也？所用重，所要輕也。』珠謂所以之，雀謂所以爲，明此文兩『此』字非專指物言也。」

凡聖人之動作也，必察其所以之之，至也。**與其所以爲。**爲，作也。**今有人於此，以隨侯之珠彈千仞之雀，世必笑之。是何也？所用重，所要輕也。**重，謂隨侯珠也。要，得也。輕，謂雀也。○維遹案：白帖七、又十四引「重」下竝有「而」字。莊子讓王篇同。**夫生豈特隨侯珠之重也哉！子華子曰：「全生爲上，**子華子，古體道人。無欲，故全其生。長生是行之上也。○汪中曰：「先己、誣徒、知度、明理諸篇並引子華子語。審爲篇載子華子與韓昭釐侯同時，据此，則孔子不及見之矣。或謂即程子，孔子遇之于道者，未知所據。」**虧生次之，**少虧其生，和光同塵，可以次全生者。**死次之，**守死不移其志，可以次虧生者。**迫生爲下。」**迫，促也。促欲得生，尸素寵禄，志不高潔，人之下也。**故所謂尊生者，全生之謂。**於身無所虧，於義無所損，故曰「全生」。**所謂全生者，六欲皆得其宜也。**六欲，生、死、耳、目、口、鼻也。**所謂虧生者，六欲分得其宜也。**分，半也。**虧生則於其尊之者薄矣。其虧彌甚者也，其尊彌薄。**彌，益。**所謂死者，無有**

〔一〕「之德行」，原脱，據論語注疏補。

所以知，復其未生也。死君親之難，義重於生，視死如歸，故曰「無有所以知，復其未生也」。○陶鴻慶曰：「『以知』二字誤倒，『無有所知』爲句，『以』字屬下爲句，言死君親之難者但知爲義，其於六欲無有所知，以復其未生時之本性也。今本倒『以』字則不可通，蓋涉上文『所以之』、『所以爲』而誤耳。」又曰：「下文云『凡六欲者，皆知其所甚惡，而必不得免，不若無有所以知。無有所以知者，死之謂也』，兩『以』字亦衍文，即襲此文之誤。」所謂迫生者，六欲莫得其宜也，皆獲其所甚惡者，服是也，辱是也。服，行也。行不義，是故辱。○陶鴻慶曰：「高注非。服當解爲屈服。管子任法篇『服約卑敬』，尹注云：『屈服隱約也。』是也。心劫制於情欲則屈服而不能自主。服與辱義相近，皆人之所甚惡也。」辱莫大於不義，故不義，迫生也，不能蹈義而死，迫於苟生。語曰：「水火吾見蹈死者矣，未見蹈仁而死者也。」而迫生非獨不義也，故曰迫生不若死。迫，促。急於苟生不仁義，不如蹈仁義死爲貴。奚以知其然也？耳聞所惡，不若無聞。目見所惡，不若無見。故雷則揜耳，電則揜目，此其比也。凡六欲者，皆知其所甚惡，而必不得免，不若無有所以知。無有所以知者，死之謂也，故迫生不若死。嗜肉者，非腐鼠之謂也。嗜酒者，非敗酒之謂也。尊生者，非迫生之謂也。

貴生

三曰：天生人而使有貪有欲。欲有情，情有節，節，適也。聖人修節以止欲，○舊校云：「『止』一作『制』。」○劉師培曰：「修爲循之譌。」故不過行其情也。不過其適。故耳之欲五聲，目之欲五色，口之欲五味，情也。此三者，貴賤愚智賢不肖欲之若一，三謂耳、目、口也。一猶等也。雖神農、黄帝其與桀、紂同。有天下同也。○畢沅曰：「此足上文『欲之若一』耳。」聖人之所以異者，得其情也。聖人得其不過節之情。由貴生動則得其情矣，不由貴生動則失其情矣。失其不過節之情。此二者，死生存亡之本也。聖人得其情，亂人失其情。得情生存，失情死亡，故曰生死存亡之本。

俗主虧情，故每動爲亡敗。俗主，凡君也。敗，滅亡也。○陳昌齊曰：「亡字蓋因注文而衍。」王念孫説同。耳不可贍，目不可厭，口不可滿，身盡府種，筋骨沈滯，血脈壅塞，九竅寥寥，曲失其宜，府，腹疾也。種，首疾也。極三關之欲，以病其身，故九竅皆寥寥然虚，曲過其適，以害其性也。○畢沅曰：「孫云：『案玉篇：「疛，除又切，心腹疾也。」引此作「身盡疛種」，然則府字誤也。後盡數篇亦同此誤。』盧云：『案盡數篇「鬱處頭則爲腫爲風，處腹則爲張爲府」，府當爲疛，玉篇之説可從。』此處注雖以復疾、首疾分解，而種之爲首疾亦當作腫。此云『身盡府種』，則舉全體言之，又何必分腹與首邪？案西山經云『竹山有艸，名曰黄藋，可以已疥，又可以已胕』，郭氏注云：『治胕腫也，音符。』此府種即胕腫，字假借耳。錢學源云：『素問五常政大論「少陽司天」有「寒熱胕腫」，「太陽司天」亦有「筋脈不利，甚則胕腫」之語。』」○維遹案：「府種」，御覽七百三十九引作「疛腫」。雖有彭祖，猶不能爲也。彭祖，殷之賢臣，治性清靜，不欲於物，蓋壽七百歲，論語所謂「述而不作，信而好古，竊比於我老彭」，是也。言雖彭祖之無欲，不能化治俗主，使之無欲，故曰「雖有彭祖，猶不能爲」。○梁玉繩曰：「執一、爲欲二篇注同。案彭祖乃彭姓之祖，生當高陽時，歷及唐、虞，老彭其後裔，是殷初人也。人表列彭祖二等，老彭三等，此仍莊子大宗師誤合爲一。詳余所著人表攷二。鄭康成解論語『老彭』爲老聃、彭祖，亦非。至孫履齋示兒編解『老彭』爲『老子之側』，謂『彭』當作『旁』，則失之鑿矣。」**其於物也，不可得之爲欲，**貴不可得之物，寶難得之貨，此之謂欲，故曰「爲欲」。**不可足之爲求，**規求無足，不知紀極，不可盈厭，此之爲求，故曰「爲求」。○楊樹達曰：「『不可得之爲欲，不可足之爲求』，乃『欲不可得，求不可足』之倒文。此與孟子『惟弈秋之爲聽』、荀子不苟篇『唯仁〔一〕之爲守，唯義之爲行』及禮論篇『生之爲見，利之爲見』句例相同，高注未得其義。」**大失生本，**老子曰「出生入死」，故曰「大失生本」。**民人怨謗，又樹大讎，**俗主求欲，民人皆怨而謗訕，如仇讎也。○陳昌齊曰：「据注，『又』當作『如』。」**意氣易動，蹻然不固，**蹻謂乘蹻之蹻，謂其流行速疾不堅固之貌，故其志氣易動也。○畢沅曰：「注疑是『讀乘蹻之蹻』。禹山行乘橇，亦作蹻，類篇云『以鐵如錐，施之履下』，音脚，亦音喬。」**矜勢好智，胸中欺詐，**矜大其寵勢，好尚其所行，自謂爲智，胸臆之中，欺詐不誠，所行暴虐，猶語民言恩惠也。○維遹案：注「勢」字原作「契」，陳昌齊云：「契當作勢。」案張本正作勢，今據改。誣徒篇注有「矜大其權勢」之語。**德義之緩，邪利之急，**緩猶後，急猶先。○維遹案：之猶是也。本書之作是解，類多若此。**身以困窮，雖後悔之，尚將奚及？**困猶危。奚，何也。**巧佞之近，端直之遠，**巧佞者親近之，正直者疏遠之。**國家大危，悔前之過，猶不可反。**反，見。○畢沅曰：「注疑是『反，復』。」○維遹案：注「見」字當作「易」，形近之誤。誣徒篇云「以簡則有相反」，注：「反，易。」是其證。張本作「反，還」，亦通。**聞言而驚，不得所由，**所行殘暴，聞將危敗滅亡之言而乃始驚怖，行不仁不義之所致也，故曰「不得所由」。由，用也。**百病怒**

〔一〕「仁」，原作「行」，據荀子改。

起，亂難時至，以此君人，爲身大憂，此非恤民之道，故「身大憂」。耳不樂聲，目不樂色，口不甘味，與死無擇。聲色美味，死者所不得説，人不能樂甘之，故曰「與死無擇」。擇，别也。

古人得道者，生以壽長，體道無欲象天，天予之福，故必壽長，終其性命。○孫先生曰：「『人』疑『之』字草書之譌，下文云『故古之治身與天下者必法天地也』，文例正同。」聲色滋味，能久樂之，奚故？論早定也。體道者生而能行之，故曰「論早定」。論早定則知早嗇，嗇，愛。知早嗇則精不竭。愛精神，故不竭。秋早寒則冬必煗矣，春多雨則夏必旱矣，天地不能兩，而況於人類乎！人之與天地也同，同於不能兩也。萬物之形雖異，其情一體也，體，性也。情皆好生，故曰「一體」。故古之治身與天下者必法天地也。法，象也。

尊酌者衆則速盡，尊，酒也。酌挹之者多，故酒遬盡也。○畢沅曰：「揖與挹同。」○維遹案：許本、張本竝作挹。萬物之酌大貴之生者衆矣，萬物酌揖陰陽以生。陰陽諭君。大貴君者，愛君之德以生者衆也。○畢沅曰：「注『愛』疑是『受』。」梁仲子云：「『朱本作萬物酌君之德以生者衆也。』」○陶鴻慶曰：「案高注及朱本，則正文『之生』當爲『以生』，涉下文『故大貴之生常速盡』而誤。」○楊樹達曰：「此言酌尊者衆則尊速盡，酌大貴之生者衆則大貴之生速盡，文至明白易解。高注竟不得其義，朱本則據高説妄删耳，陶乃據以校改本文，可謂大謬，改『之』爲『以』，尚可通乎！」故大貴之生常速盡。非徒萬物酌之也，酌取之也。又損其生以資天下之人，資猶給。而終

不自知，知猶覺也。**功雖成乎外而生虧乎內，**幽通記曰「張修襮而內逼」，故曰生虧〔一〕乎內。○畢沅曰：「班固幽通賦有此語。此與必己篇注皆作『幽通記』，當仍之。張謂張毅，事見莊子、淮南。『修襮』舊作『循襮』，今依後注，與班賦合。」**耳不可以聽，目不可以視，口不可以食，**○畢沅曰：「此下舊提行，今案中間文亦無缺，豈注有脱邪？」**胸中大擾，妄言想見，臨死之上，顛倒驚懼，不知所爲，用心如此，豈不悲哉！**悲情欲而不知所爲用心之人。○李寶洤曰：「王充論衡訂鬼篇：『凡人不病則不畏懼，故得病寢衽，畏懼鬼至，畏懼則存想，存想則目虛見。』此之謂『妄言想見，臨死之上，顛倒驚懼』也。」○維遹案：安死篇注：「上，前也。」

世人之事君者，皆以孫叔敖之遇荊莊王爲幸。孫叔敖，楚令尹，薳賈之子也。○畢沅曰：「近時毛檢討大可辨叔敖非楚公族，竝非薳氏，乃期思之鄙人。盧云：『竊案左氏宣十二年傳，隨武子云「薳敖爲宰，擇楚國之令典，軍行右轅」云云，而〔二〕「令尹南轅反旆」，又云「王告令尹改乘轅而北之」，是薳敖即令尹孫叔敖，軍事皆主之。前一年「令尹薳艾獵城沂」，比年之間，楚令尹不聞置兩人，知分篇雖有「孫叔敖三爲令尹而不喜，三去令尹而不憂」之語，乃是子文之事誤記耳，況在軍中必無輕易廢置之理，其爲一人，無可疑者。與其信諸子，不如信傳。』」**自有道者論之則不然，此荊國之幸。**言孫叔敖賢，能事君以道，致之於霸，荊國得之，幸也。○維遹案：「有道」下原脱「者」字，

〔一〕「生虧」，原作「虧生」，據正文乙。
〔二〕「而」，原作「下」，據諸子集成本改。

陳昌齊云「元刻劉節軒校本有者字」，案許本、姜本、張本、李本亦有者字，今據增。**荆莊王好周遊田獵，馳騁弋射，歡樂無遺，**遺，廢。**盡傳其境内之勞與諸侯之憂於孫叔敖。**事功曰勞。盡俾付孫叔敖，使憂之也。○畢沅曰：「傳與付通。舊作『傳』，誤，錢校改。」○維遹案：「傳」各本均作「傳」，惟宋邦乂本作「傳」，畢不知引，疏矣。**孫叔敖日夜不息，不得以便生爲故，**休息也。不得以便利生性故不休息也。○陶鴻慶曰：「故，事也。言不得以便生爲事。高注非是。節喪篇『不以便死爲故』，注云：『故，事。』斯爲得之。」**故使莊王功迹著乎竹帛，傳乎後世。**莊王之霸功傳於後世，乃孫叔敖之日夜不息以廣其君，君德之所以成也。○俞樾曰：「此下竟無一語，則文義未足，疑上文『功雖成乎外』至『豈不悲哉』五十三字當在此下，傳寫者誤移置於前耳。」

情欲

四曰：墨子見染素絲者而歎墨子，名翟，魯人，作書七十一篇。○維遹案：注「一」字原作「二」，改從許本、張本、姜本，與漢志合。**曰：「染於蒼則蒼，染於黄則黄，所以入者變，其色亦變，五入而以爲五色矣，**一入一色。**故染不可不慎也。」**

非獨染絲然也，○畢沅曰：「『然』舊作『紗』，今據墨子所染篇改正。」○維遹案：百家類纂引亦作「然」。此篇與墨子相同處詳墨子閒詁，不煩轉引。**國亦有染。舜染於許由、伯陽，**舜，顓頊五世之孫，瞽瞍之子也，名重華。許由，陽城人，堯聘之不至。伯陽，蓋老子也，舜時師之者也。○梁玉繩曰：「舜之祖幕出顓頊，其世次無考。史記以舜爲顓頊七世孫，本于大戴禮，已不可信。此言五世，又不知何據。禮祭法疏引春秋命歷序云顓頊傳二十世（詩生民、左文十六疏引作九世），帝嚳傳十世（左疏作八世），安得舜與顓頊止七世、五世乎？老子名耳，字聃，非字伯陽也。伯陽父乃周幽王大夫，論三川竭，見國語。今本史記老子傳有『字伯陽』三字，乃後人竄入者，索隱辨之矣。此伯陽別是一人，爲舜七友之一，人表及陶潛四八目可證。高以伯陽爲老子，舜師之，重言篇又以老耽爲論三川竭之伯陽，孔子師之，豈不謬哉！」**禹染於皋陶、伯益，**禹，顓頊六世孫，鯀之子也，名文命。伯益，皋陶之子也。○畢沅曰：「皋陶子乃伯翳，非益也。益乃高陽之第三子，名隤敳者。路史有辨，甚明。」○梁玉繩曰：「漢律歷志謂，鯀，顓頊五世孫，故此云六世，然未確，不如吳越春秋無余外傳言『顓頊之後』爲得也。皋、益同族而異支，皋之父微不著，益之父但傳大業而已。自列女傳謂皋子佐禹，曹大家注以皋子爲伯益，鄭詩譜、潛夫論志氏姓及高注竝因之，殊難依據。而伯翳即伯益，不得爲兩人。隤敳乃高陽第二子，亦非伯益。路史妄引水經洛水注附會尤不足信。辨見余所著史記志疑十九。」沈赤然說略同。**湯染於伊尹、仲虺，**湯，契後十二世孫主癸之子也，名天乙。伊尹，湯相，詩云「實爲阿衡，實左右商王」；仲虺，居薛，爲湯之左相，皆賢德也。孟子曰：「王者師臣也。」○畢沅曰：「當出外書，或約與景丑語。」**武王染於太公望、周公旦。**武王，周文王之子，名發。太公望，河內汲人也，佐武王伐紂，成王封之於齊。周公旦，武王之弟也，輔成王，封之於魯。○畢沅曰：「梁伯子云：『齊、魯皆武王所封，此與長見篇注同誤。』」**此四王者所染當，故王天下，**所從染得其人，故曰當。**立爲天子，功名蔽天地，**蔽猶極也。**舉天下之仁義顯人必稱此四王者。**稱美其德以爲喻也。○陳昌齊曰：「『喻』當作『則』。」**夏桀染於干辛、歧踵戎，**桀，夏后皋之孫，癸之子也。干辛、歧踵戎，桀之邪臣。○畢沅曰：「『干辛』舊本作『羊辛』，知度篇亦同。案墨子及古今人表、抱朴子良規篇與此書慎大篇皆作『干辛』，説苑尊賢篇作『干莘』，今據改正。又『岐踵戎』，墨子及諸書多作『推哆』，亦作『推侈』。」○梁玉繩曰：「『岐踵戎與推哆未必是一人。」**殷紂染於崇侯、惡來，**紂，帝乙之子，名辛。崇，國，侯爵，名虎。惡來，嬴姓，飛廉之子，紂之諛臣。○畢沅曰：「案書稱商王受，或云字受德，亦見書及逸周書。此云名辛，與史同。」○梁玉繩曰：「受、紂音近。『辛』，以甲乙爲名也。」**周厲王染於虢公長父、榮夷終，**厲王，周夷王之子，名胡。虢、榮，二卿士也。傳曰：「榮夷公好專利而不知大難。」○梁玉繩曰：「『終』疑『公』字之譌。或曰：『終，其名。』」○汪遠孫曰：「書序『王俾榮伯』，馬融注云：『榮伯，周同姓，畿内諸侯，爲卿大夫也。』是榮爲周同姓之國也。夷公名終，亦見墨子所染篇。」**幽王染於虢公鼓、祭公敦。**幽王，周厲王之孫，宣王之子，名官皇。虢公、祭公，二卿士也。傳曰：「虢石父，讒諂巧佞之人也，以此教王，其能久乎！」○畢沅曰：「墨子作『染於傅公夷、蔡公穀』。注『官皇』，諸書多作『宫涅』。梁伯子云：『當從劉恕外紀、子由古史作「宫湦」。史記集解徐廣曰：「一作生。」惟名湦，故又作「生」也。』」**此四王者所染不當，故國殘身死，爲天下僇，**不當者，不得其人。僇，辱也。**舉天下之不義辱人必稱此四王者。**稱其惡以爲戒也。**齊桓公染於管仲、鮑叔，**桓公，齊僖公之子，名小白。管、鮑其二卿也。**晉文公染於咎犯、郄偃，**文公，晉獻公之子，名重耳。咎犯、郄偃者，其二大夫。○畢沅曰：「郄乃郤之俗字。墨子作『高偃』，御覽六百二十作『郭偃』。」○梁玉繩曰：「『郤偃』無其人，『郤』乃『郭』之譌。高與郭，聲之轉，即卜偃也。」○朱亦棟曰：「『郤』乃『郭』之形譌。晉語：『文公問於郭偃曰：「始也吾以國爲易，今也難。」對曰：「君以爲易，其難也將至矣。君以爲難，其易也將至矣。」』」汪遠孫説同。**荆莊王染於孫叔敖、沈尹蒸，**莊王，楚穆王之子，名旅。孫、沈其二大夫。○維遹案：「蒸」當作「筮」。尊師篇云「楚莊師孫叔敖、沈尹巫」，高注彼「沈縣大夫」，察賢篇作「沈尹筮」。贊能篇作「沈尹莖」，「莖」亦爲「筮」誤，渚宫舊事引正作「筮」。**吴王闔廬染於伍員、文之儀，**闔廬，吴王夷昧之子，名光。伍、文其二大夫。○畢沅曰：「『文』舊本訛作『父』，今據尊師篇改正。墨子作『文義』。」**越王句踐染於范蠡、大夫種。**句踐，允常之子。范蠡，楚三户人也，字少伯。大夫種，姓文氏，字禽，楚之鄒人。○畢沅曰：「越絶云：『范蠡始居楚，生於宛橐或伍户之虚。』『伍户』疑即『三户』。它書引吴越春秋有云：『文種爲宛令，之三户之里見蠡。』案鄒是時尚未屬楚，尊師篇注又作『楚鄞人』，皆誤，當作楚之郢人。錢詹事曉徵云：『太平寰宇記江陵府人物云「文種，楚南郢人」，此必本於高氏注，北宋本猶未譌也。種本楚郢人，故得爲宛令。若鄒若鄞，皆非楚地矣。王伯厚引呂覽注以種爲鄞人，則南宋本已誤。然虞仲翔、朱育歷數會稽先賢，初不及種，乾道四明圖經、寶慶四明志叙人物亦無及種者，當依寰宇記改正。』」○梁玉繩曰：「文選陸機豪士賦序注引吴越春秋曰：『文種者，本〔一〕楚南郢人。』」**此五君者所染當，故霸諸侯，功名傳於後世。范吉射染於張柳朔、王生，**吉射，晉范獻子鞅之子昭子也。張柳朔、王生二人者，吉射家臣也。○畢沅曰：「墨子作『長柳朔、王胜』。」**中行寅染於黄藉秦、高彊，**寅，晉大夫中行穆子之子荀子也。黄藉秦、高彊其家臣。高彊，齊子尾之子，奔晉爲中行氏之臣。○畢沅曰：「墨子無『黄』字。」○梁玉繩曰：「『黄』字宜衍。」

〔一〕「本」，原脱，據文選注補。

注中『荀子』當作『荀文子』，中行寅即荀寅，亦稱中行文子也。」俞樾説同。**吴王夫差染於王孫雄、太宰嚭，**夫差，吴王闔廬子也。雄與嚭二人其大夫也。嚭，晉伯宗之孫，楚州犂之子。○畢沅曰：「『王孫雄』，墨子作『王孫雒』，越絶、吴越春秋皆作『王孫駱』，説苑作『公孫雒』，國語舊本亦作『雒』。宋庠補音從史記定作『雄』，且爲之説曰：『漢改洛爲雒，疑洛字非吴人所名。』今案宋説誤也。『有駵有雒』，見於魯頌。春秋文八年經書『公子遂〔一〕會雒戎』，傳作『伊雒之戎』。宣三年傳『楚子伐陸渾之戎，遂〔二〕至於雒』。漢書宏農郡上雒，非後漢時始改也。今不若各從本書爲得。」○梁玉繩曰：「『雄』當作『雒』，今本譌『雄』，困學紀聞六引吕是『雒』也。駱、雒古通。」又曰：「左傳定四年『伯州犂之孫嚭』，越絶、吴越春秋、杜世族譜竝同。此與國語韋注謂嚭是州犂子，重言注亦同，未知孰是。」○維遹案：據左定四年傳、史記吴世家、伍子胥傳，嚭爲伯宗之子，州犂之孫。此注「孫」、「子」二字當互易。**智伯瑶〔三〕染於智國、張武，**智瑶，宣子申〔四〕之子襄子也。國、武二人其家臣。**中山尚染於魏義、椻長，**尚，魏公子牟之後，魏得中山以邑之也。義、長其二臣也。○畢沅曰：「『椻』，墨子作『偃』。」**宋康王染於唐鞅、田不禋。**唐、田，宋康王之二臣。○畢沅曰：「荀子解蔽篇楊倞注亦作『田不禋』。古今人表作『田不禮』，御覽亦同。墨子作『佃不禮』。」**此六君者所染不當，故國皆殘亡，身或死辱，宗廟不血食，絶其後類，君臣離散，民人流亡，舉天下之貪暴**

〔一〕〔二〕「遂」原作「逐」，據諸子集成本改。
〔三〕「瑶」，原脱，據諸子集成本補。
〔四〕「申」，原作「甲」，據四部叢刊本改。

可羞人必稱此六君者。○劉師培曰：「『可羞』疑當作『苛擾』，與墨子同。」凡爲君，非爲君而因榮也，非爲君而因安也，以爲行理也。○維遹案：任數篇注：「理，道也。」行理生於當染，故古之善爲君者，勞於論人論猶擇也。而佚於官事，得其經也。經，道。不能爲君者，傷形費神，愁心勞耳目，國愈危，身愈辱，不知要故也。愈，益也。益危辱者，不知所行之要約也。不知要故則所染不當，所從染不得其人也。○王念孫曰：「此『故』字疑因上文而衍。墨子作『不知要者，所染不當也』。」俞樾説同。所染不當，理奚由至？至猶得也。六君者是已。六君者，非不重其國、愛其身也，所染不當也。存亡故不獨是也，帝王亦然。爲帝王者亦當知所從染也。○俞樾曰：「上文舜、禹、湯、武皆帝王也，帝王之事已見上文，何以又出此四字？下文所言孔子、墨子皆非帝王，與此不相應，且既言『帝王亦然』，而下即繼之曰『非獨國有染也』兩句亦不相屬，義殊可疑。據墨子所染篇云『非獨國有染也，士亦有染』，疑此『帝』字爲衍文，『王』乃『士』字之誤。呂氏原文本云『士亦然，非獨國有染也』，蓋即用墨子之意而倒其文耳。下文言孔子、墨子事而總之曰『此二士者無爵位以顯人，無賞禄以利人，舉天下之顯榮者必稱此二士也』，『士』字正與此應。因『士』誤爲『王』，後人遂臆加『帝』字耳。」

非獨國有染也，孔子學於老聃、孟蘇、夔靖叔；三人皆體道者，亦染孔子。○梁玉繩曰：「孟、夔二人，他書未見。」魯惠公使宰讓請郊廟之禮於天子，惠公，魯孝公之子，隱公之父。桓王使史角往，惠公止之，止，留。○梁玉繩曰：「『桓』當作『平』。惠公卒于平王四十八年，與桓王不相接。竹書請禮在平王四十二年。」其後在於魯，墨子學焉。其後，史角之後也，亦染墨翟。○宋翔鳳曰：「漢書藝文志：『墨家者流，蓋出於清廟之守。』（隋經籍志亦作『清廟之守』。案『守』疑『官』字之誤。）魯請郊廟禮，而王使角往，則正是清廟之官。藝文志墨家有尹佚二篇，佚即史佚，角蓋佚之後。」此二士者無爵位以顯人，無賞禄以利人，二士，謂孔子、墨翟。舉天下之顯榮者必稱此二士也。稱，説也。皆死久矣，從屬彌衆，弟子彌豐，充滿天下，彌，益。豐，盛也。言二士之徒，顯榮者益盛散布，故曰「充滿天下」。○孫詒讓曰：「『從』當作『徒』，形近而誤。有度篇云『孔、墨之弟子徒屬充滿天下』，墨子非儒篇云『其徒屬弟子皆效孔某』，皆弟子與徒屬竝舉之證。」王公大人從而顯之，有愛子弟者隨而學焉，無時乏絶。子貢、子夏、曾子學於孔子，田子方學於子貢，段干木學於子夏，吴起學於曾子。禽滑鬣學於墨子，許犯學於禽滑鬣，○畢沅曰：「梁仲子云：『疑當作「禽滑氂」。列子湯問篇、莊子天下篇、説苑反質篇皆作「氂」字。此書尊師篇作「禽滑黎」，列子楊朱篇作「禽骨氂」，人表作「禽屈氂」，列子殷敬順本亦同。』」田繫學於許犯。孔、墨之後學顯榮於天下者衆矣，不可勝數，皆所染者得當也。

當染

五曰：由其道，功名之不可得逃，淮南記曰「人甘非正爲蹠也，蹠而焉往」，故曰「不可得逃」。○畢沅曰：「繆稱訓曰：『人之甘甘，非正爲蹠也，而蹠焉往。』彼注云：『臣之死君，子之死父，非以求蹠蹠〔一〕也。』『而蹠焉往』，『言蹠乃往至也』。彼後又注云：『蹠，願也。』」**猶表之與影，若呼之與響。**影，晷也。行則晷隨之，呼則響應之，推此言之，故功名何可得逃也。**善釣者，出魚乎十仞之下，餌香也。**七尺曰仞。下猶底也。**善弋者，下鳥乎百仞之上，弓良也。**弋，繳射之也。詩云：「弋鳧與鴈。」下猶隕也。**善爲君者，蠻夷反舌殊俗異習皆服之，德厚也。**東方曰夷，南方曰蠻，其在四表皆爲夷也。戎、狄言語與中國相反，因謂反舌。一説南方有反舌國，舌本在前，末倒向喉，故曰「反舌」。○畢沅曰：「注『舌本』舊脱『舌』字，孫據李善注文選陸佐公石闕銘補。」○梁玉繩曰：「反舌即鴃舌。注中二説恐非。爲欲注祇載前説。」**水泉深則魚鼈歸之，樹木盛則飛鳥歸之，**○維遹案：「樹木」原作「樹本」，陳昌齊云：「元刻劉節軒校本『樹本』作『樹木』，據逸周書大聚解云『泉深而魚鼈歸之，草木茂而鳥獸歸之』，則木字是。」案各本皆作「木」，御覽九百五十二引同，此爲畢本刻誤，今據正。**庶草茂則禽獸歸之，人主賢則豪桀歸之。**才過百人曰豪，千人曰桀。**故聖王不務歸之者，而務其所以歸。**務人使歸之，末也；而務其所行可歸，本也，故曰「務其所以歸」也。○維遹案：注「人使」治要引作「使人」，是也。

彊令之笑不樂，彊令之哭不悲，無其中心，故不樂不悲。○孫先生曰：「意林、御覽三百九十一引正文二『不』字上竝有『則』字。注『無其中心』，意林作『不由中心』，於義爲長。御覽引正文『不悲』下有『不由中心也』五字，蓋

〔一〕「蹠蹠」，原作「蹠」，據淮南鴻烈解補。

注語之錯入正文者。」彊令之爲道也，可以成小而不可以成大。虛稱可以僞制〔一〕，顯實難以詐成。虛小實大也，故曰「不可以成大」也。缶醯黃，蜹聚之，有酸，黃，美也。黃故能致酸，酸故能致蜹。○俞樾曰：「此當作『缶醯黃有酸，蜹聚之』。有讀爲又，言黃而又酸，故蜹聚之也。高注云云，可知『有酸』二字本在『蚋聚』之上矣，當據以訂正。」○吴先生曰：「齊民要術有作黃衣黃蒸法，作酢則有下黃衣法，此黃即所謂黃衣也。醯有黃則蜹聚，以有酸故，文義易了，俞校似不可從。」徒水則必不可。水無酸，故不可以致蜹也。以貍致鼠，以冰致蠅，雖工不能。不能致也。以茹魚去蠅，蠅愈至，茹讀茹船漏之茹字。茹，臭也。愈，益也。○畢沅曰：「易既濟六四『繻有衣袽』，子夏易作『茹』。又通作『帤』，韻會引黃庭經云：『人間紛紛臭如帤。』」不可禁，禁，止也。○畢沅曰：「孫云：『李善注文選左太沖魏都賦引「以茹魚驅蠅，蠅愈至而不可禁」。』」○維遹案：楚辭離騷篇洪興祖補注引與選注同，蓋唐、宋人所見吕覽與今本不同。以致之之道去之也。致之者茹也，去之不可也。桀、紂以去之之道致之也，去之，殘暴也。以致暴之道致治，不治也。罰雖重，刑雖嚴，何益！淮南記曰：「急轡利錣〔二〕，非千里之御也。」嚴刑峻法，非百王之治也，故曰「何益」。

大寒既至，民煖是利。大熱在上，民清是走。○維遹案：有度篇注：「清，寒。」清又與清通，詳

〔一〕「僞制」，四部叢刊本作「爲致」，審應作「僞致」。

〔二〕「利錣」，淮南鴻烈作「數策」。

宋翔鳳過庭録。**是故民無常處，見利之聚，無之去。**處，居也。去，移也。○王念孫曰：「治要『無』下有『利』字。之猶是也。」**欲爲天子，民之所走，不可不察。**察猶知也。**今之世，至寒矣，至熱矣，而民無走者，取則行鈞也。**鈞，等也。等於亂暴也。**欲爲天子，所以示民，不可不異也。**若殷紂暴亂，武王以仁義伐之，故曰「不可不異」。**行不異，亂雖信今，民猶無走。**傳曰：「以化平化謂之治。」以亂止亂，何治之有？故行不異亂，雖欲信利民，無肯歸走也。○陳昌齊曰：「『今』疑作『令』。」○俞樾曰：「高注曰『行不異亂，雖欲信利民，無肯歸走也』，然正文本無『利』字，且既行不異亂矣，又何信利民之有？高注非也。『信』疑『倍』字之誤。上云『今之世，至寒矣，至熱矣，而民無走者，取則行鈞也』，此云『行不異亂，雖倍今，民猶無走』，言雖寒熱加倍於今之世，民猶無可走也。倍、信形似而誤。知士篇『視若是者倍反』，戰國策作『若是者信反』，即其例。」○楊樹達曰：「俞説是也。此當以『行不異』爲句，『行不異』承上句『不可不異』而言。『亂雖倍今』當爲一句。高誘以下皆失其讀。」○維遹案：「今」字李本、黄本作「令」，與陳説合，然終以楊説爲允。**民無走，則王者廢矣，**夫民以王者爲命，王者以民爲本。本無所走、命無所制而不廢者，未之有也。**暴君幸矣，民絶望矣。**無明天子，故暴亂諸侯〔一〕以爲幸也。民無所於救命，故絶望。**故當今之世，有仁人在焉，不可而不此務；**務其仁義。**有賢主，不可而不此事。**事其仁義。**賢不肖不可以不相分，**分猶異也。○畢沅曰：「舊本『異』作『與』，訛，今以上文正之。」○陶鴻慶曰：「作

〔一〕「侯」，原作「諸」，據諸子集成本改。

『與』者是也。正文『不相分』，『不』字誤衍。元文本云『賢不肖不可以相分』，分如分人以財之分，言賢自賢，不肖自不肖，賢不肖之名不可以相分界。高所見本『不』字尚未衍，故注云『分猶與也』。下文『若命之不可易，若美惡之不可移』云云，皆申説此義，而篇末總結之云『名固不可以相分』，是其明證。畢氏不據下文以訂正文之誤，反依正文之誤以改注，失之矣。」**若命之不可易，**命短不可爲使長也。**若美惡之不可移。**堯、舜爲美，桀、紂爲惡，故曰不可移也。**桀、紂貴爲天子，富有天下，能盡害天下之民，而不能得賢名之。**殘義損善曰桀。賤仁多累曰紂。賢主於行，何可虚得。○畢沅曰：「獨斷：『殘人多壘曰桀。殘義損善曰紂。』史記集解作『賊人多殺曰桀』。李石續博物志又作『殘民多疊曰桀』。」**關龍逢、王子比干能以要領之死爭其上之過，**關龍逢，桀忠臣也。王子比干，紂諸父也。爭，諫也。桀、紂皆殺之，故曰「能以要領之死爭其上之過」也。○畢沅曰：「『關龍逢』，如字。李本作『逄』，非。」**而不能與之賢名。**不能致桀、紂使享賢名。若后稷好稼，不能使禾自生。**名固不可以相分，必由其理。**爲善得善名，爲惡得惡名，故曰「必由其理」。

功名〔一〕

〔一〕四部叢刊本「名」下有注「一作由道」。

呂氏春秋集釋卷第三

榮成許維遹學

季春紀第三　盡數　先己　論人　圜道

呂氏春秋訓解　高氏

一曰：季春之月，日在胃，季春，夏之三月。胃，西方宿，趙之分野。是月，日躔此宿。○畢沅曰：「淮南天文訓：『胃，魏之分野〔一〕。』」昏七星中，旦牽牛中。七星，南方宿，周之分野。牽牛，北方宿，越之分野。是月昏旦時，皆中於南方也。其日甲乙，其帝太暤，其神句芒，其蟲鱗，其音角，律中姑洗，姑洗，陽律也。姑，故。洗，新。是月陽氣發生，去故就新，竹管音中姑洗也。○畢沅曰：「注『發』舊本作『養』，訛。初學記引作『是月陽氣發，故去故就新』，今定作『發』字。其『生』字似不誤，仍之。」○劉先生叔雅曰：「淮南子天文篇、時則篇高彼注並作『陽氣養生』，與此注合，未可依類書引文遽改作『發』字。畢校未審，不可從也。」其數八，其味酸，其臭羶，其祀户，祭先脾。桐始華，田鼠化爲鴽，桐，梧桐也，是月生葉，故曰始華。田鼠，鼸鼠也。鴽，鵪，青州謂之鴾母，周

〔一〕「胃，魏之分野」，淮南子注作「昂、畢，一名大梁，趙之分野」。

雒謂之鴽，幽州謂之鶕也。○畢沅曰：「此注多訛脱。夏小正傳云：『田鼠者，嗛鼠也。』爾雅作『鼸』，蓋頰裏藏食之鼠也。注脱『鼸』字，今補。又『鶕』舊訛作『鵲』，『鴾母』訛作『鴹鴹』。案小正傳云：『鴽，鵪也。』爾雅『鴽，鴾母』，郭注云：『鵪也。青州呼鴾母。』列子釋文引夏小正『田鼠化爲鴽』作『鶕』，鶕與鵪、鷂竝同，『鵲』以形近而訛，故定爲『鶕』字。『鴾』亦以形近訛『鴹』，今據郭注改正。鴾母讀爲牟無，説文云：『鴾，牟母也。』」○維遹案：淮南注：「田鼠，鼢鼸鼠也。」劉貴陽説經殘稿謂鼸鼠與鼢鼠有別，高注淮南是。又案：注「生」下「葉」字當作「華」，形近而譌。淮南注正作「華」。**虹始見，萍始生。**虹，螮蝀也，兖州謂之虹，詩曰「螮蝀在東，莫之敢指」，是也。萍，水藻，是月始生。○畢沅曰：「注『虹』舊訛『訂』，謝校改。『萍』，月令作『蓱』，鄭注：『蓱，萍也。』今月令亦作『萍』，誤。」○維遹案：王念孫校本注「萍水藻」改作「萍水薸」。攷王氏校淮南墬形篇亦言今本吕覽注「薸」誤作「藻」。案「萍」一作「蓱」，爾雅釋草注云：「水中浮蓱，江東謂之薸。」王氏蓋本此。**天子居青陽右个，**右个，南頭室也。**乘鸞輅，駕蒼龍，載青旂，衣青衣，服青玉，食麥與羊，其器疏以達。**説在孟春。**是月也，天子乃薦鞠衣于先帝。**周禮司服章曰：「王祀昊天上帝則服大裘而冕，祀五帝亦如之。」又内司服章王后之六服有菊衣，衣黄如菊花，故謂之菊衣。春王東方，色皆尚青，此云「薦菊衣」，誘未達也。○畢沅曰：「内司服鄭注云：『鞠衣，黄桑服也，色如麴塵，象桑葉始生。』蓋后妃服以躬桑者。」**命舟牧覆舟，五覆五反，乃告舟備具于天子焉，**舟牧，主舟官也。是月天子將乘舟始漁，恐有穿漏，反覆視之，五覆五反，慎之至也。○陳昌齊曰：「淮南時則訓無『焉』字，蓋因下文『天子焉始乘舟』而衍也。」○王念孫曰：「『焉』字本在『始乘舟』之上，後之校月令者不知『焉』訓爲『於』，遂移『焉』字於上句之末，校呂氏春秋者又依誤本月令於上句末增入『焉』字，唯下句『焉』字未删，則以高注訓『焉』爲『於』故也。淮南作『告具於天子』，無『焉』字。月令之文亦無以『焉』字絶句者。」**天子焉始乘舟。薦鮪于寢廟，乃爲麥祈實。**焉猶於此。自冬至此，於是始乘舟。薦，進也。鮪魚似鱣而小，詩曰：「鱣鮪潑潑。」進此魚於寢廟，禱祈宗祖，求麥實也。前曰廟，後曰寢，詩云「寢廟奕奕」，言相連也。○畢沅曰：「注『潑潑』，詩作『發發』。魯頌『路寢孔碩，新廟奕奕』，此引作『寢廟奕奕』，蔡邕獨斷所引亦同。『相連』舊作『後連』，據獨斷改。周禮隸僕注『奕奕』作『繹繹』，云『相連貌也』。」○維遹案：注「鮪魚似鱣而小」，「鱣」字原作「鯉」，與引詩不相應，今改從張本。陸璣〔一〕毛詩疏謂「鮪魚形似鱣」。爾雅釋魚郭注「鮪，鱣屬也，狀似鱣而小」，郝疏云：「鱣乃無鱗，今鱣止作灰色，其肉黄，通名黄魚，亦呼鱘鱑魚，鱘、鱣聲相轉也。」依此，則鮪小於鱣而不似鯉明矣。淮南注作「鮪魚似鯉而大」，蓋校者知鮪大於鯉，故改「小」爲「大」，但不知「鯉」爲「鱣」誤，亦當據此訂正。攷鱣、鯉混爲一物，始於舍人注爾雅及詩碩人篇毛傳，許氏説文從之。自高注淮南、呂覽，陸疏毛詩，郭注爾雅，乃分鱣、鯉爲二。今本呂覽作「鯉」者，亦或後人據毛傳、説文而妄改之。

是月也，生氣方盛，陽氣發泄，生者畢出，○畢沅曰：「舊校云『生』一作『牙』，案『牙』字是。月令作『句』。」**萌者盡達，不可以内。**發泄猶布散也。象陽達物，亦當散出貨賄，不可賦斂以内之。○王念孫曰：「内即納字。」**天子布德行惠，命有司發倉窌，賜貧窮，振乏絶，**方者曰倉。穿地曰窌。無財曰貧。鰥寡孤獨曰

〔一〕「璣」，原作「機」，據毛詩注疏改。

窮。行而無資曰乏。居而無食曰絶。振，救也。○畢沅曰：「月令『窮』作『廩』。」**開府庫，出幣帛，周天下，勉諸侯，**府庫，幣帛之藏也。周，賜。勉，進。**聘名士，禮賢者。**聘問之也。有名德之士、大賢之人，聘而禮之，將與興化致理者也。○畢沅曰：「注首『聘問之也』四字舊本缺，孫據李善注文選棗道彦雜詩增入。」○維遹案：注「名德」原作「明德」，今改從許本、姜本、張本，與淮南注合。

是月也，命司空曰：「時雨將降，下水上騰，循行國邑，周視原野，司空，主土官也。是月下水上騰，恐有浸漬，害傷五稼，故使循行遍視之。廣平曰原。郊外曰野。**修利隄防，導達溝瀆，開通道路，無有障塞；**障，壅。塞，絶也。**田獵罼〔一〕弋，罝罘羅網，餧獸之藥，無出九門。」**罼，掩網也。弋，繳射飛鳥也，詩云：「弋鳧與鴈。」罝，兔網也，詩云：「肅肅兔罝。」羅，鳥網也，詩云：「鴛鴦于飛，罼之羅之。」罘，射鹿罟也。網，其總名也。天子城門十二，東方三門，王氣所在處，尚生育，明餧獸之藥所不得出也。嫌餘三方九門得出，故特戒之，如言「無」也。○畢沅曰：「『罼弋』，月令作『畢翳』，注云：『翳或作弋。』『九門』舊本作『國門』，云『一作九』，今案注作『九』爲是。注『如言無也』，李本『如』作『加』，謝云：『如，而也。李本不可從。』」○茆泮林曰：「月令鄭注云：『今月令無「罘」，「翳」爲「弋」。』是呂無『罘』字。今有者，當是後人依禮月令增入。高注『罘射鹿罟也』五字，又是後人見俗本有『罘』字，據他書增入耳，不則高注『罘』不當在『羅』字之下。」○維遹案：注「飛」字下原脱「鳥」字，據許本增。説文「弋」

〔一〕「罼」，原作「畢」，據諸子集成本改。注同。

作「雉」，云「繳射飛鳥也」，與高注正合。

是月也，命野虞無伐桑柘，野虞，主材官。桑與柘皆可以養蠶，故命其官使禁民不得斫伐。**鳴鳩拂其羽，戴任降于桑，**鳴鳩，班鳩也，是月拂擊其羽，直刺上飛數十丈乃復者是也。戴任，戴勝，鵀也，爾雅曰「鶝鳩」，部生於桑。是月其子彊飛，從桑空〔一〕中來下，故曰「戴任降於桑」也。○畢沅曰：「『戴任』，月令作『戴勝』，淮南作『戴鵀』，注不當訓鵀，但舊本月令正義引爾雅亦作『鵀鳩』，此作『鶝鳩』，究屬『鵖鴔』二字之誤。『部生於桑』云云，不知所出。」○郝懿行曰：「高注『鵀』當作『鳲』，『鶝鳩』當作『鵖鴔』，俱形聲之誤也。證以淮南時則篇『戴任』作『戴鵀』，注亦云『戴勝鳥』，引詩『尸鳩在桑』，可知呂覽注誤。戴鵀即今之鷜鷜穀，小於鵓鳩，黄白斑交頭上，毛冠如戴華勝，戴勝之名以此。常以三月中鳴，鳴自呼也。」又曰：「『部』蓋借爲抱雞之抱。」**具栚曲簝筐，**栚讀曰朕。栚，持也，三輔謂之栚，關東謂之持。曲，薄也，青、徐謂之曲。員底曰簝，方底曰筐，皆受桑器也。是月立夏，蠶生，故敕具也。○畢沅曰：「月令作『具曲植籧筐』，淮南作『具樸曲筥〔二〕筐』，此書舊本作『具挾曲蒙筐』，挾與樸皆栚之訛文也。説文云：『栚，槌之橫者也。』槌即植也。方言：『槌，宋、魏、陳、楚、江、淮之間謂之植，自關而西謂之槌，齊謂之样。其橫，關西曰㮳，宋、魏、陳、楚、江、淮之間謂之䊷，齊部謂之持。』今據此并注皆改正。栚從朕省，方言不省，作㮳。注『栚，持也』舊本脱，今從淮南注補，則下文方有所承。持，丁革反，舊本作『關東謂之得』，訛。『曲』，説文作『苖』，云『蠶薄也』，廣雅又從竹作『笛』。

〔一〕「桑空」，原作「空桑」，據諸子集成本乙。

〔二〕「筥」，原作「莒」，據四部叢刊本改。

段云『「蒙」乃「篸」字之誤，即記之「籧」也，亦即「筥」也』，今依改正。案郭璞注方言云：『篸，古筥字。』」**后妃齋戒，親東鄉躬桑。**王者一后三夫人。妃即夫人，與后參職，配王兼衆事。王者親耕，故后妃親桑也，以爲天下先，勸衆民也。**禁婦女無觀，**觀，遊。**省婦使，勸蠶事，**省其他使，勸其趨蠶事。**蠶事既登，**登，成也。**分繭稱絲效功，**效，致也。絲多爲上功。**以共郊廟之服，無有敢墮。**郊祭天，廟祭祖。周禮内宰章「仲春，詔后率内外命婦蠶于北郊，以爲祭服」，此之謂也。○畢沅曰：「『墮』，月令作『惰』，同。」○維遹案：注「内宰」原作「内子」，今據周禮改正。

是月也，命工師令百工審五庫之量，○維遹案：月令孔疏云：「五庫者，熊氏云：『各以類相從，金鐵爲一庫，皮革筋爲一庫，角齒爲一庫，羽箭幹爲一庫，脂膠丹漆爲一庫。』」義或然。**金鐵、皮革筋、角齒、羽箭幹、脂膠丹漆無或不良。**良，善。○桂馥曰：「幹借字，正作稈。長笛賦作『箭稾』，是也。周禮夏官有稾人掌弓弩之事。考工記『矢人爲矢，以其笴厚爲之羽深』，鄭注：『笴讀爲稾，謂矢幹。』」**百工咸理，監工日號，無悖於時，**監工，工官之長。悖，逆也。時可用作器，無逆之也。不作爲逆也。**無或作爲淫巧，以蕩上心。**淫巧，非常詭怪。若宋人以玉爲楮葉，三年而成，亂之楮葉之中不可別知之類也，故曰「以蕩上心」。蕩，動也。○畢沅曰：「注舊本『詭』上衍『説』字，今刪。」○茆泮林曰：「朱子謂呂『爲』作『僞』。案月令鄭注云：『今月令無「于時」，「作爲」爲「詐僞」。』朱子所見本『爲』作『僞』，當近古，今同禮月令。」

是月之末，擇吉日，大合樂。樂以和民，故擇於是月下旬吉日，大合六樂，八音克諧，簫韶九成。周禮大司〔一〕樂章「以樂舞教國子，舞雲門、大卷、大咸、大韶、大夏、大護、大武，大合樂以和邦國，以諧萬民，以安賓客，以悅遠人」，此之謂也。**天子乃率三公九卿諸侯大夫親往視之。**視其樂也。

是月也，乃合纍牛騰馬游牝于牧，纍讀如詩「葛纍」之纍。纍牛，父牛也；騰馬，父馬也，皆將羣游從牝於牧之野風合之。○畢沅曰：「『纍』，月令作『累』，淮南作『𤛓』。淮南注：『讀葛藟之藟。』」○王引之曰：「累牛騰馬皆牡也，與遊牝正相對，『乃合累牛騰馬遊牝于牧』十字當作一句讀，謂合牛馬之牡者牝者於牧耳，皆在牧不在廄也。騰馬即騰駒，仲夏言『遊牝別羣，則執騰駒』，尤見騰馬與累牛皆指牡言之。謂之遊牝者，以時方通淫，聽其遊行，因以名焉。而高誘曰『游從牝於所牧之地風合之』，則與『游牝別羣』之文不合，疏矣。」**犧牲駒犢舉書其數。**舉其犢駒在犧牲者，皆簿領書其頭數也。○孫詒讓曰：「注『在』當爲『任』之誤。」**國人儺，九門磔禳，以畢春氣。**儺讀論語「鄉人儺」同。命國人儺，索宮中區隅幽闇之處，擊鼓大呼，驅逐不祥，如今之正歲逐除是也。九門，三方九門也。嫌非王氣所在，故磔犬羊以禳，木氣盡之，故曰「以畢春氣」也。○畢沅曰：「『國人儺』，月令作『命國難』，淮南作『令國儺』。『儺』疑本作『難』，故注讀從論語之『儺』，『同』字疑後人所增。『區隅』亦作『漚隅』，又一作『歐隅』。」○陳昌齊曰：「据注，『國』字上當有『命』字，月令作『命國難』。」○徐鼒曰：「說文難、儺皆無逐疫之訓。『𩴴，見鬼驚詞』。高云『擊鼓大呼』，有驚詞意，則玉篇以𩴴爲驚敺疫癘之鬼者，正說文之義。是𩴴爲本字，難、儺皆假借字矣。」○維遹案：畢校語原作「月令作命國儺，淮南作令國難，此疑倒誤」，覆案二書，適得其反，今改正。「此疑倒誤」四字，爲校畢稿者旁記之文，而混入其內，今刪。

〔一〕「司」上原衍「胥」，據周禮刪。

行之是令而甘雨至三旬。行之是令，行是之令也。十日曰旬。○畢沅曰：「月令無此句，淮南有，下同。」○劉師培曰：「注『行是之令也』，當作『行是月之令也』，今挩『月』字。淮南時則訓作『行是月令』，高説本之。」**季春行冬令則寒氣時發，草木皆肅，國有大恐。**行冬寒殺氣之令，故寒氣早發，草木肅棘，木不曲直也。氣不和，故國大惶恐也。○畢沅曰：「注『行冬』下舊本有『令』字，衍，今刪。」○陳昌齊曰：「王石臞云：『淮南注「草木上竦曰肅」，棘當爲竦。』按肅竦猶蕭竦也。」**行夏令則民多疾疫，時雨不降，山陵不收。**行夏炎陽之令，火干木，故民疾疫，雨澤不降，故山陵所殖不收入。**行秋令則天多沈陰，**○段玉裁曰：「沈即霃之叚借也，沈行而霃廢矣。」**淫雨早降，**○錢坫曰：「淫叚爲霪。」**兵革竝起。**秋，金氣用事，水之母也，而行其令，故多沈陰爲淫雨也。金爲兵器，故竝起。○維遹案：注「秋金氣用事」，又「金爲兵器」，「金」字原皆作「陰」。孫先生云：「注『陰氣用事』，又『陰爲兵器』，『陰』字竝當從淮南注作『金』。金生水，故云水之母。金爲製兵之具，故云金爲兵器。季秋紀注云『秋，金氣，水之母也』，月令鄭注『陰氣用事』，日本山井鼎考文引古本『陰』作『金』，『仲春行秋令，寇戎來征』，鄭注『金氣動也』，竝其證。蓋金、侌形近致譌，又轉寫爲陰耳。」案：孫先生説是。汪一鸞本正作「金」，今據改正。

季春紀

二曰：天生陰陽寒暑燥溼，四時之化，萬物之變，莫不爲利，莫不爲害。順者利時，逆者害時。**聖人察陰陽之宜，辨萬物之利以便生，故精神安乎形，而年壽得長焉。**精神内守，無所貪欲，故形性安，形性安則壽命長也。長也者，非短而續之也，畢其數也。畢，盡也。平其無欲之情，不夭隕，故盡其長久之數。畢數之務，在乎去害。何謂去害？大甘、大酸、大苦、大辛、大鹹，五者充形則生害矣。大喜、大怒、大憂、大恐、大哀，五者接神則生害矣。大寒、大熱、大燥、大溼、大風、大霖、大霧，七者動精則生害矣。諸言大者，皆過制也。故凡養生，莫若知本，知本則疾無由至矣。傳曰：「人受天地之中以生，所謂命也。」孟子曰：「人性無不善，本其善性，閉塞利欲，疾無由至矣。」

精氣之集也，必有入也。集於羽鳥與爲飛揚，○舊校云：「一作『翔』。」集於走獸與爲流行，集於珠玉與爲精朗，○陳昌齊曰：「『精朗』，据下文當作『精良』。」集於樹木與爲茂長，集於聖人與爲夐明。集，皆成也。夐，大也，遠也。夐讀如詩云「于嗟夐兮」。○畢沅曰：「此韓詩。」精氣之來也，因輕而揚之，因走而行之，因美而良之，因長而養之，○畢沅曰：「舊校云『養』一作『善』。案此段用韻，『善』字非也。」○丁聲樹曰：「作『善』者是也，蓋本作『因善而長之』，揚、行、良、長、明皆複上文諸句之末字爲韻，因『善』與『長』互倒，後人以其非韻，乃改『善』爲『養』，遂與上文辭例不一律矣。」因智而明之。因，依也。明，智也。

流水不腐，腐，臭敗也。户樞不螻，○畢沅曰：「意林作『不蠹』。」○梁履繩曰：「内則『馬黑脊而般臂漏』，注：『漏當〔一〕爲螻，如螻蛄臭也。』此蓋言户樞不至朽腐如螻蛄之氣耳。後漢書華佗傳『譬如户樞終不朽』，本此。」○

〔一〕「當」，原作「讀」，據禮記注疏改。

沈濤曰：「『螻』，意林引『蠹』是也。此句與上『流水不腐』爲韻。此篇上文『因輕而揚之』數語，下文『鬱處頭則爲腫爲風』數語，皆用韻，則此腐、蠹亦韻也。後漢書華佗傳『譬如户樞終不朽』即此意。螻字乃傳寫之誤。」動也。形氣亦然，形不動則精不流，精不流則氣鬱。鬱處頭則爲腫爲風，腫與風皆首疾。處耳則爲挶爲聾，皆耳疾也。處目則爲䁾爲盲，䁾，眵也；盲，無見，皆目疾也。○畢沅曰：「孫云：『李善注文選宋玉風賦引「䁾」作「蔑」。「高誘曰蔑眵」。』此注舊本皆作『䁾肝䁾』，誤，今從彼注改正。善又云：『蔑與䁾古字通，亡結切。眵，亡支切。』」○吴先生曰：「眵字不得以亡支爲切，今選注作『充支切』是也。孫引非。」處鼻則爲鼽爲窒，鼽，齆鼻。窒，不通。處腹則爲張爲疛，疛，跳動。皆腹疾。○畢沅曰：「『疛』，舊本作『府』，誤也。説文：『疛，小腹疾。』此云『跳動』者，詩小雅小弁云『惄焉如擣』，釋文云：『本或作疇，韓詩作疛，除又反，義同。』此所訓正合。」○維遹案：左成十年傳「晉侯將食，張，如廁」，杜注：「張，脹滿也。」處足則爲痿爲蹷。痿，不能行。蹷，逆疾也。○維遹案：重己篇注「痿，躄不能行。蹷，逆寒疾」，此注疑脱躄、寒二字。

輕水所多秃與癭人，秃，無髮。癭，咽疾。○畢沅曰：「所即處。下放此。」○楊樹達曰：「説文七篇下疒部：『癭，頸瘤也。』易林一坤之大過云『瘤癭秃疥，爲身瘡害』，亦以秃癭連言。」重水所多尰與躄人，腫足曰尰。躄，不能行也。甘水所多好與美人，美亦好也。辛水所多疽與痤人，疽、痤皆惡瘡也。苦水所多尪與傴人。尪，突胸仰向疾也。傴，傴脊疾也。

凡食無彊厚味，無以烈味，烈猶酷也。重酒，重酒厚也。是以謂之疾首。疾首，頭痛疾也。○畢沅曰：「疾首猶言致疾之端，注非是。」○陶鴻慶曰：「『彊厚味』，『味』字涉下句而衍。『食無彊厚』爲句。厚與酒、首爲韻也。」又曰：「『是以謂之疾首』，當作『是之謂疾首』。下文云『凡食之道，無飢無飽，是之謂五藏之葆』，此文亦當一律。『以』字即涉上句而衍。」○孫先生曰：「陶説是也。高注『烈味』云『烈猶酷也』，正承『彊』字言之。又注『重酒』云『重酒（疑亦當作猶。）厚也』，正承『彊厚』之『厚』言之。蓋『食無彊厚』總言之也，『烈味重酒』分言之也。若『彊厚』下著一『味』字，不相應矣。書鈔一百四十三引此文亦無味字。」**食能以時，身必無災。**時，節也。不過差，故身無災疾也。**凡食之道，無飢無飽，是之謂五藏之葆。**葆，安也。○維遹案：説文：「葆，艸盛貌。」此借爲寶。易繫辭「聖人之大寶曰位」，孟喜本「寶」作「保」，是其例。書鈔一百四十二引此文亦作「寶」。**口必甘味，和精端容，將之以神氣。**端，正。將，養。○陶鴻慶曰：「高注云：『將，養也。』然食所以養形，不以養神，即謂養其神氣，亦不得云『養之以神氣』也。『神』疑『神』字之誤。神即沖字之異文，孫卿子非十二子篇『沖澹』作『神禫』是也。文子上德篇云：『萬物負陰而抱陽，沖氣以爲和。』『將之以沖氣』者，養之以和氣也。下文『百節虞歡，咸進受氣』，即指此言。」**百節虞歡，**○維遹案：虞、娛古今字。書鈔引「虞」作「娛」。**咸進受氣。飲必小咽，端直無戾。**

今世上卜筮禱祠，○孫鏘鳴曰：「上，尚也。」**故疾病愈來。譬之若射者，射而不中，反修于招，何益於中？**于招，埻藝也。患射不能中，不知循彀精藝，而反修其標的，故曰「何益於中」也。○畢沅曰：「舊校云『修』一作『循』。『招』一作『的』。注『埻』舊誤作『垾』。梁仲子云：『本生篇注云：「招，埻的也。」外傳越語韋注云：「藝，射的也。」』『于招』蓋連文。」○陳昌齊曰：「注于字當是因正文而誤，非『于招』連文。」○維遹案：陳説是。本生篇注「招，埻的」，別類篇注「招，埻藝也」，竝非「于招」連文。又案：説文「𡋯，射臬也。从土，𦎫聲，讀若準」，隸變作「埻」。周官司裘注「侯者，以虎熊豹麋之皮飾其側，又方制之以爲𦎫，謂之鵠，著于侯中」，釋文「𦎫，本亦作準」，故淮南原道篇注：「質的，射者之準埶也。」「埶」爲「槷」之壞字，埶與臬通。康誥「汝陳時臬」，多方「爾罔不克臬」，説文：「臬，射準的也。」此「藝」即左文六年傳「陳之藝極」，杜亦注「藝，準也」。蓋埻與準，藝與臬、埶，皆爲聲近通假字耳。**夫以湯止沸，沸愈不止，去其火則止矣。故巫醫毒藥，逐除治之，故古之人賤之也，爲其末也。**古之人治正性、保天命者也。不然，則邪氣乘之以疾病，使巫醫毒藥除逐治之，故謂賤之也。若止沸以湯，不去其火，故曰爲其末也。

盡數

三曰：湯問於伊尹曰：「欲取天下，若何？」湯爲諸侯時也。○維遹案：漢志道家伊尹五十一篇，注：「湯相。」又小説家伊尹説二十七篇。」注：「其語淺薄，似依託也。」隋、唐志均不著録，佚已久。馬國翰玉函山房輯佚書有輯本一卷。**伊尹對曰：「欲取天下，天下不可取。可取，身將先取。」**言不可取天下，身將先爲天下所取也。○陶鴻慶曰：「高注云云，則正文『可取』二字爲贅複矣。此言天下不可取，如曰可取，必先取身，故曰『可取，身將先取』。廣雅釋詁：『取，爲也。』爲亦訓治，取身猶言治身，指下文『嗇其大寶』，用新棄陳而言。下文云『凡事之本，必先治身』，畢引舊校云『治』一作『取』，然則一本作『取』者，正承『身將先取』而言，可知高注之非矣。」○維遹案：御覽七百二十引作「天下不可取，身將先取」，「可取」二字不重。

凡事之本，必先治身，嗇其大寶。嗇，愛也。大寶，身也。○舊校云：「『治』一作『取』。」**用其新，棄其陳，腠理遂通，**用藥物之新，棄去其陳以療疾，則腠理肌脈遂通利不閉也。○畢沅曰：「趙云：『注非也。此即莊子所云「吐故納新」也。』梁仲子云：『淮南泰族訓「呼而出故，吸而入新」亦相似。』」精氣日新，邪氣盡去，及其天年，○畢沅曰：「孫云：『御覽七百二十「及」作「反」。』」○俞樾曰：「『及』字無義，呂氏原文當作『終其天年』。『終』古文止作『夂』，故誤爲『及』耳。孫氏星衍云『御覽作「反」』，則又『及』之誤字。」此之謂真人。真德之人。

昔者，先聖王成其身而天下成，王道成也。治其身而天下治。詹何曰「未聞身治而國亂，身亂而國治者」，此之謂也。故善響者不於響於聲，聲善則響善也。善影者不於影於形，形正則影正。爲天下者不於天下於身。身正則天下治。詩曰：「淑人君子，其儀不忒。其儀不忒，正是四國。」忒，差也。言正諸身也。故反其道而身善矣；體道無欲故身善。行義則人善矣；行仁義於所宜，則人善之矣。樂備君道而百官已治矣，樂服行君人無爲之道，則百官承使化職事也。○畢沅曰：「注當云『則百官承化，職事已治也』，舊本有脱誤。」○王念孫曰：「據注，備讀爲服。」萬民已利矣。君無爲則萬民安利。三者之成也在於無爲。無爲之道曰勝天，天無爲而化。君能無爲而治，民以爲勝於天。○王念孫曰：「勝猶任也，故下文曰『勝天順性』。」○楊樹達曰：「王説是也。古勝、任音近，故『戴勝』亦作『戴任』。」義曰利身，能行仁義，則可以利其身。君曰勿身。爲君之道，務在利民，勿自利身，故曰「勿身」。勿身督聽，督，正也。正聽，不傾聽也。○畢沅曰：「舊本作『傾不聽也』，訛，今乙正。」利身平靜，行仁義，故能平靜也。勝天順性。無爲而不欲，故能順性也。順性則聰明壽長，順法天性則聰明也。虞書云「天聰明，自我民聰明」，此之謂也。法天無爲，故壽長久也。平靜則業進樂鄉，行仁義則民業進而樂鄉其化。督聽則姦塞不皇。正聽萬法，賞罰分明，故姦軌塞斷於不皇。皇，暇也。○俞樾曰：「皇讀爲惶。謂姦邪閉塞，不至惶惑也。蜀志吕凱傳曰『遠人惶惑』，是惶與惑同義。字亦作遑，後漢光武紀曰『遑惑不知所之』。遑與皇古通用，故此又作『皇』也。高注曰『姦軌塞斷於不皇。皇，暇也』，殊不成義。」**故上失其道則邊侵於敵，**君無道則敵國侵削其邊，俘其民也。論語曰「上失其道，民散久矣」，此之謂也。**內失其行，名聲墮於外。**內失撫民之行則鄰國賤之，故曰名聲墮於外也。若晉惠公背外內之賂，殺李克之黨，內無忠臣之輔，外無諸侯之助，與秦穆公戰而敗亡。○畢沅曰：「趙云：『內失其行，不能反道以善身，故名聲墮於外也。「李克」，內、外傳作「里克」，古李、里通用。』」**是故百仞之松，本傷於下而末槁於上。**本，根也。君亦國之本。**商、周之國，謀失於胸，**商、周二王之季也。胸猶內。**令困於彼。**彼亦外也。**故心得而聽得，**得猶知也。**聽得而事得，事得而功名得。**事事必得之則功成名立，故功名得也。**五帝先道而後德，**五帝，黃帝、高陽、高辛、堯、舜。先猶尚也。**故德莫盛焉。**德之大者無出於五帝。**三王先教而後殺，**三王，夏、商、周也。**故事莫功焉。**成王事之功，無過於三王。○畢沅曰：「孫云：『御覽七十七作「三王先德而後事，故功莫大焉」。』」○俞樾曰：「高注未得功字之義。國語齊語『辨其功苦』，韋注曰：『功，牢也。』管子小匡篇『辨其功苦』，尹注曰：『功謂堅美。』荀子王制篇『辨功苦』，楊注曰：『功謂器之精好者。』是古以堅美精好者爲功。本書誣徒篇曰『從師苦而欲學之功也』，亦以功苦對文。此功字義與彼同。『事莫功焉』，猶曰『事莫善焉』，正與上文『德莫盛焉』、『兵莫彊焉』同義。御覽引作『功莫大焉』，後人不知古義而妄改耳。」○孫先生曰：「『三王先教而後殺，故事莫功焉』，當作『三王先德而後事，故事莫功焉』。御覽引作『故功莫大焉』者，不識功字之誼而妄改也。（俞氏解功字最是。）『五帝先道而後德』，『三王先德而後事』，『五伯先事而後兵』，誼正一貫。『德莫盛焉』正承先道後德言之，『事莫功焉』正承先德後事言之，『兵莫彊焉』正承先事後兵言之。若改作先教後殺，則文誼隔絕不相應矣。類聚十一引正作『三王先德而後事，故事莫功焉』。」五伯先事而後兵，五伯，昆吾、大彭、豕韋、齊桓、晉文。故兵莫彊焉。兵之彊者，無彊於五伯者也。當今之世，巧謀竝行，詐術遞用，遞，代。攻戰不休，亡國辱主愈衆。愈，益。衆，多。所事者末也。事，治。

夏后伯啓與有扈戰於甘澤而不勝，有扈，夏同姓諸侯。傳曰：「啓伐有扈。」書曰：「大戰於甘，乃召六卿。王曰：『六事之人，予誓告汝，有扈氏威侮五行，怠棄三正，天用勦絕其命。今予惟龔行天之罰。』」此之謂也。○畢沅曰：「『夏后伯啓』，舊本作『夏后相』。孫云：『如果爲相，注不應但據啓事爲證。考御覽八十二帝啓事中引此作「夏后伯啓」，乃知今本誤也。然困學紀聞亦引作「夏后相」，則南宋時本已誤矣。』盧云：『案「伯」古多作「柏」，後人疑爲「相」，因并誤删「啓」字。』」六卿請復之，請復戰也。夏后伯啓曰：「不可。吾地不淺，淺，褊。吾民不寡，戰而不勝，是吾德薄而教不善也。」於是乎處不重席，食不貳味，琴瑟不張，張，施。鍾鼓不修，修，設。子女不飭，不文飭也。○畢沅曰：「飭與飾通。御覽二百七十九作『飾』。」親親長長，長長，敬長。尊賢使能，期年而有扈氏服。服，從。故欲勝人者必先自勝，欲論人者必先自論，傳曰「惟無瑕者可以戮人」，亦由無闕者可以論人。身有闕而論人，是爲自論也。○畢沅曰：「趙云：『「必先自論」與上「自勝」、下「自知」一例，注竝非。』」欲知人者必先自知。知人則哲，惟帝其難之，故當先自知而後求知人也。

詩曰：「執轡如組。」組讀組織之組。夫組織之匠成文於手，猶良御執轡於手，而調馬足以致萬里也。○畢沅曰：「注『足以』，舊本作『口以』，訛。」○維遹案：注「馬口」不誤。淮南主術篇云：「聖主之治也，其猶造父之御，齊輯之于轡銜之際，而緩急之于唇吻之和。」高注殆約此文，彼云「唇吻」，此云「馬口」，其義一也。畢改失之。孔子曰：「審此言也可以爲天下。」審，實也。爲，治也。○維遹案：注「實」字當爲「察」，形近致誤。子貢曰：「何其躁也？」孔子曰：「非謂其躁也，謂其爲之於此而成文於彼也。」聖人組修其身而成文於天下矣，故子華子曰：「丘陵成而穴者安矣，穴而處之。大水深淵成而魚鼈安矣，沈而居之。○劉師培曰：「『大水深淵成』當作『水淵深』，『大』、『成』均爲衍字。」○維遹案：劉説是。功名篇云「水泉深則魚鼈歸之」，逸周書大聚解云「泉深而魚鼈歸之」，辭例正同。松柏成而塗之人已蔭矣。」成，茂。○吳先生曰：「『松柏成』，成當讀如盛，故注云『成，茂』也。古成、盛字多通。」孔子見魯哀公，哀公，定公宋之子蔣也。哀公曰：「有語寡人曰：『爲國家者，爲之堂上而已矣。』夫人皆治堂以行禮，治國亦當以禮，故曰「爲之堂上而已矣」。○畢沅曰：「説苑政理篇、家語賢君篇俱作衛靈公問。」寡人以爲迂言也。」迂，遠。孔子曰：「此非迂言也。丘聞之，得之於身者得之人，失之於身者失之人。論語曰「君子求諸己」，故曰「得之身者得諸人，失之身者則失之人也」。○維遹案：注下「者」字據許本增。不出於門戶而天下治者，其唯知反於己身者乎！」反者大也。○維遹案：注「大」字疑爲「本」字之壞。勿躬篇注「反，本也」，是其證。

先己

四曰：主道約，君守近。近者守之於身也。太上反諸己，其次求諸人。其索之彌遠者其推之彌疏，索，求也。彌，益也。○維遹案：注「求」下「也」字原作「之」，譌，今改從許本。畢沅云「注『求』下舊衍『之』字」，蓋偶失照耳。其求之彌彊者失之彌遠。

何謂反諸己也？適耳目，節嗜欲，釋智謀，去巧故，釋亦去也。巧故，僞詐也。而游意乎無窮之次，次，舍。事心乎自然之塗，事，治也。自然，無爲。塗，道也。○俞樾曰：「高注曰『事，治也』，於義未得。禮記郊特牲篇『信事人也』，鄭注曰：『事猶〔一〕立也。』釋名釋言語曰：『事，傳也。傳，立也，青、徐人言立曰傳。』然則『事心乎自然之塗』，猶曰『立心乎自然之塗』也。」若此則無以害其天矣。天，身。無以害其天則知精，精，明微。知精則知神，知神之謂得一。一，道也。凡彼萬形，得一後成。天道生萬物，萬物得一乃後成也。故知一則應物變化，闊大淵深，不可測也。測，盡極也。○維遹案：王念孫校本重「知」字，是。「故知知一」下文凡三見，知一猶云得一。審應篇注「知猶得」。德行昭美，比於日月，不可息也。息，滅也。豪士時之，○陳昌齊曰：「据文義『時』當作『附』。」○孫詒讓曰：「陳校非也。此『之』疑『止』之誤。（詩小雅車舝篇『高山仰止』，釋文云：『止本作之。』）時止猶言以時至也。（毛詩大雅抑傳云：『止，至也。』）」○維遹案：明刊呂覽纂「之」作「至」，與孫說近。然重己篇、重生篇竝注「之，至也」，雖不改字亦通。遠方來賓，不可塞也。塞，遏也。

〔一〕「猶」，原作「獨」，據禮記注疏改。

意氣宣通，無所束縛，不可收也。收，守。○畢沅曰：「『收』疑當作『牧』，與韻叶。牧亦訓守。」○洪頤煊曰：「『收』當是『默』字之譌，言意氣宣通，無所束縛，不可以默守也。默字與上下文測、息、得、服、極、惑、革、匿韻合。」○維遹案：「收」當作「牧」，形似之譌。牧古讀若墨，説見唐韻正。若作收則失其韻矣。畢説是。**故知知一則復歸於樸，**樸，本也。**嗜欲易足，取養節薄，不可得也。**不可得使多欲，厚自養也。一曰：「若此人者不可得。」○吳先生曰：「不可得猶云不可有，意謂無欲之人，天子不能臣，諸侯不能友，無慕於世，則世人不得而有之也。如此乃與下文『不可量』、『不可服』一貫。高注似失之。」**離世自樂，中情潔白，不可量也。**離世，不羣。量，行也。○畢沅曰：「『量』字亦疑誤。」○陳昌齊曰：「『量』字非韻，當爲『墨』字之訛。左傳『貪以敗官爲墨』，注云『汙暗不潔白』，於義正合。注『行』字亦『汙』字之誤耳。」**威不能懼，嚴不能恐，不可服也。**不可無威，得威力服。○畢沅曰：「注『不可』二字疑衍，蓋言無威而使威力皆服也。」○李寶洤曰：「即威武不可服、威〔一〕武不能屈之義。注非。」**故知知一則可動作當務，與時周旋，不可極也。**極，窮。○陳昌齊曰：「『動作』上不得有『可』字。」**舉錯以數，取與遵理，不可惑也。**惑，眩。**言無遺者，集肌膚，不可革也。**遺，失也。孝經曰「言滿天下無口過」，此之謂也。革，更也。○畢沅曰：「正文有脱字。」○維遹案：「集」下疑脱「於」字。上文皆四字爲句，此不應異。論威篇云「捷於肌膚」，管子白心篇云「知於肌膚」，辭例竝同。**讒人困窮，賢者遂興，不可匿也。**匿猶伏也。○畢沅

〔一〕「威」上原衍「即」，據漢唐類稿刪。

曰：「注『伏』舊訛『任』，今改正。」故知知一則若天地然，則何事之不勝，勝猶任也。何物之不應！應，當也。譬之若御者，反諸己則車輕馬利，致遠復食而不倦。倦，罷。○畢沅曰：「『復食』二字未詳。」○梁玉繩曰：「復食者，行遠而後食，不以中途飢疲索食也。俗謂馬劣者爲奔槽。」○陳昌齊曰：「『復食』二字疑爲『履險』二字之訛，蓋『履』與『復』形近，『食』與『險』亦稍近也。」○維遹案：陳説似是。荀子哀公篇：「歷險致遠，馬力盡矣。」韓詩外傳卷二：「歷險致遠，馬力殫矣。」歷、履古字通用。昔上世之亡主，以罪爲在〔一〕人，故日殺僇而不止，以至於亡而不悟。亡主，若桀、紂者也。以罪爲在他人，故多殺僇，是滅亡之道也，而不自覺知也。三代之興王，以罪爲在己，故日功而不衰，以至於王。三代，禹、湯、文王也。日行其人民之功不衰倦，以至於王有天下也。○陶鴻慶曰：「功讀爲攻。釋名釋言語：『功，攻也，攻治之乃成也。』即此功字之義。此與上文『昔上世之亡主，以罪爲在人，故日殺僇而不止，以至於亡而不悟』相對成義，猶言攻其惡，無攻人之惡也。高注云『日行其人民之功不衰倦』，斯曲説矣。」

何謂求諸人？人同類而智殊，殊，異。○王念孫曰：「『智』下疑脱『愚』字。」陶鴻慶説同。賢不肖異，皆巧言辯辭以自防禦，防禦仇也。○畢沅曰：「注疑有誤。」○劉師培曰：「蓋正文之『禦』係衍文。高以『禦仇』釋『防』。」此不肖主之所以亂也。亂，惑。○畢沅曰：「『主』，舊作『王』，案下有『賢主』，則此當作『不肖主』明矣，今改正。」凡論人，通則觀其所禮，通，達也。孟子曰「達則兼善天下」，故觀其所賓禮。貴則觀其所

〔一〕四部叢刊本「在」下有注「一作存」。

進，進，薦也。堯薦舜，舜薦禹。傳曰「善進善，不善蔑由至矣；不善進不善，善亦蔑由至矣」，故曰「觀其所進」也。○梁玉繩曰：「『傳』見晉語六，韓獻子之言也。」富則觀其所養，聽則觀其所行，養則養賢也，行則行仁也，故觀之也。○畢沅曰：「聽謂聽言也。」止則觀其所好，習則觀其所言，好則好義，言則言道。○維遹案：治要引「止」作「近」。窮則觀其所不受，賤則觀其所不爲，不受非其類也。不爲諂諛。○畢沅曰：「不受非分之財。不爲非義之事。」喜之以驗其守，守，清守也。○劉師培曰：「治要引注作『守，情守也』，乃改『情』爲『清』，此因後人據形近之字妄改也。」樂之以驗其僻，僻，邪。怒之以驗其節，節，性。懼之以驗其特，特，獨也。雖獨不恐。○李寶淦曰：「『特』疑當作『持』。人當懼甚，或失其持守。注恐非。」哀之以驗其人，人人可哀，不忍之也。○俞樾曰：「人當讀爲仁，言哀之以驗其仁愛之心也。高氏不知『人』爲『仁』之叚字，乃曰『人人可哀，不忍之也』，斯曲説矣。」○劉師培曰：「治要引『人』作『仁』，引注作『仁人見可哀者則不忍之也』。後儒妄改正文『其仁』作『其人』，由是注文『仁人』二字亦易爲『人人』耳。」苦之以驗其志，鑽堅攻難，不成不止，故曰「以驗其志」也。八觀六驗，此賢主之所以論人也。論猶論量也。論人者又必以六戚四隱。六戚，六親也。四隱，相隱而揚長蔽短也。○畢沅曰：「注『短』字舊闕，今案文義補。」○維遹案：畢補「短」字是。許本、姜本竝有「短」字，治要引同。何謂六戚？父、母、兄、弟、妻、子。何謂四隱？交友、故舊、邑里、門郭。○孫詒讓曰：「『郭』當作『郎』，郎、廊古今字。漢書東方朔傳『累郎屋』，顏注云：『郎，堂下周屋。』（司馬相如傳云『高廊四注』，顏注云：『堂下四周屋也。』）韓非子十過篇云『有玄鶴二八，道南方來，集於郎門之垝』，論衡異虛篇述此事作『廊門之危』，紀妖篇又作『郭門之上危』。（郎譌爲郭，與此正同。）韓非子内儲説下篇云『齊中大夫有夷射者，御飲於王，醉甚而出，依於郎門』。（戰國策衛策云：『客見魏王趨出，至廊門而反。』姚宏校本作『郭門』，誤與此同。）郎門蓋即寢門，門内外有周屋，與塾相連屬，故以爲名。因之侍御近臣執事於門内外者謂之郎中。韓子説疑篇云：『使郎中日聞道於郎門之外。』又八經篇云：『郎中約其左右。』此門郎即謂左右近習之臣。若作郭則在國門之外，相去疏遠，不當與交友、故舊、邑里竝舉矣。」○孫先生曰：「孫校是也。治要引正作『廊』。」**内則用六戚四隱，外則用八觀六驗，人之情僞貪鄙美惡無所失矣，**言盡知之。**譬之若逃雨，汙無之而非是，**皆是雨也。○維遹案：淮南齊俗篇襲此文作「譬猶逃雨也，無之而不濡」。濡、汙古通。**此先〔一〕聖王之所以知人也。**

論人

五曰：天道圜，地道方，聖王法之，所以立上下。上，君。下，臣。**何以説天道之圜也？精氣一上一下，圜周復雜，無所稽留，故曰天道圜。**雜猶匝。無所稽留，運不止也。○畢沅曰：「御覽二及十五俱作『圜通周復無雜』，此出後人所附益，不可信也。」○王念孫曰：「文選元皇后哀策文注引此正作『圜周復雜』。」**何以説地道之方也？萬物殊類殊形，皆有分職，不能相爲，故曰地道方。**不能相爲，不能

〔一〕「先」，原脱，據諸子集成本補。

相兼。**主執圜，臣處方，方圜不易，其國乃昌。**

日夜一周，圜道也。圜，天道也。○孫鏘鳴曰：「『日』字當重。此言日，下言月星。」**月躔二十八宿，軫與角屬，圜道也。**躔，舍也。軫，南方鶉尾。角，東方蒼龍。行度所經也。○畢沅曰：「趙云：『二十八宿始角終軫，軫角相接。注不分曉。』」**精行四時，一上一下各與遇，圜道也。**精，日月之光明也。○孫鏘鳴曰：「精疑謂星。說文『萬物之精，上爲列星』，故星以精言。」○楊樹達曰：「孫說是也。說文七篇上云：『晶，精光也，从三日。』又曐字从晶，省作星。實則晶乃星之初字，象形字也。曐則加聲符生字耳。此稱星爲精，正與說文晶訓『精光』、『萬物之精，上爲列星』說合。」**物動則萌，萌而生，生而長，長而大，大而成，成乃衰，衰乃殺，殺乃藏，圜道也。**藏，潛也。**雲氣西行，云云然，**云，運也。周旋運布，膚寸而合，西行則雨也。○畢沅曰：「注『云，運也』，舊本作『遊也』，誤，今改正。」○孫鏘鳴曰：「『雲氣西行』與下文『水泉東流』相對成文，不當有『云云然』三字，疑是注文。當云『雲云云然運』。」釋名：『雲猶云云，衆盛意也。又言運也。』是也。」**冬夏不輟，**輟，止也。**水泉東流，日夜不休，**休，息也。**上不竭，下不滿，**水從上流而東，不竭盡也。下至海，受而不滿溢也。○維遹案：馬總意林注云「『滿』當作『漏』」，是也。以漏與上文流、休爲韻，若作「滿」則失其韻矣。**小爲大，重爲輕，圜道也。**小者泉之源也，流不止也，集於海，是爲大也。水淫而重，升作爲雲，是爲輕也。**黄帝曰：「帝無常處也。**無常處，言無爲而化，乃有處也。○陳昌齊曰：「據注『常處』下疑有『乃有處』三字。」**有處者乃無處也。」**有處，有爲也。有爲則不

能化，乃無處爲也。○孫先生曰：「注『乃無處爲也』當作『乃無處也』，『爲』字涉上而衍。」**以言不刑蹇，圜道也。**刑，法也。言無刑法，故蹇難也。天道正刑不法，故曰「圜道也」。○俞樾曰：「刑蹇二字連文，『刑蹇』與『形倨』同。莊子山木篇曰『君無形倨』，注曰：『形倨，躓礙之謂。』然則不刑蹇者，不躓礙也。蓋引黄帝之言而釋之曰：『帝無常處者，以言不躓礙也，是圜道也。』應同篇引商箴而釋之曰『以言禍福人或召之也』，慎大篇引周書而釋之曰『以言慎事也』，文法竝與此同。高注非是。」○維遹案：俞説是。管子水地篇云「凝蹇而爲人」，尹注：「蹇，停也。」停與躓礙義正相應。

人之竅九，一有所居則八虚，居讀曰居處之居。居猶壅閉也。**八虚甚久則身斃。**虚，病。斃，死。**故唯而聽，唯止。**聽則唯止矣。**聽而視，聽止。**視則聽止矣。**以言説一，**一，道本。○陳昌齊曰：「『説一』二字疑衍。『以言』二字連下讀。」○維遹案：陳説非是。説與鋭通。史記魯仲連鄒陽傳「以資説士」，索隱引劉氏云「讀説士爲鋭士」，是其例。左哀十一年傳「子羽鋭敏」，杜注：「鋭，精也。」文子上德篇「瞽無目而耳不可以蔽，精於聽也」。然則「以言説一」猶云專精於一官，注乃逆探下文爲説。**一不欲留，留運爲敗，**留，滯。**圜道也。一也齊至貴，**道無匹敵，故曰「至貴」也。○畢沅曰：「孫云：『李善注文選江文通擬孫廷尉詩引作「一也者，至貴也」。』」○孫先生曰：「選注引是。『齊』即『者』字之誤，齊、者草書形近。高注專釋『一』字，正文無『齊』字，明矣。」**莫知其原，莫知其端，莫知其始，莫知其終，而萬物以爲宗。**道無形，其原始終極莫能知之。道生萬物，以爲宗本。**聖王法之，以令其性，以定其正，**○舊校云：「『令』一作『全』。『正』一作『生』。」**以出號令。令出於主口，官職受而行之，**官職，職官之長。○畢沅曰：「注似當作『官職，百官之職』。」**日夜不休，宣通下究，**宣，偏布也。瀸於民心，遂於四方，瀸，洽。遂，達。○畢沅曰：「注舊本作『遂，遠』，訛，今改正。」○維遹案：許本、姜本正作「遂，達」。還周復歸，至於主所，圜道也。令圜，則可不可、善不善無所壅矣。不可者能令之可，不善者能令之善，化使然也。皆通之，故曰「無所壅」。無所壅者，主道通也。言納忠受諫，臣情上達，無所壅蔽，是爲君之道通也。故令者，人主之所以爲命也，賢不肖安危之所定也。君者法天，天無私，故所以爲命也。賦命各得其中，安與危無怨憾，故曰「定也」。○畢沅曰：「正文『安』下舊本衍『之』字，今刪。」人之有形體四枝，○維遹案：姜本「枝」作「肢」，古字通用。其能使之也，爲其感而必知也。感者，痛恙也。手足必知其處所，故使之也。感而不知，則形體四枝不使矣。不能相使，則形體疾也。人臣亦然，號令不感，則不得而使矣。不可得而使，則國亂。有之而不使，不若無有。不若無臣。主也者，使非有者也，湯使桀臣，武王使紂臣，皆非其有也。舜、禹、湯、武皆然。

先王之立高官也，必使之方，方，正。○李寶洤曰：「立官必使之方，承篇首而言，即主執圜，臣處方也。」○維遹案：書鈔四十九引無「高」字。方則分定，分定則下不相隱。隱，私也。君臣上下無私邪相壅蔽之。堯、舜，賢主也，皆以賢者爲後，不肯與其子孫，猶若立官必使之方。以賢者爲後，謂禪位也。堯傳舜，舜傳禹，故曰「不肯與其子孫」也。方，正，不私邪之謂也。○俞樾曰：「如高氏意，則謂堯、舜傳賢而不傳子，猶立官之不私邪耳，大失呂氏之旨矣。本篇名曰『圜道』，其大旨以爲主執圜而臣處方，故上文曰『先王之立高官也，必使之方』。此文『立官必使之方』，即承上文而言。『猶若』者，猶然也。誣徒篇曰『雖不肖者猶若勸之』，蕩兵篇曰『中主猶若不能有其民』，凡言『猶若』，並與猶然同義。此言堯、舜不以天下傳之子孫，而其立官也猶然必使之方。下文曰『今世之人主皆欲世勿失矣，而與其子孫，立官不能使之方，以私欲亂之也。何哉？其所欲者之遠，而所知者之近也』，此正見其與堯、舜相反。堯、舜不爲子孫計，而立官猶必使方，今世人主無不爲子孫計，而立官反不使方，故爲所欲遠而所知近也。」又曰：「高氏訓方爲正，亦未合。方與圜對，下文曰『百官各處其職，治其事』，所謂方也，『正』字之義未足以盡之。」今世之人主皆欲世勿失矣，父死子繼曰世。而與其子孫，立官不能使之方，以私欲亂之也。何哉？其所欲者之遠，而所知者之近也。自傳子孫，冀世世不失，是其所欲者之遠也。子孫不肖，驕淫暴虐，必見改置，不得長久，是其所知者之近也。今五音之無不應也，其分審也。各守其聲，集以成和，故曰「其分審」。宮、徵、商、羽、角各處其處，音皆調均，不可以相違，此所以無不受也。受亦應也。○畢沅曰：「舊本脱『無』字，則義相反，今依上文補之。注『也』字舊作『之』，亦改正。」賢主之立官有似於此，百官各處其職，治其事以待主，主無不安矣。○孫鏘鳴曰：「『以待主』，『以』下疑有『此』字，與下文『以此治國』、『以此備患』文正一例。」以此治國，國無不利矣。以此備患，患無由至矣。○畢沅曰：「『患』字本亦有不疊者，今從許本、汪本。」

圜道

呂氏春秋集釋卷第四

榮成許維遹學

呂氏春秋訓解　高氏

孟夏紀第四　勸學　尊師　誣徒　用衆

一曰：孟夏之月，日在畢，孟夏，夏之四月也。畢，西方宿，秦之分野。是月，日躔此宿也。○畢沅曰：「淮南天文訓『畢，魏之分野』，與此注不同。」○維遹案：注「秦」字，王念孫校本據有始覽注改作「趙」字。**昏翼中，旦婺女中。**翼，南方宿，楚之分野。婺女，北方宿，越之分野。是月昏旦時，皆中於南方。○畢沅曰：「注『婺女北方宿』舊作『南方』，訛。淮南作『須女吳』，此與季冬紀注皆云越，不同。」○茆泮林曰：「朱子謂『呂作日須女中』。今本作『婺女』。」**其日丙丁，其帝炎帝，**丙丁，火日也。炎帝，少典之子，姓姜氏，以火德王天下，是爲炎帝，號曰神農，死託祀於南方，爲火德之帝。**其神祝融，**祝融，顓頊氏後，老童之子吳回也，爲高辛氏火正，死爲火官之神。**其蟲羽，其音徵，**盛陽用事，鱗散而羽，故曰「其蟲羽」。羽蟲，鳳爲之長。徵，火也，位在南方。**律中仲呂，其數七，**仲呂，陰律也。陽散在外，陰實在中，所以旅陽成功也，故曰「仲呂」。五行數五，火第二，故曰「七」。○畢沅曰：「舊本『在中』作『其中』，『旅陽』作『類陽』，『成功』二字脱在下，作『其數成功五』，梁仲子據初學記所引改正。『五行數五』，亦據前後文改。」**其性禮，其事視，**○畢沅曰：「月令無此二句，此書前後亦無此例，當爲衍文。」○茆泮林曰：「朱子不云吕有此語，唯唐明皇御刊定月令有之，疑即原本吕氏，此則經後人删改未盡者耳。抑或吕本傳鈔時，因唐月令竄入，不得但依禮月令校正，謂爲衍文。」○俞樾曰：「既前後皆無此文，何由而衍？蓋五行分配五常五事，自古有此説，竊疑吕氏原文每紀皆有之，後人據月令删去，而孟夏紀尚存此二語，則删之未盡者耳，正可藉以考見吕氏之舊，未可反以爲衍也。」**其味苦，其臭焦，**火味苦，火臭焦。**其祀竈，祭先肺。**吴回，回禄之神，託於竈。是月火王，故祀之也。肺，金也。祭禮之先進肺，用其勝也。一曰：「肺，火，自用其藏。」○畢沅曰：「注『吴回』舊作『吴國』，訛，今改正。」○維遹案：注「神」下脱一「死」字。「祭禮之先進肺」當作「祭祀之肉先進肺」，淮南注可證。孟冬紀注云「祭祀之肉先進腎」，其比亦同。**螻蟈鳴，丘蚓出，**螻蟈，蝦蟆也。是月陰氣動於下，故陰類鳴，丘蚓從土中出。○畢沅曰：「注『丘蚓』下舊本有『蝦蟆』二字，乃衍文，今删。」**王菩生，苦菜秀。**「菩」或作「瓜」，瓡甊也，是月乃生。爾雅云：「不榮而實曰秀，榮而不實曰英。」苦菜當言英者也。○畢沅曰：「『王菩』舊本并注皆訛作『王善』。案月令『王瓜生』，注云：『今月令云「王萯生」。』此書必本作『萯』，古萯、菩通用，郭璞注穆天子傳『茅萯』云『萯，今菩字，音倍』，集韻音蓓，與萯通。此書劉本疑『王善』誤，徑依月令作『王瓜生』，并改注云『王瓜即今栝樓也』，大違闕疑之義。」**天子居明堂左个，**明堂，南鄉堂。左个，東頭室。**乘朱輅，駕赤騮，**順火德也。騂馬黑尾曰騮。○維遹案：注「德」當作「色」，説見下。「尾」爲「髦」之壞文，當云「騂馬黑髦曰騮」。爾雅釋畜郭注「騮，赤色黑鬣」，玉篇作「赤馬黑鬣」，廣雅云「鬣，髦也」，是髦與鬣義同。淮南云「乘赤騮」，下缺注，御覽八百四十一引淮南注云「騮，赤馬黑髮也」，「髮」亦當爲「髦」譌，竝其證。**載赤旂，衣赤衣，服赤玉，**皆赤，順火也。○維遹案：注「火」下疑奪「色」字，淮南注有色字。本書孟春紀注「順木色也」，孟冬紀注「玄，黑，順水色」，竝其證。**食菽與雞，其器高以觕。**菽，豆也。觕，大也。器高大以象火性。〇維遹案：「觕」當作「𧢳」，形近而誤也。史記夏本紀「擾而毅」，集解引徐廣音義云：「『擾』一作『柔』。」「犪」，各本譌作「𤛓」，正與此同。說文「𧢳，長皃，从角，爿聲，讀粗𧢳」，故高氏引申爲大。說文無「觕」字。玉篇「觕，冎欲切，牴人也」，義與此異。

是月也，以立夏。春分後四十六日立夏。立夏多在是月。**先立夏三日，太史謁之天子曰：「某日立夏，盛德在火。」**太史，說在孟春。以盛德在火，火王南方也。**天子乃齋。**說在孟春。**立夏之日，天子親率三公九卿大夫以迎夏於南郊。**南郊，七里之郊。**還，乃行賞封侯慶賜，無不欣說。**還，從南郊還也。封侯，命以茅土。傳曰「賞以春夏，刑以秋冬」，此之謂也。無不欣說，咸賴其所賜。〇茆泮林曰：「禮月令作『還反，行賞封諸侯』。朱子謂『呂無「行」及「諸」字，「反」作「乃」』。今本無『諸』字，有『行』字。」**乃命樂師習合禮樂。**禮所以經國家，定社稷，利人民；樂所以移風易俗，蕩人之邪，存人之正性，故命樂師使習合〔一〕之。**命太尉贊傑儁，遂賢良，舉長大，**命，使。贊，白也。千人爲俊。萬人爲傑。遂，達也。有賢良長大之人，皆當白達舉用之，故齊桓公命「於子之鄉，有孝於父母，聰慧質仁秀出於衆者，則以告。有不以告，謂之蔽賢」，而舉之，此之謂也。〇畢沅曰：「注『白達』舊訛作『自達』，又『於子之鄉』作『於天子之鄉』，『聰慧質仁』作『聰慧質直仁』，齊語無『天』字、『直』字，

〔一〕「習合」，原作「合習」，據諸子集成本乙。

今皆删正。」○臧庸曰：「『大尉』當作『大封』。淮南子時則訓依漢制改『大封』爲『大尉』，漢傳禮記從之，俗本呂覽又同，月令作『尉』，朱子儀禮集傳集注云『呂「尉」作「封」』，今據此改正。案管子五行篇云『黄帝得大封而辯於西方，故使爲司馬』，此後世因名司馬爲大封也。考漢書百官公卿表『大尉，秦官，金印紫綬，掌武事。武帝建元二年省，元狩四年初置大司馬，以冠將軍之號』，是大尉即漢之司馬。淮南改呂覽以從漢制，不作司馬而作大尉者，以漢初官制因秦未革，至元狩四年改制，而淮南王以謀反誅在元狩元年，已不及見矣。」○維遹案：注「千人」上疑奪「材過」二字。孟秋紀云「簡練桀儁」，注「材過萬人曰桀〔一〕，千人曰儁」，淮南注雖脱下句，亦有「才過」二字，竝其證矣。**行爵出祿，必當其位。**當，直也。

是月也，繼長增高，無有壞隳，象陽長養物也。○畢沅曰：「『隳』月令作『墮』，釋文云：『又作「隳」。』」**無起土功，無發大衆，無伐大樹。**所以順陽氣。

是月也，天子始絺。絺，細葛也。論語曰「當暑袗絺綌」，此之謂也。**命野虞出行田原，勞農勸民，無或失時。**勞，勉。勸，教。使民不失其時。○畢沅曰：「月令『勞農』上有『爲天子』三字。」**命司徒循行縣鄙，**縣，畿内之縣。縣，二千五百家也。鄙，五百家也。司徒主民，故使循行。**命農勉作，無伏于都。**伏，藏。都，國。○畢沅曰：「月令『伏』作『休』。」

〔一〕「桀」，原作「傑」，據孟秋紀注改。

是月也，驅獸無害五穀，無大田獵，爲夭物也。農乃升麥。升，獻。○畢沅曰：「月令作『農乃登麥』。升猶登也。舊本作『收』，今據注定作『升』。」天子乃以彘嘗麥，先薦寢廟。麥始熟，故言嘗。彘，水畜，夏所宜食也。先寢廟，孝之至。

是月也，聚蓄百藥，糜草死，是月陽氣極，藥草成，故聚積之也。糜草，薺、亭歷之類。○畢沅曰：「『糜』月令作『靡』。」麥秋至。斷薄刑，決小辠，出輕繫。是月陽氣盛於上，及五月陰氣伏於下，故「斷薄刑，決小辠」，順殺氣也。輕繫，不及於刑者解出之。○茆泮林曰：「朱子謂『呂無「羣小罪，出輕繫」句』。案高注當有，疑朱子所見本脱去。」蠶事既畢，后妃獻繭，乃收繭税，以桑爲均，均，平也。桑多税多，桑少税少。○茆泮林曰：「禮月令作『蠶事畢』，朱子謂呂無此三字。今本反增一字。」貴賤少長如一，以給郊廟之祭服。

是月也，天子飲酎，用禮樂。酎，春醞也。是月天子乃與羣臣飲酒作樂。詩云：「爲此春酒，以介眉壽。」

行之是令而甘雨至三旬。行之是令，行此之令也。旬，十日也。十日一雨，三旬三雨也。孟夏行秋令則苦雨數來，五穀不滋，四鄙入保。孟夏盛陽而行金氣殺戮之令，水生於金，故苦雨殺穀不滋茂也。四境之民畏寇賊來，入城郭以自保守也。行冬令則草木早枯，後乃大水，敗其城郭。行冬，寒固閉之令，故草木早枯，大水壞其城郭，姦時逆行之徵也。行春令則蟲蝗爲敗，暴風來格，秀草不實。是月當〔一〕繼長增高，助

〔一〕「當」，原脱，據諸子集成本補。

陽長養，而行春啓蟄之令，故有蟲蝗之敗。春木氣多風，故暴疾之風應氣而至，使當秀之草不長茂。

孟夏紀

二曰：先王之教，莫榮於孝，莫顯於忠。忠孝，人君人親之所甚欲也。顯榮，人子人臣之所甚願也。然而人君人親不得其所欲，人子人臣不得其所願，此生於不知理義，不知理義，在君父則不仁不慈，在臣子則不忠不孝。不忠不孝故君父不得其所欲也，不仁不慈故臣子不得其所願也。不知理義生於不學。生猶出。○維遹案：「理義」原作「義理」，畢沅云：「『義理』亦當同上文作『理義』。」案許本正作「理義」，治要引同，今據乙轉。

學者師達而有材，吾未知其不爲聖人。學者師道通達其義而有材秀，言聖人之言，行聖人之行，是則聖人矣，故曰「吾未知其不爲聖人」也。○陶鴻慶曰：「『師達』即誣徒篇所謂『達師』，言師之通達者也。高注云『學者師道通達其義』，非本篇之旨。」聖人之所在則天下理焉〔一〕，理，治。在右則右重，在左則左重，重，尊也。德大行可順移也。是故古之聖王未有不尊師者也。尊師則不論其貴賤貧富矣，言道重人輕。若此則名號顯矣，德行彰矣，故師之教也，不爭輕重尊卑貧富，論語曰「人能弘道，非道弘人」，故曰「不

〔一〕「焉」，原作「矣」，據諸子集成本改。

爭輕重尊卑」。○陳昌齊曰：「注缺『貧富』二字，當据正文增。」**而爭於道。其人苟可，其事無不可，**易繫辭曰「苟非其人，道不虛行」，故曰「其人苟可，其事無不可」。**所求盡得，所欲盡成，此生於得聖人，聖人生於疾學。**疾，趨也。○劉先生曰：「疾當訓力，疾學猶力學也。荀子書中疾皆訓力，呂氏春秋作者多荀子弟子，故用字多與荀子同。尊師篇『疾諷誦』，注『疾，力』，是其誼矣。」**不疾學而能爲魁士名人者，未之嘗有也。**魁大之士。名德之人。○俞樾曰：「名亦大也。禮記禮器篇『因名山升中於天』，鄭注曰：『名猶大也。』國語魯語『取名魚』，韋注曰：『名魚，大魚也。』然則名人猶大人也，正與魁士一律。安死篇曰『又視名丘大墓葬之厚者』，此言『魁士名人』，猶彼言『名丘大墓』矣。高氏注戰國策秦策『賂之一名都』曰：『名，大也。』然則名之爲大，高氏固有此訓矣。乃此注以爲『名德之人』，殊失其誼。」○吴先生曰：「俞説非也。季春紀『名士』，注云『名德之士』，二注正相應。彼以名爲大者，蓋大則有名，故以名爲大。此乃展轉訓釋之一例，義各有當，無取互易也。」

疾學在於尊師，師尊則言信矣，道論矣。信，從也。言從則其道見講論矣。○王念孫曰：「下注云『論，明也』，較此注爲長。」**故往教者不化，召師者不化，**易曰「匪我求童蒙，童蒙來求我」，故往教之師不見化從也。童蒙當求師而反召師，亦不宜化師之道也。○畢沅曰：「梁仲子云：『案周易釋文「童蒙求我」一本作「來求我」。此注所引，從或本也。』又『而反召師』舊本『師』訛『也』，今改正。」**自卑者不聽，**言往教之師不見聽也。**卑師者不聽。**謂召師而學，亦不聽師言也。**師操不化、不聽之術而以彊教之，欲道之行、身之尊也，不亦遠乎。**言愈遠於尊也。**學者處不化、不聽之勢而以自行，**○維遹案：「行」下疑當有「之」字，方與上文『而以彊教之」句法一律。欲名之顯、身之安也，是懷腐而欲香也，是入水而惡濡也。腐爛必臭，懷而欲其香；入水必濡，而惡之，皆不可得也。

凡説者，兑之也，非説之也。○舊校云：「一作『本』。」○淩曙曰：「易序卦：『巽者入也，入而後説之，故受之以兑。』釋名：『兑，物得備足，皆喜悦也。』文心雕龍：『説者悦也。兑爲口舌，故言咨悦懌。』據此，知爲師者必先得學者之歡心，而後其説乃可行也，故易象曰：『麗澤兑，君子以朋友講習。』」今世之説者，多弗能兑，而反説之。夫弗能兑而反説，是拯溺而硾之以石也，硾，沈也，能没殺人，何拯之有？○畢沅曰：「舊校『拯』一作『承』。」案拯、承通。」是救病而飲之以堇也，救，治也。堇，毒藥也，能毒殺人，何治之有？使世益亂，不肖主重惑者從此生矣。故爲師之務，在於勝理，在於行義，行尊道貴德之義。理勝義立則位尊矣，王者不臣師，是位尊也。○畢沅曰：「孫云：『以上下文參校，「義」立當作「義行」。』」王公大人弗敢驕也，不敢驕侮輕慢師道。上至於天子朝之而不慚。天子朝師，尊有德，故不慚。凡遇合也，合不可必，師道與天子，遭時見尊，不可必常也。遺理釋義以要不可必，要，求也。而欲人之尊之也，不亦難乎！爲師如是，不見尊之道也，故曰「不亦難乎」。故師必勝理行義然後尊。

曾子曰：「君子行於道路，其有父者可知也，其有師者可知也。夫無父而無師者，餘若夫何哉！」此言事師之猶事父也。曾點使曾參，過期而不至，曾點，曾參父也。詩云「期逝不至，而多爲恤」，此之謂也。人皆見曾點曰：「無乃畏邪？」畏猶死也。○劉師培曰：「蓋『死』上挩『畏』字，當云『畏猶畏死也』。」**曾點曰：「彼雖畏，我存，夫安敢畏？」孔子畏於匡，顔淵後，孔子曰：「吾以汝爲死矣。」顔淵曰：「子在，回何敢死？」顔回之於孔子也，猶曾參之事父也。古之賢者與其尊師若此，故師盡智竭道以教。**尊師猶尊父，則師不爲之愛道也，故曰「盡智竭道以教」也。

勸學○一曰「觀師」。

三曰：神農師悉諸，黄帝師大撓，悉，姓；諸，名也。大撓作甲子。○畢沅曰：「漢書古今人表亦作悉諸。新序雜事五引呂子作悉老，大撓作大真。人表作大填。」○李慈銘曰：「新序作悉老。予謂者、諸字通，此因『者』誤爲『老』耳。」**帝顓頊師伯夷父，帝嚳師伯招，帝堯師子州支父，**○畢沅曰：「舊本無『支』字，校云『一作友』，則於文無所麗。孫據御覽四百四所引補『支』字，與莊子、漢書人表、皇甫謐高士傳皆合。貴生篇作『子州友父』，嵇〔一〕康高士傳亦同，見御覽五百九，此即舊校者所據本也。」○維遹案：治要引亦作「子州支父」。**帝舜師許由，禹師大成贄，**○畢沅曰：「新序作『執』。」○維遹案：治要引作「摯」。**湯師小臣，**小臣謂伊尹。○李慈銘曰：「注『小臣謂伊尹』，新序引呂子同。予謂以伊尹謂小臣，已甚不辭，而呂氏此處所舉十聖六賢之師皆人名，何伊尹獨以小臣稱？疑『小』當是『卞』字之誤，『卞臣』即卞隨耳，臣有隨義，音亦通轉。湯師卞隨，正與上文堯師子州支父、舜師許由

〔一〕「嵇」，原作「稽」，據諸子集成本改。

一例。墨子尚賢下篇有『湯有小臣』語，然其中篇曰『伊摯，有莘氏女之私臣』，下篇又曰『伊尹爲莘氏女師僕』，皆以伊尹與舜及傅說並言。此處湯有小臣，則與禹有皋陶、武〔一〕王有太顛、閎夭、南宮括、散宜生並言，則小臣亦是誤字，未必指伊尹也。楚辭天問『成湯東巡，有莘爰極，何乞彼小臣，而吉妃是得』，王逸注：『小臣謂伊尹。』，此言伊尹本爲有莘之小臣耳。高誘蓋因此而附會。」○維遹案：古書多稱伊尹爲「小臣」，齊侯鎛鐘云：「伊小臣者，伊尹也。」雖離俗篇有湯伐桀，「因卞隨而謀」之語，李說終難定耳。**文王、武王師呂望、周公旦，齊桓公師管夷吾，**○畢沅曰：「新序有隰朋。」**晉文公師咎犯、隨會，**咎犯，狐偃也。隨會，范武子。○畢沅曰：「隨會在文公後，此與說苑尊賢篇『晉文侯行地登隧，隨會不扶』，皆記者之誤也。梁伯子云：『列子說符又以隨會與趙文子竝時，亦非。』」**秦穆公師百里奚、公孫枝，**百里奚，故虞臣也。公孫枝，大夫子桑也。**楚莊王師孫叔敖、沈尹巫，**沈縣大夫。○畢沅曰：「舊本『尹』作『申』，訛。其名多不同，當染篇作『沈尹蒸』，察傳篇作『沈尹筮』，贊能篇作『沈尹莁』，此又作『巫』，新序作『竺』，渚宮舊事作『華』，文皆相近。」○維遹案：治要引作「沈尹筮」，與察傳篇同。至渚宮舊事作「沈尹華」，攷之去宥篇乃楚威王臣，當是二人，不得誤竝爲一也。**吳王闔閭師伍子胥、文之儀，**文，氏。之儀，名。**越王句踐師范蠡、大夫種。**范蠡，字少伯，楚人也。大夫種，姓文，字禽，楚郢人。○畢沅曰：「注『郢』舊本訛作『鄞』，今改正。說見當染篇。」**此十聖人、六賢者，未有不尊師者也。**○維遹案：治要引「聖」下無「人」字。**今尊不至於**

〔一〕「武」，原作「文」，據墨子改。

帝，智不至於聖，而欲無尊師，奚由至哉？至於道。○陶鴻慶曰：「『奚由至』即承上『至於帝』、『至於聖』而言，下云『此五帝之所以絶，三代之所以滅』即申説此義，言五帝、三王所以不可復見於今也。高注云『至於道』，下注云『五帝、三代之後，不復重道尊師，所以絶滅』，皆失之。」此五帝之所以絶，三代之所以滅。言五帝、三代之後，不復重道尊師，故所以絶滅。

且天生人也，而使其耳可以聞，不學，其聞不若聾；聾，無所聞也。使其目可以見，不學，其見不若盲；盲，無所見也。○畢沅曰：「梁仲子云：『意林作「耳有所聞，不學而不如聾；目有所見，不學而不如盲」，馬氏蓋以意節之耳。』」使其口可以言，不學，其言不若爽；爽，病。無所別也。○畢沅曰：「新序『爽』作『暗』。孫云：『御覽三百六十六作「其言曲以爽」。』」使其心可以知，不學，其知不若狂。闇行妄發之謂狂。○畢沅曰：「孫云：『御覽作「其知暗以狂」。』」故凡學，非能益也，○畢沅曰：「御覽『能益』上有『爲』字，新序『能益』下有『之』字。」達天性也。能全天之所生而勿敗之，是謂善學。敗，毀也。子張，魯之鄙家也；鄙，小。○梁玉繩曰：「子張，陳人，而以爲魯者，張氏顓孫，通志氏族略三謂出陳公子顓孫，左傳莊二十二年顓孫奔魯，張蓋其後。」顔涿聚，梁父之大盜也，學於孔子。段干木，晉國之大駔也，駔，廥人也。○畢沅曰：「注『廥』疑與『儈』通。」學於子夏。子夏，孔子弟子卜商之字。高何、縣子石，○畢沅曰：「墨子書弟子有高石子，不見此二人。」○孫詒讓曰：「墨子耕柱篇有縣子碩，碩、石字通，即此人也。畢殊失攷。」齊國之暴者也，指於鄉曲，其暴虐爲鄉曲人所斥也。學於子墨子。墨翟。索盧參，東方之鉅狡也，鉅，大。狡，猾。○梁玉繩曰：「通志氏族略五，索盧複姓。」又曰：「㚟書獨行傳有索盧放，章懷注『索盧，複姓也』。」蔡雲説同。**學於禽滑黎。**禽滑黎，墨子弟子。○畢沅曰：「此注末有『一作篇滑』四字，當出舊校者之辭，但『滑』字各書或作『骨』，或作『屈』，『黎』字或作『氂』，或作『釐』，至『禽』字各書俱同，未見有作『篇』者。」墨子耕柱篇有駱滑氂好勇，聞鄉有勇士必殺之，墨子謂『非好勇，是惡勇』，則非墨子弟子也。」**此六人者，刑戮死辱之人也，今非徒免於刑戮死辱也，由此爲天下名士顯人，以終其壽，**壽，年也。**王公大人從而禮之，此得之於學也。**學以致之，無鬼神也，故曰「得之」。

凡學，必務進業，心則無營；營，惑。**疾諷誦，**疾，力。**謹司聞，**司，候。○畢沅曰：「『司』，古『伺』字。」○孫詒讓曰：「『司聞』義不可通，『聞』當爲『閒』。國語吳語云『以司吾閒』，韋注云：『閒，隙也。』謹司閒，謂司候師閒隙而問業也。（大戴禮記曾子立事云：『問而不決，承閒觀色而復之。』）」**觀驩愉，問書意；**視師歡悦，以問書意。**順耳目，不逆志；**不自干逆力學之志。**退思慮，求所謂；**求所思慮，是而行之。○李寶洤曰：「退而思慮，求師所言之道，所謂『退而省其私，亦足以發』也。」**時辨説，以論道；**辨别道之義理。**不苟辨，必中法；**不苟口辨，反是爲非，言中法制。**得之無矜，失之無慙，**矜，自伐。無慙恡也。**必反其本。**本，謂本性也。

生則謹養，謹養之道，養心爲貴；貴，尚也。○畢沅曰：「所謂養志是也。」○維遹案：養心之術，見荀子修身篇，畢説不可從。**死則敬祭，敬祭之術，時節爲務，**四時之節。○舊校云：「『時』一作『崇』。」**此所以尊師也。治唐圃，疾灌寖，務種樹；**唐，隄，以壅水。圃，農圃也。樹，稼也。○王念孫曰：「唐即塲之假借。唐圃，塲圃也。周禮：『塲人掌國之塲圃，而樹之果蓏。』」**織葩屨，**○畢沅曰：「『葩』疑『萉』字之誤。説文：『萉，枲實也。』或作『黷』。蓋茈屨即後人所謂麻鞵耳。案晏子問下篇有『治唐園，考菲履』之語，茈音與菲亦相近，益明爲茈字無疑。」結罝網，捆蒲葦，之田野，力耕耘，事五穀，事，治也。如山林，入川澤，如，往也。川澤有水，故言入也。取魚鼈，求鳥獸，此所以尊師也。視輿馬，慎駕御，○舊校云：「『慎』一作『順』。」適衣服，務輕煖，臨飲食，必蠲絜，蠲讀曰圭也。○舊校云：「『絜』字一作『祭』。」○梁履繩曰：「周禮秋官蜡氏注：『蠲讀吉圭惟饎之圭。』士虞禮注引詩曰『吉圭爲饎』，疏云毛詩『潔蠲爲饎』。鄭從三家詩，故不同。釋文：『蠲，古玄反，舊音圭。』」善調和，務甘肥，必恭敬，和顔色，審辭令，疾趨翔，○畢沅曰：「翔與蹌同。」必嚴肅，此所以尊師也。

君子之學也，説義必稱師以論道，論，明。聽從必盡力以光明。聽從師所行。聽從不盡力命之曰背，説義不稱師命之曰叛，背，戾也。叛，換也。言學者聽從不盡其力，猶民背國；説義不稱其師，猶臣叛君。○畢沅曰：「注以換訓叛，換，易也。詩卷阿『伴奐』，徐邈音『畔換』，箋云：『自縱弛之意。』學者以己臆見易師之説，即是自放縱叛其師也。」背叛之人，賢主弗内之於朝，賢，明。君子不與交友。不與背叛之人爲交友。故教也者，義之大者也；學也者，知之盛者也。義之大者莫大於利人，利人莫大於教。以仁義利之，教然後知，故曰「莫大於教」也〔一〕。知之盛者莫大於成身，成身莫大於學。成身遂爲君了，以致

〔一〕「也」，原脱，據諸子集成本補。

之，故曰「莫大於學」。○陳昌齊曰：「注『君子』下當有『學』字。」身成，則爲人子弗使而孝矣，爲人臣弗令而忠矣，爲人君弗彊而平矣，有大勢可以爲天下正矣。「天下正」者，正天下也。○王念孫曰：「正，長也。君守篇『可以爲天下正』，高注『正，主也』，較此注爲長。」故子貢問孔子曰：「後世將何以稱夫子？」孔子曰：「吾何足以稱哉！勿已者，則好學而不厭，好教而不倦，其惟此邪？」天子入太學祭先聖，則齒嘗爲師者弗臣，所以見敬學與尊師也。太學，明堂也。○維遹案：正文「太學」原作「太廟」，陳昌齊云：「據注當作『太學』。」案陳説是。許本、姜本、張本、李本竝作「太學」，今據改。

尊師

四曰：達師之教也，達，通也。使弟子安焉，樂焉，休焉，游焉，肅焉，嚴焉。此六者得於學，則邪辟之道塞矣，塞，斷也。理義之術勝矣。術，道也。勝猶行也。此六者不得於學，則君不能令於臣，父不能令於子，師不能令於徒。○畢沅曰：「舊云：『此篇一名詆役。凡篇中徒字皆作役。徒與役謂弟子也。』案：此段疑非高氏之文。」人之情，不能樂其所不安，不能得於其所不樂。○維遹案：「得」下「於」字疑因上文而誤衍。下文云「人之情，不能親其所怨，不能譽其所惡」，文例正與此同。爲之而樂矣，奚待賢者，雖不肖者猶若勸之。爲之而苦矣，奚待不肖者，雖賢者猶不能久。久，長也。反諸人情，則得所以勸學矣。子華子曰：「王者樂其所以王，子華子，古之體道人。樂其所以王故得王，湯、武是也。亡者亦樂其所以亡，樂其所以亡故得亡，桀、紂是也。故烹獸不足以盡獸，嗜其脯則幾矣。」幾，近也。然則王者有嗜乎理義也，嗜猶樂。樂行理義。亡者亦有嗜乎暴慢也，所嗜不同，故其禍福亦不同。嗜理義則獲福，嗜暴慢則獲禍，故曰「禍福亦不同」。

不能教者，志氣不和，取舍數變，固無恒心，若晏陰喜怒無處，晏陰，喻殘害也。處，常也。○陶鴻慶曰：「說文：『晏，天清也。』文選揚雄羽獵賦：『天清日晏。』晏陰猶言晴陰，故與喜怒並言。高注非是。」言談日易，以恣自行。失之在己，不肯自非，謂若桀、紂罪人。愎過自用，不可證移。愎，戾。證，諫。○俞樾曰：「高注訓證爲諫，則其字當作『証』。說文言部：『証，諫也。』戰國策齊策『士尉以証靖郭君』，高注曰：『証，諫也。』本書知士篇亦誤作『證』，是其例矣。畢氏校本於知士篇已改作『証』，而此文猶未訂正，偶未照耳。」○維遹案：俞說是。王念孫校本亦改「證」爲「証」。注同。見權親勢及有富厚者，不論其材，不察其行，敺而教之，阿而謟之，若恐弗及。見權勢及富厚者，故不論其材行，阿意謟之，恐不見及。○陳昌齊曰：「『親』字據注當是衍文。」○王引之曰：「『權親勢』當作『親權勢』。『親權勢』、『有富厚』，相對爲文。」俞樾說與陳同。弟子居處修潔，身狀出倫，倫，匹。聞識疏達，就學敏疾，本業幾終者，則從而抑之，幾，近也。難而懸之，妬而惡之。弟子去則冀終，弟子欲去則冀終其業，且由豫也。居則不安，居，近也。苦其惡不安也。○吳先生曰：「注『居，近也』，『近』當爲『止』，止與去對文。愼人篇『手足胼胝不居』，注『居，止』，是其證。」歸則愧於父母兄弟，愧，慙。出則慙於知友邑里。此學者之所悲也，悲，悼。此師徒相與異心也。人之情，惡異於己者，此師徒相與造怨尤也。造，作。○俞樾曰：「按兩句傳寫互易。『此師徒相與造怨尤也』與上文『此師徒相與異心也』文義相屬，『人之情，惡異於己者』與下文『人之情，不能親其所怨，不能譽其所惡』文義相屬，當乙正。」人之情，不能親其所怨，不能譽其所惡，學業之敗也，道術之廢也，從此生矣。廢，失。善教者則不然，視徒如己。徒，謂弟子也。反己以教，則得教之情也。情，理。○畢沅曰：「朱本『也』作『矣』。」所加於人，必可行於己，所施於人者，人樂也，故曰「必可行於己」。若此則師徒同體。體，行也。人之情，愛同於己者，譽同於己者，助同於己者，學業之章明也，道術之大行也，從此生矣。

不能學者，從師苦而欲學之功也，苦讀如鹽會之鹽。苦，不精至也。功，名也。欲得爲名。○畢沅曰：「注『鹽』舊作『監』，訛。此以鹽惡訓苦，但『會』字未詳，亦恐有訛。精至即精緻。其云『功，名也』，誤。功與苦相反，與下文淺、深一例。齊語云『工辨其功苦』，注云：『堅曰功，脆曰苦。』」從師淺而欲學之深也。欲人謂之學深也。草木雞狗牛馬不可譙詬遇之，譙詬遇之則亦譙詬報人，譙詬猶禍惡也。○畢沅曰：「『譙詬』疑即賈誼疏之『奊詬』，謂遇之不如其分也。彼顏注云『無志分』，此注云『禍惡』，亦各以意解耳。舊校云：『譙一作護。』更難通。」○王紹蘭曰：「畢氏據賈誼疏正『譙』爲『奊』，是矣，而未盡也。其解賈疏爲『遇之不如其分』，與師古『無志分』之說同爲望文生義耳。説文矢部：『奊，頭衺骫奊態也。从矢，圭聲。』（胡結切。）骨部：『骫，骨耑骫奊也。从骨，丸聲。』（於詭切。韵會四紙引骫篆作骩，『骨耑骩奊也。从骨、九』。疑从九者爲是。九亦聲。）奊骫、骫奊皆雙聲，其義爲衺曲不正，非『遇不如分』及『無志分』之謂，且於詬字文義亦不相貫，而吕書又無由誤『奊』爲『譙』也。蓋字本作『謑』，長沙省文作

『奊』。言部：『謑，恥也。』（胡禮切。）誒，謑或从奊。詬，謑詬，恥也。是誒爲謑之或字，誒詬連文亦雙聲，其義爲恥，故賈誼曰：『頑頓亡恥，奊詬亡節。』（賈子階級篇借苟爲詬。）奊詬承恥爲義，此即許義所本，足以互相證明。至不韋書則但言誒詬之大意，草木無知之物，人無緣誒詬恥之，彼亦何能誒詬恥人？所謂草木誒詬遇之，亦誒詬報人者，猶莊子所謂『昔予爲禾，耕而鹵莽之，則其實亦鹵莽而報予；芸而滅裂之，其實亦滅裂而報予』。（則陽篇。）是其義也。雞狗牛馬微有知之物，人亦無緣誒詬恥之，彼又何能誒詬恥人？所謂雞狗牛馬誒詬遇之，亦誒詬報人者，猶晏子所謂『牛馬不可窮，窮不可服』。（内篇雜下。）是其義也。高注以誒詬猶禍惡者，蓋謂五行傳艸木之妖、雞狗牛馬之旤歟？『譙』，說文作『誒』，舊校云『一作護』，誒與護形竝近誒而致譌，校注謂『護更難通』，似未照奊本从言作誒矣。」**又況乎達師與道術之言乎！**達，通也。**故不能學者，遇師則不中，用心則不專，**不中，不正也。不專，不壹也。○俞樾曰：「中讀爲忠。古字中、忠通用。漢張遷碑『中謇於朝』，魏橫海將軍呂君碑『君以中勇』，竝叚中爲忠，是其證也。『遇師則不中』，言其事師不以忠誠也。高注以『不中』爲『不正』，非是。」○吳先生曰：「高注非，俞說亦非。不中之中當讀爲得。（見周禮注。）不中猶云不相得。下文用心不專、好之不深、問事前後相悖皆足與不中之義互相發明。如讀中爲忠，則是不欲學，非不能學也，既妄改字，於義又遠，殊失之矣。」**好之則不深，就業則不疾，**不心好之，故不能深，就業不疾速也。**辯論則不審，**不能明是非。**教人則不精。**教，效也。效人別是非不能精核。**於師慍，**慍，怒也。不能別是非，故怨於師。○王念孫曰：「『於師慍』當作『慍於師』。注『怒』爲『怨』字之誤。」○陶鴻慶曰：「『慍』字當在『於師』上。『慍於師』與下文『懷於俗，羈神於世』句法一律，高注云云，正順文解之。」**懷於俗，**懷，安也。**羈神於世，**羈，牽也。神，御也。世，時也。○畢沅曰：「蓋謂其精神縈擾於世務而不能脫然也。注訓神爲御，未詳。」○陳昌齊曰：「『神』疑作『絏』，蓋『紲』或作『絏』，因訛『絏』爲『神』。左傳『臣負羈紲』是也。劉熙釋車云『紲，制也，牽制之也』，於注訓御之義亦合。」**矜勢好尤，故湛於巧智，**矜大其權勢，好爲尤過之事，湛没於巧詐之智。**昏於小利，惑於嗜欲，**昏，迷。惑，悖也。**問事則前後相悖，**悖，亂。**以章則有異心，**心猶義也。○維遹案：舊校云「『章』一作『軍』」，非。文心雕龍章句篇謂「積句而成章」，「章總一義」，與注相會。**以簡則有相反，**反，易。○舊校云：「『簡』一作『文』。」**離則不能合，合則弗能離，**離，别。**事至則不能受，**受猶成也。**此不能學者之患也。**患，害也。

誣徒

○一作〔一〕「詆役」。

五曰：善學者，若齊王之食雞也，必食其跖數千而後足，跖，雞足踵。喻學者取道衆多然後優也。跖讀如捃摭之摭。○畢沅曰：「淮南説山訓『數千』作『數十』。注『取道』舊本作『之道』，亦從彼注改。」○維遹案：御覽六百七引「數千」亦作「數十」，與淮南同。**雖不足，猶若有跖。**食雞跖衆而後足也。若有博學多藝如食雞跖，道乃深也。○畢沅曰：「正文難曉。注重釋上文，於此句殊不比附。竊疑正文『不』字乃衍文，謂雖足而猶若有跖未盡食者。此則學如不及，唯恐有聞爲足，以形容好學者貪多務得之意耳。」○李寶洤曰：「言齊王食雞，以跖爲美。善學者亦

〔一〕「作」，原作「曰」，據諸子集成本改。

當如其愛雞跖，必數千乃足，即不足數千，猶必有跖之可取。此以跖喻學之精者。注未明，畢本校注亦非。」物固莫不有長，莫不有短，人亦然。亦有長短。故善學者，假人之長以補其短。故假人者，遂有天下。無醜不能，無惡不知。故孔子入太廟，每事問，是不醜不能，不惡不知。醜不能，惡不知，病矣。病，困。不醜不能，不惡不知，尚矣。尚，上也。雖桀、紂猶有可畏可取者，而況於賢者乎！桀作瓦，紂作胡粉，今人業之，尚可取之一隅。故學士曰：「辯議不可不爲。」不可爲者，不可施也。○陳昌齊曰：「『不可不爲』，據注及前後文義皆當作『不可爲』。」○陶鴻慶曰：「據高注云云，是正文『不可不爲』上當有『不可爲』三字，而寫者脱之。『辯議不可爲，不可不爲』，皆起下文也。下文云『辯議而苟可爲，是教也，教大議也』，此言『辯議不可爲』也。又云『辯議而不可爲，是被褐而出，衣錦而入』，此言『辯議不可不爲』也。人各有長，材不偏廢，凡以明用衆之旨耳。如今本則義不完，又與注文不相值矣。」○維遹案：陶説是。辯議而苟可爲，是教也，教大議也。○陳昌齊曰：「二『教』字皆當作『敎』。」○劉師培曰：「上『教』字下挩『大辯』二字。」○維遹案：劉説是。辯議而不可爲，是被褐而出，衣錦而入。被褐在外，衣錦盛内，故不可。

戎人生乎戎，長乎戎，而戎言不知其所受之。楚人生乎楚，長乎楚，而楚言不知其所受之。今使楚人長乎戎，戎人長乎楚，則楚人戎言，戎人楚言矣。孟子曰：「有楚大夫，欲其子之齊言也，使一齊人傅之，衆楚人咻之，雖日撻而求其齊也，不可得矣。引而置之莊嶽之間數年，雖日撻而求其楚，亦不可得矣。」此之謂也。由是觀之，吾未知亡國之主不可以爲賢主也，欲以楚人戎言、戎人楚言化移之。○劉師培曰：「意林引『以爲』作『化成』。」其所生長者不可耳，故所生長不可不察也。

天下無粹白之狐，而有粹白之裘，粹，純。取之衆白也。夫取於衆，此三皇、五帝之所以大立功名也。三皇，伏羲、神農、女媧也。五帝，黃帝、帝嚳、顓頊、帝堯、帝舜也。○畢沅曰：「注女媧當在神農前。」○梁玉繩曰：「三皇、五帝之名，先儒所稱不一，然三皇列女媧，五帝無少昊，俱未安。」凡君之所以立，出乎衆也。立已定而舍其衆，是得其末而失其本。得其末而失其本，不聞安居。不聞得末失本能有安定之居也。故以衆勇無畏乎孟賁矣，孟賁，古大勇士。以衆力無畏乎烏獲矣，烏獲，有力人，能舉千鈞。○畢沅曰：「注『千鈞』舊本誤作『千金』，今據前重己篇注改正。」○維遹案：許本、姜本、張本不誤。以衆視無畏乎離婁矣，離婁，黃帝時明目人，能見針末於百步之外。○梁玉繩曰：「離婁能見針末於百步之外，語見淮南原道。」以衆知無畏乎堯、舜矣。堯、舜，聖帝也。言百發之中必有羿、逢蒙之功，衆知之中必有與聖人同，故曰「無畏於堯、舜」也。○畢沅曰：「注『功』疑當作『巧』。」○維遹案：注「百發之中必有羿、逢蒙之功」，語見淮南說林篇。淮南「功」作「巧」。夫以衆者，此君人之大寶也。淮南記曰「萬人之衆無廢功，千人之衆無絕良」，故人君以衆爲大寶也。田駢謂齊王曰：「孟賁庶乎患術，而邊境弗患；齊之邊境不以孟賁爲患者，衆也。○維遹案：史記孟子荀卿傳謂「田駢齊人，學黃、老道德之術，有所論焉」。漢志道家田子二十五篇，隋、唐志皆不著録，佚已久。馬國翰有輯本一卷。楚、魏之王，辭言不說，不以言辭爲說。而境內已修備矣，兵士已修用矣，得之衆也。」

用衆○一作「善學」。

吕氏春秋集釋卷第五

榮成許維遹學

仲夏紀第五　大樂　侈樂　適音　古樂

吕氏春秋訓解　高氏

一曰：仲夏之月，日在東井，仲夏，夏之五月。東井，南方宿，秦之分野。是月，日躔此宿。**昏亢中，旦危中。**亢，東方宿，衛之分野。危，北方宿，齊之分野。是月昏旦時，皆中於南方也。○畢沅曰：「淮南天文訓亢爲鄭之分野。」**其日丙丁，其帝炎帝，其神祝融，其蟲羽，其音徵，律中蕤賓，**蕤賓，陽律也。是月，陰氣萎蕤在下，象主人；陽氣在上，象賓客。竹管音中蕤賓也。**其數七，其味苦，其臭焦，其祀竈，祭先肺。小暑至，螳蜋生，**小暑，夏至後六月節也，螳蜋於是生。螳蜋一曰天馬，一曰齕疣，兖州謂之拒斧也。○畢沅曰：「注『齕疣』，月令正義鄭荅王瓚問作『食肬』。俗本作『食朧』，誤。淮南注作『齒肬』，當是脱其半耳。初學記引此注正作『齕疣』，又云『兖、豫謂之巨斧』。」**鶪始鳴，反舌無聲。**鶪，伯勞也。是月，陰作於下，陽發於上，伯勞夏至後應陰而殺蛇，磔之於棘而鳴於上。傳曰：「伯趙氏，司至者也。」反舌，伯舌也，能辨反其舌，變易其聲，效百鳥之鳴，故謂之白舌。承上微陰，伯趙起於下，後應陰，故無聲。○畢沅曰：「注『陽發於上』初學記作『陽散於上』，又『磔之』句作『乃磔之棘上而始鳴也』。」案辨反即偏反，古辨、偏通。」○維遹案：爾雅釋鳥：「鵙，伯勞也。」郭注：「似鶷鶡而大。」郝疏：「鶷鶡即反舌鳥，今伯勞，純黑色，似鴝鵒而大，其飛縱，其鳴鶪鶪，喜食蟲，故高誘有殺蛇之説，今未見也。」**天子居明堂太廟，**明堂，南向堂也。太廟，中央室也。**乘朱輅，駕赤駵，載赤旂，衣朱衣，服赤玉，食菽與雞，其器高以觕，養壯狡。**壯狡，多力之士。養之，慎陽施也。蓋所謂旱則資舟，夏則資皮，備之也。○畢沅曰：「『壯狡』月令作『壯佼』，此書聽言篇作『壯狡』，禁塞篇作『壯佼』，二字通。鄭詩狡童傳云『昭公有壯狡之志』，亦作『狡』字。」○梁玉繩曰：「注『蓋所謂』二語出越語。」

是月也，命樂師修鞀鞞鼓，均琴瑟管簫，師，樂官之長也。鞀鞞，所以節樂也，故修之。琴瑟管簫，所以宣音也，故均平之。管，六孔，似篪。簫，今之歌竹簫也。○畢沅曰：「注『管六孔似篪』舊本作『一孔似蘧』，訛，今據廣雅改正。」○茆泮林曰：「朱子謂『呂無「是月也」及「鼓」字』。案高注無『鼓』字，今同禮月令。」○維遹案：注首脱一「樂」字。孟春紀「命樂正」注：「樂正，樂官之長也。」其比正同。高注十二紀多有此例。**執干戚戈羽，**干，楯。戚，斧。戈，戟，長六尺六寸。羽以爲翿，舞者執之以指麾也。春夏干戚，秋冬羽籥。**調竽笙壎篪，**竽，笙之大者，古皆以瓠爲之。竽，三十六簧。笙，十七簧。壎，以土爲之，大如鴈子，其上爲六孔。篪，以竹，大二寸，長尺二寸，七孔，一孔上伏，横吹之。聲音上和，故言調。詩云：「伯氏吹壎，仲氏吹篪。」此之謂也。○畢沅曰：「『壎篪』月令作『竾簧』。注『竽笙之大者』舊脱『者』字，今補。郭璞注爾雅『大笙』云『十九簧』，小笙『十三簧』。廣雅但云笙『十三管』。今此云『十七簧』，恐字誤。」○桂馥曰：「宋書樂志：『宮管在左旁十九簧至十三簧曰笙。』然則高所云十七，在十九、十三之間。笙，正月之音，陽聲也，故三、七、九皆奇數。」○維遹案：注「篪以竹」當作「篪以竹爲之」，今本脱「爲之」二字，則文義不足。

飭鍾磬柷敔。鍾，金。磬，石。柷如漆桶，中有木椎，左右擊以節樂。敔，木虎，脊上有鉏鋙，以杖擽之以止樂。樂以和成，故飭整之也。**命有司爲民祈祀山川百原，大雩帝，用盛樂。**名山大川，泉源所出非一，故言百。能興雨者皆祈祀之。雩，旱祭也。帝，五帝也。爲民祈雨，重之，故用盛樂，六代之樂也。○王念孫曰：「注『盛樂』下當據淮南注更增『盛樂』二字。」**乃命百縣雩祭祀百辟卿士有益於民者，以祈穀實，**百縣，畿内之百縣大夫也。祀前世百君卿士功施於民者。雩祭之，求福助成穀實。○畢沅曰：「『祭』字衍，月令無。注首〔一〕『百縣』舊作『百辟』，訛，今改正。」**農乃登黍。**登，進。稙黍熟，先進之。

是月也，天子以雛嘗黍，雛，春鷚也。不言嘗雛，而言嘗黍，重穀也。○茆泮林曰：「禮月令作『乃以雛嘗黍』。朱子謂『呂雛作雞』。今本作雛。」**羞以含桃，先薦寢廟。**羞，進。含桃，鸎桃。鸎鳥所含食，故言含桃。是月而熟，故進之。先致寢廟，孝而且敬。○梁玉繩曰：「含桃無鸎含之説，字亦不作鸎。鄭注：『櫻桃也。』釋文：『含又作函。』初學記引高注云『含桃，櫻桃，爲鳥所含，故曰含桃』，亦與今本異。宋張淏雲谷雜記引此注作『嬰桃』。」○凌曙曰：「爾雅『楔，荆桃』，注：『今櫻桃。』説文果名櫻桃皆作『櫻』，與高誘不同。王維敕賜櫻桃詩『非關御苑鳥銜〔二〕殘』，本高注。」**令民無刈藍以染，**爲藍青未成也。**無燒炭，**爲草木未成，不欲夭物。○畢沅曰：「月令作『毋燒灰』。」

〔一〕「首」，原脱，據諸子集成本補。

〔二〕「銜」，原作「含」，據全唐詩改。

無暴布。是月炎氣盛猛，暴布則脆傷之。門閭無閉，關市無索。門，城門。閭，里門也。民順陽氣，布散在外，人當出入，故不閉也。關，要塞也。市，人聚也。無索，不征稅。**挺重囚，益其食。**挺，緩也。**游牝別其羣，則縶騰駒，班馬正。**是月牝馬懷妊已定，故放之則別其羣，不欲駒蹄踰趯其胎育，故縶之也。班，告也。馬正，掌馬之官。周禮：「五尺曰駒。」○畢沅曰：「『馬正』月令作『馬政』。注『踰』疑當作『踊』。」○王念孫曰：「鄭注：『馬政謂養馬之政教。』引周官廋人職曰：『掌十有二閑之政教。』鄭說是也。高不知『正』爲『政』之借字，故訓爲掌〔一〕馬之官。若字本作政，則亦當訓爲政教矣。」

是月也，日長至，夏至之日，晝漏水上刻六十五，夜漏水上刻三十五，故曰長至。○畢沅曰：「舊本作『長日至』，黄氏日抄已言其誤，今依月令移正。」**陰陽爭，死生分。**是月陰氣始起於下，盛陽蓋覆其上，故曰爭也。品物滋生，薺、麥、亭歷、棘刺之屬死，故曰「死生分」。分，別也。○畢沅曰：「注『覆』字舊本脱在『起於』下，今移正。」**君子齋戒，處必揜，身欲靜無躁，止聲色，無或進，**揜，深也。聲，五音。色，五色。止節之，無有進御也。○畢沅曰：「月令無『欲靜』二字。鄭注云：『今月令「毋躁」爲「欲靜」。』然則此又出『無躁』二字，非本文也。揜亦與弇同，注皆訓爲深。蓋夏避暑氣，冬避寒氣，皆以居處言也。今人多讀『處必掩身』爲句，攷月令正義引正文已如此，但其所釋亦是以居處言，竝不謂身之不當褻露，故疑正義『處必掩』下之『身』字亦後人所加也。」**薄滋味，無致和，**薄猶損也。

〔一〕「掌」，原作「養」，據高注改。

和，齊和也。**退嗜慾，定心氣，百官靜，事無刑，以定晏陰之所成。**退，止也。事無刑，當精詳而後行也。晏，安。陰，微陰。○畢沅曰：「月令『退』作『止』〔一〕。」○王念孫校月令曰：「自『君子齋戒』至『以定晏陰之所成』，皆養身之事。百官，猶百體也。刑，當從今月令讀爲徑。徑，疾也，速也。淮南時則篇作『徑』。今本呂氏春秋作『刑』，後人以月令改之也，與高注不合。高注曰『事無徑，當精詳而後行也』，此承上節『退耆欲，定心氣』爲義，言非特節其耆欲，定其心氣也，推而至於百體莫不安靜，又推而至於作事審慎精詳，毋或徑疾，以陰陽方爭，不宜妄動也。晏者，陽也。晏陰猶陽陰也。小爾雅曰：『晏，陽也。』呂氏春秋誣徒篇曰：『心若晏陰，喜怒無處。』韓子外儲說曰：『雨霽日出，視之晏陰之間。』太玄踦贊曰：『凍登赤天，晏入黃泉。』范望注：『凍，至寒也。晏，至熱也。』是晏與陰相對爲文。此承上『陰陽爭』爲義，言陰陽方爭，未知所定，故君子安靜無爲，以定陽與陰之所成也。又徑與靜、成爲韻。呂氏春秋、淮南子竝注曰『晏陰，微陰也』，望文生義，其說亦非。」徐鼒說同。**鹿角解，蟬始鳴，**夏至，鹿角解墮，蟬鼓翼始鳴。**半夏生，木堇榮。**半夏，藥草。木堇，朝榮暮落，是月榮華，可用作蒸，雜家謂之朝生，一名蕣，詩云「顏如蕣華」是也。○孫詒讓曰：「注『雜家』當作『雒家』，謂雒陽也。淮南子說林訓注云『鉒者提馬，雒家謂之投翩』，與此正同。」○維遹案：淮南時則篇注正作「雒家」。（據景宋本、劉本。）吴先生云：「『雒家』是也。『雒家』者，方士之名。高注修務篇亦稱『雒家』，注氾論篇又言『胡家』，『胡家』亦方士之稱，與『雒家』同比。」

是月也，無用火南方。火王南方，爲揚火氣。**可以居高明，可以遠眺望，可以登山陵，可以**

〔一〕「止」，月令作「節」。

處臺榭。明，顯也。積土四方而高曰臺，臺加木爲榭，皆所以順陽宣明之。○畢沅曰：「觀此，則鄭注『處必掩』爲隱翳，高注爲『深』，皆與此相反，故仲夏言掩身，理可通也。」

仲夏行冬令則雹霰傷穀，道路不通，暴兵來至。冬寒冰凍，故雹霰傷〔一〕害五穀也。冬陰閉藏，多雹霰，道路陷壞，不通利也。暴害之兵横來至。○畢沅曰：「月令『霰』作『凍』。」行春令則五穀晚熟，百螣時起，其國乃饑。行春木王生育之令，故五穀晚熟也。百螣，動股之屬也，時起爲害，故五穀不時，國饑也。螣讀近殆，兖州人謂蝗爲螣。○維遹案：注「國饑」原作「國飢」，今改從許本、姜本。淮南注同。行秋令則草木零落，果實早成，民殃於疫。有覈曰果，無覈曰蓏。仲夏行秋成熟之令，故草木零落，果實早成熟。非其時氣，故民疾疫。

仲夏紀

二曰：音樂之所由來者遠矣，遠，久。生於度量，本於太一。太一出兩儀，兩儀出陰陽。兩儀，天地也。出，生也。陰陽變化，一上一下，合而成章。章猶形也。渾渾沌沌，離則復合，合則復離，渾讀如衮冕之衮。沌讀近屯。離，散。合，會。是謂天常。天之常道。天地車輪，輪，轉。○畢沅曰：

〔一〕「傷」，原脱，據諸子集成本補。

「李善注文選木玄虛海賦引作『天地如車輪』。御覽一、又五百六十六皆無『如』字。」**終則復始，極則復反，莫不咸當。**極，窮。咸，皆。當，合。**日月星辰，或疾或徐。日月不同，以盡其行。**不同，度有長短也。以盡其行度也。起牽牛至周于牽牛，故曰「以盡其行」。○畢沅曰：「御覽五百六十六作『宿日不同』。」**四時代興，或暑或寒，或短或長，或柔或剛。**冬寒，夏暑。冬至短，夏至長。春柔而秋剛。**萬物所出，造於太一，化於陰陽。**造，始也。太一，道也。陰陽，化成萬物者也。○畢沅曰：「舊校云：『「造」一作「本」。』案御覽『造』、『本』二字皆有。」**萌芽始震，凝㵳以形。**震，動也。謂動足以成形也。○畢沅曰：「御覽作『萌芽始厥，凝寒以刑』，注：『厥，動也。』案字書本無『㵳』字，此誤。刑與形通。」○維遹案：此文當從御覽作「凝寒以刑」。以、已同。刑，殺也。與上句「萌芽始震」義正相對。音律篇云「草木盛滿，陰將始刑」，注：「刑，殺也。」文選劉公幹贈從弟詩「豈不羅凝寒」，「凝寒」本此。今作「㵳」者，涉「凝」字旁而誤加水耳。**形體有處，莫不有聲。聲出於和，和出於適。和適，先王定樂，由此而生。**由和生也。○畢沅曰：「正文『和適』二字疑衍。注『由和』下似當有『適』字。」○孫先生曰：「御覽五百六十六引此文正無『適和』二字。」

天下太平，萬物安寧，○畢沅曰：「『物』御覽作『民』。」**皆化其上，**化猶隨也。○維遹案：「上」字當作「正」，形近之誤也。正與平、寧、成爲韻。（君守篇亦以平、正、寧爲韻。）若作「上」，則失其韻矣。**樂乃可成。成樂有具，必節嗜慾。**節，止。**嗜慾不辟，**辟，開。○俞樾曰：「辟讀爲僻，謂不邪僻也。高訓爲『開』，非是。」**樂乃**

可務。務，成。務樂有術，必由平出。平出於公，公，正。公出於道，故惟得道之人，其可與言樂乎！言，說。亡國戮民，非無樂也，其樂不樂。不和於雅，故不樂也。○畢沅曰：「舊本作『不樂其樂』。孫云：『御覽五百六十九作「其樂不樂」。』案下篇及明理篇俱作『其樂不樂』，今移正。」○維遹案：畢改是。治要引與御覽同。溺者非不笑也，傳曰：「溺人必笑。」雖笑不歡。罪人非不歌也，當死强歌，雖歌不樂。○畢沅曰：「注『强歌』二字舊本作『者』，今從御覽補正。」○維遹案：治要引注與舊本同，畢改非是。狂者非不武也，狂悖之人，雖武不足畏。○劉師培曰：「治要引『武』作『舞』，注云：『雖舞不能中節。』後人妄改爲『不武』，由是删易注文，更爲『武者不足畏』。」亂世之樂，有似於此。君臣失位，父子失處，夫婦失宜，民人呻吟，其以爲樂也，若之何哉？以民人呻吟歎戚，不可爲樂也，故曰「若之何哉」。

凡樂，天地之和，陰陽之調也。始生人者天也，人無事焉。天使人有欲，人弗得不求。欲，貪也。人情欲，故弗得不有求也。○陳昌齊曰：「注『有』字錯入下句，當云『人情有欲，故弗得不求也』。」天使人有惡，人弗得不辟。惡，憎。辟，遠也。故曰弗得不辟，人情有所憎惡，辟遠之也。欲與惡所受於天也，受之於天。人不得與焉，不得爲天之爲也。○畢沅曰：「注『不得爲』下舊衍一『焉』字，今删。」○維遹案：「與」原作「興」。王念孫云：「『興』疑『與』之譌。」陶鴻慶說同，末云：「『人不得與焉』與上文『人無事焉』義同。與，爲也。」案許本、姜本正作「與」，今據改正。不可變，不可易。天所爲，故不可變易。世之學者有非樂者矣，安由出哉？非猶譏。出猶生。○畢沅曰：「墨子書有非樂篇。」

大樂

大樂，君臣父子長少之所歡欣而說也。〇俞樾曰：「『大』疑『夫』字之誤。」歡欣生於平，平，和。平生於道。道也者，視之不見，聽之不聞，不可爲狀。言道無形，不可爲狀。有知不見之見、不聞之聞、無狀之狀者，則幾於知之矣。幾，近也。有人能是，近於知道也。道也者，全精也，精，微。不可爲形，不可爲名，彊爲之謂之太一。〇畢沅曰：「『彊爲之』下疑脱一『名』字。」〇維遹案：當有「名」字。老子云：「强爲之名曰大。」語例正同。故一也者制令，兩也者從聽。從聽，聽從。〇維遹案：從讀若縱。「從聽」與「制令」相反成誼，高讀如字，失其旨矣。先聖擇兩法一，擇，棄也。法，用也。〇松皋圓曰：「擇、釋古字通用。」〇俞樾曰：「『擇』乃『釋』字之誤。長見篇『視釋天下若釋躧』，注亦訓『釋』爲『棄』，是其證。」〇維遹案：松說是。是以知萬物之情。故能以一聽政者，樂君臣，和遠近，說黔首，秦謂民爲黔首。合宗親。能以一治其身者，免於災，災，害。終其壽，全其天。天，身。能以一治其國者，姦邪去，賢者至，成大化。〇王念孫曰：「當作『賢者至，大化成』。親、天、成、人爲韻。」能以一治天下者，寒暑適，風雨時，適，和也。時，不差忒。爲聖人。故知一則明，明兩則狂。〇畢沅曰：「疑當疊『知一』二字。」〇陶鴻慶曰：「畢校非也。『爲聖人』三字爲句，屬上爲義，言若此則可以爲聖人也。勸學篇云：『師達而有材，吾未知其不爲聖人。』意正相類。與上文『能以一治其國，姦邪去，賢者至，成大化』相對成文。」

三曰：人莫不以其生生，而不知其所以生。以，用。人莫不以其知知，而不知其所以知。知其所以知之謂知道，不知其所以知之謂棄寶，棄寶者必離其咎。寶，重也。咎，殃也。世之人主多以珠玉戈劍爲寶，愈多而民愈怨，國人愈危，身愈危累，老子曰：「多藏厚亡。」故曰「愈危累」。○陳昌齊曰：「『愈多』句首當疊『寶』字。『國人愈危』句衍『人』字。『身愈危累』句衍『危』字，注『愈危累』蓋統釋二句耳。前當染篇『國愈危，身愈辱』亦統釋之曰『愈危辱』。」俞樾、陶鴻慶説同。則失寶之情矣。情，實也。亂世之樂與此同，同於危、累。爲木革之聲則若雷，爲金石之聲則若霆，爲絲竹歌舞之聲則若譟。譟，叫。○維遹案：注「叫」張本作「鬧」。以此駭心氣、動耳目、摇蕩生則可矣，生，性。以此爲樂則不樂。不樂，不和。故樂愈侈而民愈鬱，侈，淫。鬱，怨。國愈亂，主愈卑，則亦失樂之情矣。

凡古聖王之所爲貴樂者，爲其樂也。夏桀、殷紂作爲侈樂，大鼓鐘磬管簫之音，以鉅爲美，鉅，大。以衆爲觀，俶詭殊瑰，耳所未嘗聞，目所未嘗見，俶，始也。始作詭異瑰奇之樂，故耳未嘗聞，目未嘗見。○畢沅曰：「俶詭亦作諔詭。莊子德充符釋文云：『諔，尺叔反。李云：諔詭，奇異也。』又見天下篇。此注訓俶爲始，非也。」務以相過，不用度量。不用樂之法則，故曰務相過。○維遹案：治要引注「法則」作「法制」。宋之衰也作爲千鍾，鍾律之名。○畢沅曰：「『千鍾』御覽五百六十六作『十秩』。」齊之衰也作爲大吕，大吕，陰律，十二月也。○畢沅曰：「此注非也。貴直論『無使齊之大吕陳之廷』，注云：『齊之鍾律也。』案史記索隱云：『大吕，齊鍾名。』王厚齊云：『此即樂毅書所云「大吕陳於元英」者。』」楚之衰也作爲巫音，男曰覡，女曰巫。○畢沅曰：「舊本注無『男曰覡』三字，今從初學記十五所引補。梁仲子云：『尚書「是謂巫風」，不特屬之女也。周禮春官神仕疏云：「男子陽，有兩稱，名巫名覡。女子陰，不變，直名巫，無覡。」所謂散文則通也。』」侈則侈矣，自有道者觀之則失樂之情。失樂之情，其樂不樂。非正樂，故曰「不樂」也。○俞樾曰：「此注未得古義。古無一字兩讀之説，禮樂之樂，哀樂之樂，其讀同耳。其樂不樂者，言其所爲音樂不足喜樂也。上文曰『以此爲樂則不樂』，又曰『凡古聖王之所爲貴樂者，爲其樂也』，上樂字竝禮樂字，下樂字竝哀樂字。高氏以『非正樂』釋『不樂』，非其旨矣。」樂不樂者，其民必怨，其生必傷。怨，悲。傷，痛。○劉師培曰：「『其生必傷』，治要引『生』作『主』，主與民對詞。」○維遹案：治要引注「傷痛」作「傷病」。其生之與樂也，若冰之於炎日，反以自兵，兵，災也。○畢沅曰：「『生』舊本訛作『王』，從御覽改正。『炎日』御覽作『炭』，注『兵災也』或作『兵災兵也』，非。」此生乎不知樂之情，而以侈爲務故也。

樂之有情，譬之若肌膚形體之有情性也，有情性則必有性養矣。○陳昌齊曰：「『性養』，『性』字當作『生』字。」○陶鴻慶曰：「『性養』，『性』字讀爲『生』。」寒温勞逸饑飽，此六者非適也。適，中適也。凡養也者，瞻非適而以之適者也。能以久處其適，則生長矣。長，久。生也者，其身固靜，感而後知，或使之也。遂而不返，返，還。制乎嗜欲，爲嗜欲所制。制乎嗜欲無窮則必失其天矣。天，身。○王念孫曰：「『無窮』二字疑因下文而衍。」○俞樾曰：「下『制乎』二字衍文也。『嗜欲無窮』四字爲句。涉上句而衍『制乎』二字，則文不成義。」○陶鴻慶曰：「『無窮』二字涉下文『且夫嗜欲無窮』而衍。上文云『遂而不返，制乎嗜欲』，故此文申之云『制乎嗜欲則必失其天矣』。下文云『且夫嗜欲無窮則必有貪鄙悖亂之心、淫佚姦詐之事矣』。言始於受制，終則至於無窮，而其爲害又不獨失其天而已也。俞氏以『制乎』二字爲衍，失之。」○維遹案：王、陶説是。且夫嗜欲無窮則必有貪鄙悖亂之心、淫佚姦詐之事矣，○畢沅曰：「『悖亂』舊作『浮亂』，訛，今改正。此與樂記文相似。」故彊者劫弱、衆者暴寡、勇者凌怯、壯者慠幼從此生矣。從欲生也。

侈樂

四曰：耳之情欲聲，欲聞音聲。心不樂，五音在前弗聽。心不樂，聲音雖在前，耳不聽之。目之情欲色，欲視五色。心弗樂，五色在前弗視。心不欲視之也。鼻之情欲芬香，欲芬香之韶蕕也。○畢沅曰：「注『韶蕕』疑是『醖藉』。」心弗樂，芬香在前弗嗅。不嗅味也。○維遹案：治要引「嗅」作「臭」。口之情欲滋味，欲美味也。心弗樂，五味在前弗食。○維遹案：治要引「食」作「味」。欲之者，耳目鼻口也。樂之弗樂者，心也。○陶鴻慶曰：「『樂之弗樂』當作『樂與弗樂』，上『樂』字亦哀樂之樂，非禮樂之樂，與下『樂』字無異義也。『與』字草書與『之』相似，又涉上『欲之』而誤。」○維遹案：「之」字不誤，之猶與也，説見經傳釋詞。心必和平然後樂，心必樂然後耳目鼻口有以欲之，故樂之務在於和心，和心在於行適。適，中適也。○陶鴻慶曰：「『故樂之務』當作『故適樂之務』，下云『夫樂有適』，『心亦有適』，語意與此相承。下文又云『故適心之務在於勝理。夫音亦有適』，與此文同一例。」

夫樂有適，心亦有適。○畢沅曰：「舊本『夫樂』下衍『之』字，又『亦』字作『非』，孫竝從御覽五百六十九刪正。」○維遹案：治要引與御覽同。**人之情，欲壽而惡夭，欲安而惡危，欲榮而惡辱，欲逸而惡勞。四欲得，四惡除，則心適矣。四欲之得也在於勝理，勝理以治身則生全以，生全則壽長矣；**○陳昌齊曰：「『生全』上『以』字，據上下文義例皆不應有，當刪。」○王念孫曰：「勝猶任也。『生全』上『以』字治要作『矣』，下文『勝理以治國則法立』下亦有『矣』字。」俞樾説與陳同。○維遹案：王説是。**勝理以治國則法立，法立則天下服矣，**○王念孫曰：「治要此句下有注云『服於理也』。」**故適心之務在於勝理。**

夫音亦有適。太鉅則志蕩，○畢沅曰：「孫云：『「太鉅」御覽作「大鉅」。已下凡太字竝作大。』」**以蕩聽鉅則耳不容，不容則横塞，横塞則振；**振，動。○畢沅曰：「舊本作『横塞則振動』，無注，今從御覽改正。」○王念孫曰：「横猶充也。」**太小則志嫌，以嫌聽小**嫌聽譬自嫌之嫌。○畢沅曰：「注有誤字。似本爲嫌字作音，而後人妄改之。」○洪頤煊曰：「嫌與慊同。禮記坊記『貴不慊於用』，鄭注：『慊或爲嫌。』孟子公孫丑『吾何慊乎哉』，趙岐注：『慊，少也。』以小聽小，故耳不充，與上『太鉅則志蕩，以蕩〔一〕聽鉅則耳不容』文義相對。」○俞樾曰：「高注原文當作『嫌讀如自謙之謙』。禮記大學篇『此之謂自謙』，鄭注曰：『謙讀爲慊。』高意此嫌字與自謙之謙同，亦當讀爲慊，故云然也。孟子公孫丑篇趙注曰：『慊，少也。』大學篇正義曰：『慊，不滿之貌。』太小則志慊，於義正合。」**則耳**

〔一〕「以蕩」，原脱，據正文補。

不充，不充則不詹，詹，足也。詹讀如澹然無爲之澹。○畢沅曰：「御覽作『詹音澹也』，疑是。蓋澹古贍字，注既訓詹爲足，則自讀從澹足之澹。漢書食貨志『猶未足以澹其欲也』，師古曰：『澹，古贍字。贍，給也。』當讀時豔切。若依此注，則如字，讀徒濫切矣，恐亦是後人妄改也。」不詹則窕；窕，不滿密也。太清則志危，以危聽清則耳谿極，谿，虛。極，病也。不聞和聲之故也。○俞樾曰：「高注殊不成義。『谿』疑『谻』字之誤，其左旁『谷』字與『豀』字左旁『谷』字相似，因而致誤也。文選上林賦曰『與其窮極倦谻』，郭注曰：『窮極倦谻，疲憊者也。』是谻極義同，竝有病義。」谿極則不鑒，不鑒則竭；鑒，察也。太清無和，耳不能察，則竭病也。○畢沅曰：「『鑒』御覽竝作『監』。注末『也』字，舊本譌作『之』。」太濁則志下，以下聽濁則耳不收，不收，越散。不收則不摶，不摶則怒，不摶，入不專一也，故惑怒也。○畢沅曰：「『摶』舊本皆誤作『特』，孫從御覽改正。案『摶』與『專』同。注『入』字亦從御覽補。」故太鉅、太小、太清、太濁皆非適也。不鉅、不小、不清、不濁，得四者之中乃爲適。此四者皆言其太，故曰「非適」。○畢沅曰：「舊本『太小』在『太清』下，從御覽乙正。」

何謂適？衷，音之適也。何謂衷？大不出鈞，重不過石，小大輕重之衷也。三十斤爲鈞，百二十斤爲石。○陶鴻慶曰：「此指十二鐘言。『大不出鈞』，『大』當爲『小』字之誤。言小以包輕，言重以包大，互文以見義也。」黄鐘之宫，音之本也，本始於黄鐘，十一月律。清濁之衷也。衷也者適也，以適聽適則和矣。樂無太，平和者是也。○陳昌齊曰：「『平』字疑衍。『太』即上文太鉅、太小、太清、太濁之太也。『和』字緊承上句『適則和矣』之和。」故治世之音安以樂，其政平也；民聞其樂，安之曰喜。亂世之音怨以怒，其政乖也；亡國之音悲以哀，其政險也。險猶危。凡音樂通乎政而移風平俗者也，風猶化。○王念孫曰：「『移風平俗』治要作『風乎俗』，是也。」**俗定而音樂化之矣。故有道之世，觀其音而知其俗矣，**○王念孫曰：「此句下治要引有『觀其俗而知其政矣』八字，今本誤脱，當據補。」○維遹案：王説是。淮南主術篇「聽其音則知其俗，觀其俗則知其化」，語本此。本書音初篇「是故聞其聲而知其風，察其風而知其志，觀其志而知其德」，文例亦同。**觀其政而知其主矣。故先王必託於音樂以論其教，**論，明。**清廟之瑟，朱弦而疏越，一唱而三歎，有進乎音者矣。**文王之廟，肅然清靜，貴其樂和，故曰「有進乎音」。○畢沅曰：「禮記樂記作『有遺音者矣』，下亦作『遺味』，鄭注：『遺，餘也。』今此俱作『進』，文不同。」○李賡芸曰：「似比遺音、遺味之誼爲長。莊子養生主篇『進乎技矣』，句法正同。」○維遹案：注「進」下原脱「乎」字，據許本增。**大饗之禮，上玄尊而俎生魚，**大饗，饗上帝於明堂也。玄尊，明水也。俎生魚，皆上質貴本。○畢沅曰：「注『明水』舊本作『酒水』，訛，今改正。」**大羹不和，有進乎味者也。**大羹，肉湆而未之和，貴本古得禮也，故曰「有進乎味」。**故先王之制禮樂也，**○維遹案：治要引無「禮」字。**非特以歡耳目、極口腹之欲也，**特，但也。○畢沅曰：「舊本於『將』字下注『特也』二字，誤。案『將』字當屬下文，據樂記當作『將以』，今竝補正。」○維遹案：畢補正與治要引合，惟治要引注作「特，止也」。君守篇注「特，但」，畢補本之。**將以教民平好惡、行理義也。**平，正也。行猶通也。

適音〔一〕

〔一〕目録「音」下有「一作和樂」。

五曰：樂所由來者尚也，尚，曩。○王念孫曰：「尚之爲言曩也，故注訓『尚，曩』。」**必不可廢。有節有侈，有正有淫矣。**節，適也。侈，大也。正，雅也。淫，亂也。**賢者以昌，不肖者以亡。**昌，盛也。亡，滅也。

昔古朱襄氏之治天下也，朱襄氏，古天子，炎帝之別號。○梁玉繩曰：「朱襄在炎帝前。易繫辭疏、初學記九竝引帝王世紀言朱襄等十五氏襲包犧之號，御覽七十八載遁甲開山圖同。蓋世紀所本，亦不定是天子，疑皆太昊氏之臣也，安得以爲炎帝別號乎？」**多風而陽氣畜積，萬物散解，果實不成，**解，落也。有核曰果。**故士達作爲五弦瑟，以來陰氣，以定羣生。**士達，朱襄氏之臣。○畢沅曰：「『來』舊本作『採』，譌，今從御覽五百七十六改正。日抄同。」○孫先生曰：「書鈔一百九、御覽五百七十六、又九百六十四引『五弦』下竝有『之』字，疑今本脱。」

昔葛天氏之樂，三人操牛尾投足以歌八闋：葛天氏，古帝名。投足猶蹀足。闋，終。○畢沅曰：「張揖曰：『葛天氏，三皇時君號也。』見文選上林賦注。『操』舊作『摻』，俗字，今從初學記九、御覽五百六十六、陳祥道禮書改正。」**一曰載民，二曰玄鳥，**○王念孫曰：「史記司馬相如傳索隱引『玄鳥』作『玄身』，身與民韻。」**三曰遂草木，四曰奮五穀，五曰敬天常，六曰建帝功，七曰依地德，八曰總禽獸之極。**上皆樂之八篇名也。○畢沅曰：「舊本『建帝功』作『達帝功』。案文選上林賦注張揖引作『徹帝功』，李善謂『以建爲徹』，誤，則當作『建』也。又舊本作『總萬物之極』，校云：『一作禽獸之極。』今案初學記十五、史記司馬相如傳索隱及選注皆作『總禽獸之極』，今據改正。」○王念孫曰：「上林賦注張揖曰：『葛天氏八曲，六曰徹帝功。』李善曰：『呂氏春秋六曰達帝功，今注以達爲徹，誤。』念孫謂：『徹者通也，通亦達也。釋名曰：「達，徹也。」昭二年左傳「徹命于執事」，周語「其何事不徹」，韋、杜注竝云：「徹，達也。」徹與達義同，而聲亦相近，故張揖引此「達」作「徹」。李善駁之，誤也。至今本文選注「達」作「建」，乃傳寫之誤。「建」與「徹」聲義皆不相近，若本是「建」字，張揖無緣改「建」爲「徹」。考初學記樂部上、太平御覽樂部四引此竝作「達帝功」，則作「達」者是也。（史記司馬相如傳索隱引作「建帝功」，亦後人據誤本文選改之。）今據誤本文選以改本書，失之矣。』」

昔陶唐氏之始，陰多滯伏而湛積，陶唐氏，堯之號。○畢沅曰：「孫云：『「陶唐」乃「陰康」之誤。』顏師古注漢書司馬相如傳云：「古今人表有葛天氏、陰康氏。」誘不觀古今人表，妄改呂氏本文。」案李善注文選竟沿其誤，唯章懷注後漢書馬融傳引作「陰康」。」**水道壅塞，不行其原，**故有洪水之災。○畢沅曰：「舊校云：『一作「陽道壅塞，不行其次」。』孫云：『李善注文選傅武仲舞賦、張景陽七命俱引作「陽道壅塞」。』」○王念孫曰：「作『陽道』者是也。『陽道壅塞』與『陰多滯伏』正相對。後人以高注云『故有洪水之災』，遂改『陽道』爲『水道』，不知高注自謂『陽道壅塞，故有洪水之災』，非正文內本有水字也。『原』當爲『序』字之誤也。（莊子則陽篇『隨序之相理』，釋文『序或作原』。）陽道壅塞，故行不由序。別本作『不行其次』，次亦序也。漢書司馬相如傳注引此正作『陽道壅塞，不行其序』。」○松皋圓曰：「注『故有洪水之災』六字，疑是正文。」**民氣鬱閼而滯著，**閼讀曰遏止之遏。**筋骨瑟縮不達，**○畢沅曰：「七命注作『筋骨攣縮』。」**故作爲舞以宣導之。**宣，通。

昔黃帝令伶倫作爲律。伶倫，黃帝臣。○畢沅曰：「說苑修文篇作『泠倫』，古今人表作『泠淪』。」**伶倫**

自大夏之西，大夏，西方之山。**乃之阮隃之陰，**阮隃，山名。山北曰陰。○畢沅曰：「『阮隃』漢書律志作『昆侖』。說苑修文篇、風俗通音聲篇、左氏成九年正義皆作『崑崙』，世說言語篇引呂亦同。」○王念孫曰：「『崑崙』或作『昆陯』，因譌爲『阮隃』。」○俞樾曰：「『阮隃』本作『阮陯』。阮讀若昆，說文繫傳𨸏部『阮，代郡五阮關也，從𨸏，元聲，讀若昆』，是其證也。阮字讀與昆同，故即可借爲昆。陯者，侖之借字。阮陯即昆侖也。因『陯』誤作『隃』，而讀者又不知阮與昆古音相近，故莫得其旨。」○維遹案：畢、王說是。御覽五百六十五引亦作「崑崙」。晉書律曆志同。至宋書律志、路史黃帝紀始誤爲「阮隃」。又案：畢校引世說原作德行篇，誤，今改正。**取竹於嶰谿之谷，以生空竅厚鈞者，斷兩節間，**竹生谿谷者，取其厚鈞，斷兩節間以爲律管。○畢沅曰：「漢志作『取竹之解谷，生其竅厚均者』。說苑、風俗通亦同。世說注『厚』上增『薄』字，贅。」○王念孫曰：「畢說非。太平御覽樂部三引此作『以生竅厚薄均者』，說苑脩文篇正作『厚薄』。」○孫先生曰：「『取竹於嶰谿之谷』本作『取竹之谿谷』，之猶於也，取竹之谿谷者，即取竹於谿谷也。注『以爲律管』下本有舊校語『谿或作嶰』四字，而今本脱之。蓋因一本作『谿』，一本作『嶰』，校者不審，誤合爲一，又不解『之』字之誼，故改爲『取竹於嶰谿之谷』。正文既誤，不得不刪『谿或作嶰』四字以就之，甚矣其妄也。『嶰谷』本有二說：漢書律曆志作『解谷』，注：『孟康曰：「解，脱也。谷，竹溝也。取竹之脱無溝節者也。一說昆侖之北谷名也。」晉灼曰：「谷名是也。」』爾雅釋山『小山别，大山鮮』，文選吳都賦及長笛賦注引『鮮』竝作『嶰』，郭注『不相連』。玉篇山部『嶰』字注：『山不相連也。』左太沖吳都賦『嶰谷弗能連』，劉淵林注：『嶰谷，崑崙北谷也。』是『嶰谷』之說與孟康異耳。此作『谿谷』者，谿、嶰聲近。若作『嶰谿之谷』則不可解矣。說苑修文篇、風俗通音聲篇竝作『取竹於嶰谷』。是古書說此事者，未有以嶰谿連用者也。且高注『竹生谿谷者』云云，但言『谿』而不言『嶰』，是正文本無『嶰』字，明矣。淺人雖去『谿或作嶰』四字，終難掩其迹也。世說言語篇注、類聚五、又八十九、御覽九百六十三竝引作『取竹之嶰谷』，書鈔一百十二引作『取竹於磬谷』，（磬即谿字之誤。）御覽十六引作『取竹於谿谷』，又九百六十二引作『取竹谿之谷』，又引注末有『谿或作嶰』四字，事類賦二十四引作『取竹谿谷』，引注亦有『溪（當作谿。）或作嶰』四字，各自不同。『谿』作『嶰』者，據別本也。『之』作『於』者，引書者所改。無『之』字竝無『於』字者，蓋節引也。御覽九百六十二所引最塙，惟『之谿谷』倒作『谿之谷』耳。所引雖間有參差，然未有『嶰』『谿』連用，而『之』『於』二字亦不竝見於句中，則呂氏原文不作『取竹於嶰谿之谷』益顯明矣。」**其長三寸九分，而吹之以爲黃鐘之宮，**斷竹長三寸九分，吹之，音中黃鐘之宮。○畢沅曰：「『其長三寸九分』漢志無，說苑及御覽五百六十五作『其長九寸』。錢詹事云：『三寸九分不必改作九寸。安溪李文貞謂「黃鐘長八寸一分，應鐘長四寸二分，此三寸九分即二律相較之數」，是也。案此三寸九分備有十二律，非謂黃鍾止長三寸九分。下云以爲黃鍾之長者，即長於應鍾之數，蓋應鍾十月律，秦歲首所中也，增長三寸九分而得黃鍾，方是十一月律。呂紀本用秦法，追攷上古，知安溪之說不謬。』」○陳澧曰：「律呂之度見於古書者，以呂氏春秋爲最古。其云三寸九分爲黃鍾之宮，自來無知其說者。惟律呂正義云：『聞嘗截竹爲管，詳審其音，黃鍾之半律不與黃鍾合，而合黃鍾者爲太蔟之半律。呂氏春秋以三寸九分之管爲聲中黃鍾之宮，非半太蔟合黃鍾之義耶？』正義後編云：『半太蔟長四寸，其音比黃鍾微低。再短一分，則恰與黃鍾合。』謹案：三寸九分爲黃鍾之宮，至是而昭然若發蒙矣。蓋絲聲倍半相應，竹聲倍半不相應，必半之而又稍短乃相應，即京房所謂竹聲不可以度調也。月令『中央土，律中黃鍾之宮』，鄭注云：『黃鍾之宮最長也。』孔疏云：『蔡氏及熊氏以爲黃鍾之宮謂少宮也，半黃鍾九寸之數，管長四寸五分。』（新唐書禮樂志之説與此同。）月令亦出於呂氏，其所謂黃鍾之宮即三寸九分之管，鄭注以爲最長，固失之矣。蔡氏、熊氏知其爲黃鍾少宮，而云管長四寸五分，則又不知竹聲倍半不相應也。京房所謂竹聲不可以度調，實樂律最要之關鍵，蔡伯喈且不知，況後儒乎！李安溪古樂經傳引武進惲遜菴説，以三寸九分爲黃鍾、應鍾之較，江慎修律呂闡微、戴東原考工記圖以三寸九分爲四寸五分之譌，皆非也。惟胡氏彥昇樂律表微知三寸九分與九寸之聲相應耳。」**吹曰舍少。次制十二筩，**六律、六呂各有管，故曰十二筩。舍，成舍矣。○畢沅曰：「説苑無『吹』字。舊本『曰』作『日』，説苑作『曰』。又『舍』作『含』。今『曰』字已據改正，其舍字亦訛。注『舍成舍矣』四字亦不可曉，因有此注，『舍』字姑仍之。考晉志及御覽五百六十五竝作『含少』。明宏治中莆人李文利主『含少』之説，謂黃鍾實止三寸九分，其説與古背，不可用。御覽竟改作『長九寸』，又近人謂當作『四寸五分』，皆非是。『筩』，説苑、風俗通、御覽俱作『管』，李善注文選邱希範侍宴詩作『筩』，與『筒』實一字，善又別引作『籥』，誤也。」**以之阮隃之下，聽鳳皇之鳴，以別十二律。其雄鳴爲六，雌鳴亦六，以比黃鍾之宮適合。**合，和諧。○畢沅曰：「『比』舊本誤作『此』，李善注馬季長長笛賦引作『比』，漢書、説苑皆同。」**黃鍾之宮皆可以生之，故曰「黃鍾之宮，律呂之本」。**法鳳之雌雄，故律有陰陽。上下相生，故曰「黃鍾之宮皆可以生之」。○孫先生曰：「『律呂之本』原文當作『律之本也』。古人言律者，分言則律謂六律，呂謂六呂，混言則簡稱爲律也。陽六爲律，陰六爲呂。陽以包陰，故上文但言十二律也。此乃統言之，故又云律之本也。（適音篇云：『黃鐘之宮，音之本也。』）後人不達，以爲黃鐘下生林鐘，上生太蔟等等，故加『呂』字，斯爲謬矣。漢書律曆志作『是謂律本』，説苑修文篇作『律之本也』，晉書律曆志云『呂不韋春秋言黃鐘之宮，律之本也』，類聚五、又八十九、御覽

十六、又九百六十三引竝作『律之本也』，當據正。」**黃帝又命伶倫與榮將**〇畢沅曰：「舊校云：『一作「援」。』今案：御覽作『營援』。路史作『榮猨』，注引隋志及國朝會要皆作『榮猨』。」**鑄十二鐘，以和五音，以施英韶，以仲春之月乙卯之日日在奎始奏之，命之曰咸池。**奏十二鐘樂，名之爲咸池。

帝顓頊生自若水，實處空桑，處居空桑。〇維遹案：淮南本經篇注：「空桑，地名，在魯也。」餘詳本味篇。**乃登爲帝。惟天之合，正風乃行，**惟天之合，德與天合。風，化也。〇畢沅曰：「趙云：『言八方之風各得其正也。』」〇維遹案：風者，聲也。正風即正聲。淮南原道篇「結激楚之遺風」，高注：「風，聲也。」是其證。此注釋爲化，失其旨矣。**其音若熙熙淒淒鏘鏘。帝顓頊好其音，乃令飛龍作效八風之音，**八風，八卦之風。〇維遹案：書鈔一百五、楚辭遠遊篇洪興祖補注引「作」下竝有「樂」字，當據補。又案：八風之名見有始覽。蓋古之製樂，放效八方風聲而爲之音。淮南本經篇云「雷霆之聲，（霆原作震，依王念孫校改正。）可以鼓鐘寫也」，高注：「寫猶放斆也。」據此，鼓鐘可以放效雷霆之聲，則八風爲八方之風聲明矣。高氏釋爲八卦之風，漢儒之舊說也。**命之曰承雲，以祭上帝。**上帝，昊天上帝。**乃令鱓先爲樂倡，**倡，始也。〇畢沅曰：「『乃令』初學記作『乃命』。樂倡，樂人也，似不當訓爲始。」〇馬叙倫曰：「説文『鱓，鱓魚也，皮可爲鼓』，段玉裁本刪『皮可爲鼓』四字，謂『由古以鼉皮冒鼓，鼉、鱓皆從單聲，古書如呂覽皆借鱓爲鼉』。案此『鱓』字即『鼉』之借字也，以鱓腹皮爲鼓，即以鼉爲鼓。禮學記『鼓無當於五聲，五聲弗得不和』，五經要義『鼓所以檢樂，爲羣音之長』，蓋古作樂，始於奏鼓，故曰『乃令鱓先爲樂倡』也。然則畢校謂倡爲樂人，誤矣。」**鱓乃偃寢，**○畢沅曰：「『寢』舊本訛『浸』。」**以其尾鼓其腹，**鼓，擊。○維遹案：「鼓」當作「鼔」，説文：「鼔，擊鼓也，讀若屬。」下文「乃以麋鞈置缶而鼓之」亦當作「鼔」。高訓爲「擊」，是其所見本不誤。**其音英英。**英英，和盛之貌。○畢沅曰：「舊本『英英』不重，誤，與上文皆依初學記、御覽改正。」○馬叙倫曰：「英英當讀爲彭彭，英從央聲，古音與彭同屬陽類，故得通假。」

帝嚳命咸黑作爲聲，歌九招、六列、六英；○畢沅曰：「舊校云『聲』一作『唐』。案御覽、路史俱作『唐』。」又曰：「『九招六列六英』六字衍，説見下。」○維遹案：畢説非是。此文本作「帝嚳命咸黑作爲聲，歌九招、六列、六英」。文心雕龍頌讚篇云「昔帝嚳之世，咸黑爲頌，以歌九招」，（據唐寫本。）周禮大司樂賈疏引樂緯云「帝嚳之樂曰六英」，語皆本此。舊校及御覽、路史「聲」作「唐」，因習見「唐歌」而妄改之。畢本從歌字絶句，則下文無所麗，故云衍六字。而劉勰以歌字屬下句，知其所據本不誤，竝與下文「湯命伊尹作爲大護，歌晨露」句法相同。細繹下文「帝舜乃令質修九招、六列、六英」，是帝嚳之樂至舜之時更增改修治而用之；下文湯命伊尹「修九招、六列、六英」，（「六英」二字舊脱，據御覽補。）是帝舜之樂至湯之時更增改修治而用之，仍其舊名，不忘本也，則「九招六列六英」非衍文明矣。**有倕作爲鼙鼓鐘磬吹苓管壎篪鞀椎鍾，**○畢沅曰：「『有倕』御覽倒作『倕有』，『有』當讀爲『又』。」○王引之曰：「『苓』當爲『笭』，即『笙』字也。古從生聲之字或從令聲，笙之爲笭，猶旌之爲旍也。（玉篇云：『旍同旌，見禮記。』爾雅釋天釋文云：『旌本又作旍。』月令『載旌旐』，吕氏春秋季秋篇『旌』作『旍』。）隸書從竹之字多變從艹，故笭譌作苓。或曰『籥』字之譌，竹誤爲艹，又誤脱下半耳。」○俞樾曰：「『吹』字衍文也。下文云『或鼓鼙，擊鐘磬，吹苓，展管篪』，即承此文而言。此言『鼙鼓』不言鼓鼙鼓，言『鐘磬』不言擊鐘磬，則『苓』上不得有『吹』字明矣。蓋即涉下文而衍。」帝嚳乃令人抃，兩手相擊曰抃。○陶鴻慶曰：「『帝嚳』二字疑衍。自『乃令人抃』以下皆倕之事，下文始云『帝嚳大喜，乃以康帝德』，明此不當有。」或鼓鼙，擊鐘磬，吹苓，展管篪；因令鳳鳥、天翟舞之。○維遹案：書鈔引「鳥」作「凰」。帝嚳大喜，乃以康帝德。康，安。

帝堯立，乃命質〔一〕爲樂。質乃效山林谿谷之音以歌，「質」當爲「夔」。○畢沅曰：「路史以質與夔非一人。『質』亦作『橐』。」○洪頤煊曰：「劉寬碑『復使五官中郎將何夔持節，魏上尊號，奏太僕臣夔』，『夔』與質古文『⿱癶貝』形相似，因譌。」○維遹案：類聚四十三引「以歌」作「以作歌」，疑有「作」字是。今本「作」字誤竄在下文「作以爲十五弦之瑟」句首。乃以麋輅置缶而鼓之，鼓，擊。○孫詒讓曰：「『置缶』難通。『置』疑當爲『冒』，形近而誤。周禮籥章『掌土鼓豳籥』，注：『杜子春云：「土鼓，以瓦爲匡，以革爲兩面，可擊也。」』說文革部云：『輅，生革，可以爲縷束也。』此以麋輅冒缶以爲鼓，即以瓦爲匡，以革爲面也。禮記明堂位云：『土鼓，蕢桴，葦籥，伊耆氏之樂。』郊特牲釋文引或說謂伊耆氏即堯。此云帝堯『命質爲樂』，則麋輅冒缶或即伊耆土鼓之制與？（『置』或當作『冥』，即『幎』之省，與『置』作『寘』形近。墨子備穴篇云：『令陶者爲罌，固幎之以薄輅革。』冒幎義亦同。）」乃拊石擊石，以象上帝玉磬之音，以致舞百獸。瞽叟乃拌五弦之瑟，拌，分。作以爲十五弦之瑟，命之曰大章，○梁玉繩

〔一〕四部叢刊本「質」下有注「一作韶」。

曰：「瞽叟有功于堯樂，不得概以頑目之矣。」○維遹案：「作」字衍，因上文誤脱，錯置於此。「以爲十五弦之瑟」與下文「以爲二十三弦之瑟」句法正同。以祭上帝。

舜立，命延○畢沅曰：「『命』舊本作『仰』，誤，據路史改正。」乃拌瞽叟之所爲瑟，益之八弦，以爲二十三弦之瑟。帝舜乃令質修九招、六列、六英，以明帝德。招、列、英皆樂名也。帝，謂舜。○畢沅曰：「招、列、英至此始見，故誘於此下注，則上乃衍文明矣。」○維遹案：畢説非是。高注有不注於前而注於後者，見去私篇、音初篇。亦有前已注後復注之者，此不足爲據。

禹立，勤勞天下，日夜不懈，勤，憂。通大川，羣壅塞，鑿龍門，降通漻水以導河，羣壅塞，故鑿龍門也。降，大。漻，流。疏三江五湖，注之東海，以利黔首。於是命皋陶作爲夏籥九成，以昭其功。九成，九變。昭，明。

殷湯即位，夏爲無道，暴虐萬民，侵削諸侯，不用軌度，天下患之。湯於是率六州以討桀罪，○畢沅曰：「舊校云『討』一作『誅』。案御覽作『以誅桀之罪』。」○王念孫曰：「商頌那疏引『討』作『討』，『桀』下有『之』字。」功名大成，黔首安寧。湯乃命伊尹作爲大護，歌晨露，修九招、六列，以見其善。大護、晨露、九招、六列皆樂名。善，美。○孫先生曰：「『六列』下脱『六英』二字。上文云『帝嚳命咸黑作爲聲，歌九招、六列、六英』，又云『帝舜乃令質修九招、六列、六英，以明帝德』，竝有『六英』二字。注文『列』下疑亦脱此二字，蓋因正文既脱，後人復删注文以就之，竝非其舊矣。御覽五百六十六引正有『六英』二字。」

周文王處岐，諸侯去殷三淫而翼文王。文王，古公亶父之孫，王季歷之子也。古公避獯鬻之難，邑于岐，謂岐山之陽有周地，及受命，因爲天下號也。淫，過。翼，佐。三淫，謂剖比干之心，斷材士之股，刳孕婦之胎者，故諸侯去之而佐文王也。○畢沅曰：「古文泰誓有『斮朝涉之脛』語，究不知何出。春秋繁露王道篇云：『斮朝涉之足，視其拇。』水經注九淇水下云：『老人晨將渡水，而沈吟難濟。紂問其故，左右曰：「老者髓不實，故晨寒也。」紂乃於此斮脛而視髓。』是相傳有此事也。今此云『斷材士之股』，先識覽注亦同。淮南俶真訓亦有此語。」○俞樾曰：「高氏解三淫爲『剖比干之心、斷材士之股、刳孕婦之胎』。先識覽『殺三不辜』注同。然竊謂『殺三不辜』或如高氏之説，若此云三淫，恐注義尚有未安。且如注義，則三淫即殺三不辜，使易其文曰『諸侯去殷殺三不辜而翼文王』，其可通乎？『三淫』之文，殆必有誤。呂氏原文疑當作『諸侯去殷王受而翼文王』，『王』與『三』形似易誤，『受』誤作『㸒』因又誤爲『淫』耳。」散宜生曰：「殷可伐也。」文王弗許。散宜生，文王四臣之一也。論語曰：「文王爲西伯，三分天下有其二，以服事殷。」故弗許。周公旦乃作詩曰：「文王在上，於昭于天，周雖舊邦，其命維新。」以繩文王之德。○畢沅曰：「繩，譽也。見左氏莊十四年傳。正義云：『字書「繩」作「譝」。』」

武王即位，以六師伐殷。六師未至，以鋭兵克之於牧野。未至殷都，而勝紂於牧野。歸，乃薦俘馘于京太室，乃命周公爲作大武。大武，周樂。○畢沅曰：「『爲作』御覽倒。」○孫先生曰：「御覽五百六十六引作『作爲』，最是。今本『爲作』，誤倒也。『作爲』乃古人常語，上文『作爲』二字連文數見，可證。」

成王立，殷民反，反，叛。王命周公踐伐之。踐，往。○畢沅曰：「尚書大傳云：『周公攝政三年，踐奄。踐之者，籍之也。籍之，謂殺其身，執其家，豬其宮。』」**商人服象，爲虐于東夷。**象，獸名也。**周公遂以師逐之，至于江南，乃爲三象，以嘉其德。故樂之所由來者尚矣，非獨爲一世之所造也。**三象，周公所作樂名。嘉，美也。尚，久也。自黄帝以來，功成作樂，故曰「非獨爲一世之所造也」。○宋翔鳳曰：「漢書司馬相如傳上林賦『韶、濩、武、象之樂』，注：『張揖曰：「象，周公樂也。南人服象，爲虐於夷，成王命周公以兵追之，至於海南，迺爲三象樂也。」』文選上林賦注同。其説當本古樂篇。所謂南人，如論語『南人有言』，謂南蠻之人也。秦象郡在南，蓋取此。則此文『商人』當作『南人』，『江南』當作『海南』。詩『以雅以南』，毛傳『南夷之樂曰南』，左傳『舞象、箾〔一〕、南、籥』，並指此三象也。」

古樂

〔一〕「箾」，原脱，據過庭録補。

呂氏春秋集釋卷第六

榮成許維遹學

呂氏春秋訓解　高氏

季夏紀第六　音律　音初　制樂　明理

一曰：季夏之月，日在柳，季夏，夏之六月也。柳，南方宿，周之分野。是月，日躔此宿。昏心中，旦奎中。心，東方宿，宋之分野。奎，西方宿，魯之分野。是月昏旦時，皆中於南方。其日丙丁，其帝炎帝，其神祝融，其蟲羽，其音徵，律中林鐘，林，衆。鐘，聚。陰律也。陽氣衰，陰氣起，萬物衆聚而成，竹管之音應林鐘也。其數七，其味苦，其臭焦，其祀竈，祭先肺。涼風始至，蟋蟀居宇，夏至後四十六日立秋節，故曰「涼風始至」。蟋蟀，蜻蛚，爾雅謂之蛬〔一〕，陰氣應，故居宇，鳴以促織。○畢沅曰：「月令『涼風』作『温風』，『居宇』作『居壁』。」○阮惟和曰：「史記律書：『涼風居西南維，主地，地者沈奪萬物氣也，六月也。』淮南天文訓『景風至四十五日涼風至』，高注：『坤卦之風也。』然則六月之有涼風，證以古書，鑿鑿有據。月令季夏之温風，即西南坤維之涼風也，别言之

〔一〕「蛬」，原作「蛩」，據爾雅改。

則曰温風，總言之則曰涼風，月令之異於吕覽、淮南以此。自周書時訓解係温風至於小暑節，禮家遂以温風爲南風，宜温而非涼矣。不知曆家推十二候始於北魏，而魏書律曆志載正光曆及甲子元曆並以温風至係於大暑節，即隋志載劉焯之曆亦與魏志同，是隋以前皆不從逸周書也。」**鷹乃學習，腐草化爲乂。**秋節將至，故鷹順殺氣自習肄，爲將搏鷙也。乂，馬蚿也。乂讀如蹊徑之蹊，幽州謂之秦渠，一曰螢火也。○畢沅曰：「月令作『腐草爲螢』。此書舊本作『腐草化爲螢乂』，衍『螢』字。淮南無。觀注當與淮南同。蓋昔人讀此書，偶旁記異同之文，而因以誤入也。説文引明堂月令曰：『腐艸爲蠲。』蠲即乂也。化亦衍字。」**天子居明堂右个，**明堂，向南堂。右个，西頭室。**乘朱輅，駕赤騮，載赤旂，衣朱衣，服赤玉，食菽與雞，其器高以觕。**

是月也，令漁師伐蛟取鼉，升龜取黿。漁師，掌魚官也。漁讀若相語之語。蛟、鼉、黿皆魚屬。鼉皮可作鼓，詩曰：「鼉鼓韸韸。」黿可爲羹，傳曰：「楚人獻黿於鄭靈公，靈公不與公子宋黿羹，公子怒，染指於鼎，嘗之而出。」是也。皆不害人，易得，故言「取」也。蛟有鱗甲，能害人，難得，故言「伐」也。龜，神，可以暈吉凶，入宗廟，尊之也，故曰「升」也。○畢沅曰：「漁，高讀牛倨切。季冬云『音論語之語』，亦同。月令『登龜』，此作『升』，義同。」○茆泮林曰：「禮月令作『命漁師伐蛟取鼉，登龜取黿』，朱子謂『吕「命」作「令」，無「登龜」字』。案：今本『登龜』作『升龜』，有此二字，正文及高注疑後人竝依淮南竄改。更案：月令鄭注云『今月令「漁師」作「榜人」』，文選子虛賦注亦云『月令曰「命榜人」』，當是吕氏古本。朱子所見本，疑已依禮月令改。」**乃命虞人入材葦。**虞人，掌山澤之官。材葦供國用也。○畢沅曰：「『虞人』月令作『澤人』。」

是月也，令四監大夫合百縣之秩芻，以養犧牲。周制，天子畿内方千里，分爲百縣，縣有四郡，郡有鄙，故春秋傳曰：「上大夫受縣，下大夫受郡。」周時縣大郡小，至秦始皇兼天下，初置三十六郡以監縣耳。此云「百縣」，説周制畿内之縣也。四監，監四郡大夫也。秩，常也。常所當芻，故聚之以養犧牲。○畢沅曰：「月令作『大合』，無『夫』字。」**令民無不咸出其力，**咸，皆也。出其力以聚芻而用之。**以供皇天上帝、名山大川、四方之神，以祀宗廟社稷之靈，爲民祈福。**祈，求也。○畢沅曰：「月令『爲民』上有『以』字。」

是月也，命婦官染採，黼黻文章必以法故，無或差忒；黑黄蒼赤莫不質良，婦人善別五色，故命其官使染採也。白與黑謂之黼。黑與青謂之黻。青與赤謂之文。赤與白謂之章。修其法章，不有差忒，故黑黄蒼赤之色皆美善。○畢沅曰：「月令『忒』作『貸』。舊校云：『差一作遷。』注『修其法章』，疑是『法制』。」**勿敢僞詐。**勿，無也。○畢沅曰：「月令作『毋敢詐僞』。」**以給郊廟祭祀之服，**郊祀天。廟祀祖。**以爲旗章，以別貴賤等級之度。**熊虎爲旗。章，服也。貴有長尊，賤有等威，故曰度。○畢沅曰：「『等威』舊誤作『等卑』，今依左氏宣十二年傳文改正。」○維遹案：注「章，服也」，於義未安。恃君覽注「章，明識也」，較此注爲長。月令鄭注「旗章，旌旗及章識也」，孔疏：「章識者，則周禮事、名、號，故司常云『官府象其事，州里象其名，家象其號』。」

是月也，樹木方盛，乃命虞人入山行木，無或斬伐。虞人，掌山林之官。行，察也。視山木，禁民不得斬伐。○畢沅曰：「『無或』月令作『無有』，或亦訓有也。」**不可以興土功，不可以合諸侯，不可以起兵動衆。無舉大事以摇蕩於氣，**土功，築臺穿池。合諸侯，造盟會也。舉動兵衆，思啓封疆也。大事，征伐也。於時不時，故曰「搖蕩於氣」。○畢沅曰：「月令作『以搖養氣』。注『思啓封疆』，用左氏成八年傳文，舊本作『息封疆』，誤，今改正。」**無發令而干時，以妨神農之事。**無發干時之令，畜聚人功，以妨害神農耘耨之事。○畢沅曰：「『干時』月令作『待』，無『干』字。」**水潦盛昌，**○茆泮林曰：「朱子謂『吕無昌字』，今同禮月令。」**命神農，將巡功，舉大事則有天殃。**昔炎帝神農能殖嘉穀，神而化之，號爲神農，後世因名其官爲神農。巡行堰畝修治之功。於此時或舉大事，妨害農事，禁戒之云：「有天殃之罰。」○畢沅曰：「月令『神農』上無『命』字，『巡』作『持』。」○梁玉繩曰：「古無以神農名官者，鄭注以爲土神是也。」

是月也，土潤溽暑，大雨時行，燒薙行水，利以殺草，如以熱湯，可以糞田疇，可以美土疆。夏至後三十日大暑節，火王也。潤溽而漯重，又有時雨，燒薙行水灌之，如以熱湯，可以成糞田疇，美土疆。疆，界畔。○俞樾曰：「『暑』字衍文也。高注曰『夏至後三十日大暑節，火王也。潤溽而漯重，又有時雨』，然則『潤溽』下無『暑』字明矣。後人因注有『大暑』字，遂於正文羼入『暑』字，并禮記月令而亦誤矣。月令鄭注曰『潤溽謂塗溼也』，是古本禮記無『暑』字。」○孫先生曰：「注『潤溽而漯重』當作『潤溽而溼重』，『漯』乃『濕』字。説文濕字注『濕水出東郡東武陽入海』，又溼字注『幽溼也』，是二字字義迥别，後人以形聲竝近，混用莫辨。隸書『濕』字又省作『漯』。（即改日爲田，又省一糸。）此本作『溼』，傳寫作『濕』，又改作『漯』耳。淮南注不誤。」

行之是令，是月甘雨三至，三旬二日。行之是令，行是之令也。十日爲旬。二日者，陰晦朔日也。月十日一雨，又二十日一雨，一月中得二日耳，故曰「三旬二日」。○陶鴻慶曰：「高注『陰』爲『除』字之誤。又『二十日一雨』，謂十日一雨者二次，非謂隔二十日始一雨也。玩注意，蓋謂三旬中除去晦朔二日，則一月祇得二旬有八日，至第三旬之雨當在下月，是一月之中祇得雨二日也。然是月三旬，必除去晦朔不計，未詳何義。高氏蓋見正文既云『甘雨三至』，又云『三旬二日』，故爲此説以求通歟？竊疑『三至』之『三』爲衍文，正文但言是月之雨僅二日耳。蓋是月水盛土潤，禾稼將成，神農方有巡功之事，大雨之行，不利於數，故三旬二日而已足也。」**季夏行春令則穀實解落，國多風欬，人乃遷徙。**春，木王。木性墮落，陽發多雨而行其令，故穀實散落，民病風欬上氣也。民遷徙移家，春陽布散也。○畢沅曰：「『解落』月令作『鮮落』。」○孫先生曰：「『人』字當從月令、淮南作『民』，此因唐諱而未經改正者。」**行秋令則丘隰水潦，禾稼不熟，乃多女災。**丘，高。隰，下也。言高下有水潦，象金氣也，故殺禾稼，使不成熟也。金干火，故多女災，生子不育也。○王念孫曰：「注『女災』當據淮南時則訓注更增『女災』二字。」**行冬令則寒氣不時，鷹隼早鷙，四鄙入保。**冬陰閉固而行其令，故寒風不節也。鷹隼早鷙，象冬氣殺戮。四界之民畏寇賊之來，故入城郭自保守也。○畢沅曰：「『寒氣』月令作『風寒』。」○維遹案：據注云云，此亦當作「風寒」。淮南作「風寒」，注與此同，足證高所見本不誤。

中央土，其日戊己，戊己，土日，土王中央也。**其帝黄帝，其神后土，**黄帝，少典之子，以土德王天下，號軒轅氏，死，託祀爲中央之帝。后土，官。共工氏子句龍能平九土，死，託祀爲后土之神。○維遹案：注「后土，官」，當作「后土，土官」。今本脱一土字，月令鄭注可證。**其蟲倮，其音宮，**陽發散越而屬倮蟲。倮蟲，麒麟爲之長。宮，土也，位在中央，爲之音主。○茆泮林曰：「朱子謂『呂「倮」作「螺」』。今同禮月令。」○維遹案：此注錯亂，當云「陽發散越而爲倮蟲。倮蟲之屬，麒麟爲之長。宮，土也，位在中央」。因「爲之」二字錯移於「中央」下，後人遂妄增「音主」二字以成其義。孟春紀注、孟夏紀注、孟秋紀注竝其例證。**律中黃鐘之宮，其數五，**黃鐘，陽律也，竹管音中黃鐘之宮也。其數五，五行之數，土第五也。**其味甘，其臭香，**土味甘，土臭香。**其祀中霤，祭先心。**土王中央，故祀中霤。霤，室中之祭，祭后土也。祭祀之肉先進心。心，火也，用所勝也。一曰「心，土，自用其藏也」。**天子居太廟太室，**南向中央室曰太廟，又處其中央，故曰太室。**乘大輅，駕黃駵，載黃旂，衣黃衣，服黃玉，**土色黃，故尚黃色。**食稷與牛，**稷、牛皆屬土。**其器圜以揜。**揜，象土含養萬物。○畢沅曰：「月令作『圜以閎』。舊校云：『一作揜以閎』。」○茆泮林曰：「朱子謂『呂「圜」作「高」，「閎」作「揜」』。今本『圜』仍作『圜』，唯『閎』作『揜』。」○維遹案：「器」原作「氣」，改從許本、姜本、張本、李本、黃本，與月令及孟春各紀均合。

季夏紀

二曰：黃鐘生林鐘，黃鐘，十一月律。林鐘，六月律。**林鐘生太蔟，**太蔟，正月律。**太蔟生南呂，**南呂，八月律。**南呂生姑洗，**姑洗，三月律。**姑洗生應鐘，**應鐘，十月律。**應鐘生蕤賓，**蕤賓，五月律。**蕤賓生大呂，**大呂，十二月律。**大呂生夷則，**夷則，七月律。**夷則生夾鐘，**夾鐘，二月律。**夾鐘生無射，**無射，九月律。**無射生仲呂。**仲呂，四月律。○畢沅曰：「說苑修文篇云：『黃鐘生林鐘，林鐘生大呂，大呂生夷則，夷則生太蔟，太蔟生南呂，南呂生夾鐘，夾鐘生無射，無射生姑洗，姑洗生應鐘，應鐘生蕤賓。』無『蕤賓生大呂』句。御覽五百六十五引呂氏亦與説苑同，皆非隔八相生之義。晉書律志引呂氏則皆與今本合，知不可信御覽以改此文。」三分所生，益之一分以上生。三分所生，去其一分以下生。黄鐘、大呂、太蔟、夾鐘、姑洗、仲呂、蕤賓爲上，林鐘、夷則、南呂、無射、應鐘爲下。律呂相生，上者上生，下者下生。○畢沅曰：「蕤賓不當爲上，當在林鐘之首。考周禮大司樂、大師兩章注，蕤賓皆重上生，即朱子鐘律篇亦竝不誤，而近人反據誤本謂蕤賓亦下生，謬之甚者。晉志俗本亦誤作蕤賓下生，宋志則不誤，可以正之。此注當作『上者下生，下者上生』，如此方所謂律呂相生。今本疑亦傳寫之誤。」○許宗彦曰：「十二律上生下生，班孟堅志與呂不韋書、淮南子及鄭注周禮不同。班志自黄鐘始，一下生，一上生，依次至中呂，故黄鐘、太蔟、姑洗、蕤賓、夷則、無射六律皆下生，林鐘、南呂、應鐘、大呂、夾鐘、中呂六律皆上生。高誘呂注所謂『上者上生』，言黄鐘等七律由上生而得，如蕤賓上生乃爲大呂，故云上也。『下者下生』，言林鐘等五律由下生而得，如黄鐘下生乃爲林鐘，故云下也。鄭注太師職云：『黄鐘下生林鐘之初六，林鐘又上生太蔟之九二，太蔟又下生南呂之六二，南呂又上生姑洗之九三，姑洗又下生應鐘之六三，應鐘又上生蕤賓之九四，蕤賓又上生大呂之六四，大呂又下生夷則之九五，夷則又上生夾鐘之六五，夾鐘又下生無射之上九，無射又上生中呂之上六。下生者三分去一，上生者三分益一。五下六上乃一終矣。』（竝從月令疏所引。）孔仲達云：『五下者，謂林鐘、夷則、南呂、無射、應鐘皆被子午已東之管，三分減一而下生之。（即高注「下者下生」。）六上者，謂大呂、太蔟、夾鐘、姑洗、中呂、蕤賓皆被子午已西之管，三分益一而上生之。（即高注「上者上生」。）子午皆屬上生，應云「七上」，而云「六上」者，以黄鐘爲諸物之首，物莫之先，似若無所禀生，故不數黄鐘也。』據此則鄭注即本呂子，惟兼數黄鐘爲七上五下耳。淮南天文訓數十二律上下生與鄭同。後漢志及范望注太玄竝重蕤賓上生。宋書律志與淮南合。惟晉書志謂後代之音律多宗呂覽，而又言算術無重上生之法，以淮南爲非。梁武帝鐘律緯則謂京、馬、鄭、蔡至蕤賓竝從上生大呂，而班志仍以次下生，班義爲乖。是則鄭注之合於呂覽、淮南而不合於班志明甚。今明北監本、汲古閣本、永懷堂本、周禮太師注自蕤賓至中呂上下生，皆互易其字，蓋校者誤以漢志改之，而不知其本不合也。浦聲之十三經注疏正誤反據太師注以改月令疏，舛矣。畢尚書所校呂子，但知蕤賓之上生大呂，而不知蕤賓本律爲應鐘所上生，如其所數，則除黃鐘外，五上六下，與鄭注政相反。」

大聖至理之世，天地之氣，合而生風，日至則月鐘其風，以生十二律。○畢沅曰：「御覽『月鐘』作『日行』，蓋亦依説苑之文以改呂氏。」**仲冬日短至**冬至日，日極短，故曰「日短至」。**則生黃鐘，季冬生大呂，孟春生太蔟，仲春生夾鐘，季春生姑洗，孟夏生仲呂；仲夏日長至**夏至日，日極長，故曰「日長至」。**則生蕤賓，季夏生林鐘，孟秋生夷則，仲秋生南呂，季秋生無射，孟冬生應鐘。天地之風氣正，則十二律定矣。**

黃鐘之月，土事無作，慎無發蓋，以固天閉地，陽氣且泄。黃鐘，十一月也。且，將也。○畢沅曰：「月令作『以固而閉』，又『且泄』作『沮泄』。」**大呂之月，數將幾終，**大呂，十二月。幾，近。終，盡。**歲且更起，而農民無有所使。**使，役。○畢沅曰：「禮記〔一〕月令『而農民』上有『專』字。」**太蔟之月，陽氣始生，**

〔一〕「禮記」，原脱，據諸子集成本補。

太蔟，正月。冬至後四十六日立春，故曰「陽氣始生」。○王念孫曰：「治要『始生』作『始至』。」**草木繁動，**動，生。○陳昌齊曰：「此是韻語，疑『動』爲『滋』訛。」○王念孫曰：「『繁動』當作『繁滋』，滋與時爲韻。治要亦作『動』。」**令農發土，無或失時。**發土而耕。○畢沅曰：「此月去芒種尚遠，而必亟於發土者，蓋所謂『勿震勿渝，脈其滿眚，穀乃不殖』，故數勞之地，苗乃易於滋長也。」**夾鐘之月，寬裕和平，行德去刑，**夾鐘，二月也。行仁德，去刑戮也。**無或作事，以害羣生。**事，兵戎事也，故曰「以害羣生」。**姑洗之月，達道通路，溝瀆修利，**姑洗，三月也。時雨將降，故修利溝瀆。○維遹案：「達道通路」治要引作「達通道路」。**申之此令，嘉氣趣至。**順其陽德，故嘉喜之氣至。○維遹案：注「喜」當作「善」，形近之誤也。**仲呂之月，無聚大衆，巡勸農事，**仲呂，四月。大衆，謂軍旅工役也。順陽長養，無役大衆，妨廢農功，故戒之曰「無」也。必循行農事勸率之。○維遹案：治要引注「軍旅」下有「興功築道」四字。**草木方長，無攜民心。**民當務農，長養穀木，徭役聚則心攜離，逆上命也，故戒之曰「無」也。○陳昌齊曰：「此是韻語，疑『心』爲『志』訛。」○王念孫曰：「『民心』當作『民志』，志與事韻。治要引亦作『民心』。」**蕤賓之月，陽氣在上，安壯養俠，**蕤賓，五月。壯，盛。俠，少也。皆安養之，助陽也。○畢沅曰：「『在上』舊本作『在土』。案是月陰始生於下，則當云『陽氣在上』，今改正。月令是月『養壯佼』，此『養俠』亦當是『養佼』之誤。」○王念孫曰：「佼與槁爲韻。治要作『養孩』，亦非。」○牟庭曰：「『俠』即『佼』之形誤。家語入官注云『佼猶好也』，荀子成相篇注『佼亦好也』，故高注訓佼爲少，言少好也。」○維遹案：張本正作「陽氣在上」，治要引同。**本朝不靜，草木早槁。**靜，安。朝政不寧，故草木變動墮落早枯也。○維遹案：「早」字許本作「旱」，注同。**林鐘之月，**

草木盛滿，陰將始刑，林鐘，六月。刑，殺也。夏至後四十六日立秋。秋則行刑戮，故曰陰氣將始殺也。○畢沅曰：「『盛滿』疑本是『盛盈』，與下文皆兩句爲韻。」○王念孫曰：「『始刑』當爲『始殺』，殺與氣爲韻。注『刑，殺也』，當爲『殺，刑也』。治要作『陰氣將刑』。」**無發大事，以將陽氣。**發，起。將猶養。○王念孫曰：「『將』乃『搖』之誤。上文亦云『以搖蕩於氣』。」○俞樾曰：「詩樛木篇『福履將之』，箋云：『將，扶助也。』以將陽氣者，以扶助陽氣也。説文手部：『𢪊，扶也。』將與𢪊通。」**夷則之月，修法飭刑，選士厲兵，**夷則，七月也。飭讀如敕。飭正刑法，所以行法也。簡選武士，厲利其兵。**詰誅不義，以懷遠方。**懷，柔也。詩云「柔遠能邇，以定我王」也。**南呂之月，蟄蟲入穴，**南呂，八月也。蟄讀如詩文王之什。○畢沅曰：「舊本『文王』下有一『什』字，非。孟春紀注可證。」**趣農收聚，**仲秋大雨，故收聚。○維遹案：注「雨」字當作「内」，古納字。仲秋紀注「仲秋大内，穀當入也」可證。**無敢懈怠，以多爲務。**務猶事也。**無射之月，疾斷有罪，當法勿赦，**無射，九月。有罪當斷，故勿赦。○王念孫曰：「治要引注『故』作『殺』。」**無留獄訟，以亟以故。**亟，疾。故，事。○俞樾曰：「下『以』字乃『爲』字之誤。『無留獄訟，以亟爲故』，猶上文曰『無敢懈怠，以多爲務』也，兩文正一律。」**應鐘之月，陰陽不通，閉而爲冬，**應鐘，十月。陽伏在下，陰閉於上，故不通。**修別喪紀，**○維遹案：舊校云「別」一作「辨」，治要引同。別、辨古通。**審民所終。**審，慎。終，卒。修別喪服親疏輕重之紀，故曰「審民所終」也。○維遹案：治要引注「輕重」下有「服制」二字。

音律

三曰：夏后氏孔甲田于東陽萯山，孔甲，禹後十四世皋之父，發之祖，桀之宗。田，獵也。○畢沅曰：「注『宗』，曾也，謂曾祖。」○維遹案：竹書紀年云：「夏帝孔甲三年，畋于萯山。」即其事也。天大風晦盲，盲，瞑也。孔甲迷惑，入于民室。主人方乳，乳，產。或曰：「后來，是良日也，○畢沅曰：「『是』舊本作『見』。孫云：『御覽三百六十一及七百六十三「見」俱作「是」。』今據改。」之子是必大吉。」之，其。或曰：「不勝也，之子是必有殃。」后乃取其子以歸，曰：「以爲余子，誰敢殃之！」子長成人，幕動坼橑，斧斫斬其足，○畢沅曰：「『斫斬』疑衍『斬』字。御覽作『破』。」○孫先生曰：「論衡書虛篇作『析橑斧斬其足』，劉子新論命相篇作『析薪斧斬其足』，此文『斫斬』定衍一字。作『破』者，疑涉『破斧之歌』而誤。」遂爲守門者。以其無足，遂爲守門之官，向謂之子有殃也。孔甲曰：「嗚呼！有疾，命矣夫！」乃作爲破斧之歌，實始爲東音。爲東陽之音。○維遹案：「始」下奪一「作」字，「作爲」連文爲本書常語。下云「實始作爲南音」，「實始作爲西音」，尤爲明證。

禹行功，○畢沅曰：「孫云：『李善注文選張平子南都賦、劉逵注左太沖吳都賦竝引作「禹行水」。』御覽　百三十五同。』」○鹽田曰：「高麗活板文選南都賦注引作『禹行竊見塗山之女』。」○維遹案：作「竊」字是。「竊」俗書作「窃」，因譌爲「功」，後人不解其義，遂附會禹治水事而改作「水」字。又案：孫校以吳都賦爲李善注，誤，今增「劉逵注」三字。下同。見塗山之女，○畢沅曰：「梁仲子云：『水經注淮水及江水引此竝作「嵞山」。』案宋柳僉本元作『塗山』。」禹未之遇而巡省南土。遇，禮也。禹未之禮而巡狩南行也。省南方之土。塗山氏之女乃令其妾

候禹于塗山之陽，塗山在九江，近當塗也。山南曰陽也。○畢沅曰：「『候』舊本作『待』，今從初學記十改。」劉逵注吴都賦引作『往候』。注『九江』舊作『九迴』，誤，今據漢書地理志改正。」**女乃作歌，歌曰：「候人兮猗。」**○畢沅曰：「選注無『兮』字。」○俞樾曰：「無『兮』字是也。猗即兮字，不當竝用。」○維遹案：南都賦注引作「候人猗兮」，當從之。**實始作爲南音。**南方國風之音。

周公及召公取風焉，以爲周南、召南。取塗山氏女南音以爲樂歌也。**周昭王親將征荆，**周昭王，康王之子，穆王之父。荆，楚也。秦莊王諱「楚」，避之曰「荆」。○畢沅曰：「左氏僖四年傳正義引『荆』下有『蠻』字。」**辛餘靡長且多力，爲王右。**右，兵車之右也。**還反涉漢，梁敗，**○畢沅曰：「左傳正義云：『舊説皆言漢濱之人以膠膠船，故得水而壞，昭王溺焉。』不知本出何書。此言『梁敗』，又互異也。」○俞樾曰：「此言『梁敗』者，天子造舟爲梁，舟敗即梁敗也。畢校疑其互異，非是。」○維遹案：初學記七引竹書紀年云：「周昭王十六年伐楚荆，涉漢。十九年喪師於漢。」史記周本紀云：「昭王南巡狩不返，卒於江上。」正義引帝王世紀云：「昭王德衰，南征，濟于漢。船人惡之，以膠船進王。王御船，至中流，膠液船解，王及祭公俱没于水中而崩。其右辛游靡長臂且多力，游振得王。周人諱之。」左傳正義舊説蓋本此。**王及蔡公**○梁玉繩曰：「『蔡』當作『祭』。」○維遹案：左僖四年傳孔疏引作「祭公」，竹書紀年同。郝懿行云：「蔡公即祭公，聲相近。」**抎於漢中。**抎，墜，音曰顛隕之隕。○畢沅曰：「注『曰』字衍。」○維遹案：抎與隕通。孔疏及御覽八十五引「抎」竝作「隕」。左成二年傳「隕子辱矣」，説文引「隕」作「抎」，是其例。**辛餘靡振王北濟，又反振蔡公。**振，救也。傳曰：「齊桓公伐楚，讓之曰『爾貢苞茅不入，王祭不供，無以縮酒，寡人是徵。昭王南征，没而不復，寡人是問。』對曰：『貢之不入，寡君之罪，敢不共乎？昭王之不復，君其問諸水濱。』」由此言之，昭王爲没於漢，辛餘靡焉得振王北濟哉？○畢沅曰：「孫云：『振者，振其尸也。注非。』」○馬叙倫曰：「振借爲拯。說文：『拯，上舉也。』出豬爲拯，拯與振義異。高讀如字，故舉左傳以難呂，失之。孫氏亦不明振之爲拯也。」○維遹案：注引左僖〔一〕四年傳文，但今本左傳「南征」下無「没」字。惠棟云「唐石經作『昭王南征，没而不復』」。（案碑「没」字後增，或據古本益之。）高誘呂覽注引此傳與石經同」。**周公乃侯之于西翟，實爲長公。**西翟，西方也。以辛餘靡有振王之功，故賞之爲長公。○畢沅曰：「注『功』舊本作『力』，非是，今改正。」**殷整甲徙宅西河，**○舊校云「河」一作「阿」。**猶思故處，**處，居也。**實始作爲西音，**○畢沅曰：「竹書紀年『河亶甲名整，元年自囂遷于相』，即其事也。」○徐文靖曰：「據竹書，河亶甲無宅西河作西音之事，惟夏后胤甲元年居西河，四年作西音，呂氏誤記殷整甲也。文心雕龍云：『夏甲歎于東陽，東音以發。殷整思于西河，西音以興。』是又因不韋誤矣。」○維遹案：徐說未確。相即西河，整甲即河亶甲，今本竹書「以作西音」四字因「甲」字相涉誤竄在帝廑四年之下，郝懿行竹書紀年校正論之詳矣。**長公繼是音以處西山，**西音，周之音。**秦繆公取風焉，實始作爲秦音。**取西音以爲秦國之樂音。

有娀氏有二佚女，○梁玉繩曰：「簡狄聖母，柰何以淫佚嬻之？詩生民疏引王肅謂姜嫄寡居生子，同爲乖妄。」○蔡雲曰：「佚女猶言處子，不當作淫佚解。吳縣陸萊仲云：『見有娀之佚女見楚騷，注：「佚，美也。」又作美字

〔一〕「僖」，原作「閔」，據左傳改。

解。』」**爲之九成之臺，**成猶重。○畢沅曰：「孫云：『王逸注離騷引「有娀氏有美女，爲之高臺而飲食之」，李善注文選魯靈光殿賦、齊故安陸昭王碑文兩引此文「爲」下皆無「之」字。』」○孫先生曰：「類聚六十二又九十九、御覽一百七十七又七百六十又九百二十二引『爲』下並無『之』字，疑衍。」**飲食必以鼓。**鼓，樂。**帝令燕往視之，**○舊校云「視」一作「効」。**鳴若謚隘。**○畢沅曰：「孫云：『安陸昭王碑文注引作「隘隘」。』」○維遹案：作「隘隘」是。玉燭寶典引作「夜鳴若嗌嗌」，嗌、隘聲同，皆象燕鳴也。**二女愛而爭搏之，覆以玉筐，少選，發而視之，**少選，須臾。○畢沅曰：「梁仲子云：『一切經音義十三引吕氏作「小選」，古少、小通用。』案今吕氏本皆作『少選』，此與蕩兵、執一諸篇皆然，無作『小』者，當亦由後人改之矣。」○王念孫曰：「何超晉書音義引亦作『少選』。引高注『須臾』下有『之頃也』三字。」○牟庭曰：「漢書蕭望之傳『有金選之品』，應劭注曰『選音刷』，師古曰『字本作鋝』。書大傳甫刑篇曰『一鐉六兩』，史記平準書曰『白選直三千』，漢書食貨志作『白撰』。史記周本紀『其罰百率』，徐廣曰：『率音韉。』然則選、鋝、鐉、撰、率皆同音。梅頤古文吕刑作『鍰』，『鍰』即『鋝』之形誤也。考工記鄭司農注曰：『鋝，量名也，讀爲刷。』據鄭、應、徐廣所識，可識『選』之古音矣。今俗語謂須臾之頃曰『一霎』，本當云『選』耳，今人不能正讀，既不識『選』字，乃借用『霎』，甚失古意。」**燕遺二卵，北飛，遂不反，**帝，天也。天令燕降卵於有娀氏女，吞之生契。詩云：「天命玄鳥，降而生商。」又曰：「有娀方將，立子生商。」此之謂也。○畢沅曰：「列女傳一引詩『有娀方將，立子生商』，亦無『帝』字。舊本作『有娀氏女方將，帝立子生商』，因上文誤衍三字，今刪去。」**二女作歌一終，曰：「燕燕往飛。」實始作爲北音。**北國之音。

凡音者，産乎人心者也。感於心則蕩乎音，蕩，動。音成於外而化乎内，内化生内心。○陳昌齊曰：「注句首衍『内』字。」是故聞其聲而知其風，風，俗。察其風而知其志，○舊校云：「一作『意』，下同。」觀其志而知其德。盛衰、賢不肖、君子小人皆形於樂，不可隱匿，故曰樂之爲觀也深矣。土弊則草木不長，弊，惡。水煩則魚鼈不大，擾，渾。○畢沅曰：「據此注則正文本作『水擾』，後人以樂記之文改之。」世濁則禮煩而樂淫。煩，亂。淫，邪。鄭、衛之聲，桑間之音，説見孟春紀。此亂國之所好，衰德之所説。説，樂。流辟誂越慆濫之音出，出，生也。○畢沅曰：「誂與佻同。」則滔蕩之氣、邪慢之心感矣，感則百姦衆辟從此産矣。故君子反道以修德，修，治也。正德以出樂，和樂以成順。樂以和爲成順。樂和而民鄉方矣。鄉，仰。方，道。

音初

四曰：欲觀至樂，必於至治。至樂，至和之樂。至治，至德之治。○孫鏘鳴曰：「此篇歷引成湯、文王、宋景公之事，與樂制初不相涉，疑必明理篇文而錯簡在此。『欲觀至樂』五句蓋即下篇之首，『觀至樂必於至治』與下篇『亂世之主烏聞至樂』首尾文正相應，其爲一篇無疑。此二篇，除前篇『欲觀至樂』五句外，文當互易，而篇名則仍宜制樂在前，明理在後也。」其治厚者其樂治厚，其治薄者其樂治薄，○畢沅曰：「孫云：『李善注文選潘安仁笙賦引此，「其樂厚」、「其樂薄」無兩「治」字。』」亂世則慢以樂矣。

今室閉户牖，動天地，一室也。○孫鏘鳴曰：「此句疑有脱誤。」故成湯之時，有穀生於庭，昏而生，比旦而大拱。書敘云：「伊陟相太戊，亳有桑穀祥，共生于朝。」太戊，太甲之孫，太康之子也，號爲中宗。滿兩手曰拱。湯生仲丁，仲丁生太甲，太甲生太康，太康生太戊，凡五君矣，此云湯之時，不亦謬乎？由此觀之，曝咸陽市門，無敢增損一字者，明畏不韋之埶耳。故揚子雲恨不及其時，車載其金而歸也。○畢沅曰：「『而大拱』舊本譌作『其大拱』，梁仲子據御覽八十三改，與韓詩外傳正同。梁伯子云：『昏生旦拱，與史記言「一暮大拱」，竝理所難信。書大傳、漢書五行志、説苑敬慎篇、論衡異虚篇竝作「七日大拱」，韓詩外傳三作「三日」，當以「七日」爲是。僞孔傳及家語五儀篇亦作「七日」。』」其吏請卜其故，灼龜曰卜。○畢沅曰：「御覽『吏』作『史』。」湯退卜者曰：「吾聞祥者福之先者也，見祥而爲不善，則福不至。妖者禍之先者也，見妖而爲善，則禍不至。」爲善則福應之，故禍無從至也。○畢沅曰：「外傳三以此爲伊尹之言。」於是早朝晏退，問疾弔喪，務鎮撫百姓，三日而穀亡。亡，滅。○畢沅曰：「舊本『亡』譌『止』，今據御覽改。外傳亦作『亡』。」故禍兮福之所倚，福兮禍之所伏，聖人所獨見，衆人焉知其極。極猶終。

周文王立國八年，○畢沅曰：「外傳三『立』作『莅』。」歲六月，文王寢疾五日而地動，東西南北不出國郊。邑外曰郊。○孫先生曰：「下文『周郊』，俞氏據韓詩外傳訂爲『國郊』。治要及御覽八十四引『國郊』竝作『周郊』，似不必同於外傳也。」百吏皆請曰：「臣聞地之動，爲人主也。○維遹案：治要、御覽引「動」下竝有「也」字。今王寢疾五日而地動，四面不出周郊，○俞樾曰：「上文曰『東西南北不出國郊』，則此『周郊』亦『國郊』之誤。韓詩外傳正作『四面不出國郊』。」羣臣皆恐，曰『請移之』。」○畢沅曰：「孫疑『曰』字衍，外傳無。」○孫先生曰：「御覽八十四引無『曰』字。孫校近是。」文王曰：「若何其移之也？」對曰：「興事動衆，以增國城，其可以移之乎！」文王曰：「不可。夫天之見妖也，以罰有罪也。我必有罪，故天以此罰我也。今故興事動衆，以增國城，○松皋圓曰：「故者，特爲之也。」是重吾罪也。不可。」重猶益也。移咎徵於它人，是益吾罪，故曰「不可」。○維遹案：注下「益」字原作「重」，改從張本、姜本。治要引同。文王曰：○畢沅曰：「語畢而更起也。外傳作『以之』，連上『不可』爲文。」○陳昌齊曰：「竊謂語畢更起，固是立文之例，然上文云『若何其移之』，此下云『請改行重善以移之』，則在此處尚未得爲語畢也。『文王曰』三字蓋因上文而衍。」○維遹案：陳説是。治要引無此三字。「昌也請改行重善以移之，其可以免乎！」於是謹其禮秩皮革以交諸侯，飭其辭令飭讀如敕，飭正其辭令也。幣帛以禮豪士，幣，圭璧。帛，玄纁也。材倍百人曰豪也。頒其爵列等級田疇以賞羣臣，○舊校云：「賞一作賓。」無幾何，疾乃止。止，除也。文王即位八年而地動，已動之後四十三年，凡文王立國五十一年而終，○維遹案：尚書無逸篇謂文王享國五十年，蓋舉其成數也。此文王之所以止殃翦妖也。翦，除。

宋景公之時，熒惑在心。景公，元公佐之子欒。熒惑，五星之一，火之精也。心，東方宿，宋之分野。公懼，召子韋而問焉，曰：「熒惑在心，何也？」子韋，宋之太史，能占宿度者，故問之。子韋曰：「熒惑者，天罰也；心者，宋之分野也，禍當於君。雖然，可移於宰相。」公曰：「宰相所與治國家也，而移死焉，不祥。」祥，吉。○畢沅曰：「注『吉』疑本是『善』字。」○維遹案：謹聽篇注正作「祥，善也」。子韋曰：「可移於民。」公曰：「民死，寡人將誰爲君乎？寧獨死。」傳曰「后非衆無以守邑」，故曰「將誰爲君乎」。○畢沅曰：「『衆非元后何戴，后非衆罔與守邦』，此晚出古文尚書大禹謨文也，漢時未有此，故誘皆以爲傳。」子韋曰：「可移於歲。」公曰：「歲害則民饑，穀不熟爲饑也。民饑必死。○孫先生曰：「此文本作『歲饑民餓必死』，與新序雜事篇同。高注明云『穀不熟爲饑』，非飢餓之飢矣。淮南道應篇作『歲饑民必死矣』，論衡變虛篇作『民饑必死』。（饑乃飢餓之飢。）此因『餓』誤爲『饑』，後人遂改作『歲害則民饑，民饑必死』，而不知與高注及他書説此事者俱不合也。治要引此文作『歲饑民必餓死』，誤倒。類聚一引作『歲飢民餓必死』，事類賦二引作『歲饑人餓必死』，後漢書郎顗傳注節引此文亦作『歲饑人餓』。」爲人君而殺其民以自活也，其誰以我爲君乎？傳曰「衆非元后何戴」，故曰「其誰以我爲君」。○孫先生曰：「淮南、論衡『而』下竝有『欲』字，新序作『爲人君欲殺其民以自活，其誰以我爲君乎』，疑今本『而』〔一〕下脱『欲』字。」是寡人之命固盡已，子無復言矣。」子韋還走，北面載拜曰：「臣敢賀君。天之處高而聽卑，君有至德之言三，天必三賞君。今昔熒惑其徙三舍，○畢沅曰：「『今昔』本多作『今夕』，今依李本作『今昔』。昔訓夜。」○孫先生曰：「治要引『其』作『必』，是也。此涉上文『其誰以我爲君乎』而誤。淮南、新序、論衡竝作『今夕星必徙三舍』。」君延年二十一歲。」公曰：「子

〔一〕「而」，原作「爲」，據呂氏春秋舉正改。

何以知之？」對曰：「有三善言，必有三賞，熒惑必三徙舍，○畢沅曰：「『必三徙舍』舊作『有三徙舍』，訛，今據淮南道應訓及新序四改正。」舍行七星，星，宿也。星一徙當七年，三七二十一，臣故曰君延年二十一歲矣。以德復星也。徙三舍，固其理也。死生有命，不可益矣，而延二十一歲，誘無聞也。○俞樾曰：「下『星』字衍文也。舍行七星，故一徙當七年，其中間不當有星字。」○孫先生曰：「俞説非也。『星一徙當七年』，本作『星當一年』，『徙』字『七』字涉上下文而衍，又將『一』字錯入于上，故不可通耳。後漢書郎顗傳注、類聚一引竝作『星當一年』，新序、論衡同。一星當一年，七星則七年矣。一徙舍行七星，則七年也，三徙舍則二十一年矣，故云三七二十一也。」○維遹案：「當」下「七」字許本、張本、姜本、李本竝作「一」。星一徙當一年，義亦通。臣請伏於陛下以伺候之，○王念孫曰：「淮南、新序、論衡皆無『候』字，蓋高注誤入正文也。」○李寶洤曰：「後世『陛下』之稱始見於此及韓非存韓篇、李斯逐客書。」熒惑不徙，臣請死。」公曰：「可。」是昔熒惑果徙三舍。○維遹案：「昔」字原作「夕」，今亦改從李本。治要引同。

制樂

五曰：五帝三王之於樂盡之矣。盡，極。亂國之主未嘗知樂者，是常主也。非賢主也。夫有天賞得爲主，而未嘗得主之實，未嘗得爲賢主之實。此之謂大悲。此之爲大悲哀之人。是正坐於夕室也，夕室，以喻悲人也，言其室邪夕不正，徒正其坐也。○畢沅曰：「梁仲子云：『晏子春秋六曰：景公新成柏寢之室，使師開鼓琴。師開左撫宮，右彈商，曰「室夕」云云。公曰：「先君太公以營丘之封立城，曷爲夕？」晏子對曰：「古之立國者，南望南斗，北戴樞星，彼安有朝夕哉！然而以今之夕者，周之建國，國之西方，以尊周也。」』」其所謂正，乃不正矣。悲人所爲，如坐夕室，自以爲正，乃不正之謂也。

凡生非一氣之化也，長非一物之任也，成非一形之功也。故衆正之所積，其福無不及也；及，至也。衆邪之所積，其禍無不逮也。其風雨則不適，適，時也。其甘雨則不降，其霜雪則不時，不當霜雪而霜雪，故曰「不時」。寒暑則不當，不當寒而寒，不當暑而暑。○俞樾曰：「『寒暑』上當有『其』字，方與上三句一律。」陰陽失次，○舊校云：「一作『易次』。」四時易節，謂不得其所。○舊校云「節」一作「位」。人民淫爍不固，淫邪銷爍不一也。不固，不執正道。○俞樾曰：「下文云『禽獸胎消不殖，草木庳小不滋，五穀萎敗不成』，則此句是言男女不能生育。季夏紀『禾稼不育，乃多女災』，是也。高注曰『不固，不執正道』，失之。」禽獸胎消不殖，銷爍不成，不得長殖也。草木庳小不滋，滋亦長。○畢沅曰：「庳與卑同。舊本作『痺』，訛，今改正。」五穀萎敗不成，成，熟也。其以爲樂也，若之何哉？言不可以爲樂，故曰「若之何哉」。

故至亂之化，君臣相賊，君不君，臣不臣，故相賊。長少相殺，父子相忍，弟兄相誣，知交相倒，倒，逆。○馬敘倫曰：「史記韓世家『不如出兵以到之』，索隱：『到〔一〕，欺也。』此相倒亦謂相欺，與相誣義同。」夫

〔一〕「到」，原作「倒」，據史記索隱改。

妻相冒，日以相危，失人之紀，冒，嫉。危，疑。相嫉則相猜疑，故失人道之綱紀。○畢沅曰：「『日以相危，失人之紀』，乃統承上文，不專以夫妻言，注非。」**心若禽獸，長邪苟利，**○舊校云：「一作『苟且』。」**不知義理。**亂政之化也，心如禽獸，焉知義理。**其雲狀有若犬、若馬、若白鵠、若衆車；**雲氣形狀如物之形也。**有其狀若人，蒼衣赤首，不動，其名曰天衡；**衡物之氣。○畢沅曰：「御覽八百七十七作『天衝』。」○孫先生曰：「『衡』字正文及注竝當作『衝』。晉書天文志引河圖云：『歲星之精，流爲天棓、天槍、天猾、天衝、國皇、及登、（及疑當作反。）蒼彗。』隋書天文志云：『歲星〔一〕之精，流爲天衝，狀如人，蒼衣赤首，不動，主滅位。』又曰：『衝星出，臣謀主，武卒發。』又曰：『天衝抱極泣帝前，血濁霧下天下寃。』竝其證。」**有其狀若懸旍而赤，其名曰雲旍；**雲氣之象旍旗者。○畢沅曰：「『懸旍』舊本作『懸釜』，訛。案御覽作『懸旌』，旌與旍同，今定爲『旍』字。」**有其狀若衆馬以鬬，其名曰滑馬；**五行傳爲馬妖也。**有其狀若衆植華以長，**○舊校云：「『華』一作『藿』。」○孫先生曰：「開元占經妖星占引『華』作『萑』，竝不可通。『華』當作『藋』，字之誤也。『植藋』即爾雅釋草之『洧灌』。史記天官書：『蚩尤之旗，類彗而後曲象旗。』植藋，菌也。菌上如蓋，下有曲梗，與旗形相似，故比蚩尤之旗也。蓋『藋』與『萑』、『藿』形近，又轉誤爲『華』，不可解矣。隋書天文志云『熒惑之精，流爲蚩尤旗，亂國之王，衆邪並積，有雲若植藋竹長，（當作

〔一〕「星」，原脱，據隋書補。

「以長」，言形如植藋〔一〕稍長耳。」黄上白下，名曰蚩尤旗」，即本呂氏，尤其切證。」**黄上白下，其名蚩尤之旗。**○畢沅曰：「舊本作『蚩尤之旍』，又作『蚩尤之旍旗』，皆訛。今據史記天官書、漢書天文志改正。集解及師古注竝引晉灼曰：『呂氏春秋云其色黄上白下。』」**其日有鬭蝕，有倍僪，有暈珥，**鬭蝕，兩日共鬭而相食。倍僪、暈珥，皆日旁之危氣也。在兩旁反出爲倍。在上反出爲僪。在上内向爲冠。兩旁内向爲珥。暈讀爲君國子民之君。氣圍繞日周匝，有似軍營相圍守，故曰暈也。○畢沅曰：「『倍僪』亦作『背鐍』，又作『背譎』，漢志作『背穴』。」**有不光，有不及景，**○舊校云：「『及』一作『反』。」**有衆日竝出，有晝盲，**盲，冥也。**有霄見。**霄，夜。見，明。○畢沅曰：「霄當是宵之借。」**其月有薄蝕，**薄，迫也。日月激會相掩，名爲薄蝕。○畢沅曰：「『其月』舊本作『其日』，誤，今改正。」**有暉珥，有偏盲，有四月竝出，有二月竝見，**竝猶俱也。**有小月承大月，有大月承小月，**○維遹案：開元占經月占引春秋運斗樞云：「小月承大月，羣姦在宫，當此之時，主若贅旒。大月承小月，近臣起，讒人横，陪臣執命，三公望風。」李淳風乙巳占月占篇云：「東方小月承大月，小國毁，大國伐之，爲主凶。在西方小月承大月，小邑勝；大月承小月，大邑勝。」**有月蝕星，有出而無光。其星有熒惑，**熒惑，火精。**有彗星，有天棓，有天欃，有天竹，有天英，有天干，**干，楯也。**有賊星，有鬭星，有賓星。其氣有上不屬天，下不屬地，**屬猶至。**有豐上殺下，有若水之波，有若山之楫，**楫，林木也。○俞樾曰：「楫之爲林木，古訓無徵。

〔一〕「藋」，原作「在」，據上引隋書改。

『楫』疑『欇』字之誤。説文木部：『欇，木葉搖白也。』徐鍇曰：『謂木遇風而翻見葉背，背多白，故曰搖白也。』氣之形狀，若風之翻動木葉，故曰『有若山之欇』。上文云『有若水之波』，亦以水之播動者爲喻，義正一律。」**春則黄，夏則黑，秋則蒼，冬則赤。其妖孽有生如帶，有鬼投其陴，**陴，脚也，音楊子愛骭一毛之骭。○畢沅曰：「陴字音義皆可疑，或是骨幹之幹，則是脊膂也，與骭音正同，但不當訓爲脚耳。」○俞樾曰：「陴不訓脚，亦不音骭，音訓均有可疑。以下文『有螟集其國』例之，則陴字仍當從城上女牆之本義。説文𨸏部：『陴，城上女牆俾倪也。』『投其陴』、『集其國』文正一律，高讀殆非。」**有菟生雉，雉亦生鴳，**鴳，一名冠爵，於五行傳羽蟲之孽。**有螟集其國，其音匈匈，**食心爲螟。音聲飛匈匈，驚動衆人，集其國都也。**國有游虵西東，**於五行傳爲虵妖也。西東，示民流遷，國不安寧也。**馬牛乃言，**言，語。皆妖也。**犬彘乃連，**連，合。皆妖也。○畢沅曰：「漢孝景三〔一〕年有此。」○吴先生曰：「連，合也，謂犬彘交也。歙俗語謂狗交爲狗打連，呼連去聲。」**有狼入於國，**國，都也。河圖曰：「野鳥入，主人亡也。」○梁玉繩曰：「司馬彪續五行志：『漢靈帝建寧中，羣狼入晉陽南城門嚙人，乃苛暴之應。』注未合。」○洪頤煊曰：「『國』當作『邦』，邦、降合韻，此避漢諱所改。」**有人自天降，**降，下。人，妖也。**市有舞鴟，國有行飛，**○舊校云：「一作『彘』。」○維遹案：「行飛」二字疑有譌誤，待考。**馬有生角，**於五行傳爲馬禍。**雄雞五足，**羽蟲之孽。**有豕生而彌，**彌，蹄不甲也。於五行傳爲青黑之祥也。○舊校云：「『豕』一作『豸』。」○畢沅曰：「注舊本『青

〔一〕「三」，原作「二」，據漢書五行志改。

黑』上有『墨』字，衍。」○吴先生曰：「彌讀爲蔄胡之蔄。蔄胡亦作曼沍、漫胡。連言爲蔄胡，單言爲彌，彌、蔄一聲之轉也。豕生蹄甲不分明，與鴨鵝之蹼相似，故謂之彌。孟冬紀『其蟲介』，注『介，甲也，象冬閉固皮漫胡也』，與此注義相成。」**雞卵多毈，**○畢沅曰：「説文：『毈，卵不孚也。徒玩切。』舊本作『假』，訛，今改正。淮南原道訓、法言先知篇俱有『毈』字。」**有社遷處，**遷，移。○畢沅曰：「史記六國表秦惠文君二年，宋太邱社亡。」**有豕生狗。**於五行傳爲豕禍。**國有此物，其主不知驚惶亟革，上帝降禍，凶災必亟。**亂惑之主，見妖孽之怪，不知驚惶疾自革更，共御厥罰，故上帝降之禍，凶災必至。○畢沅曰：「『共御』舊本作『共衛』，訛，今從書大傳改正。」**其〔一〕殘亡死喪，殄絶無類，流散循饑無日矣。**循，大也。穀不熟曰饑。無復有期日也。**此皆亂國之所生也，不能勝數，盡荆、越之竹猶不能書。**楚、越，竹所出也，尚不能勝書者，妖多也。**故子華子曰：「夫亂世之民，長短頡啎百疾。**疾，病也。長短者，無節度也。頡猶大。啎，逆也。百疾，變詐也。既無節度，大逆爲變詐之疾也。○畢沅曰：「莊子徐無鬼篇『頡滑有實』，向秀注：『頡滑，錯亂也。』此『頡啎』疑與『頡滑』義同。注『頡猶大』舊本作『啎猶大』，訛。又『逆』作『迎』，亦訛。今竝改正。」○孫先生曰：「『長短頡啎百疾』文義費解，注亦不順，疑有脱誤，竝非其舊。子華子神氣篇襲此文，『百疾』下有『俱作』二字，於義爲長。」**民多疾癘，**○孫先生曰：「子華子『疾癘』作『疫癘』。」**道多褓繈，盲禿傴尪，萬怪皆生。」**褓，小兒被也。繈，褸格繩也。言民襁負其子走道，跛而散去。盲，無

〔一〕四部叢刊本「其」下有注「一作有」。

見。秃，無髮。傴，僂俯者也。尪，短仰者也。怪物妄生非一類，故言「萬怪」者也。○畢沅曰：「注『繦褸格繩也』，舊本『格』作『袼』，又作『拾』，下又衍一『上』字，皆訛。案褸格即縷絡，方言『絡謂之格』，義得通也。後直諫篇注作『縷格』。段若膺云：『織縷爲絡，其繩謂之繦。』梁仲子云：『論語「襁負」疏引博物志云：「織縷爲之。」』又漢書宣帝紀注李奇曰：『繦絡也。』」故亂世之主烏聞至樂？烏，安也。○舊校云：「『烏』一作『焉』。」不聞至樂，其樂不樂。

明理

亂國之樂怨以悲，不聞至德之樂，故曰「其樂不樂」也。

吕氏春秋集釋卷第七

榮成許維遹學

吕氏春秋訓解　高氏

孟秋紀第七　蕩兵　振亂　禁塞　懷寵

一曰：孟秋之月，○畢沅曰：「舊此下有『長日至四旬六日』七字，又注云『夏至後，日尚長，至四十六日立秋，晝夜等，故曰長日至四旬六日』二十五字，於文不類，且後文自有注，不應預出，立秋時亦不得云晝夜等。謝以辭義俱淺陋，定爲俗師所加。今從月令删去。」**日在翼，**孟秋，夏之七月。翼，南方宿，楚之分野。是月日躔此宿。**昏斗中，旦畢中。**斗，北方宿，吴之分野。畢，西方宿，趙之分野。是月昏旦時，皆中於南方。○畢沅曰：「正文舊衍『則立秋』三字，月令無，今併删去。又注『畢，趙之分野』舊『趙』訛作『越』，案淮南天文訓則屬魏。」○維遹案：許本、姜本正作趙之分野。**其日庚辛，其帝少暤，**庚辛，金日也。少暤，帝嚳之子摯兄也，以金德王天下，號爲金天氏，死配金，爲西方金德之帝。○梁玉繩曰：「少昊，摯祖，自軒轅爲青陽之冑。注誤。」○劉師培曰：「『帝嚳之子摯兄也』，當作『黄帝之子摯也』。淮南時則訓注云：『黄帝之子青陽也，名摯。』此其徵。今本係淺人臆改。」○維遹案：梁、劉説是。漢書律曆志有明文。**其神蓐收，**少暤氏裔子曰該，皆有金德，死託祀爲金神。○畢沅曰：「注『皆』字疑當作『實』。」**其蟲毛，**

其音商，金氣寒，裸者衣毛。毛蟲之屬，而虎爲之長。商，金也，其位在西方。○畢沅曰：「注『裸者衣毛』舊本脱『毛』字，今從淮南注補。」律中夷則，其數九，夷則，陽律也，竹管音與夷則和，太陽氣衰，太陰氣發，萬物肅然，應法成性，故曰「律中夷則」。其數九，五行數五，金第四，故曰九。○畢沅曰：「梁仲子云：『初學記引注「氣衰」作「力衰」，「肅然」作「彫傷」。』」其味辛，其臭腥，五行，金味辛，金臭腥。其祀門，祭先肝。孟秋始内，由門入，故祀門也。肝，木也，祭祀之肉用其勝，故先進肝。又曰：「肝，金也，自用其藏也。」涼風至，白露降，涼風，坤卦之風，爲損。降，下。○維遹案：注「損」當作「埙」，淮南天文注可證。寒蟬鳴，鷹乃祭鳥。始用刑戮。寒蟬得寒氣鼓翼而鳴，時候應也。是月鷹摯殺鳥於大澤之中，四面陳之，世謂之祭鳥。於是時乃始行戮，刑罰順秋氣。○畢沅曰：「『始用』月令、淮南皆作『用始』，此誤倒也。高注淮南云『用是時乃始行戮』，語尤明。」天子居總章左个，總章，西向堂也。西方總成萬物，章明之也，故曰總章。左个，南頭室也。乘戎路，駕白駱，戎路，白路也。白馬黑鬣曰駱。載白旂，衣白衣，服白玉，白，順金也。○維遹案：注「金」下疑奪「色」字，淮南注正作「白順金色也」。孟春紀注「所衣服佩玉皆青者，順木〔一〕色也」，孟冬紀注「玄黑，順水色」，其比竝同。食麻與犬，其器廉以深。犬，金畜也。廉，利也，象金斷割。深，象陰閉藏。

是月也，以立秋。先立秋三日，大史謁之天子，夏至後四十六日立秋，多在是月。謁，告也。曰：

〔一〕「木」，原作「火」，據孟春紀注改。

「某日立秋，盛德在金。」天子乃齋。盛德在金，金主西方也。齋，自禋潔。立秋之日，天子親率三公九卿諸侯大夫以迎秋於西郊。九里之郊。還，乃賞軍率武人於朝。金氣用事，治兵討暴，非率不整，非武不齊，故賞軍將與武人於朝，與衆共之。天子乃命將帥選士厲兵，簡練桀儁；材過萬人曰桀，千人曰儁。○畢沅曰：「舊本『選』誤『還』，又脱『士』字，今從汪本據月令補正。淮南作『選卒』。」專任有功，以征不義；征，正也。詰誅暴慢，以明好惡，巡彼遠方。巡，行也。遠方，天下也。○畢沅曰：「『巡』月令、淮南作『順』。」○惠棟曰：「『巡』當作『循』，聲之誤也。儀禮注云『古文循作順』，故月令作『順』。高誘淮南注云：『順，循也。』鄭氏云：『順猶服也。』是讀爲馴。」

是月也，命有司修法制，禁令。繕囹圄，具桎梏，禁止姦，囹圄，法室。桎梏謂械，在足曰桎，在手曰梏，所以禁止人之姦邪。○茆泮林曰：「朱子謂：『吕繕作謹。』今本作繕。」慎罪邪，務搏執。命理瞻傷察創，視折審斷，慎，戒。有姦罪者搏執之也。理，獄官也。使視傷創毁折者可斷之，故曰「審斷」。羣獄訟必正平，戮有罪，嚴斷刑。爭罪曰獄。爭財曰訟。羣之者必得其正平，不直者戮而刑之。○畢沅曰：「『正平』月令作『端平』，此反不爲始皇諱。」天地始肅，不可以贏。肅，殺。素氣始行，不可以驕贏。犯令必誅，故曰「不可以贏」。○畢沅曰：「注『犯令必誅』以下乃後人所妄加。高氏本以贏與盈同。夏曰長贏，今當秋收斂之候，不可以驕盈也。淮南注『贏，盛也』，義亦相似。月令鄭注云『解也』，以肅爲嚴急，故不可以舒緩，與驕盈意亦未嘗不相近也。」

是月也，農乃升穀。天子嘗新，先薦寢廟。升，進也。先致寢廟，孝經曰：「四時祭祀，不忘親也。」

命百官始收斂；收斂，孟秋始內。完隄防，謹壅塞，以備水潦；是月月麗于畢，俾雨滂沱，故預完隄防，備水潦。修宮室，坿牆垣，補城郭。坿讀如符。坿猶培也。○畢沅曰：「月令『坿』作『坏』。」是月也，無以封侯、立大官，封侯，裂土封之邑也。大官，謂上公九命之官。無割土地、行重幣、出大使。無割土地，以地賜人。重幣，金帛之幣。大使，使命也。方金氣之收藏，皆所不宜行也。○維遹案：注「以地賜人」，「地」字誤衍。「大使，使命也」，當據淮南注作「大使，命卿使也」。

行之是令而涼風至三旬。孟秋行冬令則陰氣大勝，介蟲敗穀，戎兵乃來。冬，水王，而行其令，故陰氣大勝也。介蟲，龜屬。冬，玄武，故介甲之蟲敗其穀也。金水相并，則戎兵來侵爲害。行春令則其國乃旱，陽氣復還，五穀不實。春陽亢燥，而行其令，故枯旱也。是月涼風用事，而行春煥之令，而穀更生，故害而不成實也。○畢沅曰：「『復還』本或作『後還』，誤，今從汪本，與月令、淮南皆合。」行夏令則多火災，寒熱不節，民多瘧疾。夏，火王，而行其令，故多火災。金氣火氣寒熱相干不節，使民病瘧疾，寒熱所生。○畢沅曰：「月令作『則國多火災』，淮南作『冬多火災』。」○茆泮林曰：「禮月令鄭注云：『今月令「瘧疾」爲「疾疫」。』今同禮月令。」

孟秋紀

二曰：古聖王有義兵而無有偃兵。偃，止。兵之所自來者上矣，自，從。上，古。○維遹案：舊校云：「『上』一作『久』。」御覽二十二引「上」作「尚」。治要引注作「自，從也。上，久也」，與張本合。與始有民俱。

俱，皆。凡兵也者威也，威也者力也。民之有威力，性也。性者所受於天也，非人之所能爲也，武者不能革，革，更。而工者不能移。移，易。兵所自來者久矣，黃、炎故用水火矣，黃，黃帝。炎，炎帝也。炎帝爲火災，黃帝滅之也。○畢沅曰：「御覽二百七十一『故』作『固』，下文皆作『固』。案故、固古亦通用。」○梁玉繩曰：「注二語見文子上義、淮南兵略。路史後紀四注謂炎帝指蚩尤。」共工氏固次作難矣，共工之治九州，有異高辛氏爭爲帝而亡，故曰「次作難」也。○畢沅曰：「御覽『次』作『欲』。」○孫先生曰：「注不可通，疑『有』字衍，『異』乃『與』字之譌。御覽二百七十一引作『與高辛氏爭爲帝而亡之也』。」五帝固相與爭矣。遞興〔一〕廢，勝者用事。○維遹案：御覽七十一引「興」下有「遞」字，當據補。史記律書云「遞興遞廢，勝者用事」，蓋本此。亢倉子兵道篇作「一興一廢」，辭例亦同。人曰○畢沅曰：「舊本作『又曰』，今從御覽改。」「蚩尤作兵」，蚩尤非作兵也，利其械矣。蚩尤，少皞氏之末九黎之君名也，始作亂，伐無罪，殺無辜，善用兵，爲之無道，非始造之也，故曰非作兵也。○畢沅曰：「御覽『矣』作『也』。」○梁玉繩曰：「蚩尤乃炎帝之裔，與九黎無涉，此仍馬融臆解書呂刑。僞孔傳同。」未有蚩尤之時，民固剥林木以戰矣，勝者爲長。長，率。長則猶不足治之，故立君。立，置也。○孫先生曰：「御覽引作『長猶不足以治之，故立君』，與下文『君又不足以治之，故立天子』文例正同。」君又不足以治之，故立天子。天子之立也出於君，君之立也出於長，長之立也出於爭。戰勝而爲長，

〔一〕四部叢刊本「興」下有注「一作與」。

故曰「出於爭」。**爭鬬之所自來者久矣，不可禁，不可止，**天生五材，民竝用之，廢一不可，誰能去兵？兵之來久矣，聖人以治，亂人以亡，廢興存亡，昏明之術也，故曰「不可禁，不可止」。○畢沅曰：「注本子罕語，見襄廿七年左傳。」**故古之賢王有義兵而無有偃兵。**○維遹案：御覽二百七十一引「賢王」作「聖王」，與全篇皆合。

家無怒笞〔一〕則豎子嬰兒之有過也立見，家無嚴親怒笞之威，則小子好爭上下，過立著見也。**國無刑罰則百姓之悟相侵也立見，**無刑罰可畏，臣下故有相侵凌奪掠之罪。○畢沅曰：「悟與忤、啎竝通用。史記韓非傳『大忠無所拂悟』，索隱云：『不拂啎於君。』正義云：『拂悟當爲咈忤，古字假借耳。』今本史記作『拂辭』，誤也。朱本於此書又删去『悟』字，輕改古書，最不可訓。」○王念孫曰：「『悟』字衍文，朱删之，是也。畢曲爲之説，非也。治要無『悟』字。」○陶鴻慶曰：「高不爲『悟』字作注，則『悟』爲誤字可知。據注云云，疑元文本云『國無刑罰，則百姓之相侵奪也立見』。正文以『侵奪』連文，故注以侵凌奪掠釋之。禁塞篇云『使吴夫差、智伯瑶侵奪至於此者，幸也』，懷寵篇云『義理之道彰，則暴虐姦詐侵奪之術息也』，皆以『侵奪』連文可證。『悟』字蓋即『相』字之誤而衍者。」○維遹案：王説是。李本、凌本亦無「悟」字。**天下無誅伐則諸侯之相暴也立見，**無誅伐可畏，故相暴，大兼小也。**故怒笞不可偃於家，刑罰不可偃於國，誅伐不可偃於天下，有巧有拙而已矣。**巧者以治，拙者以亂。**故古之聖王有義兵而無有偃兵。**

〔一〕四部叢刊本「笞」下有注「一作忿」。

夫有以饐死者，欲禁天下之食，悖。悖，惑。○維遹案：治要引「悖」下有「矣」字。下同。惟引「饐」作「食」，非是。有以乘舟死者，欲禁天下之船，悖。○維遹案：御覽二百七十一引「船」作「舟」。有以用兵喪其國者，欲偃天下之兵，悖。夫兵不可偃也，○維遹案：「夫」爲「矣」字之壞，屬上句。「兵」下疑脱「之」字。此申明兵不可偃之意，非承上起下之語。治要引「夫」作「矣」，「兵」下有「之」字。書鈔一百十三引同。譬之若水火然，水以療湯，火以熟食，兵以除亂，夫何偃也？故曰「若水火然」。○畢沅曰：「注『熟食』舊本『熟』多作『熱』，訛，唯朱本作『熟』，此可從。」○劉師培曰：「治要引注作『水以療渴，（今各本訛爲湯。）火以熟食，不可乏也。兵以除亂，亦不可偃』。『亦』字承上言，後人删『不可乏也』四字，則『亦』字無所承，因改爲『夫何偃也』。」善用之則爲福，不能用之則爲禍。傳曰「能者養之以求福，不能者敗之以取禍」，此之謂。○畢沅曰：「左氏成十三年傳劉子言『能者養以之福，不能者敗以取禍』，漢書律志、五行志、漢酸棗令劉熊碑皆作『養以之福』，孔疏、顔注莫不同。今本則作『養之以福』，此注頗與今本同。凡注家引書，誠不必盡符本文，然此頗有後人妄改痕迹。緣高氏本作『養以之福』，讀者不解，因改爲『求福』，而以『之』字移於上，又於次句亦增一『之』字以成對文。末句『此之謂也』删去『也』字，則必刻成之後，就板增兩字，而末句只有一字之空，故并『也』字去之，始整齊耳。」元和陳芳林云：『改「之福」爲「求福」，則非定命矣。』斯言允哉。」若用藥者然，○維遹案：治要引作「善用藥者亦然」。得良藥則活人，得惡藥則殺人，義兵之爲天下良藥也亦大矣。義兵除天下之兇殘，解百姓之倒懸而生育之，故方之於良藥。

且兵之所自來者遠矣，未嘗少選不用，貴賤長少賢者不肖相與同，有巨有微而已矣。

少選，須臾也。賢不肖者用兵，皆欲得勝，是其同也。巨，惻略。微，要妙，覩未萌之萌也。○陶鴻慶曰：「『賢者不肖』，『者』字當在『不肖』下。此以『貴賤長少賢不肖者相與同』十一字爲句，言此六者之人所同也。高注云『賢不肖者用兵，皆欲得勝，是其同也』，是其所見本不誤。注『賢不肖者』上亦當有『貴賤長少』四字，而今本脱之。」又曰：「此所謂兵，以志慮言，不以兵械言，故察其微者至於在心而未發亦謂之兵，所以未嘗少選不用也，注亦未晰。」**察兵之微，在心而未發，兵也；疾視，兵也；作色，兵也；傲言，兵也；援推，**○畢沅曰：「援推，義當與推挽同，或援之使來，或推之使去，有分別，見即兵象矣。舊校云『一作「挂剌」』，所未能詳也。」**兵也；連反，**○畢沅曰：「『連反』當出易蹇爻辭。連，與人也。反，自守也。有同有異而兵興矣。舊校云『連』一作『速』，疑誤。」○洪頤煊曰：「莊子天下篇『而連犿無傷也』，釋文：『犿本亦作抃，皆宛轉貌。一云相從之貌，謂與物相從不違，故無傷。』連反即連犿也，宛轉相從而即伏之，故曰『連反，兵也』。漢書地理志河南滎陽卞水，水經注作汳水，卞、反古字通用。」○孫鏘鳴曰：「『反』疑『抃』之誤。連抃，拊手也，蓋謂手相搏也。古『汴』字或作『汳』，『飯』字或作『飰』，則『抃』亦或可作『扳』，轉寫遂誤爲『反』耳。」○馬叙倫曰：「連反即連蹇，亦即連犿，亦即蹁躚，亦即天蹇也，古相通假。上『援推，兵也』以手言，此以足言耳。洪頤煊説，義與余異。」**兵也；侈鬭，**○畢沅曰：「猶鬭侈也，謂以豪侈相爭勝也。」○王念孫曰：「『侈』疑『倗』之譌。」○孫鏘鳴曰：「侈鬭即羣鬭，侈猶恣也，非爭豪侈而鬭也。此皆兵之由微而巨者，微巨即小大之謂。注以巨爲惻略，微爲要妙，亦誤。」○維遹案：説文「倗，輔也」，段玉裁云：「蓋朋黨字正作倗，而朋其假借字。」据此，倗鬭與孫説羣鬭義略近。**兵也；三軍攻戰，兵也。此八者皆兵也，微巨之爭也。今世之以偃兵疾説者，終身用兵**

而不自知，悖，故説雖彊，談雖辨，文學雖博，猶不見聽。雖以辨文博學力説偃兵，不自知博者，不聽從也。○畢沅曰：「注『博者』字訛，或『博』是『悖』字，下亦當有一『人』字。」故古之聖王有義兵而無有偃兵。兵誠義，以誅暴君而振苦民，○舊校云：「一作『弱民』。」民之説也，○王念孫曰：「治要引『説』下有『之』字，當據補。」若孝子之見慈親也，若饑者之見美食也，民之號呼而走之，走，歸。若彊弩之射於深谿也，若積大水而失其壅隄也。中主猶若不能有其民，而況於暴君乎！中主，非賢君。

蕩兵○一作「用兵」。

三曰：當今之世，濁甚矣。濁，亂也。君肆害不可禁衛，故亂甚。○畢沅曰：「注『禁衛』疑亦是『禁禦』。」黔首之苦，不可以加矣。民人之苦毒，不可復增加。天子既絶，賢者廢伏，絶，若三代之末祚數盡也。賢者不見用，故廢伏。○畢沅曰：「趙云：『天子既絶，謂周已亡，而秦未稱帝之時也。』」世主恣行，與民相離，黔首無所告愬。世主，亂主也。亂政亟行，與民相違，黔首懷怨，無所控告。世有賢主秀士，宜察此論也，則其兵爲義矣。賢主，治主也。秀士，治士也。宜察恣行之主與民相離怨而捨之也，必舉兵誅之。誅其君，弔其民，故曰其兵爲之義也。○畢沅曰：「注『爲之義』疑『之』字衍，或『爲』字當作『謂』。」○維遹案：宜猶如也。天下之民且死者也而生，且，將也。治主之兵救其民，故曰將生也。○畢沅曰：「『且，將也』舊本作『行也』，訛，今改正。」且辱者也而榮，榮，光明也。且苦者也而逸。民見弔恤安逸。世主恣行，則中人將逃其君，去其親，又況於不肖者乎？遭恣行之君，中凡之人將逃而去之，不能顧其親戚也，又況下愚不肖之人能保守其君而不逃去其親者也？故義兵至則世主不能有其民矣，人親不能禁其子矣。世主暴亂，若桀、紂者也，民去之而歸湯、武，故不能得其有也，其親不能禁止其子。

凡爲天下之民長也，慮莫如長有道而息無道，賞有義而罰不義。今之世，學者多非乎攻伐。非攻伐而取救守，○陶鴻慶曰：「『而』當爲『則』，涉上下文句例而誤也。」○維遹案：「而」字非誤，而猶則也，説見經傳釋詞。取救守則鄉之所謂長有道而息無道、賞有義而罰不義之術不行矣。天下之長民，○陶鴻慶曰：「『長民』當爲『民長』，上文『凡爲天下之民長也』是其證。」其利害在○畢沅曰：「舊校云：『一本下有「此」字。』朱本從之。今案：『在察此論也』連下讀爲是，觀下文可見。」察此論也。攻伐之與救守一實也，攻伐欲陷人，救守欲完人，其實一也。○俞樾曰：「高注云云，然『其實一也』謂之『一實』，義似未安。一實當作一貫，知化篇曰『雖知之與勿知一貫也』，過理篇曰『亡國之主一貫』，是吕氏書多用『一貫』字。此文『實』字當亦『貫』字之誤耳。」○孫先生曰：「正文不誤，高注是也。一實猶實一也，古人常語。且過理篇注云：『一，道也。貫，同也。』此文注云：『其實一也。』是彼作『貫』，此作『實』，不得據彼以改此，明矣。知化篇『一貫』可疑爲『一實』之誤，不得疑此文『一實』爲『一貫』之誤。過理篇後于知化篇，高於過理始説『一貫』之義，殆可知矣。『一實』之語，王充論衡幸偶篇云『癰疽之發，亦一實也』，初禀篇云『夫斬大蛇，誅秦殺項，同一實也』，本性篇云『禀性受命，同一實也』，紀妖篇云『辭之與文，一實也』，感虛篇、訂鬼篇亦有『一實』之語，竝其切證。俞校未審。」而取舍人異，攻伐欲破人，救守欲全人，故曰「取舍人異」。○陶鴻慶曰：「此言攻伐之本旨在於救人，而救守之終竟必至於用兵而殺人，故曰『一實也』。論者於攻伐與救守，或取或舍，人各不同，故曰『取舍人異』。高於上句注云『攻伐欲陷人，救守欲完人，其實一也』，及此句注云云，均失其旨。且二注語意不殊，或經後人竄改，非高氏原文也。」○孫鏘鳴曰：「或取攻伐而非救守，或取救守而非攻伐，人各異說，故下云『無所定論』。注未明。」以辨說去之，終無所定論。固不知，悖也。知而欺心，誣也。論說事情，固不知之，是爲悖。實知之而自欺其心，是爲誣。誣悖之士，雖辨無用矣。辨無所能施，故謂之「無用」。○畢沅曰：「趙云：『言說雖若可聽，而斷不可用也。下文申言其故。』」是非其所取而取其所非也，是利之而反害之也，安之而反危之也。民以爲安而安之以禮義也，危之乃危亡之道也，故曰安之反危也。○畢沅曰：「言非攻伐欲以安利之，而不知其適相反。」爲天下之長患、致黔首之大害者，若說爲深。說若是者，爲天下之患，爲黔首之害深而大也。○陶鴻慶曰：「若說者，此說也。高注『說若是者』云云，解『若』爲『如』，則正文爲不辭矣。下文『若論爲大』，注誤同。」夫以利天下之民爲心者，不可以不熟察此論也。論猶別也。○畢沅曰：「別即辯，古通用。」

夫攻伐之事，未有不攻無道而罰不義也。攻無道而伐不義，則福莫大焉，黔首利莫厚焉。厚，重也。禁之者，禁，止也。是息有道而伐有義也，○陳昌齊曰：「『不義也』上『罰』字，『有義也』上『伐』字，据上下文義，當互易之。」是窮湯、武之事而遂桀、紂之過也。遂猶長也。凡人之所以惡爲無道不義者，爲其罰也；惡猶畏。所以蘄有道行有義者，爲其賞也。蘄讀曰祈。或作「勤」。○王念孫曰：「『蘄』下當有『爲』字。『行』下『有』字當據下文删。」**今無道不義存，存者賞之也；**雖存幸耳，賞之非也。**而有道行義窮，窮者罰之也。**雖窮不幸耳，罰之非也。○畢沅曰：「注皆不得本意。此所云賞罰，豈真賞之罰之也哉？使無道者安全，即不啻賞之。使有道者不得伸天討，即不啻罰之矣。」○陶鴻慶曰：「『而有道行義窮』六字當在『今無道不義存』句下。當云『今無道不義存，而有道行義窮，存者賞之也，窮者罰之也』。玩上下文理，可知此文之誤。高注於此文上二句注云『雖存幸耳，賞之非也』，下二句注云『雖窮不幸耳，罰之非也』，高意讀正文也字爲邪，故注云然，正由依誤本作注，生此誤解耳。」**賞不善而罰善，欲民之治也，不亦難乎！**治，整也。**故亂天下害黔首者，若論爲大。**論若是者，賞所當罰者，罰所當賞者，是以亂天下而害黔首最爲大也。○畢沅曰：「此篇之論，其謂天下攻伐人者之皆義兵乎？苟非義兵，則能救守者，正春秋之所深嘉而樂予也，而此非之，是與聖賢之意相違矣。下篇雖稍持平，然亦偏主攻伐意多。」

振亂

四曰：夫救守之心未有不守無道而救不義也。守無道而救不義則禍莫大焉，莫，無也。無有大之者。○陶鴻慶曰：「『救守之心』當爲『救守之事』。上篇云『夫攻伐之事，未有不攻無道而罰不義也』，此文亦當同。若作『心』則義難通矣。蓋由後人見下有『事心任精』之文而妄改耳。」○維遹案：陶説是。惟「未有不守無道」，「不」字爲發聲之詞，不守即守也。尚書西伯戡黎篇「我生不有命在天」，不有命在天者，即有命在天也。王充論衡佚文篇

「漢氏浩爛，不有殊卓之聲」，不有殊卓之聲者，即有殊卓之聲也。此云「未有不守無道而救不義也，方與下文「守無道而救不義則禍莫大焉」語意相合。爲天下之民害莫深焉。深，重也。無有重之者。

凡救守者，太上以説，説，説言也。○畢沅曰：「『説言也』義自通，畢校非。」其次以兵。以兵威之。以説則承從多羣，○孫鏘鳴曰：「舊校云『從』一作『徒』。安死篇『聚羣多之徒』。此『承』或『聚』字之誤，『多羣』二字亦誤倒。」○維遹案：孫説近是。惟謂「多羣」二字誤倒，非。此文當作「聚徒成羣」。管子法禁篇云「聚徒威羣」，洪頤煊云「威羣當作成羣」，是也。此文「成羣」，疑先譌爲「威羣」，後「威」字爛脱，又譌爲「多」字。日夜思之，事心任精，起則誦之，卧則夢之，自今單脣乾肺，費神傷魂，單，盡。乾，晞。費，損。神，人之神也。魂，人之陽精也。陽精爲魂，陰精爲魄。○畢沅曰：「『自今』疑本是『自令』。」○俞樾曰：「『自今』乃『自令』之誤，畢校已及之矣。『單』字高注訓盡，然脣無可盡之理，殆非也。單當讀爲燀，省不從火耳。後漢泗水王歙傳注：『燀，灼也。』然則燀脣者，灼脣也，與乾字同義。順民篇『焦脣乾肺』，此言燀，猶彼言焦。」上稱三皇五帝之業以愉其意，愉，悦。下稱五伯名士之謀以信其事。信，明也。其説救守之事。早朝晏罷，以告制兵者，制者，主也。謂敵之主兵者。行説語衆，以明其道。道畢説單而不行，畢、單皆盡。不行，不見從。則必反之兵矣。説不見從，故反之以兵威之。反之於兵則必鬬爭，之情必且殺人，○畢沅曰：「『鬬爭』二字當疊。」是殺無罪之民以興無道與不義者也。無道與不義者存，是長天下之害，爲天下之害者得滋長。而止天下之利，晉獻公曰：「物不兩施。」害長故利止者也。雖欲幸而勝，禍且始長。晉獻公伐麗戎，史蘇曰：「勝而不吉。」故曰禍乃始長也。○維遹案：王念孫校本改「且」爲「乃」，云：「古書多以『乃始』連文，仲秋紀『雷乃始收』，淮南俶真訓『儒墨乃始列道而議，分徒而訟』。」

先王之法曰：「爲善者賞，爲不善者罰。」古之道也，不可易。易猶違。今不別其義與不義，而疾取救守，不義莫大焉，○俞樾曰：「疾取救守，義不可通，疑『疾』下奪『攻伐』二字，當云『今不別其義與不義，而疾攻伐，取救守，不義莫大焉』。下文屢以攻伐、救守對言，此可爲證。疾攻伐者，言深惡此攻伐之事也。安死篇曰：『今多不先定其是非，而先疾鬬爭，此惑之大者也。』『疾攻伐』與『疾鬬爭』同誼。呂氏之意，主乎攻伐而不取救守，故以疾攻伐取救守爲不義。振亂篇曰：『今之世，學者多非乎攻伐。非攻伐而取救守，取救守則鄉之所謂長有道而息無道、賞有義而罰不義之術不行矣。』文義與此相似。此云『疾攻伐，取救守』，猶彼云『非攻伐而取救守』也。下文云『故大亂天下者，在於不論其義，而疾取救守』，誤與此同。高注訓疾爲爭，其義迂曲矣。」○吳先生曰：「俞氏説義近，而改字則非也。呂氏之意，以爲今世學者多非攻伐而取救守，適足以賞不義。此文『疾取救守』，疾，亟也。疾取救守者，謂俗人不問當救當守與否，而唯以救守爲是而亟取之，適足爲無道者張目耳。下文云『大亂天下者，在於不論其義而疾取救守』，文義並同，尤足相證。秦以攻伐得天下，而惡夫合縱以抗秦者，故其説如此。俞氏讀疾爲疾之已甚之疾，失其恉矣。」害天下之民者莫甚焉。故取攻伐者不可，非於義可攻可伐，故不可非也。攻伐不可；取於義不可攻不可伐，故不可取，惟義所在。救守不可，非於義當救當守，故不可非。救守不可，取於義當守當救，不可取而有之也。惟義兵爲可。○畢沅曰：「此『救守不可取』五字乃衍文，注亦無異前説，皆當删去。」○陳昌齊曰：「據文義當以四『不可』截句，二『非』字連下讀。『非救守不可』下衍『取』字，與下文三『可』二『不可』一氣貫注。高氏誤讀，因而誤注也。」○俞樾曰：「『故取攻伐者不可非』，『取』、『者』二字衍文也。此文本云『故攻伐不可非，攻伐不可取，救守不可非，救守不可取』，言攻伐與救守皆有是有非也。第一句衍『取』字『者』字，則與下三句不一律，而義亦不可通矣。」○陶鴻慶曰：「俞氏以首句『取』字『者』字皆爲誤衍，雖於義可通，而其辭複沓，殆非呂氏之舊。以上諸篇皆以非攻伐、取救守對言，此文第一句『取』字非衍，因相承誤讀，輒於第四句之末增『取』字以相配耳。今爲正其讀云：『故取攻伐不可，非攻伐不可；取守救不可，非守救不可，惟義兵爲可。』下文又申之云：『兵苟義，攻伐亦可，救守亦可。兵不義，攻伐不可，救守不可。』上下文語勢相承，是其明證。自後人亂其句讀，於第四句之末增『取』字，又於第一句之中增『者』字，則於文爲贅，畢氏遂疑第四句爲衍句矣。」○維遹案：陳、陶說是。**兵苟義，攻伐亦可，**以有道攻伐無道，故司馬法曰：「以戰去戰，雖戰可也。」此之謂也。**救守亦可。**謂諸侯思啓封疆，以無道攻有道，雖救之可也。極困設守亦可也。**兵不義，攻伐不可，**若以桀、紂之兵攻伐湯、武，曷當可乎？**救守不可。**桀、紂堅守而往救之，亦不可也。

使夏桀、殷紂無道至於此者，幸也。使吳夫差、智伯瑶侵奪至於此者，幸也。夫差，吳王闔閭之子。智伯，智宣子之子襄子也。**使晉厲、陳靈、宋康不善至於此者，幸也。**晉厲公，景公之子州蒲也。陳靈公，共公之子平國也。宋康王，在春秋後，當戰國時，僭稱王也。○畢沅曰：「厲公實名州滿，史記作壽曼，聲同耳。」○梁玉繩曰：「厲公之名，春秋經、傳作州蒲，高氏依之。釋文于左傳成十年云『本或作州滿』，孔疏引應劭諱議曰『周穆王名滿，而有晉侯州滿』。史通五行志雜駁篇以『蒲』爲誤，謂出王邵讀書志。蓋滿、蒲二字書傳中多以形似相亂，如左傳盧蒲嫳，後慎行篇作盧滿嫳之類，而史記作壽曼，即州滿也，州、壽古通，滿、曼音近。」**若令桀、紂知必國亡身死，殄無後類，吾未知其厲爲無道之至於此也；吴王夫差、智伯瑶知必國爲丘墟，身爲刑戮，吾未知其爲不善無道侵奪之至於此也；** 夫差、智伯爲無道，侵奪無厭，夫差爲越王句踐所滅，智伯爲襄子所殺於晉陽之下也。○陳昌齊曰：「『厲』字據文不當有，蓋因上下文而衍。」○俞樾曰：「此文凡言『吾未知』者三，惟末句不誤，第一句、第二句皆有衍字。蓋此文皆承上文而言，上文曰『使夏桀、殷紂無道至於此者，幸也』，『使吴夫差、智伯瑶侵奪至於此者，幸也』，『使晉厲、陳靈、宋康不善至於此者，幸也』，據此，則第一句當云『吾未知其爲無道之至於此也』，第二句當云『吾未知其爲侵奪之至於此也』，今第一句衍『厲』字，第二句衍『不善無道』四字，則與上文不相應矣。」**晉厲知必死於匠麗氏，** 匠麗氏，晉大夫家也。厲公無道，欒書、中行偃殺之於匠麗氏也。**陳靈知必死於夏徵舒，** 夏徵舒，陳大夫御叔之子，夏姬所生也。靈公通於夏姬，與孔寧、儀行父飲酒於夏氏。徵舒過之，公謂行父曰：「徵舒似汝。」對曰：「亦似君。」徵舒病之。公出，自其厩射而殺之，故曰「死於夏徵舒」。**宋康知必死於温，吾未知其爲不善之至於此也。** 温，魏邑也。宋康王名偃，宋元公佐六世之孫，辟兵之子也。立十一年，自爲王。東敗齊取五城，南敗楚取三百里，西敗魏軍於温，與齊、楚、魏爲敵國。以韋囊盛血，懸而射之，號曰射天。諸侯患之，咸曰宋復爲紂，不可不誅。即位四十七年，齊湣王與楚、魏伐宋，遂滅之，而三分其地，故曰死於温。○畢沅曰：「『宋康』，荀子王霸篇作『宋獻』，楊倞云：『國滅之後，其臣子各私爲謚，故不同。』案此注依宋世家爲説。『四十七年』，年表偃立止四十三年。梁伯子云：『宋實無取齊、楚地及敗魏軍之事。』詳所著史記刊誤中。」○梁玉繩曰：「宋康爲元公八世孫，非六世，而其滅在六十一年，非四十七與四十三也。刊誤今改名志疑。」此七君者，大爲無道不義，所殘殺無罪之民者不可爲萬數，萬人一數之，言多不可勝數。○畢沅曰：「『大爲無道』，舊本『爲』誤作『而』，今改正。」○維遹案：畢改是。姜本「而」正作「爲」。壯佼老幼胎贕之死者○畢沅曰：「贕與殰同。」○王念孫曰：「贕讀爲騶犢。」大實平原。廣堙深谿大谷，赴巨水，積灰填溝洫險阻，犯流矢，蹈白刃，加之以凍餓饑寒之患，以至於今之世，爲之愈甚，故暴骸骨無量數，言多。爲京丘若山陵。戰鬬殺人，合土築之，以爲京觀，故謂之京丘，若山陵高大也。○維遹案：注「陵」字原作「林」，改從姜本、黃本，與正文合。世有興主仁士，深意念此，亦可以痛心矣，亦可以悲哀矣。哀亦痛也。

察此其所自生，生於有道者之廢，而無道者之恣行。恣，放也。夫無道者之恣行，幸矣。無道者恣其情欲而見信用，不得誅滅，是乃幸也。故世之患不在救守，而在於不肖者之幸也。○畢沅曰：「正文似訛，當云『故世之患在於救守，而爲不肖者之幸也』，如此方與上下文順。」救守之說出，則不肖者益幸也，○王念孫曰：「『也』當作『矣』，與下句文同一例。今作『也』者，因與上文『不肖者之幸也』相涉而誤。」賢者益疑矣。疑怪其何以益幸也。○王念孫曰：「高說非也。疑者，恐也。言不肖者益幸，而賢者益恐也。古者謂恐曰疑。雜記曰『五十不致毀，六十不毀，七十飲酒食肉，皆爲疑死』，鄭注曰：『疑猶恐也。』大戴禮曾子立事篇曰：『君子見善恐不得與焉，見不善恐其及己也，是故君子疑以終身。』管子小問篇曰：『駮食虎豹，故虎疑焉。』荀子宥坐篇『其赴百仞之谷不懼』，大戴禮勸學篇『懼』作『疑』。皆其證也。上文云『守無道而救不義則禍莫大焉，爲天下之民害莫深焉』，故此言『救守之説出，則不肖者益幸，而賢者益恐』。」故大亂天下者，在於不論其義，而疾取救守。疾，猶爭。

禁塞

五曰：凡君子之説也非苟辨也，士之議也非苟語也，必中理然後説，理，義。必當義然後議。議，言。故説義而王公大人益好理矣，士民黔首益行義矣。一命爲士民。士民之説爲士者也。○陳昌齊曰：「『説義』字據上文當爲『説議』。」○陶鴻慶曰：「『説義』當爲『説議』。上文云『必中理然後説，必當義然後議』，此即承上而言。不侵篇『説義聽行』亦借『義』爲『議』。」○吳先生曰：「注當作『一命爲士。士民，民之説爲士者也』。意謂士民爲民之秀者，黔首則衆氓。注文『民』字誤衍於上，故義不可通。」義理之道彰，則暴虐姦詐侵奪之術息也。彰，明。息，滅。

暴虐姦詐之與義理反也，○維遹案：「姦詐」下當有「侵奪」二字，此承上句而言，似不宜省。其執不俱勝，不兩立。故兵入於敵之境，境，壤。○維遹案：「兵」上疑奪一「義」字，下文皆申説義兵之事，此不宜獨指凡兵而言。據下注云云，足證高所見本不誤。亢倉子兵道篇襲此文，正作「義兵」。則民知所庇矣，庇，依廕也。黔首知不死矣。知義兵救民之命，不殺害。至於國邑之郊，不虐五穀，不掘墳墓，不伐樹木，不燒積聚，不焚室屋，不取六畜。得民虜奉而題歸之，奉，送也。○陳昌齊曰：「『題歸』二字不可解，疑『題』字衍。蓋『歸』隸或作『[illegible]』，因誤爲『題』而又多出『題』字耳。」孫鏘鳴説同。○維遹案：陳、孫説是。亢倉子作「得人虜屋而歸之」，亦無「題」字。**以彰好惡。**好其顯民，惡其惡君也。傳曰：「其君是惡，其民何罪？」此之謂也。**信與民期，以奪敵資。**以信與民期，不違之也。資，用也。敵以暴虐用其民，故以信義奪其民也。**若此而猶有憂恨冒疾遂過不聽者，雖行武焉亦可矣。**○王引之曰：「『憂恨』與『遂過不聽』義不相屬，『憂』當爲『复』，复與愎同。（古無『愎』字，故借『复』爲之。或通作『復』，韓子十過篇『夫知伯之爲人也，好利而鷙愎』，趙策『愎』作『復』是也。又通作『覆』，管子五輔篇『下愈覆鷙而不聽從』是也。又通作『蝮』，史記酷吏傳贊『京兆無忌、馮翊殷周蝮鷙』是也。）隸書『复』字或作『基』，『憂』字或作『夏』，二形相似而誤。（書堯典正義『夏侯等書「心腹腎腸」曰「憂賢陽」』，史記秦始皇紀刻碣石門辭『文復無罪』，徐廣曰：『復一作憂。』蓋腹、復並通作复，因誤爲憂也。）恨與很同。（爾雅『鬩，恨也』，孫炎本『恨』作『很』。又荀子見下。）莊子漁父篇曰：『見過不更，聞諫愈甚，謂之很。』説文曰：『很，不聽從也。』宣十二年左傳注曰：『愎，很也。』故曰『愎很冒疾，遂過不聽』。逸周書謚法篇曰『愎很遂過曰刺』，荀子成相篇曰『恨復遂過不肯悔』，（恨復與很愎同，今本復譌作後，辯見荀子。）義並與此同。」○維遹案：王説是。亢倉子正作「愎狠」。王氏不引，蓋以此書爲唐人依託，似未足據，然藉此足證唐人所見吕覽尚不誤。

先發聲出號，號，令。**曰：「兵之來也，以救民之死。**死，命。**子之在上無道，据傲**子，謂所伐國之君。○畢沅曰：「据當與倨通。朱本即作『倨』。」**荒怠，貪戾虐衆，恣睢自用也，**○陳昌齊曰：「『自用也』三字當是注文。」○維遹案：陳因高讀之誤，遂疑「自用也」三字爲注文，失之。**辟遠聖制，謷醜先王，排訾舊典，上不順天，**順，承。**下不惠民，**惠，愛。**徵斂無期，求索無厭，**期，度。厭，足。○畢沅曰：「注舊作『其度厭之』，訛，今改正。」○維遹案：許本正作「期度」。罪殺不辜，慶賞不當。若此者，天之所誅也，人之所讎也，不當爲君。今兵之來也，將以誅不當爲君者也，以除民之讎而順天之道也。○舊校云：「『天』一作『民』。」民有逆天之道、衛人之讎者，身死家戮不赦。衛猶護助也。救無道之君，則身死家戮不赦貸也。○畢沅曰：「孫云：『「不赦」舊本誤作「不救」。注「赦貸」舊本誤作「救貳」。』今並從孫説改正。」有能以家聽者禄之以家，以一家禄之。以里聽者禄之以里，里，閭也。周禮：「五家爲比，五比爲閭。」閭，二十五家。以鄉聽者禄之以鄉，周禮：「二千五百家爲州，五州爲鄉。」鄉，萬二千五百家。以邑聽者禄之以邑，周禮：「八家爲井，四井爲邑。」三十二家也。此上鄉邑皆不從周禮。○維遹案：注上「邑」字宜重，當云「四井爲邑。邑，三十二家」也。由上二注可知矣。以國聽者禄之以國。」國，都也。周禮：「二千五百家爲縣，四縣爲都。」然則國都萬家也。故克其國不及其民，克，勝。及，罪。獨誅所誅而已矣。所誅，君也。舉其秀士○畢沅曰：「舊校云一作『儁』。案非是。」而封侯之，秀士，儁士。選其賢良而尊顯之，授以上位。求其孤寡而振恤之，無子曰孤。無夫曰寡。振，贍。矜，恤。見其長老而敬禮之。尊高年。皆益其禄，加其級。禄，食。級，等。○梁玉繩曰：「後世百官加級始見此。」○陶鴻慶曰：「『皆益其禄，加其級』當在『而尊顯之』下，益禄加級，禮賢之事也。下云分金散粟，惠民之事也。如今本則錯出不倫。」論其罪人而救出之。論猶理。○畢沅曰：「『救』亦當作『赦』。」分府庫之金，散倉廩之粟，金，鐵也。可以爲田器，皆布散以與人民。以鎮撫其衆，不私其財。問其叢社大祠，民之所不欲廢者而復興之，興之，舉其祀。曲加其祀禮。是以賢者榮其名，而長老説其禮，民懷其德。懷，安也。

今有人於此，能生死一人，生，活也。○王念孫曰：「疑當作『能生一死人』。」則天下必爭事之矣。義兵之生一人亦多矣，○畢沅曰：「『一』字衍。」○鹽田曰：「諸子類語引『生一人』作『生死人』。」○陶鴻慶曰：「『一』當作『死』。上文云『今有人於此，能生死一人，則天下必爭事之矣』，此即承上而言，作『一人』者，涉上文而誤。畢校以『一』爲衍字，非。」人孰不説？故義兵至，則鄰國之民歸之若流水，民歸之若流水，不可壅禦也。誅國之民望之若父母，行地滋遠，得民滋衆，所誅國之民晞望義兵之至，若望其父母。滋，益。衆，多也。孟子曰：「百姓簞食壺漿以迎王師，奚爲後予。」此之謂也。兵不接刃而民服若化。接，交。若被其化也。○畢沅曰：「『若化』，本多作『其化』，今從宋邦乂本。」○劉師培曰：「治要引注『若，順』。後人昧順有若訓，以若爲如，遂易爲『若被其化』。」

懷寵

呂氏春秋集釋卷第八

仲秋紀第八　論威　簡選　决勝　愛士

呂氏春秋訓解　高氏

榮成許維遹學

一曰：仲秋之月，日在角，仲秋，夏之八月。角，東方宿，韓、鄭之分野。是月，日躔此宿。**昏牽牛中，旦觜嶲中。**牽牛，北方宿，越之分野。觜嶲，西方宿，魏之分野。是月昏旦時，皆中於南方。○畢沅曰：「淮南天文訓觜嶲屬趙。」**其日庚辛，其帝少皞，其神蓐收，其蟲毛，其音商，**說在孟秋。**律中南呂，**南呂，陰律。是月陽氣內藏，陰旅於陽，任其成功，竹管音中南呂。○王念孫曰：「注『任其成功』當據淮南時則訓注、天文訓注改作『任成其功』。」**其數九，其味辛，其臭腥，其祀門，祭先肝。涼風生，**說在孟秋。○畢沅曰：「月令作『盲風至』，鄭注：『盲風，疾風也。』孫云：『孟秋已云涼風至，此何以又云涼風生，應從記。』」**候鴈來，玄鳥歸，羣鳥養羞。**是月候時之鴈從北漠中來，南過周雒，之彭蠡。玄鳥，燕也，春分而來，秋分而去，歸蟄所也。傳曰：「玄鳥氏，司分者也。」寒氣將至，羣鳥養進其毛羽御寒也，故曰「羣鳥養羞」。○畢沅曰：「注『北漠』各本作『北漢』，訛，今從汪本，與淮南注合。鄭注月令云：『羞謂所食也。』此注又別。」○吴先生曰：「此注訓羞爲進，養進毛羽，蓋以堯典『鳥獸毛毨』爲說。又毨之爲言選也，選、羞聲同。」天子居總章太廟，總章，西向堂。太廟，中央室也。乘戎路，駕白駱，載白旂，衣白衣，服白玉，食麻與犬，其器廉以深。說在孟秋。

是月也，養衰老，授几杖，行麋粥飲食。陰氣發，老年衰，故共養之。授其几杖，賦行飲食麋粥之禮。今之八月，比户賜高年鳩杖粉粢是也。周禮大羅氏掌獻鳩杖以養老，又伊耆氏掌共老人之杖。○畢沅曰：「麋與糜同，本亦作『糜』。周禮羅氏掌獻鳩以養國老，禮記郊特牲有大羅氏，此參用彼文，衍『杖』字，缺『國』字。周禮伊耆氏『共王之齒杖』，鄭注：『王之所以賜老者之杖。』」乃命司服具飭衣裳，文繡有常，制有小大，度有短長，衣服有量，必循其故，冠帶有常。司服，主衣服之官。將飭正衣服，故命之也。上曰衣，下曰裳。青與赤五色備謂之繡。周禮：「司服掌王之吉服。祀昊天上帝則大裘而冕，祀五帝亦如之。享先王則衮冕，享先公饗射則鷩冕，祀四望山川則毳冕，祭社稷五祀則絺冕，羣小祀則玄冕，凡兵事韋弁服，視朝則皮弁服。」皮者鹿皮冠，服者素積也，故曰小大短長，「冠帶有常」也。○畢沅曰：「舊注多脱誤，今攷禮注補正。」○吴先生曰：「注『青與赤』當作『青與赤謂之文』，畢校既以禮注補正，何其疏忽？」命有司申嚴百刑，斬殺必當，有司，理官。刑非一，故言百。軍刑斬，獄刑殺，皆重其事，故曰「必當」。無或枉橈，枉橈不當，反受其殃。淩弱爲枉，違彊爲橈。反，還。殃，咎。

是月也，乃命宰祝巡行犧牲，視全具，案芻豢，宰，於周禮爲充人，掌養祭祀之犧牲。繫于牢，芻之三月也。祝，太祝。以騂牷事神，祈福祥也。巡行犧牲，視其全具者，恐其毁傷。案其芻豢之薄厚。牛羊曰芻。犬豕曰豢。瞻肥瘠，察物色，物，毛也。必比類量小大、視長短皆中度。五者備當，上帝其享。天子乃儺，禦佐疾，以通秋氣。儺，逐疫除不祥也。語曰：「鄉人儺，朝服立於阼階。」禦，止也。佐疾謂療也，儺以止之也。以通達秋氣，使不壅閉。○畢沅曰：「月令無『禦佐疾』三字。」○維遹案：佐疾殆謂疫癘，注「療」字誤。以犬嘗麻，先祭寢廟。犬，金畜也。麻始熟，故嘗之。

是月也，可以築城郭，建都邑，國有先君宗廟曰都，無曰邑。穿竇窌，修囷倉。穿水通竇，不欲地泥溼也。穿窌所以盛穀也。修治囷倉，仲秋大內，穀當入也。圜曰囷，方曰倉。乃命有司趣民收斂，務蓄菜，多積聚。有司，於周禮爲場人。場，協入也。蓄菜，乾苴之屬也。詩云「亦有旨蓄，以御冬」也。乃勸種麥，無或失時，行罪無疑。罪，罰也。○畢沅曰：「『無或』當從淮南作『若或』。如從月令作『無或失時』，則下『其有失時』句亦不可去。」○茆泮林曰：「朱子所見本『無或失時』下有『其或失時』四字。」

是月也，日夜分，雷乃始收聲。蟄蟲俯户。是月秋分。分，等也，晝漏五十刻，夜漏五十刻，故曰「日夜分」也。雷乃始收藏，其聲不震也。將蟄之蟲，俯近其所蟄之户。○畢沅曰：「月令作『雷始收聲』，此『乃始』二字當衍其一。『俯户』月令作『坏户』。」○王念孫曰：「『聲』字當刪，注内舉正文無『聲』字，此字乃妄人所加。淮南時則訓及初學記引月令，類聚、書鈔引周書時訓，竝作『雷乃始收』，是也。自唐御修月令始改作『雷乃始收聲』，而今本月令、今本周書時訓遂竝作『雷始收聲』。」○茆泮林曰：「朱子謂呂『雷』下有『乃』字。『收』下無『聲』字。」殺氣浸盛，陽氣日衰，水始涸。殺氣，陰氣。涸，竭。日夜分則一度量，一，同也。度，尺丈。量，釜鍾也。平權衡，正鈞石，齊斗甬。權秤衡也。三十斤爲鈞。百二十斤爲石。斗甬皆量器也。○畢沅曰：「『斗甬』舊本作『升角』，訛，今從月令改正。」○茆泮林曰：「禮月令作『角斗甬』。朱子謂呂『角』作『齊』，『斗』作『升』。案『角』當『甬』字之譌，『升』字與朱子所見本正合。文選陸佐公新刻漏銘注，袁本引呂氏春秋『仲春角升桶』，引高誘注亦作『升桶』；尤本引作『斗』，引注仍作『升』。今呂本作『斗桶』，注亦作『斗』，唯仲秋紀舊本有『升角』之文，升、斗形近易譌。朱子所見本是『升』非『斗』。校選注者不得據今本呂氏春秋以爲選本皆譌。校呂紀者亦不得率依禮月令改也。」○維遹案：仲春紀注：「稱錘曰權。衡，稱。」此注「權秤衡」疑有脫文。

是月也，易關市，來商旅，入貨賄，以便民事。易關市，不征稅也，故商旅來。市賤鬻貴曰商。旅者，行商也。貨賄，財賂也。以所有易所無，民得其求，故曰「以便民事」。○陳昌齊曰：「淮南作『理關市』，注『通』。」**四方來雜，遠鄉皆至，**雜，會也。關市不征，故遠鄉皆至。○畢沅曰：「『雜』月令作『集』。」**則財物不匱，上無乏用，百事乃遂。**上無乏用，所求得也。事非一，故言百事。遂，成也。**凡舉事無逆天數，**天數，天道。○畢沅曰：「『舉事』月令作『舉大事』，『天數』作『大數〔一〕』。」**必順其時，**其時，天時。**乃因其類。**因順其事類，不干逆。○畢沅曰：「『乃因』月令作『慎因』。」

行之是令，白露降三旬。行之是令，行是之令也，故白露降三旬，成萬物也。**仲秋行春令則秋雨不降，草木生榮，國乃有大恐。**天陽亢燥，而行溫仁之令，故雨不降。尚生育，故草木榮華，李梅之屬冬實也。金

〔一〕「數」，原作「事」，據禮記改。

木相干，有兵象，故曰「民有大惶恐」也。○松皋圓曰：「注『天陽』當作『春陽』，見七月紀。」○維遹案：松説是。注末句「民」字，據正文當作「國」。黄本作「國」，淮南注同。行夏令則其國旱，蟄蟲不藏，五穀復生。夏氣盛陽，故炎旱，使蟄伏之蟲不潛藏，五穀復萌生也。於洪範五行爲恒燠之徵。○畢沅曰：「『其國旱』必本是『其國乃旱』，上節必本是『國有大恐』，後人以月令參校，遂記一『乃』字於『有大恐』之上，寫時因誤入，後來校者本欲去上『乃』字，而反誤去此節之『乃』字，一謄一脱，其所以致誤之由，尚可推求而得也。」○維遹案：淮南正作「國有大恐。行夏令則其國乃旱」，畢不知引，疏矣。行冬令則風災數起，收雷先行，草木早死。冬寒嚴猛，故風災數發。收藏之雷先動，行未當行，故曰先也。

仲秋紀

二曰：義也者，萬事之紀也，君臣上下親疏之所由起也，上，長。下，幼。治亂安危過勝之所在也。得紀則治而安，失紀則亂而危也。過猶服也。勝，有所勝也。○維遹案：注「服」字原作「取」，陶鴻慶云：「『取』乃『敗』字之誤，過勝猶言敗勝。」案張本作「服」，今據正。服、敗義相近。過勝之，勿求於他，必反於己。人情欲生而惡死，欲，貪也。○陶鴻慶曰：「『過勝』之下亦當有『所在』二字。」○維遹案：治要引無「過勝之」三字，非是。亢倉子兵道篇作「勝負之羣，勿徵於他」。又案：「必反於己」治要引作「必反人情」，亢倉子同。例以呂文，義勝。欲榮而惡辱。死生榮辱之道一，則三軍之士可使一心矣。一於紀。凡軍欲其衆也，衆，多也。以多擊寡，雖拙者猶以克勝，故欲其衆。**心欲其一也，三軍一心則令可使無敵矣。令能無敵者，其兵之於天下也亦無敵矣。古之至兵，民之重令也，**至兵，至德君之兵也。令無不化，故謂之至重也。〇畢沅曰：「注『至重』似不當有『至』字。」〇俞樾曰：「『古』乃『謂』字之誤，涉下文『故古之至兵』句而誤也。『謂之至兵』四字爲句，乃結上之詞，當連上文讀之，曰『凡軍欲其衆也，心欲其一也，三軍一心則令可使無敵矣。令能無敵者，其兵之於天下也亦無敵矣，謂之至兵』。高氏本於此下出注曰『至兵，至德君之兵也。令無不化，故謂之至兵也』。今誤移注文於『民之重令也』下，乃改注文『至兵』爲『至重』，而文義俱乖矣。『民之重令也』本與下文『重乎天下，貴乎天子』一氣相屬，今誤斷之，則文不成義，非高氏之舊，當訂正。」**重乎天下，貴乎天子。其藏於民心，捷於肌膚也，深痛執固，**捷，養也。〇畢沅曰：「注疑未是。『捷』或當爲『浹』。」〇洪頤煊曰：「『捷』，古字通作『接』。爾雅釋詁『接，捷也』，郭璞注：『捷，謂相接續也。』荀子解蔽篇『雖億萬已不足以浹萬物之變』，楊倞注：『浹或爲接。』其義亦通。」〇吴先生曰：「畢校非也。捷、接聲近義通。内則『接以太牢』，接讀爲捷，捷，勝也，謂食其母使補虚强氣也。又淮南精神篇『食足以接氣補虚』，接氣皆於養義爲近。高注讀捷爲接，故以養釋之，畢疑爲『浹』，失之遠矣。」**不可摇蕩，**蕩，動也。**物莫之能動，**動，移也。**若此則敵胡足勝矣。**如此者勝敵不足以爲武，故言胡足勝矣，小之也。**故曰其令彊者其敵弱，其令信者其敵詘。**令彊者，不可犯也；令信者，賞不僭，刑不濫也，故能使其敵弱而屈服也。〇陶鴻慶曰：「信讀爲伸。令伸者，謂令行於三軍也。彊弱、伸詘，文皆相對。高注讀信爲本字，非。」**先勝之於此，則必勝之於彼矣。**此，近，謂廟堂。彼，遠，謂原野。

凡兵，天下之凶器也；勇，天下之凶德也。兵者戰鬬有負敗，勇者淩傲有死亡，故皆謂之凶。舉凶器，行凶德，猶不得已也。已，止也。舉凶器必殺，殺所以生之也。殺無道所以生有道也。司馬法曰：「有故殺人，雖殺人可也。」行凶德必威，威所以懾之也。威，畏也。懾，懼也。以威畏敵人，使之畏懼己也。敵懾民生，此義兵之所以隆也。隆，盛也。故古之至兵，才民未合，合，交。○畢沅曰：「孫云：『「才民」御覽二百七十一、又三百三十九俱作「士民」。』」而威已諭矣，諭猶行。敵已服矣，服，降。豈必用枹鼓干戈哉！鼓以進士。干，楯也。戈，戟也。故善諭威者，於其未發也，於其未通也，窅窅乎冥冥，莫知其情，窅音窈。○畢沅曰：「『窅窅乎冥冥』，疑『窅』字不當疊。」○維遹案：文選劉孝標辨命論注引作「窅乎冥，莫知其情」，疑損「窅」、「冥」二字。淮南兵略篇「窈窈冥冥，孰知其情」，語本此。畢説殆不可從。此之謂至威之誠。誠，實也。○維遹案：御覽七百二十一引「誠」下有「也」字。

凡兵欲急疾捷先。欲急疾捷先之道，在於知緩徐遲後而急疾捷先之分也。○畢沅曰：「孫云：『「而」字御覽作「緩徐遲後」四字。』」○維遹案：而猶與也，言欲急疾捷先之道，在於知緩徐遲後與急疾捷先之分也。御覽不可從。急疾捷先，此所以決義兵之勝也，而不可久處。知其不可久處，則知所兔起鳧舉死殙之地矣。起，走。舉，飛也。兔走鳧趨，喻急疾也。殙音悶，謂絶氣之悶。○畢沅曰：「注『謂』字非衍即誤。」○維遹案：王念孫校本注「音悶」二字删，改「謂」爲「讀」。雖有江河之險則淩之，淩，越也。雖有大山之塞則陷之，陷，壞也。并氣專精，○畢沅曰：「盧云：『案御覽二百七十一作「搏精」。』搏與專同。前卷五適音篇「不收則不摶，不摶則怒」，注云「不摶，不專一也」，則知呂氏書多用「摶」字，御覽所見，尚仍是古本，後人不知，乃徑改爲「專」字。余嘗考易、左傳、管子、史記而知摶之即專，文繁不録。』」○維遹案：「并」爲「屏」之初文，論語鄉黨篇云「屏氣似不息者」，説文：「屏，蔽也。」心無有慮，無有由豫之慮。目無有視，耳無有聞，一諸武而已矣。

冉叔誓必死於田侯而齊國皆懼，冉叔，儀工。田侯，齊君也。○畢沅曰：「事無攷，注亦不明。」○陳昌齊曰：「『儀工』當爲『義士』之訛。」豫讓必死於襄子而趙氏皆恐，豫讓，晉畢陽之孫，因族以爲氏。讓欲報讎殺趙襄子，故趙氏恐也。成荆致死於韓主而周人皆畏，畏其義。○梁玉繩曰：「成荆，古之勇士，見戰國韓策及淮南齊俗，漢景十三王傳作『成慶』，古字通用。」又況乎萬乘之國而有所誠必乎，則何敵之有矣！言無有敢敵者。刃未接而欲已得矣。已得欲殺也。○維遹案：謂已得其所願。注專以殺言之，非是。敵人之悼懼憚恐，單蕩精神盡矣，咸若狂魄，咸，皆。魄飛蕩若狂人。形性相離，離，違也。行不知所之，走不知所往，雖有險阻要塞銛兵利械，心無敢據，意無敢處，此夏桀之所以死於南巢也。今以木擊木則拌，拌，析也。以水投水則散，以冰投冰則沈，以塗投塗則陷，此疾徐先後之勢也。

夫兵有大要，知謀物之不謀之不禁也○畢沅曰：「句疑。」○維遹案：「謀」下「之」字當釋爲與。此猶言兵之大要，全在知謀敵之所不謀與所不禁禦。孫子始計篇云：「攻其無備，出其不意。」是也。則得之矣，專諸是也，專諸，吴之勇人，爲闔廬刺吴王僚也。獨手舉劍至而已矣，吴王壹成。專諸一舉而成闔廬爲王，故曰「吴王一成」。成，謂專諸能成吴王也。又況乎義兵，多者數萬，少者數千，密其躅路，開敵之塗，則士豈特與專諸議哉！○王念孫曰：「議猶擬也。」

論威○畢沅曰：「『論』疑本是『諭』字。」

三曰：世有言曰：「驅市人而戰之，可以勝人之厚祿教卒；厚祿，大將也。教卒，習戰也。老弱罷民，可以勝人之精士練材；練材，拳勇有力之材。離散係系，○畢沅曰：「疑『系』爲『絫』字之誤。」○孫先生曰：「畢校是。御覽二百九十七引正作『絫』。」可以勝人之行陳整齊；行陳，五列也。整齊，周旋進退也。○畢沅曰：「注『五列』即『伍列』也。」○維遹案：姜本、張本正作「伍列」。鋤櫌白梃，可以勝人之長銚利兵。」櫌，椎。梃，杖也。長銚，長矛也。銚讀曰葦苕之苕。此不通乎兵者之論。通，達也。

今有利劍於此，以刺則不中，以擊則不及，與惡劍無擇，擇，別。爲是鬬因用惡劍則不可。言不可用也。簡選精良，兵械銛利，發之則不時，縱之則不當，與惡卒無擇，惡卒，怯卒。○王念孫曰：「則猶而也。」爲是戰因用惡卒則不可。王子慶忌、陳年猶欲劍之利也。慶忌，吳王僚之子也。陳年，齊人。皆勇捷有力也。○畢沅曰：「梁仲子云：『陳年即吳越春秋之陳音，善射者，楚人也。』古年、音聲相近。」○吳先生曰：「年、音聲韻絶殊，梁説似非。」○維遹案：御覽二百七十九引「年」作「午」，越絶書亦作「音」。簡選精良，兵械銛利，令能將將之，能將，上將。古者有以王者、有以霸者矣，湯、武、齊桓、晉文、吳闔廬是矣。湯，殷主癸之子天乙也。武，周文王之子發也。齊桓，僖公之子小白也。晉文，獻公之子重耳也。

吳闔廬，夷昧之子光也。

殷湯良車七十乘，必死六千人，○畢沅曰：「孫云：『御覽三百二十五『必死』下有『士』字。』」以戊子戰於郕，遂禽推移、大犧，桀多力，能推移大犧，因以爲號，而禽克之。○畢沅曰：「『移』上舊本缺『推』字，據御覽補。注『推』下缺『移』字，亦補之。」梁仲子云：「『淮南主術訓「桀之力能推移大犧」，此注所本也。據墨子明鬼下篇「禽推哆、大戲」，則皆人名。此「推移」即「推哆」也。所染篇云「夏桀染於干辛、推哆」，此下又云「推哆、大戲主別兕虎，指畫殺人」，此「大犧」即「大戲」也。誘不參攷，而以「大犧」爲桀號，誤甚。』盧云：『案下文云「桀奔走」，則何嘗成禽哉！湯之待桀有禮，見於他書者多矣，從未有言禽桀者。』」○梁玉繩曰：「路史後紀十四注曰：『呂覽、周書「戊子戰桀于郕」。』案傳桀與昆吾同以乙卯日亡。昭公十八年二月乙卯毛得殺毛伯，萇弘曰『是昆吾稔之日也』，則非戊子。」又曰：「晏子春秋諫上曰：『夏之衰也，有推侈、大戲；殷之衰也，有費仲、惡來。』則爲桀臣之名無疑。高注仍誤于淮南爾。路史注以軍旗解之，亦非。」沈赤然、喬松年、徐時棟竝云推移、大犧皆人名，亦引墨子、晏子春秋爲證。 登自鳴條，乃入巢門，遂有夏。殷湯遂有夏之天下。 桀既奔走，於是行大仁慈，以恤黔首，反桀之事，桀爲殘賊，湯爲仁惠，故曰「反桀之事」。 遂其賢良，順民所喜，遠近歸之，故王天下。殷之王，古之帝也。○畢沅曰：「『故王』之王，於況反。注讀如字，誤。」

武王虎賁三千人，簡車三百乘，以要甲子之事於牧野而紂爲禽。要，成也。甲子之日，獲紂於牧野。 顯賢者之位，進殷之遺老，而問民之所欲，行賞及禽獸，行罰不辟天子，謂殺紂也。 親殷

如周，視人如己，天下美其德，萬民説其義，故立爲天子。武王爲天所子。○畢沅曰：「語極明白，而注故迂曲。」

齊桓公良車三百乘，教卒萬人，以爲兵首，首，始也。○陶鴻慶曰：「兵首，謂軍之前鋒也。下文敘晉文公鋭卒千人，先以接敵，吴闔廬選多力利趾以爲前陳，皆此類。高注云『首，始也』，義未晰。」**橫行海内，天下莫之能禁，**禁，止也。○孫先生曰：「書鈔一百十八引『禁』作『禦』，于義爲長。仲秋紀高注亦訓禦爲止。」**南至石梁，**石梁，在彭城也。**西至酆郭，**酆郭，在長安西南。○陳昌齊曰：「『郭』當作『鄗』。」王念孫説同。**北至令支。**令支，在遼西。**中山亡邢，狄人滅衛，**中山，狄國也，一名鮮虞，在今盧奴西。中山伐邢而亡之。邢國今在趙襄國也。狄殺衛懿公於熒澤，故曰滅也。○畢沅曰：「梁仲子云：『齊桓因狄伐邢，遂遷之，狄未嘗亡邢也。邢爲衛滅，見左傳僖廿五年。中山爲白狄別種，伐邢者爲赤狄。誘不之駁，何也？』」**桓公更立邢于夷儀，更立衛于楚丘。**

晉文公造五兩之士五乘，兩，技也。五技之人。兵車五乘，七十五人也。○畢沅曰：「以技訓兩，未知何出。『五乘』下當疊一『乘』字。」○松皋圓曰：「注『七』字衍文。兵車一乘，甲士三人，五乘合十五人。畢校誤。」○俞樾曰：「疑吕氏原文作『五能之士』，古『能』字或叚『而』爲之。不屈篇曰『施而治農夫者也』，注曰：『而，能也。』是本書叚『而』爲『能』之證。而、兩形似，因誤爲『兩』矣。」○吴先生曰：「類篇倆字注云『伎倆也』，『伐倆功也』〔一〕，未詳。伎倆

〔一〕「伐倆功也」爲集韻「倆」字注。

之語，恐本於此。俞説亦難定耳。」銳卒千人，先以接敵，在車曰士，步曰卒。諸侯莫之能難。反鄭之埤，東衛之畝，反，覆。覆鄭城埤而取之。使衛耕者皆東畝，以遂晉兵也。尊天子於衡雍。文公率諸侯朝天子於衡雍。衡雍踐土，今之河陽。

吴闔廬選多力者五百人，利趾者三千人，以爲前陳，趾，足也。陳，列也。與荆戰，五戰五勝，遂有郢。郢，楚都。東征至于庳廬，國名也。○梁玉繩曰：「叔弟匠誨云：『高氏士奇春秋地名攷略云：「庳廬疑即晉之被廬也。」』此注爲國名，疑非。」○洪亮吉曰：「按地理志琅邪郡椑即春秋時向國。」西伐至於巴、蜀，北迫齊、晉，令行中國。中國，諸華。

故凡兵勢險阻欲其便也，兵甲器械欲其利也，選練角材欲其精也，角猶量也。精猶鋭利。統率士民欲其教也。教，習也。此四者，義兵之助也，時變之應也，不可爲而不足專恃，專，獨也。○陳昌齊曰：「据前後文義『爲』字乃『無』字之訛，用民篇亦云『威不可無有，而不足專恃』。」○陶鴻慶曰：「『不可爲』當作『不可不爲』，故下云『此勝之一策也』。奪『不』字則文不成義。用民篇云『故威不可無有，而不足專恃』，語意與此同。」此勝之一策也。策，謀術。

簡選

四曰：夫兵有本幹，必義，必智，必勇。義則敵孤獨，孤獨，無助。敵孤獨則上下虛，○舊校云：「一作『乘』。」○馬叙倫曰：「此句以下，疑有脱譌。」民解落，解，散。孤獨則父兄怨，賢者誹，亂内作。誹，謗也。智則知時化，知時化則知虚實盛衰之變，知先後遠近縱舍之數。數，術也。勇則能羣斷，能羣斷則能若雷電飄風暴雨，能若崩山破潰，别辨霣墜，若鷙鳥之擊也，謂如鷹隼感秋霜之節奮擊也。○維遹案：此文有脱誤，當云：「勇則能羣斷，能羣斷則若雷電飄風暴雨，則若崩山破潰，别辨霣墜，則若鷙鳥之擊也。」第二句「能」字因上文「則能」連文而誤衍，第三句「能」字爲「則」字形近之譌，末句「若」上又奪「則」字。侈樂篇云「爲木革之聲則若雷，爲金石之聲則若霆，爲絲竹歌舞之聲則若譟」，處方篇云「利輕重則若衡石，爲方圓則若規矩」，論人篇云「故知知一則若天地然」，文例竝與此同，足證本書多以「則若」二字連文。如今本則辭爲贅矣。摶攫則殪，殪，死也。中木則碎，此以智得也。○陶鴻慶曰：「『智』當爲『勇』，與上文『勇則能羣斷』云云一意相承。下文『夫民無常勇，亦無常怯』以下，皆申言此義。」

夫民無常勇，亦無常怯。有氣則實，實則勇；無氣則虚，虚則怯。怯勇虚實，其由甚微，不可不知。當知之也。勇則戰，怯則北。北，走也。戰而勝者，戰其勇者也。戰而北者，戰其怯者也。○陶鴻慶曰：「此文有誤。以文義考之，當云：『勇則勝，怯則北。戰而勇者，其氣勇者也。戰而怯者，其氣怯者也。』此承上『有氣則實，實則勇；無氣則虚，虚則怯』而言。此節專論用兵當用民氣，玩上下文自明。」怯勇無常，儵忽往來而莫知其方，方，道也。惟聖人獨見其所由然，故商、周以興，商，湯也。周，武也。桀、紂以亡。巧拙之所以相過，過，絶也。以益民氣與奪民氣，以能鬬衆與不能鬬衆。軍雖大，卒雖多，無益於勝。多而不能以克，故曰「無益於勝」。軍大卒多而不能鬭，衆不若其寡也。○陳昌齊曰：「『以能鬭衆與不能鬭衆』二『鬭』字下不得有『衆』字，蓋因下文而誤衍。」○陶鴻慶曰：「與猶當也。『鬭衆』二字皆當倒乙，衆鬭言萬衆一心也。下文云『善用兵者，諸邊之内莫不與鬭，雖厮輿白徒，方數百里皆來會戰，勢使之然也』，皆言能衆鬭，非能鬭衆之謂也。今作『鬭衆』，則文不成義。」夫衆之爲福也大，其爲禍也亦大。譬之若漁深淵，其得魚也大，其爲害也亦大。爲賈溺則死，故害大。善用兵者，諸邊之内莫不與鬭，雖厮輿白徒，方數百里皆來會戰，勢使之然也。厮，役。輿，衆。白衣之徒。幸也者，審於戰期而有以羈誘之也。羈，牽。誘，導。○松皋圓曰：「『幸』當作『勢』，字畫殘缺爾。」

凡兵，貴其因也。○孫先生曰：「御覽三百二十二引『兵』下有『也者』二字，與下文語例正同。」因也者，因敵之險以爲己固，因敵之謀以爲己事。能審因而加，勝則不可窮矣。窮，極。○俞樾曰：「此本作『能審因而加，則勝不可窮矣』，下云『勝不可窮之謂神』，即承此言。今『則勝』二字傳寫誤倒。」○陶鴻慶曰：「『勝』字當在『則』字下，俞氏已訂正矣。今案：以文義考之，『審』字當在『加』字下，元文本云『能因而加審，則勝不可窮矣』。『因』承上『因敵』而言，『審』承上『審於戰期』而言，謂幸勝者但審於戰期，而不能因敵於戰前，善用兵者能因敵而加之以審，則勝不可窮矣。今本由『則勝』二字傳寫誤倒，校者復以意竄易之耳。」勝不可窮之謂神，神則能不可勝也。能勝不能所以勝，故曰「不可勝」。夫兵，貴不可勝。○畢沅曰：「孫云：『御覽二百二十五作「夫兵不貴勝，而貴不可勝」，此脱四字。』」○孫先生曰：「御覽三百二十引亦作『夫兵不貴勝，而貴不可勝』，孫校是。」不可勝在己，可勝在彼。聖人必在己者，不必在彼者，故執不可勝之術以遇不勝之敵，若此則兵無失矣。○王念孫曰：「『不勝』當作『可勝』。」○陶鴻慶曰：「『以遇不勝之敵』當作『以遇可勝之敵』，承上文『不可勝在己，可勝在彼』而言。」凡兵之勝，敵之失也。勝失之兵，必隱必微，必積必搏。隱則勝闡矣，闡，布也。微則勝顯矣，積則勝散矣，搏則勝離矣。○畢沅曰：「上『必搏』與此『搏』字舊本皆作『搏』，蓋因下文『搏』字而誤。案搏之義爲專壹，正與分離相反，故今定作『搏』字。」諸搏攫柢噬之獸，○維遹案：王念孫校本改「柢」作「抵」。其用齒角爪牙也，必託於卑微隱蔽，此所以成勝。若狐之搏雉，俯伏弭毛以喜説之，雉見而信之，不驚憚遠飛，故得禽之。軍戎亦皆如此，故曰「所以成勝」。○畢沅曰：「注『軍戎』舊本作『軍賊』，訛，今改作『戎』。亦或是『戰』字誤。」○維遹案：高注約用淮南人間篇文。

决勝

五曰：衣人，以其寒也。食人，以其饑也。饑寒，人之大害也，救之，義也。大仁義也。○孫先生曰：「本作『救之，大義也』，故高注云然。今本脱去『大』字，既與上句『大害』不符，又與高注不合。治要引正有『大』字。」人之困窮，甚如饑寒，故賢主必憐人之困也，必哀人之窮也，如此則名號顯矣，國士得矣。得國士也。

昔者，秦繆公乘馬而車爲敗，右服失而埜人取之。四馬車，兩馬在中爲服，詩曰「兩服上襄」是也。

兩馬在邊爲驂，詩曰「兩驂如舞」是也。○王念孫曰：「失讀曰佚。」**繆公自往求之，**○畢沅曰：「舊本脱此句，孫據李善注文選曹子建求自試表所引補。梁仲子云：『韓詩外傳十作「求三日而得之」，淮南氾論訓作「追而及之」，説苑復恩篇亦有「自往求之」句，皆於語義爲合，此文脱無疑。』」○維遹案：御覽二百八十一引作「繆公自往求焉」。**見埜人方將食之於岐山之陽。**○畢沅曰：「外傳作『莖山』。」**繆公歎曰：**○畢沅曰：「選注、御覽四百七十九又八百九十六俱作『笑曰』。」○孫先生曰：「作『笑』是也。若作『歎』，則與下文語氣全不合矣。蓋『笑』本作『咲』，『歎』或寫作『嘆』，二形相近，故本書屢誤。類聚三十二又九十三、御覽二百八十一又四百七十七，竝作『笑』。」**「食駿馬之肉而不還飲酒，余恐其傷女也。」**○松皋圓曰：「還音旋，疾也。」**於是徧飲而去。處一年，爲韓原之戰，**處一年，飲食肉人酒之明年也。伐晉惠公，戰於晉地之韓原。**晉人已環繆公之車矣，晉梁由靡已扣繆公之左驂矣，**環，圍。扣，持。**晉惠公之右路石奮投而擊繆公之甲，**○王念孫曰：「『投』當爲『杸』，字之誤也。説文：『杸，軍士所持殳也。從木，從殳。』引司馬法『執羽從杸』。急就篇曰：『鐵錘檛杖梲柲杸。』今經傳通作『殳』。」**中之者已六札矣。**甲，鎧也。陷之六札。○畢沅曰：「孫云：『御覽作「其甲之抎者已六札矣」，注：「抎者，配隕也，文有所失也。」説文繫傳手部「抎」字亦引之。此文疑已爲後人竄改，并注亦刪去。』盧云：『案「抎者，配隕也」語不可曉，疑或是「抎音顛，隕也」。下「有所失也」是説文語，高未必引説文，殆後人所益，又脱去「説」字耳。』」**埜人之嘗食馬肉於岐山之陽者三百有餘人，畢力爲繆公疾鬭於車下，**畢，盡。疾，急。○孫先生曰：「『於岐山之陽』五字涉上文『見野人方將食之於岐山之陽』而衍。此言凡食繆公駿馬之肉者竝爲繆公效力，不必重述

『於岐山之陽』其意已喻，著此五字反於辭爲贅矣。疑即殘脱之高注而錯入正文者。類聚三十三又九十三、御覽二百八十一又四百七十七又四百九十九又八百九十六引竝無此五字，韓詩外傳十、淮南氾論篇、説苑復恩篇亦竝無此五字，均其證。」**遂大克晉，反獲惠公以歸。**克，勝也。勝晉，執惠公歸於秦。**此詩之所謂曰「君君子則正，以行其德；**爲君子作君，正法以行德，無德不報。**君賤人則寬，以盡其力」者也。**此逸詩也。爲賤人作君，寬饒之以盡其力，故繆公戰以勝晉。**人主其胡可以無務行德愛人乎？**胡，何也。○畢沅曰：「舊本『行德』下有『人』字，今從御覽删。」**行德愛人則民親其上，**○畢沅曰：「『行德』二字舊脱，從御覽補。」○維遹案：治要引亦有「行德」二字。**民親其上則皆樂爲其君死矣。**食馬肉人爲繆公死戰，不愛其死，以獲惠公是也。○陶鴻慶曰：「此文（自「此詩之所謂曰」至此。）乃發明愛士之旨，當爲本篇之總論，不當專指秦繆公言之。今本以此節羼入於秦繆公、趙簡子二事之間，於文例爲不協，蓋錯簡也。疑元文本在下文『人主其胡可以不好士』句下，爲秦繆公、趙簡子二事之總論。『君君子』云云指趙簡子之事言也，『君賤人』云云指秦繆公之事言也，而『民親其上則皆樂爲君死』與下文『凡敵人之來也，以求利也。今來而得死』云云一氣相屬，熟玩本文，足明其誤。」

趙簡子有兩白騾而甚愛之。○王念孫曰：「治要『騾』字竝作『驘』，是也。」**陽城胥渠處**陽城，姓。胥渠，名。處猶病也。○畢沅曰：「注以處訓病，未見所出。賈誼書耳痺篇有『渠如處車裂回泉』語，彼是人名，則此亦正相類。漢書人表載『胥渠』，無『處』字。」○梁玉繩曰：「處無訓病之義，亦未必以三字爲名。處猶居也，當連下『廣門之官』作一句。」○陳昌齊曰：「『處』當爲『疾』，蓋處與疾形近，又下文有『陽城胥渠處無幾何』句，遂訛。」○王念孫曰：

「治要無『處』字，注亦無『處猶病』三字。」○洪頤煊曰：「『處』當作『劇』，上脱一病字，注當作『劇，病甚也』，其義方合。史記荀卿列傳『劇子』，集解『應劭氏姓注直云處子』，古字多通用。」○俞樾曰：「高注殊誤，當以『陽城胥渠處廣門之官』爲句。官、館古同字，周易隨初九『官有渝』，蜀才本『官』作『館』，是其證也。『陽城胥渠處廣門之官』者，言陽城胥渠居於廣門之館也。下云『夜款門而謁』者，即陽城胥渠。其曰『主君之臣胥渠有疾』，乃胥渠自通於謁者之詞，非他人代爲之請也，故董安于曰『譆！胥渠也，期吾君騾，請即刑』也。若他人代請，則不得以此爲胥渠罪矣。高氏不知『官』爲古『館』字，而讀『處』字絶句，訓處爲病，古無此義，又以欵門者爲廣門之小臣，益非當時事實。」○馬叙倫曰：「梁說是也。『處廣門之官』一句。」

廣門之官，夜款門而謁曰：「主君之臣胥渠有疾，廣門，邑名也。官，小臣也。款，扣也。趙簡子，晉大夫也，大夫稱主者也。○維遹案：御覽九百一引「廣門」作「黄門」，廣、黄古通用。王念孫云：「治要『官』作『宦』，注及下同。注『主者』當作『主君』。」**醫教之曰：『得白騾之肝，病則止。**止，愈也。**不得則死。』」謁者入通。董安于御於側，慍曰：「譆！胥渠也，期吾君騾，請即刑焉。」**安于，簡子家臣。慍，怒。即，就也。謂就胥渠而刑之也。**簡子曰：「夫殺人以活畜，不亦不仁乎？殺畜以活人，不亦仁乎？」於是召庖人殺白騾，取肝以與陽城胥渠。處無幾何，**○畢沅曰：「御覽四十九無『處』字。梁仲子云：『「處」字屬下，與上文「處一年」文義相似。』」○梁玉繩曰：「知士篇云『留無幾何』，文法政同。」○維遹案：御覽九百一引「取」下有「其」字，「無」上亦有「處」字，惟治要引無「處」字。**趙興兵而攻翟，廣門之官，左七百人，右七百人，皆先登而獲甲首。**獲衣甲者之首。**人主其胡可以不好士！**○維遹案：治要引「士」下有「也」字。也、邪古通。

凡敵人之來也，以求利也。今來而得死，是不得利而進。○劉先生曰：「注『是不得利而進』疑是正文，而寫者作雙行，遂誤以爲注矣。『是不得利而進』正承上文『凡敵人之來也，以求利也』而言，今以爲注，故正文語意不完。」**且以走爲利，敵皆以走爲利，**且，將也。傳曰：「見可而進，知難而退，武之善經也。」故以走爲利。**則刃無與接。**接，交戰也。**故敵得生於我則我得死於敵，**敵克，故得生也。己負，故爲死也。**敵得死於我則我得生於敵。**敵負，故我得殺敵也。能殺敵，故己得生也。○畢沅曰：「此段正文及注，宋邦乂本脱去，別本皆有。」**夫得生於敵與敵得生於我，豈可不察哉！**得勝則生，負則敗，故不可不察而知。○維遹案：注「負則敗」當作「負則死」。上文注「敵克故得生，己負故爲死」，竝以勝負與生死對舉，下注亦同，此不當獨異。今作「敗」者，或涉下注「克敗」而誤。**此兵之精者也，存亡死生羣於知此而已矣。**言能用兵，勝負死生之本，所由克敗，故曰此兵之精妙矣。

愛士○一作「慎窮」。

呂氏春秋集釋卷第九

榮成許維遹學

呂氏春秋訓解　高氏

季秋紀第九　順民　知士　審己　精通

一曰：季秋之月，日在房，季秋，夏之九月。房，東方宿，宋之分野。是月，日躔此宿。**昏虛中，旦柳中。**虛，北方宿，齊之分野。柳，南方宿，周之分野。是月昏旦時，皆中於南方。**其日庚辛，其帝少皞，其神蓐收，其蟲毛，其音商，律中無射，**無射，陽律也，竹管音與無射和也。陰氣上升，陽氣下降，故萬物隨而藏，無射出見也。**其數九，其味辛，其臭腥，其祀門，祭先肝。**説在孟秋。**候鴈來，賓爵入大水爲蛤，**是月，候時之鴈從北方來，南之彭蠡，蓋以爲八月來者其父母也，其子羽翼稺羽，未能及之，故於是月來過周雒也。賓爵者，老爵也，棲宿於人堂宇之間，有似賓客，故謂之賓爵。大水，海也。傳曰「爵入于海爲蛤」，此之謂也。○畢沅曰：「月令鄭注以『鴻鴈來賓』爲句，與此異。」○維遹案：注「北方」當作「北漠」，仲秋紀注、淮南注可證。「棲宿於人堂宇之間」，景宋本、藏本淮南「人」下竝有「家」字，別本亦誤脱。**菊有黃華，豺則祭獸戮禽。**豺，獸也，似狗而長毛，其色黃，於是月殺獸，四圍陳之，世所謂祭獸。戮者，殺也。○維遹案：注「長」下「毛」字當作「尾」，字之壞也，淮南注作「尾」，是其證。天子居總章右个，右个，北頭室也。乘戎路，駕白駱，載白旂，衣白衣，服白玉，食麻與犬，其器廉以深。說在孟秋。

是月也，申嚴號令。命百官貴賤無不務入，季秋畢内，故務入也。○惠棟曰：「月令作『内』，内古文入。」以會天地之藏，會，合也。無有宣出。命冢宰農事備收，舉五種之要，冢宰，於周禮爲天官。冢，大。宰，治也。主治萬事，故命之也。舉書五種之要，具文簿也。藏帝籍之收於神倉，祗敬必飭。天子籍田千畝，其所收穀也，故謂之帝籍之收。於倉受𥞥，以供上帝神祇之祀，故謂之神倉。飭，正也。祗敬必正，不傾邪也。○畢沅曰：「『𥞥』爲『穀』之異文，尚書大傳、山海經、論衡、齊民要術皆有此字。或從木，誤。今從篇海從禾。」○吴先生曰：「注文當云『收其所收穀也』，誤奪一『收』字。」又曰：「『𥞥』爲隸書誤作，非異文。」

是月也，霜始降，秋分後十五日寒露，寒露後十五日霜降，故曰始也。則百工休。霜降天寒，朱漆不堅，故百工休，不復作器。乃命有司曰：「寒氣總至，民力不堪，其皆入室。」有司，於周禮爲司徒。司徒主衆，故命之使民入室也。詩云：「穹窒熏鼠，塞向墐户。嗟我婦子，曰爲改歲，入此室處。」此之謂也。上丁，入學習吹。是月上旬丁日，入學吹笙習禮樂。周禮：「籥師掌教國子舞羽吹籥。」詩云：「吹笙鼓簧，承筐是將。」此之謂也。○畢沅曰：「月令作『命樂正入學習吹』，此脱三字。注『吹籥』舊作『吹笙竽籥』，今據周禮删正。」○孫先生曰：「注『吹笙』下本有『竽』字、『籥』上『笙竽』二字即涉此而衍，當據淮南注補正。」

是月也，大饗帝，嘗犧牲，告備于天子。大饗上帝，嘗犧牲。一日先殺毛以告全，故告備于天子也。○

畢沅曰：「此注似有訛脱。案周禮大宰職論祭天禮云『及納亨，贊王牲事』，鄭注『納牲將告殺，謂鄉祭之晨』，則非先一日殺也。詩信南山篇云『執其鸞刀，以啓其毛，取其血膋』，箋云：『毛以告純，血以告殺。』此注『告全』即『告純』也。舊本誤作『告令』，今改正。」**合諸侯，制百縣，**合，會。諸侯之制度，車服之級，各如其命數。百縣，畿内之縣也。五家爲鄰，五鄰爲里，四里爲攢，五攢爲鄙，五鄙爲縣，然則謂縣者二千五百家也。○畢沅曰：「周禮遂人『攢』作『酇』。舊本『五鄙』訛作『四鄙』，今改正。」○武億曰：「石梁王氏云『「合諸侯制」絶句』，不可從。是以『合諸侯』爲句，『制』字下屬『百縣』爲句，『爲來歲受朔日』又自爲句。」吴澄説同。**爲來歲受朔日，與諸侯所税於民輕重之法。貢職之數以遠近土地所宜爲度，**來歲，明年也。秦以十月爲正，故於是月受明年曆日也。由此言之，月令爲秦制也。諸侯所税輕重，職貢多少之數，遠者貢輕，近者貢重，各有所宜。○畢沅曰：「盧云：『案若以十月爲來歲，而於九月始受朔日，則僅就百縣言爲可。若遠方諸侯，則有不能逮者矣。注據此即爲秦制，吾未之信。』」○梁玉繩曰：「九月受朔，何以不能逮遠方？説似未確。月令一篇，先儒或云周公作，或云不韋作，雖疑莫敢定，然如太尉，秦官名，而曰『命太尉』；囹圄，秦獄名，而曰『省囹圄』；自秦以下，民始得立社，而曰『命民社』，皆不合周法。且序意明言『維秦八年，良人請問十二紀』，則爲不韋作審矣。或難云：『以十月爲朔，故于九月言來歲，而何以十月稱來年，十二月稱來歲？又秦并天下改朔，不韋死于始皇十二年，安得預知十月爲首乎？』曰：『不韋相秦十餘年，秦已得天下大半，故集儒士，採三代，參秦制，創爲此書。後人録入禮記，淮南取名時則也。逸周書闕月令，近刻以月令補之，余未敢信。周書月令，馬融曾引之注論語「鑽燧改火」，與月令迥異。又管子幼官所述，如三卯、二郢、二榆之屬，判然不同。一歲三十節氣，春秋各八，夏冬各七，通三百六十日，春秋各九十六日，夏冬各八十四日，當是周之時令如是，可驗今月令非周法。』」又曰：「宋史張虙傳亦云：『月令之書出於呂不韋。』」**以給郊廟之事，無有所私。**郊祀天，廟祀祖，取共事而已。無有所私，多少不如法制也。○維遹案：注「不如」當作「亦如」。

是月也，天子乃教於田獵，以習五戎，獀馬。五戎，五兵，謂刀劍矛戟矢也。獀，擇也。爲將田，故習肄五兵，選擇田馬，取堪乘也。○畢沅曰：「『獀馬』月令作『班馬政』。舊本『獀』下有『一作蒐』〔一〕三字，乃校者之辭。此無『政』字，避始皇諱，而月令不諱，則月令之非秦制益明矣。」○茆泮林曰：「禮月令作『班馬政』。朱子謂：『呂「班」作「夐」，無「政」字。』今本作『獀馬』，無『政』字。案說文『夐，營求也』，古音與『班』同部相近。又廣雅廋、謏同訓求也，廋與搜同義，謏與夐同義。今呂本作『獀』，高注『獀，擇也』。選擇營求義亦通也。畢本校云呂『無「政」字，避始皇諱』，案所校非也。史記秦本紀正義引宋衷云『始皇以正月旦生，故名正』，呂氏仲夏紀有『班馬正』之文，高注『馬正，掌馬之官』，呂何以不諱『正』於彼，而諱『政』於此也？呂本蓋無『政』字，與仲夏紀不同。」**命僕及七騶咸駕，載旍旐。**僕，於周禮爲田僕，掌御田輅。七騶，於周禮當爲趣馬，掌良馬駕稅之任，無七騶之官也。田僕掌佐車之政，令獲者植旍，故載旍也。○畢沅曰：「旍與旌同。『令獲者植旍』舊本作『令獵者揚旍』，誤，今改正。」○梁玉繩曰：「蔡邕月令問答云『七當爲六』，而鄭注七騶謂趣馬，主爲諸官駕說者，疏引皇甫侃曰：『天子馬六種，種別有騶，則六騶也，又有總主之人，

〔一〕「蒐」，四部叢刊本作「夐」。

并六驪爲七。」高與蔡義同非。」○王引之曰：「注言『載旍』而不及『旐』，則『旍』下無『旐』字，『旐』字蓋後人據月令加之也。淮南時則篇作『戴荏』，『荏』即『旌』之譌，『荏』下亦無『旐』字，當删去。其『輿』字當讀爲『旟』，屬上句讀。月令云『載旌旐』，此云『載旍旟』，旟、旐皆旌旂之屬，各舉一物言之耳。高以『輿』字屬下句讀，又訓爲衆，皆失之。」○維遹案：注「田僕掌佐車之政」，「車」字原作「馬」，今改從姜本。周禮司馬「田僕掌佐車之政」，高氏本之。輿，受車以級，整設于屏外，輿，衆也。衆當受田車者，各以等級陳于屏外也。天子外屏。屏，樹垣也。爾雅云「屏謂之樹」，論語曰「樹塞門」者也。○畢沅曰：「月令無『輿』字，又『受』作『授』。」司徒搢扑，北嚮以誓之。搢，插也。扑，所以教也。插置帶間，誓告其衆。○維遹案：「扑」淮南作「朴」，甚是。月令誤與此同，蔡雲已辨正矣。天子乃厲服厲飭，執弓操矢以射。是月天子尚武，乃服猛，厲其所佩之飭，以射禽也。周禮司服章：「凡田，冠弁服。」戎服垂衣也。○畢沅曰：「月令作『天子乃厲飾，執弓挾矢以獵』。古飾、飭亦或通用。注『戎服垂衣也』，亦似有訛。月令正義引熊氏云春夏田冠弁服，秋冬韋弁服，韋弁服即所謂戎服也。鄭云『以韎韋爲弁，又以爲衣裳』，然則『垂衣』乃『韋衣』之誤也。」○陳昌齊曰：「淮南時則訓篇作『厲服廣飾』，注云『服猛厲之服，廣其所佩之飾』，當據改正，並補注脱文。」俞樾説同。命主祠祭禽於四方。主祠，掌祀之官也。祭始設禽獸者於四方，報其功也。不知其神所在，故博求於四方。

是月也，草木黄落，乃伐薪爲炭。草木節解，斧入山林，故伐木作炭。○畢沅曰：「注『伐木』舊作『伐林』，訛。」蟄蟲咸俯在穴，皆墐其户。咸，皆。俯，伏。藏於穴，墐塞其户也。墐讀如斤斧之斤也。○畢沅曰：「『穴』月令作『内』，古書往往互用。」乃趣獄刑，無留有罪。陰氣殺僇，故刑獄當者決之，故曰「無留有罪」也。收禄秩之不當者，共養之不宜者。不當者，謂無功德而受禄秩也。不宜者，謂若屈到嗜芰、曾皙嗜羊棗，非禮之養，故收去之也。一説言所養無勳於國，其先人無賢，所不宜養，故收斂之也。○畢沅曰：「注末舊作『所宜養，故收斂者也』，脱『不』字，『者』當作『之』，今補正。」

是月也，天子乃以犬嘗稻，先薦寢廟。稻始升，故嘗之。先進於廟，孝敬親也。○茆泮林曰：「朱子謂呂無『以犬』字。今同禮月令。案高注似與孟秋『升穀』注一例，不當有『以犬』字。有者，是後人依禮月令增。」

季秋行夏令則其國大水，冬藏殃敗，民多鼽窒。秋，金氣，水之母也。夏陽布施，多淋雨。二氣相并，故大水也。火氣熱，故冬藏殃敗也。火金相干，故民鼽窒，鼻不通也。鼽讀曰仇怨之仇。○畢沅曰：「『鼽窒』月令作『鼽嚏』。」行冬令則國多盜賊，邊境不寧，土地分裂。冬令純陰，姦謀所生之象，故多盜賊，使邊境之人不寧也，則土地見侵削，爲鄰國所分裂。行春令則暖風來至，民氣解墮，師旅必興。春陽仁，故暖風至，民解墮也。木干金，故師旅竝興。二千五百人爲師，五百人爲旅。○畢沅曰：「『師旅必興』，月令作『師興不居』。」○維遹案：「必興」淮南作「竝興」，與此注合。

季秋紀

二曰：先王先順民心，故功名成。治天下之功，聖人之名也。○畢沅曰：「注『名』字舊本作『功』，訛，今改正。」夫以德得民心以立大功名者，上世多有之矣。神農、黄帝、堯、舜、禹、湯、文、武皆是也，故上世多有之。○陶鴻慶曰：「此文本作『夫德民心以大立功名者，上世多有之矣』，與下文『失民心而立功名者，未之曾有也』反覆相明。後人不知『德』之借爲『得』，因於上下增『以』『得』二字，非其舊也。」又曰：「『立大』二字誤倒，士節篇云『故人主之欲大立功名者，不可不務求此人也』，慎人篇云『功名大立，天也』，皆其證。」**失民心而立功名者，未之曾有也。**蚩尤、夷昕、桀、紂下至周厲、幽王、晉厲、宋康、衛懿、楚靈之屬，皆以滅亡，故曰未之曾有也。○畢沅曰：「注夷昕蓋夷羿也，未知高氏有所本，抑字誤？」○維遹案：注「皆以滅亡」，「以」字原作「有」，改從許本、姜本、張本。**得民必有道，萬乘之國，百户之邑，民無有不説。**説其仁與義也。○陳昌齊曰：「『必』當爲『心』，宜據上文改正。」○陶鴻慶曰：「『必』乃『心』之誤。『得民心有道』，承上文『得民心』而言也。『民無有不説』當作『民無不有所説』，言地無大小，民無不有所説也。下文『取民之所説而民取矣，民之所説豈衆哉』，正承此言，如今本則文不成義。」**取民之所説而民取矣，民之所説豈衆哉！此取民之要也。**要，約置也。○吴先生曰：「具備篇『五歲而言其要』，注：『要，約最，簿書。』此注『要，約置也』，『置』字無義，蓋即『最』之誤文。」

昔者湯克夏而正天下，正，治也。○王念孫曰：「正天下，君天下也。廣雅曰：『正，君也。』」**天大旱，五年不收，**穀不熟，無所收。○畢沅曰：「梁仲子云：『論衡感虚篇：「書傳言湯遭七年旱。或言五年。」知此言五年亦非誤。李善注文選應休璉與廣川長書亦作五年。』」○梁玉繩曰：「墨子七患引殷書云：『湯五年旱。』選注兩引吕氏，一作『七年』，一作『五年』。思玄賦注亦引作『七年』，而三國蜀志郤正傳注引吕又作『三年』。文選辨命論注引『湯克夏四年，天大旱』。」**湯乃以身禱於桑林，**禱，求也。桑林，桑山之林，能興雲作雨也。**曰：「余一人有罪，無及**

萬夫。萬夫有罪，在余一人。無以一人之不敏，不敏，不材。使上帝鬼神傷民之命。」上帝，天也。天神曰神，人神曰鬼。穀者，民命也，旱不收，故曰「傷民之命」。於是翦其髮，鄜其手，○畢沅曰：「李善注引此亦作『鄜』，音酈。後精通篇『刃若新鄜研』，注：『鄜，砥也。』竊意鄜若作歷音，則似當從磿得聲。善又注劉孝標辯命論引此竟作『磨』字，恐是『磿』字之誤，從邑本無義。戰國燕策『故鼎反乎磿室』，『磿室』猶楚辭招魂之所謂『砥室』，王逸注『砥，石名也』，引詩『其平如砥』，誘之注非取此義乎？而音又同，故余以『磿』字爲是。孫侍御主辯命論注作『磨』，與『刃若新磨』較合，但不讀酈耳。蜀志郤正傳注引作『攦其手』，論衡又作『麗其手』。」○俞樾曰：「畢說是也。呂氏原文本作『磿』，後人音磿爲酈，遂并正文『磿』字亦誤加阝旁，而『磿』又誤作『磨』，於是其字益非矣。『磿』者『櫪』之叚字，說文木部『櫪，櫪㯕，椑指也』，韵會引繫傳曰『謂以木柙十指而縛之也』。亦通作『歷』，莊子天地篇『罪人交臂歷指』是也。此云『磿其手』，於義正合。至精通篇『刃若新鄜研』，高注曰：『鄜，砥也。』其字宜是『磨』字之誤，與此文全別，手豈可言砥乎？畢氏混而一之，非是。」以身爲犧牲，○畢沅曰：「蜀志注引作『自以爲犧牲』，文選注及御覽二百七十三皆同。」用祈福於上帝。民乃甚說，雨乃大至。則湯達乎鬼神之化，人事之傳也。達，通。化，變。傳，至。○維遹案：傳，事迹也。觀表篇云「觀事傳」是也。注釋爲「至」，於義未安。

文王處岐事紂，冤侮雅遜，朝夕必時，雅，正。遜，順也。紂雖冤枉文王而侮慢之，文王正順諸侯之禮，不失其時。○孫鏘鳴曰：「冤侮，謂文王自降辱也。注謂紂冤枉文王而侮慢之，非。」上貢必適，祭祀必敬。貢，職貢也。○俞樾曰：「此本作『貢士必適』。禮記射義疏引書傳曰：『古者諸侯之於天子也，三年一貢士，一適謂之好德，再適謂之賢賢，三適謂之有功。』又云：『貢士一不適謂之過，再不適謂之敖，三不適謂之誣。』然則『貢士必適』謂文王貢士於紂無不適也。『士』誤作『上』，又誤作『上貢』，而義不可通矣。」紂喜，命文王稱西伯，賜之千里之地。文王載拜稽首而辭曰：「願爲民請炮烙之刑。」紂常熨爛人手，因作銅烙，布火其下，令人走其上，人墮火而死，觀之以爲娛樂，故名爲炮烙之刑。○畢沅曰：「『炮烙』當作『炮格』。江鄰幾雜志引陳和叔云『漢書作炮格』，乃今本亦盡改作『炮烙』矣。此注云『作銅烙』，乃顯是『銅格』之誤。格是庋格，亦作庋閣，小司馬索隱於史記殷本紀引鄒誕生云『一音閣』，又楊倞注荀子議兵篇音古責反，此二音皆是格非烙。烙乃燒灼，安得言銅烙，且使罪人行其上乎？鄭康成注周禮牛人云：『互，若今屠家懸肉格。』據列女傳云『膏銅柱』，則與康成所言要亦不大相遠耳。」○維遹案：御覽八十四引「請」下有「去」字，下同。今本蓋誤脱。淮南繆稱篇云「文王辭千里之地，而請去炮烙之刑」，竝其證矣。文王非惡千里之地，以爲民請炮烙之刑，必欲得民心也。得民心則賢於千里之地，賢猶多也。故曰文王智矣。

越王苦會稽之恥，恥，辱也。欲深得民心，以致必死於吳。必死戰以報吳，欲以滅會稽恥也。身不安枕席，口不甘厚味，○畢沅曰：「舊本『甘厚』二字倒，今據李善注文選東方曼倩非有先生論乙正。」目不視靡曼，靡曼，好色。耳不聽鐘鼓。不欲聞音樂。三年苦身勞力，焦脣乾肺，内親羣臣，下養百姓，以來其心。欲得其歡心。○陳昌齊曰：「『來』別本作『求』。」有甘脆不足分，弗敢食。不敢獨食。○孫先生曰：「書鈔一百十五又一百四十八、御覽二百八十一又四百七十五引『脆』竝作『肥』，尊師篇亦云『善調和，務甘肥』。」有酒流之江，與民同之。投醪同味。○梁履繩曰：「越王投醪事，列女傳、水經漸江水注竝言之。文選七命曰

『單醪投川，可使三軍告捷』，注引黃石公記：『昔良將用兵，人有饋一簞之醪，投河，令衆迎流而飲之。夫一簞之醪，不味一河，而三軍思爲致死者，滋味及之也。』高注本此意。察微注亦述其事。」**身親耕而食，妻親織而衣。味禁珍，**珍，異。**衣禁襲，**襲，重。**色禁二。**二，青黃也。○孫鏘鳴曰：「謂不置妾媵。此與去私篇『色禁重』義同。」**時出行路，從車載食，以視孤寡老弱之漬病**漬亦病也。公羊傳曰：「大漬者，大病也。」○畢沅曰：「公羊莊二十年經『齊大災』，傳曰：『大災者何？大瘠也。大漬者何？痾也。』『瘠』亦作『漬』，鄭注曲禮引之，此似所見本異。高注貴公篇亦引公羊『大眚者何？大漬也』，又不同。或『眚』字後人所妄改。」**困窮顏色愁悴不贍者，必身自食之。**贍猶足也。○俞樾曰：「愁悴即憔悴也。說文禾部『秋，从禾，𤒅省聲。籒文作龝不省』。火部『𤒅讀若焦』。是秋與焦聲相近。漢書律曆志曰：『秋，𩏂也。』古誼即存乎聲，秋之訓𩏂，亦秋與焦聲近之證也。然則憔悴之爲愁悴，正古人同聲叚借之例。」**於是屬諸大夫而告之**屬，會。**曰：「願一與吴徼天下之衷。**徼，求。衷，善。○畢沅曰：「『下』字疑衍。」○維遹案：吴語正作「吾欲與之徼天之衷」。**今吴、越之國相與俱殘，**○陳昌齊曰：「按文義『今』當作『令』。」俞樾說同。**士大夫履肝肺同日而死，**○梁履繩曰：「『肺』上脱一字。如節喪篇『涉血盩肝』，期賢篇『履腸涉血』之義，且與下『接頸交臂』相對。」**孤與吴王接頸交臂而僨，**僨，僵也。**此孤之大願也。若此而不可得也，内量吾國不足以傷吴，**傷，敗。**外事之諸侯不能害之，**不能以之害吴。○松皋圓曰：「上『之』字衍。」**則孤將棄國家，釋羣臣，服劍臂刃，變容貌，易姓名，執箕帚而臣事之，**服，帶。臂，手。**以與吴王爭一旦之死。**爭，羣。旦，朝。**孤雖知要領不屬，**屬，連。**首足異處，四枝**

布裂，爲天下戮，孤之志必將出焉。」將出必死以伐吴也。於是異日果與吴戰於五湖，吴師大敗，遂大圍王宮，城門不守，禽夫差，戮吴相，夫差，吴王闔廬之子。相，吴臣也。○維遹案：吴語云：「越師入吴國，圍王宮。」韋注：「王宮，姑蘇。」殘吴二年而霸，此先順民心也。越王先順説民心，二年故能滅吴立霸功也。

齊莊子請攻越，問於和子。和子曰：「先君有遺令曰：『無攻越。越，猛虎也。』」齊莊子，齊臣也。和子，齊田常之孫田和也，後爲齊侯，因曰和子也。猛虎，言越王武勇多力，不可伐也。○梁玉繩曰：「史記田完世家和是常之曾孫。」莊子曰：「雖猛虎也，而今已死矣。」言越王衰老，不能復致力戰也，故曰「而今已死矣」。和子曰以告鴞子，鴞子，齊相。○陶鴻慶曰：「『和子』下不當有『曰』字，蓋『因』字之誤。」鴞子曰：「已死矣以爲生。」以爲生，爲民所説。○陶鴻慶曰：「『已死矣』，『矣』當作『民』，屬下讀之。言雖已死，民猶以爲生也。高注云云即其證。今本涉上文『而今已死矣』誤『民』作『矣』，則所云『以爲生』者，不知何指矣。」故凡舉事，必先審民心，然後可舉。審，定也。定民心所繫，而舉大事以攻伐也。

順民

三曰：今有千里之馬於此，非得良工，猶若弗取。良工，相馬工也。良工之與馬也，相得則然後成，成良馬。○維遹案：類聚二十一引「馬」上有「千里」二字。譬之若枹之與鼓。枹待鼓，鼓待枹，乃發聲也。良馬亦然。夫士亦有千里，高節死義，此士之千里也。能使士待千里者，其惟賢者也。

猶賢者能之也。○畢沅曰：「御覽八百九十六『待』作『行』，『也』作『乎』。」○陶鴻慶曰：「『待』當爲『得』字之誤。上文云『夫士亦有千里，高節死義，此士之千里也』，此文承之，言士得竟其用也。御覽『待』作『行』，亦爲不辭。」○孫先生曰：「注文『猶』字乃『獨』字形近之誤，『獨』字正解『惟』字。達鬱篇『孰當可而鏡，其惟士乎』，注云『獨士履禮蹈正，不阿於俗，而能鏡之也』，義賞篇『與寡人居而不失君臣之禮者惟赦』，注云『惟，獨』，亦竝以獨解惟，與此注同，當改正。」

靜郭君善劑貌辨。靜郭君，田嬰也，孟嘗君田文之父也，爲薛君，號曰靜郭君。○畢沅曰：「國策作『靖郭君』、『齊貌辯』，古今人表作『昆辨』。『昆』或是『皃』之訛，然據元和姓纂有『昆姓，夏諸侯昆吾之後，齊有昆弁，見戰國策』。今當各依本文可也。」**劑貌辨之爲人也多訾，**○畢沅曰：「國策作『疵』，高誘注『疵，闕病也』，鮑彪注『疵，病也，謂過失』。」**門人弗說。**靜郭君門人不說也。**士尉以証靜郭君，**証，諫。○畢沅曰：「『証』舊作『證』，注同。案説文証訓諫，證訓告，不同。此當作『証』，今改正。」**靜郭君弗聽，士尉辭而去。孟嘗君竊以諫靜郭君，**竊，私。私諫靜郭君，使聽士尉之言，而止其去。**靜郭君大怒曰：「剗而類，**剗，滅。而，汝也。**揆吾家，苟可以傔劑貌辨者，吾無辭爲也。」**傔，足也。揆度吾家，誠可以足劑貌辨者，吾不辭也。○畢沅曰：「『揆』，國策作『破』，又『傔』作『慊』。」○王念孫曰：「『剗』與『殘』同。觀世篇『以兵相剗』，謹聽篇『剗』作『殘』，是其證也。『揆』與『睽』同。後漢書馬融傳注曰：『睽，離也。』言雖殘害汝類，離析吾家，苟可以快劑貌辨者，吾不辭也。齊策作『剗而類，破吾家』，破與睽、離義亦相近。高以揆爲度，則與上句不類矣。」**於是舍之上舍，令長子御，朝暮進食。**上舍，甲第也。御，侍也。以館貌辨也。旦暮也。○維遹案：注「旦暮也」文不成義，當作「朝，旦。暮，夕也」。姜本作「旦暮然」，蓋「朝」字脱後，僅存「旦暮夕也」四字，校者知其無義，遂疑「夕」爲「然」壞，故改之。齊策作「旦暮進食」，高注

「旦暮，朝夕也」，可互證。數年，威王薨，宣王立，威王之子。○梁玉繩曰：「戰國齊策作『宣王薨，閔王立』，是也。下『宣王』亦當作『閔王』，此誤記。」靜郭君之交，大不善於宣王，交，接也。大不爲王所善也。辭而之薛，與劑貌辨俱。俱，偕。留無幾何，留於薛。劑貌辨辭而行，請見宣王。靜郭君曰：「王之不説嬰也甚，甚猶深。公往，必得死焉。」劑貌辨曰：「固非求生也。」請必行，靜郭君不能止。止，禁止也。劑貌辨行，至於齊，宣王聞之，藏怒以待之。藏，懷。劑貌辨見，宣王曰：「子，靜郭君之所聽愛也？」○王念孫曰：「也與邪同。」劑貌辨答曰：「愛則有之，聽則無有。徒見愛耳，言則不見從也。王方爲太子之時，辨謂靜郭君曰：『太子之不仁，過頥涿視，若是者倍反。頥涿，不仁之人也。過猶甚也。太子不仁，甚於頥涿，視如此者倍反，不循道理也。○畢沅曰：「字書無頥字。注訓頥涿爲不仁之人，不知何據？國策作『過頤豕視』，劉辰翁曰：『過頤，即俗所謂耳後見腮。豕視，即相法所謂下邪偷視。』」○王紹蘭曰：「『頥涿』乃『蔽頯』之譌，『蔽頯』即『蒯聵』。」○維遹案：據齊策當作「太子之相不仁，過頤豕視」。高此不據策訂正，正高序所謂「若有脱誤而曲爲之説」也。不若革太子，更立衛姬嬰兒校師。』嬰兒，幼少之稱。衛姬所生，校師其名也，威王之庶子也。勸靜郭君令廢太子，更立校師爲太子也。○畢沅曰：「『校師』國策作『郊師』。」靜郭君泫而曰：○畢沅曰：「舊校云『泫』一作『泣』。案國策作『泣』。」○維遹案：「泣」字是。「泫」即「泣」之形誤。『不可，吾弗忍爲也。』且靜郭君聽辨而爲之也，必無今日之患也，此爲一也。言靜郭君聽辨之言，則無今日見逐之患也。此一不見聽也。○維遹案：「且」字齊策作「若」，且、若義同，説見經傳釋詞。至於薛，昭陽請以數倍之地易薛，辨又曰：『必聽之。』昭陽，楚相也。求以倍地易薛之少，辨勸之可也。靜郭君曰：『受薛於先王，雖惡於後王，吾獨謂先王何乎？先王，威王也。見惡於後王，先王其謂我何？○李寶洤曰：「言雖見惡於後王，然受薛於先王，如易去之，其何辭以謂先王？」且先王之廟在薛，吾豈可以先王之廟予楚乎？』又不肯聽辨，此爲二也。二不見聽。宣王太息，動於顏色，曰：「靜郭君之於寡人一至此乎！寡人少，殊不知此。動，變也。一猶乃也。少，小，故不知此也。客肯爲寡人少來靜郭君乎？」言猶可也。○王念孫曰：「『少』字因上文而衍。」○俞樾曰：「『少』字衍文，涉上文『寡人少，殊不知此』而誤。戰國策無『少』字。」○維遹案：注「言」字王念孫校本改作「肯」，與齊策注正合。劑貌辨答曰：「敬諾。」諾，順。靜郭君來，衣威王之服，冠其冠，帶其劍。宣王自迎靜郭君於郊，望之而泣。靜郭君至，因請相之。請以爲相也。靜郭君辭，不得已而受。受爲相。十日，謝病，彊辭，三日而聽。聽，許。當是時也，靜郭君可謂能自知人矣。知人，知劑貌辨也。能自知人，故非之弗爲阻，阻，止。此劑貌辨之所以外生樂趨患難故也。外棄其生命，樂解人之患，往見宣王，不辟難之故也。○畢沅曰：「國策作『外生樂患趣難者也』。孫云：『觀注，似此亦本與國策同。』」○馬叙倫曰：「此文不譌。説文：『外，遠也。趨，疾也。』言遠生與樂而近患與難也。高注似以『樂趨患難』爲一詞，不必『趨患』乙轉也。」

知士

四曰：凡物之然也必有故，故，事。而不知其故，雖當，與不知同，其卒必困。當，合。同，等也。困於不知其故也。○陶鴻慶曰：「故猶言所以然也。下文云『國之存也，國之亡也，身之賢也，身之不肖也，亦皆有以』，有以即有故也。高注云『故，事』，失之。」又曰：「『而不知其故』上當有『知其然』三字，與上句相承。下云『雖當，與不知同』，正對『知其然』而言也。如今本則文不可通。」先王名士達師之所以過俗者，以其知也。水出於山而走於海，走，歸。水非惡山而欲海也，高下使之然也。稼生於野而藏於倉，稼非有欲也，人皆以之也。以，用也。○王念孫曰：「使與以爲韻，『然』字疑後人所加。」故子路揜雉而復釋之。所得者小，不欲夭物，故釋之也。○梁玉繩曰：「困學紀聞七云：『蓋因子路共之而爲此說。』」○俞樾曰：「高注未得呂氏之旨。下文曰：『子列子常射中矣，請之於關尹子。關尹子曰：「知子之所以中乎？」荅曰：「弗知也。」關尹子曰：「未可。」』子路之釋雉，即關尹子之意。蓋揜襲而取之，是未知所以取之也，猶射中而未知所以中也，雖足以得物，而於己未審，此子路之所以復釋之，而呂氏引以證審己之義者也。高注失之。」○陶鴻慶曰：「俞說較高注爲善，然上文水稼之喻，但言物之必有故，而關尹子論射在下文，則審己之義未明，忽著此句，殊爲鶻突，宜高氏之誤解矣。疑此句當在下文『聖人不察存亡賢不肖，而察其所以也』句下，子路之釋雉，與柳下季之不證岑鼎，事理相類，釋雉事承身之賢不肖言，證鼎事承國之存亡言也。」

子列子常射中矣，請之於關尹子。子列子，賢人體道者，請問其射所以中於關尹喜。關尹喜師老子也。○維遹案：「常」借作「嘗」，李本、黄本作「嘗」。關尹子曰：「知子之所以中乎？」○孫先生曰：「『知子』上當更有『子』字，下文云『子知子之所以中乎』句意竝同。列子說符篇『知子』上正有『子』字。」答曰：「弗知也。」

關尹子曰：「未可。」弗知射所以中者，未可語。退而習之三年，又請。習，學也。又復請問於關尹子。

關尹子曰：「子知子之所以中乎？」子列子曰：「知之矣。」知射心平體正然後能中，自求諸己，不求諸人，故曰知之。關尹子曰：「可矣，守而勿失。」守求諸己，不求諸人，勿失也。非獨射也，國之存也，國之亡也，身之賢也，身之不肖也，亦皆有以。求諸己則存，求諸人則亡。聖人不察存亡賢不肖，而察其所以也。

齊攻魯，求岑鼎，魯君載他鼎以往。齊侯弗信而反之，爲非，反，還也。以爲非岑鼎，故還也。○陳昌齊曰：「『爲非』二字疑因注而衍。」陶鴻慶說同。○馬叙倫曰：「韓非說林篇亦記此事，『岑鼎』作『讒鼎』，『魯君載他鼎以往』作『魯以其鴈往』。『他鼎』疑本作『僞鼎』，『爲非』二字即『僞鼎』譌爛乙在下文者。齊求岑鼎，岑鼎有銘，見於左傳，魯焉得以他鼎往？直以僞易真，欲以欺齊，故齊弗信而反之。弗信即以爲非岑鼎也，焉得於『反之』下增『爲非』二字？岑、讒古通。」使人告魯侯曰：「柳下季以爲是，請因受之。」齊侯使人告魯君，言柳下季以爲是岑鼎，請因受之也。疑魯君欺之，而信柳下季。魯君請於柳下季，欲令柳下季證之爲岑鼎。柳下季答曰：「君之賂，以欲岑鼎也？以免國也？○畢沅曰：「猶言賂以其所欲之岑鼎。新序節士篇作『君之欲以爲岑鼎也』』。」○俞樾曰：「此當作『君之賂以岑鼎也，欲以免國也』。『欲』字誤移在上句，則文不成義。畢曲說也。」○維遹案：「賂」字舊校云「一作欲」。此文疑當爲「君之欲以賂岑鼎也，以免國也」。今本「賂」「欲」二字互易，故文不成義。新序不誤，惟「爲」字借爲「賵」。說文：「賵，資也。」賂、賵義亦相近。臣亦有國於此，亦有國於此，言己有此信以〔一〕爲國也。破臣之國以免君之國，此臣之所難也。」於是魯君乃以真岑鼎往也。○畢沅曰：「韓非說林下『岑鼎』作『讒鼎』，又屬之樂正子春。若是兩事，則各是一鼎，名各不同。否則傳者互異，岑與讒聲通轉耳。」且柳下季可謂此能說矣，○畢沅曰：「新序作『可謂守信矣』。」○馬叙倫曰：「『此』字涉上文而譌衍。又『且』字蓋讀爲若。」非獨存己之國也，又能存魯君之國。論語云「非信不立」，柳下季有信，故能存魯君之國。

齊湣王亡居於衛，亡，出奔。晝日步足，○孫鏘鳴曰：「新序雜事五作『步走』，疑『走』字是。」謂公玉丹曰：「我已亡矣，而不知其故。吾所以亡者，果何故哉？我當已。」不自知爲何故而亡。果亦竟也。竟爲何等故亡哉？○畢沅曰：「史記孝武本紀索隱云『風俗通齊湣王臣有公玉冉，音語録反』。又引『三輔羣録云杜陵有玉氏，音肅。今讀公玉與羣録音同』。盧云：『案「丹」與「冉」字形相近，實一人。賈誼書所載虢君事略與此同。』注『亦竟也』，李本作『一竟也』。」公玉丹答曰：「臣以王爲已知之矣，王故尚未之知邪？○王引之曰：「故猶乃也。」王之所以亡也者，以賢也。天下之王皆不肖，而惡王之賢也，因相與合兵而攻王，此王之所以亡也。」湣王慨焉太息曰：「賢固若是其苦邪？」此亦不知其所以也，湣王不自知其所爲亡之故，愚惑之甚也，故曰「亦不知其所以也」。此公玉丹之所以過也。過，謂不忠也。湣王愚惑，

〔一〕「信以」，四部叢刊本作「以信」。

阿順而説之也。

越王授有子四人。越王之弟曰豫，欲盡殺之，而爲之後。越王授，句踐五世之孫。其弟欲殺王之四子，而以己代爲之後也。○畢沅曰：「句踐五世孫，則王翳也，爲太子諸咎所弒，見紀年，與此略相合。前貴生篇有王子搜，疑一人。注『其弟』二字舊缺，案文義增。」○梁玉繩曰：「越王無名授者，據史越世家、竹書紀年句踐五世孫名翳。莊子讓王、此書貴生有王子搜，高注及陸氏音義引淮南原道謂搜即越王翳，豈『授』爲『搜』之譌歟？而搜乃句踐六世孫無顓，非越王翳，貴生篇已校其誤，此復疑是一人，蓋失檢也。越絶、吴越春秋句踐五世孫爲無彊，又不同。」○諸以敦曰：「授即前貴生篇之王子搜，亦即句踐五世孫王翳也。畢氏於貴生據三世弒君之説疑爲無顓，究屬臆斷，當從審己校語爲是。」○洪頤煊曰：「史記越王句踐世家句踐五世孫爲王之侯。貴生篇『越人三世殺其君，王子搜患之』，即其人。搜、授、侯三字聲皆相近。」惡其三人而殺之矣，國人不説，大非上。非猶咎也。又惡其一人而欲殺之，越王未之聽。其子恐必死，因國人之欲逐豫，圍王宮。越王太息曰：「余不聽豫之言，以罹此難也。」亦不知所以亡也。愚既愚也，其惑固亦甚也，故曰「亦不知所以亡」。○畢沅曰：「正文『亦不知』下，李本有『其』字。注首疑有脱誤。」

審己

五曰：人或謂兔絲無根，兔絲非無根也，其根不屬也，伏苓是。屬，連也。淮南記曰：「下有茯苓，上有兔絲。」一名女羅，詩曰：「葛與女羅，施于松上。」○畢沅曰：「注所引與今詩異。」○陶鴻慶曰：「『其根不屬也』，『也』字當在下句之末，與下文句法一律。」○維遹案：意林引與陶説合，然文義尚不足。此文本云「其根不屬地，伏苓是也」。楚辭山鬼篇王逸注引正作「其根不屬地，伏苓是也」。御覽九百九十三引同，惟「屬」下「地」字亦誤爲「也」。意謂兔絲之根不屬於地，乃屬於伏苓，故淮南説林篇云「伏苓掘，兔絲死」。如今本則「屬」字無所麗矣。又案：注「葛」字王念孫校本改爲「蔦」，馬瑞辰亦謂「葛」爲「蔦」誤，張本正作「蔦」。**慈石召鐵，或引之也。**石，鐵之母也。以有慈石，故能引其子。石之不慈者，亦不能引也。**樹相近而靡，或軵之也。**○畢沅曰：「淮南氾論訓『相戲以刃者，太祖軵其肘』，音讀茸，注『擠也』。」**聖人南面而立，以愛利民爲心，**心在利民。**號令未出，而天下皆延頸舉踵矣，則精通乎民也。**天下皆延頸企踵立而望之，不遑坐也，其精誠能通洞於民使之然也。

夫賊害於人，人亦然。爲賊害人，故人亦延頸舉踵襁負而去之，不遑安坐也，故曰「人亦然」。**今夫攻者，砥厲五兵，侈衣美食，發且有日矣，所被攻者不樂，非或聞之也，神者先告也。**非聞將見攻也，神先告之，令其志意愁慼不樂。○陳昌齊曰：「按文義『神』下不當有『者』字。」○俞樾曰：「『侈衣美食』四字當在『所被攻者』下，言攻者將發，而所被攻者雖侈衣美食而不樂也。」**身在乎秦，所親愛在於齊，死而志氣不安，精或往來也。**淮南記曰：「慈母在於燕，適子念於荆。」言精相往來者也。

德也者，萬民之宰也。宰，主也。**月也者，羣陰之本也。月望則蚌蛤實，羣陰盈；**月，十五日盈滿，在西方與日相望也。蚌蛤，陰物，隨月而盛，其中皆實滿也。○維遹案：大戴禮易本命篇盧注引作「日月望則蚌蛤實」，涉高注衍「日」字。**月晦則蚌蛤虛，羣陰虧。**虛，蚌蛤肉隨月虧而不盈滿也。**夫月形乎天，而羣陰**

化乎淵，形，見也。羣陰，蚌蛤也，隨月盛衰虛實也。**聖人行德乎己，而四荒咸飭乎仁。**四表荒裔之民，法聖人之德，皆飭正其仁義，化使之然。

養由基射光，中石，矢乃飲羽，誠乎光也。飲羽，飲矢至羽，誠以爲真光也。○畢沅曰：「『光』乃『兕』之或體，舊誤作『先』，校者欲改爲『虎』，非也。日本山井鼎毛詩考文云『兕觥古本作光』。」○林昌彝曰：「詩經釋文云：『兕本又作光。』案『光』乃隸變之體，呂書作『先』〔一〕，爲『光』之誤。山井鼎所見古本似不可盡信也。」○維遹案：文選七啓注引「先」作「兕」。**伯樂學相馬，所見無非馬者，誠乎馬也。**伯樂善相馬，秦穆公之臣也。所見無非馬者，親之也。**宋之庖丁好解牛，所見無非死牛者，三年而不見生牛，用刀十九年刃若新鄌研，**鄌，砥也。○陳昌齊曰：「莊子養生主篇：『始臣之解牛之時，所見無非牛者，三年之後，未嘗見全牛也。』此訛『全』爲『生』，又於『無非牛者』句妄加『死』字，遂不成文理。」陶鴻慶說同。○劉先生校莊子曰：「『全』字乃『生』字之誤，『牛者』上敓『死』字，呂覽可證。惟支遁詠懷詩已有『未始見全牛』之句，是晉人所見本『生』字已譌『全』矣。論衡訂鬼篇『伯樂學相馬，顧玩所見無非馬者，宋之庖丁學解牛，三年不見生牛，所見皆死牛也』，即本呂覽。」○維遹案：「鄌研」當作「磨硎」。「鄌」爲「磨」誤，俞樾在順民篇已言及矣。此因「硎」字偏旁刂誤爲阝，校者見順民篇有「鄌」字，遂妄改之。呂覽纂「研」正作「硎」。莊子同。劉先生云：「御覽八百二十八引淮南齊俗篇作『刃如新砥硎』，注『砥，磨也』，與此注正合。」**順其理，誠乎牛也。鍾子期夜聞擊磬者而悲，**鍾，姓也。子，通稱。期，名也。楚人鍾儀之族。**使人**

〔一〕「先」，原作「光」，據畢沅注改。

召而問之曰：「子何擊磬之悲也？」答曰：「臣之父不幸而殺人，不得生；臣之母得生，而爲公家爲酒；臣之身得生，而爲公家擊磬。臣不覩臣之母三年矣。昔爲舍氏覩臣之母，量所以贖之則無有，量，度。而身固公家之財也，是故悲也。」○畢沅曰：「新序四載此微不同，云『昨日爲舍市而睹之，意欲贖之無財，身又公家之有也』。孫云：『新序義較長。』」○維遹案：據新序此文當作「量所以贖之則無財，而身固公家之有也」。今本「有」、「財」二字互易，則文不成義。鍾子期歎嗟曰：「悲夫，悲夫！心非臂也，臂非椎非石也。悲存乎心而木石應之，故君子誠乎此而諭乎彼，感乎己而發乎人，豈必彊說乎哉！」周有申喜者，亡其母，聞乞人歌於門下而悲之，動於顏色，謂門者內乞人之歌者，自覺而問焉，○畢沅曰：「御覽五百七十二『自覺』作『自見』。」○維遹案：「見」字是。御覽四百八十八引亦作「自見」。曰：「何故而乞？」與之語，蓋其母也。○維遹案：「蓋其母」御覽兩引，一作「是其母」，一作「乃是其母」，高注淮南說山篇述此事作「則其母」，竝較今本爲優。故父母之於子也，子之於父母也，一體而兩分，○畢沅曰：「李善注文選曹子建求自試表、謝希逸宣貴妃誄皆作『一體而分形』。」同氣而異息。若草莽之有華實也，若樹木之有根心也，雖異處而相通，隱志相及，痛疾相救，憂思相感，感，動。生則相歡，死則相哀，此之謂骨肉之親。神出於忠神，性。而應乎心，兩精相得，豈待言哉！

呂氏春秋集釋卷第十

榮成許維遹學

孟冬紀第十　節喪　安死　異寶　異用

呂氏春秋訓解　高氏

一曰：孟冬之月，日在尾，孟冬，夏之十月。尾，東方宿，燕之分野。是月，日躔此宿。昏危中，旦七星中。危，北方宿，齊之分野。七星，南方宿，周之分野。是月昏旦時，皆中於南方。其日壬癸，壬癸，水日。其帝顓頊，其神玄冥，顓頊，黄帝之孫，昌意之子，以水德王天下，號高陽氏，死祀爲北方水德之帝。玄冥，官也。少皞氏之子曰循，爲玄冥師，死祀爲水神。○畢沅曰：「注『高陽氏』舊本作『湯氏』，訛，今改正。又『循』左傳作『脩』。」○梁玉繩曰：「注依史五帝紀，本大戴禮五帝德也。其實顓頊不出黄帝，亦非昌意子，説在史記志疑一。」其蟲介，其音羽，介，甲也，象冬閉固，皮漫胡也。羽，水也，位在北方。○畢沅曰：「注『漫』與『曼』、『鬗』音義同。皮漫胡謂皮長而下垂，亦似閉固之象。」○盧文弨曰：「周禮天官『鼈人掌取互物』，鄭司農云：『互物，謂有甲䓣胡，龜鼈之屬。』按『漫』與『䓣』音義同。甲周其外，皮亦周其内，今人謂鼈有裙。五代史補言僧謙光『但願鵝生四掌，鼈留兩裙』，裙即所謂皮漫胡也。廣雅釋詁三『䓣，當也』，蓋如器之有當。莊子説劍篇『曼胡之纓』，此當與古係冠者殊，必擁其頸與頷下而爲之，故亦取名於此耳。」○維遹案：注「胡也」下疑奪「甲蟲龜爲之長」六字。淮南注可證。孟春紀注「鱗，魚屬也，龍爲之長」，孟夏紀注「羽蟲，鳳爲之長」，孟秋紀注「毛蟲之屬，而虎爲之長」，其比均同，此不應省。**律中應鐘，其數六，**應鐘，陰律也。竹管音與應鐘和也。陰應於陽，轉成其功，萬物聚藏，故曰律中應鐘。其數六，五行數五，水第一，故曰六也。**其味鹹，其臭朽，**水之臭味也，凡鹹朽者皆屬焉。氣之若有若無者爲朽也。**其祀行，祭先腎。**行，門內地也，冬守在內，故祀之。「行」或作「井」，水給人，冬水王，故祀之也。祭祀之肉先進腎，屬水，自用其藏也。○畢沅曰：「淮南時則訓作『祀井』。」○松皋圓曰：「注『或作井』下宜疊『井』字，寫者誤。」○維遹案：松説是，淮南注正作「井水給人」。又案：注「肉」原作「內」，改從張本。**水始冰，地始凍，**秋分後三十日霜降，後十五日立冬，水冰地凍也，故曰始也。

雉入大水爲蜃，虹藏不見。蜃，蛤也。大水，淮也，傳曰：「雉入于淮爲蜃。」虹，陰陽交氣也，是月陰壯，故藏不見。**天子居玄堂左个，**玄堂，北向堂也。左个，西頭室也。**乘玄輅，駕鐵驪，**玄輅，黑輅，鐵驪亦黑，象北方也。○茆泮林曰：「禮月令鄭注云『今月令曰乘軫路』，似當爲『袗』字之誤也。今同禮月令。」**載玄旂，衣黑衣，服玄玉，**玄黑，順水色。**食黍與彘，**彘，水屬也。**其器宏以弇。**宏，大。弇，深。象冬閉藏也。

是月也，以立冬。先立冬三日，太史謁之天子，秋分四十六日而立冬，故多在是月也。謁，告也。**曰：「某日立冬，盛德在水。」天子乃齋。**盛德在水，王北方也。**立冬之日，天子親率三公九卿大夫以迎冬於北郊。**六里之郊。**還，乃賞死事，恤孤寡。**先人有死王事以安社稷者，賞其子孫；有孤寡者，矜恤之。

是月也，命太卜禱祠龜策占兆，審卦吉凶。周禮「太卜掌三兆之法，一曰玉兆，二曰瓦兆，三曰原兆」。又「掌三易之法，一曰連山，二曰歸藏，三曰周易」。龜曰兆，筮曰卦，故命太卜禱祠龜策，占兆審卦，以知吉凶。○畢沅曰：「月令作『命太史釁龜筴』。」○茆泮林曰：「朱子謂『呂作命太卜禱祠龜策，審卦兆，以察吉凶』。今本與朱子所見本互有異同。攷禮月令鄭注云『今月令「釁祠」，祠衍字』，則呂氏古本『祠』作『釁』，無『祠』，亦無『禱』字。」於是察阿上亂法者則罪之，無有揜蔽。阿意曲從，取容於上，以亂法度，必察知之，則行其罪罰，無敢彊匿者。○畢沅曰：「月令作『是察阿黨，則罪無有揜蔽』。古本月令『是』下有『月也』二字，宋本正義標題亦有『是月』字。」

是月也，天子始裘。始猶先也。裘，温服，優尊者，故先服之。命有司曰：「天氣上騰，地氣下降，天地不通，閉而成冬。」天地閉，冰霜凛烈成冬也。○畢沅曰：「月令『閉』下有『塞』字。」命百官謹蓋藏。命司徒循行積聚，無有不斂，坿城郭，坿，益也，令高固也。○畢沅曰：「『坿』月令作『坏』」。戒門閭，修楗閉，慎關籥，固封璽，璽讀曰移徙之徙。門閭，里門。關，籥。固，堅。璽，印封也。○畢沅曰：「月令『楗』作『鍵』，『關』作『管』，『璽』作『疆』。鄭注云：『今月令「疆」或作「璽」。』」○孫先生曰：「注『門閭，里門』當作『門，城門。閭，里門』。『璽，印封也』上當更有『封』字，淮南注可證。」備邊境，完要塞，謹關梁，塞蹊徑，要塞，所以固國也。關梁，所以通塗也。塞絶蹊徑，爲其敗田。飭喪紀，辨衣裳，審棺槨之厚薄，紀，數也。正二十五月之服數，遣送衣裳棺槨，尊者厚，卑者薄，各有等差，故別之。審，慎也。○畢沅曰：「注『正二十五月之服數』，舉重者，則其餘皆正可知也。『之服數』舊作『服之數』，今案文義乙正。」營丘壟之小大高卑薄厚之度，貴賤之等級。營，度也。丘，墳。壟，塚也。度其制度，貴者高大，賤者卑小，故曰等級也。

是月也，工師效功，陳祭器，按度程，程，法也。○畢沅曰：「月令『工師』上有『命』字。」無或作爲淫巧，以蕩上心，蕩，動也。必功致爲上。物勒工名，以考其誠。物，器也。勒銘工姓名著於器，使不得詐巧，故曰以考其誠。○梁玉繩曰：「後世制器鐫某造，蓋始于秦。」工有不當，必行其罪，以窮其情。不當，不功致也，故行其罪，以窮斷其詐巧之情。○畢沅曰：「月令『工』作『功』。」

是月也，大飲蒸，天子乃祈來年于天宗。是月農功畢矣，天子諸侯與其羣臣大飲酒，班齒列也。蒸，俎實體解節折謂肴蒸也。祈，求也。求明年於天宗之神。宗，尊也。凡天地四時皆爲天宗。萬物非天不生，非地不載，非春不動，非夏不長，非秋不成，非冬不藏，書曰「禋于六宗」，此之謂也。○畢沅曰：「注『班齒列』即周禮之『正齒位』也。舊本倒作『列齒』，誤。又『體解』亦缺『體』字，又『求明年於天宗之神』倒作『之神於天宗』，今皆改正。」○梁玉繩曰：「六宗之説十餘家，（見後漢書祭祀志注。）各盡所求，殊難偏折。高從伏生、馬融解，司馬彪駁之，云『帝在于類，則禋者非天』，不得爲的論也。」大割，祠于公社及門閭，饗先祖五祀，勞農夫以休息之。大割，殺牲也。祠于公社，國社后土也。生爲上公，死祀爲貴神也。先祠公社，乃及門閭先祖，先公後私之義也。五祀，木正句芒其祀户；火正祝融其祀竈；土正后土其祀中霤，后土爲社；金正蓐收其祀門；水正玄冥其祀井，故曰五祀。社爲土官，稷爲木官，俱在五祀中，以其功大，故别言社稷耳。是月農夫空閒，故勞犒休息之，不役使也。○畢沅曰：「舊本『大割』下有『牲』字，月令無。案注亦與月令同，今删。『饗』月令作『臘』。舊本『先祖』作『禱祖』，亦據月令及本注改正。」○王念孫曰：「畢校非。初學記、太平御覽引月令皆作『大割牲』。注當作『大割牲，殺牲也』。」○茆泮林曰：「朱子謂『呂「割」下有「牲」字，「饗」下有「禱」字』。案『大割』下有『牲』字，與朱子所見本正合。『禱』字亦存古本之舊。今校删『牲』字，竝改『禱』作『先』，蓋不審朱子所見本『饗禱』下仍作『先祖』，後脱去『先』字也。」**天子乃命將率講武，肄射御，角力。**肄，習也。角猶試。

是月也，乃命水虞漁師收水泉池澤之賦，虞，官也。師，長也。賦，税也。○王念孫曰：「注『虞，官也』當作『水虞，掌水官也』。」○維遹案：王説是。高注十二紀多有此例。淮南注作「虞，掌水官也」，「虞」上亦脱「水」字。**無或敢侵削衆庶兆民，**削，刻也。天子曰兆民。兆，大數也。**以爲天子取怨于下。**税斂重則民怨，故取怨于下。**其有若此者，行罪無赦。**此爲天子取怨于下者，故行其罪罰，無赦貸也。

孟冬行春令則凍閉不密，地氣發泄，民多流亡。春陽散越，故凍不密，地氣發泄。使民流亡，象陽布散。○畢沅曰：「『發泄』月令作『上泄』。」**行夏令則國多暴風，方冬不寒，蟄蟲復出。**冬法當閉藏，反行夏盛陽之令，故多暴疾之風。陽氣炎温，故盛冬不寒，蟄伏之蟲復出也，於洪範五行「豫恒燠若」之徵也。○維遹案：注「冬法」當作「冬陰」，仲夏紀注「冬陰閉藏」，季夏紀注「冬陰閉固」，竝其證。**行秋令則雪霜不時，小兵時起，土地侵削。**秋，金氣干水，不當霜而霜，不當雪而雪，故曰不時。小兵數起，鄰國來伐，侵削土地，於洪範五行「急恒寒若」之徵也。

孟冬紀

二曰：審知生，聖人之要也。審知死，聖人之極也。知生也者，不以害生，養生之謂也。知死也者，不以害死，安死之謂也。○畢沅曰：「續漢書禮儀志下注引此『不以物害生』、『不以物害死』兩句，皆有『物』字。」此二者，聖人之所獨䂄也。䂄，知。

凡生於天地之間，其必有死，所不免也。莊子曰：「生，寄也。死，歸也。」故曰「所不免」。孝子之重其親也，重，尊。慈親之愛其子也，愛，心不能忘也。○畢沅曰：「續志注『慈』作『若』」。以下文觀之，『慈』字是。」痛於肌骨，性也。所重所愛，死而棄之溝壑，人之情不忍爲也，故有葬死之義。言情不忍棄之溝壑，故有葬送之義。○維遹案：注「葬送」許本作「葬死」，與正文合。葬死猶云葬屍。期賢篇「扶傷輿死」，「輿死」即「輿屍」。史記魯世家「以其屍與之」，索隱本「屍」作「死」字。漢書酷吏尹賞傳「安所求子死？桓東少年場」，顔注：「死謂尸也。」竝其例證。葬也者，藏也，慈親孝子之所慎也。慎，重也。慎之者，以生人之心慮。慮，計也。以生人之心爲死者慮也，莫如無動，莫如無發。○陶鴻慶曰：「此文當有譌脱，元文本云『慎之者，以生人之心爲死者慮也。以生人之心爲死者慮，莫如無動，莫如無發』。如今本則文義不完。」○劉師培曰：「『以生人之心慮』，『以』上脱『非』字。」○維遹案：治要引「慮」下「也」字在上句「心慮」卜，例以吕文，陶説義長。無發無動，莫如無有可利，則此之謂重閉。無有可利，若楊王孫倮葬，人不發掘，不見動摇，謂之重閉也。○王念孫曰：「治要引『莫如無有可利』下，更有『無有可利』四字，無『則』字。」○維遹案：治要引是。此文本脱去「無有可」三字，餘一「利」字，校者知其無義，遂改「利」爲「則」字。

古之人有藏於廣野深山而安者矣，非珠玉國寶之謂也，葬不可不藏也。葬淺則狐狸扫之，扫讀曰掘。○維遹案：治要引「扫」作「掘」，古通。深則及於水泉，故凡葬必於高陵之上，以避狐狸之患、水泉之溼。此則善矣，而忘姦邪盜賊寇亂之難，豈不惑哉？厚葬，人利之，必有此難，故謂之惑也。譬之若瞽師之避柱也，避柱而疾觸杙也。狐狸水泉姦邪盜賊寇亂之患，此杙之大者也。○陳昌齊曰：「此段前後文義，是以柱喻狐狸水泉，以杙喻姦邪盜賊。『狐狸水泉』四字因上文而誤衍。」陶鴻慶説同。慈親孝子避之者，得葬之情矣。得薄葬之情也。○舊校云：「『避』一作『備』。下同。」○維遹案：舊校是。薄葬所以防盜賊發掘，故言備。作「避」則於義未安。御覽五百五十一引下「避」字亦作「備」。善棺槨，所以避螻蟻蛇蟲也。今世俗大亂之主愈侈其葬，則心非爲乎死者慮也，生者以相矜尚也。慮，計也。以厚葬奢侈相高大，不爲葬〔一〕者避發掘之計也，故曰「生者以相矜尚也」。○孫先生曰：「『之主』當作『人生』，屬下爲句。治要引此文云：『今世俗大亂，人主（此當作「生」，細玩高注自明。）愈侈，非葬之心也，非爲死者慮也，生者以相尚也。』御覽五百五十一引云：『今世俗大亂，人生愈侈，非爲死者慮，亦所以相矜。』」侈靡者以爲榮，榮，譽也。儉節者以爲陋，○維遹案：治要引「陋」作「辱」。不以便死爲故，故，事。而徒以生者之誹譽爲務，此非慈親孝子之心也。父雖死，孝子之重之不怠。重，尊。怠，懈。子雖死，慈親之愛之不懈。夫葬

〔一〕「葬」，原作「死」，據諸子集成本改。

所愛所重，而以生者之所甚欲，其以安之也，若之何哉？甚欲，欲厚葬也。厚葬必見發掘，故曰「其以安之也，若之何哉」？言不安也。○俞樾曰：「生者之所甚欲，謂利也。珠玉國寶之類，豈非生者之所甚欲乎？而以之徇葬，其必不能安也明矣。下文曰『民之於利也，犯流矢，蹈白刃，涉血盩肝以求之』，即承此而言。高注曰『甚欲，欲厚葬也』，則與下意不屬矣。」

民之於利也，犯流矢，蹈白刃，涉血盩肝以求之。盩，古抽字。**野人之無聞者，忍親戚兄弟知交以求利。**無聞禮義。○維遹案：親戚，父母也。墨子兼愛下：「家室奉承親戚。」錢大昕云：「古人稱父母爲親戚。」竝舉大戴禮、孟子爲證。**今無此之危，無此之醜，**醜，恥。**其爲利甚厚，乘車食肉，澤及子孫，雖聖人猶不能禁，而況於亂？**○畢沅曰：「盧云：『疑此下當有「世」字。』蓋言聖人在上，治平之世，猶有貪利而冒禁者，況於四海鼎沸之日，其又誰爲禁之哉？』」○陳昌齊曰：「『亂』下當脱『國』字。」**國彌大，**彌猶益也。**家彌富，葬彌厚。含珠鱗施，**含珠，口實也。鱗施，施玉於死者之體如魚鱗也。○孫先生曰：「初學記十四、御覽五百四十九引注『玉』下竝有『匣』字，最是。今本誤脱，當據補。」○維遹案：書鈔九十二引注作「含珠，口實也。鱗施，玉匣也。死者之體如魚鱗矣」。疑此注當云「含珠，口實也。鱗施，玉匣也。施玉匣於死者之體如魚鱗也」，文義方足。淮南齊俗篇亦云「含珠鱗施」，許注：「鱗施，玉紐也。」劉台拱云「續漢書禮儀志『金縷玉柙』，注引漢舊儀曰『腰以下以玉爲札，長一尺，廣二寸半，爲柙，下至足，綴以黄金縷』。紐當是柙誤」。案劉説是。柙、匣古今字，後漢書梁竦傳作「玉匣」。**夫玩好貨寶，**○王念孫曰：「『夫玩好』疑當作『珠玉玩好』。『玉』、『夫』字相近而誤，又脱『珠』字耳。下篇曰『具珠玉玩好財物寶器甚多』，是其證。」○維遹案：許本、姜本亦有「夫」字。元刻本、張本、李本皆無，呂覽纂同。

鍾鼎壺濫，以冰置水漿於其中爲濫，取其冷也。○畢沅曰：「梁仲子云：『「壺濫」劉本作「壺鑑」，注同。案集韻「鑑，胡暫切」。周禮「春始治鑑」，或從水，亦作「𨡫」、「𤭛」，故左傳襄九年正義引周禮作「𨡫」。』盧云：『案墨子節葬篇云「又必多爲屋幕，鼎鼓几梴，壺濫戈劍，羽毛齒革，寢而埋之」，凡兩見，蓋亦器名，注似肊說。慎勢篇作「壺鑑」，云「功名著乎盤盂，銘篆著乎壺鑑」。』」轝馬衣被戈劍，不可勝其數。○畢沅曰：「『其』字衍。」諸養生之具，無不從者。諸養生之具無不從。從，送也，以送死人。題湊之室，室，槨藏也。題湊，複絫。○畢沅曰：「漢書霍光傳『便房黃腸題湊』，注引蘇林曰：『以柏木黃心致絫棺外，故曰黃腸。木頭皆内向，故曰題湊。』」棺槨數襲，襲，重。積石積炭以環其外。石以其堅。炭以禦溼。環，繞也。○畢沅曰：「積炭非但禦溼，亦使樹木之根不穿入也。」姦人聞之，傳以相告。告，語也。○畢沅曰：「『傳』續志注作『轉』。」上雖以嚴威重罪禁之，猶不可止。不能止其發掘。且死者彌久，生者彌疏，生者彌疏則守者彌怠，守者彌怠而葬器如故，言寶賂不渝變。其勢固不安矣。世俗之行喪，載之以大輴，大輴，車也。○松皋圓曰：「注『車』上脫『柩』字。」羽旄旌旗如雲，僂翣以督之，珠玉以備之，黼黻文章以飭之，喪車有羽旄旌旗之飭，有雲氣之畫。僂，蓋也。翣，棺飭也。畫黼黻之狀如扇翣於僂邊，天子八，諸侯六，大夫四也。○畢沅曰：「禮記檀弓下云『制絞衾，設蔞翣，爲使人勿惡也』，注云：『蔞翣，棺之牆飾也。』此作『僂』，或音同可借用。此『飭』字義皆是飾。」○維遹案：元刻本、張本『備』作「佩」，許本、姜本作「備」。引紼者左右萬人以行之，紼，引棺索也。禮送葬皆執紼。以軍制立之然後可。

制，法。以此觀世，觀世猶示人也。則美矣侈矣。以此爲死，則不可也。於死人不可也。○孫先生曰：「『死』下脱『者』字。上文云『以生人之心爲死者慮也』，又云『則心非爲乎死者慮也』，此與彼文相應。安死篇云『以此爲死則不可也』，續志注及治要引『死』下竝有『者』字，蓋後人據此誤文而删之，非其舊也。且高注云云，是正文本有『者』字明矣。」苟便於死，則雖貧國勞民，○舊校云：「一作『身』。」若慈親孝子者之所不辭爲也。

節喪

三曰：世之爲丘壟也，其高大若山，其樹之若林，木藂生曰林也。○畢沅曰：「續志注『山』下有『陵』字，『林』下有『藪』字。」○維遹案：御覽五百五十八引「樹」下無「之」字。其設闕庭、爲宮室、造賓阼也若都邑。賓階，阼階也。若爲都邑之制。以此觀世示富則可矣，以此爲死則不可也。○王念孫曰：「治要『死』下有『者』字。下『夫死』同。」

夫死，其視萬歲猶一瞚也。瞚者，潁川人相視曰瞚也。一曰，瞚者，謂人卧始覺也。○畢沅曰：「瞚與瞬同。李善注文選陸士衡文賦引作『萬世猶一瞬』。」人之壽，久之不過百，○畢沅曰：「『久之』續志作『久者』。」○維遹案：治要及文選曹子建贈白馬王彪詩注引「久」下竝無「之」字。中壽不過六十。○梁玉繩曰：「左僖三十二年疏：『上壽百二十，中壽百，下壽八十。』又莊子盜跖、及意林引王孫子云：『人上壽百歲，中壽八十，下壽六十。』（淮南原道『凡人中壽七十歲』。）」以百與六十爲無窮者之慮，慮，謀也。其情必不相當矣。以無窮爲死者之慮，則得之矣。○陶鴻慶曰：「『爲無窮者之慮』當作『爲無窮之慮』，下『以無窮爲死者之慮』即其證。『爲死者之慮』當作『爲死者慮』，下文『非愛其費也，非惡其勞也，以爲死者慮也』即其證。」○孫先生曰：「續志注及治要引二『慮』字上竝無『之』字。」

今有人於此，爲石銘置之壟上，○梁玉繩曰：「據此則秦時已有碑表矣。」曰：「此其中之物，具珠玉玩好財物寶器甚多，不可不抇，抇，發也。○維遹案：治要引無「之物具」三字。抇之必大富，世世乘車食肉。」謂抇墓富而得爵禄，故乘車食肉，世世相傳也。人必相與笑之，以爲大惑。惑，悖也。世之厚葬也，有似於此。○畢沅曰：「續志注作『而爲之闕庭以自表，此何異彼哉』。」自古及今，未有不亡之國也。無不亡之國者，是無不抇之墓也。以耳目所聞見，齊、荆、燕嘗亡矣，宋、中山已亡矣，趙、魏、韓皆亡矣，其皆故國矣。○畢沅曰：「續志注作『趙、韓、魏皆失其故國矣』。」自此以上者，亡國不可勝數，上猶前也。不可勝數，亡國多也。○畢沅曰：「『者』字續志無。」是故大墓無不抇也。○王念孫曰：「治要『大』上有『古』字，『抇』下有『者』字。」而世皆争爲之，豈不悲哉！○畢沅曰：「續志注『世』作『猶』。」

君之不令民，令，善。○畢沅曰：「續志注句上有『今夫』二字。」父之不孝子，兄之不悌弟，皆鄉里之所釜甂者而逐之，以釜甂食之人，皆欲討逐之。○畢沅曰：「『甂』，舊『鬲』旁作『几』，字書無攷。顧亭林引作『甂』，注云『鬲同』，今從之。史記蔡澤傳：『遇奪釜鬲於塗。』」○俞樾曰：「此句與上下文不屬，疑『鄉里』以下十字乃後文『撲擊遏奪』下之錯簡，當云『君之不令民，父之不孝子，兄之不悌弟，皆憚耕稼採薪之勞，不肯官人事，而祈美衣侈食之樂，智巧窮屈，無以爲之，於是乎聚羣多之徒，以深山廣澤林藪撲擊遏奪鄉里之所釜甂者而逐之，又視名丘大墓葬之厚者，求舍便居，以微抇之』，如此則文義始順。戰國策秦策『蔡澤見逐於趙而入韓、魏，遇奪釜鬲於涂』，此云『撲擊遏奪鄉里之所釜甂者而逐之』，即其事矣。若在上文，則義殊不可曉。」○孫先生曰：「『所』下脱一『遺』字。此言不令之民，不孝之子，不悌之弟，皆鄉里之所遺棄，雖釜甂食之人皆欲逐之也。脱去『遺』字，不可通矣。續志注引此文云『皆鄉邑之所遺而憚耕耒之勞者也』，雖截引此節，然『所』下有『遺』字，實足正今本之誤。俞氏謂『鄉』里十字爲下文錯簡，恐非。」**憚耕稼採薪之勞，不肯官人事，**既憚耕稼，又不肯居官，循治人事也。○畢沅曰：「注『循治』疑當作『脩治』。」○王念孫曰：「官猶事也。（事如請事斯語之事。）言不肯事其民事也。樂記『禮樂明備，天地官矣』，鄭注曰：『官猶事也。』人事即指耕稼而言。高誤以官爲居官，遂分耕稼與人事爲二。」孫鏘鳴説同。**而祈美衣侈食之樂，**祈，求。**智巧窮屈，無以爲之，**窮，極。屈，盡。**於是乎聚羣多之徒，以深山廣澤林藪，扑擊遏奪，又視名丘大墓葬之厚者，求舍便居以微抇之，**○畢沅曰：「有人自關中來者，爲言姦人掘墓，率於古貴人冢旁，相距數百步外爲屋以居，人即於屋中穿地道以達於葬所，故從其外觀之，未見有發掘之形也，而藏已空矣。噫！孰知今人之巧，古已先有爲之者。小人之求利，無所不至，初無古今之異也。」**日夜不休，必得所利，相與分之。夫有所愛所重，而令姦邪盜賊寇亂之人卒必辱之，此孝子忠臣親父交友之大事。**傳曰：「宋文公卒，始厚葬，用蜃炭，益車馬，始用殉，重器備。椁有四阿，棺有翰檜。君子謂華元、樂呂〔一〕於是不臣。臣，治煩去惑者也，是

〔一〕「樂呂」，十三經注疏本作「樂舉」。

以伏死而爭。今二子者，君生則縱其惑，死也又益其侈，是棄君於惡也，何臣之爲！」此之謂也。○王念孫曰：「『事』疑當作『患』。」

堯葬於穀林，通樹之。通林以爲樹也。傳曰「堯葬成陽」，此云穀林，成陽山下有穀林。○畢沅曰：「堯葬成陽，水經注言之甚晰。」又曰：「劉向云『葬濟陰丘隴山』，續征記『在小成陽南九里』，通典『曹州界有堯冢，堯所居』。其説皆非。羅苹路史注以墨子云『堯葬蛩山之陰』，王充云『葬冀州』，山海經云『葬狄山，或云葬崇山』，皆妄之甚。」**舜葬於紀，市不變其肆。**市肆如故，言不煩民也。傳曰「舜葬蒼梧九疑之山」，此云於紀市，九疑山下亦有紀邑。○畢沅曰：「墨子云『舜葬南己之市』，御覽五百五十五作『南紀』，引尸子作『南己』。案路史注云：『紀即冀，故紀后爲冀后。今河東皮氏東北有冀亭。冀，子國也。鳴條在安邑西北，其地相近。記謂舜葬蒼梧，皇覽謂在零陵營浦縣，尤失之。』梁伯子云：『困學紀聞五引薛氏言蒼梧在海州界，近莒之紀城，亦非。閻伯詩云「海州蒼梧山即山海經之郁州，無舜葬於此之説」。』」○王念孫曰：「魏志二注引此『市』下有『廛』字。」○吴先生曰：「注云『市肆如故』，是以『舜葬於紀』爲句，文義甚明。而注又云『此云於紀市』，『市』爲衍文可知。」**禹葬於會稽，不變人徒。**變，動也。言無所興造，不擾民也。會稽山在會稽山陰縣南。○王念孫曰：「職方氏疏引此作『不煩徒』。案上文『變』字無注，而此云『變，動也』，則『變』字本作『煩』，而後人改之耳。」**是故先王以儉節葬死也，非愛其費也，非惡其勞也，**費，財也。惡猶患也。**以爲死者慮也。**○維遹案：續志注及治要引竝無「慮」字。治要有注，云「爲猶便也」。**先王之所惡，惟死者之辱也。發則必辱，儉則不發，故先王之葬，必儉、必合、必同。何謂合？何謂同？葬於山林則合乎山林，葬於阪隰**○舊校云：「一作『阪阬』。」**則同乎阪隰，此之謂愛人。**

夫愛人者衆，知愛人者寡。謂凡愛死人者之衆，多厚葬之。知所以愛之者寡，言能儉葬者少也。○陶鴻慶曰：「『愛人』皆當作『愛死人』，高注可證。」○維遹案：注「衆」上「之」字，許本、姜本無，與治要引合。故宋未亡而東冢抇，東冢，文公冢也。文公厚葬，故冢被發也。冢在城東，因謂之東冢。齊未亡而莊公冢抇，莊公名購，僖公之父，以葬厚，冢見發。國安寧而猶若此，又況百世之後而國已亡乎？故孝子忠臣親父交友不可不察於此也。夫愛之而反危之，其此之謂乎。使見發掘之謂。○畢沅曰：「續志注作『欲愛而反害之，欲安而反危之，忠臣孝子亦不可以厚葬矣』。」○孫先生曰：「今本固非，續志注所引亦未是也。（續志注引此篇改作甚多。）此文當作『夫愛之而反害之，安之而反危之，其此之謂乎』，今本脱去六字耳。治要引此文正作『夫愛之而反害之，安之而反危之，其此之謂乎』。」詩曰：「不敢暴虎，不敢馮河，人知其一，莫知其他。」此言不知鄰類也。詩小雅小旻之卒章也。無兵搏虎曰暴。無舟渡河曰馮。喻小人而爲政，不可以不敬，不敬之則危，猶暴虎馮河之必死也。人知其一，莫知其他。一非也。人皆知小人之爲非，不知不敬小人之危殆，故曰「不知鄰類也」。○俞樾曰：「『鄰』字衍文也。『此言不知類也』，與孟子告子篇『此之謂不知類』文義正同。鄰、類形似，因譌致衍耳。聽言篇曰『乃不知類矣』，達鬱篇曰『不知類耳』，竝無『鄰』字，足徵此文之衍。」故反以相非，反以相是。其所非方其所是也，其所是方其所非也。方，比。○俞樾曰：「兩『方』字竝『乃』字之誤。言所非乃其所是，所是乃其所非也，故曰『是非未定』。高氏不知『方』字之誤，而訓爲比，迂矣。」是非未定，而喜怒鬭爭，反爲用矣。吾不非鬭，不非爭，非猶罪也。而非所以鬭，非所以爭。故凡鬭爭者，是非已定之用也。今多不先定其是非，而先疾鬬爭，此惑之大者也。○畢沅曰：「『故反以相非』以下，似不二篇之文誤脱於此。」魯季孫有喪，孔子往弔之。入門而左，從客也。主人以璵璠收，喪，季平子意如之喪也。桓子斯在喪位，孔子弔之，入門而左行，故曰從客位也。「主人以璵璠收」，收，斂者也。○孫先生曰：「『客』下脱『位』字。高注云云，是正文本有『位』字明矣。」孔子徑庭而趨，歷級而上，上堂。曰：「以寶玉收，譬之猶暴骸中原也。」璵璠，君佩玉也。昭公在外，平子行君事，入宗廟佩璵璠，故用之。孔子以平子逐昭公出之，其行惡，不當以斂，而反用之，肆行非度，人又利之，必見發掘，故猶暴骸中原也。○梁玉繩曰：「左定五年，季平子卒，陽貨將以璵璠斂，仲梁懷弗與曰：『改步改玉。』此與論衡薄葬篇、三國魏文帝志竝謂爲孔子。」徑庭歷級，非禮也，雖然，以救過也。孔子「拜下，禮也。今拜乎上，泰也，雖違衆，吾從下」，言不欲違禮，亦不欲人之失禮，故歷級也。○陶鴻慶曰：「徑庭者，自西階下越中庭而東也。歷級者，歷阼階之級而上也。禮大斂於阼階上。阼階下，主人主婦宗族子姓之位在焉。惟國君臨喪，得於阼階上視斂。孔子往弔，入門而左，本從客位，當西階下。今以諍言救過，故越中庭至阼階下，歷級而上，斯爲非禮，謂非客禮也。上文云『入門而左，從客也』，正爲此文張本。高注引論語之文爲證，於此無涉。」

安死

四曰：古之人非無寶也，其所寶者異也。孫叔敖疾，將死，戒其子曰：「王數封我矣，孫叔敖，楚大夫蔿賈之子，莊王之令尹也。吾不受也。爲我死，王則封汝，必無受利地。人所貪利之地。

〇畢沅曰：「『爲』字衍，後漢書郭丹傳注引此無。」〇王念孫曰：「爲猶如也。言如我死而王封汝，汝必無受利地也。古或謂如曰爲。管子戒篇『管仲寢疾，桓公往問之，管仲曰「夫江、黄之國近於楚，爲臣死乎，君必歸之楚而寄之」』，言如臣死也。秦策『秦宣太后病，將死，出令曰「爲我葬，必以魏子爲殉」』，言如我葬也。（長見篇魏公叔痤對惠王曰：『臣之御庶子鞅，願王以國聽之也，爲不能聽，勿使出竟。』言如不能聽也。韓子内儲説『荆王新得美女，鄭袖教之曰：「王甚喜人之掩口也，爲近王，必掩口。」』言如近王也。秦策：『公孫衍謂義渠君曰「中國無事於秦，則秦且燒焫獲君之國，中國爲有事於秦，則秦且輕使重幣而事君之國」。』言中國如有事於秦也。）考列子説符篇亦作『爲我死』，則『爲』非衍字明矣。後漢書注引此無『爲』字者，注内引書，例得從省，不可援以爲據也。」〇劉先生曰：「『汝』字當重。列子説符篇、史記滑稽列傳正義引此文並重『汝』字，是其證。淮南子人間篇作『王必封女，女必讓肥饒之地，而受沙石之間』。女與汝同。」〇維遹案：書鈔三十八及渚宫舊事引竝重「汝」字。**楚、越之間有寢之丘者，此其地不利**人不利之。〇畢沅曰：「列子説符篇、淮南人間訓皆作『寢丘』，無『之』字。史記滑稽傳正義引此同。」〇王引之曰：「『有寢之丘』當作『有有寢之丘』，今本脱『有』字。詳言之則曰『有寢之丘』，略言之則曰『寢丘』，故列子作『寢丘』。」〇維遹案：渚宫舊事及御覽百五十九引竝作「寢丘」。**而名甚惡，**惡，謂丘名也。〇畢沅曰：「史記正義引作『而前有垢谷，後有戾丘，其名惡，可長有也』。此見淮南注。此注自謂寢丘名惡，非有缺文。」**荆人畏鬼而越人信賫，**言荆人畏鬼神，越人信吉凶之賫祥，此地名丘，畏惡之名，終不利也。〇吴先生曰：「注『此地名丘』，『丘』上疑奪『寢』字。」**可長有者，其唯此也。」**唯，獨也。**孫叔敖死，王果以美地封其子，而子辭，**〇畢沅曰：「後漢書作『其子辭』。」〇維遹案：淮南亦作「其子辭」。列子作「子辭」，省一「其」字。**請寢之丘，**○梁玉繩曰：「此與列子説符、淮南人間同。韓子喻老謂封敖在未死時。」○維遹案：據淮南「寢」上當有「有」字。**故至今不失。孫叔敖之知，**○維遹案：知同智。墨子書「智」多作「知」。**知不以利爲利矣，**○陶鴻慶曰：「『不以利爲利』，當作『以不利爲利』。上文云『楚、越之間有寢之丘者，此其地不利而名甚惡，荆人畏鬼而越人信賫，可長有者，其唯此也』，是知以不利爲利也。下文『知以人之所惡爲己之所喜』，正承此言。今本『以不』二字誤倒，則非其旨。」○劉師培曰：「『不以利爲利』，書抄三十八引作『可謂以不利爲利』。」**知以人之所惡爲己之所喜，此有道者之所以異乎俗也。**衆人利利，孫叔敖病利，故曰「所以異於俗也」。

五員亡，荆急求之。○維遹案：五、伍古通。渚宮舊事引作「伍」。**登太行而望鄭曰：「蓋是國也，地險而民多知。**登，升也。太行，山名，處則未聞。多知，將問所以自竄也。○畢沅曰：「高氏注淮南地形訓云『太行，在今上黨太行關，直河内野王縣是也』，此何以云『處則未聞』？此山今在河南輝縣西北，與山西澤州相鄰也。」○洪亮吉曰：「常疑太行在河北，與楚、吴絶遠，員何得登之？及考史記伍子胥列傳『子胥自楚奔宋，從太子建奔鄭』，下云『太子建又適晉』，不言與伍胥俱，此蓋史闕略。其實建之適晉，伍胥亦與俱，及自晉與建還鄭之時，登太行望鄭，故有國險而多智數言耳。後因建還鄭謀泄，爲鄭所殺，員又自鄭之許。異寶篇云『胥去鄭之許，見許公而問所之。許公不應，東南嚮而唾。伍胥再拜受教，遂如吴』。越絶書亦言『子胥奔鄭，從横嶺上太行，北望齊、晉』，又言『子胥挾弓矢以逸楚、鄭之間』。合史記、吕覽、越絶書等觀之，員出亡後蹤跡始悉，蓋歷宋、鄭、晉、許四國後乃入吴。左氏文簡質，且要其後言之，故於楚殺尚、奢下即云員如吳也。」其主，俗主也，不足與舉。」舉猶謀也。俗主，不肖凡君。○俞樾曰：「『舉』字衍文也，此當云『其主，俗主也，不足與』。今衍『舉』字者，古與、舉二字通用。周官師氏職曰『王舉則從』，鄭注『故書舉爲與』；史記呂后紀『蒼天舉直』，徐廣曰『舉一作與』，是其證也。疑此文『與』字本或作『舉』，傳寫誤合之，因爲『不足與舉』矣。高注訓舉爲謀，非是。」○吳先生曰：「『不足與舉』，謂不足與之舉事也。『舉』非衍文。高注訓舉爲謀，蓋謂不足與謀，即不足舉事矣。此展轉相訓之例，高注多有之。俞説非。」許公不應，東南鄉而唾。欲令之吳也。五員載拜受賜，曰：「知所之矣。」因如吳。過於荆，至江上，欲涉，涉，渡。見一丈人，丈人，長老稱也。刺小船，方將漁，從而請焉。○維遹案：御覽七百六十九引「漁」作「渡」。史記伍子胥傳云「江上有一漁父乘船」，似「漁」字是。丈人度之，絶江，絶，過。問其名族，族，姓。則不肯告，丈人不肯告。解其劍以予丈人，○舊校云：「『予』一作『獻』。」曰：「此千金之劍也，願獻之丈人。」獻，上也。丈人不肯受，曰：「荆國之法，得五員者，爵執圭，禄萬檐，○畢沅曰：「檐與儋古通用，今作『擔』。」○維遹案：渚宫舊事引作「擔」，李本同。金千鎰。昔者子胥過，吾猶不取，執圭，周禮「侯執信圭」，言爵之爲侯也。萬檐，萬石也。金千鎰，二十兩爲一鎰。不取子胥以受賞也，故曰我何以欲子之千金劍爲。○舊校云：「『猶』一作『尚』。」今我何以子之千金劍爲乎？」○畢沅曰：「舊校云『何』一作『曷』」。梁伯子云『此江上丈人僞言也，因揣知必五員，故作此言以拒之耳』。」五員過於吳，過猶至也。○俞樾曰：「此當作『五員適於吳』，涉上文『過於荆』而誤耳。上文云『因如吳，過於荆』，蓋紀其所經歷，故得言過。若吳則其所如也，不得言過矣。

高注曰『過猶至也』，當作『適猶至也』。莊子天地篇釋文引司馬注曰：『適，至也。』高氏訓適爲至，正與此同，足徵『過』字之誤。」使人求之江上則不能得也，每食必祭之，祝曰：「江上之丈人，天地至大矣，至衆矣，〇維遹案：渚宮舊事引「至衆」上有「人」字。將奚不有爲也而無以爲，爲矣何不有爲，言無不爲也。江上丈人無以爲矣，無以爲，乃大有於五員也，故曰「而無以爲」也。〇畢沅曰：「注當云『乃大有爲於五員也，故曰而無以爲爲也』，脱兩『爲』字。」而無以爲之。〇陳昌齊曰：「『而無以爲之』五字當因上文而誤衍。」〇孫鏘鳴曰：「言人皆有所爲而爲，江上丈人不望報，不立名，是無所爲而爲之，吾將何以爲之名乎？『名』下當重『名』字，屬下『不可得而聞』爲句。」〇俞樾曰：「『而無以爲』四字爲句。『將奚不有爲也，而無以爲』，言人皆有爲而彼獨無爲也。『爲矣而無以爲之』，言雖有爲而仍無爲也。高氏讀『而無以爲爲矣』六字爲句，則上下文皆不成義。」〇陶鴻慶曰：「俞氏雖得其讀，而未得其旨。『將奚不有爲也，而無以爲』，皆指天地言。言天地之德，爲體至大，生物至衆，固無不爲，而實無爲也。『爲矣而無以爲之』與下文『名不可得而聞，身不可得而見，其惟江上之丈人乎』一氣相屬，言惟丈人之有爲而無爲，與天地之德同也。如俞〔一〕説則於文複矣。」名不可得而聞，聞，知也。身不可得而見，求之江上，不能得也。其惟江上之丈人乎！」

宋之野人，耕而得玉，獻之司城子罕，子罕不受。司城，官名。野人請曰：「此野人之寶也，願相國爲之賜而受之也。」子罕曰：「子以玉爲寶，我以不受爲寶。」〇王念孫曰：「『不受』當

〔一〕「俞」，原作「愈」，據讀諸子札記改。

作『不愛』，此涉上文『不受』而誤。」○維遹案：王説非是。韓非喻老篇：「子罕曰：『爾以玉爲寶，我以不受子玉爲寶。』」呂文本之，省「子玉」二字。故宋國之長者曰：「子罕非無寶也，所寶者異也。」

今以百金與摶黍以示兒子，兒子，小兒。兒子必取摶黍矣。以龢氏之璧與百金以示鄙人，鄙人必取百金矣。○焦循曰：「春秋繁露身之養重於義篇『握棗與錯金以示嬰兒，嬰兒必取棗而不取金也。握一斤金與千萬之珠以示野人，野人必取金而不取珠也』。抱朴子官理篇『髫孺背千金而逐蛱蜨，越人棄八珍而甘鼃黽』。以握棗例摶黍，則黍爲黄米。以蛱蜨例之，則摶黍亦可爲黄鳥矣。」○維遹案：焦氏引繁露原作「精華篇」，誤，今改正。以龢氏之璧、道德之至言以示賢者，賢者必取至言矣。○陶鴻慶曰：「『道德之至言』上當有『與』字。上文云『以百金與摶黍以示兒子，兒子必取摶黍矣。以龢氏之璧與百金以示鄙人，鄙人必取百金矣』。皆有『與』字，此文例亦當同。」○孫先生曰：「新序節士篇正有『與』字。」其知彌精，其所取彌精。其知彌觕，其所取彌觕。精，微妙也。觕，麤疏也。

異寶

五曰：萬物不同，而用之於人異也，○陳昌齊曰：「據通篇文義，當衍『不』字。」○陶鴻慶曰：「『不』字不當有。淮南説林訓云『柳下惠見飴曰「可以養老」，盜跖見飴曰「可以黏牡」，見物同而用之異』，義即本此。衍『不』字，則非其旨矣。」此治亂存亡死生之原。原，本。故國廣巨，兵彊富，○舊校云：「一作『充富』。」未必安也；尊貴高大，未必顯也，在於用之。桀、紂用其材而以成其亡，湯、武用其材而以成其王。

湯見祝網者，置四面，置，設。其祝曰：「從天墜者，墜，隕也。從地出者，從四方來者，皆離吾網。」湯曰：「嘻！盡之矣。非桀其孰爲此也？」孰，誰也。湯收其三面，○畢沅曰：「舊校云『收』一作『放』。孫云『李善注文選張平子東京賦、揚子雲羽獵賦引此「收」竝作「拔」，舊校當是「一作拔」』。」置其一面，更教祝曰：「昔蛛蝥作網罟，今之人學紓。紓，緩。○畢沅曰：「賈誼書諭誠篇『蛛蝥作網，今之人循緒』。舊本『蝥』作『螯』，誤。紓疑與杼通，注訓爲緩，非是。」○維遹案：文選左太沖魏都賦注引作「今之人學之」，殆以義改。欲左者左，欲右者右，欲高者高，欲下者下，吾取其犯命者。」漢南之國聞之曰：「湯之德及禽獸矣。」漢南，漢水之南。四十國歸之。○畢沅曰：「梁仲子云『李善注東京賦作三十國』。」人置四面，未必得鳥。湯去其三面，置其一面，以網其四十國，非徒網鳥也。徒猶但也。

周文王使人抇池，得死人之骸，○維遹案：御覽八十四引「池」作「地」。吏以聞於文王，○維遹案：聞猶問也。聞、問古通用。論語公冶長篇「聞一知十」，本或作「問」。荀子堯問篇「不聞即物少至」，楊倞注「聞或作問」，是其比。文王曰：「更葬之。」吏曰：「此無主矣。」文王曰：「有天下者，天下之主也。有一國者，一國之主也。今我非其主也？」○畢沅曰：「也與邪古通用，御覽八十四作『邪』。」遂令吏以衣棺更葬之。天下聞之曰：「文王賢矣，澤及髊骨，骨有肉曰髊，無曰枯。又況於人乎！」或得寶以危其國，文王得朽骨以喻其意，喻，說。說民意也。故聖人於物也無不材。材，用也。

孔子之弟子從遠方來者，孔子荷杖而問之曰：「子之公不有恙乎？」搏杖而揖之，問曰：「子之父母不有恙乎？」置杖而問曰：「子之兄弟不有恙乎？」杙步而倍之，問曰：「子之妻子不有恙乎？」〇畢沅曰：「孫云『御覽七百十「公」作「父」，下無「父」字，「搏杖」作「持杖」，「杙步而倍之」作「杖步而倚之」』。廣韻『杖』字下引云『孔子見弟子，抱杖而問其父母，柱杖而問其兄弟，曳杖而問其妻子，尊卑之差也』，蓋約此文。」〇梁玉繩曰：「賈子容經篇載此事作子贛謁孔子。」〇俞樾曰：「『搏杖』即『扶杖』也。尃聲、夫聲相近，故義得通。釋名釋言語曰：『扶，傅也，傅近之也。』是其例矣。」故孔子以六尺之杖，諭貴賤之等，辨疏親之義，又況於以尊位厚禄乎？

古之人貴能射也，以長幼養老也。禮，射中飲不中，故所以長幼養老也。今之人貴能射也，以攻戰侵奪也。其細者以劫弱暴寡也，以遏奪爲務也。仁人之得飴，飴，餳。以養疾侍老也。侍亦養也。〇王念孫曰：「正文及注内兩『侍』字皆當爲『持』，持老謂養老也。長見篇曰『申侯伯善持養吾意』，管子明法篇曰『小臣持禄養交，不以官爲事』，墨子天志篇曰『内有以食飢息勞，持養其萬民』，荀子勸學篇曰『除其害者以持養之』，榮辱篇曰『以相羣居，以相持養』，議兵篇曰『高爵豐禄以持養之』，是持與養同義，故注云『持亦養也』。」跖與企足得飴，以開閉取楗也。跖，盜跖；企足，莊蹻也，皆大盜人名也。以飴取人楗牡，開人府藏，竊人財物者也。〇畢沅曰：「淮南説林訓『柳下惠見飴曰「可以養老」，盜跖見飴曰「可以黏牡」，見物同而用之異』，注：『牡，門户籥牡。』此云楗即牡也。黏牡使之無聲，又開之滑易也。」〇梁玉繩曰：「莊蹻字企足，僅見此。」〇維遹案：正文及注「企足」二字竝當作「蹻」。「蹻」俗書作「蹻」，「乔」與「企」形近，遂錯分爲二字，非「企足」爲「蹻」之字也。緣古書中多以跖、蹻竝舉，淮南主術篇「明分以示之，則蹠、蹻之姦止矣」，高注謂「蹻，莊蹻」，與此注例同。困學紀聞十七引此正作「仁人得飴，以養疾侍老也。跖、蹻得飴，以開閉取楗也」，是其證。

異用

呂氏春秋集釋卷第十一

榮成許維遹學

呂氏春秋訓解 高氏

仲冬紀第十一 至忠 忠廉 當務 長見

一曰：仲冬之月，日在斗，仲冬，夏之十一月。斗，北方宿，吳之分野。是月，日躔此宿。○畢沅曰：「淮南天文訓斗屬越。」昏東壁中，旦軫中。東壁，北方宿，衛之分野。軫，南方宿，楚之分野。是月昏旦時，皆中於南方。其日壬癸，其帝顓頊，其神玄冥，其蟲介，其音羽，說在孟冬。律中黃鐘，黃鐘，陽律也。竹管音與黃鐘和也。陽氣聚於下，陰氣盛於上，萬物萌聚於黃泉之下，故曰黃鐘也。其數六，其味鹹，其臭朽，其祀行，祭先腎。冰益壯，地始坼，立冬後三十日大雪節，故冰益壯，地始坼，凍裂也。鶡鴠不鳴，虎始交。鶡鴠，山鳥，陽物也。是月陰盛，故不鳴也。虎乃陽中之陰也，陰氣盛，以類發也。○畢沅曰：「『鶡鴠』月令古本作『曷旦』，今本作『鶡旦』，淮南作『鳱鴠』。」○維遹案：玉燭寶典引作「曷旦」，與月令古本合。天子居玄堂太廟，太廟，中央室也。乘玄輅，駕鐵驪，載玄旂，衣黑衣，服玄玉，食黍與彘，其器宏以弇。說在孟冬。命有司曰：「土事無作，無發蓋藏，無起大衆，以固而閉。」有司，於周禮爲司徒，掌建邦之土地，主地圖與民人之教，故命之也。**發蓋藏，起大衆，地氣且泄，是謂發天地之房，**房，所以閉藏也。○畢沅曰：「『且泄』，古本月令同，今本作『沮泄』，釋文不爲『沮』作音，注、疏亦無解，然則『沮』字非也。音律篇亦作『陽氣且泄』。」○俞樾曰：「『以固而閉』本作『以固天閉地』，『地氣且泄』本作『陽氣且泄』，音律篇曰『黄鐘之月，土事無作，慎無發蓋，以固天閉地，陽氣且泄』，是其證也。月令作『以固而閉，地氣且泄』，乃奪『陽』字，又誤『天』字爲『而』字耳。後人據月令以改此文，幸音律篇未改，尚可訂正。説詳羣經平議。」**諸蟄則死，民多疾疫，又隨以喪，**發泄陰氣，故蟄伏者死，民疾以喪亡也。○孫先生曰：「注『發泄陰氣』于義不合，『陰』當作『陽』，字之誤也。是月陰氣用事，故陰氣在上，陽氣在下。若發蓋藏，起大衆，必發泄陽氣，與時令不合，故諸蟄伏者必死，民多疾疫。若作『陰氣』，不可通矣。月令孔疏云『土事毋作，慎毋發蓋者，爲陰氣凝固，陽須閉藏，若起土功，開蓋物，發室屋，起大衆，開泄陽氣，故下云諸蟄則死，人則疾疫也』，是其證。御覽二十八引正作『陽』，當據正。」**命之曰暢月。**陰氣在上，民人空閑，無所事作，故命之曰暢月也。

是月也，命閹尹，申宫令，審門閭，謹房室，必重閉。閹，宫官。尹，正也。於周禮爲宫人，掌王之六寢，故命之。申宫令，審門閭，謹房室，必重閉，皆所以助陰氣也。○畢沅曰：「『門閭』蔡邕月令説作『門闈』，云：『閹尹者，内官也，主宫室出入宫門。宫中之門曰闈，閹尹之職也。閭，里門，非閹尹所主，知當作「闈」。』見月令問荅。」**省婦事，毋得淫，雖有貴戚近習，無有不禁。**淫則禁之，尊卑一者也。**乃命大酋，秫稻必齊，麴糱必時，**大酋，主酒官也。酋醞米麴，使之化熟，故謂之酋。於周禮爲酒正，掌酒之政令，以式法度授酒材，辨五齊之名。秫與稻必得其齊，麴與糱必得其時，則酒善也。○畢沅曰：「注『酋醞米麴』及『故謂之酋』兩『酋』字舊本皆作『酒』，訛。又『麴與糵必得其時」，舊無『與』字。案上云『秫與稻』，則此亦當相配，且與下注數六物相合也。又舊本疊『得其時』三字，案亦衍文，今去之。」○凌曙曰：「酒字從酉。釋名：『酒，酉也。』説文：『酉，就也。八月黍成，可爲酎酒。』『酋，繹酒。從酉，水半見於上。』酒久則水上見而糟少也，故月令鄭注『大酋者，酒官之長也』，疏『酋者，久遠之稱』，則是久熟者善，故名酒官爲大酋。揚子方言『自河以北，趙、魏之間，久熟曰酋』，故酒久熟亦謂之酋。」**湛饎必潔，水泉必香，**湛，漬也。饎，炊也。香，美也。炊必清潔，水泉善則酒美也。湛讀瀋釜之瀋。饎讀熾火之熾也。○畢沅曰：「『瀋釜』未詳。陸德明音子廉反，異於高讀。」○維遹案：注「水泉善則酒美也」當云「水泉美則酒善也」，善、美二字誤倒其次。注訓香爲美，則水泉香即宜訓爲水泉美，方與文例合。上注「麴與糵必得其時，則酒善也」，此注亦不應獨異。淮南注正作「水泉美則酒善也」。**陶器必良，火齊必得，兼用六物。大酋監之，無有差忒。**陶器，瓦器也。六物，秫、稻、麴、糵、水、火也。大酋監之，皆得其齊，故無有差忒也。○俞樾曰：「上文『秫稻必齊，麴糵必時，湛饎必潔，水泉必香，陶器必良，火齊必得』，正是六物。故月令正義曰：『六物者，秫稻一，麴糵二，湛熾三，水泉四，陶器五，火齊六也。』其義明白，自可無疑。而高氏此注曰『六物，秫、稻、麴、糵、水、火也』，則與上文不合。疑高注本曰『六物，秫稻、麴糵、湛饎、水泉、陶器、火齊也』，傳寫有奪文耳。」**天子乃命有司，祈祀四海大川名原淵澤井泉。**皆有功於人，故祈祀之也。

是月也，農有不收藏積聚者，牛馬畜獸有放佚者，取之不詰。詰，誅也。○維遹案：取之不詰者，警戒其失主也，竝無誅罪。注「誅」字當是「讓」之形誤，處方〔一〕篇注「詰，讓」可證。淮南注「詰，呵問」與讓義正合。

山林藪澤，無水曰藪。有水曰澤。**有能取疏食田獵禽獸者，野虞教導之。**草實曰疏食。野虞，掌山澤之官也，故教導之也。**其有侵奪者，罪之不赦。**必罰之也。○孫先生曰：「周書月令篇、禮記月令、淮南子『侵』上竝有『相』字，疑此文誤脱『相』字。」

是月也，日短至，冬至之日，晝漏水上刻四十五，夜水上刻五十五，故曰日短至。在牽牛一度也。**陰陽爭，諸生蕩。**陰氣在上，微陽動升，故曰爭也。諸蟄伏當生者皆動摇也。○畢沅曰：「鄭注月令云：『蕩謂物動將萌牙也。』」**君子齋戒，處必弇，身欲寧，去聲色，禁嗜慾，安形性，**弇，深邃也。寧，靜也。聲，五聲也。色，五色也。屏去之，崇寂靜也。陰陽方爭，嗜慾咸禁絶之，所以安形性也。○畢沅曰：「處必弇，以其所居言之。今月令作『處必揜身』，蓋與仲夏文相涉而更誤矣。」**事欲靜，以待陰陽之所定。**定猶成也。**芸始生，荔挺出，蚯蚓結，麋角解，水泉動。**芸，蒿菜名也。荔，馬荔。挺，生出也。蚯蚓，蟲也。結，紆也。麋角解墮，水泉湧動，皆應微陽氣也。○畢沅曰：「鄭注月令云『荔挺，馬䪥也』，與此異。」○維遹案：顔氏家訓書證篇謂「説文云『荔似蒲而小，根可爲韉』，廣雅云『馬薤，荔也』，通俗文亦云『馬藺』，然則月令注『荔挺』爲草名，誤矣。江東呼爲旱蒲。」案蒲、藺、䪥竝以葉形得名。荔、藺一聲之轉。吾鄉稱此草爲馬楝，是由馬䪥而轉者矣。**日短至則伐林木，取竹箭。**是月也，竹木

〔一〕「方」，原作「分」，形近而譌，今改。

調牣，又斧斤入山林之時也，故伐取之也。○畢沅曰：「周禮地官『山虞，仲冬斬陽木，仲夏斬陰木』，鄭注云『堅濡調』，此注調意正同。又牣與韌、刃、忍古皆通用。有取柔韌者，此則取其堅韌也。汪本乃改作『調均』，非是。」

是月也，可以罷官之無事者，去器之無用者。塗闕庭門閭，闕，門闕也，於周禮爲象魏。門閭皆塗塞，使堅牢也。**築囹圄，此所以助天地之閉藏也。**

仲冬行夏令則其國乃旱，氣霧冥冥，雷乃發聲。夏火炎上，故其國旱也。清濁相干，氣霧冥冥也。夏氣發泄，故雷動聲也。○畢沅曰：「『氣霧』月令作『氛霧』，此疑訛。」○維遹案：畢説是。淮南「氣」亦作「氛」，注同。**行秋令則天時雨汁，瓜瓠不成，國有大兵。**秋，金，水之母也。冬節白露，故雨汁也。金用事以干水，故瓜瓠不成，有大兵來伐之也。○維遹案：注「金」下脱一「氣」字，淮南注可證。季秋紀注云：「秋，金氣，水之母也。」**行春令則蟲螟爲敗，水泉減竭，民多疾癘。**春，木氣。木生蟲，故蟲螟爲敗。食穀心曰螟。陽氣炕燥，故水泉減竭也。水木相干，氣不和，故民多疾癘也。○畢沅曰：「月令『減』作『咸』，古通用。左傳『咸黜不端』，正義云：『諸本或作減。』又『不爲末減』，王肅注家語云『左傳作咸』。梁仲子云『羣經音辨咸有胡斬切，一音消也。史記索隱司馬相如傳「上減五，下登三」，韋昭説作「咸」』。又『疾癘』月令作『疥癘』。」

仲冬紀

二曰：至忠逆於耳，倒於心，倒亦逆也。○楊德崇曰：「『至忠』當作『忠言』，言、至二字形近而譌，校者復以小題爲『至忠』，遂乙轉『忠至』爲『至忠』。下注云『賢主説忠言』，是正文原作『忠言』明矣。下文『夫惡聞忠言，乃自伐之精者也』，即承此而言。史記留侯世家有『忠言逆耳利於行』語。」**非賢主其孰能聽之？**聽，受也。**故賢主之所説，不肖主之所誅也。**賢主説忠言也，不肖主反之。春秋傳曰：「忠爲令德，非其人則不可，況不令之尤者乎？」故被不肖主之所誅也。**人主無不惡暴劫者，而日致之，惡之何益？**日致爲暴劫之政也。孟子曰「惡溼而居下」，故曰「惡之何益」也。○維遹案：注「溼」字張本作「濕」，與今本孟子合。**今有樹於此，而欲其美也，**美，茂也。○維遹案：注「茂」字原作「成」，改從張本、姜本。太玄注「美，茂也」，其比同。**人時灌之，則惡之，**惡其灌之。**而日伐其根，則必無活樹矣。**○俞樾曰：「『日』當作『自』，字之誤也。此句『自』字與上句『人』字正相對。下文曰『夫惡聞忠言，乃自伐之精者也』，即承此言之，足徵『日伐』之當作『自伐』矣。」**夫惡聞忠言，乃自伐之精者也。**精猶甚。甚於自伐其根者也。

荊莊哀王獵於雲夢，荊莊哀王，考烈王之子，在春秋後。雲夢，楚澤也，在南郡華容也。○畢沅曰：「此楚莊王也，不當有『哀』字。説苑立節篇、渚宮舊事、御覽八百九十皆作『楚莊王』，是穆王子也。或有作『莊襄王』者，亦誤。」**射隨兕，中之。申公子培劫王而奪之。**隨兕，惡獸名也。子培，申邑宰也。楚僭稱王，邑宰稱公也。以殺隨兕者之凶，故劫奪王，代王受殃也。○畢沅曰：「『隨兕』説苑作『科雉』。」**王曰：「何其暴而不敬也？」命吏誅之。**下陵其上謂之暴。誅之，誅子培也。**左右大夫皆進諫曰：「子培，賢者也，又爲王百倍之臣，此必有故，願察之也。」**子培之賢，百倍於人，必有所爲故也，故曰「願王察之也」。○孫先生曰：「『願』下本有

『王』字，而今本脱之。高注『故曰願王察之也』，是正文本有『王』字明矣。渚宮舊事正作『願王察之』。」不出三月，子培疾而死。爲代王殺隨兕，故死也。荆興師，戰於兩棠，大勝晉，兩棠，地名也。荆尅晉負，故曰大勝。○孫先生曰：「渚宮舊事及御覽八百九十引『師』下並有『與晉』二字，此蓋後人因下句有『大勝晉』之語，刪去『與晉』二字，其實不相干也。」○維遹案：説苑立節篇云：「邲之戰，楚大勝晉。」賈誼新書先醒篇云：「楚莊王南與晉人戰於兩棠。」鹽鐵論險固篇云：「楚有汝淵、滿堂之固。」「滿」爲「兩」壞，堂、棠聲同，是兩棠爲楚地名。此可補左宣十二年傳邲之戰。歸而賞有功者。申公子培之弟進請賞於吏曰：「人之有功也於軍旅，臣兄之有功也於車下。」於王車下，奪王隨兕，所以代王死之，兄有是功。○畢沅曰：「舊本『請賞於』下脱『吏曰人之有功也於』八字，又『軍旅』下衍『曰』字，今據御覽刪補。」○維遹案：説苑「吏」字作「王」，義勝。王曰：「何謂也？」對曰：「臣之兄犯暴不敬之名，觸死亡之罪於王之側，其愚心將以忠於君王之身，而持千歲之壽也。忠猶愛也。持猶得也。忠愛君上，犯奪隨兕，是代君王受死亡之殃，使君王得千歲之壽也。○王念孫曰：「持猶保也。」臣之兄嘗讀故記曰：『殺隨兕者，不出三月。』故記，古書也。比三月必死，故曰「不出」也。○維遹案：説苑作「不出三月必死」。是以臣之兄驚懼而爭之，驚懼王壽之不長，故與王爭隨兕而奪王也。故伏其罪而死。」罪，殃也。王令人發平府而視之，於故記果有，乃厚賞之。平府，府名也。賞之，賞子培之弟也。申公子培，其忠也可謂穆行矣。穆，美也。穆行之意，人知之不爲勸，人不知不爲沮，勸，進。沮，止也。行無高乎此矣。

齊王疾痏，齊王，湣王也，宣王之子。痏，病痏也。○畢沅曰：「梁仲子云：『論衡道虚篇作「齊王病痏」』。痏蓋即周禮天官疾醫之所謂「痟首」也。』盧云：『案痟首常有之疾，未必難治，此或與消渴之消同。李善注文選張景陽七命又引作「病痟」。』」使人之宋迎文摯。文摯至，視王之疾，謂太子曰：「王之疾必可已也。已猶愈也。雖然，王之疾已，則必殺摯也。」太子曰：「何故？」文摯對曰：「非怒王怒讀如强弩之弩。○畢沅曰：「日抄引作『弩激之弩』。」則疾不可治，○畢沅曰：「孫云：『御覽六百四十五「治」作「活」，與下「文摯非不知活王之疾」合。』」怒王則摯必死。」○孫先生曰：「『怒王』當作『王怒』。上文云『非怒王則疾不可治』，由文摯而激王之怒以治疾，其主在文摯，其賓在王，故曰『怒王』。此語王怒而必殺摯，其主在王，其賓在文摯，故曰『王怒』。同爲文摯言，而語氣迥異，到作『怒王』，失之遠矣。御覽六百四十五又七百二十四引竝作『王怒』，論衡道虚篇同，當乙正。」太子頓首彊請曰：「苟已王之疾，臣與臣之母以死爭之於王，王必幸臣與臣之母，幸，哀也。願先生之勿患也。」文摯曰：「諾。請以死爲王。」爲，治也。與太子期，而將往不當者三，三不如期也。齊王固已怒矣。文摯至，不解屨登牀，履王衣，問王之疾，王怒而不與言。故不解屨以履王衣，欲令王怒也。王果甚怒，不與文摯言也。文摯因出辭以重怒王，○梁玉繩曰：「三國魏志華佗傳：『有一郡守篤病，佗以爲其人盛怒則差，乃多受其貨而不加治。無何，棄去，留書罵之。郡守果大怒，令人追捉殺佗。郡守子知之，屬使勿逐。守瞋恚既甚，吐黑血數升而愈。』此實事，與摯怒齊王類。」王叱而起，疾乃遂已。已猶愈也。○維遹案：注「猶」字原作「除」，改從姜本，與前注合。王大怒不說，○俞樾曰：「『大怒不說』，於文似複而非複也。說之言解也。詩氓篇「猶可説也」，鄭箋曰：「説，解也。」禮記檀弓篇「天下其孰能説之」，鄭注曰：「説猶解也。」然則大怒不説猶大怒不解耳。」將生烹文摯。太子與王后急爭之而不能得，果以鼎生烹文摯。爨之三日三夜，顔色不變。變，毀也。文摯曰：「誠欲殺我，則胡不覆之，以絶陰陽之氣。」王使覆之，文摯乃死。夫忠於治世易，忠於濁世難。賢君賞忠臣，故曰易也。亂主殺之，故曰難也。文摯非不知活王之疾而身獲死也，獲，得也。爲太子行難以成其義也。爲太子故，行其所難也。死之，以成太子孝敬之義也。○畢沅曰：「此事姑妄聽之而已。」

至忠

三曰：士議之不可辱者大之也，議，平也。平之不可得污辱者，士之大者也。○孫鏘鳴曰：「議讀曰義，謂爲士者義不可辱，視義甚大也。視義甚大則富貴不足尊，故下言『大之則尊於富貴』。」注議讀如字，曲爲之説，未安。」○吴先生曰：「議，平也。平爲平論之平，即今所云名節，亦今所謂名譽、人格等。大之也，謂士視此事甚重大。（他人小之，士自視則大。）注非。」大之則尊於富貴也，利不足以虞其意矣。虞猶回也。○洪頤煊曰：「虞無回訓。虞與娱同。莊子讓王篇『許由虞於潁濱〔一〕』，釋文：『虞本作娱。』孟子盡心『驩虞如也』，丁音：『驩虞，義當作歡娱，古

〔一〕「潁濱」，莊子作「潁陽」。

字通用耳。』」雖名爲諸侯，實有萬乘，不足以挺其心矣。挺猶動也。誠辱則無爲樂生。言誠可欲得辱，則無用生爲，故曰「無爲樂生」也。○畢沅曰：「注『欲』字疑衍。」若此人也，有勢則必不自私矣，處官則必不爲汙矣，將衆則必不撓北矣。北，走也。忠臣亦然。苟便於主利於國，無敢辭違，殺身出生以徇之。出猶去。去生必死也。徇猶衛也。○畢沅曰：「注『衛也』疑『從也』之訛，見下注。」○俞樾曰：「『出生』二字義甚迂曲，疑當作『出身殺生以徇之』。誠廉篇曰『此二士者，皆出身棄生以立其意』，亦以『出身』二字連文可證。」○吴先生曰：「『出生殺身』與『出身棄生』互文也，俞校不可從。」又曰：「注『殉，衛也』，爲展轉相訓之例，高注類此者多，畢校非。」國有士若此，則可謂有人矣。若此人者固難得，言得之難。其患雖得之有不智。其患者，當其難也，雖得踐其難，踐其難必死，故曰「有不智」也。○畢沅曰：「若此士者，得之固難，幸而得之矣，又患在於人主不能知之，所謂以衆人遇之也。注殊失本意。有與又同，智讀曰知，墨子書皆如是。」○維遹案：畢讀有、智爲又、知，甚是。惟「其患」下當有「者」字，高注云云，是正文本有「者」字明矣。上文「若此人者」指國士言，此云「其患者」指人主言。下出二例，即證此所謂「其患者雖得之有不智」也。

吴王欲殺王子慶忌而莫之能殺，吴王，闔廬光，篡庶父僚而即其位。慶忌者，僚之子也，故欲殺之。慶忌有力捷疾，而人皆畏之，無能殺之者。吴王患之。要離曰：「臣能之。」吴王曰：「汝惡能乎？惡，安也。吾嘗以六馬逐之江上矣而不能及，射之矢，左右滿把而不能中。今汝拔劍則不能舉臂，上車則不能登軾，汝惡能？」要離曰：「士患不勇耳，奚患於不能？王誠能助，臣請必能。」吴王曰：「諾。」明旦，加要離罪焉，摯執妻子，焚之而揚其灰。吴王僞加要離罪，燒其妻子，揚其灰。○畢沅曰：「孫云：『李善注文選鄒陽獄中上書作「執其妻子，燔而揚其灰」。』」○維遹案：摯當讀爲縶，摯、縶皆從執聲，故可通假。要離走，往見王子慶忌於衛。○畢沅曰：「左氏哀廿年傳云：『慶忌適楚。』此與吴越春秋皆云在衛。」王子慶忌喜曰：「吴王之無道也，子之所見也，諸侯之所知也，今子得免而去之，亦善矣。」要離與王子慶忌居有間，謂王子慶忌曰：「吴之無道也愈甚，請與王子往奪之國。」王子慶忌曰：「善。」乃與要離俱涉於江。涉，渡也。中江，拔劍以刺王子慶忌。王子慶忌捽之，投之於江，浮則又取而投之，○畢沅曰：「孫云：『李善注文選郭景純江賦「捽之」作「捽而」，「浮則」作「浮出」。』」○維遹案：説文：「捽，持頭髮也。」如此者三。其卒曰：「汝天下之國士也，幸汝以成而名。」幸，活。而，汝。○孫鏘鳴曰：「卒猶終也。介立篇『其卒遞而相食』，義同。」要離得不死，歸於吴。吴王大説，請與分國。要離曰：「不可。臣請必死。」吴王止之。要離曰：「夫殺妻子焚之而揚其灰，以便事也，臣以爲不仁。便猶成也。夫爲故主殺新主，臣以爲不義。○畢沅曰：「此文訛。案吴越春秋：『爲新君而殺故君之子，非義也。』」○徐時棟曰：「國策並載其語，文義止同。而畢沅以爲誤，是書不誤，而校者反誤也。」又曰：「義各有當，文不訛也。要離既事慶忌，即新主矣，夫非爲故主殺新主乎？轉較吴越春秋之説爲義長也。」夫捽而浮乎江，三入三出，特王子慶忌爲之賜而不殺耳，特猶直也。臣已爲辱矣。夫不仁不義又且已辱，不可以生。」吴王不能止，果伏劍而死。果，終也。要離可謂不爲賞動矣。故臨大利而不易其義，可謂廉矣。廉故不以貴富而忘其辱。不忘其妻子燒死之辱，以取吴國之貴富也。

衛懿公有臣曰弘演，有所於使。懿公，衛惠公之子赤也。演讀如胤子之胤。翟人攻衛，○維遹案：韓詩外傳七作「衛懿公之時，有臣曰洪演者，受命而使，未反，而狄人攻衛」。其民曰：「君之所予位禄者鶴也，所貴富者宫人也，君使宫人與鶴戰，余焉能戰！」魯閔二年傳曰：「狄人伐衛，衛懿公好鶴，鶴有乘軒者。將戰，國人受甲者皆曰：『使鶴，鶴有禄位，余焉能戰？』」此之謂也。遂潰而去。翟人至，及懿公於榮澤，○畢沅曰：「左傳、韓詩外傳七竝作『熒澤』，當從之。」殺之，盡食其肉，獨捨其肝。弘演至，報使於肝，畢，呼天而啼，盡哀而止，○孫先生曰：「初學記十七引『啼』作『號』，韓詩外傳七、新序義勇篇亦竝作『號』，疑『號』字是。」曰：「臣請爲襮。」因自殺，先出其腹實，内懿公之肝。襮，表也。納公之肝於其腹中，故曰「臣請爲襮」者也。○黄生曰：「『襮』即古『表』字。表，外衣也。弘演剖胸納公之肝，言不忍使其暴露，如以衣襲之也。」桓公聞之曰：「衛之亡也，以爲無道也。今有臣若此，不可不存。」於是復立衛於楚丘。弘演可謂忠矣，殺身出生以徇其君。出，去也。去生就死，以徇從其君。非徒徇其君也，又令衛之宗廟復立，祭祀不絶，可謂有功矣。

忠廉

四曰：辨而不當論，信而不當理，勇而不當義，法而不當務，惑而乘驥也，狂而操吴干將也，大亂天下者，必此四者也。四者，辨、信、勇、法也。惑而乘驥，必失其道。吴干將，利劍也，狂而操之，必殺害人。故曰「亂天下者，必此四者也」。○維遹案：辨與辯古通，荀子書皆如是。張本、凌稚隆本正作「辯」，注及下文同。所貴辨者，爲其由所論也。所貴信者，爲其遵所理也。○陶鴻慶曰：「『所論』、『所理』兩所字皆衍文。論與倫同，倫亦理也。下文云：『所貴勇者，爲其行義也。所貴法者，爲其當務也。』此文例亦當同。」所貴勇者，爲其行義也。所貴法者，爲其當務也。

跖之徒問於跖曰：「盜有道乎？」跖，大盜之人。徒，其弟子。跖曰：「奚啻其有道也！夫妄意關内，關，閉也。中藏，聖也。以外知内，此幾於聖也。○畢沅曰：「『妄意關内』，於文已足，不當復有『中藏』字。淮南道應訓作『意而中藏者，聖也』。疑後人以淮南之文旁注『關内』下，後遂誤入正文。」○孫先生曰：「畢校非也。莊子胠篋篇作『夫妄意室中之藏，聖也』，莊書『之』字亦當作『中』。上『中』字讀如『允執厥中』之中，下『中』字讀如『億則屢中』之中，成疏可證。此蓋緣後人於重疊之文記以『：』字，遂誤作『之』，吕氏、淮南竝不誤也。妄意關内者，妄度門内之財物。（意與億同，度也。説文：『關，以木横持門户也。』周禮司關注：『關，界上之門也。』是關内即門内。高訓爲閉，未得其旨。）意而中藏者，揣度而竟中其藏也，義亦明順。畢氏誤讀中爲中内之中，故謂『中藏』爲衍文，遂使莊、吕及淮南之文竝不可通，斯爲謬矣。」入先，勇也。出後，義也。知時，智也。分均，仁也。不通此五者，而能成大盜者，天下無有。」無有成大盜者。備説非六王五伯，備，具也。説，道也。非者，譏呵其闕也。六王，謂堯、舜、禹、湯、文、武也。五伯，齊桓、晉文、宋襄、楚莊、秦繆也。以爲「堯有不慈之名，不以天下與胤子丹朱，而反禪舜，故曰「有不慈之名」也。○馬叙倫曰：「莊子盜跖篇亦云『堯不慈』，釋文亦云『不授子也』。尋盜跖篇又云『堯殺長子』，韓非說疑云『記曰堯誅丹朱』，則不慈謂殺子也。」**舜有不孝之行，**詩云：「娶妻如之何？必告父母。」堯妻舜，舜遂不告而娶，故曰「有不孝之行」也。**禹有淫湎之意，**禹甘旨酒而飲之，故曰「有淫湎之意」。**湯、武有放殺之事，**成湯放桀於南巢，周武殺殷紂於宣室，故曰「有放殺之事」。**五伯有暴亂之謀，**五伯爭國，骨肉相殺，以大兼小，故曰「有暴亂之謀」。**世皆譽之，人皆諱之，惑也」。**世稱六王之聖，五伯之賢，而人諱其放殺暴亂之謀。論語曰：「愛之欲其生，惡之欲其死。既欲其生，又欲其死，惑也。」此之謂也。○畢沅曰：「注引論語殊不切。」**故死而操金椎以葬曰：「下見六王五伯，將敲其頭矣。」辨若此，不如無辨。**敲音㱿，擊也。辨說六王、五伯之闕，而欲見敲其頭。辨如此，不若無辨也。○畢沅曰：「『敲』舊本作『㲉』，注『音㱿』作『音殸』，又一本作『音㲉』，竝訛。段云『說文：「敲，擊頭也。口卓切」』。錢詹事云：『殸不成字，當爲㱿之譌。說文「㱿，从上擊下也」。』孫氏說同。盧案：『廣韻㱿、敲竝苦角切，是其音正同也。』今俱改正。」○吳汝綸曰：「『㲉』字諸公多妄改。注『音殸』，乃古字之覩存者。古告、高多相通，鵠借爲鶴，皓借爲皜，然則殸殆敲之借字也。」

楚有直躬者，其父竊羊而謁之上，謁，告也。上，君也。語曰：「葉公告孔子曰：『吾黨有直躬者，其父攘羊而子證之。』」此之謂也。○維遹案：孔安國解「直躬」謂「直身而行」，經師多從其說，遂以呂覽爲人姓名非是。惟武億據莊子、淮南、三國志注定呂覽非誤，說見羣經義證。**上執而將誅之。直躬者請代之。將誅矣，告吏曰：「父竊羊而謁之，不亦信乎？父誅而代之，不亦孝乎？信且孝而誅之，國將有不誅者**

乎？」言淫刑以逞，誰能免之？故曰「國將有不誅者乎」？荆王聞之，乃不誅也。孔子聞之曰：「異哉！直躬之爲信也，一父而載取名焉。」故直躬之信，不若無信。父爲子隱，子爲父隱，直在其中矣。信而證父，故曰「不若無信」也。

齊之好勇者，其一人居東郭，其一人居西郭，卒然相遇於塗曰：「姑相飲乎？」觴數行，觴，爵也。曰：「姑求肉乎？」一人曰：「子，肉也；我，肉也，尚胡革求肉而爲？革，更也。於是具染而已。」染，豉醬也。因抽刀而相啖，至死而止。勇若此，不若無勇。傳曰：「酒以成禮，弗繼以淫。」勇而相噬，無禮之甚，故曰「不若無勇」。○畢沅曰：「注迂甚。」

紂之同母三人，其長曰微子啟，其次曰中衍，○梁玉繩曰：「人表宋微中，下注曰『啓子』，與此異。史記、家語竝依呂氏，先儒多仍之，惟蘇子由古史據人表云：『微子卒，世子蚤死，立世子之弟微仲衍。』孫頤谷曰：『孟子以微仲與微子竝言，疑是弟，非子也。人表有兩微仲，或疑一子一弟。』説頗可採。」○蔡雲曰：「兩微中猶兩虞中也。閻徵君釋地續孤引宋微中爲證，疎矣。馬氏繹史以爲重出，恐非。」其次曰受德。受德乃紂也，甚少矣。少，小也。○梁玉繩曰：「受、紂音相亂。書立政曰『其在受德暋』，猶言桀德，豈二名乎？逸書克殷解誤以『受德』爲名，呂仍其誤，鄭康成遂謂紂字受德，僞孔傳又云『帝乙愛焉，爲作善字』，尤妄也。」紂母之生微子啟與中衍也，尚爲妾。已而爲妻而生紂。紂之父、紂之母欲置微子啟以爲太子，太史據法而爭之曰：「有妻之子，而不可置妾之子。」紂故爲後。置，立也。○王念孫曰：「而猶乃也，則也。」○俞樾曰：「此當作『有妻之子，不可而置妾之子』，乃後人不解古義而妄改之也。不可而者，不可以也。本書每有此例。功名篇曰：『故當今之世，有仁人在焉，不可而不此務，有賢主不可而不此事。』不屈篇曰：『惠子曰：「若王之言，則施不可而聽矣。」』用民篇曰：『處次官，執利勢，不可而不察於此。』凡言『不可而』者，竝與『不可以』同。」○維遹案：王說是。尚書微子篇孔疏引此文云：「紂之母生微子啓與中衍，其時猶尚爲妾，改而爲妻後生紂。紂之父欲立微子啓爲太子，太史據法而爭曰：『有妻之子，不可立妾之子。』故立紂爲後。」孟子梁惠王下孫疏引略同。則唐、宋人所見之本與今本少異。**用法若此，不若無法。**太子所以繼世樹德化下也，法當以法。紂爲淫虐，以亂天下，故曰「不若無法」也。○畢沅曰：「注『法當以法』句有脱誤，其意蓋謂立長建善，不當徒法也。」

當務

五曰：智所以相過，以其長見與短見也。長，遠也。短，近也。**今之於古也猶古之於後世也，今之於後世亦猶今之於古也，**○陶鴻慶曰：「此四句文不成義，疑元文本二句，當云『後世之於今，亦猶今之於古也』，文義已足，下文『故審知今則可知古，知古則可知後世』，義正與此相承。今本作四句者，蓋即二句之誤衍，校者竄易其文而並存耳。」**故審知今則可知古，知古則可知後。**古，昔也。後，來也。**古今前後一也，故聖人上知千歲，下知千歲也。**

荆文王曰：「莧譆數犯我以義，違我以禮，文王，武王之子也。犯我，使從義也。違我，使入禮也。○

畢沅曰：「『莧譆』說苑君道篇作『筦饒』，新序一作『筦蘇』。」○王念孫曰：「漢州輔碑：『昔管蘇之尹楚，以直見疏，死記其□。』『莧』即『筦』之譌，『饒』與『譆』形相近。㚒鎮碑：『膺姿管蘇，靖位衛上。』」○俞樾曰：「『犯我以義，違我以禮』即『範我以義，圍我以禮』。範、圍作犯、違，皆叚借字。周易繫辭傳『範圍天地之化』，釋文曰：『範，馬、張、王肅本作犯。圍，本作違。』是其證矣。」與處則不安，曠之而不穀得焉。與之居不安之也。曠察之使我從義入禮，則不穀得不危亡焉。○畢沅曰：「曠猶久也。」不以吾身爵之，後世有聖人，將以非不穀。」非猶罪也。於是爵之五大夫。爵莧譆爲五大夫也。「申侯伯善持養吾意，吾所欲則先我爲之，意，志也。先意承志，傳所謂「從而不違」也。與處則安，曠之而不穀喪焉。與處則安者，臧武仲曰：「季孫之愛我，疾疹也。孟孫之惡我，藥石也。美疹不如惡石也。」故曰「而不穀喪焉」也。○畢沅曰：「注『疾疹』左傳作『疾疢』。」不以吾身遠之，後世有聖人，將以非不穀。」於是送而行之。魯僖七年傳曰：「初，申侯之出也，有寵於楚文王。文王將死，與之璧使行，曰：『惟我知汝，汝專利而不厭，予取予求，不汝玼瑕也。後之人將求多於汝，汝必不免。我死，汝速行，毋適小國，將不汝容焉。』」此之謂也。申侯伯如鄭，阿鄭君之心，先爲其所欲，阿，從也。三年而知鄭國之政也，知猶爲也。五月而鄭人殺之。是後世之聖人，使文王爲善於上世也。上猶前也。

晉平公鑄爲大鐘，使工聽之，皆以爲調矣。平公，悼公之子。調，和也。師曠曰：「不調，請更鑄之。」平公曰：「工皆以爲調矣。」師曠曰：「後世有知音者，將知鐘之不調也，臣竊爲君恥之。」至於師涓而果知鐘之不調也。是師曠欲善調鐘，以爲後世之知音者也。

呂太公望封於齊，太公望，炎帝之後。四岳佐禹治水有功，錫姓爲姜，氏曰有呂，故曰呂望。遭紂之亂，聞西伯善養老者，遂奔於周，釣於渭濱。文王出田而見之曰：「吾望公之久矣。」乃載與俱歸，號爲太公望，使爲太師。文王薨，佐武王伐紂，成王封之於齊，故傳曰：「齊，太岳之胤。」○畢沅曰：「注『吾望公之久矣』，史記齊世家作『吾太公望子久矣』。宋書符瑞志『太公望本名呂尚，文王至磻谿之水，尚釣于涯，王下趨拜曰：「望公七年，乃今見光景於斯。」尚立變名，荅曰：「望釣得玉璜。」云云』。蓋本尚書緯帝命驗之文。梁仲子云『注蓋引左氏莊廿二年傳『姜，太嶽之後也』，而偶涉隱十一年之文』。」○梁玉繩曰：「組紺號太公，安得預知呂尚而望之？通志以爲誕語，高蓋有意更之。」周公旦封於魯，周公旦，文王之子，武王之弟也。武王崩，成王幼少，代攝政七年，致太平，成王封之於魯也。二君者甚相善也，相謂曰：「何以治國？」太公望曰：「尊賢上功。」周公旦曰：「親親上恩。」太公望曰：「魯自此削矣。」親親上恩，恩多則威武不行，威武不行故削弱也。周公旦曰：「魯雖削，有齊者亦必非呂氏也。」其後齊日以大，至於霸，二十四世而田成子有齊國。尊賢敬德，故能霸也。上功則臣權重，故能奪君國也。田成子恒殺簡公，適二十四世也。魯公以削，至於覲存，覲，裁也。○劉先生曰：「『公』當爲『日』，字之誤也。淮南子齊俗篇、韓詩外傳十竝作『魯日以削』，正與上文『齊日以大』相對，是其證矣。」三十四世而亡。自魯公伯禽至頃公讎爲楚考烈王所滅，適三十四世也。○梁玉繩曰：「此及史魯世家、韓詩外傳十皆作三十四世，蓋不數伯御一代也。淮南齊俗作三十二，氾論作三十六，竝誤。」

吳起治西河之外，王錯譖之於魏武侯，吳起，衛人，爲魏將，善用兵，故能治西河之外，謂北邊也。

武侯，文侯之子。**武侯使人召之。吴起至於岸門，**岸門，邑名。○畢沅曰：「史記魏世家正義引括地志云：『岸門在許州長社縣西北十八里。』」**止車而望西河，**○畢沅曰：「後觀表篇『止車而』下有『休』字。」**泣數行而下。其僕謂吴起曰：「竊觀公之意，視釋天下若釋躧。**釋，棄。○維遹案：躧與屣、履竝通。觀表篇作「屣」。漢書地理志「女子彈絃跕躧」，如淳云：「躧音屣。」師古云：「躧字與履同。」**今去西河而泣，何也？」吴起抿泣而應之曰：「子不識。**識，知也。○畢沅曰：「抿與抆同。觀表篇作『雪』，注『拭也』。」○維遹案：觀表篇「識」下有「也」字。**君知我而使我，畢能西河可以王。**能，力也。盡力爲之，可以致君於王也。**今君聽讒人之議，**讒人，王錯也。**而不知我，西河之爲秦取不久矣，魏從此削矣。」**秦將取之，不復久也。魏失西河，故從此削弱也。**吴起果去魏入楚。有間，西河畢入秦，秦日益大。**畢由盡也。**此吴起之所先見而泣也。**

魏公叔座疾，惠王往問之，惠王，武侯之子。○畢沅曰：「『座』舊作『痤』，與魏策同。據御覽四百四十四又六百三十二兩引皆作『座』，與史記商君傳合，今從之。」**曰：「公叔之病甚矣，**○畢沅曰：「舊本作『公叔之疾嗟疾甚矣』。案御覽兩引皆作『公叔之病甚矣』，今據改正。」**將奈社稷何？」公叔對曰：「臣之御庶子鞅，願王以國聽之也。**御庶子，爵也。鞅，衛之公孫也，故曰公孫鞅，或曰衛鞅。言其智計足以相社稷，能使用而從也。**爲不能聽，**○畢沅曰：「『爲』御覽作『若』。」**勿使出境。」**言不能用鞅者必殺之，無令他國得用之也，故曰「勿使出境」。王不應，出而謂左右曰：「豈不悲哉！出，王視公叔疾而出也。以公叔之賢，而今謂寡人必以國聽鞅，悖也夫！」公叔死，公孫鞅西游秦，秦孝公聽之，秦果用彊，魏果用弱，非公叔座之悖也，魏王則悖也。夫悖者之患，固以不悖爲悖。悖者不自知爲悖，故謂不悖者爲悖。○孫先生曰：「『不悖』下疑亦當有『者』字，高注云云，是正文本有『者』字明矣。」

長見

呂氏春秋集釋卷第十二

榮成許維遹學

季冬紀第十二　士節　介立　誠廉　不侵　序意

呂氏春秋訓解　高氏

一曰：季冬之月，日在婺女，季冬，夏之十二月。婺女，北方宿，越之分野。是月，日躔此宿也。○畢沅曰：「此書『婺』舊竝從『務』，案説文從『敄』，今竝改正。」昏婁中，旦氐中。婁，西方宿，魯之分野。氐，東方宿，韓之分野。是月昏旦時，皆中於南方。○畢沅曰：「淮南天文訓氐屬宋。」其日壬癸，其帝顓頊，其神玄冥，其蟲介，其音羽，律中大呂，大呂，陰律也。竹管音與大呂和也。萬物萌生，動於黃泉，未能達見。呂，旅也。所以旅陰即陽，助其成功，故曰大呂也。○畢沅曰：「注『所以旅陰即陽』，舊本『旅』下有『去』字，衍，今刪去。」○王念孫曰：「畢校非也。淮南時則訓注作『所以旅旅去陰即陽』，與此同，寫者脱去下『旅』字耳。淮南天文訓云：『大呂者，旅旅而去也。』此高注所本。」其數六，其味鹹，其臭朽，其祀行，祭先腎。鴈北鄉，鵲始巢，鴈在彭蠡之澤，是月皆北鄉，將來至北漠也。鵲，陽鳥，順陽而動，是月始爲巢也。雉雊雞乳。詩云：「雉之朝雊，尚求其雌。」乳，卵也。

○畢沅曰：「舊本作『乳雉雊』，誤，今案注當與月令文同，今改正。」天子居玄堂右个，玄堂，北向堂。右个，東頭室也。乘玄駱，駕鐵驪，載玄旂，衣黑衣，服玄玉，食黍與彘，其器宏以弇。命有司大儺，旁磔，出土牛，以送寒氣。大儺，逐盡陰氣，爲陽導也。今人臘歲前一日，擊鼓驅疫，謂之逐除，是也。周禮：「方相氏掌蒙熊皮，黄金四目，玄衣朱裳，執戈揚楯，率百隸而時儺，以索室驅疫鬼。」此之謂也。旁磔犬羊於四方以攘，其畢冬之氣也。出土牛，令之鄉縣，得立春節，出勸耕土牛於東門外，是也。○畢沅曰：「注『其畢冬之氣也』，『其』字衍。又『令之鄉縣』，疑是『令之郡縣』。案續漢禮儀志亦於季冬出土牛，此云『立春節』，説又異也。」○孫先生曰：「初學記四、白帖四、御覽十七、海録碎事二引注竝作『前歲一日，擊鼓驅疫癘之鬼，謂之逐除，亦曰儺』。較今本爲優。」征鳥厲疾，乃畢行山川之祀，及帝之大臣、天地之神祇。征猶飛也。厲，高也。言是月羣鳥飛行高且疾也。帝之大臣，功施於民，若禹、稷之屬也。天曰神，地曰祇。是月歲終報功，載祀典諸神畢祀之也。○畢沅曰：「月令無『行』字、『地』字。」

是月也，命漁師始漁，天子親往。漁讀如論語之語。是月也，將捕魚，故命其長也。天子自行觀之。乃嘗魚，先薦寢廟。冰方盛，水澤復，復亦盛也。「復」或作「複」，凍重絫也。○畢沅曰：「月令作『水澤腹堅』。舊本於此下又有一『堅』字，乃後人以月令之文益之，今刪去。」○茆泮林曰：「朱子謂『呂腹作復』。今本同。案禮月令鄭注云『今月令無「堅」』，不言『腹』作『復』。腹、復合義通。」命取冰。冰已入，入凌室也。詩云：「二之日，鑿冰沖沖。三之日，納于凌陰。」此之謂也。令告民，出五種。出之於窌，簡擇之也。命司農計耦耕事，計，會也。耦，合也。○畢沅曰：「月令作『命農』，無『司』字。」修耒耜，具田器。命樂師大合吹而罷。周禮籥章：「仲春，晝擊土鼓，吹豳詩，以逆暑。仲秋，夜逆寒亦如之。」舉春、秋，省文也，則冬、夏可知。**乃命四監收秩薪柴，以供寢廟及百祀之薪燎。**四監者，周制，天子畿方千里之內，分爲百縣，縣有四郡，郡有一大夫監之，故命四監，使收掌薪柴也。燎者，積聚柴薪，置璧與牲於上而燎之，升其煙氣，故曰「以供寢廟及百祀之薪燎」也。○畢沅曰：「『寢廟』月令作『郊廟』。案注所云燔柴之禮，是郊也。下文『寢廟』始注云『祖廟』，則此處正文亦必本與月令同。」

是月也，日窮于次，月窮于紀，星迴于天，次，宿也。是月，日周於牽牛，故曰「日窮于次」也。月遇日相合爲紀。月終紀，光盡而復生曰朔，故曰「月窮于紀」。日有常行，行於中道，五星隨之，故曰「星迴于天」也。一説十二次窮於牽牛，故曰「窮于次」也。紀，道也。月窮于故宿，故曰「窮于紀」。星迴于天，謂二十八宿更見于南方，是月迴于牽牛，故曰「星迴于天」也。**數將幾終，歲將更始。**夏以十三月爲正。夏數得天，言天時者皆從夏正也，故於是月十二月之數近終，歲將更始於正月也。**專於農民，無有所使。**農事將起，獨於農民無所役使也。**天子乃與卿大夫飭國典，論時令，以待來歲之宜。**飭讀曰勑。勑正國法，論時令所宜者而行之。○畢沅曰：「月令『與公卿大夫共飭國典』，多『公』字、『共』字。」**乃命太史次諸侯之列，賦之犧牲，**次，列也。諸侯異姓者，太史乃次其列位、國之大小，賦斂其犧牲也。**以供皇天上帝社稷之享。**皇天上帝，五帝也。社，后土之神，謂句龍也。稷，田官之神，謂列山氏子柱與周棄也。享，祀也。**乃命同姓之國供寢廟之芻豢。**寢廟，祖廟也。親同姓，故使供之也。牛羊曰芻，犬豕曰豢。**令宰歷卿大夫至于庶民土田之數而賦之犧牲，以供山林名川之祀。**宰歷，於周禮爲太宰，掌建邦之六典八法，以御其衆，故命之也。○畢沅曰：「『令』，月令作『命』。正義云：『宰，小宰。』鄭注云：『歷猶次也。』此注以『宰歷』連文，似誤。或『歷』字衍。『掌』字舊本脱，今補。」○茆泮林曰：「朱子謂『吕歷作磨』。案朱子引作『磨』，『磨』當作『磿』，音歷，古字通。周禮遂師『抱磿』，音歷，疏謂『抱持役名之版籍』。竊思卿大夫庶民因土田而賦犧牲，亦必有版籍，故謂之磿。而百官萬民皆唯太宰得主之，故高注云然。高氏之解，自異於鄭，非誤，亦非衍字。」**凡在天下九州之民者，無不咸獻其力，**咸，皆也。獻，致也。**以供皇天上帝社稷寢廟山林名川之祀。**

行之是令，此謂一終，三旬二日。行之是令，行是之令也。終，一歲十二月終也。三旬二日者，十日一旬也，二十日爲二旬，後一旬在新月，故曰「三旬二日」。○陶鴻慶曰：「季夏篇云『行之是令，是月甘雨三至，（案『三』字疑衍，説具本條。）三旬二日』，此文『三旬二日』與彼同，而上無所承，不知所指何事。高注云云，與季夏篇注語意略同。（案此注亦有譌奪，當以彼注互補。）疑正文『三旬二日』之上當有脱文，亦指雨雪言之。蓋是月冰水方盛，歲事告終，民咸獻力，故雨雪之節，一月中祇得二日，與季夏同，以見祁寒盛暑，皆非常月之比也。」**季冬行秋令則白露蚤降，介蟲爲妖，四鄰入保。**金氣白，故白露蚤降，介甲之蟲爲妖災也。金爲兵革，故四境之民入城郭以自保守也。○畢沅曰：「『四鄰』月令作『四鄙』。」○維遹案：淮南亦作「四鄙」。注與此同。**行春令則胎夭多傷，國多固疾，命之曰逆。**季冬大寒，而行春温仁之令，氣不和調，故胎養夭傷。國多逆氣之由，故命曰逆。**行夏令則水潦敗國，時雪不降，冰凍消釋。**火氣炎陽，又多淋雨，故水潦敗國也。時雪當降而不降，冰凍不當消釋而消釋，火氣温，干時之徵也。

季冬紀

二曰：士之爲人，當理不避其難，理，義也。殺身成義，何難之避也。臨患忘利，道而用之。遺生行義，惟義所在，不必生也，故曰「遺生」也。視死如歸。易也。有如此者，國君不得而友，天子不得而臣。以其義高任大，一國之君不能得友，天子不能得臣也。堯不能屈許由，周不能移伯夷，漢高不能致四皓，此之類也。大者定天下，其次定一國，必由如此人者也。定天下，舜、禹、周棄是也。定一國，蘧伯玉、段干木是也。故人主之欲大立功名者，不可不務求此人也。務，勉也。賢主勞於求人，而佚於治事。得賢而任之，故佚於治事也。

齊有北郭騷者，結罘罔，捆蒲葦，織萉屨，○畢沅曰：「舊本作『屨履』，校云『一作萉履』，今據尊師篇定作萉屨。」以養其母猶不足，猶，尚也。踵門見晏子曰：「願乞所以養母。」晏子之僕謂晏子曰：「此齊國之賢者也，其義不臣乎天子，不友乎諸侯，於利不苟取，於害不苟免。於不義之利，不苟且而取也。當義能死，故不苟免。今乞所以養母，是說夫子之義也，必與之。」晏子使人分倉粟、分府金而遺之，○畢沅曰：「次『分』字衍。說苑復恩篇無。」○維遹案：晏子雜上篇亦無次「分」字。辭金而受粟。有間，晏子見疑於齊君，有間，無幾間也。○維遹案：齊君，景公也。出奔，過北郭騷之門而辭。辭者，別也。北郭騷沐浴而出見晏子曰：「夫子將焉適？」適，之也。晏子曰：「見疑於齊君，將出奔。」奔，走也。北郭子曰：「夫子勉之矣。」晏子上車，太息而歎曰：「嬰之亡豈不宜哉！亦不知士甚矣。」晏子行。行，去也。北郭子召其友而告之曰：「說晏子之義，○維遹案：

晏子、説苑「説」上竝有「吾」字。而嘗乞所以養母焉。○畢沅曰：「『嘗』舊本作『當』，訛，今從説苑改正。『焉』彼作『者』。」吾聞之曰：『養及親者，身伉其難。』伉，當。今晏子見疑，吾將以身死白之。」白，明也。著衣冠，令其友操劍奉笥而從，造於君庭，求復者曰：「晏子，天下之賢者也，去則齊國必侵矣。必見國之侵也，不若先死。○劉師培曰：「『必見國之侵』，晏子雜上作『方（即「與」字之譌。）見國之必侵』，可證呂氏舊本『必』字當在『侵』上。」請以頭託白晏子也。」因謂其友曰：「盛吾頭於笥中，奉以託。」退而自刎也。其友因奉以託。其友謂觀者曰：○維遹案：「觀者」晏子作「復者」，義勝。「北郭子爲國故死，吾將爲北郭子死也。」又退而自刎。齊君聞之，大駭，乘馹而自追晏子，及之國郊，馹，傳車也。郊，境也。○畢沅曰：「『馹』各本多作『驛』，李本作馹。案文十六年左氏傳『楚子乘馹』，杜注『馹，傳車也』，與此合，今從之。」請而反之。晏子不得已而反，聞北郭騷之以死白己也，曰：「嬰之亡豈不宜哉！亦愈不知士甚矣。」晏子自謂施北郭騷不得其人爲不知士也，又不知北郭騷能爲其殺身以明己，故曰「嬰之亡豈不宜哉！亦愈不知士甚矣」。自責深也。○畢沅曰：「舊本正文『嬰之亡』上有『晏』字，衍，今據注删去。」○維遹案：晏子、説苑「嬰」上竝無「晏」字，惟「曰」上有「太息而歎」四字。

士節

三曰：以貴富有人易，以貧賤有人難。今晉文公出亡，文公名重耳，晉獻公之太子申生異母弟也。遭麗姬之亂，太子申生見殺，重耳避難奔翟十二年，自翟經於諸國也。○松皋圓曰：「『今』字疑誤〔一〕，恐宜作『昔』。」周流天下，窮矣賤矣，○舊校云：「『窮』一作『貧』。」而介子推不去，有以有之也。反國有萬乘，而介子推去之，無以有之也。能其難，能以貧賤有人也。不能其易，不能以富貴有人也。此文公之所以不王也。力能霸，德不能王也。晉文公反國，○舊校云：「一作『反入』。」介子推不肯受賞，自爲賦詩曰：「有龍于飛，周徧天下。五蛇從之，爲之丞輔。丞，佐也。輔，相也。龍，君也，以喻文公。五蛇，以喻趙衰、狐偃、賈他、魏犨、介子推也。○梁玉繩曰：「五蛇以比五士，當取狐偃、趙衰、賈佗、魏犨、胥臣爲五。此與左傳及杜注、史晉世家及索隱所説各異，因下云『一蛇羞之，槁死中野』，故去胥臣而數介推耳。」龍反其鄉，得其處所。四蛇從之，得其露雨。露雨，膏澤。一蛇羞之，橋死於中野。」懸書公門而伏於山下。○畢沅曰：「傳載介子推之言曰：『身將隱，焉用文。』安有自爲詩而懸於公門之事？説苑復恩篇以爲從者憐之，乃懸書宫門，説尚可通。歌辭與此及史記晉世家、新序節士篇所載各不同。梁仲子云：『橋死疑是槁死，御覽九百二十九無「橋」字。』」○維遹案：梁説近是。類聚九十六引正作「槁死中野」，無「於」字。文公聞之曰：「譆！此必介子推也。」避舍變服，令士庶人曰：「有能得介子推者，爵上卿，田百萬。」百萬畝也。或遇之山中，

〔一〕「誤」，原作「矣」，據畢校吕氏春秋補正改。

負釜〔一〕蓋簦，○畢沅曰：「舊本『簦』誤從『艸』，又注『音登』二字，亦與高注不似。」○劉先生曰：「畢校是也。漢代諸師皆言『讀』不言『音』，凡言『某音某』者，皆後人所加。」問焉，曰：「請問介子推安在？」應之曰：「夫介子推苟不欲見而欲隱，吾獨焉知之？」遂背而行，終身不見。人心之不同，豈不甚哉！今世之逐利者，早朝晏退，焦脣乾嗌，日夜思之，猶未之能得。今得之而務疾逃之，介子推之離俗遠矣。

東方有士焉曰爰旌目，○畢沅曰：「梁仲子云：『列子説符篇亦作「爰旌目」，後漢書張衡傳作「旌瞀」，注云「一作爰精目」，并引列子亦作「精目」。又新序節士篇作「族目」，訛。』」將有適也，而餓於道。狐父之盜曰丘，見而下壺餐以餔之。爰旌目三餔之而後能視，曰：「子何爲者也？」曰：「我狐父之人丘也。」爰旌目曰：「譆！汝非盜邪？胡爲而食我？吾義不食子之食也。」兩手據地而吐之，不出，喀喀然遂伏地而死。昔者齊饑，黔敖爲食於路。有人戢其屨，瞢瞢而來。黔敖呼之曰：「嗟！來食。」揚其目而應之曰：「吾惟不食嗟來之食，以至於此。」黔敖隨而謝之。遂去，不食而死。君子以爲其嗟也可去，其謝也可食。一介相似，旌目其類也。○畢沅曰：「『瞢瞢而來』，禮記檀弓下作『貿貿然來』。」○松皋圓曰：「注『一介』當作『其介』。」鄭人之下䩛也，䩛，邑名也。義則未聞。○畢沅曰：「吴志伊字彙補云：『䩛音未聞，一本作「鞻」。』梁仲

〔一〕四部叢刊本「釜」下有注「一作貧文」。

子云：『説文婚籀文作䎡，略相似。古音附録以革旁作者云「古昏字」，未詳。』盧云：『韓哀侯滅鄭而徙都之，改號曰鄭。此「昏」疑即漢志陳留郡之東昏縣，正鄭地。鄭人下昏，或即説韓滅鄭一事。觀下云「韓、荆、趙」，更可見鄭人之即韓矣。』」**莊蹻之暴郢也，**莊蹻，楚成王之大盜。郢，楚都。○畢沅曰：「梁伯子云：『商子弱民篇、荀子議兵篇、韓詩外傳四、補史記禮書竝有莊蹻起而楚分之語，皆不言在楚何時。韓非喻老篇載楚莊王欲伐越，杜子説曰「莊蹻爲盜於境内」，以爲在莊王時。而高氏以爲楚成王時，則又在前，未知何據。若史、漢則以蹻爲莊王苗裔，在楚威王之世，而杜氏通典邊防三、馬氏通考南蠻二辨其誤，以范史謂在頃襄王時爲定。獨困學紀聞考史據韓非、漢書以將軍莊蹻與盜名氏相同，是二人，此未敢信。』盧云：『案後漢書西南夷傳：「楚頃襄王時，遣將軍莊豪伐夜郎，因留王滇池。」杜氏言即莊蹻。華陽國志南中志云：「楚威王遣將軍莊蹻伐夜郎，剋之，會秦奪楚黔中地，無路得反，遂留王滇池。」此本非楚之境内地。今此言「暴郢」，韓非言「爲盜於境内」，荀子言「莊蹻起，楚分爲三四」，皆與言將軍事不合。荀子以唐蔑之死與蹻竝言。案秦殺唐眛，眛即蔑，在楚懷王二十八年，則蹻當威、懷時，亦可見此注或本作「威」，因形近而誤「成」，未可知也。』」**秦人之圍長平也，**秦使白起圍趙括軍於長平，阬其四十萬衆。**韓、荆、趙此三國者之將帥貴人皆多驕矣，其士卒衆庶皆多壯矣，**○畢沅曰：「盧云：『壯，傷也。』」○陶鴻慶曰：「驕壯與脆弱對文，言壯者相殺，弱者避死。畢引盧校，失之。」**因相暴以相殺，脆弱者拜請以避死，**避猶免也。**其卒遞而相食，不辨其義，冀幸以得活。如爰旌目已食而不死矣，惡其義而不肯不死，今此相爲謀，豈不遠哉！**○陶鴻慶曰：「『今』蓋『令』字之誤。言假令三國之人與爰旌目相爲謀，則甚遠也。」○維遹案：陶説是。惟「惡其義」疑當作「惡其不義」。言爰旌目若食盜者之食則不死矣，而爰旌目惡其不義，故不得不死，正與上文「不辨其義，冀幸以得活」者相反成誼。今本誤脱「不」字，殊非其旨。

介立〇一作「立意」。

四曰：石可破也，而不可奪堅。性堅。〇維遹案：文選謝玄暉始出尚書省詩注及類聚六引「奪」下有「其」字。下同。丹可磨也，而不可奪赤。磨猶化也。〇維遹案：此注原脱，據元刻本及張本增補。畢沅云：「舊校云：『「磨」一作「靡」。注亦同。』今案不見所爲注，豈脱漏歟？」案畢氏亦見元刻本，此不知引，偶失照耳。堅與赤，性之有也。〇畢沅曰：「各本多脱『也』字，唯朱〔一〕本有。」性也者，所受於天也，非擇取而爲之也。豪士之自好者，其不可漫以汙也，亦猶此也。倍百人爲豪。〇舊校云：「『豪士』一作『人豪』。」

昔周之將興也，有士二人，處於孤竹，曰伯夷、叔齊。孤竹國在遼西，殷諸侯國也。二人相謂曰：「吾聞西方有偏伯焉，似將有道者，今吾奚爲處乎此哉？」二子西行如周，至於岐陽，則文王已歿矣。武王即位，觀周德，則王使叔旦就膠鬲於次四內，四內，地名。而與之盟曰：「加富三等，就官一列。」爲三書同辭，血之以牲，埋一於四內，皆以一歸。又使保召公就微子開於共頭之下，共頭，水名。〇畢沅曰：「共頭即共首，山名，在漢之河内共縣。」〇松皐圓曰：「注『水名』當作

〔一〕「朱」，原作「李」，據諸子集成本改。

『山名』。兵略訓注正爲『山名』。荀子儒效篇『至共頭而山隧』，楊倞曰：『共，河内縣名，共頭蓋共縣之山名。』」而與之盟曰：「世爲長侯，守殷常祀，相奉桑林，宜私孟諸。」相猶使也。使奉桑林之樂。孟諸，澤名也，爲私邑也。爲三書同辭，血之以牲，埋一於共頭之下，皆以一歸。伯夷、叔齊聞之，相視而笑曰：「譆，異乎哉！此非吾所謂道也。昔者神農氏之有天下也，時祀盡敬而不祈福也。時，四時。祈，求也。其於人也，忠信盡治而無求焉。無所求於民也。樂正與爲正，樂治與爲治，不以人之壞自成也，○畢沅曰：「『壞』，宋邦乂本作『壤』，壤亦傷也。」不以人之庳自高也。今周見殷之僻亂也，而遽爲之正與治，遽，疾也。上謀而行貨，阻丘而保威也。行貨，謂與膠鬲盟，加富三等也。阻，依。保，持。○畢沅曰：「『阻丘』疑是『阻兵』。杜注左傳：『阻，恃也。』保亦當訓恃。」○梁玉繩曰：「莊子讓王政作『阻兵』。」○維遹案：注「保，持」，許本、姜本竝作「保，恃」。割牲而盟以爲信，因四内與共頭以明行，揚夢以説衆，宣揚武王威殷之夢，以喜衆民。○畢沅曰：「事見周書程寤篇，今已亡。御覽五百三十三載其略云：『文王去商在程。正月既生魄，太姒夢見商之庭產棘，小子發取周庭之梓，樹于闕間，化爲松柏棫柞，寤驚以告文王。文王曰：「召發于明堂拜吉夢，受商之大命于皇天上帝。」』此其事也。」殺伐以要利，以此紹殷，是以亂易暴也。紹，續。吾聞古之士，遭乎治世，不避其任，任，職也。力所能。遭乎亂世，不爲苟在。○松皋圓曰：「『在』，莊子作『存』，勝。」○俞樾曰：「『在』字無義，疑『仕』字之誤。」○維遹案：松説是。今天下闇，周德衰矣。與其竝乎周以漫吾身也，漫，汙。○俞樾曰：「『竝』字無義，疑『立』字之誤。」不若避之以潔吾行。」二子北行，至首陽之下而餓焉。○維遹案：莊子作「遂餓而死焉」，此疑脱「死」字。人之情莫不有重〔一〕，莫不有輕〔二〕。莫不有重，於天下也。莫不有輕，義重身輕也。○維遹案：注「身」下「輕」字原脱，據姜本增。有所重則欲全之，有所輕則以養所重。養所重，不汙於武王，爲以全其忠也。○畢沅曰：「注『忠』疑當作『重』。」○維遹案：注「忠」字當作「意」，形近而誤也。下文「以立其意」，高氏本之。伯夷、叔齊，此二士者，皆出身棄生以立其意，輕重先定也。伯夷、叔齊讓國而去，輕身重名，故曰輕重先定。

誠廉

五曰：天下輕於身，而士以身爲人。輕於身，重於義也。以身爲人者，爲人殺身。以身爲人者，如此其重也，淮南記曰：「左手據天下之圖，右手刎其喉，愚夫不爲也。」今以義爲人殺身，故曰「如此其重也」。而人不知，以奚道相得？奚，何也。不知以何道得人，乃令之爲己死也。○王念孫曰：「高説非也。『而人不知』爲句，『奚道相得』爲句。道者，由也。言士之輕身重義如此而人不知，則何由與士相得哉。（不相知則不能相得，故下文云『賢主必自知士，故士盡力竭智，直言交爭，而不辭其患』。）下賢篇曰：『有道之士，固驕人主，人主之不肖者，亦驕有道

〔一〕「重」，原作「輕」，據諸子集成本改。
〔二〕「輕」，原作「重」，據諸子集成本改。

之士，日以相驕，奚時相得？』知接篇曰：『智者其所能接遠也，愚者其所能接近也。所能接近而告之以遠化，奚由相得？』語意略與此同。有度篇：『若雖知之，奚道知其不爲私？』言何由知其不爲私也。晏子春秋雜篇：『君何年之少而棄國之蚤，奚道至於此乎？』言何由至於此也。韓子孤憤篇：『法術之士，奚道得進？』言何由得進也。『奚道』上不當有『以』字，蓋後人不能正高注之誤，又因注而加『以』字耳。」賢主必自知士，故士盡力竭智，直言交爭，而不辭其患，士爲知己者死，故盡力竭智，何患之辭也？豫讓、公孫弘是矣。當是時也，智伯、孟嘗君知之矣。智伯知豫讓，故爲之報讎，言士爲知己者死也。孟嘗君知公孫弘，故爲之不受折於秦也。世之人主，得地百里則喜，四境皆賀；舉國皆賀，國中喜可知也。得士則不喜，不知相賀，不通乎輕重也。不但不知相賀也，乃不知賢也，故曰「不通乎輕重也」。

湯、武，千乘也，而士皆歸之。湯，殷受命之王，名天乙，商主癸之子也。武王，周文王之子，名發。桀、紂，天子也，而士皆去之。桀，夏失天下之王，帝皋之孫，帝發之子。紂，殷失天下之王，文丁之孫，帝乙之子也。○畢沅曰：「注『文丁』舊本作『太丁』，訛，今據竹書紀年改正。」孔、墨，布衣之士也，孔子。墨翟。萬乘之主、千乘之君不能與之爭士也。萬乘，天子也。千乘，諸侯也。士不歸之而歸孔、墨，故曰「不能與之爭士也」。自此觀之，尊貴富大不足以來士矣，來猶致也。必自知之然後可。可者，可致也。豫讓之友謂豫讓曰：○梁玉繩曰：「戰國趙策、説苑復恩竝作趙襄子語。」○陶鴻慶曰：「此節之文，語意失倫，蓋寫者亂其次也。『世之人主得地百里』云云，當在『奚道相得』句下。『賢主必自知士』云云，當在『必自知之然後可』句下。而『智伯、孟嘗君知之矣』句下乃叙述豫讓、公孫弘二人之事。如此則上下文理一氣承接矣。今輒正其文如下『天下輕於身，而士以身爲人。以身爲人者，如此其重也，而人不知，奚道相得？（王氏云今本「以」字誤衍，今從之。）世之人主，得地百里則喜，四境皆賀；得士則不喜，不知相賀，不通乎輕重也。湯、武，千乘也，而士皆歸之。桀、紂，天子也，而士皆去之。孔、墨，布衣之士也，萬乘之主、千乘之君不能與之爭士也。自此觀之，尊貴富大不足以來士矣，必自知之然後可。賢主必自知士，故士盡力竭智，直言交爭，而不辭其患，豫讓、公孫弘是矣。當是時也，智伯、孟嘗君知之矣。豫讓之友謂豫讓曰』云云。」

「子之行何其惑也？子嘗事范氏、中行氏，諸侯盡滅之，而子不爲報，至於智氏，而子必爲之報，何故？」豫讓曰：「我將告子其故。告，語也。故，事也。范氏、中行氏，我寒而不我衣，我饑而不我食，而時使我與千人共其養，是衆人畜我也。夫衆人畜我者，我亦衆人事之。至於智氏則不然，出則乘我以車，入則足我以養，衆人廣朝，而必加禮於吾所，是國士畜我也。○畢沅曰：「『是』舊本多作『謂』，則當以『所謂』連讀。今從李本作『是』，義長。」○維遹案：元刻本、張本作「是」。夫國士畜我者，我亦國士事之。」豫讓，國士也，而猶以人之於己也爲念，於猶厚也。○吳先生曰：「於猶相於也。人之於己如衆人則衆人報之，如國士則國士報之。高訓於爲厚，僅據一邊，亦展轉相訓之例，非其確詁。」又況於中人乎！

孟嘗君爲從，關東曰從。公孫弘謂孟嘗君曰：「君不若使人西觀秦王。意者秦王帝王之主也，君恐不得爲臣，何暇從以難之？言不能成從以難秦也。意者秦王不肖主也，君從以難之未晚也。」晚，後。○維遹案：「不肖」下齊策有「之」字，正與上文「意者秦王帝王之主也」句法一律。孟嘗君曰：

「善。願因請公往矣。」往，行。公孫弘敬諾，以車十乘之秦。秦昭王聞之，而欲醜之以辭，以觀公孫弘。昭王，秦惠王之子，武王之弟也。「醜」或作「恥」。恥，辱也。觀公孫弘云何也。公孫弘見昭王，昭王曰：「薛之地小大幾何？」公孫弘對曰：「百里。」昭王笑曰：○維遹案：治要引「笑」下有「而」字。齊策同。「寡人之國，地數千里，猶未敢以有難也。今孟嘗君之地方百里，而因欲以難寡人，猶可乎？」公孫弘對曰：「孟嘗君好士，大王不好士。」○維遹案：治要引句末有「也」字。齊策同。昭王曰：「孟嘗君之好士何如？」公孫弘對曰：「義不臣乎天子，不友乎諸侯，得意則不慙爲人君，不得意則不肯爲人臣，○畢沅曰：「舊本『慙』上脱『不』字。又『肯』訛作『肖』。案戰國齊策云：『得志不慙爲人主，不得志不肯爲人臣。』今據補正。」○維遹案：正文「肯」字原作「屑」，畢氏校語同。尋畢氏既以齊策校此「肖」字，即當從策改「肖」爲「肯」，畢本作「屑」者，乃手民之誤，今改正。孫先生云：「治要引正作『肯』。」如此者三人。有此者三人也。能治可爲管、商之師，管仲。商鞅。○維遹案：治要引注作「管，管仲。商，商鞅。」說義聽行，其能致主霸王，○畢沅曰：「策作『能致其主霸王』，句順。」○維遹案：治要引與齊策同。如此者五人。有此者五人也。萬乘之嚴主，辱其使者，退而自刎也，必以其血汙其衣，有如臣者七人。」臣，公孫弘自謂也，故言「有如臣者七人」也。○畢沅曰：「『七人』，策作『十人』。注殊贅。」昭王笑而謝焉曰：「客胡爲若此？○維遹案：齊策作「客胡爲若此，寡人直與客論耳」。寡人善孟嘗君，欲客之必謹諭寡人之意也。」諭，明。公孫弘敬諾。○俞樾曰：「『敬諾』上本有『曰』字，傳寫奪之耳。戰國策正作『公孫弘曰：敬諸』。」**公孫弘可謂不侵矣。昭王，大王也。**○畢沅曰：「策作『大國也』。」**孟嘗君，千乘也。立千乘之義而不可淩，**淩，侮。**可謂士矣。**孔子曰：「使於四方，不辱君命，可謂士矣。」此之謂也。○畢沅曰：「策作『可謂足使矣』。」

不侵

維秦八年，歲在涒灘，八年，秦始皇即位八年也。歲在申名涒灘。涒，大也。灘，循也。萬物皆大循其情性也。涒灘，誇人短舌不能言爲涒灘也。○畢沅曰：「今謂始皇即位之年歲在乙卯。錢氏塘以超辰之法推之，知在癸丑。再加七年是庚申，是年又當超辰，則爲辛酉。而此猶云涒灘者，失數超辰之歲耳。超辰亦謂之跳辰，周禮馮相保章注疏中詳言之。自東漢以後，不明此理，故武帝太初元年，班固謂之丙子者，後人却謂之丁丑矣。」○張文虎曰：「歲，陽歲名，雖見爾雅，而古書用歲名者僅見此。若楚詞之『攝提貞于孟陬』，自謂月建，（史記天官書『大角者，天王帝廷。其兩旁各有三星，鼎足句之曰攝提。攝提者，直斗杓所指以建時節，故曰攝提格』。）王叔師誤以太歲釋之。閻氏百詩以授時術，我友顧君觀光以三統術，推得始皇八年七月甲子朔。然是年實壬戌，當爲閹茂，非涒灘。錢少詹事以歲有超辰爲解，超辰之說，始於劉歆，古法無之。今姑依三統積年求得是年歲星在壽星，太歲在作鄂，仍差一次。王氏雜志用許周生說，以『八年』爲『六年』之誤，而六年秋無甲子朔，無以定其果是也。」**秋，甲子朔。朔之日，良人請問十二紀。**良人，君子也。○俞樾曰：「高注未得。國語齊語曰『十連爲鄉，鄉有良人焉』，韋注曰：『賈侍中云：「良人，鄉士也。」』昭謂良人，鄉大夫也。』呂氏所稱良人，或亦此乎？」**文信侯曰：**呂不韋封洛陽，號文信侯。**「嘗得學黃帝之所以**

誨顓頊矣，爰有大圜在上，大矩在下，圜，天也。矩，方，地也。汝能法之，爲民父母。○俞樾曰：「『大圜』四語，皆黄帝之言。『爰』即『曰』字也。尚書洪範篇『土爰稼穡』，史記宋世家作『土曰稼穡』。古爰、曰通用，『爰有』即『曰有』耳。」蓋聞古之清世，清，平。是法天地。凡十二紀者，所以紀治亂存亡也，所以知壽夭吉凶也。上揆之天，下驗之地，中審之人，若此則是非可不可無所遁矣。天曰順，順維生。地曰固，固維寧。人曰信，信維聽。三者咸當，無爲而行。行也者，行其理也。○陶鴻慶曰：「『理』當作『數』，數猶術也。下文云『行數，循其理，平其私』，即承此言。今作『理』者，即涉下文而誤。」行數，循其理，平其私。○劉咸炘曰：「『行數』當作『行其數』。任數篇言『脩其數，行其理』，脩即循之誤。」夫私視使目盲，私聽使耳聾，私慮使心狂。三者皆私設精則智無由公，公，正也。○俞樾曰：「精之言甚也。吕氏之意，蓋謂目耳心三者皆爲私設，至其甚則智無由公矣。至忠篇曰『夫惡聞忠言，乃自伐之精者也』，注曰：『精猶甚。』勿躬篇曰『夫自爲人官，自蔽之精者也』，注曰：『精，甚。』然則謂甚爲精，本書之恒言。畢氏疑『精』爲『情』，失之矣。」智不公則福日衰，災日隆，隆，盛。以日倪而西望知之。」日中而盛，跌而衰，人之盛衰於此。西望，日暮也，故曰「倪而西望之」也。○畢沅曰：「倪與睨同，李本作『兒』。注『跌』與『昳』同。周禮大司徒『日東則景夕多風』，鄭司農云：『景夕，謂日跌景乃中。』史記天官書『日昳』，漢書天文志作『日跌』。謝云：『此句文與上不屬，又下一段亦不當在此篇。』」○孫詒讓曰：「日倪猶日衺側。廣雅釋詁云：『倪，衺也。』莊子天下篇云『日方中方睨』，與此義同。」○維遹案：王念孫校本亦引廣雅、莊子，無斷語，惟注「故曰」下補一「日」字。

趙襄子游於囿中，〇梁玉繩曰：「從子常云：『此篇係序意，不應入此事，疑屬前篇豫讓事下，傳寫錯誤耳。』」〇洪亮吉曰：「『趙襄子』以下一百三十六字，當在上不侵篇『是國士畜我也』之下，錯簡在此。」〇孫鏘鳴曰：「此文當在上篇『豫讓之友謂豫讓〔一〕曰』上，簡錯在此。」至於梁，馬却不肯進。青荓爲參乘，〇畢沅曰：「舊校云：『一作「青蓱」。』案李善注文選陳琳荅東阿王牋引作『青蓱』。梁仲子云：『漢書人表作「青荓子」，水經汾水注作「清洴」，今新刻亦改作「青荓」矣。』」襄子曰：「進視梁下，類有人。」類，象也。青荓進視梁下。豫讓却寢，〇維遹案：王念孫校本改「却」爲「印」。「印」即今文「仰」字。佯爲死人，叱青荓曰：「去！長者吾且有事。」言將殺襄子。〇畢沅曰：「選注無『吾』字，是。長者，讓自謂也。」青荓曰：「少而與子友，子且爲大事，〇畢沅曰：「選注作『子今日爲大事』。」而我言之，是失相與友之道。子將賊吾君，而我不言之，是失爲人臣之道。如我者，惟死爲可。」適可得死也。〇維遹案：「而我言之」，猶曰「若我言之」。周官旅師「而用之」，鄭注：「而讀爲若。」是其例也。乃退而自殺。青荓非樂死也，重失人臣之節，惡廢交友之道也。青荓、豫讓，可謂之友也。

序意〇畢沅曰：「舊云：『一作廉孝。』案『廉孝』二字與此無涉，必尚有脱文。」

〔一〕「讓」，原脱，據上篇補。

呂氏春秋集釋卷第十三

榮成許維遹學

呂氏春秋訓解　高氏

有始覽第一　應同　去尤　聽言　謹聽　務本　諭大

一曰：天地有始，天微以成，地塞以形。始，初也。天，陽也，虚而能施，故微以生萬物。地，陰也，實而能受，故塞以成形兆也。○陳昌齊曰：「据注當作『天微以生，地塞以成』。」天地合和，生之大經也，經猶道也。以寒暑日月晝夜知之，知猶別也。○畢沅曰：「舊本『以寒』下衍『以』字，今去之。」以殊形殊能異宜説之。形能各有所施，故説譯之也。夫物合而成，離而生。知合知成，知離知生，則天地平矣。合，和也。平，成也。平也者，皆當察其情，處其形。○舊校云：「一作『平也者，皆反其情，變其形也』。」

天有九野，地有九州，土有九山，山有九塞，澤有九藪，險阻曰塞。有水曰澤。無水曰藪。風有八等，水有六川。○畢沅曰：「淮南地形訓作『水有六品』，後『六川』作『六水』。」何謂九野？中央曰鈞天，其星角、亢、氐。鈞，平也。爲四方主，故曰鈞天。角、亢、氐，東方宿，韓、鄭分野。○洪頤煊曰：「二十八宿皆隨斗杓所指而言，角、亢、氐離斗杓最近，故古法以此三星爲中央天。」東方曰蒼天，其星房、心、尾。東方二月建卯，木之中也。木色青，故曰蒼天。房、心、尾，東方宿。房、心，宋分野。尾、箕，燕分野。**東北曰變天，其星箕、斗、牽牛。**東北，水之季，陰氣所盡，陽氣所始，萬物向生，故曰變天。斗、牛，北方宿。尾、箕，一名析木之津，燕之分野。斗、牛，吳、越分野。**北方曰玄天，其星婺女、虚、危、營室。**北方十一月建子，水之中也。水色黑，故曰玄天也。婺女亦越之分野。虚、危，齊分野。營室，衛分野。**西北曰幽天，其星東壁、奎、婁。**西北，金之季也，將即太陰，故曰幽天。東壁，北方宿，一名豕韋，衛之分野。奎、婁，西方宿，一名降、婁，魯之分野。○吳先生曰：「劉昭注補郡國志引帝王世紀曰『自危十七度至奎四度曰豕韋之次，今衛分野』，與高誘説同，蓋舊義也。天文訓注『豕韋』作『承委』者，形聲相近而誤，應據此注訂正。」**西方曰顥天，其星胃、昴、畢。**西方八月建酉，金之中也。金色白，故曰顥天。昴、畢，西方宿，一名大梁，趙之分野。○畢沅曰：「注『昴、畢』上當有『胃，魯之分野』五字。」**西南曰朱天，其星觜嶲、參、東井。**西南，火之季也，爲少陽，故曰朱天。嶲、參，西方宿，一名實沈，晉之分野。東井，南方宿，一名鶉首，秦之分野。○維遹案：注「西南，火之季也，爲少陽，故曰朱天」，文義不足，疑當作「西南，火之季也。朱，陽也。西南爲少陽，故曰朱天」。淮南天文篇注可證。**南方曰炎天，其星輿鬼、柳、七星。**南方五月建午，火之中也。火曰炎上，故曰炎天。輿、鬼，南方宿，秦之分野。柳、七星，南方宿，一名鶉火，周之分野。○維遹案：注「火曰炎上」，當作「火性炎上」。孟春紀注謂「夏，火也，火性炎上」，文選顔延年夏夜呈從兄散騎車長沙詩注引淮南天文篇高注「南方五月建午，火之中也，火性炎上，故曰炎天」，與此注正同。今本作「曰」者，乃涉下文而誤。**東南曰陽天，其星張、翼、軫。**東南，木之季也，將即太陽，純乾用事，故曰陽天。張、翼、軫，南方宿。張，周之分野。翼、軫，一名鶉尾，楚之分野。○畢沅曰：「注『張、翼、軫，南方宿』，舊脱『軫』字，又『南』訛作『北』，今補〔一〕正。」**何謂九州？河、漢之間爲豫州，周也。**河在北，漢在南，故曰之間。**兩河之間爲冀州，晉也。**東至清河，西至西河。**河、濟之間爲兗州，衛也。**河出其北，濟經其南。**東方爲青州，齊也。泗上爲徐州，魯也。**泗，水名也。**東南爲揚州，越也。南方爲荆州，楚也。西方爲雍州，秦也。北方爲幽州，燕也。何謂九山？會稽，太山，**會稽山在今會稽郡。太山在今太山郡，是爲東嶽也。**王屋，首山，太華，**王屋在河東垣縣東北，濟水所出也。首山在蒲阪之南，河曲之中，伯夷所隱。太華在弘農華陰縣，是爲西嶽也。○松皋圓曰：「注當云『河東東垣縣』，欠一『東』字。」**岐山，太行，羊腸，孟門。**岐山在右扶風美陽縣西北，周家所邑。太行在河内野王縣北。羊腸，其山盤紆，譬如羊腸，在太原晉陽縣北。○畢沅曰：「注末七字舊本缺，據李善注文選魏武帝苦寒行所引補。又誘注淮南地形訓云『孟門，太行之限也』，此不注，疑文脱。」○孫先生曰：「御覽三十八引注有『孟門，太行是』五字。」**何謂九塞？大汾，冥阨，荆阮，方城，**大汾，處未聞。冥阨、荆阮、方城皆在楚。魯定四年，吴伐楚，楚左司馬請塞直轅、冥阨以擊吴人者也。○畢沅曰：「『大汾』，淮南作『太汾』，注云：『在晉。』此何以云未聞？『冥阨』，淮南作『澠阨』，彼注云：『今弘農澠池是也。』皆與此不同。豈彼乃許慎注歟？又『塞』字舊本脱，今案傳文增。」○吴先生曰：「畢説非也。墬形篇九山九藪八風六水之文皆爲高注，已有明徵，無緣于此九塞之文羼入許説。尋呂氏春秋高誘序

〔一〕「補」，諸子集成本作「改」。

曰『誘正孟子章句，作淮南、孝經解畢訖，家有此書，輒爲之解焉』，是則先説淮南，後解呂氏。淮南注以澠阸、殽阪同在澠池，是一縣有二塞矣。即實言之，澠、冥本一聲之轉，澠阸即冥阸，有始覽注以左氏證之是也。可知舊説偶疏，後則棄而不用。言太汾、令疵未聞者，亦其慎耳。不得以兩注有異，遂定爲許説也。」**殽，井陘，令疵，句注，居庸。**殽在弘農澠池縣西。井陘在常山井陘縣，通太原關。令疵，處則未聞。句注在鴈門。居庸在上谷沮陽之東，通軍都關也。○畢沅曰：「淮南『殽』下有『阪』字。『令疵』舊本訛作『疵處』，據注是『令疵』。淮南注云『令疵在遼西』，則即是令支，乃齊桓所刜者。又『軍都關』舊訛作『居都關』，淮南注作『運都關』。錢云：『運乃軍之訛，軍都亦上谷縣，在居庸之東。』今皆改正。」○維遹案：正文「疵處」，張本、姜本正作「令疵」，黄氏日抄同。畢氏未見張本、姜本，故僅據注訂正。**何謂九藪？**藪，澤也。有水曰澤，無水曰藪。**吳之具區，**具區在吳、越之間。○畢沅曰：「淮南『吳』作『越』。」○錢坫曰：「漢書『具區，古文以爲震澤，跨今常州、蘇州、湖州、嘉興四府之境，即太湖也』。周禮『揚州澤藪曰具區，浸曰五湖』，枝分有五湖，合爲一湖也。」**楚之雲夢，**雲夢在南郡華容。○錢坫曰：「漢書地理志南郡華容縣有雲夢澤。華容，今荆州府石首、監利二縣也。」**秦之陽華，**陽華在鳳翔，或曰在華陰西。○畢沅曰：「爾雅作『陽陓』。淮南作『陽紆』，注云：『陽紆在馮翊池陽，一名具圃。』」○俞樾曰：「當以華陰之説爲是。『陽華』與『華陰』，其實一地，皆從華山得名。主乎山而言之，則爲華山之陰，故縣名華陰。主乎地而言之，則華山當其陽，故藪名陽華。漢書地理志『太原郡陽曲』，應劭曰：『河千里，一曲當其陽，故曰陽曲。』陽華之名，猶陽曲也。周禮之楊紆，爾雅之楊陓，竝陽華之叚音。至周禮以楊紆爲冀州藪，亦猶以潁湛爲荆州浸，波溠爲豫州浸，同屬傳寫之訛。郭璞注爾雅謂在扶風汧縣西，則混於雍州之弦蒲，高誘注淮南子謂在馮翊池陽，則混於周之焦護，竝非也。説詳羣經平議。」○孫詒讓曰：「元和郡縣志云『岐州，至德元年改爲鳳翔郡』，則鳳翔之名起於唐中葉，非高氏所得聞。『鳳翔』當作『馮翊』，字形之誤也。淮南子墬形訓云『秦之楊紆』，高注云『楊紆蓋在馮翊池陽，一名具圃』，可據以校此注。爾雅釋地『十藪，周有焦護』，郭注云：『今扶風池陽縣瓠中是也。』高蓋以陽華、楊紆、瓠中、焦護爲一。其後一説謂在華陰，則淮南注無之。」**晉之大陸，**魏獻子所畋，猶楚之華容也。○畢沅曰：「注『畋』舊訛作『居』，據左氏定元年傳改正。」○梁履繩曰：「魏獻所畋者，乃汲郡吳澤荒蕪之地，非禹貢大陸也。高注誤。詳予左通中。」**梁之圃田，**圃田在今河南中牟。○畢沅曰：「『梁』淮南作『鄭』。」○維通案：王念孫校本改「梁」爲「鄭」。曹楞云「圃田在春秋時爲鄭地，戰國時鄭已殞矣，秦人而曰『梁之圃田』固宜」。**宋之孟諸，**孟諸在梁國睢陽之東南。○畢沅曰：「淮南注作『東北』，郭注爾雅亦同。此訛。」○錢坫曰：「孟諸，菏澤水所被也，在今歸德府虞城縣西北，禹貢作『孟豬』，周禮作『望諸』，史記作『明都』，漢書作『盟諸』。澤周回五十里，元時河水衝決遂廢。」**齊之海隅，**隅猶崖也。**趙之鉅鹿，**廣阿澤也。○畢沅曰：「郭璞注爾雅『晉有大陸』云：『今鉅鹿北廣阿澤是也。』爾雅本無『趙之鉅鹿』，而有『魯之大野，周之焦護』，爲十藪。」**燕之大昭。**大昭，今太原郡是也。○畢沅曰：「『大昭』淮南作『昭余』，爾雅作『昭余祁』。」○維通案：「大昭」當據淮南作「昭余」，注同。漢書地理志太原郡鄔縣，顔注「九澤在北，是爲昭余祁，并州藪」。淮南注「昭余，今太原郡」，知高所見本不誤。**何謂八風？東北曰炎風，**炎風，艮氣所生，一曰融風。**東方曰滔風，**震氣所生，一曰明庶風。○畢沅曰：「淮南作『條風』。」**東南曰熏風，**巽氣所生，一曰清明風。○畢沅曰：「舊校云：『熏風或作景風。』案淮南作『景風』。」**南方曰巨風，**離氣所生，一曰凱風。詩曰：「凱風自南。」○畢沅曰：「孫云『李善注文選木玄虛海賦、王子淵洞簫賦、潘安仁河陽縣作詩引俱作凱風』。」
○俞樾曰：「『巨』疑『豈』之壞字也。禮記孔子閒居篇、表記篇釋文竝曰『凱本作豈』，是豈、凱古通用。豈風即凱風也。『豈』字闕壞，止存下半，因譌爲『巨』耳。」西南曰淒風，坤氣所生，一曰涼風。○畢沅曰：「淮南作『涼風』。」西方曰飂風，兑氣所生，一曰閶闔風。西北曰厲風，乾氣所生，一曰不周風。○畢沅曰：「淮南作『麗風』。」北方曰寒風。坎氣所生，一曰廣莫風。何謂六川？河水，赤水，遼水，黑水，江水，淮水。河出崑崙東北陬。赤水出其東南陬。遼水出砥石山，自塞北東流，直至遼東之西南入海。黑水出崑崙西北陬。江水出岷山，在蜀西徼外。淮水出桐柏山，在南陽平氏縣也。○畢沅曰：「注『自塞北東流』，水經注『北』作『外』，又下作『直遼東』，無『至』字。」

凡四海之内，東西二萬八千里，南北二萬六千里，子午爲經，卯酉爲緯。四海之内，緯長經短。水道八千里，受水者亦八千里，通谷六，名川六百，陸注三千，小水萬數。陸無水，水盛内乃注之也。
○畢沅曰：「淮南『注』作『徑』。」

凡四極之内，東西五億有九萬七千里，南北亦五億有九萬七千里。海東西長，南北短。極内等。極星與天俱游，而天極不移。極星，辰星也。語曰「譬如北辰，居其所而衆星拱之」，故曰不移。○陳昌齊曰：「元刻劉節軒校本『天極』作『天樞』。以下文『當樞之下』證之，則『樞』爲是。」○王念孫曰：「爾雅：『北極謂之北辰。』昭十七年公羊傳疏引孫炎注曰：『北極，天之中。以正四時，謂之北辰。』開元占經石氏中官占引黃帝占注曰：『北極紐星，天之樞也。天運無輟，而極星不移。』案極星即北辰也。（或言北辰，或言北極，或言極星，或言紐星，或言樞星，皆異名而同實。）古者極星正當不動之處，故曰居其所而衆星拱之。爾雅『北極謂之北辰』，與角、亢以下同在星名之列。公羊傳以北辰、心、伐爲三大辰，鄉飲酒義謂之三光，皆指極星言之。考工記『匠人建國，夜攷之極星，以正朝夕』，（偏東爲朝，偏西爲夕。）鄭注曰『極星，謂北辰』，尤爲明據。晏子春秋雜篇曰：『古之立國者，南望南斗，北戴樞星，彼安有朝夕哉。』春秋繁露深察名號篇曰『正朝夕者視北辰』，併與考工相合。楚辭九歎『綴鬼谷於北辰』，王注曰『北辰，北極星也』，亦與鄭注相同。賈逵、張衡、蔡邕、王蕃、陸績以紐星爲不動處是也。梁祖暅測不動處距紐星一度有餘，今紐星又移，而不動之處乃在鉤陳大星與紐星之間，此因恒星東徙，是以極星移度，後儒遂謂經文之北辰，皆指無星之處言之，失其指矣。呂氏春秋有始篇曰『衆星與天俱遊，而極星不移』，高注曰：『極星，北辰星也。語曰「譬如北辰，居其所而衆星拱之」，故曰不移。』蓋周、秦之間，極星未移，故呂氏之言正與考工相合，故高注引論語以證極星之不移。後人見極星已移，乃妄改之曰『極星與天俱遊，而天極不移』，或又改爲『天樞不移』，以强合無星之説，而不知其與高注大相牴牾也。凡言辰者，皆在天成象而可以正時者也。日月星謂之三辰，極星謂之北辰，北辰、星、伐謂之大辰，其義一也。是以堯典言『歷象日月星辰』，中庸言『日月星辰繫焉』，祭法言『日月星辰，民所瞻仰』，皆指在天成象者言之。後儒謂天之無星處皆辰，則無稽之言耳。」**冬至日行遠道，周行四極，命曰玄明。**遠道，外道也，故曰「周行四極」。玄明，大明也。**夏至日行近道，乃參于上。當樞之下無晝夜。**近道，內道也。乃參倍于上，下曰高也。當極之下，分明不寘，曜統一也，故曰「無晝夜」。○畢沅曰：「注『下曰』疑是『夏日』，『不寘』疑是『不冥』。」○王引之曰：「高讀參爲三，非也。參如『立則見其參於前』之參，參猶值也。言正值人上也。夏至日行北道，日中之時，正值人上，故曰近。墨子經篇曰：『直，參也。』直與值同。淮南説山篇『越人學遠射，參天而發，適在五步之內』，高注曰：『越人習水便舟而不知射，射遠反直仰向天而發，矢勢盡而還，故近在五步之內。參猶望也。」案參天而發，謂值天而發也，高訓參爲望，亦失之。」

白民之南，建木之下，日中無影，呼而無響，蓋天地之中也。白民之國，在海外極內。建木在廣都南方，衆帝所從上下也，復在白民之南。建木狀如牛，引之有皮，黃葉若羅也。日正中將下，日直人下，皆無影，大相叫呼，又無音響人聲，故謂「蓋天地中也」。○畢沅曰：「注『引』舊作『豕』字，訛。案海内南經云：『有木，其狀如牛，引之有皮，若纓黃蛇，其葉如羅，其實如欒，其木若蓲，其名曰建木，在窫窳西。』」

天地萬物，一人之身也，此之謂大同。以一人身喻天地萬物。易曰「近取諸身，遠取諸物」，故曰「大同」也。**衆耳目鼻口也，衆五穀寒暑也，此之謂衆異，則萬物備也。天斟萬物，**○畢沅曰：「舊校云：『斟〔一〕一作堪。』注亦同。案『堪』或是『卙〔二〕』字，會集也，盛也。」**聖人覽焉，以觀其類。**天斟輪萬物，聖人總覽以知人也。**解在乎天地之所以形，**天地之初，始成形也。**雷電之所以生，**震氣爲雷，激氣爲電，始生時也。**陰陽材物之精，**陰陽皆由天地，陰陽材萬物也。○劉師培曰：「『精』上挩『所以』二字。」○吴先生曰：「文意蓋謂材物皆由陰陽變化而成，故云『陰陽材物之精』。注意當云陰陽化生萬物，其字雖不能輒定，而『例』爲譌文則可知也。」○維遹案：注「材」字原作「例」，改從姜本。**人民禽獸之所安平。**人民禽獸，動作萬物，皆由天地陰陽以生，

〔一〕「斟」，原作「卙」，據諸子集成本改。

〔二〕「卙」，原作「斟」，據諸子集成本改。

各得其所樂，故曰「之所安平」也。

有始覽

二曰：凡帝王者之將興也，天必先見祥乎下民。祥，徵應也。黄帝之時，天先見大螾大螻，螻，螻蛄。螾，蚯蚓。皆土物。○畢沅曰：「注『螻，螻蛄』舊本作『蛄螻』，今補正。」黄帝曰：「土氣勝。」土氣勝，故其色尚黄，其事則土。則，法也。法土色尚黄。及禹之時，天先見草木秋冬不殺，禹曰：「木氣勝。」木氣勝，故其色尚青，其事則木。法木色青。及湯之時，天先見金刃生於水，湯曰：「金氣勝。」金氣勝，故其色尚白，其事則金。法金色白。及文王之時，天先見火赤烏銜丹書集于周社，○王念孫曰：「『火赤烏』衍『火』字。」文王曰：「火氣勝。」火氣勝，故其色尚赤，其事則火。法火色赤。代火者必將水，天且先見水氣勝。水氣勝，故其色尚黑，其事則水。法水色黑。水氣至而不知，數備將徙于土。○舊校云：「『徙』一作『見』。」○俞樾曰：「『水氣勝，故其色尚黑，其事則水』，此十二字當爲衍文，乃淺人不察文理，以上文之例增入，而不知其不可通也。當呂氏箸此書時，秦猶未并天下，所謂尚黑者果何代乎？呂氏之意，以爲周以火德王，至今七百有餘歲，則火氣之衰久矣，其中間天已見水氣勝矣，但無人起而當之耳，故曰『水氣至而不知，數備將徙于土』，言後之有天下者，又當以土德王也。今增入『故其色尚黑，其事則水』

二語，則與『水氣至而不知』文不相屬矣。厥後秦始皇有天下，推五德之運，以爲水德之始，此由其時不韋已死故也。若不韋猶在朝用事，則必以爲水數已備，秦得土德矣。」○維遹案：此陰陽家之説而散見於此者。馬國翰據文選魏都賦李注引七略云「鄒子終始五德，從所不勝，木德繼之，金德次之，火德次之，水德次之」，定篇首至此爲鄒子佚文。案馬氏有輯本一卷。

天爲者時，而不助農於下。助猶成也。○孫鏘鳴曰：「廣雅：『農，勉也。』『農』當在『助』字上。」**類固相召，氣同則合，聲比則應。**應，和。○維遹案：「類固」當作「類同」，下文亦有「類同」連文，召類篇云「類同相召」，尤爲明證。**鼓宮而宮動，鼓角而角動。**鼓，擊也。擊大宮而小宮應，擊大角而小角和，言類相感也。**平地注水，水流溼。均薪施火，火就燥。**水流溼者先濡，火就燥者先然。**山雲草莽，水雲魚鱗，**○畢沅曰：「舊本誤作『角鰦』，吳志伊字彙補載之，徐仲山謂『魚鱗』之訛。今案唐、宋人類部所引皆作『魚鱗』，淮南覽冥訓亦同，今改正。」○維遹案：淮南覽冥篇注云：「山中氣出雲似草莽，水氣出雲似魚鱗。」可移以注此。**旱雲煙火，雨雲水波，**○王引之曰：「『煙』當爲『熛』字之誤也。（淮南亦誤作『煙』，辯見淮南。）説文：『熛，火飛也，讀若標。』一切經音義十四引三倉曰：『熛，迸火也。』『旱雲熛火，雨雲水波』，猶言旱雲如火，雨雲如水耳。若云『旱雲煙火』，則與下句不類矣。藝文類聚天部上、初學記天部、太平御覽天部八引此竝誤作『煙』，唯舊本北堂書鈔天部二出『熛火』二字，引呂氏春秋『旱雲如熛火』，（陳禹謨依俗本改爲『烟火』。）則所見本尚未誤。慎小篇曰『突泄一熛，而焚宫燒積』，今本『熛』字亦誤作『煙』，畢校本已改正。一切經音義十三引此正作『熛』。韓子喻老篇曰：『百尺之室，以突隙之熛焚。』（淮南人間篇亦曰：『百尋之屋，以突隙之熛焚。』）淮南齊俗篇曰：『譬若水之下流，熛之上尋也。』説林篇曰：『一家失熛，百家皆燒。』史記淮陰侯傳曰：『熛至風起。』漢書敘傳曰：『勝、廣熛起，梁、籍扇烈。』皆其證也。魏徵羣書治要引尸子貴言篇曰：『熛火始起，易息也。』吴越春秋句踐入臣外傳曰：『目若熛火，聲若雷霆。』此尤熛火二字之明證。而今本晏子、韓子及淮南覽冥、齊俗、人間三篇『熛』字皆誤作『煙』，唯史記、漢書、吴越春秋、淮南説林及羣書治要、一切經音義、舊本北堂書鈔所引不誤。世人多見『煙』，少見『熛』，固宜其沿誤而不知也。」**無不皆類其所生以示人。**○畢沅曰：「御覽八『皆』作『比』。」○維遹案：類聚、事類賦二引「皆」亦作「比」。淮南覽冥篇作「各象其形類」。**故以龍致雨，以形逐影。師之所處，必生棘楚。**軍師訓罰，以殺伐爲首，棘楚以戮人，喜生戰地，故生其處也。○畢沅曰：「老子曰：『師之所處，荆棘生焉。』此偏不爲孝文王諱，何也？注亦不明。『訓罰』疑『討罰』。『戮人』舊作『戰人』，訛，今改正。」○維遹案：論衡寒温篇有「故曰以形逐影，以龍致雨」二語，而感虚篇作「以龍致雨，以刑逐暑」，春秋繁露同類相動篇又作「以龍致雨，以扇逐暑」，足證感虚篇之「暑」字爲「景」之形誤。繁露「以扇逐暑」亦通。暑字與雨爲韻，而影字與雨亦爲合韻。王念孫周秦諸子韻譜定雨、影、處、楚、所同屬語部，於影字旁鐫一直畫，推其例，即以影字爲合韻。王氏校召類篇有云「景字古音在養部，養部之字多與語部相通」，與韻譜正合。嗣見王氏手校吕覽，云「影字合韻，讀爲鄘鄔之鄔」，尤爲切證。**禍福之所自來，衆人以爲命，安知其所。**自，從也。凡人以爲天命，不知其所由也。

夫覆巢毁卵則鳳凰不至，○畢沅曰：「『覆巢』舊誤倒，今乙正。」**刳獸食胎則麒麟不來，乾澤涸漁則龜龍不往。**○畢沅曰：「疑當作『不住』，此有韻。」○陳昌齊曰：「舊刻作『巢覆毁卵』，畢校作『覆巢毁卵』，並誤。此數語皆二句一韻，當作『巢覆卵毁』，『龜龍不住』，則毁、至一韻，胎、來一韻，漁、住一韻。」物之從同，不可爲記。子不遮乎親，臣不遮乎君。遮後遏也。○維遹案：注「後」字疑是「猶」誤。君同則來，異則去。○陶鴻慶曰：「『同則來，異則去』，總承上文子臣而言，下文即申説此義。『君』字不當有，涉上文『臣不遮乎君』而衍。」故君雖尊，以白爲黑，臣不能聽。聽，從。父雖親，以黑爲白，子不能從。黄帝曰：「芒芒昧昧，○畢沅曰：「舊本皆不重。案文子符言、上仁篇、淮南繆稱、泰族訓及御覽七十七引皆重，此注亦然，今據改正。」○焦循曰：「高注以『芒芒昧昧』解『芒昧』，猶樂記以『肅肅雝雝』解『肅雝』，毛詩傳以『洸洸潰潰』解『有洸有潰』也。校者據注謂本文宜作『芒芒昧昧』，非是。」因天之威，○舊校云：「一作『道』。」與元同氣。」芒芒昧昧，廣大之貌。天之威無不敬也。非同氣不協。○孫先生曰：「注語不明。『天之威無不敬也』當作『因天之威無不敬也』，脱『因』字。『非同氣不協』當作『與元同氣無不協也』。蓋脱去『與元同氣』四字，後人遂加『非』字，非高氏之舊也。御覽七十七引此注云：『因天之威無不敗也，與元同氣無不協也。』引『敬』作『敗』者，乃不解『威』字之誼而妄改之。廣雅：『威，德也。』此亦當訓德，非威武之威也。『敗』字雖誤，而上下文皆是，實足校正今本。」故曰同氣賢於同義，同義賢於同力，同力賢於同居，同居賢於同名。帝者同氣，同元氣也。王者同義，同仁義也。霸者同力，同武力也。○畢沅曰：「文子、淮南竝作『同功』。」勤者同居則薄矣，同居於世。亡者同名則觕矣。同名不仁不義。粗，惡也。○維遹案：注「義」下脱一「觕」字。其智彌觕者其所同彌觕，其智彌精者其所同彌精，精，微妙也。故凡用意不可不精。夫精，五帝三王之所以成也。成齊類同皆有合，故堯爲善而衆善至，桀爲非而衆非來。○舊校云：「一本作『桀爲惡而衆惡來』。」商箴云：「天降災布祥，竝有其職。」以言禍福，人或召之也。職，主也。召，致也。○梁玉繩曰：「困學紀聞二『文心雕龍（銘箴篇。）「夏、商二箴，餘句頗存」，夏箴見周書文傳，商箴見此』。」○維遹案：左襄二十三年傳云「禍福無門，惟人所召」，此之謂也。故國亂非獨亂也，又必召寇。獨亂未必亡也，召寇則無以存矣。存，在也。

凡兵之用也，用於利，用於義。攻亂則脆，脆則攻者利。○王念孫曰：「召類作『攻亂則服，服則攻者利』，『服』字是。」攻亂則義，義則攻者榮。榮且利，中主猶且爲之，況於賢主乎？故割地寶器卑辭屈服不足以止攻，惟治爲足。足止人攻。治則爲利者不攻矣，爲名者不伐矣。凡人之攻伐也，非爲利則因爲名也，○王念孫曰：「召類篇『因』作『固』，是也。」名實不得，國雖彊大者，曷爲攻矣！解在乎史墨來而輟不襲衛，趙簡子可謂知動靜矣。○畢沅曰：「事見召類篇。『史墨』作『史默』。」

應同

○畢沅曰：「舊作『名類』，乃『召類』之訛，然與卷二十篇目複。舊校云：『一名應同。』今即以『應同』題篇。」〔一〕

〔一〕畢注與目録詳略不同。

三曰：世之聽者多有所尤，〇維遹案：治要有注：「尤，過。」疑「尤」借作「囿」，謂有所拘蔽也。過字不足以盡其義。多有所尤則聽必悖矣。所以尤者多故，其要必因人所喜與因人所惡。東面望者不見西牆，南鄉視者不覩北方，意有所在也。

人有亡鈇者，意其鄰之子，視其行步竊鈇也，〇維遹案：治要有注：「竊，盜。」顏色竊鈇也，言語竊鈇也，動作態度無爲而不竊鈇也。抇其谷而得其鈇〔一〕，〇畢沅曰：「『抇』舊訛作『相』，今從列子説符篇改正。」〇維遹案：畢改是。治要引「抇」作「掘」，抇、掘古通。又引「谷」下有注：「谷，坑。」他日復見其鄰之子，動作態度無似竊鈇者。其鄰之子非變也，己則變矣。變也者無他，有所尤也。〇維遹案：治要引作「己則變之，變之者無他，有所尤也」。

邾之故法，爲甲裳以帛。以帛綴甲。〇維遹案：據注及下文皆單言「甲」，此「裳」字其義爲「常」。裳、常古通，初學記二十二、御覽八百十九引「裳」竝作「常」。公息忌〇舊校云：「一作『忘』。」謂邾君曰：「不若以組。凡甲之所以爲固者，以滿竅也。今竅滿矣，而任力者半耳。且組則不然，竅滿則盡任力矣。」邾君以爲然，曰：「將何所以得組也？」公息忌對曰：「上用之則民爲之矣。」邾君曰：「善。」下令，令官爲甲必以組。公息忌知説之行也，因令其家皆爲組。人有傷之者

〔一〕四部叢刊本「鈇」下有注「一作抇其舌而得其鈇」。

曰：○維遹案：治要有注「傷，敗」。「公息忌之所以欲用組者，其家多爲組也。」○維遹案：御覽引「其」上有「由」字。郑君不説，於是復下令，○維遹案：治要引作「於是乎復下止令」。令官爲甲無以組。以，用。此郑君之有所尤也。爲甲以組而便，公息忌雖多爲組何傷也？以組不便，公息忌雖無組○畢沅曰：「孫云：『御覽三百五十六作「雖無爲組」。』」○孫先生曰：「『組』上當有『爲』字，與上下文義亦相應。治要引正有『爲』字。御覽八百十九同。」亦何益也？爲組與不爲組不足以累公息忌之説，○維遹案：治要有注「累猶辱也」。用組之心不可不察也。

魯有惡者，惡，醜。其父出而見商咄，○章炳麟曰：「商咄即是宋朝，宋亦稱商，朝、咄聲轉也。」反而告其鄰曰：「商咄不若吾子矣。」且其子至惡也，商咄至美也，彼以至美不如至惡，尤乎愛也。故知美之惡，知惡之美，然後能知美惡矣。

莊子曰：「以瓦投者翔，以鉤投者戰，以黄金投者殆。○畢沅曰：「莊子達生篇：『以瓦注者巧，以鉤注者憚，以黄金注者殙。』列子黄帝篇『注』竝作『摳』，『殙』作『涽』，文義各小異。此『投』字無攴。淮南説林訓又作『鉒』。」○洪頤煊曰：「字書無『投』字。説文：『豛，繇擊也，从殳，豆聲。古文祋〔一〕如此。』投即豛字。列子黄帝篇『投』並作『摳』，張湛注：『互有所投曰摳。』摳即投假借字。莊子達生作『注』，淮南説林訓作『鉒』。注亦投也，字相近，

〔一〕「祋」，原作「投」，據説文改。

合譌作『投』。」○孫鏘鳴曰：「『投』疑當作『𢧵』。集韻：『𢧵，遥擊也。』蓋皆博戲之類。」又曰：「翔，釋名：『佯也，言仿佯也。』猶安詳之意。戰者懼也，殆則迷惑矣。」其祥一也，○孫鏘鳴曰：「祥，善也，謂技之巧也。」○劉師培曰：「據莊子達生兩『巧』字證之，則翔、祥二字同義而異文。」而有所殆者，必外有所重者也。外有所重者，泄蓋内掘。」○畢沅曰：「淮南作『是故所重者在外，則内爲之掘』，注云：『掘，律氣不安詳。』列子作『凡重外者掘内』，語更簡而明。」○陳昌齊曰：「『泄』字疑爲『也』字之訛，此書如貴生篇『惟不以天下害其生者也可以託天下』，『其虧彌甚者也其尊彌薄』，皆用此句法。餘篇尚多。」魯人可謂外有重矣。解在乎齊人之欲得金也，及秦墨者之相妬也，皆有所乎尤也。○畢沅曰：「兩事皆見去宥篇。」老聃則得之矣。若植木而立乎獨，必不合於俗，則何可擴矣。

去尤

四曰：聽言不可不察，○維遹案：治要引「聽」上有「凡」字；「察」下有注云：「察者，詳也。」不察則善不善不分，善不善不分，亂莫大焉。

三代分善不善，故王。今天下彌衰，聖王之道廢絶，○舊校云：「『聖王』一作『聖人』。」世主多盛其歡樂，○舊校云：「『歡』一作『觀』。」大其鐘鼓，侈其臺榭苑囿，以奪人財；輕用民死，以行其忿，老弱凍餒，夭膌壯狡汔盡窮屈，○畢沅曰：「狡與佼同，説見仲夏紀。」○王念孫曰：「膌讀爲『大災者何？

大瘠也』之瘠。」○維遹案：汔盡猶言幾盡。詩大雅民勞篇「汔可小康」，鄭箋：「汔，幾也。」加以死虜，攻無辠之國以索地，誅不辜之民以求利，而欲宗廟之安也，社稷之不危也，不亦難乎！今人曰：「某氏多貨，其室培濕，○俞樾曰：「淮南子齊俗篇『鑿培而遁之』，高注曰：『培，屋後牆也。』此『培』字當從彼訓。其室培者，其室之牆也。濕讀爲墝。廣雅釋詁：『墝，下也。』其室培濕，謂其室牆卑下也，與下文『其城郭庳』正同一律。若依本字讀之，則不可通矣。」○劉先生曰：「淮南子齊俗篇高注：『培，屋後牆也。』字又作『備』。齊俗篇『則必有穿窬拊楗抽箕踰備之姦』，高注：『備，後垣也。』其室培溼，謂其後垣溼而易鑿耳。」守狗死，其勢可穴也。」則必非之矣。曰：「某國饑，其城郭庳，其守具寡，可襲而篡之。」則不非之，乃不知類矣。○畢沅曰：「與墨子非攻篇意同。」周書曰：○梁玉繩曰：「漢書晁錯傳作『傳曰』。」「往者不可及，來者不可待，賢明其世，謂之天子。」○維遹案：其猶之也。故當今之世，有能分善不善者，其王不難矣。

善不善本於義，不於愛，愛利之爲道大矣。○維遹案：「本於義不於愛」，疑當作「本於利本於愛」，方與下句「愛利之爲道大矣」相承接。今本「本」字誤爲「不」，校者遂改「利」爲「義」，則文不成義。離俗篇云「以愛利爲本」，用民篇云「託於愛利」，適威篇云「古之君民者，愛利以安之」，足徵「愛利」爲本書恒語。夫流於海者，行之旬月，見似人者而喜矣。及其朞年也，見其所嘗見物於中國者而喜矣。夫去人滋久，而思人滋深歟！亂世之民，其去聖王亦久矣，其願見之，日夜無間，故賢王秀士之欲憂黔首者，不可不務也。務，勉也。

功先名，事先功，言先事。不知事惡能聽言？不知情惡能當言？安能使其言當合於事乎？其與人穀言也，其有辯乎？其無辯乎？穀言，善言。辯，別也。○梁玉繩曰：「『穀言』二字新，猶『善人』稱『穀人』。」○陳昌齊曰：「莊子齊物論云：『言者有言，其所言者，特未定也，果有言耶？其未嘗有言耶？其以爲異於鷇音，亦有辨乎？其無辨乎？』語意正與此相同。『穀言』二字疑爲『鷇音』之誤。『其與人』三字或『其異於人』之誤也。不然，則『人』字衍也。注『穀言，善言』或作『鷇音，鳥言』。」○陶鴻慶曰：「『人』爲『夫』字之誤。『穀言』爲『鷇音』之誤。元文本云：『其與夫鷇音也，其有辯乎？其無辯乎？』辯讀爲辨，別也。言不能聽言，與不能當言，則人言之與鷇音無以異也。莊子齊物論篇云：『其以爲異於鷇音，亦有辯乎？其無辯乎？』即呂氏所本。」○維遹案：陶說是。

造父始習於大豆，蠭門始習於甘蠅，習，學也。大豆、甘繩，蓋御、射人姓名。○畢沅曰：「梁仲子云：『列子湯問篇造父之師曰泰豆氏。』此『大豆』當讀泰。案蠭門即逢蒙，荀子王霸篇、史記龜策傳皆同。漢書人表作『逢門子』，莊子作『蓬蒙』，法言學行篇作『逄蒙』，音轉紅切，鹽鐵論能言篇作『逢須』，唯今本孟子乃作『逄蒙』。」御大豆，射甘蠅，而不徙人以爲性者也。專學不徙，以得深術。○王念孫曰：「『人』疑當作『之』。」不徙之，所以致遠追急也，所以除害禁暴也。專學大豆、甘蠅之法而不徙之，故御、射得。御可以致遠追急，射而發中，可以除害禁暴也。凡人亦必有所習其心，然後能聽說。不習其心，習之於學問。不學而能聽說者，古今無有也。解在乎白圭之非惠子也，白圭，周人也。惠子，惠施，仕魏。○畢沅曰：「見不屈篇。」○梁玉繩曰：「白圭有二：一在魏文侯時，圭是其名，周人，史貨殖傳所謂觀時變治生，鄒陽傳所謂爲魏取中山者也。一與惠施竝時，名丹，字圭，（戰國魏策作『珪』。）魏人，孟子所謂治水以鄰國爲壑、韓子喻老所謂行堤塞穴者也。此及趙岐注竝云周人，恐誤。（注言周人凡三見。）揚子法言曰『子之治産不如丹圭』，則已先錯合爲一人矣。」公孫龍之説燕昭王以偃兵及應空洛之遇也，○畢沅曰：「説偃兵見應言篇。梁仲子云：『空洛之遇，事見後淫辭篇，作「空雄」，地名，豈非「空雒」之誤歟？』」孔穿之議公孫龍，翟翦之難惠子之法。此四士者之議皆多故矣，不可不獨論。公孫龍、孔穿、翟翦，皆辯人。○畢沅曰：「二事亦見淫辭篇。」○維遹案：「論」字許本作「諭」，誤。必己篇注「獨猶孰也」，孰、熟古通，是獨論猶熟論也。應言篇云「不可不熟論」，注：「論，辯也。」

聽言

五曰：昔者禹一沐而三捉髮，一食而三起，○畢沅曰：「梁仲子云：『淮南氾論訓作「一饋而十起」。』」○梁玉繩曰：「史魯世家以吐握爲周公事。鬻子上禹政、淮南氾論與此以爲夏禹。黄氏日抄云：『此形容之語，本無其事也。』」以禮有道之士，通乎己之不足也。欲以問知所不知也，故曰「通乎己之不足」。○維遹案：治要引注作「欲以聞所不聞，知所不知故也，故曰通乎己之不足」。今本誤脱。通乎己之不足，則不與物爭矣。情欲之物不爭。愉易平靜以待之，使夫自得之。○維遹案：舊校云：「『得』一作『以』。」治要引亦作「以」，下有注云：「以，用。」因然而然之，使夫自言之。○舊校云：「『言』一作『寧』。」亡國之主反此，乃自賢而少人，○維遹案：治要引無「乃」字。少人則説者持容而不極，極，至。聽者自多而不得，自多，自賢也。

雖有天下何益焉！是乃冥之昭，亂之定〔一〕，毁〔二〕之成，危之寧，以冥爲明，以亂爲定，以毁爲成，以危爲寧也。故殷、周以亡，比干以死，誖而不足以舉。殷、周以亂而亡，比干以忠而死。不當亂而亂，不可爲忠而忠，故悖不可勝舉。○陶鴻慶曰：「舉當讀爲與。異寶篇云：『其主，俗主也，不足與。』（今本『與』下有『舉』字，俞氏以爲衍文，今從之。）義與此同。高注云『悖不可勝舉』，失之。」故人主之性，○舊校云：「一作『任』。」莫過乎所疑，而過於其所不疑；所疑者不敢行，故不過也。其所不疑者，不可而行之，故以爲過。不過乎所不知，而過於其所以知。所不知者不敢施，故不爲。所以知者，不可施而必爲，故曰過於其所以知。○王念孫曰：「以同已。」故雖不疑，雖已知，必察之以法，揆之以量，驗之以數，其所不疑，其所已知，俗主所專用，而賢主能以法制行之，以度量揆之，以數術驗之。若此，則是非無所失而舉措無所過矣。其慎所不疑，審所已知，故不失過也。

夫堯惡得賢天下而試舜？舜惡得賢天下而試禹？惡，安。試，用也。何以得賢於天下能用舜、禹？斷之於耳而已矣。耳之可以斷也，反性命之情也。反，本。今夫惑者，非知反性命之情，惑，眩惑也。其次非知觀於五帝三王之所以成也，成，成其治。則奚自知其世之不可也？奚

〔一〕「定」，原作「安」，據諸子集成本改。
〔二〕「毁」，四部叢刊本作「敗」，注「一作毁」。

自知其身之不逮也？奚，何也。逮，及也。太上知之，其次知其不知。生自知，其上也。其次，知其不知也。不知則問，不能則學。周箴曰：「夫自念斯學，德未暮。」暮，晚。學賢問，三代之所以昌也。學賢知，昌盛。○松皋圓曰：「『賢』字宜作『且』，考上下文意可見。」○孫鏘鳴曰：「『學賢問』三字疑有誤脱。」不知而自以爲知，百禍之宗也。宗，本也。論語曰：「不知爲不知。」夫不知者而自以爲知，則反於道，百禍歸之，故曰「百禍之宗也」。名不徒立，功不自成，國不虚存，必有賢者。惟賢者然後立名成功而存其國也。傳曰：「不有君子，其能國乎？」此之謂也。賢者之道，牟而難知，妙而難見，牟猶大也。賢者之道，磥落不凡，惟義所在，非不肖所及，故難知也。其仁愛物本於中心，精妙幽微亦非不肖所及，故難見也。○維遹案：注「仁」下當有「民」字，今本誤脱。故見賢者而不聳則不惕於心，不惕於心則知之不深，不深知賢者師法之也。○王念孫曰：「聳，敬也。惕猶動也。」不深知賢者之所言，不祥莫大焉。祥，善也。

主賢世治則賢者在上，位在上。○畢沅曰：「自『主賢世治』已下，又見後觀世篇。」主不肖世亂則賢者在下。今周室既滅，而天子已絶。周厲王無道，流于彘而滅，無天子十一年，故曰已絶。○畢沅曰：「秦昭王五十二年西周亡，十年而始皇帝繼爲王，又二十六年始爲皇帝。所云『天子已絶』者，在始皇未爲皇帝之時。注非是。」亂莫大於無天子，○畢沅曰：「『亂』字舊本脱在上注内，今據觀世篇改正。」無天子則彊者勝弱，衆者暴寡，以兵相殘，不得休息，○舊校云：「『休』一作『暫』。」今之世當之矣。當其時也。故當今之世，求有道之士則於四海之内、山谷之中、○陳昌齊曰：「元刻劉節軒校本『内』作『上』。」○孫先生曰：

「觀世篇作『江海之上』，疑此亦作『則於江海之上，山谷之中』。若作『四海』，則『內』字似較『上』字爲優。」僻遠幽閒之所，所，處也。若此則幸於得之矣。得之，則何欲而不得？何爲而不成？得賢，則欲而得，爲而成也。太公釣於滋泉，遭紂之世也，故文王得之而王。○畢沅曰：「梁仲子云：『水經渭水上注引作「太公釣茲泉」。』孫云：『御覽七十又八百三十四竝作「茲泉」。』舊本句末『王』字脱，亦從御覽補。」文王，千乘也。紂，天子也。天子失之，而千乘得之，知之與不知也。文王知太公賢，是以得之；紂不知賢，是以失之，故曰知與不知也。○孫先生曰：「『知之與不知也』，『之』字疑衍。高注云云，是正文本無『之』字明矣。後觀世篇亦有『之』字，乃據此衍文誤加者，非其實也。御覽八百三十四引無『之』字。」諸衆齊民，不待知而使，不待禮而令。齊民，凡民。非一，故言諸衆。○畢沅曰：「舊校云：『「令」一作「合」。』案觀世篇亦作『令』，注『令猶使也』。」若夫有道之士，必禮必知，然後其智能可盡。可盡得而用也。解在乎勝書之説周公，可謂能聽矣。齊桓公之見小臣稷，魏文侯之見田子方也，皆可謂能禮士矣。能禮士，故曰得士。帝紂不能禮士，故失太公以滅亡也。○畢沅曰：「勝書説周公見精諭篇。齊桓、魏文二事，皆見下賢篇。此田子方乃段干木之訛。」

謹聽

六曰：嘗試觀上古記，三王之佐，其名無不榮者，其實無不安者，功大也。上古記，上世古書也。名者，爵位名也。實者，功實也。詩云：「有晻淒淒，興雲祁祁，雨我公田，遂及我私。」詩小雅大田之三章也。晻，陰雨也。陰陽和，時雨祁祁然不暴疾也。古者井田，十一而税，公田在中，私田在外，民有禮讓之心，故願先公田而及私也。○畢沅曰：「顏氏家訓書證篇辨『興雲』當作『興雨』，以班孟堅靈臺詩『祁祁甘雨』爲證。錢詹事曉徵作漢書攷異，據韓奕篇『祁祁如雲』，謂經師傳授有異，非轉寫有訛。又段明府若膺云：『古人言雨，止言降雨、下雨，無有言興雨者。「興雲祁祁，雨我公田」，猶白華詩之「英英白雲，露彼菅茅」，語意正相似。』案錢、段二説極是，然觀注意亦似本作『興雨』。」○梁玉繩曰：「靈臺詩、後書左雄傳、鹽鐵論水旱篇皆作『雨』字，故家訓以『雲』爲誤寫，詩疏、釋文並同彦説，然非也。韓詩外傳八、漢書食貨志上、隸釋無極山碑俱是『興雲』，與此文合。錢説蓋本隸釋及野客叢書。」○維遹案：注「晻，陰雨也。陰陽和，時雨」，王念孫校本改作「晻，陰雲也。陰陽和，風雨時」，畢謂觀注意亦似本作「興雨」，非是。

三王之佐，皆能以公及其私矣。俗主之佐，其欲名實也與三王之佐同，而其名無不辱者，其實無不危者，無公故也。○畢沅曰：「『無公』，後務大篇作『無功』。公亦功也，古通用。」○梁玉繩曰：「詩『以奏膚公』，毛傳：『公，功也。』隸釋樊安碑以『功德』爲『公德』。」又曰：「大戴禮記禮察篇『處此之功，無私如天地』，漢書『功』作『公』。」○維遹案：治要引「公」作「功」。**皆患其身不貴於國也，而不患其主之不貴於天下也；**○維遹案：王念孫校本「身」下據治要補「之」字，與下文辭例正同。**皆患其家之不富也，而不患其國之不大也，此所以欲榮而愈辱，欲安而益危。**○舊校云：「『益』一作『愈』。」

安危榮辱之本在於主，主之本在於宗廟，宗廟之本在於民，民之治亂在於有司。有司，於周禮爲太宰，掌建國之六典，以佐王治邦國，以治官府，以紀萬民，此之謂也。○孫鏘鳴曰：「有司謂百官。注專以太宰言之，非是。」**易曰：「復自道，何其咎，吉。」**乾下巽上，小畜，「初九，復自道，何其咎，吉」。乾爲天，天道轉運，爲乾初得其位。既天行周匝復始，故曰「復自道」也。復自進退，又何咎乎？動而無咎，故吉也。**以言本無異則動卒有喜。**乾動，反其本，終復始，無有異，故卒有喜也。**今處官則荒亂，臨財則貪得，**欲多。○畢沅曰：「『臨財』各本作『臨射』，今從劉本。」**列近則持諫，**列，位也。持諫，不公正。○陳昌齊曰：「晏子春秋有『持巧諛以正祿』語，『諫』字或當爲『諛』也。」○俞樾曰：「『持諫』二字義不可通，疑『持祿』之誤。持祿言保其祿也。管子明法篇『小臣持祿養交，不以官爲事』，晏子春秋問篇『仕者持祿，游者養交』，荀子臣道篇『偷合苟容，以持祿養交』，皆古書言持祿之證。」○維遹案：陳說是。「諫」與「諛」形近，故譌爲「諫」。據高注所云，非「諫」字明矣。俞說雖辯，然祿、諫形聲俱不相近，無緣致誤。**將衆則罷怯，**罷，勞也。怯，無勇。**以此厚望於主，豈不難哉！**厚，多。**今有人於此，修身會計則可恥，**○舊校云：「『可』一作『不』。」**臨財物資盡則爲己，**盡猶略也。無不充仞以爲己有。○王念孫曰：「高説『盡』字之義非是。盡讀爲賮。張載注魏都賦引倉頡篇云：『賮，財貨也。』賮與盡古字通。（孟子公孫丑篇作『賮』，史記高祖紀作『進』。）管子乘馬篇云：『黄金一溢，百乘一宿之盡也。』是其證。『財物資盡』四字連讀。『修身會計則可恥』，『臨財物資盡則爲己』，句法正相對。若讀『臨財物資』爲句，『盡則爲己』爲句，則句不成義，且與上文不類矣。」○維遹案：王讀盡爲賮，是。然高注竝未誤，「盡猶略」即「盡猶賂」也，略、賂皆從各得聲，故可通用。淮南兵略篇云「貪金玉之略」，御覽二百七十一引「略」作「賂」。賂與賮義正相合，且注「盡猶略」爲展轉相訓，非讀如字明矣。「無不充仞」者，正指財物資盡而言，其非「盡則爲己」絶句，可斷言矣。**若此而富者，非盜則無所取。**詩云：「不稼不穡，胡取禾三百億兮？不狩不獵，胡瞻爾庭有縣特兮？」故曰「非盜則無所取」。**故榮富非自至也，緣功伐也。今功伐甚薄而所望厚，誣也；**以薄獲厚爲誣也。**無功伐而求榮富，詐也，**以虚取之爲詐。**詐誣之道，君子不由。**由，用也。

人之議多曰：「上用我則國必無患。」用己者未必是也，而莫若其身自賢。有人於此，言用我者則國無患。而使用之未必然也。使無患莫若自修其身之賢也。**而己猶有患，用己於國，惡得無患乎？**猶，尚。惡，安。○陶鴻慶曰：「而讀爲如。」**己，所制也，釋其所制而奪乎其所不制，誖，**言身者己所自制也，釋己而不修，故曰奪乎所不制，乃誖謬之道也。○陶鴻慶曰：「『己所制也』上當有『身者』二字。高注云『言身者己所自制也』，即其證。『奪』當爲〔一〕『奮』字之誤，奮猶矜也。荀子子道篇『奮於言者華，奮於行者伐』，楊注云：『奮，振矜也。』是也。上文云『人之議多曰，上用我則國必無患』，此即承上言之。」**未得治國治官可也。**官，小政也。推此言之，若此人者，未任爲大臣，但可小政也。○陶鴻慶曰：「此文當云『治國治官未可得也』，語意與下文相屬。下文云『若夫内事親，外交友，必可得也。苟事親未孝，交友未篤，是所未得，惡能善之矣』，與此文反覆相明，言治國治官未可必得，而事親交友則己所得爲，故釋其所制而奮乎其所不制者悖也。如今本則上下文義不貫矣。淮南主術訓云：『治國非上使不得舉焉。（今本無「非」字，依俞氏平議補正。）孝於父母，弟於兄嫂，信於朋友，不得上令而可得爲也。釋己之所得

〔一〕「爲」，原脱，據讀諸子札記補。

爲，而責于其所不得制，悖矣。』義即本此。高氏據誤本，以『未得治國』斷句，而解之云『若此人者，未任爲大臣，但可小政也』，斯曲説矣。」若夫内事親，外交友，必可得也。苟事親未孝，交友未篤，是所未得，惡能善之矣？故論人無以其所未得，而用其所已得，可以知其所未得矣。以其孝得〔一〕於親，則知必忠於君也；以其所行能高仁義，知必輕身，故可以知其未得也。古之事君者，必先服能然後任，服其能堪任也。必反情然後受。反情，常内省也。受，受禄也。主雖過與，臣不徒取。過，多。大雅曰：「上帝臨汝，無貳爾心。」以言忠臣之行〔二〕也。大雅大明之七章也。言天臨命武王，伐紂必克之，不敢有疑心。喻君命臣齊一專心輸力，不敢惑忠臣之行也。解在鄭君之問被瞻之義也，見務大論。被瞻知齊國衰亂，桓公之薨，蟲流出户，蓋不聽管仲臨終之言，因諷鄭君。○畢沅曰：「務大論鄭君問被瞻義不死君、不亡君，殊不如注所言。」○維遹案：「在」下疑奪「乎」字，本書多以「解在乎」三字連文，見應同、聽言、謹聽諸篇。薄疑應衛嗣君以無重税，此二士者，皆近知本矣。嗣君，平侯之子也，秦貶稱君。薄疑勸嗣君以王者富民，故曰無重税也。○畢沅曰：「薄疑事見審應覽。」

務本

〔一〕「得」，原脱，據諸子集成本補。

〔二〕四部叢刊本「行」下有注「一作徒」。

七曰：昔舜欲旗古今而不成，旗，覆也。○畢沅曰：「旗當與綦同，乃極盡之義。舊校云：『「旗」一作「禃」，一作「揭」。』梁伯子云：『觀注訓覆，則作「禃」爲是，禃即冒也。』」既足以成帝矣。○孫鏘鳴曰：「此謂舜、禹以下諸人所欲者大，則所成自不少也。」禹欲帝而不成，既足以正殊俗矣。殊俗，異方之俗也。湯欲繼禹而不成，既足以服四荒矣。四表之荒服也。武王欲及湯而不成，既足以王道矣。○陳昌齊曰：「此句當有脱誤，後務大篇作『足以王通達矣』，亦不可解。楊升庵瑣語作『足以王矣』，或別有所據也。荒、王、長爲韻，名合韻。」○俞樾曰：「『既足以王道』文義未足，呂氏原文當作『既足以王通達矣』。務大篇曰『湯、武欲繼禹而不成，既足以王通達矣』，是其證也。荀子儒效篇『通達之屬，莫不從服』，楊倞注曰：『通達之屬，謂舟車所至，人力所通之處也。』荀子書屢言『通達之屬』，蓋古有此語，呂氏亦循用之耳。『通』與『道』字形相似，史記天官書『氣來卑而循車通』，漢書天文志作『車道』，是其形似易譌之證。此文『通』譌作『道』，又奪『達』字，以致文不成義，當據務大篇訂正。」五伯欲繼三王而不成，既足以爲諸侯長矣。孔丘、墨翟欲行大道於世而不成，既足以成顯名矣。名，聖賢之名。夫大義之不成，既有成矣已。○畢沅曰：「二字當衍其一。」○陳昌齊曰：「務大無『矣』字。」夏書曰：「天子之德，○舊校云：「一作『惠』，一作『位』。」廣運乃神，乃武乃文。」逸書也。○維遹案：困學紀聞二引此文「乃神」上有「乃聖」二字，竝注「今本呂覽無『乃聖』字」。攷尚書大禹謨云「都帝德廣運，乃聖乃神，乃武乃文」，蓋王氏據尚書增「乃聖」二字。此當各依本書，不必强同。以呂覽所引爲古本尚書，高注云「逸書」，足徵在東漢時大禹謨尚無此文。又報更篇云「此書之所謂德幾無小者也」，説苑復恩篇云「此書之所謂德無小者也」，今本伊訓作「惟德罔小」，此皆僞古文尚書摭吕覽所引逸書文而竄改之也。**故務在事，事在大。**事，爲。

地大則有常祥、不庭、岐母、羣抵〔一〕**、天翟、**常祥、不庭、羣抵、岐母、天翟皆獸名也。**不周，**○畢沅曰：「此雖山名，然不應獨舉，當亦與上文爲一類。」○凌曙曰：「『不周』二字，高注屬下不屬上文也。本文云『不周山大，則有虎豹熊螇蛆』，故高注云『皆獸名，不周山在翟』。本文下云『水大則有蛟龍』云云，然則『不周』當屬下文作不周山也。若屬上文與『羣抵、天翟』爲一類，是皆獸名，試問有不周之獸耶？獨舉不周者，以山在昆侖，言其大耳。」○俞樾曰：「高氏於『天翟』下注曰：『皆獸名也。』『不周』二字屬下句讀，注曰：『不周山在翟。』然下文云『山大則有虎豹熊螇蛆，水大則有蛟龍黿鼉鱣鮪』，山大、水大文正相對，不得有『不周』二字也。且山亦多矣，何獨舉不周山乎？『不周』二字當屬上，自『常祥』以至『不周』，皆山水名也。雖不盡可考，然即不周之爲山名，已可例其餘矣。若從高注，以『常祥』之屬皆爲獸名，則與下文言山複矣。山者獸之窟穴，故舉獸類以明其大，若地之所有，固不獨獸矣。言地大而專舉獸類，非理也。高氏失其義，因失其讀，殆不可從。」○孫詒讓曰：「『常祥』以下六者皆山名，高唯以『不周』爲山，餘皆爲獸，又以『不周』屬下『山大』爲句，竝非也。山海經大荒西經云『有山名常陽之山，日月所入』，又云『有偏句、常羊之山』，即此『常祥』也。大荒南經云『大荒之中有不庭之山』。大荒東經云『大荒東南隅有山，名皮母地丘』。（『皮母』淮南子墬形訓作『波母之山』。）又云『有山名曰孽搖頵羝』，即此『岐母、羣抵』也。（以上略本郝懿行、錢侗説。）不周山亦見大荒西經。是吕書悉本彼經，惟『天翟』未見，竊疑即大荒西經所云『天穆之野，高二千仞』者。穆與繆通，故書或本作『天繆』，右半

〔一〕四部叢刊本「抵」下有注「一作怪」。

從翏，形與翟相似，因而致誤耳。」**山大則有虎豹熊螇蛆，**皆獸名。不周山在翟。○畢沅曰：「『螇蛆』未詳所出，或是『猨狙』，亦可作虫旁。」○馬叙倫曰：「畢校是也。説文『猨』字本作『蝯』。『蛆』者因『蝯』而易虫旁。然『熊』下疑脱『羆』字，此與下句『水大則有蛟龍黿鼉鱣鮪』辭例相同。」**水大則有蛟龍黿鼉鱣鮪。**魚二千斤爲蛟。黿可作羹，傳曰：「楚人獻黿於鄭靈公，不與公子宋黿羹。公子怒，染指於鼎，嘗之而出。」鼉魚皮可作鼓，詩云：「鼉鼓韸韸。」鱣鮪皆大魚，長丈餘，詩云：「鱣鮪發發。」**商書曰：「五世之廟，可以觀怪。**逸書。喻山大水大生大物。廟者鬼神之所在，五世久遠，故於其所觀，魅物之怪異也。**萬夫之長，可以生謀。」**長，大也。大故可以成奇謀也。○洪邁曰：「吕不韋作書時，秦未有詩書之禁，何因所引訛謬如此？高誘注文恠異之説，一何不典之甚邪？」○梁玉繩曰：「困學紀聞二以爲吕氏引書舛異。案喪服小記『王者立四廟』，鄭注：『高祖以下與始祖而五。』王制『天子七廟』，鄭注：『此周制，殷則六廟。』疏曰：『殷五廟，至子孫六。』此所引逸書，蓋在成湯之世也。惟王肅不以七廟爲周制，謂天子立七廟，高祖之父及祖並始祖及親廟四，先儒皆不從之。書咸有一德改『五世』作『七世』，乃晚出之僞古文，獨與王肅合，豈足據哉？」（周亦五廟，兼二祧廟爲七。）**空中之無澤陂也，**○維遹案：「空」許本、張本、姜本作「室」，誤。莊子秋水篇云：「計四海之在天地之間也，不似礨空之在大澤乎？」釋文引崔云：「礨空，小穴也。」案空、孔古通，作「室」者，殆忘莊文。**井中之無大魚也，**淮南記曰：「蠭房不能容鶴卵。」此之謂也。○孫先生曰：「注『鶴卵』當作『鵠卵』。」**新林之無長木也。**言未久也。**凡謀物之成也，必由廣大衆多長久，信也。**

季子曰：○畢沅曰：「後務大篇作『孔子曰』。梁仲子云：『案孔叢子論勢篇子順引「先人有言」云云，則作「孔子」爲是。』」「燕雀爭善處於一室之下，○松皋圓曰：「或云『善』當作『棲』。」○維遹案：各本「室」竝作「屋」，與務大篇同。子母相哺也，姁姁焉相樂也，○畢沅曰：「『姁姁』後作『區區』，孔叢作『煦煦』。」○梁玉繩曰：「後務大篇作『區』，乃『嘔』之省。姁、呴、嘔、煦並同。」自以爲安矣。竈突羣則火上焚棟，燕雀顔色不變，是何也？乃不知禍之將及己也。爲人臣免於燕雀之智者寡矣。○孫先生曰：「御覽九百二十二引『免』上有『能』字。後務大篇『免』上亦有『而』字。能、而古通。今本蓋誤脱『能』字。」夫爲人臣者，進其爵禄富貴，父子兄弟相與比周於一國，姁姁焉相樂也，以危其社稷，○畢沅曰：「後句上有『而』字，此脱。」其爲竈突近也，而終不知也，其與燕雀之智不異矣。故曰：『天下大亂，無有安國。一國盡亂，無有安家。一家盡亂，無有安身。』此之謂也。故小之定也必恃大，大之安也必恃小，○維遹案：後務大篇「恃」竝作「待」。小大貴賤交相爲恃，○舊校云：「一作『贊』。」○畢沅曰：「後作『贊』。」然後皆得其樂。」○孫先生曰：「務大篇『樂』上有『所』字。疑此脱。」定賤小在於貴大，淮南記曰：「牛馬之氣烝生蟣蝨，蟣蝨氣烝不能生牛馬。」小不能生大，故曰「定賤小在於貴大」。解在乎薄疑説衛嗣君以王術，見務大論。杜赫説周昭文君以安天下，杜赫，周人，杜伯之後。昭文君，周末世分東西之後君號也。説見務大論。及匡章之難惠子以王齊王也。匡章，乃孟軻所謂通國稱不孝者，能王齊王亦大也。○畢沅曰：「此見愛類篇。」

諭大

榮成許維遹學

呂氏春秋卷第十四

孝行覽第二　本味　首時　義賞　長攻　慎人　遇合　必己

呂氏春秋訓解　高氏

一曰：凡爲天下，治國家，必務本而後末。詹何曰：「身治而國不治者，未之有也。」故曰「必務本」。所謂本者，非耕耘種殖之謂，務其人也。務猶求也。○維遹案：御覽七十七引「耘」作「稼」。務其人，非貧而富之，寡而衆之，衆，多也。務其本也。務本莫貴於孝。孝爲行之本也。行於孝者，故聖人貴之。人主孝則名章榮，下服聽，天下譽。譽，樂也。孔子曰：「昔者明王之以孝治天下也，不敢遺小國之臣，而況於公侯伯子男乎？故得萬國之懽心。」○吳先生曰：「譽不得訓樂，此注蓋讀譽爲豫也。王元長曲水詩序李善注云：『孫子兵法「人效死而上能用之，雖優游暇譽〔一〕，令猶行也」。譽猶豫，古字通。』是其比。」人臣孝則事君忠，處官廉，臨難死。孝於親故能忠於君，孝經曰：「以孝事君則忠。」此之謂也。處官廉，孝經曰：「修身慎行，恐辱先

〔一〕「譽」，原作「豫」，據四部叢刊本改。

也。」此之謂也。臨難死，君父之難，視死如歸，義重身輕也。士民孝則耕芸疾，守戰固，不罷北。耕芸疾，用天之道，分地之利。衣食足，知榮辱，故守則堅，戰必克，無退走者。○畢沅曰：「孫云：『御覽七十七「罷」作「敗」。』」夫孝，三皇五帝之本務，○維遹案：御覽引「孝」下有「者」字。而萬事之紀也。三皇，伏羲、神農、女媧也。五帝，軒轅、帝顓頊、帝嚳高辛、帝堯陶唐、帝舜有虞也。紀猶貫因也。○畢沅曰：「初學記十七引『紀』上有『綱』字。注女媧當在神農前。所紀五帝，文有訛脱，當云『黃帝軒轅、帝顓頊高陽』，方與下相配。『貫因』劉本無『因』字。」○吴先生曰：「注文本作『紀猶毌也』，蓋以條貫釋紀也。校者記『貫』字於旁，後又誤衍爲『因』耳。」

夫執一術而百善至、百邪去、天下從者，其惟孝也。一術，孝術。○維遹案：治要、御覽引「也」作「乎」。故論人必先以所親而後及所疏，先本後末，先近後遠。必先以所重而後及所輕。所重，謂其親。所輕，謂他人。今有人於此，行於親重而不簡慢於輕疏，則是篤謹孝道，有人行孝，敬於其親，以及人之親，故不敢簡慢於輕疏者，是厚慎孝道之謂也。先王之所以治天下也。先王以孝治天下。故愛其親不敢惡人，敬其親不敢慢人。愛敬盡於事親，光耀加於百姓，加，施也。究於四海，究，極也。此天子之孝也。曾子曰：「身者，父母之遺體也。行父母之遺體，敢不敬乎？敬，畏慎。居處不莊，非孝也。莊，敬。事君不忠，非孝也。忠，正也。莅官不敬，非孝也。莅，臨也。朋友不篤，非孝也。篤，信也。○維遹案：禮記祭義「篤」作「信」。戰陳無勇，非孝也。揚子曰：「孟軻勇於義。」勇而立義，揚名於後世，孝之終也。五行不遂，災及乎親，敢不敬乎？」遂，成。○維遹案：祭義「行」作「者」。商書曰：「刑三百，罪莫重於不孝。」商湯所制法也。曾子曰：「先王之所以治天下者五：貴德，貴貴，貴老，敬長，慈幼。此五者，先王之所以定天下也。定，安也。所謂貴德，爲其近於聖也。○畢沅曰：「禮記祭義『聖』作『道』。」所謂貴貴，爲其近於君也。所謂貴老，爲其近於親也。所謂敬長，爲其近於兄也。所謂慈幼，爲其近於弟也。」○維遹案：祭義「弟」作「子」。曾子曰：「父母生之，子弗敢殺。父母置之，子弗敢廢。置，立。父母全之，子弗敢闕。闕猶毀。故舟而不游，道而不徑，能全支體，以守宗廟，可謂孝矣。」濟水載舟不游涉，行道不從邪徑，爲免没溺畏險之害，故曰「能全支體，以守宗廟」。○畢沅曰：「注『免』字舊本作『逸』，訛，今改正。」

養有五道：修宮室，安牀笫，節飲食，養體之道也。節飲食，肉雖多不使勝食氣；修宮室，不上漏下溼，故曰「養體之道也」。樹五色，施五采，列文章，養目之道也。列，別也。青與赤謂之文。赤與白謂之章。以極目觀，故曰「養目之道也」。正六律，六律，黄鍾、太蔟、姑洗、蕤賓、夷則、無射。龢五聲，五聲，宮、商、角、徵、羽。雜八音，養耳之道也。八音，八卦之音。雜會之以聽耳，故曰「養耳之道」。熟五穀，烹六畜，龢煎調，養口之道也。熟五穀，烹芻豢，龢快口腹，故曰「養口之道」。龢顔色，説言語，敬進退，養志之道也。龢顔色，以説父母之志意，故曰「養志之道」。此五者，代進而厚用之，可謂善養矣。代，更。更次用之，以便親性，可謂爲善養親也。○王引之曰：「『厚』當爲『序』，隸書『厚』字或作『⿸广㫗』，（見漢荆州刺史度尚碑。）又作『⿸广㫗』，（見三公山碑。）形與『序』竝相近，故『序』譌爲『厚』。『代進而序用之』者，序亦代也。燕禮『序進』，鄭注曰：『序，次第也，猶代也。』郊特牲『昏禮不賀，人之序也』，鄭注曰：『序猶代也。』是序與代同義。楚辭離騷『春與秋其代序』，是也。高訓代爲更，序亦更也。周官『御僕以序守路鼓』，公食大夫禮『序進』，仲尼燕居『夏籥序興』，鄭注竝曰：『序，更也。』序與次亦同義，故高云『更次用之』。」

樂正子春下堂而傷足，○維遹案：祭義「傷」下有「其」字。瘳而數月○畢沅曰：「舊校云：『一作「三月」。下同。』案祭義亦作『數月』。」不出，猶有憂色。門人問之曰：「夫子下堂而傷足，瘳而數月不出，猶有憂色，敢問其故？」故，事也。樂正子春曰：「善乎而問之。而，汝也。吾聞之曾子，曾子聞之仲尼，父母全而生之，子全而歸之，不虧其身，不損其形，可謂孝矣。君子無行咫步而忘之。余忘孝道，是以憂。」故曰：身者，非其私有也，私猶獨。嚴親之遺躬也。躬，體。

民之本教曰孝，本，始。其行孝曰養。養可能也，敬爲難。行敬之難。敬可能也，安爲難。安寧其親難。安可能也，卒爲難。卒，終。父母既没，敬行其身，無遺父母惡名，可謂能終矣。仁者仁此者也，○畢沅曰：「此皆祭義之文，舊本獨少此一句，脱耳，今補之。」禮者履此者也，履，行。義者宜此者也，信者信此者也，彊者彊此者也。樂自順此生也，○舊校云：「『順』一作『慎』。」刑自逆此作也。能順行，無遺父母惡名，故樂生也。逆之則刑辟作也。

孝行覽

二曰：求之其本，經旬必得。求之其末，勞而無功。雖久無所得。功名之立，由事之本也，得賢之化也。得賢人與之共治，以立其功名，故曰「得賢之化也」。非賢其孰知乎事化？〇畢沅曰：「『事化』承上文之言。舊校云：『「化」一作「民」，本又作「名」。』皆訛。」故曰其本在得賢。

有侁氏女子採桑，得嬰兒于空桑之中，侁讀曰莘。獻之其君。其君令烰人養之，烰猶庖也。察其所以然，察，省。曰：「其母居伊水之上，孕，任身爲孕。夢有神告之曰：『臼出水而東走，毋顧。』明日視臼出水，告其鄰，東走十里，而顧，其邑盡爲水，身因化爲空桑。」伊尹母化作空桑。故命之曰伊尹。〇畢沅曰：「以其生於伊水，故名之伊尹，非有訛也。而黄氏東發所見本作『故命之曰空桑』，以爲地名，且爲之辨曰：『此書第五紀云「顓頊生自若水，實處空桑」，則前乎伊尹之未生，已有空桑之地矣。』盧云：『案黄氏所據本非也。同一因地命名，不若伊尹之確。張湛注列子天瑞篇「伊尹生於空桑」，引傳記與今本同，尤爲明證。』」〇梁玉繩曰：「空桑，地名。寰宇記：『空桑城在開封府雍丘縣西二十里。』蓋母生尹即卒也。楚辭天問『水濱之木，得彼小子』，王逸注同此説。謂尹母化爲空桑，妄矣。」又曰：「歸藏易云：『空桑之蒼蒼，八極之既張。』可證其爲地名。古樂篇云『顓頊處空桑』，則其地古矣。」〇維遹案：畢校引盧氏引列子天瑞篇原作黄帝篇，訛，今改正。此伊尹生空桑之故也。〇舊校云：「『生』一作『出』。」長而賢。湯聞伊尹，使人請之有侁氏。有侁氏不可。伊尹亦欲歸湯，湯於是請取婦爲婚。〇維遹案：舊校云：「『婦』一作『妻』。」御覽四百二引作「湯於是請取妻於有侁氏」。有侁氏喜，以伊尹媵女。〇畢沅曰：「舊本作『以伊尹爲媵送女』，段云『説文「㑞」字下引吕不韋曰：「有侁氏以伊尹媵女。」媵，送也。則爲、送二字明是後人所增入』。媵已是送，無煩重絫言之，今删正。」○孫先生曰：「此文可疑，使無『送』字，義已明順，後人不得再加『送』字矣。疑此文作『有侁氏喜，以伊尹媵女』，『媵』下本有『媵，送』二字注，『送』字混入正文，自當删去注文『媵』字，又於伊尹下加『爲』字，以『媵』字爲讀，『送女』爲句，其實不相合也。畢、段所校，實呂氏之舊，恐非高氏之舊矣。」**故賢主之求有道之士無不以也，**以，用也。○畢沅曰：「『以也』舊作『在以』。孫云：『御覽四百二作「無不以也」。』又此下舊本有一『爲』字，衍，竝依御覽删正。」**有道之士求賢主無不行也，**爲媵言必行。○李寶洤曰：「言雖爲媵亦行。注未可通。」**相得然後樂。**賢主得賢臣，賢臣得賢主，故曰「相得然後樂」也。**不謀而親，不約而信，相爲殫智竭力，犯危行苦，**殫、竭皆盡也。危，難也。勤，苦也。**志懽樂之，此功名所以大成也固不獨。**固，必也。**士有孤而自恃，人主有奮而好獨者，**○俞樾曰：「奮猶矜也。奮而好獨者，矜而好獨也。荀子子道篇『奮於言者華，奮於行者伐』，楊注曰：『奮，振矜也。』故古書每以『奮矜』連文。荀子正名篇曰：『有兼聽之明，而無奮矜之容。』墨子所染篇曰：『其友皆好矜奮。』淮南説林篇曰：『呂望使老者奮，項託使嬰兒矜。』」**則名號必廢熄，**熄，滅也。**社稷必危殆。故黃帝立四面，堯、舜得伯陽、續耳然後成，**黃帝使人四面出求賢人，得之立以爲佐，故曰「立四面」也。伯陽、續耳皆賢人，堯用之以成功也。○畢沅曰：「『續耳』，尸子、韓非子作『續牙』，漢書人表作『續身』，皆隸轉失之。」○梁玉繩曰：「古『牙』字或作『㸦』、作『耳』，故譌爲『身』字、『耳』字。」○馬叙倫曰：「太平御覽七九及三六五引尸子曰：『子貢曰：「古者四面，信乎？」孔子曰：「黃帝取合己者四人，使治四方，不謀而親，不約而成，此之謂四面。」』尸子，高誘時未就亡，不知引，何也？」凡賢人之德有以知之也。知其賢乃得而用之。○舊校云：「『之德』一作『道德』。」○陶鴻慶曰：「德讀爲得，高注云云，即其義也。一本作『道德』，誤。」

伯牙鼓琴，鍾子期聽之。方鼓琴而志在太山，○陶鴻慶曰：「『太山』本作『大山』，大山與流水對文，乃泛言山之大者，非指東嶽泰山也。列子湯問篇作『志在登高山』，高山即大山也。莊子在宥篇『故賢者伏處大山嵁巖之下』，釋文云：『大山音泰，亦如字。』皆其例也。」鍾子期曰：「善哉乎鼓琴，巍巍乎若太山。」少選之間，而志在流水，少選，須臾之間也。志在流水，進而不解也。鍾子期又曰：「善哉乎鼓琴，湯湯乎若流水。」鍾子期死，伯牙破琴絶弦，終身不復鼓琴，以爲世無足復爲鼓琴者。伯，姓。牙，名，或作「雅」。鍾，氏。期，名。子皆通稱。悉楚人也，少善聽音，故曰「爲世無足爲鼓琴」也。○孫先生曰：「下『復』字涉上『復』字而衍。高注云云，是正文『爲』上無『復』字，明矣。類聚四十四、御覽五百七十七又五百七十九引竝無此字。」非獨琴若此也，賢者亦然。世無賢者，亦無所從受禮義法則與共治國也。雖有賢者，而無禮以接之，賢奚由盡忠？猶御之不善，驥不自千里也。言不肖者無禮以接賢者，賢者何用盡其忠乎？若不知御者御驥，驥亦不爲之從千里也。

湯得伊尹，祓之於廟，○畢沅曰：「風俗通祀典引此句下有『薰以萑葦』四字，續漢書禮儀志中注亦同，今本脱去耳。」爝以爟火，釁以犧猳。周禮：「司爟掌行火之政令。」火者所以祓除其不祥，置火於桔槔，燭以照之。釁，以牲血塗之曰釁。爟讀曰權衡之權。○段玉裁曰：「贊能篇『桓公迎管仲，祓以爟火』，高注略同，亦曰爟讀如權字。

攷史記封禪書、漢書郊祀志皆曰『通權火』，又曰『權火舉而祠』，張晏云：『權火，爟火也，狀若井挈皋，其法類稱，故謂之權火。欲令光明遠照，通於祀所也。』漢祀五時於雍，五里爟火，如淳曰：『權，舉也。』按如云『權，舉也』，許云『舉火曰爟』，（説文：『爟，取火於日，官名，从火，雚聲。周禮曰：「司爟掌行火之政令。」舉火曰爟。』）高云『爟讀曰權』，然則爟、權一也。」**明日，設朝而見之。**○劉師培曰：「書抄一百四十引作『設朝見之禮』，不誤。」**説湯以至味。**爲湯説美味。○梁玉繩曰：「漢藝文志小説家有伊尹説二十七篇。史司馬相如傳索隱稱應劭引伊尹書説文櫨字、秏字注亦引伊尹之言，豈本味一篇出于伊尹説歟？然孟堅謂：『其語淺薄，似依託也。』」**湯曰：「可對而爲乎？」**○畢沅曰：「『對』字訛，當作『得』。御覽八百四十九作『可得爲之乎』。」○俞樾曰：「『對』字衍文也。『可而爲乎』，猶曰可以爲乎。本書多有此例，去私篇曰『南陽無令，其誰可而爲之』，可而即可以也，此因涉下文『對曰』而誤衍『對』字耳。」○維遹案：畢説是。書鈔一百十三引與御覽同〔一〕。**對曰：「君之國小，不足以具之，爲天子然後可具。夫三羣之蟲，**三羣，謂水居、肉玃、草食者也。**水居者腥，肉玃者臊，草食者羶，**水居者，川禽魚鼈之屬，故其臭腥也。肉玃者，玃拏肉而食之，謂鷹鵰之屬，故其臭臊也。草食者，食草木，謂麞鹿之屬，故其臭羶也。**臭惡猶美，皆有所以。**臭惡猶美，若蜀人之作羊腊，以臭爲美，各有所用也。**凡味之本，水最爲始。五味三材，**五行之數，水第一，故曰水最爲始。五味，鹹、苦、酸、辛、甘。三才，水、木、火。**九沸九變，火爲之紀。**紀猶節也。

〔一〕四庫本北堂書鈔一百四十二引作「可對而爲乎」。

品味待火然後成，故曰火爲之節。○畢沅曰：「舊本正文作『火之爲紀』，今從御覽乙正，與注合。」**時疾時徐，滅腥去臊除羶，必以其勝，無失其理。**用火熟食，或熾或微，治除臊腥，勝去其臭，故曰必以其勝也。齊和之節，得其中適，故曰無失其理也。**調和之事，必以甘酸苦辛鹹，先後多少，其齊甚微，皆有自起。**齊，和分也。自，從也。**鼎中之變，精妙微纖，口弗能言，志不能喻，**鼎中品味，分齊纖微，故曰不能言也。志意揆度，不能諭說。**若射御之微，陰陽之化，四時之數。**射者望毫毛之近，而中藝於遠也；御者執轡於手，調馬口之和，而致萬里，故曰若射御之微也。陰陽之化，而成萬物也。四時之數，春生夏長，秋收冬藏，物有異功也。○畢沅曰：「注『馬口』似當作『馬足』。」○維遹案：畢說非，詳先己篇。**故久而不弊，熟而不爛，**弊，敗也。爛，失飪也。論語云：「失飪不食。」**甘而不噥**〔一〕，○畢沅曰：「『噥』乃『喂』字之訛。後審時篇『得時之黍，食之不喂而香』，玉篇『於縣切』。又酉陽雜俎亦云『酒食甘而不喂』。」○俞樾曰：「噥者，味之厚也。言甘而不失之過厚也。古或叚『膿』爲之，文選七發『甘脆肥膿』，注曰：『膿厚之味也。』是矣。說文無『噥』字。『膿』〔二〕亦『𧖙』之俗體，其訓爲『腫血』，非肥厚之義。然衣部『襛，衣厚貌』，酉部『醲，厚酒也』，衣厚謂之襛，酒厚謂之醲，然則味厚謂之噥，正合六書之例，未可因說文所無而轉疑見于吕氏書者爲譌字。畢氏疑爲『喂』字之誤，非是。」○維遹案：畢說是。「喂」爲「䭇」借，說文「䭇，厭

〔一〕四部叢刊本「噥」下有注「一作壞」。

〔二〕「膿」，原作「噥」，據諸子平議改。

也」，集韻引伊尹曰「甘而不䭇」可證。**酸而不酷，**○畢沅曰：「玉篇引伊尹曰『酸而不嗏』酉陽雜俎亦是『嗏』字。」**鹹而不減，辛而不烈，澹而不薄，肥而不腠。**言皆得其中適。○畢沅曰：「『腠』，字書無攷。案今人言味過厚而難入口者有虛侯、虛交二音，豈本此歟？」○吳先生曰：「類篇：『腠，胡溝切，咽也。』此爲『喉』之異文。疑吕氏此字本有本義，今不審其訓讀云何。」○維遹案：集韻引伊尹曰「肥而不𩞀」，酉陽雜俎作「肥而不腴」，未知孰是。**肉之美者：猩猩之脣，貛貛之炙，**猩猩，獸名也，人面狗軀而長尾。貛貛，鳥名，其形未聞。○畢沅曰：「舊校云：『「貛」一作「獲」。』今案南山經云『青邱之山有鳥焉，其狀如鳩，其音若呵，名曰灌灌』，注：『或作「濩濩」。』則此『貛』當作『灌』，『獲』亦當作『濩』。若貛從豸則是獸名，今注云鳥名，則當如山海經所説也。」○王念孫曰：「炙讀爲雞跖之跖。」**雋觾之翠，**鳥名也。翠，厥也。形則未聞也。○畢沅曰：「『觾』乃『燕』字之訛。初學記與文選七命注皆作『燕』。選注『雋』作『巂』，則子規也。禮記内則有『舒鴈翠』、『舒鳧翠』，注『尾肉也』，皆『不可食』者。今閩、廣人以此爲美。『翠』亦作『臎』，廣雅『臎，髁臀也』，説文作『𩪧，臀骨也』，訓皆相合。玉篇：『臎，鳥尾上肉也。』」○孫志祖曰：「字書無『觾』字，文選七命注引作『巂燕』是也。」○王念孫曰：「説文、玉篇、廣韻、集韻皆無『觾』字。『雋觾』當爲『巂燕』，巂與嶲同。（巂、嶲竝户圭反。）爾雅釋鳥云『巂周，燕燕，鳦』，郭璞以『燕燕』二字連讀，而以巂與周爲一物，燕燕與鳦爲一物。説文云『巂，巂周，燕也』，（俗本脱下『巂』字，今依段氏注補。）則以『巂周』二字連讀，而以巂周與燕爲一物。此云『巂燕之翠』，義與説文同。作『觾』者，借字耳。因右畔『巂』字譌作『雋』，左畔『角』字又下移於『燕』字之旁，故譌爲『雋觾』二字。北堂書鈔酒食部四、太平御覽飲食部十一、羽族部十及文選七命注竝引作『巂燕』。初學記器物部十四引作『攜燕」,『攜』即『鸛』之譌。」**述蕩之掔**,獸名。掔讀如棬椀之椀。掔者,踏也。形則未聞。○畢沅曰:「初學記引作『迷蕩』。」○王念孫曰:「注内『踏』字疑當作『蹯』。」○維遹案:大荒南經云:「南海之外,赤水之西,流沙之東,有獸,左右有首,名曰跊踢。」畢氏據此謂「跊踢」當爲「述蕩」之譌,竝云高注「獸名,形則未聞」即是此也。校此書反不知引,蓋偶未照耳。**旄象之約**。旄,旄牛也,在西方。象,象獸也,在南方。約,飾也。以旄牛之尾,象獸之齒,以飾物也。一曰:約,美也。旄、象之肉美,貴異味也。○畢沅曰:「此論味之美者,何忽及於飾乎?楚辭招魂『土伯九約』,王逸注:『約,屈也。』九屈難解,『屈』必是『屈』之訛,玉篇云『短尾也』。今時牛尾、鹿尾皆爲珍品,但象尾不可知耳。説文無『屈』,有『屈』,云『無尾也』,疑『無』字亦誤衍。」○梁玉繩曰:「畢氏輯校引楚辭招魂『九約』王逸注『約,屈也』,疑『屈』爲『屈』之譌,(諸藹堂云:「屈即屈,非譌字。玉篇『屈,短尾』,與説文訓『無尾』同。淮南原道注『屈讀秋雞無尾屈之屈』。畢校以説文無字爲衍,亦非。」)而象尾不聞與牛尾竝稱珍美。明謝肇淛五雜俎云:『象體具百獸之肉,惟鼻是其本肉,以爲炙,肥脆甘美。約即鼻也。』此説似勝,然則旄亦以鼻爲美乎?」○洪頤煊曰:「『約』當爲『白』,聲之誤也。文選張景陽七命『髦殘象白』,詩韓奕正義引陸機疏『熊脂謂之熊白』,則髦、象之脂皆可謂之白也。」**流沙之西,丹山之南,有鳳之丸**,丸,古卵字也。流沙,沙自流行,故曰流沙,在燉煌西八百里。丹山在南方,丹澤之山也。二處之表,有鳳皇之卵。**沃民所食**。食鳳卵也。沃之國在西方。○畢沅曰:「見大荒西經。」○松皋圓曰:「注『沃』下漏『民』字。」**魚之美者:洞庭之鱄,東海之鮞**。洞庭,江水所經之澤名也。鱄鮞,魚名也,一云魚子也。○維遹案:「鱄」原作「鱄」,注同,改從張本。王念孫亦云:「『鱄』當作『鱄』,士喪禮曰:『魚鱄鮒九。』」**醴水之魚,名曰朱鼈,六足,**

有珠百碧。醴水在蒼梧，環九疑之山，其魚六足，有珠如蛟皮也。○畢沅曰：「東山經注引『澧水之魚，名曰朱鼈，六足，有珠』。梁仲子云：『此注不解「百碧」，疑當從下文作「若碧」，蓋青色珠也。』」○郝懿行曰：「『百碧』疑『青碧』，字之譌也。高誘注云『有珠如蛟皮』，『蛟』當爲『鮫』，皮有珠文。但郭氏江賦云『頳鼈胏躍而吐璣』，南越志亦云『朱鼈吐珠』，高誘以爲皮有珠，蓋非也。」○維遹案：郝說是。藿〔一〕水之魚，名曰鰩，其狀若鯉而有翼，藿水在西極。若，如也。翼，羽翼也。○畢沅曰：「西山經『泰器之山，觀水出焉，是多文鰩魚』，形狀與此同。」○郝懿行曰：「陳藏器本草拾遺云：『此魚生海南，大者長尺許，有翅與尾齊，羣飛海上，海人候之，當有大風。』」常從西海夜飛游於東海。鰩從西海至東海，乘雲氣而飛。菜之美者：崑崙之蘋，崑崙，山名，在西北，其高九萬八千里。蘋，大蘋，水藻也。○畢沅曰：「郭璞以蘋即西山經之蕡草，其狀如葵，其味如葱，食之可以已勞。」○維遹案：注「蘋，大蘋，水藻」，王念孫校本據爾雅翼改作「蘋，大萍，水藻」，是也。說詳季春紀。壽木之華。壽木，崑崙山上木也。華，實也。食其實者不死，故曰壽木。指姑之東，○畢沅曰：「舊校云：『指』一作『枯』。案齊民要術十引作『括姑』，則『枯』亦『括』之訛。」中容之國，有赤木、玄木之葉焉。指姑，乃姑餘，山名也，在東南方，淮南記曰「軼鶤雞於姑餘」，是也。赤木、玄木，其葉皆可食，食之而仙也。○畢沅曰：「注『鶤雞』舊訛作『題雞』，今據淮南覽冥訓改正。」餘瞀之南，○舊校云：「『瞀』一作『督』。」南極之崖，○舊校云：「一作『旁』。」有菜，其名曰嘉樹，其色若碧。餘瞀，南方

〔一〕「藿」，四部叢刊本作「萑」，下注「一作藿」。

山名也。有嘉美之菜，故曰嘉樹，食之而靈。若碧，青色。○畢沅曰：「注『靈』字舊作『虚』，今據齊民要術十改正。」○維遹案：中山經云「半石之山，其上有草焉，其名曰嘉榮，服之者不霆」，郝懿行云：「高注『食之而靈』，疑即此草，『而靈』或『不霆』之譌也。」**陽華之芸。**陽華乃華陽，山名也。芸，芳菜也。在吴、越之間。○梁履繩曰：「陽華即前有始覽所云『秦之陽華』也，注疑非。」**雲夢之芹。**雲夢，楚澤。芹生水涯。○畢沅曰：「孫云：『説文艸部「菳」字云「菜之美者，雲夢之菳」，徐鍇云「此呂氏春秋伊尹對湯之辭，其爲狀未聞」。』盧云：『案説文有「菦」字，云「菜類蒿，周禮有菦菹」，又有「芹」字，云「楚葵也」，俱巨巾切。又出「菳」字，驅喜切。今案：菳亦是芹。凡真、文韻中字俱與支、微、齊相通，不勝枚舉。但以從「斤」者言之，如沂、圻、旂、祈、頎、蘄等字皆可見。祭法「相近於坎壇」讀爲禳祈，左氏傳「公子欣時」公羊傳作「喜時」，謚法「治典不殺曰祈」，「祈」亦作「震」，則可知菳之即爲芹無疑矣。』」○王念孫曰：「齊民要術引呂氏春秋云『菜之美者，雲夢之芹』，又引呂氏春秋云『菜之美者，有雲夢之菳』，則古有此二本。」○江藩曰：「考芹有二種，一爲野芹，莖葉黑色，味如蔞蒿，疑即説文蒿類之菦；一爲芹菜，青白色，味甘美，有水芹旱芹，疑即楚葵。」又曰：「菳、芹聲相近，生于雲夢，故名楚葵。」**具區之菁。**具區，澤名，吴、越之間。菁，菜名。○維遹案：注「名」下脱「在」字，有始覽注可證。**浸淵之草，名曰土英。**浸淵，深淵也，處則未聞。英言其美善。土英，華也。**和之美者：陽樸之薑，招摇之桂，**陽樸，地名，在蜀郡。招摇，山名，在桂陽。禮記曰「草木之滋，薑桂之謂也」，故曰「和之美」。**越駱之菌，鱣鮪之醢，**越駱，國名。菌，竹筍也。鱣鮪，大魚也，以爲醢醬。無骨曰醢，有骨曰臡。○孫先生曰：「戴凱之竹譜、御覽九百九十八引『越駱』竝作『駱越』，疑正文及注皆倒。後漢書馬援傳云『援與越人申明舊制目約束之，自後駱越奉行馬將軍故事』，又云『援好騎，善別名馬，於交阯得駱越銅鼓，乃鑄爲馬式』，章懷注：『駱者，越別名。』」○維遹案：王念孫校本改「菌」爲「箘」，注同。**大夏之鹽。宰揭之露，其色如玉。**大夏，澤名，或曰山名，在西北。鹽，形鹽。宰揭，山名，處則未聞。○畢沅曰：「梁仲子云：『初學記引作「揭雩之露，其色紫」，御覽十二同。』」○郝懿行曰：「大夏，古晉地。」○維遹案：「宰揭」，開元占經露占引同，子史彙天文類引作「揭雲」，宋本初學記引作「揭雩」，未知孰是。**長澤之卵。**長澤，大澤，在西方。大鳥之卵，卵大如甕也。**飯之美者：玄山之禾，不周之粟，**飯，食也。玄山，處則未聞。不周，山名，在西北方，崑崙之西北。**陽山之穄，南海之秬。**山南曰陽，崑崙之南，故曰陽山。南海，南方之海。穄，關西謂之糜，冀州謂之𪏰。秬，黑黍也。○畢沅曰：「孫云：『案説文禾部秏字注：「伊尹曰：『飯之美者，玄山之禾，南海之秏。』」』注『糜』舊訛『穈』，又『𪏰』舊訛『堅』，今皆改正。」○程瑤田曰：「據説文禾屬而黏者黍，則禾屬而不黏者糜，對文異，散文則通偁黍。内則『飯黍稷稻粱白黍黃粱』，鄭注：『黍，黃黍也。』黃黍者，糜也，穄也，飯用之。黏者，釀酒及爲餌餈酏粥之屬。不黏者，謼糜謼穄，而黏者乃專得黍名矣。今北方皆謼黍子、糜子、穄子。穄與稷雙聲，故俗誤認爲稷。其誤自唐之蘇恭始。」**水之美者：三危之露，**三危，西極山名。○維遹案：類聚九十八引句末有「其色若紫」四字，例以上文「其色若碧」、「其色如玉」，此疑誤脱。**崑崙之井。**井，泉。**沮江之丘，名曰搖水。**沮漸如江旁之泉水。○維遹案：西山經云「槐江之山」，郝懿行云：「疑沮江即槐江。」又云：「搖水即瑤池。史記大宛傳贊云『禹本紀言昆侖上有醴泉、瑤池』，穆天子傳云『西王母觴天子于瑤池』，是也。」**曰山之水。高泉之山，其上有涌泉焉，冀州之原。**皆西方之山泉也。冀州在中央。水泉東流，經於冀州，故曰「之原」。

原，本也。○畢沅曰：「『曰山』當是『白山』。『高泉』中山經作『高前』。」○吴汝綸曰：「『冀州之原』屬下，謂冀原之果有沙棠也。」**果之美者：沙棠之實。**沙棠，木名也，崑崙山有之。○畢沅曰：「見西山經。」**常山之北，投淵之上，有百果焉，羣帝所食。**有覈曰果，無覈曰蓏。羣帝，衆帝，先升遐者。**箕山之東，青鳥之所，有甘櫨焉。**箕山，許由所隱也，在潁川陽城之西。青鳥，崑崙山之東。二處皆有甘櫨之果。○畢沅曰：「史記司馬相如傳索隱引應劭曰：『伊尹書云：「箕山之東，青鳥之所，有盧橘，夏熟。」』此或誤記。說文櫨字下引作『青鳧』，師古漢書注訛作『青馬』，海外北經注引作『有甘柤焉，柤音柤梨之柤』，又不同。」○梁履繩曰：「『櫨』本作『樝』，字相似而譌。」○洪頤煊曰：「『櫨』當作『樝』，因字形近而譌。山海經海外北經郭璞注引作『有甘柤焉，柤音柤梨之柤』，淮南墬形訓『昆侖、華丘，爰有遺玉，青馬視肉，楊桃甘樝』，字皆作『樝』。史記司馬相如列傳索隱引應劭曰『伊尹書云「箕山之東，青鳥之所，有盧橘，夏熟」』，始譌作『櫨』字。說文櫨字下有『伊尹曰「果之美者，箕山之東，青鳧之所，有櫨橘焉，夏熟也」』二十二字，疑後人據應劭注羼入，非許氏原文。」○孫先生曰：「『櫨』爲『樝』字之誤，御覽九百六十六引作『櫨』，九百六十九引作『樝』，是宋人所見本尚有作『樝』者。」**江浦之橘，雲夢之柚，**浦，濱也，橘所生也。生江北則爲枳。雲夢，楚澤，出柚。**漢上石耳。所以致之，**漢，水名，出於嶓冢，東注於江。石耳，菜名也。所以致之，致備味也。**馬之美者，青龍之匹，遺風之乘。**匹、乘，皆馬名。周禮：「七尺以上爲龍。」行迅謂之遺風。○俞樾曰：「此論果之美，而忽及馬之美，殊爲不倫。疑此當蒙上文『所以致之』爲句。『馬之美』三字乃衍文也。當云『所以致之者，青龍之匹，遺風之乘』。蓋果之美者皆不可以致遠，時日稍久則味變矣，故必有青龍之匹，遺風之乘，然後可以致之也。後人不得其義，疑此二句言馬，與上文言果者不屬，因加『馬之美』三字，使自爲一類，而不悟與本篇之旨全不相涉，且上句『所以致之』四字亦無箸矣。」**非先爲天子，不可得而具。天子不可彊爲，必先知道。**言當順天命而受之，不可以彊取也。道，謂仁義天下之道。**道者，止彼在己，**彼，謂他人。○俞樾曰：「『止彼在己』，誼不可通，『止』疑『亡』字之誤。亡彼在己，言不在彼而在己也。古書每以『亡』與『在』相對。荀子正論篇曰『然則鬭與不鬭，亡於辱之與不辱也，乃在於惡之與不惡也』，正名篇曰『故治亂在於心之所可，亡於情之所欲』，堯問篇曰『吾所以得三士者，亡於十人與三十人中，乃在百人與千人之中』，淮南原道篇曰『聖亡乎治人而在於得道，樂亡於富貴而在於得和』，竝其例也。莊子田子方篇曰『其在彼邪亡乎我，在我邪亡乎彼』，與此文『亡彼在己』文法正同。『亡』譌作『止』，因失其旨矣。」**己成而天子成，**己成仁義之道而成爲天子。孟子曰：「得乎丘民爲天子。」**天子成則至味具。**天下貢珍，故至味具。**故審近所以知遠也，成己所以成人也，聖人之道要矣，豈越越多業哉！**要，納也。越越，輕易之貌。業，事也。聖王〔一〕得仁義約要之道以化天下，天下化之，豈必越越然輕易多爲民之事也？○王念孫曰：「越越猶搰搰也。莊子天地篇云：『搰搰然用力甚多而見功寡。』」

本味

三曰：聖人之於事，似緩而急，似緩，謂無爲也。急，謂成功也。**似遲而速，以待時。**謂若武王會

〔一〕「王」，原作「人」，據諸子集成本改。

於孟津，八百諸侯皆曰「紂可伐矣」。武王曰：「汝未知天命也。」還歸二年，似遲也。甲子之日，尅紂於牧野，故曰「待時」。**王季歷困而死，文王苦之，**王季歷，文王之父也。勤勞國事，以至薨没，故文王哀思苦痛也。○維遹案：晉書束皙傳引竹書紀年稱季歷爲殷王文丁所殺，與史記周本紀及此注不同。**有不忘羑里之醜，時未可也。**紂爲無道，拘文王於羑里。不忘其醜恥也，所以不伐紂者，天時之未可也。○王念孫曰：「有讀爲又。」**武王事之，夙夜不懈，亦不忘王門之辱，**武王繼位，雖臣事紂，不忘文王爲紂所拘於羑里之辱。文王得歸，乃築靈臺，作王門，相女童，擊鐘鼓，示不與紂異同也。武王以此爲恥而不忘也。○畢沅曰：「『王門』即『玉門』，古以中畫近上爲『王』字，『王』三畫正均即『玉』字。淮南道應訓注云：『以玉飾門也。』注『擊』字舊本缺，據淮南注補。又下脱『異』字，亦案文義補。」○梁玉繩曰：「竹書『夏發元年，諸夷賓于王門』，與此同。攷周禮『九嬪玉齍』，注：『故書玉爲王。』逸論語有問王篇，荀子王霸云『改王改行』，竝是『玉』字。本書過理篇公玉丹亦作『公王丹』。」○松皋圓曰：「紀年文丁十一年注：『執季歷於塞庫，羈文王於玉門，鬱尼之情辭以作歌，其傳久矣。』又韓子喻老篇『武王見詈於玉門』，『詈』即『羈』字畫殘缺爾，蓋文王被係，武文亦從執辱，故云『不忘玉門之辱』。」**立十二年，而成甲子之事。**立爲天子也。甲子之日，尅紂牧野，故曰「成甲子之事」。

時固不易得。固，常也。**太公望，東夷之士也，**太公望，河内人也。於周豐、鎬爲東，故曰「東夷之士」。○畢沅曰：「史記『太公望，東海上人也』。此云河内，不知何本。」**欲定一世而無其主，**主，謂賢君。**聞文王賢，**文，謚也。經天緯地曰文。**故釣於渭以觀之。**渭，水名，近豐、鎬，文王所邑也。觀視文王之德，能有天下也。**伍**

子胥欲見吴王而不得，吴王，王僚也，王子光之庶長子。○畢沅曰：「此注訛舛顯然。劉本、汪本改『子光』二字爲『夷昧』，似順而實非也。梁伯子云：『史記以吴王僚爲夷昧之子，光爲諸樊之子。漢書人表亦以僚爲夷昧子。而公羊襄廿九年傳謂僚者長庶。左傳昭廿七年正義據世本以僚爲壽夢庶子，夷昧庶兄，而光爲夷昧子。先儒皆從史記，不從世本。乃高氏於當染、簡選、察微三篇注云「夷昧子光」，於忠廉篇云「光庶父僚」，皆依世本爲説。此處若依劉、汪改本，是又依史記爲説，且誤解公羊「長庶」一語，以爲夷昧之庶子，而不自知其矛盾矣。』盧云：『案此注但當改「庶長子」爲「庶父」，便與前後注合。且下文王子光即於此注内帶見亦是，今去「子光」而改「夷昧」，尚賸一「王」字未去，所改未爲得也。』」客有言之於王子光者，見之而惡其貌，不聽其説而辭之。光惡子胥之顔貌，不受其言，辭謝之也。客請之王子光，王子光曰：「其貌適吾所甚惡也。」請，問也。惡，憎也。客以聞伍子胥，伍子胥曰：「此易故也。故，事。願令王子居於堂上，重帷而見其衣若手，請因説之。」王子許。言於重帷中見衣若手者，爲説霸國之説也。許，諾。伍子胥説之半，王子光舉帷，搏其手而與之坐。搏執子胥之手，與之俱坐，聽其説。説畢，王子光大説。子胥説霸術畢，子光大説，其將必用之也。伍子胥以爲有吴國者必王子光也，退而耕于野七年。王子光代吴王僚爲王，任子胥。子胥乃修法制，下賢良，選練士，習戰鬭，六年，然後大勝楚于柏舉，柏舉，楚南鄙邑。○沈欽韓曰：「水經注：『江北岸烽火洲，即舉洲也，北對舉口。春秋定公四年，吴、楚陳于柏舉。京相璠曰：「漢東地矣。」』於漢爲邾縣，屬江夏郡。元和志：『龜頭山在黄州麻城縣東南八十里，舉水之所出，春秋吴、楚戰于柏舉，即此地。』方輿紀要：『黄州府麻城縣東北三十里有柏子山。』吴、楚陳于柏舉，蓋合柏山、舉水而名。」九戰九勝，追北千里，北，走也。昭王出奔隨，○維遹案：左桓六年傳注：「隨國，今義陽隨縣。」沈欽韓云：「續志『南陽隨縣，故隨國』。今德安府隨州。」遂有郢，郢，楚都。傳云：「五戰及郢。」○沈欽韓曰：「方輿紀要：『紀南城在荆州府北十里，即故郢城。』」親射王宫，鞭荆平之墳三百。平王，恭王之子棄疾也，後改名熊居，聽費無忌之讒，殺伍子胥父兄，故子胥射其宫，鞭其墳也。鄉之耕，非忘其父之讎也，待時也。鄉，曩者。始之吴時，耕於吴境，待天時，須楚之罪熟也。

墨者有田鳩，欲見秦惠王，田鳩，齊人，學墨子術。惠王，孝公之子駟也。○維遹案：田鳩即田俅，馬驌繹史以爲一人，是也。漢志墨家有田俅子三篇，注「先韓子」。據韓非問田篇、外儲説左上篇引田鳩之説，是班氏亦謂即田鳩也。其書隋志云：「梁有田俅子一卷，亡。」唐志不著録，佚已久，馬國翰有輯本一卷。留秦三年而弗得見。客有言之於楚王者，往見楚王，楚王説之，與將軍之節以如秦，如，之也。至，因見惠王。告人曰：「之秦之道，乃之楚乎？」固有近之而遠、遠之而近者，留秦三年，不得見惠王，近之而遠也。從楚來，至而得見，遠之而近也。時亦然。

有湯、武之賢而無桀、紂之時不成，不成其王。有桀、紂之時而無湯、武之賢亦不成。聖人之見時，若步之與影不可離。步行日中，影乃逐之，不可得遠之也。人從得時，如影之隨人，亦不可離之也。○俞樾曰：「『見』當作『㝵』，『㝵』古『得』字，形與『見』相近，因譌爲『見』。史記趙世家『踰年歷歲，未得一城』，趙策『得』作『見』，即其例也。」又曰：「『聖』字疑衍文。呂氏之意，泛言人之得時，若步與影之不可離，非專言聖人也。涉下文『聖人之所貴唯時』而誤衍『聖』字。」故有道之士未遇時，隱匿分竄，勤以待時。分，大。竄，蔬。勤，勞。○畢沅曰：「注『大』字疑『火』之訛，即『别』字。」○維遹案：勤當訓盡。時至，有從布衣而爲天子者，舜是也。有從千乘而得天下者，湯、武是也。有從卑賤而佐三王者，太公望、伊尹、傅説是也。有從匹夫而報萬乘者，豫讓是也。越襄子兼土拓境，有兵車萬乘，豫讓爲智伯報之，襄子高其義而不殺，豫讓卒不止，終得斬襄子襯身之衣，然後就死也。故聖人之所貴唯時也。水凍方固，固，堅也。后稷不種，后稷之種必待春，故人雖智而不遇時無功。五稼非春不生。智者之功，非時不成。方葉之茂美，終日採之而不知，不知其葉之盡也。秋霜既下，衆林皆羸。羸，葉盡也。○梁玉繩曰：「羸字甚精。」事之難易，不在小大，務在知時。聖人時行則行，時止則止，與萬物終始也。鄭子陽之難，猘狗潰之；潰，亂也。子陽，鄭相，或曰鄭君，好行嚴猛，人家有猘狗者誅之。人畏誅，國人皆逐猘狗也。○梁玉繩曰：「子陽，鄭相，乃駟氏之後，史記稱駟子陽，非鄭君也。後適威篇注『子陽，鄭君，一曰鄭相』，竝誤。又淮南氾論：『鄭子陽剛毅而好罰，其於罰也，執而無赦。舍人有折弓者，畏罪而恐誅，則因猘狗之驚，以殺子陽。』適威篇云：『子陽好嚴，有過而折弓者，恐必死，遂應猘狗而殺子陽。』高氏彼注兩處皆言因國人有逐猘狗之擾殺子陽，此注亦誤。」齊高國之難，失牛潰之，衆因之以殺子陽、高國。衆因之以殺二子。逐失牛之亂，如逐猘狗之亂也，故禍同。○陶鴻慶曰：「高注『二子』指高、國言，與子陽無涉。是正文『子陽』二字當爲衍文。而上文『鄭子陽之難，猘狗潰之』下，當有『衆因之以殺子陽』七字，與此文相配，故注云『逐失牛之亂，如逐猘狗之亂也』。傳寫奪去此句，則上文事實不完，校者乃補『子陽』二字於『高國』之上，而不知其與注文不相值也。」當其時，狗牛猶可以爲人唱，而況乎以人爲唱乎！飢馬盈廄，嗼然，嗼然，無聲。未見芻也。飢狗盈窖，○畢沅曰：「御覽八百九十六作『宮』字。」嗼然，未見骨也。見骨與芻，動不可禁。動猶爭也。○孫先生曰：「御覽八百九十六引『動』下有『則』字，亦非也。『則』字當在『動』字上。下文云『亂世之民，嗼然，未見賢者也，見賢人則往不可止』，則『動不可禁』與『往不可止』對文。」亂世之民，嗼然，未見賢者也，見賢人則往不可止。往者，非其形，心之謂乎？齊以東帝困於天下而魯取徐州，齊湣王僭號於東，民不順之，故困於天下，是以魯國略取徐州也。邯鄲以壽陵困於萬民而衛取繭氏。壽陵，魏邑，趙兼有之，萬民不附，是以衛人取其繭氏之邑也。以魯、衛之細而皆得志於大國，遇其時也。細，小也。遇大國之民皆欲之，則取之也。故賢主秀士之欲憂黔首者，亂世當之矣。當亂世憂而濟之者。天不再與，時不久留，能不兩工，事在當之。天不再與，一姓不再興，時不久留，日中則昃者也。○王念孫曰：「『當之』宜爲『當時』。時、之聲相近，又與上文『當之』相涉而誤。」

首時○一作「胥時」。○王念孫曰：「作『胥』者是也。篇內三言『待時』，待即胥也。」

四曰：春氣至則草木產，秋氣至則草木落，產與落或使之，非自然也，故使之者至物無不爲，使之者不至物無可爲。未春無可爲生，未秋無可爲落。古之人審其所以使，故物莫不爲用。使之者，以其時生則生，時落則落，故曰「莫不爲用」。賞罰之柄，此上之所以使也。其所以加者義，則忠信親愛之道彰。彰，明也。久彰而愈長，民之安之若性，此之謂教成。教成，則雖有厚賞嚴威弗能禁。言德教一成，雖復賞罰之，使爲不忠不信，人人自爲忠信，若性自然，不可禁止也。故善教者不以賞罰而教成，○陶鴻慶曰：「『不以賞罰而教成』，當作『義以賞罰而教成』。上文云：『賞罰之柄，此上之所以使也。其所以加者義，則忠信親愛之道彰。久彰而愈長，民之安之若性，此之謂教成。』此即承上而言。至教成而賞罰無所用，故又云『教成，則雖有厚賞嚴威弗能禁』，乃極言教成之效，非謂不用賞罰以成教也。今本作『不』，乃後人見上下有『賞罰弗能禁』之文而妄改之，失本篇之旨矣。」教成而賞罰弗能禁。用賞罰不當亦然。言民爲不忠不信亦不能禁。姦僞賊亂貪戾之道興，興，作也。久興而不息，民之讎之若性，讎，用也。戎、夷、胡、貉、巴、越之民是以，雖有厚賞嚴罰弗能禁。禁，止也。○俞樾曰：「『性』字衍文也。上文云『民之安之若性』，此云『民之讎之若戎、夷、胡、貉、巴、越之民』，雖句法參差，而意本相準。因涉上文而衍『性』字，則『戎夷胡貉巴越之民』八字贅矣。」○維遹案：「性」字非衍文，「是以」二字當屬上爲句。以猶與也，見鄉射禮鄭注。意謂賞罰易化民性，然賞罰當則善教成，而民固安之若性，否則惡習成，而民必讎之若性，與戎、夷、胡、貉、巴、越之民相與，既相與矣，雖有厚賞嚴罰亦弗能禁止。故此文本著重兩「性」字，「性」非衍文，明矣。又案：注「讎，用」當作「讎，周也」，行論篇注可證〔一〕。集韻

〔一〕行論篇注作「讎，周也」。

「讋」古文作「周」，周、用形近，故譌爲用。詩抑〔一〕篇「無言不讋」，毛傳亦以「用」訓「讋」，誤與此同。桂馥已辨正矣。**郢人之以兩版垣也，吳起變之而見惡，**郢，楚都也。楚人以兩版築垣。吳起，衞人也，楚以爲將。變其兩版，教之用四，楚俗習久見怨也。公羊傳曰：「文公逆祀，去者三人。定公順祀，叛者五人。」此之謂久習也。**賞罰易而民安樂；**易其邪而施其正，民去邪從正，故安樂也。**氐、羌之民，其虜也，**氐與羌二種夷民。言氐、羌之民爲寇賊，爲人執虜也。**不憂其係纍，而憂其死不焚也，**焚，燒也。○王念孫曰：「荀子大略篇注引此『死』下有『而』字。」**皆成乎邪也。**不得天之正氣。**故賞罰之所加，不可不慎，且成而賊民。**賞罰正而民正，賞罰不正而民邪，故曰「且成而賊民」，是以君人慎之也。○陶鴻慶曰：「『皆成乎邪也』句爲上文郢人兩版、氐、羌焚尸二事之總結，而以『賞罰易而民安樂』七字羼入二事之間，殊爲不倫。『且成而賊民』五字又與上句意不相屬，蓋傳寫亂其次也。今以文義考之，元文當云：『郢人之以兩版垣也，吳起變之而見惡，氐羌之民，其虜也，不憂其係纍，而憂其死不焚也，皆成乎邪也。且成而賊民。賞罰易而民安樂，故賞罰之所加，不可不慎。』如此則上下文一意相承矣。又以注文考之，高於『且成而賊民』注云『賞罰正而民正，賞罰不正而民邪，故曰且成而賊民』，於『賞罰易而民安樂』注云『易其邪而施其正，民去邪從正，故安樂也』，皆以邪正對言，明正文『且成而賊民』、『賞罰易而民安樂』二句本相承接，故高注云然。今本注文亦隨正文錯亂，非其舊矣。」

〔一〕「抑」原作「蕩」，據毛詩改。

昔晉文公將與楚人戰於城濮，城濮，楚北境之地名。○沈欽韓曰：「方輿紀要：『臨濮城在東昌府濮州南七十里，或曰即古城濮也。』」召咎犯而問曰：「楚衆我寡，奈何而可？」咎犯，狐偃也，字子犯，文公之舅也，因曰咎犯。○畢沅曰：「古咎與舅同。」○維遹案：姜本「咎」作「舅」，注同。咎犯對曰：「臣聞繁禮之君不足於文，繁戰之君不足於詐，足猶厭也。詐者，謂詭變而用奇也。○舊校云：「一本作『以力戰之君，不足於力。以詐戰之君，不足於詐』。」君亦詐之而已。」文公以咎犯言告雍季，雍季曰：「竭澤而漁，豈不獲得？而明年無魚。焚藪而田，豈不獲得？而明年無獸。言盡其類。○維遹案：三國志魏志徐宣傳注引此文作「竭澤而漁，豈不得魚？而明年無魚。焚藪而田，豈不得獸？而明年無獸」。詐僞之道，○維遹案：治要引「之」下有「爲」字。雖今偷〔一〕可，後將無復，不可復行。非長術也。」文公用咎犯之言，言，謀也。而敗楚人於城濮。敗，破也。反而爲賞，雍季在上。上，首也。左右諫曰：「城濮之功，咎犯之謀也。君用其言，而賞後其身〔二〕，或者不可乎！」文公曰：「雍季之言，百世之利也。咎犯之言，一時之務也。務猶事。焉有以一時之務先百世之利者乎！」孔子聞之曰：「臨難用詐，足以却敵。反而尊賢，足以報德。文公雖不終始，足以霸矣。」○維遹案：治要引

〔一〕四部叢刊本「偷」下有注「一作愈」。

〔二〕四部叢刊本「身」下有注「一作資後其賞」。

「始」下有「焉」字。此文本作「文公雖不終，焉始足以霸矣」。焉，於是也，見經傳釋詞。焉始足以霸矣，猶言於是始足以霸矣。校者不知古人以「焉始」二字連文而妄删之，治要又誤乙之。賞重則民移之，民移之則成焉。移猶歸。〇俞樾曰：「高注未得移字之義。禮記郊特牲篇『順成之方，其蜡乃通，以移民也』，鄭注曰『移之言羨也』，是移有羨義。『賞重則民移之』，言賞重則民欣羡之也。玉篇：『遂，移也。』移之爲羨，猶遂之爲移矣。」成乎詐，其成毁，雖成必毁。其勝敗。雖勝，後必毁敗。天下勝者衆矣，而霸者乃五，乃猶裁也。文公處其一，知勝之所成也。居五霸之一。勝而不知勝之所成，與無勝同，同，等也。秦勝於戎而敗乎殽，秦繆公破西戎而霸，使孟明、白乙丙、西乞術將師東襲鄭，鄭人知之，還，晉襄公禦之殽，大破之，獲其三帥。楚勝於諸夏而敗乎柏舉。莊王服鄭勝晉於邲，故曰「勝乎諸夏」也。及昭王南與吴人戰，吴破之柏舉。此皆不知勝之所成也，故曰「與無勝同」。武王得之矣，得猶知。故一勝而王天下。一勝，剋紂。衆詐盈國，不可以爲安，患非獨外也。亦從内發之也。

趙襄子出圍，賞有功者五人，高赦爲首。智伯求地於襄子，襄子不與，智伯率韓、魏之君圍趙襄子於晉陽三月，張孟談私與韓、魏搆謀，韓、魏反智伯軍，使趙襄子殺之，故曰出圍。〇畢沅曰：「韓非難一、淮南氾論、人間訓、説苑復恩篇、古今人表『高赦』竝作『高赫』。史記趙世家作『高共』，徐廣曰：『一作「赫」。』」〇梁玉繩曰：「作『赫』是也。赦與赫聲相近，『共』乃『赫』之譌脱。」張孟談曰：「晉陽之中，〇維遹案：「中」當作「事」，字之壞也。韓非難一篇正作「事」。赦無大功，賞而爲首，何也？」襄子曰：「寡人之國危，社稷殆，身在憂約之中，與寡人交而不失君臣之禮者惟赦，惟，獨。吾是以先之。」仲尼聞之曰：「襄子可謂善賞矣，○維遹案：李本、凌本「善賞」下有「者」字。**賞一人而天下之爲人臣莫敢失禮。」**一人，謂高赦。○畢沅曰：「王伯厚云：『趙襄子事在孔子後，孔鮒已辯其妄。』」**爲六軍則不可易，**易，輕。**北取代，東迫齊，令張孟談踰城潛行，與魏桓、韓康期而擊智伯，斷其頭以爲觴，**觴，酒器也。○畢沅曰：「孫云：『案此可證飲器之爲酒器。』」○梁玉繩曰：「斷頭爲觴，蓋以報灌酒之辱也。韓子難三亦云知伯頭爲飲杯。淮南道應云『襄子大敗智伯，破其首以爲飲器』，注：『飲酒器椑榼也。』（俗本『酒』字譌『溺』。）史刺客、大宛傳集解、索隱、漢書張騫傳顔注引『韋昭曰：「飲器椑榼也。」晉灼曰：「虎子之屬，或曰飲酒器。」』師古、小司馬以椑榼、虎子二解爲非，甚是。漢書匈奴傳『以老上單于所破月氏王頭爲飲器者共飲血盟』，則知非椑榼、虎子矣。惟韓子喻老有『漆首爲溲器』之語，與難篇異，故晉灼及鮑彪注戰國越策以爲溺器也。」**遂定三家，**韓、魏、趙也。**豈非用賞罰當邪？**當，正也。

義賞

五曰：凡治亂存亡，安危彊弱，必有其遇，然後可成，各一則不設。遇猶遭也。各有一亂，不能相治。傳曰：「以亂平亂，何治之有？」故不設攻戰相攻伐也。○俞樾曰：「廣雅釋詁：『設，合也。』尚書盤庚中篇『各設中于乃心』，隸釋載漢石經『設』作『翕』。爾雅釋詁：『翕，合也。』是設與翕文異義同。『各一則不設者』，言各一則不合也。高注以爲『不設攻戰』，則增出『攻戰』字矣。」○維遹案：俞說亦通。廣雅釋詁：「設，施也。」「各一則不設」，言各有其同者則不能施行矣，所謂「地醜德齊莫能相尚」是也。慎勢篇云「權鈞則不能相使，勢等則不能相并，治亂齊則不能相正」，最足解釋此句。下文云云，亦申說斯義。故桀、紂雖不肖，其亡遇湯、武也。遇湯、武，天也，非桀、紂之不肖也。湯、武雖賢，其王遇桀、紂也。遇桀、紂，天也，非湯、武之賢也。若桀、紂不遇湯、武，未必亡也。桀、紂不亡，雖不肖，辱未至於此。至於此，滅亡也。若使湯、武不遇桀、紂，未必王也。湯、武不王，雖賢，顯未至於此。顯，榮。此，天下。故人主有大功不聞不肖，功名揜也。亡國之主不聞賢。亂以揜也。譬之若良農，辯土地之宜，謹耕耨之事，未必收也。然而收者，必此人也收由耕耨始也，故曰「必此人也」。始，在於遇時雨。○陶鴻慶曰：「今本於『必此人也』斷句，蓋失其讀。此當以『必此人也始』爲句，言收者必此人始，但在遇時雨耳。高注可證。」遇時雨，天地也，非良農所能爲也。○陳昌齊曰：「据文不得有『地』字。」○俞樾曰：「『地』字衍文。『遇時雨天也』與上文『遇湯、武天也』、『遇桀、紂天也』一律，呂氏引喻之旨也。『地』與『也』形相似，因譌致衍耳。」

越國大饑，穀不熟。王恐，召范蠡而謀。范蠡曰：「王何患焉？○畢沅曰：「說苑權謀篇四水進諫語與下文略同。」今之饑，此越之福而吳之禍也。夫吳國甚富而財有餘，其王年少，智寡才輕，好須臾之名，不思後患。其王，吳王夫差也。○畢沅曰：「正文『其王』舊本脱『其』字，今據注增。」王若重幣卑辭以請糴於吳，則食可得也。王，越王句踐也。食得，其卒越必有吳，而王何患焉？」得其糴，終必得其國，王何憂焉？越王曰：「善。」乃使人請食於吳。吳王將與之，伍子胥進諫曰：「不可與也。夫吳之與越，接土鄰境，道易人通，○畢沅曰：「說苑無『人』字。」○維遹案：「道易人通」疑本作「道易達通」，「達」字或作「弇」，因壞爲「人」字。音律篇云「達道通路」，治要作「達通道路」，此其比也。達通與通達同。荀子儒效篇云「通達之屬，莫不從服」，楊注：「通達之屬，謂舟車所至之處也。」義與此正合。說苑無「達」字，乃省文耳。仇讎敵戰之國也，非吴喪越，越必喪吴。若燕、秦、齊、晉，山處陸居，豈能踰五湖九江、越十七阸以有吴哉？踰，度也。越，歷也。謂彼險難也。○畢沅曰：「『九江』說苑作『三江』。」故曰非吴喪越，越必喪吴。○陳昌齊曰：「『故曰』十字當是注文。」今將輸之粟，與之食，是長吾讎而養吾仇也，○畢沅曰：「御覽八百四十『養』作『豢』。」財匱而民恐，○畢沅曰：「說苑作『怨』。」○維遹案：「怨」字義長。類聚二十四引亦作「怨」。悔無及也。不若勿與而攻之，固其數也，數，術。此昔吾先王之所以霸。且夫饑，代事也，先王，謂闔閭也。代，更也。猶淵之與阪，誰國無有！」吴王曰：「不然。吴王，夫差。吾聞之『義兵不攻服，仁者食饑餓』。今服而攻之，非義兵也。饑而不食，非仁體也。不仁不義，雖得十越，吾不爲也。」遂與之食。不出三年而吴亦饑，使人請食於越，越王弗與，乃攻之，夫差爲禽。夫差，吴王也。禽，爲越所獲。○維遹案：類聚引「乃」作「反」。

楚王欲取息與蔡，楚王，文王也。息、蔡，二國名。乃先佯善蔡侯，而與之謀曰：「吾欲得息，奈何？」蔡侯曰：「息夫人，吾妻之姨也。蔡侯，昭侯也。妻之女弟爲姨，傳曰「吾姨也」，此之謂也。○畢沅曰：「此乃蔡哀侯也，注誤。又『女弟』當作『女兄弟』。」吾請爲饗息侯與其妻者，而與王俱，因而襲之。」○舊校云：「『而』一作『以』。」楚王曰：「諾。」於是與蔡侯以饗禮入於息，因與俱，遂取息。

旋，舍於蔡，又取蔡。不勞師徒而得之曰取。傳曰：「易也。」

趙簡子病，召太子而告之曰：「我死，已葬，服衰而上夏屋之山以望。」趙簡子，晉大夫趙景子成之子鞅也。太子，趙無恤襄子也。服衰，謂朞年，勿復三年也。夏屋山，代之南山也。觀望，欲令取代也。〇梁玉繩曰：「史趙世家因左傳『趙孟降於喪食』之文，謬謂簡子居定公喪改三年爲期。高氏仍史誤，而又移爲襄子居父喪朞年。其實服衰者，謂服未除也，觀下服衰以遊可見。」〇吴先生曰：「喪服自齊斬以訖緦麻，皆上衰而下裳。衰服以游，失禮之尤。簡子命太子衰服上夏屋之山，欲其違禮以就事耳。注以衰服爲期年，失之。本文云『已葬』，諸侯五月而葬，又與期年之説不相應矣。」〇孫先生曰：「御覽四百九十四引『死』上有『則』字，是也。則猶若也。此蓋後人不解『則』字之義而删之，非其舊也。」太子敬諾。簡子死，已葬，服衰，召大臣而告之曰：「願登夏屋以望。」大臣皆諫曰：「登夏屋以望，是游也。服衰以游，不可。」襄子曰：「此先君之命也，寡人弗敢廢。」羣臣敬諾。襄子上於夏屋，以望代俗。俗，土也。其樂甚美，於是襄子曰：「先君必以此教之也。」及歸，〇維遹案：舊校云：「一作『反歸』。」御覽四百九十四引同。慮所以取代，乃先善之。代君好色，請以其弟姊妻之，〇畢沅曰：「『弟姊』二字不當連文，據趙世家襄子之姊前爲代王夫人，是『弟』字衍。」〇王念孫曰：「『弟』即『姊』之壞字。今作『弟姊』者，後人據史記旁記『姊』字，而傳寫者誤合之也。」〇維遹案：畢、王説是。御覽引作「請以其弟妻之」，「弟」又爲「姊」字形誤。代君許諾。弟姊已往，所以善代者乃萬故。善，好也。襄子所好於代者非一事，故言「萬故」也。馬郡宜馬，代君以善馬奉襄子，傳曰：「冀州之北土，馬之所生也。」故謂代爲馬郡也。言代君以馬奉襄子也。○畢沅曰：「傳無『州』字。」**襄子謁於代君而請觴之，馬郡盡，**謁，告也。觴，饗也。襄子告代君而請飲之酒，醉而殺之，盡取其國也，故曰「馬郡盡」也。○畢沅曰：「『馬郡盡』似當在上節之下，言善馬俱盡也，注欠順。」○洪頤煊曰：「『馬郡盡』者，謂盡馬郡之人而皆觴之。」○馬叙倫曰：「畢説爲長。然疑『馬郡宜馬』當作『代郡宜馬』。下『馬郡』二字涉『代郡宜馬』而衍。『盡』字當在『奉〔一〕襄子』下。或本作『代郡馬盡』，亦宜在『奉襄子』下。」**先令舞者置兵其羽中數百人，**羽，舞者所執持也。置兵其中，不欲代君覺之也。**先具大金斗。代君至，酒酣，**金斗，酒斗也。金重，大，作之可以殺人。酣，飲酒合樂之時。○孫先生曰：「既云『先令』，又云『先具』，辭義未安。御覽引『先具』上有『又』字，義勝。」**反斗而擊之，一成，腦塗地。**一成，一下也。首碎，故腦塗地也。**舞者操兵以鬬，盡殺其從者。因以代君之車迎其妻，其妻遥聞之狀，**○畢沅曰：「『疑』『之』字衍。」○維遹案：畢説非。之猶其也，見音初篇注。「遥」字許本、張本、姜本作「道」，亦通。**磨笄以自刺，故趙氏至今有刺笄之證**○舊校云：「一作『山』。」○孫先生曰：「舊校近是。疑此文當作『故至今有刺笄之山』，『山』誤爲『證』，後人復加『趙氏』二字以足其義，非其舊也。燕策：『張儀爲秦破縱連横，謂燕王曰：「大王之所親莫如趙。昔趙王以其姊爲代王妻，欲并代，約與代王遇於句注之塞，乃令工人作爲金斗，長其尾，令之可以擊人。與代王飲，而陰告厨人曰：『即酒酣樂，進熱歠，即因反斗擊之。』於是酒酣樂，取熱歠，厨人進斟羹，因反斗而擊之，代王腦塗地。

〔一〕「奉」，原作「秦」，形近而誤，據正文改。

其姊聞之，摩笄以自刺也，故至今有摩笄之山。」』本書所云即張儀所云之事，字正作『山』可證。」與反斗之號。此三君者，其有所自而得之，不備遵理，三君，越王句踐、楚文王、趙襄子也。自，從也。遵，循也。理，道也。然而後世稱之，有功故也。有功於此而無其失，雖王可也。此三君有功名，假令無其闕失，雖爲王可也。

長攻

○孫鏘鳴曰：「此篇歷引越王句踐、楚文王、趙襄子之事，皆不循理而有功者也。以功爲貴，故曰『長功』。今篇題作『長攻』，非。下恃君覽有長利篇。」○維遹案：孫說是，惟功與攻古字通。周齊侯鎛鐘銘「肇敏於戎攻」，此義爲功而作攻；秦嶧山刻石「功戰日作」，此義爲攻而作功，是其例證。

六曰：功名大立，天也。爲是故，因不慎其人不可。推之於天，不復慎其爲人修仁義，故曰「不可」也。夫舜遇堯，天也。舜耕於歷山，陶於河濱，釣於雷澤，陶，作瓦器。天下說之，秀士從之，人也。夫禹遇舜，天也。禹周於天下，以求賢者，事利黔首，事，治也。黔首，民也。水潦川澤之湛滯壅塞可通者，禹盡爲之，人也。夫湯遇桀，武遇紂，天也。湯、武修身積善爲義，以憂苦於民，人也。苦，勞也。舜之耕漁，其賢不肖與爲天子同。同，等也。○維遹案：注「等」字原作「辭」，畢沅云：「辭疑等之誤。」案爲欲篇、審民篇竝注「同，等也」，今據改正。其未遇時也，以其徒屬，掘地財，取水利，地財，五穀。水利，濯灌。○畢沅曰：「以、與同。」○維遹案：「掘」原作「堀」，畢沅云：「堀當作掘。」案李本作「掘」，今據改正。編蒲葦，結罘網，手足胼胝不居，居，止。然後免於凍餒之患。患，難也。其遇時也，登爲天子，賢士歸之，萬民譽之，丈夫女子，振振殷殷，無不戴說。振振殷殷，衆友之盛。○畢沅曰：「孫云：『「振振」，王元長曲水詩序「殷殷均乎姚澤」，李善注先引此作「陳陳殷殷，無不戴説，高誘曰：殷，盛也」。後又引此作「輒輒啟啟，莫不戴説，高誘曰：啟啟，動而喜貌也。殷殷或爲啟啟，故兩引之。輒，知葉切。啟，仕勤切」。案此所引，蓋呂覽别本。又廣韻一先有「輷」字，在田字紐下，引「天子輷輷啟啟，莫不載悦」，注「喜悦之貌」。又十九臻有「殷」字，引呂氏春秋注云「殷殷，動而喜貌」。輒、輷、啟、殷皆與呂氏今本不同，而又互異。説文欠部「欣」云「指而笑也」，然則从攴、从殳皆非。』」○梁玉繩曰：「通雅第九『輷當作輴，譌爲輷。啟即振字』。」舜自爲詩曰：「普天之下，莫非王土。率土之濱，莫非王臣。」所以見盡有之也。○畢沅曰：「王伯厚云：『疑與咸邱蒙同一説而託之於舜。』」○梁履繩曰：「韓子忠孝篇言舜放父殺弟引此詩，蓋戰國時人議論如是。此云『舜自爲詩』，疑有譌舛。」○翟灝曰：「古人詩每不嫌彼此承襲，漢、魏樂府中尤多。『普天』四語，舜曾賦之，北山詩人述用之，亦事理所應有矣。」○焦循曰：「蓋當時相傳此詩爲舜作，故咸邱蒙引見爲問，孟子直據北山之詩解之，則詩非舜作明矣。」○胡承珙曰：「此當是不韋之時，經師道絶，六籍榛蕪，門下食客因咸邱蒙事而遂誤託於舜耳。」○沈濂曰：「客既不知六籍，何獨知孟子？疑或古有是説，燔書後莫能改耳。」盡有之，賢非加也；加，益也。盡無之，賢非損也，損，減。時使然也。

百里奚之未遇時也，亡虢而虜晉，「虢」當爲「虞」。百里奚，虞臣也。傳曰：「伐虞，獲其大夫井伯以媵秦繆姬。」孟子曰：「百里奚，虞人也。晉人以垂棘之璧假道於虞以伐虢，宮之奇諫之。百里奚知虞公之不可諫也而去之秦。」此云亡虢，誤矣。揚子雲恨不及其時，車載其金。○梁玉繩曰：「奚是虞之公族，井伯乃姜姓，子牙之後，判然兩人，故人表分列上中、下下二等。史秦本紀、晉世家錯合爲一人，高氏仍其誤耳。」飯牛於秦，傳鬻以五羊之皮。公孫枝得而說之，公孫枝，秦大夫子桑。獻諸繆公，三日，請屬事焉。獻，進也。請以大夫職事屬付百里奚也。繆公曰：「買之五羊之皮而屬事焉，無乃天下笑乎？」○孫先生曰：「『無乃』下脱『爲』字。類聚二十又五十三、御覽四百二又六百三十二引竝有『爲』字。」公孫枝對曰：「信賢而任之，君之明也。讓賢而下之，臣之忠也。下，避也。君爲明君，臣爲忠臣，彼信賢境内將服，敵國且畏，夫誰暇笑哉！」○維遹案：御覽四百二引「彼」下有「爲」字。繆公遂用之。謀無不當，舉必有功，○畢沅曰：「御覽四百二此下有『號曰五羖大夫』六字。」非加賢也。使百里奚雖賢，無得繆公，必無此名矣。今焉知世之無百里奚哉？故人主之欲求士者，不可不務博也。

孔子窮於陳、蔡之間，七日不嘗食，藜羹不糝。宰予備矣。「備」當作「憊」。憊，極也。論語曰：「衛靈公問陳於孔子，對曰：『俎豆之事，則嘗聞之矣。軍旅之事，未之學也。』明日遂行。在陳絶糧，從者病，莫能興。」此之謂也，故曰「宰予憊矣」。孔子弦歌於室，顏回擇菜於外，子路與子貢相與而言曰：「夫子逐於魯，削迹於衛，伐樹於宋，○畢沅曰：「舊校云：『「伐」一作「拔」。』案風俗通窮通篇作『拔』。」窮於陳、蔡，殺夫子者無罪，藉夫子者不禁，藉猶辱也。○畢沅曰：「藉，陵藉也。」夫子弦歌鼓舞，未嘗絶音，

○維遹案：莊子「舞」作「琴」。蓋君子之無所醜也若此乎？」醜猶恥也。○孫先生曰：「莊子、風俗通竝無『所』字，於義爲長。」顏回無以對，入以告孔子。孔子慨然推琴，喟然而歎曰：「由與賜，小人也。召，吾語之。」子路與子貢入。子貢曰：○畢沅曰：「莊子讓王篇及風俗通俱作『子路曰』。」「如此者，可謂窮矣。」孔子曰：「是何言也！君子達於道之謂達，窮於道之謂窮。論語曰：「君子亦有窮乎？子曰：『君子固窮，小人窮斯濫矣。』」今丘也拘仁義之道，○畢沅曰：「『拘』，莊子、風俗通竝作『抱』。」以遭亂世之患，其所也，何窮之謂？言不窮於道也。故内省而不疚於道，臨難而不失其德。大寒既至，霜雪既降，吾是以知松柏之茂也。衆木遇霜雪皆凋，喻小人遭亂世無以自免，松柏喻君子而能茂盛也。論語曰：「歲寒然後知松柏之後凋。」此之謂也。昔桓公得之莒，文公得之曹，越王得之會稽。齊桓公遭無知之亂出奔莒；晉文公遇麗姬之讒出過曹；越王句踐與吴戰而敗，棲於會稽之山，卒皆享國，克復其恥，爲霸君，故曰「得之」。○劉先生曰：「高注『卒皆享國，克復其恥，爲霸君，故曰得之』，疑所謂『得之』者，非指享國、霸君之事，乃謂取威定霸之心，高注未晰。荀子宥坐篇：『孔子南適楚，戹於陳、蔡之間，七日不火食，藜羹不糂。子路進問之，孔子曰：「由，居，吾語女。昔晉公子重耳霸心生於曹，越王句踐霸心生於會稽，齊桓公小白霸心生於莒。」』家語在厄篇亦云：『是以晉重耳之有霸心生於曹、衛，越王句踐之有霸心生於會稽。』未言齊桓公出奔莒事，當有敓句也。惟皆言霸心，非指享國、霸君之事也。」陳、蔡之阨，於丘其幸乎！」孔子烈然返瑟而弦，返，更也。更取瑟而弦歌。○畢沅曰：「『烈然返瑟』，莊子作『削然反琴』。」子路抗然執干而舞。干，楯也。○畢沅曰：「『抗然』，莊子作『扢

然』。」子貢曰：「吾不知天之高也，不知地之下也。」高下喻廣大也。言不能知孔子聖德之如天地。**古之得道者，窮亦樂，**樂其道也。**達亦樂，**樂兼善天下也。**所樂非窮達也，**言樂道也。**道得於此，則窮達一也，**此，近，喻身也。言得道之人，不爲窮極，不爲達顯，故一之也。**爲寒暑風雨之序矣，**寒暑，陰陽也。陰陽和，風雨序也。聖人法天地，順陰陽，故能不爲窮達變其節也。○維遹案：爲猶如。序，更代。注迂。**故許由虞乎潁陽，**虞，樂也。潁水之北曰陽。輕天下而不屈於堯，養志於箕山，山在潁水之北，故曰樂乎潁陽也。**而共伯得乎共首。**共，國。伯，爵也。棄其國，隱於共首山而得其志也。不知出何書也。○畢沅曰：「梁伯子云：『共伯值厲王之難，攝政十四年，乃率諸侯會二相而立宣王，共伯歸共國，得乎共首，所謂「逍遥得志乎共山之首」云爾，安得有棄國隱山之事？開春論注又以共伯爲夏時諸侯，大誤。』盧云：『案誘時竹書紀年猶未出，故云不知出何書，而所言皆誤也。』」○梁玉繩曰：「史周本紀正義引魯連子言共伯事在竹書前。」○左暄曰：「紀年：『厲王亡奔彘，共伯和攝行天子事。王陟于彘，周定公、召穆公立太子靖爲王。共伯和歸其國，逍遥得志於共山之首。』原委甚明，而高氏乃注之乖誤如此。又漢書古今人表有共伯和，居第四等，次於厲王時，則在漢時當有可據之書籍，不然班氏何以知之？況吕氏以共伯和與周厲之難連言，明是一事，而高氏不辨文義，臆爲之説，何其謬也。史記周本紀『周公、召公二相行政，號曰共和』，與紀年異，恐當以紀年爲正。又莊子讓王篇亦有『共伯得乎共首』之語，顔師古注漢書古今人表云『共，國名。伯，爵也。和，共伯之名。共音恭。遷史以爲周、召二公行政，號曰共和，無所據也』。」○茆泮林曰：「注『不知出何書也』六字乃後人校語，傳鈔者竝録爲注，遂致近校疑爲高誘之誤。不思吕氏全用莊子讓王篇文，注中棄國歸隱之説，正與『許由虞乎潁陽』同意，高誘必有傳授，故取以爲注，豈有箸書不知其事而如此妄説者？至後人見竹書『逍遥得意共山之首』云云，與誘注不合，故有此校。而近校乃因其語，謂誘時竹書未出，故不知而誤。誘時不見竹書，豈亦不見莊子中有此語耶？」

慎人○一作「順人」。

七曰：凡遇，合也。時不合，必待合而後行。○畢沅曰：「『凡遇合也時』句下當疊一『時』字。」○陳昌齊曰：「前勸學篇『凡遇，合也，合不可必』，與此語同意。時字當連下讀，畢校云『當疊時字』，誤也。」○陶鴻慶曰：「此當讀云：『凡遇，合也。時不合，必待合而後行。』蓋遇以人言，合以時言，謂人之遭遇，必因時機之會合也。下文云：『故曰：遇，合也，無常。説，適然也。』即其證矣。後人習見『遇合』連文，疑『凡遇合也』四字文義未完，遂連『時』字讀之，失其旨矣。」**故比翼之鳥死乎木，比目之魚死乎海。孔子周流海内，再干世主，**○陳昌齊曰：「『再干』當是『稱于』，蓋緣『稱』古作『爯』，遂誤爲『再』，而『于』與『干』近，因並誤耳。下文云『見八十餘君』，何得言『再干』乎？」○孫先生曰：「陳説非也。再猶更也，禮記儒行『過言不再』，鄭注：『不再，猶不更也。』更干世主者，歷干世主也。長門賦『懷鬱鬱其不可再更』，李善注：『更，歷也。』是其證。」**如齊至衛，所見八十餘君，**○梁玉繩曰：「莊子天運言孔子干七十二君，史記、淮南、説苑諸書皆襲其説。此云八十餘君，其數且過之，豈不妄哉。論衡藝增曰：『孔子所至，不能十國，言七十餘國，非其實也。』」**委質爲弟子者三千人，達徒七十人。七十人者，萬乘之主得一人用可爲師，不爲無人，以此游僅至於魯司寇。**僅猶裁也。孔子有聖德，不見大用，裁至於司寇也。**此天子之所以時絶也，諸侯之所以大亂也。**言不知聖人，不能用之，所以絶，所以亂也。**亂則愚者之多幸也，幸則必不勝其任矣。**多幸愛不肖之人而寵用之，故不勝其任。○陶鴻慶曰：「高注未得幸字之義。幸當讀爲『行險徼幸』之幸，愚者倖得寵用，故不勝其任。下文云『任久不勝，則幸反爲禍。其幸大者，其禍亦大』，幸與禍皆指愚者言之。」**任久不勝，則幸反爲禍。其幸大者，其禍亦大，非禍獨及己也。故君子不處幸，不爲苟，**處，居也。不爲苟易邀於俗，取容説也。**必審諸己然後任，任然後動。**任則處德，動則量力。

凡能聽説者，必達乎論議者也。世主之能識論議者寡，所遇惡得不苟？惡，安也。**凡能聽音者，必達於**〔一〕**五聲。**達，通也。**人之能知五聲者寡，所善惡得不苟？**○舊校云：「『善』一作『喜』。」**客有以吹籟見越王者，羽角宮徵商不繆，**籟，二孔籥也。不繆，五聲無失。**越王不善，爲野音而反善之。**野，鄙也。○孫先生曰：「此文定有錯誤。書鈔一百十一引云：『客有以簫吹籟見越王者，上下工商而越王不喜也。或爲之野音而王反悦。』初學記十六引云：『客有以吹籟見越王者，上下宫商和而越王不喜。或爲之野音而王反説之。亦有如此者，要在好之而已。』論衡逢遇篇云：『吹籟工爲善聲，因越王不喜，更爲野聲。』劉子新論適才篇云：『越王退吹籟之音，而好鄙野之聲。』參合諸文校之，上『善』字實『喜』字之誤。餘文及注，疑經後人錯改，非唐、宋諸人所見之舊矣。」**説之道亦有如此者也。**説賢人而不用，言不肖而歸之，故曰「亦有如此者也」。○李寶洤曰：

〔一〕四部叢刊本「於」下有注「一作乎」。

「『説之道亦有如此者』，承上文言之，謂聽者或以是爲非，以非爲是。」

人有爲人妻者，人告其父母曰：「嫁不必生也。不必生，謂終死。○孫鏘鳴曰：「生謂生子。古者婦人無子者出，故云然。」○俞樾曰：「高氏此解大誤。不必生者，謂不必生子也。古者婦人無子則出。蓋恐其以無子見出，故令外藏衣器以備之，而不知其適以盗竊見出也。高注大非其旨矣。淮南子氾論篇『宋人有嫁子者，告其子曰：「嫁未必成也，有如出，不可不私藏，私藏而富，其於以復嫁易。」』大旨與此略同。」衣器之物，可外藏之，以備不生。」其父母以爲然，於是令其女常外藏。藏私財於外也。姑妐知之，曰：「爲我婦而有外心，○畢沅曰：「釋名：『俗或謂舅曰章，又曰妐。』舊校云：『「外心」一作「異心」。』」○梁玉繩曰：「釋名作『伀』，一切經音義引釋名同。」○梁履繩曰：「爾雅釋親釋文：『妐音鍾，今本作公。』故淮南氾論作『若公』。漢書十三王傳注師古曰：『尊章猶言舅姑。今關中俗，婦呼舅姑爲鍾。鍾者，章聲之轉也。』」不可畜。」因出之。以爲盗竊，犯七出，故出之也。○維遹案：「可」下舊校云：「一本下有『當』字。」蓋一本作「不可常畜，因出之」。當、常聲同字通。婦之父母以謂爲己謀者以爲忠，終身善之，亦不知所以然矣。不知其女之所以見出由此也。宗廟之滅，天下之失，亦由此矣。亦由此不理者，故宗廟滅没，以失其天下也。故曰：遇，合也，無常。説，適然也。若人之於色也，無不知説美者，而美者未必遇也。故嫫母執乎黄帝，黄帝説之。○俞樾曰：「執無説義，此注非也。詩執競篇釋文引韓詩曰：『執，服也。』『執乎黄帝』者，服乎黄帝也。白虎通三綱六紀篇『婦，服也，以禮屈服也』，後漢書皇后紀注曰『婦，服也，明其服事於人也』，皆可以解此文執字之義。下文『黄帝曰：「厲女德而弗忘，與女正而弗衰，雖惡奚傷？」』方見黄帝説之之意。若此文，但言嫫母服事黄帝，未以黄帝言也。」○孫詒讓曰：「高以『説之』訓執，於文意無迕，而未能質言執字之義。今攷執猶親厚也。墨子尚賢中篇云『則此語古者國君諸侯之不可以不執善承嗣輔佐也』，執善猶言親善也。（王氏墨子雜志謂『善』上不當有『執』字，『執』乃衍文，失之。詳余所箸墨子閒詁〔一〕。）列女傳辯通篇齊鍾離春傳云『衒嫁不售，流弃莫執』，莫執猶言莫之親也。此云『嫫母執於黄帝』，亦言嫫母雖醜而親厚於黄帝耳。此先秦、西漢舊義，雖不見於倉、雅，而校覈古籍，尚可得其塙詁。俞據詩周頌釋文引韓詩釋執爲服，則於墨子、列女傳之文不可通矣。（禮記曲禮『執友稱其仁也』，執友亦猶言親友。荀子堯問篇云『貌執之士百有餘人』，貌執亦言以禮貌相親厚也。詳經迻禮記。）」○劉師培曰：「高以『黄帝説之』相釋，與執誼不符，蓋論衡逢遇篇作『進』，本書作贄，（贄即進御。）執乃傳寫之訛。」○維遹案：孫説是。劉子新論殊好篇襲此文作「軒皇愛嫫母之醜貌」，愛與親義合。**黄帝曰：「厲女德而弗忘，與女正而弗衰，雖惡奚傷？」**惡，醜也。奚，何也。言勑厲女以婦德而不忘失，付與女以内正而不衰疏，故曰雖醜何傷，明説惡也。○畢沅曰：「『厲』舊作『屬』。案『屬』與下『付與』意複，觀注以勑爲訓，則當作『厲』字，因形近而訛，今并注俱改正。」**若人之於滋味，無不説甘脆，而甘脆未必受也。文王嗜昌蒲菹，**昌本之菹。**孔子聞而服之，**○孫先生曰：「書鈔一百四十六、御覽三百六十七引竝無『而服』二字，疑此涉上下文及注語而衍。」**縮頞而食之，三年然後勝之。**勝，服。○陸繼輅曰：「孟子『舉疾首

〔一〕「詁」，原作「話」，形近而誤，今改。

蹙頞而相告」，説文「頞，鼻莖也」，故可云蹙。蹙頞猶言縐眉也。蹙、縮古今字，即蹙頞也。」人有大臭者，○梁玉繩曰：「『大』一本作『犬』，蓋腋病也。輟耕録引唐崔令欽教坊記謂之『愠羝』，今俗云猪狗臭。」其親戚兄弟妻妾知識無能與居者，自苦而居海上。苦，傷也。○維遹案：親戚謂父母也，詳節喪篇。海上人有〔一〕説其臭者，晝夜隨之而弗能去。去，離也。説亦有若此者。

陳有惡人焉，曰敦洽讎麋，椎顙廣顔，色如漆赭，○畢沅曰：「『麋』舊作『糜』，案李善注左太沖魏都賦、劉孝標辯命論竝作『麋』，御覽三百八十二同，初學記作『眉』，與麋同，今定作『麋』。『椎』舊本作『雄』，校云『一作推』，案魏都賦注作『椎』，今從之。廣韻作『狹顙廣額，顔色如漆』。今『漆赭』舊本作『浹赭』，校云『一作沫赭』，『沫』或『柒』字之誤，『柒』即『漆』字，辯命論注作『漆赭』，今從之。初學記作『色如漆』，無『赭』字。」垂眼臨鼻，○舊校云：「『眼』一作『髮』。」長肘而盭。盭，胝也。○畢沅曰：「盭即戾字，不當訓胝。案選注引正文作『盭股』，今脱『股』字，誤爲『胝』入注中，而又誤增二字也。」陳侯見而甚説之，○畢沅曰：「選注引高誘曰『醜而有德也』，今本缺。下注『醜惡無德』，正相反。」外使治其國，内使制其身。制陳侯身。楚合諸侯，陳侯病不能往，使敦洽讎麋往謝焉。○維遹案：説苑奉使篇所載蔡使師强、王堅使於楚，事亦與此相類。楚王怪其名而先見之。○舊校云：「『怪』一作『知』。」客有進狀有惡其名言有惡狀，○俞樾曰：「『客』卜涉下文而衍『有』字。」

〔一〕「人有」，原作「有人」，據諸子集成本乙。

『其』下涉上文『楚王怪其名』句而衍『名』字。句末『狀』字亦涉上文而衍。吕氏原文本云『客進，狀有惡，其言有惡』，兩『有』字均讀爲又。『狀又惡，其言又惡』，即下文所謂『惡足以駭人，言足以喪國』也。因多衍字，遂不可讀。」**楚王怒，合大夫而告之，**合，會。**曰：「陳侯不知其不可使，是不知也。**不知，無所知也。**知而使之，是侮也。**侮，慢。**侮且不智，不可不攻也。」興師伐陳，三月然後喪。**喪，滅之也。○梁玉繩曰：「此言陳滅之故與經史異。」**惡足以駭人，言足以喪國，**讎麋貌惡足以驚人，其言足以亡國也。**而友之足於陳侯而無上也，至於亡而友不衰。**友愛敦洽讎麋，無有出上者也。楚怒而伐之，以至於滅，而愛之不衰廢也。**夫不宜遇而遇者則必廢，**若敦洽讎麋醜惡無德，不宜見遇而反見遇，如此者不必久，故曰「必廢」也。○王念孫曰：「『不宜遇而遇者』上當有『友』字，『則必廢』三字連下六字爲一句。高注非。」**宜遇而不遇者，此國之所以亂，世之所以衰也，**賢者至道，宜一遇明世，佐時理物，不遇之，故國不治，所以亂也。世不知賢不肖，所以衰也。**天下之民，其苦愁勞務從此生。**從此宜遇而不遇也。**凡舉人之本，太上以志，其次以事，其次以功。**舉，用也。志，德也。**三者弗能，國必殘亡，羣孽大至，身必死殃，年得至七十、九十猶尚幸。**所遇不當，而無此三者，身必死殃也。得至七十、九十者，乃大幸耳。**賢聖之後，反而孽民，是以賊其身，**○舊校云：「『賊』一作『殘』。」**豈能獨哉！**陳，舜之苗胤也，故曰「賢聖之後」也。孽，病也。所遇不當，爲楚所滅，以殘其身也，并病其民，故曰「豈能獨哉」。

遇合

八曰：外物不可必，故龍逢誅，比干戮，龍逢諫桀而桀殺之。比干，紂之諸父也，諫紂，紂剖其心視之，故曰戮。○畢沅曰：「此處龍逢，各本皆不作『逄』，仍之。」箕子狂，惡來死，箕子，紂之庶父也，見紂之亂而佯狂也。惡來，飛廉之子，紂諛臣也，武王殺之。桀、紂亡。殺忠臣，故滅亡。人主莫不欲其臣之忠，而忠未必信，故伍員流乎江，伍子胥諫吳王夫差，不欲與越糴，夫差未信之，不從其言，以鴟夷置子胥而投之江也。萇弘死，藏其血三年而爲碧。萇弘，周敬王大夫，號知天道，欲城成周，支天之所壞，故衛奚知其不得沒也。及樊吉射、荀寅叛其君，萇弘與知之。周劉氏、樊氏世爲婚姻，萇弘事劉文公，故周人與樊氏。晉人讓周，周爲之殺萇弘。不當其罪，故血三年而爲碧也。○畢沅曰：「『衛奚』，左傳作『衛傒』。」○梁玉繩曰：「萇弘血化爲碧，見莊子外物篇，釋文引呂作『化爲碧玉』。」親莫不欲其子之孝，而孝未必愛，故孝己疑，曾子悲。孝己，殷王高宗子也。曾參以其至孝見疑於其父，故爲之傷悲也。○畢沅曰：「注『以』字舊脱，今補。」莊子行於山中，○舊校云：「『行』一作『過』。」見木甚美長大，枝葉盛茂，莊子名周，宋之蒙人也，輕天下，細萬物，其術尚虛無，著書五十二篇，名之曰莊子。○畢沅曰：「五十二篇本漢志，今本十卷三十三篇。」伐木者止其旁而弗取，問其故，曰：「無所可用。」莊子曰：「此以不材得終其天年矣。」出於山，及邑，舍故人之家。舍，止也。故人，知舊也。故人喜，具酒肉，令豎子爲殺鴈饗之。○郭慶藩曰：「鴈，鵝也。說文：『鵝，鴈〔一〕也。鴈，鵝也。』爾雅『舒鴈，鵝』，

〔一〕「鴈」，說文作「鴚鵝」。

注：『今江東呼䲨。』方言：『雁自關而東謂之䲨鵝，南楚之外謂之鵝。』廣雅：『䲨鵝，雁也。』即此所謂雁。」豎子請曰：「其一鴈能鳴，一鴈不能鳴，請奚殺？」主人之公曰：「殺其不能鳴者。」明日，弟子問於莊子曰：「昔者山中之木以不材得終天年，主人之鴈以不材死，○舊校云：「一作『以不能鳴死』。」先生將何以處？」莊子笑曰：「周將處於材不材之間。材不材之間，似之而非也，故未免乎累。若夫道德則不然，無訝無訾，○畢沅曰：「莊子山木篇作『無譽無疵』。」一龍一蛇，與時俱化，而無肯專爲，專，一。一上一下，以禾爲量，禾三變，故以爲法也。一曰：「禾，中和。」○畢沅曰：「注禾三變，謂始於粟，生於苗，成於穗也。見淮南子繆稱訓高誘注。舊本『三』上有『兩』字，衍，今刪去。」○俞樾曰：「此本作『一下一上』，上與量爲韻。今作『一上一下』者，失其韻矣。古書往往倒文以協韻，後人不知而誤改者多矣。」又曰：「『以禾爲量』，殊爲無誼。高氏引淮南文以釋之，亦曲說也。『禾』當作『和』，莊子山木篇『一上一下，以和爲量』，是其證。『禾』即『和』之壞字。」而浮游乎萬物之祖，祖，始。物物而不物於物，則胡可得而累？物物而不物，言制作，喻天地不在萬物中，故曰「不物」。若制禮者不制於禮也，不以物自累之也。此神農、黃帝之所法。法，則也。神農，少典之子炎帝也，居三皇之中，農殖嘉穀而化之，號曰神農。黃帝，軒轅氏也，得道而仙。言二帝以此爲法則者也。○維遹案：注『炎帝』原作『赤帝』，譌，改從許本、姜本，與慎勢、用民、愛類諸篇注皆合。若夫萬物之情、人倫之傳則不然，傳猶轉。○李寶淦曰：「人倫之傳猶言人倫相傳之道，注訓爲轉，無謂。」成則毁，大則衰，廉則剉，廉，利也。剉，缺傷。尊則虧，直則骫，尊，高也。傳曰「高位疾顛」，故曰「則虧」。骫，曲也。直不

可久，故曰「直則骫」。詩云「草木死，無不萎」，此之謂也。○畢沅曰：「此約小雅谷風之詩『無草不死，無木不萎』二語而失之。」○劉師培曰：「高以『高位疾顛』爲訓，與虧誼不合。蓋莊子山木作『議』，本書以『獻』作『議』，（誼均訓傾。）『虧』乃後人所改。」○維遹案：「骫」，古「委」字。注引詩蓋訓骫字之音，今本疑傳寫脱誤，非約舉詩説而失之也。**合則離，愛則隳，**隳，廢也。**多智則謀，不肖則欺，**多智則人謀料之，不肖則人欺詐之。**胡可得而必？」**

牛缺居上地，大儒也，下之邯鄲，遇盜於耦沙之中。牛，姓也。缺，其名。秦人也。秦在西方，故稱下之邯鄲。淤沙爲耦，蓋地名也。○梁玉繩曰：「漢地理志及説文渪水出趙國襄國縣之西山，師古音藕。寰宇記五十九『渪水在邢州沙河縣西北七十一里，俗名沙河水』，即耦沙也。」**盜求其橐中之載則與之，求其車馬則與之，求其衣被則與之。牛缺出而去。**○畢沅曰：「列子説符作『步而去〔一〕』。」○陶鴻慶曰：「『出』爲『步』字之誤，列子正作『步』。」**盜相謂曰：「此天下之顯人也，今辱之如此，此必愬我於萬乘之主，**劫奪其財，不以禮爲辱。愬，告也。**萬乘之主必以國誅我，我必不生，不若相與追而殺之，以滅其迹。」**迹，蹤也。**於是相與趨之，**趨，逐。**行三十里，及而殺之。此以知故也。**盜知牛缺爲賢人故。○畢沅曰：「盧云：『知與不知，注皆不得本意。當云「牛缺使盜知其爲賢人故也」。下注當云「孟賁不使船人知其爲勇士故也」。此則與上文一意相承，所謂如此如彼，皆不可必也。』」**孟賁過於河，先其五，**○畢沅曰：「章懷注後漢書鄭太傳引『孟賁

〔一〕「去」，原作「出」，據諸子集成本改。

過河，先於其伍』，古『伍』字作『五』。」船人怒，而以楫虓其頭，先其伍，超越次弟也。虓，暴辱。○馬叙倫曰：「説文：『虓，虎鳴也。一曰師子。』此借爲『毃』，説文曰：『毃，擊頭也。』」顧不知其孟賁也。中河，孟賁瞋目而視船人，髮植，目裂，鬢指，植，豎。指，直。○畢沅曰：「御覽三百六十六『鬢』作『鬚』。」舟中之人盡揚播入於河。揚，動也。播，散也。入猶投也。使船人知其孟賁，弗敢直視，直，正。涉無先者，無敢先孟賁也。又況於辱之乎！此以不知故也。船人不知孟賁爲勇士故也。知與不知，皆不足恃，其惟和調近之。猶未可必，近之，近無愁難，猶未可必也。蓋有不辨和調者，則和調有不免也。○畢沅曰：「盧云：『此二句頗似注中語，誤入正文。若直接上注「猶未可必」之下，正相脗合。注末一「也」字，當爲衍文。』」

宋桓司馬有寶珠，抵罪出亡。桓司馬，桓魋。抵，當也。王使人問珠之所在，曰「投之池中」，春秋魯哀十四年傳曰：「宋桓魋之有寵，欲害公。公知之，攻桓魋。魋出奔衛。」公則宋景公也。春秋時，宋未僭稱王也。此云「王使人問珠」，復妄言者也。○梁玉繩曰：「左傳哀十一年：『太叔疾臣向魋納美珠焉，與之城鉏。宋公求珠，魋不與，由是得罪。』此文遂附會之耳。」於是竭池而求之，無得，魚死焉。此言禍福之相及也。紂爲不善於商，而禍充天地，充猶大。和調何益？和調，善之者也。紂不能行之，故曰何益也。○畢沅曰：「盧云：『此注又錯説。本意謂當紂之時，善人亦不得免焉，如魚之安處於池，而適遭求珠之害，故曰和調何益。終篇皆言處世之難必耳。高氏意常歆羡秦市之金，豈亦知己之亦多誤乎。』」

張毅好恭，門閭帷薄○舊校云：「『帷』一作『帳』。」聚居衆無不趨，過之必趨。○維遹案：「居」爲

「見」譌，當在「恭」下，淮南人間篇正作「見門閭聚衆必下」。**輿隸媚嬙小童無不敬，以定其身，**定，安也。**不終其壽，内熱**〔一〕**而死。**幽通記曰：「張毅修襮而内偪。」此之謂也。**單豹好術，離俗棄塵，**〇舊校云：「一作『棄世謂不羣也』。」**不食穀實，不衣芮温，**不食穀實，行氣道引也。芮，絮也。〇嚴元照曰：「釋名釋首飾云：『毳冕，毳芮也。畫藻文於衣，象水草之毳。芮，温暖而潔也。』芮温之義如此。高氏訓絮，義亦相類。」〇俞樾曰：「高注不解『温』字，殆即以本字讀之，非也。温讀爲緼，禮記玉藻篇『緼爲袍』，鄭注曰：『緼謂今纊及舊絮也。』是芮、緼義同。」**身處山林巖堀，以全其生，不盡其年，而虎食之。**幽通記曰：「單豹治裏而外凋。」此之謂也。〇畢沅曰：「舊本作『治衷不外調』，訛，今據班孟堅賦改正。」**孔子行道而息，**〇畢沅曰：「李善注文選陸士衡演連珠『東野有不釋之辯』，引此作『孔子行於東野』。」〇王念孫曰：「此文當據選注作『孔子行於東野』。淮南人間篇亦作『孔子行於東野』，今本譌作『孔子行遊』。」〇維遹案：選注引作「孔子行於東野，馬逸，食野人稼，野人留其馬。子貢説而請之，野人終不聽。於是鄙人馬圉乃復往説曰：『子耕東海至於西海，吾馬何得不食子苗？』野人大悦，解馬還之」。與今本呂氏絶異。且今本呂氏、淮南皆無「東野」二字，而士衡之文明言「東野有不釋之辯」，則唐以前呂氏與今本不同者多矣。**馬逸，食人之稼，野人取其馬。子貢請往説之，畢辭，野人不聽。有鄙人始事孔子者曰：「請往説之。」**〇陶鴻慶曰：「『曰』字不當有，涉下文『因謂野人曰』而誤衍也。上文『子貢請往説之』，亦無『曰』字，是其

〔一〕四部叢刊本「熱」下有注「一作崩」。

證。」因謂野人曰：「子不耕於東海，吾不耕於西海也，○畢沅曰：「選注引作『子耕東海至於西海』，與淮南人間訓同。」○俞樾曰：「『吾不』二字衍文也。『子不耕於東海，耕於西海也』，此『也』字讀爲邪，古字通用，言東海、西海皆非子所耕邪，吾馬何得不食子之禾乎？淮南人間篇作『子耕於東海至於西海』，其義更明。後人不達古書語意，臆加『吾不』二字，使與上句相對，而文義不可通矣。」吾馬何得不食子之禾？」其野人大説，相謂曰：「説亦皆如此其辯也，獨如嚮之人？」獨猶孰也。嚮之人，謂子貢也。○維遹案：「其」字當作「也」，屬上爲句。秦刻石「也」作「乜」，鐘鼎「其」或作「𠀠」，二字形似致誤。淮南無「其」字，可證。解馬而與之。説如此其無方也而猶行，方，術。外物豈可必哉？

君子之自行也，敬人而不必見敬，愛人而不必見愛。敬愛人者己也，見敬愛者〔一〕人也。君子必在己者，不必在人者也。必在己，無不遇矣。必己○一作「本知」，一作「不遇」。

〔一〕「者」上原衍「人」，據諸子集成本删。

新編諸子集成

呂氏春秋集釋

下

許維遹 撰
梁運華 整理

中華書局

榮成許維遹學

呂氏春秋集釋卷第十五

呂氏春秋訓解　高氏

愼大覽第三　權勳　下賢　報更　順説　不廣　貴因　察今

一曰：**賢主愈大愈懼，愈彊愈恐。**愈，益。**凡大者，小鄰國也；彊者，勝其敵也。**夫大者，侵削鄰國使小也。彊者，彊以克弱，故能勝其敵也。**勝其敵則多怨，小鄰國則多患，多患多怨，國雖彊大，惡得不懼，惡得不恐？**惡，安也。**故賢主於安思危，**安不忘危。**於達思窮，**顯不忘約。**於得思喪。**喪，亡也。有得有失，故思之。○王念孫曰：「治要引注『得』下有『必』字，當據補。」**周書曰：「若臨深淵，若履薄冰。」以言愼事也。**周書，周文公所作也。若臨深淵，恐隕墜也；如履薄冰，恐陷没也，故曰「以言愼事」。○洪邁曰：「高注云『周書，周文公所作』，妄也。」

桀爲無道，暴戾頑貪，心不則德義之經爲頑，求無厭足爲貪。**天下顫恐而患之，**顫，驚也。患，憂也。**言者不同，紛紛分分，其情難得。**紛紛，殽亂也。分分，恐恨也。其情難得知也。○俞樾曰：「『分分』當作『忿忿』，老子五十六章『解其分』，王弼注曰：『除爭原也。』顧歡本『分』作『忿』，即其例矣。」○吳先生曰：「分分，無恐恨之義。分、紛音同，以同音疊字爲句，古書亦少此例。疑『分分』當作『介介』，注『恐恨』當作『怨恨』。介介猶耿耿也。
耿耿不忘，有怨恨之義。漢書陳湯傳『使百姓介然有秦民之恨』，顏注：『介然猶耿耿。』此以怨恨釋介介，與彼同意。」○
維遹案：王念孫校本改「分分」爲「介介」，注「恐恨」改爲「怨恨」。**干辛任威，凌轢諸侯，以及兆民，**干辛，桀之
諛臣也，專桀無道之威，以致滅亡。**賢良鬱怨。殺彼龍逢，以服羣凶，衆庶泯泯，皆有遠志，**龍逢忠而桀
殺之，故衆庶泯泯然亂。有遠志，離散也。**莫敢直言，其生若驚。**驚，亂貌。民不敢保其生也。○舊校云：
「『驚』或作『夢』。」○吳先生曰：「『驚』作『夢』，是也。夢夢爲亂，毛傳、爾雅皆有明訓。『驚』是誤字，無可疑也。」**大
臣同患，弗周而畔。**患，憂也。心懼盡見誅，故同憂也。不周於義，而將背畔也。**桀愈自賢，矜過善非，**其
所行者非，而反善也。○舊校云：「『矜』一作『給』。」**主道重塞，國人大崩。**崩，壞散。**湯乃惕懼，憂天下之
不寧，欲令伊尹往視曠夏，恐其不信，湯由親自射伊尹。**恐夏不信伊尹，故由揚言而親自射伊尹，示伊
尹有罪而亡，令夏信之也。○畢沅曰：「梁伯子云：『曠，空也。或云是「獷」之訛，言其猛不可跗〔一〕也，古猛切。』盧
云：『「曠夏」似言「間夏」，湯令伊尹爲間於夏，而恐其不信，故親射之。諸子書有言尹與末喜比而亡夏者，此出戰國荒
唐之言。觀此下云「若告我曠夏盡如詩」，又云「往視曠夏，聽於末嬉」云云，亦即此意。是明明以伊尹爲間諜也。』」○梁
玉繩曰：「『獷』字似勝。漢書敘傳言『獷秦』，後書段熲傳言『獷敵』。」○陶鴻慶曰：「書傳無以『親自』連文者，『由親自

〔一〕「跗」，原作「附」，據諸子集成本改。

射伊尹』尤爲不辭。據高注云云，疑高所見正文本作『湯揚言自射伊尹』，故注云然。傳寫奪『揚言』二字，淺人依注文肊補之耳。湯果自射伊尹，何以使夏聞知，而伊尹安得亡乎？」○吴先生曰：「廣雅：『曠，大也。』曠、皇聲亦相近。殷人稱夏爲曠夏，猶周人稱殷爲大商、大國殷矣。」**伊尹奔夏三年，反報於亳，**亳，湯都。**曰：「桀迷惑於末嬉，好彼琬、琰，**「琬」當作「婉」。婉順阿意之人。或作「琬琰」，美玉也。○畢沅曰：「觀注意則高所見本或有脱『琰』字者。案竹書紀年注云：『后桀十四年，命扁伐岷山，岷山女於桀二人，曰琬曰琰。后愛之，無子，斲其名於苕華之玉，苕是琬，華是琰，而棄其元妃於洛曰妹喜，以與伊尹交，遂以亡夏。』今本紀年末有訛字，此參用馬驌所引文。據此，則『琬、琰』不但爲二玉名也。」○梁玉繩曰：「高注殊未合。困學紀聞二十亦非之。案管子輕重甲篇『女華者，桀之所愛』，韓子難四『桀索嶓山之女』，楚辭天問『桀伐蒙山何所得，妹嬉何肆湯何殛』，蒙山即岷山也。（王逸注：『桀伐蒙山得妹嬉。』誤。）『與伊尹交』二句，今本紀年注無之。此据御覽一百三十五。」**不恤其衆，衆志不堪，上下相疾，民心積怨，皆曰：『上天弗恤，夏命其卒。』」**卒，卒〔一〕盡也。**湯謂伊尹曰：「若告我曠夏盡如詩。」**詩，志也。○俞樾曰：「上文『民心積怨，皆曰：「上天弗恤，夏命其卒」』是有韵之詞，即所謂詩也。湯誓所稱『時日曷喪，予及女偕亡』，亦是韵語。蓋當時民俗歌謡有此言，故湯以爲盡如詩也。高注訓詩爲志，於義轉迂。」**湯與伊尹盟，以示必滅夏。伊尹又復往視曠夏，聽於末嬉。末嬉言曰：「今昔天子夢西方有日，東方有日，兩**

〔一〕「卒」，似爲衍文。

日相與鬭，西方日勝，東方日不勝。」伊尹以告湯。商涸旱，涸，枯也。湯猶發師，以信伊尹之盟，故令師從東方出於國，西以進。未接刃而桀走，逐之至大沙，○呂調陽曰：「大沙即南巢也，今桐城西南有沙河埠，其水東逕故巢城南，而東入菜子湖也。」身體離散，爲天下戮。不可正諫，雖後悔之，將可奈何？湯立爲天子，夏民大説，如得慈親，朝不易位，農不去疇，疇，畝也。商不變肆，安其所也。親郼如夏。郼讀如衣，今兗州人謂殷氏皆曰衣。言桀民親殷如夏氏也。○畢沅曰：「書武成『殪戎殷』，禮記中庸作『壹戎衣』，二字聲本相近。」○梁履繩曰：「中庸鄭注：『衣讀如殷，聲之誤也。齊人言殷聲如衣。今姓有衣者，殷之胄歟？』『殪戎殷』是康誥，非武成。」○俞樾曰：「高注未得呂氏之意，蓋由正文錯誤耳。呂氏本文當作『親夏如郼』，言湯之親夏民無異於郼民也，故下文即繼之曰『此之謂至公』。簡選篇曰『親殷如周，視人如己』，彼言親殷如周，可知此當言親夏如郼矣。其文誤到，因失其義耳。」此之謂至公，此之謂至安，此之謂至信。盡行伊尹之盟，不避旱殃，祖伊尹世世享商。祖用伊尹之賢。世世享商，享之盡商世也。○吴先生曰：「古者有功之臣祭於大烝，祖伊尹世世享商，即盤庚所謂『茲予大享於先王，爾祖其從與享之』是也。」

武王勝殷，入殷，未下轝，命封黄帝之後於鑄，鑄，國名。○畢沅曰：「樂記云：『封帝堯之後於祝。』鑄與祝聲相近，此云封黄帝之後，殆誤也。」梁仲子云：「淮南俶真訓『冶工之鑄器』，注云：『鑄讀如唾祝之祝。』祝不讀如字，周禮瘍醫注云『祝讀如注病之注』，則知鑄、祝同一音也。』」封帝堯之後於黎，○畢沅曰：「御覽二百一作『犂』。案樂記云：『封黄帝之後於薊。』黎與薊聲亦相近，此皆互易。」封帝舜之後於陳。下轝，命封夏后之

後於杞，○梁玉繩曰：「此與禮樂記、史本紀、世家俱言武王封杞，非也。大戴禮少閒篇『成湯放移夏桀，遷姒姓於杞』。文選張士然表『成湯革夏而封杞』。史、漢留侯傳：『酈生曰：「昔湯伐桀，封其後於〔一〕杞。」』蓋武王因其舊封重命之爾，故漢書梅福傳云『紹夏於杞』。」**立成湯之後於宋，以奉桑林。**桑山之林，湯所禱也，故使奉之。**武王乃恐懼，太息流涕，命周公旦進殷之遺老，而問殷之亡故，又問衆之所説、民之所欲。殷之遺老對曰：「欲復盤庚之政。」**盤庚，太甲後十七世祖丁之子，殷之中興王也，故欲復行其政也。○畢沅曰：「注『十七世』當作『十五世』。」**武王於是復盤庚之政。**不違民欲。**發巨橋之粟，**巨橋，紂倉名。**賦鹿臺之錢，以示民無私。**鹿臺，紂錢府。賦，布也。私，愛也。○章炳麟曰：「鹿臺本爲錢府之通名，非紂所創立。鹿借爲録，尚書大傳『致天下於大麓之野』，注：『麓者，録也。』魏受禪表及公卿上尊號奏皆作『大鹿』，是録、鹿通之證。説文：『録，金色也。』古謂銅曰金。荀子性惡『文王之録』，注：『劍以色名。』古劍亦以銅爲之也。是銅有録色者，録臺則取銅錢之色以爲名。」**出拘救罪，分財棄責，以振窮困。**分財，分有與無也。棄責，責己不責彼也。振，救也。矜寡孤獨曰窮，無衣食曰困。○畢沅曰：「『救罪』疑是『赦罪』。謝云：『棄責，即左傳所云「已責」』。責，古債字。注非也。」**封比干之墓，**以其忠諫而見殺，故封崇其墓，以章賢也。**靖箕子之宫，**以箕子避亂，佯狂而犇，故清淨其宫以異之也。○畢沅曰：「『靖』似當作『清』，七性切。」○俞樾曰：「靖讀爲旌，『旌箕子之宫』與下句『表商容之閭』一律。靖從

〔一〕「於」，原脱，據史記補。

青聲，青從生聲，旌亦從生聲，故『旌』字叚『竫』爲之。介立篇『東方有士焉曰爰旌目』，列子說符篇文亦同，而後漢書張衡傳注引列子作『爰精目』，然則『旌』爲『竫』猶『旌』爲『精』矣。高注非是。」**表商容之閭，**商容，殷之賢人，老子師也，故表異其閭里。○梁玉繩曰：「此與離謂篇及淮南主術注同，高氏之謬也。商容，殷末人，而老子竝孔子時，安得師之？蓋因淮南謬稱訓『老子學商容』一語而誤。攷文子上德曰『老子學於常樅』，（說苑敬愼作『摐』，漢藝文志作『從』。）即淮南之商容，聲相近也。古有容成氏，淮南本經注既誤爲黃帝時造歷之容成，莊子則陽釋文又誤爲老子師，何不檢勘如是？管子小匡篇『商容處宋』，則是別一同姓名者。」○宋翔鳳曰：「史記殷本紀『釋箕子之囚，封比干之墓，表商容之閭』，索隱曰：『皇甫謐云「商容與殷人觀周軍之入」，則以爲人名。鄭玄云：「商家樂官知禮容，所以禮署稱容臺。」』樂記『釋箕子之囚，使之行商容而復其位』，鄭注：『行猶視也。使箕子視商禮樂之官，賢者所處，皆令反其居也。』正義曰：『鄭知容爲禮樂者，漢書儒林傳「孝文時，徐生善爲容」。是善禮樂者謂之容也。』詳鄭此注，知『商容』爲商禮樂之官，非一人名，故使箕子行視之，以當時惟箕子存也。後人見『商容』與箕子、比干並稱，遂亦謂人名。然周本紀云『命召公釋箕子之囚，命畢公釋百姓之囚，表商容之閭』，『商容』與『百姓』並稱，可知非一人。蓋紂使師涓作新淫聲，北里之舞，靡靡之樂，於是樂官師瞽抱器奔散。殷本紀又云『商容賢者，百姓愛之，紂廢之』，謂紂廢知禮樂之官，其人即太師疵、少師彊之屬也。周本紀又云『殺王子比干，囚箕子，太師疵、少師彊抱其樂器而犇周』，三事並言，亦猶他書以箕子、比干、商容並舉也。武王行商容而復其位，即脩廢官之事。洛誥『王肇稱殷禮』，鄭注：『王者未制禮樂，恒用先王之禮樂。伐紂以來，皆用殷之禮，非始成王用之也。』武王稱殷禮則必行商容，故淮南齊俗篇亦云『武王入殷而行其禮』。蓋克殷及商，而先謀於禮樂所由致成周之盛也歟？（漢書古今人表商容在第四等。蓋但據樂記及史記載之，如晨門、荷蕢丈人之類。皆非人姓名。）淮南主術篇『表商容之閭』，高注同。穆稱篇云『老子學商容，見舌而知守柔矣』，是也。按老子不能與商容相接，商容即殷禮，老子爲守藏室史，守藏謂歸藏，殷易，故所業亦殷禮。孔子問禮於老聃，故曲禮、檀弓、曾子問諸記亦皆言殷禮。（文子『商容』作『常樅』，音近而訛。）」士過者趨，車過者下。過商容之里者趨，車載者下也。○俞樾曰：「『士過者趨』，當作『徒過者趨』，徒與車相對成義。晏子春秋諫篇曰：『載過者馳，步過者趨。』文義正與此同。『徒』字或作『辻』，闕壞而止存『土』字，因誤爲『士』耳。」三日之内，與謀之士封爲諸侯，與謀委質於武王之士，封以爲諸侯也。諸大夫賞以書社，大夫與謀爲國，以書社賞之。二十五家爲社也。庶士施政去賦。施之於政事，去其繇賦也。○孫鏘鳴曰：「施讀曰弛。政讀曰征。注非。」然後濟於河，○畢沅曰：「舊本『濟於』倒，從繹史乙轉。究疑『於』字乃衍文。」○維遹案：「於」字非衍文。異寶篇「過於荆」，報更篇「過於薛」，檀弓下「昔我先君駒王西討，濟於河」，竝其例證。西歸報於廟。還濟孟津河，西歸於豐、鎬，報功於文王廟。傳曰「振旅凱入，飲至策勳，」此之謂也。乃稅馬於華山，稅牛於桃林，稅，釋也。華山在華陰南，西嶽也。桃林，秦、晉之塞也，蓋在華陰西長城是也。○梁玉繩曰：「華山乃陽華山，在今陝西商州雒南縣東北，非太華西嶽也。閻百詩尚書古文疏證卷六下辨之甚明。」馬弗復乘，牛弗復服。○畢沅曰：「舊本作『牛弗服』，今亦從繹史增『復』字。」釁鼓旗甲兵，殺牲祭，以血塗之曰釁。鼓以進衆。旗，軍械也。熊虎爲旗。甲，鎧。兵，戈戟箭矢也。○梁玉繩曰：「經傳但言釁鼓，未有言及旗甲兵者。惟史封禪書、漢郊祀志有『釁鼓旗』語。」○蔡雲曰：「車甲衅而藏之府庫，見樂記，是經傳言及釁甲也。」藏之府庫，終身不復用。此武王之德也。故周明堂外户不閉，示天下不藏也。唯不藏也，可以守至藏。至德之藏。武王勝殷，得二虜而問焉，曰：「若國有妖乎？」若，汝。妖，怪。一虜對曰：「吾國有妖。晝見星而天雨血，此吾國之妖也。」一虜對曰：「此則妖也。雖然，非其大者也。吾國之妖甚大者，○畢沅曰：「新序雜事二『甚』作『其』。」子不聽父，弟不聽兄，君令不行，此妖之大者也。」武王避席再拜之。此非貴虜也，貴其言也。故易曰：「愬愬履虎尾，終吉。」愬愬，懼也。居之以禮，行之以恭，恐懼戒慎，如履虎尾，終必吉也。喻二虜見於武王，有履虎尾之危，以言所知，武王拜之，是終吉也。○舊校云：「『愬』一作『遡』〔一〕字，讀如虩。」○畢沅曰：「謝云：『引易以戒人君，豈爲二虜哉？注非是。』」

趙襄子攻翟，勝老人、中人，使使者來謁之。襄子，趙簡子之子無恤也。使辛穆子伐翟，勝之，下老人、中人城，使使者來謁襄子。謁，告也。今盧奴西山中有老人、中人城也。○畢沅曰：「晉語九、列子說符及御覽三百二十一皆作『左人中人』。淮南道應訓作『尤人終人』。」○梁玉繩曰：「晉語『趙襄子使新穉穆子伐翟』，韋注：『晉大夫新穉狗也。』此注『辛穆子』有譌脱。」○王念孫曰：「俗書『左』字作『尢』，形與『老』相近，因誤爲『老』。太平御覽兵部五十三引此正作『左人』。淮南作『尤人』，『尤』即俗書『左』字之誤。水經滱水注『滱水東逕左人城南』，應劭曰：『左人城在唐縣西北四十里。』」又曰：「如高注則『勝』字自爲一句。『左人中人』之上須加『下』字，而其義始明矣。今案『勝左

〔一〕「遡」，四部叢刊本作「逆」。

人中人』五字作一句讀。勝者克也，克左人、中人二城也。凡戰而克謂之勝，攻而克亦謂之勝。襄十年左傳曰『城小而固，勝之不武，弗勝爲笑』，是也。（隱二年傳『司空無駭入極，費庈父勝之』，宣十二年公羊傳『莊王伐鄭，勝乎皇門。』）晉語曰『趙襄子使新稚穆子伐狄，勝左人、中人』，義與此同。列子説符篇曰『趙襄子使新稚穆子攻翟，勝之，取左人、中人』，此則以『勝之』爲句，『取左人、中人』爲句，與國語、吕氏春秋不同。」**襄子方食摶飯，有憂色。左右曰：「一朝而兩城下，此人之所以喜也，**○畢沅曰：「列子無『以』字。」○孫先生曰：「『以』字衍。御覽三百二十二又八百四十九引竝無『以』字。」**今君有憂色何？」**○孫先生曰：「『何』下脱『也』字〔一〕。御覽兩引竝作『何也』。列子説符篇同。」**襄子曰：「江河之大也，**大，長。**不過三日。**三日則消也。**飄風暴雨，日中不須臾。**易曰「日中則仄」，故曰「日中不須臾」。○畢沅曰：「舊校云：『「飄風」一作「猋風」。』案『日中不須臾』，謂一日之中不過頃刻即過耳，即指風雨言，注非是。然如列子説符篇『飄風暴雨』下有『不終朝』三字，則『日中』句當如注所云耳。」○梁玉繩曰：「『江河之大』四語，吕襲列子也。」○梁履繩曰：「老子曰『飄風不終朝，驟雨不終日』，此襄子語義所本。説苑叢談云『江河之溢，不過三日；飄風暴雨，須臾而畢』，又本此文。」○劉先生曰：「淮南子道應篇亦作『飄風暴雨，日中不須臾』，注：『言其不終日也。』正與畢説同。列子『飄風暴雨』下有『不終朝』三字，則『日中』之義當如高説。此當各依本書爲解。淮南子道應篇爲許慎注，故與高此注異。」**今趙氏之德行，無所於積，**言無積德積行。**一朝而兩**

〔一〕「字」，原作「也」，據吕氏春秋舉正改。

城下，亡其及我乎？」傳曰：「知懼如此，斯不亡矣。」孔子聞之曰：「趙氏其昌乎！」昌，盛也。○畢沅曰：「孔子卒時，簡子尚在。此與義賞篇同誤。」夫憂所以爲昌也，而喜所以爲亡也。勝非其難者也，持之其難者也。持猶守。賢主以此持勝，故其福及後世。齊、荆、吳、越皆嘗勝矣，而卒取亡，卒，終也。○舊校云：「『取』一作『敗』。」不達乎持勝也。唯有道之主能持勝。孔子之勁，舉國門之關，而不肯以力聞。勁，彊也。孔子以一手捉城門關顯而舉之，不肯以有力聞於天下。○畢沅曰：「此殆即孔子之父事也。左氏襄十年傳『偪陽人啟門，諸侯之士門焉，縣門發，郰〔一〕人紇抉之以出門者』，非孔子也。注『顯』疑本是『翹』字。」○洪頤煊曰：「墨子非儒下篇『孔丘爲魯司寇，舍公家而於季孫，季孫相魯君而走，季孫與邑人爭門關，決植』，列子說符篇、淮南道應訓、主術訓皆言此事。或說即左氏郰人紇事。是孔子之父，非是。」○維遹案：注「捉」字當作「招」，「顯」字當作「顓」，皆形近之誤也。列子云「孔子之勁，能招國門之關」，張注：「招，舉也。」（「招」原作「拓」，據釋文及吳都賦注引改正。）此以招釋舉，義正合。淮南主術篇云「孔子之通，智過於萇弘，勇服於孟賁，足躡郊菟，力招城關」，注：「孔子皆能。招，舉也。以一手招城門關，端能舉之。」案端、顓俱從耑聲，例可通假，故端、顓亦與揣通。漢書賈誼傳「何足控揣」，孟康注：「揣，持也。」是其義。畢氏疑「顯」爲「翹」，然顯、翹形聲皆不相近，無緣致誤。墨子爲守攻，公輸般服，而不肯以兵加。公輸般在楚，楚王使設雲梯爲攻宋之具，墨子聞而往說之。楚王曰：「公輸般，

〔一〕「郰」，原作「聊」，據諸子集成本改。

天下之巧工也。寡人使攻宋之城，何爲不得？」墨子曰：「使公輸般攻宋之城，臣請爲宋守之備。」公輸般九攻之，墨子九却之。又令公輸般守備，墨子九下之。不肯以善用兵見知於天下也。墨子，名翟，魯人也，著書七十篇，以墨道聞也。○畢沅曰：「墨子書本七十一篇，今缺者十六篇。注末『聞也』，舊作『聞之』，誤。」○孫志祖曰：「『加』字列子、淮南竝作『知』，據此注亦當作『知』。」陳昌齊、王念孫、陶鴻慶説同。**善持勝者，以術彊弱。**言能以術彊其弱也。○畢沅曰：「舊校云：『一本作「善持勝者，不以彊弱」。』案列子作『以强爲弱』。」

慎大覽

二曰：利不可兩，忠不可兼。兼，竝也。**不去小利則大利不得，不去小忠則大忠不至。**至猶成也。**故小利，大利之殘也；**殘，害也。**小忠，大忠之賊也。聖人去小取大。**

昔荆龔王與晉厲公戰於鄢陵，荆師敗，龔王傷。晉大夫呂錡射龔王，中其目，故曰傷。**臨戰，司馬子反渴而求飲，豎陽穀操黍酒而進之。**酒器受三升曰黍。○畢沅曰：「梁伯子云：『內、外傳、韓子十過、飾邪二篇、漢書人表竝是「穀陽」，而史記晉、楚世家、淮南人間訓、説苑敬慎篇與此竝倒作「陽穀」。案黍酒是釀黍所成者。説文：「酏，黍酒也。」注非。十過篇作「觴酒」，飾邪篇作「巵酒」。』」○王念孫曰：「太平御覽兵部四十四引此『黍酒』作『參酒』，又引高注『酒器受三升曰參』。韓子外儲説右下『田嬰令官具押券斗石參升之計』。」○王紹蘭曰：「説文『觴』下云：『觶實曰觴。』『觚』下云：『一曰觴受三升者謂之觚。』是觴有受三升者，此文蓋同。十過篇作『觴酒』，故注云『酒器受三升』。傳寫者譌『觴』爲『黍』，併注文改之，非注者之誤也。」○朱駿聲曰：「黍叚借爲觚。」**子反叱曰：**

「訾，○畢沅曰：「韓非作『嘻』。」○王引之曰：「訾與呰同。說文：『呰，苛也。』（苛與呵同。）」退！酒也。」豎陽穀對曰：「非酒也。」子反曰：「亟退却也。」○畢沅曰：「說苑作『酒也』，是。」○維遹案：左成十六年傳疏引「退酒也」作「却酒也」，「亟退却也」作「却酒也」。豎陽穀又曰：「非酒也。」子反受而飲之。子反之爲人也，嗜酒，甘而不能絶於口，以醉。絶，止也。戰既罷，龔王欲復戰而謀，○畢沅曰：「飾邪篇作『而謀事』。」使召司馬子反。子反辭以心疾。龔王駕而往視之，入幄中，幄，帳也。聞酒臭而還，曰：「今日之戰，不穀親傷，所恃者司馬也，而司馬又若此。是忘荆國之社稷，而不恤吾衆也，不穀無與復戰矣。」於是罷師去之，○維遹案：左傳疏引「罷」上有「遂」字。斬司馬子反以爲戮。故豎陽穀之進酒也，非以醉子反也，○畢沅曰：「十過篇作『不以讎子反也』，飾邪篇作『非以端惡子反也』，說苑作『非以妬子反也』，皆較『醉』字勝。」其心以忠也，忠，愛也。而適足以殺之，故曰：「小忠，大忠之賊也。」

昔者，晉獻公使荀息假道於虞以伐虢，荀息曰：「請以垂棘之璧與屈産之乘，以賂虞公，而求假道焉，必可得也。」垂棘，美璧所出之地，因以爲名也。屈産之乘，屈邑所生，四馬曰乘，今河東北屈駿馬者是也。」○邵晉涵曰：「通典『慈州文城郡理吉昌縣，春秋時晉之屈邑，左傳「晉有屈産之乘」，此有駿馬』。（劉昭續漢志注同。）」獻公曰：「夫垂棘之璧，吾先君之寶也；屈産之乘，寡人之駿也。若受吾幣而不吾假道，將奈何？」荀息曰：「不然。彼若不吾假道，必不吾受也。○舊校云：「一作『必不敢受也』。」若受我而假我道，是猶取之内府而藏之外府也，猶取之内皁而著之外皁也。皁，櫪也。○馬叙倫曰：「『皁』本作『皂』，形與『皂』近，因譌爲『皂』，又改爲『皁』耳。『皂』者古文『廄』字。説文『廄』古文作[古文字形]，此省『九』字。公羊僖二年傳：『荀息云：「馬出之内廄，繫之外廄耳。」』正作『廄』，可證。」君奚患焉？患猶難也。獻公許之。乃使荀息以屈産之乘爲庭實，爲虞庭中之實。而加以垂棘之璧，以假道於虞而伐虢。虞公濫於寶與馬而欲許之。濫，貪。宫之奇諫曰：「不可許也。虞之與虢也，若車之有輔也，車依輔，輔亦依車，虞、虢之勢是也。車，牙也。輔，頰也。車、輔相依憑得以近喻也。○馬叙倫曰：「説文：『輔，人頰車也。』俞先生云：『古言車制甚詳，輔之制未聞。小雅正月「其車既載，乃棄爾輔」，正義亦不定其物。按革部「轉，車下索也」，疑「輔」爲「轉」之或體。輔爲車下索，是可解脱之物，故曰棄也。詩又云「無棄爾輔，員於爾輻」，員即旋也，則輔爲車下索無疑。』倫案：俞先生説是。『輔』下當云『車下索也』，『人頰』者，『酺』字義，蓋『輔』爲『轉』之或體，許、高皆已不明，徒以『脣竭齒寒』之説生附會耳。」先人有言曰：『脣竭而齒寒。』竭，亡也。○畢沅曰：「梁伯子云：『案左傳「脣亡齒寒」之語，戰國齊、趙策俱引之，而韓策作「脣揭齒寒」，注：「揭猶反也。」揭字似勝亡字。莊子胠篋篇作「脣竭」，此與淮南説林訓亦竝作「竭」。疑皆因「揭」而誤也。』」夫虢之不亡也恃虞，虞之不亡也亦恃虢也。若假之道，則虢朝亡而虞夕從之矣。奈何其假之道也？」虞公弗聽，而假之道。荀息伐虢，克之。還反伐虞，又克之。荀息操璧牽馬而報。報，白也。獻公喜曰：「璧則猶是也，馬齒亦薄長矣。」故曰：「小利，大利之殘也。」殘，害也。

中山之國有厹繇者，智伯欲攻之而無道也，厹繇，國之近晉者也。或作「仇酋」。智伯，晉大夫智襄子瑶也。○畢沅曰：「『厹』舊本作『夙』。何屺瞻云：『當作厹。』梁仲子云：『韓非説林下作「仇由」，戰國西周策作「厹由」，史記樗里子傳作「仇猶」，索隱云「高誘注國策以仇猶爲厹由」，説文繫傳口部「厹」云：「呂氏春秋有厹猶國，智伯欲伐者也。」』」爲鑄大鐘，方車二軌以遺之。厹繇之君將斬岸堙谿以迎鐘。○俞樾曰：「『斬』當爲『塹』。説文金部：『塹，小鑿也。』字亦作『嶃』，文選海賦『巙陵巒而嶃鑿』，注曰：『塹與嶃古字通。』是塹有鑿義。言岸之高者則塹鑿之也。若作『斬岸』，則無義矣。」赤章蔓枝諫曰：「詩云：『唯則定國。』○畢沅曰：「左氏僖四年傳『公孫支對秦穆公曰：「臣聞之，唯則定國」』下兩引詩，則知此語是逸詩也。」我胡以得是於智伯？赤章蔓枝，厹繇之臣也。○畢沅曰：「『我胡』下舊有『則』字，因上文而衍，今删去。」夫智伯之爲人也貪而無信，必欲攻我而無道也，故爲大鐘，方車二軌以遺君。君因斬岸堙谿以迎鐘，師必隨之。」弗聽。有頃，諫之，○俞樾曰：「『頃』字衍文也。『弗聽，有諫之』，有當讀爲又，言又諫之也。後人不知有爲又之叚字，故妄加『頃』字耳。」君曰：「大國爲懽，而子逆之，不祥。子釋之。」釋，置。赤章蔓枝曰：「爲人臣不忠貞，罪也。忠貞不用，遠身可也。」斷轂而行，山中道狹，故斷車轂而行去。至衛七日而厹繇亡。智伯滅之。○畢沅曰：「韓非作『至於齊七月而仇由亡矣』。」○梁玉繩曰：「史正義引韓作『九日』。」欲鐘之心勝也，欲鐘之心勝則安厹繇之説塞矣。塞，不行也。凡聽説，所勝不可不審也，故太上先勝。先猶上也。○陶鴻慶曰：「上文云『欲鐘之心勝則安厹繇之説塞矣』，言人君之心不可有所勝也。此云『太上先勝』，文義乖違。『先』當爲『无』字之誤。无勝者，无有所勝也。注文『上』乃『止』字之誤，高氏讀无爲毋，故云『无猶止也』，言止其勝心也。因『无』誤爲『先』，後人復改注以牽合正文耳。」

昌國君將五國之兵以攻齊。昌國君，樂毅也，爲燕昭王將伐齊。五國，謂燕、秦、韓、魏、趙也。○畢沅曰：「梁伯子云：『時攻齊者尚有楚，高氏因本文五國，故不數楚，然非也。燕爲主兵，當不數燕。』」○俞樾曰：「戰國燕策曰：『於是遂以樂毅爲上將軍，與秦、楚、三晉合謀以伐齊。』然則所謂五國者，秦、楚、三晉也。高注謂『燕、秦、韓、魏、趙』，大誤。燕是本國，不當更數燕。策又曰『昌國君樂毅爲燕昭王合五國之兵』，其語更明，可知五國之不數燕矣。」齊使觸子將，○梁玉繩曰：「此與貴直竝作『觸子』，戰國齊策是『向子』也。」○維遹案，燕策作「蜀子」，「向」即「蜀」字之殘。觸、蜀同聲字通用。以迎天下之兵於濟上。濟，水名。○維遹案：「名」字原作「也」，改從許本、姜本。齊王欲戰，使人赴觸子，恥而訾之曰：「不戰，必剗若類，掘若壟。」剗，滅也。若，汝也。壟，冢也。言不堪敵而戰克破燕軍，必剗滅汝種類，平掘汝先人之冢也。觸子苦之，苦，病。欲齊軍之敗。於是以天下兵戰。戰合。擊金而却之，○舊校云：「『却』一作『退』。」○王念孫曰：「以猶與也。」卒北，北，走也。天下兵乘之，乘猶勝也。○畢沅曰：「乘猶陵也。」觸子因以一乘去，莫知其所，不聞其聲。○舊校云：「一作『問』。」達子又帥其餘卒，達子，齊人也。帥，將也。以軍於秦周，無以賞，使人請金於齊王。軍，屯也。秦周，齊城門名也。請金，將以賞有功也。○梁玉繩曰：「注『秦周，齊城門名』，東吴惠氏據之，謂左傳襄〔一〕十八年秦周即此，以杜注魯大夫爲非，其說似勝。曰：惠氏是也。魯從晉伐齊，師師者爲季武子、孟莊子，即有

〔一〕「襄」，原作「哀」，據左傳改。

秦周其人，亦偏裨下僚，安得主兵？且傳云：『十一月丁卯朔，入平陰，遂從齊師。十二月戊戌，及秦周，伐雍門之荻。己亥，焚雍門及西郭、南郭。壬寅，焚東郭、北郭。甲辰，東侵及濰，南及沂。』文法一例，則秦周之非人名，審矣。唯秦周當是近雍門之地名，高誘以爲城門名，恐未然。考齊記古齊城，其西曰雍門，西北曰楊門。杜注亦欠明。」齊王怒曰：「若殘豎子之類，惡能給若金？」殘，餘也。豎子，謂達子也。○劉師培曰：「『若殘』文當互乙，與知士篇『劃而類』同。高訓殘爲餘，是其所據本已誤。」惡，安也。給，與也。與燕人戰，大敗，達子死，齊王走莒。走，奔也。莒，邑也。燕人逐北入國。相與爭金於美唐甚多。美唐，金藏所在。○俞正燮曰：「莊子田子方篇云『求馬唐肆』，釋文引李云：『唐，亭也。』亦雙聲字。呂氏春秋『爭金美唐』，亦言亭肆。」○維遹案：美唐，其義未詳。俞説亦難定耳。此貪於小利以失大利者也。小利，金也。大利，國也。言湣王貪金，不給達子，以失國，乃大惑者也。

權勳

三曰：有道之士固驕人主，人主之不肖者亦驕有道之士，日以相驕，奚時相得？若儒、墨之議與齊、荆之服矣，賢主則不然，士雖驕之，而己愈禮之，士安得不歸之？士所歸，天下從之，帝。○陶鴻慶曰：「『帝』字衍文。下文皆以帝、王並舉，此不當專言帝，蓋涉下『帝也者』之文而誤重也。」帝也者，天下之適也。適，主也。王也者，天下之往也。○王念孫曰：「高説非也。適亦往也。『天下之適』，『天下之往』，皆承上『天下從之』而言。」○劉師培曰：「書鈔一、御覽七十七引『之』下均有『所』字。」**得道之人，貴爲天子而不驕倨，**倨，傲也。**富有天下而不騁夸，**夸，詑而自大也。**卑爲布衣而不瘁攝，**瘁，病也。攝猶屈也。**貧無衣食而不憂懾，**懾，懼也。**狠乎其誠自有也，**自有，有道。○畢沅曰：「『狠』即『懇』字。舊本作『狠』，訛，今改正。」○維遹案：畢改是。姜本正作「懇」。**覺乎其不疑有以也，**詩云：「何其久也，必有以也。」**桀乎其必不渝移也，**桀，特也。渝，變也。移，易也。**循乎其與陰陽化也，悤悤乎其心之堅固也，**悤悤，明貌。○俞樾曰：「高氏訓悤悤爲明貌，然於下堅固義不相應，殆非也。『悤悤』當作『勿勿』，禮記禮器篇、祭義篇鄭注竝曰：『勿勿猶勉勉也。』大戴禮曾子立事篇盧注同。勉勉之義與堅固相應。今誤作『悤悤』者，因俗書『悤』字作『怱』，或省作『匆』，『匆』與『勿』字相似，因而致誤耳。」**空空乎其不爲巧故也，**空空，慤也。巧故，僞詐。**迷乎其志氣之遠也，**志在江海之上。○俞樾曰：「迷當讀爲彌，古字通用。左傳『彌子瑕』，大戴禮保傅篇作『迷子瑕』。周官眡祲『七曰彌』，鄭注曰：『故書彌作迷。』竝其證也。哀二十五年左傳『以肥之得備彌甥也』，杜注曰：『彌，遠也。』文選西京賦『彌望廣潒』，薛綜注同。『彌乎其志氣之遠』，義正相應，若作『迷』則不可通矣。」**昏乎其深而不測也，**測，盡也。言深不可盡。○畢沅曰：「正文『也』字舊脱，案當有。孫云：『李善注文選曹子建雜詩引「風乎其高無極也」，疑此處脱文。』」**確乎其節之不庳也，就就乎**就就讀如由與之與。○畢沅曰：「注『由與』即『猶豫』。案爾雅釋獸釋文『猶，羊周、羊救二反』。字林『弋又反』。此就字讀從之也。」○梁玉繩曰：「通雅儿：『呂注「由與之由」，今本作「由與之與」，就從尤，轉平爲近。若「與」，則遠矣。』處素云：『晉語引商銘，就與憂爲韻，是也。』」○孫先生曰：

「注當作『就就讀如由與之由』。」其不肯自是，○維遹案：王念孫校本「是」下補一「也」字，與上下文例正合。鵠乎其羞用智慮也，鵠讀如浩浩昊天之浩，大也。○梁履繩曰：「鵠从告得聲，漢地理志『鵠澤』，孟康音告，蓋古讀如此。」假乎其輕俗誹譽也，皆謂體道之人也。○維遹案：假猶遐也。楊子法言「假言周於天地，贊於神明」，注「假」作「遐」。詩漢廣篇「不我遐棄」，毛傳：「遐，遠也。」然則上文「鵠乎其羞用智慮也」，以大言之，此則以遠言之。以天爲法，以德爲行，以道爲宗，宗，本也。與物變化而無所終窮，窮，極也。精充天地而不竭，充，實。竭，盡。神覆宇宙而無望，四方上下曰宇，以屋喻天地也。往古來今曰宙，言其神而包覆之。無望，無界畔也。○王引之曰：「正文及注內兩『望』字皆『埒』字之誤。淮南原道篇云『知八紘九野之形埒』，是埒爲界畔之名，故高云『無埒，無界畔也』。若作『望』則與界畔之義無涉。且宗、窮爲韻，竭、埒爲韻，若作望則失其韻矣。」莫知其始，莫知其終，莫知其門，莫知其端，莫知其源，道不可得知也。○王念孫曰：「『莫知其終』四字似後人所加，蓋因圜道篇而加此一句。案上文已云『無所終窮』，此不當復云『莫知其終』。」其大無外，其小無內，此之謂至貴。道在大，能大故無復有外；在小，能小故無復有內。道所貴之也。士有若此者，五帝弗得而友，三王弗得而師，去其帝王之色，則近可得之矣。去猶除去。除其尊寵盈滿之色，則近得師友矣。○舊校云：「『可』一作『於』。」

堯不以帝見善綣，北面而問焉。善綣，有道之士也。堯不敢以自尊，北面而問焉。○畢沅曰：「『善綣』，莊子作『善卷』。」堯，天子也。善綣，布衣也。何故禮之若此其甚也？善綣，得道之士也。得道之人，不可驕也。人輕道重也。堯論其德行達智而弗若，若，如也。故北面而問焉，此之謂至公。非至公其孰能禮賢？孰，誰也。

周公旦，文王之子也，武王之弟也，成王之叔父也，所朝於窮巷之中、甕牖之下者七十人。甕牖，以破甕蔽牖，言貧陋也。文王造之而未遂，造，始也。遂，成也。○維遹案：圜道篇注「遂，達。」此釋爲成，義違。武王遂之而未成，周公旦抱少主而成之，抱，奉。故曰成王，不唯以身下士邪。

齊桓公見小臣稷，一日三至弗得見。稷不見之也。從者曰：「萬乘之主見布衣之士，一日三至而弗得見，亦可以止矣。」止，休也。桓公曰：「不然。士驁祿爵者，固輕其主。驁亦輕也。其主驁霸王者，亦輕其士。縱夫子驁祿爵，吾庸敢驁霸王乎？」庸，用也。遂見之，不可止。○畢沅曰：「新序雜事五作『五往而後得見』。韓非難一作『於是五往，乃得見之』。」世多舉桓公之內行，內行雖不修，霸亦可矣。霸功大，亦可以滅內行之闕也。○陶鴻慶曰：「『霸亦可』與下文『王猶少』語意相應，言雖不能王，亦可勉至於霸也。高注非是。」誠行之此論而內行修，王猶少。猶，尚也。

子產相鄭，鄭大夫子國之子公孫喬也。○畢沅曰：「左傳作『僑』。」往見壺丘子林，與其弟子坐必以年，是倚其相於門也。年，齒也。子產，壺丘子弟子。坐以齒長少相亞，不以尊位而上之，倚置其相之寵於壺丘之門外，不以加於坐也，故曰「倚其相於門也」。○馬叙倫曰：「此謂子產與壺丘弟子皆相從於壺丘之門，故坐必以年亞，而不以爵凌其上。辭義甚明，高注未安。」夫相萬乘之國而能遺之，遺猶舍也。鄭國北迫晉，南近楚，爵則伯也，賦千乘耳，而云萬乘，復妄言也。○畢沅曰：「注『遺猶舍也』，舊作『全也』，訛，今改正。」謀志論行，而以心與人相索，索，盡也。孔子曰：「子産有君子之道四焉：其行己也恭，其事上也敬，其養民也惠，其使民也義。」推其志行，以忠心與人相極盡，知其情實。一曰：「索，法。與人爲法則。」其唯子産乎？唯，獨也。故相鄭十八年，○梁玉繩曰：「左傳子産相鄭二十二年，并爲卿之年計之，是三十三年。此云十八，史循吏傳作二十六，竝誤。」刑三人，殺二人，桃李之垂於行者莫之援也，援，攀也。錐刀之遺於道者莫之舉也。舉猶取也。○梁玉繩曰：「初學記二十四引作『垂於術』，疑今本譌『行』字。又韓子外諸説左上『桃棗蔭於街者，莫有援也。錐刀遺道，三日可反』。」○維遹案：「行」非譌字，行亦道也，見爾雅釋宮。書鈔四十九引「援」上、「舉」上竝有「敢」字。

魏文侯見段干木，立倦而不敢息，倦，罷也。反見翟黄，踞於堂而與之言。反，從干木所還也。翟黄不説，以文侯敬干木而慢己也。文侯曰：「段干木，官之則不肯，禄之則不受。今女欲官則相位，欲禄則上卿，既受吾實，實猶爵禄也。○梁玉繩曰：「史魏世家正義引呂『今女欲官則相至，欲禄則上卿』。又『實』作『賞』。」又責吾禮，無乃難乎？」故賢主之畜人也，不肯受實者其禮之。禮，敬也。○維遹案：其猶則也。禮〔一〕士莫高乎節欲，欲節則令行矣，文侯可謂好禮士矣。好禮士，故南勝荆於連隄，東勝齊於長城，虜齊侯，獻諸天子，天子賞文侯以上聞。文侯，畢公高之後，與周同姓，魏桓子之孫，始立爲侯。文，謚也。○畢沅曰：「梁伯子云：『國策、史記皆不見文侯勝荆、齊之事。』『上聞』舊本作

〔一〕四部叢刊本「禮」下有注「一作卑」。

『上卿』，訛。案史、漢樊噲傳『上聞爵』，如淳注引此語作『上聞』。張晏曰：『得徑上聞也。』晉灼曰：『名通於天子也。』今史記多訛爲『上閒』，唯索隱本是『上聞』。又引此作『上閒』，云『閒音中間』，恐訛也。」○蘇時學曰：「此事不見史書，今以竹書紀年及淮南子考之，則在三家未爲侯之時也。凡自古僭竊之臣，其始猶未敢專擅，而必假天子之命以濟其私焉。紀年於威烈王十六、十七年皆有三晉與齊戰爭，而十八年特書『王命韓景子、趙烈子及我師伐齊，入長垣』，長垣即長城也。至二十三年，始書『王命晉卿魏氏、韓氏、趙氏爲諸侯』，則虜諸侯獻天子事，亦必在此數年，而記注者脱略耳。淮南子曰：『三國伐齊，圍平陸。括子以報於牛子曰：「三國之地，不接於我，踰鄰國而圍平陸，利不足貪也，然則求名於我也，請以齊侯往。」牛子以告無害子。無害子曰：「臣聞之，有裂壤土以安社稷、殺身破家以存其國者，不聞出其君以爲封疆者。」牛子不聽無害子之言，而用括子之計。三國之兵敗，而平陸之地存。』據淮南所言，正虜齊侯之實事也。注言三國爲韓、魏、趙，則與紀年同。其言求名於我，亦與未爲侯時合。蓋三家所以命爲侯者，以勝齊之功也，即此書所謂賞以上聞者也。上聞者，言始列爲侯，而名上聞於天子也。然此時之齊，已在宣、康之世，方制於田氏，而不能自存，王乃命三家以致討者何歟？」

下賢

四曰：「國雖小，其食足以食天下之賢者，其車足以乘天下之賢者，其財足以禮天下之賢者，與天下之賢者爲徒，徒，黨也。此文王之所以王也。詩云：「濟濟多士，文王以寧。」此之謂也。今雖未能王，其以爲安也，不亦易乎？立王功大，保安其國差小，故曰不亦易。此趙宣孟之所以免也，宣孟，晉卿趙盾也，履行仁義，束脯以食翳桑之餓人，以免靈公伏甲之難。周昭文君之所以顯也，昭文君，周後所分立東周君也，賓禮張儀，欲與分國。張儀重之於秦，秦尊奉之，故曰所以顯也。○畢沅曰：「注『重之』舊作『勝之』，訛，今案下文改正。」孟嘗君之所以却荆兵也。孟嘗君，齊公子田嬰之子田文也，下士禮賢，養客三千人，行仁義而彊，故荆兵却偃，不敢攻之也。古之大立功名與安國免身者，其道無他，其必此之由也。古立功名安國免身無咎殃者，皆以此仁義之道也。堪士不可以驕恣屈也。堪，樂也。樂士當以禮卑謙，若魏公子之虚己，故不可以驕恣屈而有之也。○畢沅曰：「孫云：『堪士疑是湛士。』舊校云：『屈一作有。』」○俞樾曰：「高氏讀堪爲湛，故曰『堪，樂也』。然非吕氏意也。堪之言克也，字通作『戡』。爾雅釋詁：『戡，克也。』釋言：『克，能也。』然則堪士猶能士也。士之有能者，必不爲驕恣屈。故曰不可以驕恣屈也。」○劉師培曰：「堪即沈伏之沈。」

昔趙宣孟將上之絳，見骪桑之下，○畢沅曰：「後漢趙壹傳注云：『骪，古委字。』淮南人間訓作『委桑』，左傳作『翳桑』。」有餓人卧不能起者，宣孟止車，爲之下食，蠲而餔之，再咽而後能視。宣孟問之曰：「女何爲而餓若是？」對曰：「臣宦於絳，歸而糧絶，羞行乞而憎自取，故至於此。」羞於行乞，自憎至此也。○畢沅曰：「注謬。憎自取，言憎惡徑自取之，亦不肯也。」宣孟與脯二朐，○畢沅曰：「舊本作『一朐』。案北堂書鈔百四十五、初學記二十六及趙壹傳注俱是『二朐』，今據改正。」拜受而弗敢食也。問其故，對曰：「臣有老母，將以遺之。」○畢沅曰：「御覽八百三十六『將』作『請持』二字，初學記、後漢書注『將』亦作『持』。」宣孟曰：「斯食之，吾更與女。」斯猶盡也。○畢沅曰：「詩大雅皇矣篇『王赫斯怒』，鄭箋云：

『斯，盡也。』釋文：『鄭讀斯爲賜。』」○梁玉繩曰：「斯字當解如斧以斯之。爾雅釋言：『斯，離也。』說文：『析也。』」乃復賜之脯二束與錢百，而遂去之。○梁玉繩曰：「御覽八百三十六作『錢二百』。」處二年，晉靈公欲殺宣孟，伏士於房中以待之，因發酒於宣孟。發猶致也。○梁履繩曰：「發酒，義如檀弓『晉大夫發焉』。」○洪頤煊說同。末云：「蓋飲酒禮名。」宣孟知之，中飲而出。靈公令房中之士疾追而殺之。一人追疾，先及宣孟之面。○孫鏘鳴曰：「『之面』當作『面之』，漢書項羽傳『馬童面之』，李奇曰：『面謂不正視也。』此當讀『宣孟面之』四字爲句。（或曰：面之謂一人不正視而告之者，懼後至者疑也。下反走而對，亦此意。）」曰：「嘻，君轝！轝，車也，教宣孟使就車也。吾請爲君反死。」反，還也。宣孟曰：「而名爲誰？」而，汝也。反走對曰：「何以名爲！臣骩桑下之餓人也。」還鬬而死。○畢沅曰：「梁伯子云：『桑下餓人是靈輒，鬬死者是提彌明，此誤合二人爲一。史記晉世家亦同此誤，索隱言之矣。水經注四亦誤。』」宣孟遂活。此書之所謂「德幾無小」者也。○畢沅曰：「墨子明鬼篇『禽艾之道之曰：「得璣無小，滅宗無大」』。翟氏灝謂逸周書世俘解有禽艾侯之語，當即此禽艾。但二語尚未見所出。此德幾無小，猶所謂惠不期多寡，期於當阨云耳。未知禽艾之言意相同否？得與德古字通用。」○維遹案：此逸書文，今僞古文伊訓摭拾墨子及此文而改之曰：「爾惟德罔小，萬邦惟慶。爾惟不德罔大，墜厥宗。」宣孟德一士猶活其身，而況德萬人乎！故詩曰：「赳赳武夫，公侯干城。」此周南之風，兔罝之首章也。言其賢可爲公侯扞難其城藩也，以喻骩桑下之人扞趙盾之難也。「濟濟多士，文王以寧。」此大雅文王之三章也。文王以多士而造周，趙盾以桑下之人去患也。○畢沅曰：「注首九字舊本多缺，依朱本補。又『造周』二字亦脱，今案文義補。」○劉先生曰：「注文『王以多士而』下，誠似有敚字，然細繹其意，蓋謂文王以多士去患，而趙盾以桑下之人去患，省其文耳。畢逞臆補『造周』二字，實無所馮依，不可從也。」人主胡可以不務哀士？哀，愛也。士其難知，唯博之爲可，博，廣也。博則無所遁矣。遁，失也。

張儀，魏氏餘子也，大夫庶子爲餘，受氏爲張。○松皋圓曰：「注『餘』下脱『子』字。」將西遊於秦，過東周。客有語之於昭文君者曰：「魏氏人張儀，材士也，○畢沅曰：「孫云：『文選袁陽源詩「荆、魏多壯士」，李善注引此作「壯士」，御覽四百七十五同。』」將西遊於秦，願君之禮貌之也。」昭文君見而謂之曰：「聞客之秦，寡人之國小，不足以留客。雖游，然豈必遇哉？客或不遇，○舊校云：「『或』一作『呰』。呰猶歎也。」○王念孫曰：「『然』字當在『游』字上。」請爲寡人而一歸也，國雖小，請與客共之。」張儀還走，北面再拜。拜昭文君之言也。張儀行，行，去也。昭文君送而資之。至於秦，留有間，惠王説而相之。惠王，孝公之子，始稱王也。説張儀而相之。張儀所德於天下者，無若昭文君。德猶恩也。周，千乘也，重過萬乘也，張儀重之。令秦惠王師之，師昭文君。逢澤之會，魏王嘗爲御，韓王爲右，秦會諸侯於逢澤，魏王爲昭文君御，韓王爲之右也。名號至今不忘，此張儀之力也。

孟嘗君前在於薛，荆人攻之。淳於髡爲齊使於荆，還反，過於薛。孟嘗君令人禮貌而親郊送之，○畢沅曰：「齊策『禮貌』作『體貌』。」謂淳於髡曰：「荆人攻薛，夫子弗爲憂，文無以復侍矣。」文，孟嘗名也。侍，侍見也。○畢沅曰：「『侍』舊作『待』，訛，今從齊策改。注同。」淳於髡曰：「敬聞命矣。」至於齊，畢報。反命畢也。王曰：「何見於荆？」對曰：「荆甚固，固，護，以侵兼人。而薛亦不量其力。」王曰：「何謂也？」對曰：「薛不量其力，而爲先王立清廟，荆固而攻薛，薛清廟必危，○畢沅曰：「衍下『薛』字。齊策作『荆固而攻之，清廟必危』。」故曰薛不量其力，而荆亦甚固。」○陶鴻慶曰：「此文當云：『故曰荆甚固，而薛亦不量其力。』上文云：『王曰：「何見於荆？」對曰：「荆甚固，而薛亦不量其力。」』是其證也。今本誤倒，則語氣不合。」齊王知顔色，齊王，宣王也，威王之子。知猶發也。○畢沅曰：「齊策作『和其顔色』。」曰：「嘻！先君之廟在焉。」疾舉兵救之，由是薛遂全。顛蹷之請，坐拜之謁，○畢沅曰：「『坐拜』，策作『望拜』。」○維遹案：「坐」字義勝。顛蹷與坐拜爲對文。禮記曲禮篇「坐而遷之」，疏：「坐亦跪也。坐通名跪，跪不通名坐也。」雖得則薄矣。薄，輕少也。○畢沅曰：「『得』舊訛作『薄』，今從策改正。」故善説者，陳其勢，言其方，○陶鴻慶曰：「『言』當爲『立』字之誤。順説篇云『田贊可謂能立其方矣』，是其證。」見人之急也，若自在危厄之中，○畢沅曰：「『危厄』，策作『隘窘』。」豈用彊力哉？彊力則鄙矣。説之不聽也，任不獨在所説，亦在説者。○陶鴻慶曰：「此三句語意未了，且與本篇之旨不相涉。上文云『故善説者，陳其勢，立其方，見人之急也，若自在危厄之中，豈用彊力哉？彊力則鄙矣』，論淳於髡爲孟嘗君却荆兵之事，文義已足。國策齊策載此文至『豈用彊力哉』而止，可證也。此文疑本在下篇順説之首，而誤錯在此篇之末。下篇首云『善説者若巧士』云云，文義正與此相屬也。」

報更

五曰：善説者若巧士，因人之力以自爲力，因其來而與來，因其往而與往，與猶助也。不設形象。與生與長，而言之與響；○陶鴻慶曰：「而讀爲如。」與盛與衰，以之所歸。歸，終也。力雖多，材雖勁，勁，彊也。以制其命。順風而呼，聲不加疾也；加，益也。際高而望，目不加明也，所因便也。○王念孫曰：「『際』疑『登』之譌。」

惠盎見宋康王，康王蹀足謦欬，○畢沅曰：「舊本訛作『惠盎見宋康成公而謂足聲速』，今據列子黄帝篇、淮南道應訓及李善注文選謝惠連詠牛女詩所引改正。」○維遹案：畢改是。治要引正作「惠盎見宋康王」。疾言曰：「寡人之所説者，勇有力也，不説爲仁義者。惠盎者，宋人，惠施族也。康王，宋昭公曾孫辟公之子，名偃，立十一年，僭號稱王，四十五年，大爲不道，故曰宋子不足仁義者也，齊湣王伐滅之。○畢沅曰：「正文『也不説』三字舊本作『而無』，今從列子、淮南改。梁伯子云：『注「名侵」當是「偃」字之訛。「四十五年」與禁塞篇注「四十七年」又異，其實六十一年也。』」○維遹案：畢改是。治要引正作「寡人之所悦者，勇有力也，不悦爲仁義者」。客將何以教寡人？」惠盎對曰：「臣有道於此，有道於此，勇有力者也。使人雖勇，刺之不入；雖有力，擊之弗中。大王獨無意邪？」不可入，不可中，如此者，大王獨無意欲之邪？王曰：「善。此寡人所欲聞也。」○孫先生曰：「『寡人』下疑脱『之』字。下云『此寡人之所欲知也』，『此寡人之所願也』，『此寡之所欲得也』，（原無『也』字，據畢校補。）語句竝同。列子黄帝篇、淮南道應篇亦竝有『之』字。」惠盎曰：「夫刺之不入，擊之不中，此猶辱也。臣有道於此，使人雖有勇弗敢刺，雖有力不敢擊。大王獨無意邪？」王曰：

「善。此寡人之所欲知也。」惠盎曰：「夫不敢刺，不敢擊，非無其志也。臣有道於此，使人本無其志也。本無有擊刺之志也。大王獨無意邪？」王曰：「善。此寡人之所願也。」惠盎曰：「夫無其志也，未有愛利之心也。臣有道如此，使天下丈夫女子莫不驩然皆欲愛利之，此其賢於勇有力也，言以仁義之德，使民皆欲愛利之也，故賢於勇有力。居四累之上。大王獨無意邪？」四累，謂卿、大夫、士及民四等也。君處四分之上，故曰「四累之上」，喻尊高也。臨下以德，則下愛利之矣。大王意獨無欲之邪？○畢沅曰：「四累即指上所言層累而上凡四等。注非是。而張湛注列子亦與之同。」○梁玉繩曰：「淮南道應注云『此上凡四事，皆累於世，而男女莫不歡然爲上也』，與此注異。盧氏兆濂天香樓偶得云：『惠盎論勇力之説，凡四更端，故云居四累之上。』」○劉先生曰：「畢説是。淮南道應篇『此其賢於勇有力也，四累之上也』，許注：『此上凡四事，皆累於世。』與畢説正合。」王曰：「此寡人之所欲得。」欲得人愛利也。○畢沅曰：「正文句末，列子、淮南皆有『也』字。」惠盎對曰：「孔、墨是也。言當爲孔丘、墨翟之德，則得所欲也，故曰「是也」。當法則之也。孔丘、墨翟，無地爲君，以德見尊。無官爲長，以道見敬。○維遹案：文子、列子、淮南「爲」上竝有「而」字。天下丈夫女子莫不延頸舉踵而願安利之。延頸，引領也。舉踵，企望之也。願其尊高安而是〔一〕利也。○維遹案：治要引注無「安」字，「利」下有「已」字。今大王，萬乘之主也，誠有其志，有孔、墨之志。則四境之内

〔一〕「是」，原脱，據諸子集成本補。

皆得其利矣，○維遹案：「矣」字據許本、姜本增。治要引同。其賢於孔、墨也遠矣。」得賢名過於孔、墨。遠猶多也。宋王無以應。應，荅也。惠盎趨而出。宋王謂左右曰：「辨矣，客之以説服寡人也！」○維遹案：辨、辯古字通。張本作「辯」，淮南同。宋王，俗主也，而心猶可服，因矣。因猶便也。○陶鴻慶曰：「此文當云：『宋王，俗主也，而心猶服，可謂能因矣。』『心猶服』承上『以説服寡人』而言。下文云『管子可謂能因矣』，明此亦當同。今本『可』字誤倒在上，又脱『謂能』二字，則文不成義。」因則貧賤可以勝富貴矣，小弱可以制彊大矣。惠盎是也。

田贊衣補衣而見荆王。田贊，齊人也。補衣，弊衣也。荆王曰：「先生之衣，何其惡也？」田贊對曰：「衣又有惡於此者也。」荆王曰：「可得而聞乎？」對曰：「甲惡於此。」甲，鎧也。此，惡衣也。王曰：「何謂也？」對曰：「冬日則寒，夏日則暑，衣無惡乎甲者。贊也貧，故衣惡也。○畢沅曰：「御覽三百五十六引疊一『貧』字。」今大王，萬乘之主也，富貴無敵，而好衣民以甲，臣弗得也。得猶取也。意者爲其義邪？甲之事，兵之事也，刈人之頸，刳人之腹，隳人之城郭，刑人之父子也，隳，壞也。刑，殺也。○陶鴻慶曰：「『甲之事兵之事也』，疑本作『甲兵之事也』，與下文相連讀之。言甲兵之事，其禍有如此也。書傳凡言兵者，皆指器械。今本衍『之事』二字，而以甲與兵分言，則文不成義。」○維遹案：荆王好衣民以甲，田贊以爲衣甲之事即兵之事也，意本相因。陶説非。其名又甚不榮。兵殺人，以逆名，不得爲榮。意者爲其實邪？苟慮害人，人亦必慮害之。不得財寶〔一〕也。爲財利廣出，苟謀害人，人亦必謀害之。傳曰：「晉侯誣人，人亦誣之。」其此之謂也。○孫鏘鳴曰：「謂國有闢土安疆之實也，不得專以財寶言。」苟慮危人，人亦必慮危之。其實人則甚不安。之其爲事如此，甚不得安也。○舊校云：「『人則』一作『久則』。」○俞樾曰：「『實』下『人』字乃『又』字之誤。『則』字衍文也。『其實又甚不安』與上文『其名又甚不榮』相對。『之』字屬下句。『之二者』，猶言此二者，與莊子『之二蟲』文法相同。先識篇曰『之二國者皆將亡』，慎勢篇曰『之二臣者甚相憎也』，皆可爲證。」二者，臣爲大王無取焉。」二者，害與危。臣爲大王計，無取此二者也。○孫鏘鳴曰：「二者，謂名甚不榮，實甚不安。注非。」荆王無以應。說雖未大行，田贊可謂能立其方矣。方，道也。若夫偃息之義，則未之識也。段干木偃息以安魏。田贊辯說以服荆，比之偃息，故曰未知誰賢之也。

管子得於魯，魯束縛而檻之，使役人載而送之齊，其謳歌而引。役人皆謳歌而輓其車，以送之也。○畢沅曰：「意林作『皆謳歌而引車』，御覽五百七十一同。」○孫先生曰：「『其』乃『皆』字之誤。高注云云，是正文作『皆』明矣。事類賦十一引亦作『皆』。」管子恐魯之止而殺己也，欲速至齊，因謂役人曰：「我爲汝唱，汝爲我和。」其所唱適宜走，役人不倦，而取道甚速，管子可謂能因矣。因役人用勢欲走，而爲唱歌歡之令走也。○畢沅曰：「注『歡之』疑當作『勸之』。」○維遹案：畢說是。姜本、張本及意林竝作「勸之」。文子

〔一〕「寶」，四部叢刊本作「實」。

微明篇：「老子曰：『今夫挽車者，前呼邪許，後亦應之，此挽車勸力之歌也。』」可互證此注。**役人得其所欲，己亦得其所欲。以此術也，**以，用。此術，道也。**是用萬乘之國，其霸猶少，**○陶鴻慶曰：「『是用萬乘之國』，是讀爲寔。當以『以此術也寔用萬乘之國』十字爲句，言以此術用於萬乘之國當不僅至於霸也。」**桓公則難與往也。**往，王也。言其難與致於王也。

順説

六曰：智者之舉事必因時。時不可必成，必成猶必得也。**其人事則不廣，**廣，博也。○俞樾曰：「廣讀爲曠，古廣、曠字通。荀子王霸篇『人主胡不廣焉』，解蔽篇『則廣焉能棄之矣』，楊注竝曰：『廣讀爲曠。』列子湯問篇『不思高林廣澤』，釋文曰：『「廣」一本作「曠」。』竝其證也。無義篇曰『以義動則無曠事矣』，高注曰：『曠，廢也。』此文廣字誼與彼同。言時不可必成，而人事則不可廢也。下文曰：『若是而猶不全也，其天邪？人事則盡之矣。』正見人事不曠之意。此篇即以『不廣』名篇，蓋欲人以人事自盡，毋自曠廢也。高氏不知『廣』之爲『曠』，而釋之曰『廣，博也』，則此二句之義不可通，而於名篇之意亦失之矣。」**成亦可，不成亦可。以其所能，託其所不能，若舟之與車。**舟不能陸，車不能浮，然更相載，故曰「以其所能，託其所不能」也。

北方有獸，名曰蹶，○畢沅曰：「説苑復恩篇作『蟨』，爾雅注同。淮南道應訓作『蹷』。」○梁玉繩曰：「爾雅釋地、韓詩外傳五竝作『西方』。」**鼠前而兔後，趨則跲，走則顛，常爲蛩蛩距虛取甘草以與之。**○畢沅曰：「爾雅作『岠虛』，説苑作『巨虛』，淮南作『駏驉』。」○蔣超伯曰：「郭弘農注爾雅引此而申其義云：『然則卬卬岠虛亦宜鼠後而兔前，前高不得取甘草，故須蟨食之。其贊云：「蟨與岠虛，乍兔乍鼠，短長相濟，彼我供舉，有若自然，同心共膂。」』」又曰：「相如子虛賦張揖注曰：『蛩蛩青獸，狀如馬。距虛似蠃而小。』黄香九宫賦『三台執兵而奉引，軒轅乘駏驉而先駈』，注：『駏驉似騾。』超疑『卬卬岠虛』四字連云者當别是一獸，與蟨相負行，其卬卬岠虛分言者，乃驢騾之類，斷非一物。蟲魚禽鳥同名而異狀者甚多也。」**蹶有患害也，蛩蛩距虛必負而走。此以其所能，託其所不能。**託，寄也。

鮑叔、管仲、召忽，三人相善，欲相與定齊國，以公子糾爲必立。召忽曰：「吾三人者於齊國也，譬之若鼎之有足，去一焉則不成。且小白則必不立矣，小白，齊桓公名。**不若三人佐公子糾也。」管仲曰：「不可。夫國人惡公子糾之母以及公子糾，公子小白無母而國人憐之，事未可知。不若令一人事公子小白。夫有齊國，必此二公子也。」**二公子，齊僖公之子，襄公之弟也。**故令鮑叔傅公子小白，管子、召忽居公子糾所。公子糾外物則固難必。**物，事也。糾在外，不可謂必得主，故曰「固難必」。○陳昌齊曰：「元劉節軒校本疊『外物』二字。」○俞樾曰：「『公子糾』三字涉上文而衍。高注云云，則其所據本已誤。」○陶鴻慶曰：「俞説是也。『外物不可必』，本莊子外物篇文。」**雖然，管子之慮近之矣。**慮，謀也。**若是而猶不全也，其天邪？人事則盡之矣。**

齊攻廩丘，趙使孔青將死士而救之。與齊人戰，大敗之，齊將死。得車二千，得尸三萬，以爲二京。古者軍伐克敗，於其所獲尸，合土葬之，以爲京觀，故孔青欲以齊尸爲二京也。**甯越謂孔青**

曰：「惜矣，不如歸尸以内攻之。」甯越，趙之中牟人也。言不如歸尸於齊，齊人必怨，其將使葬送以盡其財，是所以内攻之也。○畢沅曰：「梁仲子云：『孔叢論勢篇以歸尸爲子順語，餘亦小同大異。』」○蘇時學曰：「孔叢本之吕氏春秋。今以紀年考之，此事在魏文侯時，甯越爲周威公師，正其時人也。若子順相魏，乃安釐王世，相去百餘年矣。」越聞之，古善戰者，莎隨賁服，莎隨猶相守，不進不却。賁，置也。服，退也。○吴先生曰：「莎隨疊韻，賁服雙聲，皆爲連語。高注説莎隨近之，賁服宜與同意。服訓爲退，則賁當訓爲進。樂記稱『粗厲猛起奮末廣賁之音作而民剛毅』，鄭注：『賁，怒氣充實。』然則賁服猶進却也。高注『賁，置也』，文義俱不相應，疑非其本真。」却舍延尸，軍行三十里爲一舍，却舍以緩其尸，使齊人得收之。彼得尸而財費乏。○畢沅曰：「七字舊本訛在上句注中，又『乏』作『之』，今依孫校改正。」車甲盡於戰，府庫盡於葬，此之謂内攻之。」齊人戰敗，盡其車甲。府庫，財所藏也，葬死者以盡之，令其貧窮且相怨，此所謂内攻之術也。孔青曰：「敵齊不尸則如何？」言與齊爲敵，不收其尸爲京則如何？○畢沅曰：「注謬甚。敵齊，指齊人爲敵人也。我緩之使得收，而彼不收，將如之何？下文甚明，何以妄説。」○王念孫曰：「余謂『敵』字因下文『何敵之不服』而衍。」○松皋圓曰：「敵讀曰適。偶使齊人知覺我謀，不收葬也。」○維遹案：松説似勝。甯越曰：「戰而不勝，其罪一。與人出而不與人入，其罪二。與之尸而弗取，其罪三。民以此三者怨上，○舊校云：「『怨』一作『罪』。」上無以使下，下無以事上，是之謂重攻之。」甯越可謂知用文武矣。用武則以力勝，用文則以德勝。文武盡勝，何敵之不服？能盡服之。

晉文公欲合諸侯，咎犯曰：「不可。天下未知君之義也。」公曰：「何若？」咎犯曰：

「天子避叔帶之難，出居於鄭。君奚不納之，以定大義？且以樹譽。」樹，立也。文公曰：「吾其能乎？」咎犯曰：「事若能成，繼〔一〕文之業，定武之功，闢〔二〕土安疆，於此乎在矣。事若不成，補周室之闕，勤天子之難，勤，憂也。成教垂名，於此乎在矣。成仁義之教，勤天子之名，以示諸侯，於此在矣。君其勿疑。」文公聽之，遂與草中之戎、○舊校云：「『與』一作『興』。」○劉師培曰：「『草』爲『莫』字之譌。」驪土之翟定天子於成周。天子，周襄王也。避母弟叔帶之難，出奔在鄭，晉文納之於成周，故曰「定」也。成周，今雒陽也。於是天子賜之南陽之地，襄王賜之南陽之地，在河之北，晉之山南，故言南陽，今河内陽樊、温之屬是也。遂霸諸侯。舉事義且利，以立大功，文公可謂智矣。此咎犯之謀也。出亡十七年，反國四年而霸，其聽皆如咎犯者邪？

管子、鮑叔佐齊桓公舉事，舉猶用也。齊之東鄙人有常致苦者。管子死，豎刀、易牙用，國之人常致不苦。不知致苦卒爲齊國良工，澤及子孫。知大禮，知大禮雖不知國可也。禮，國之本。君子務本，本立而道生，故曰「不知國可也」。

不廣

〔一〕四部叢刊本「繼」下有注「一作經」。

〔二〕四部叢刊本「闢」下有注「一作開」。

七曰：三代所寶莫如因，因則無敵。禹通三江五湖，決伊闕，溝迴陸，注之東海，因水之力也。迴，通也。○王念孫曰：「書傳無訓迴爲通者。『迴』當爲『迵』。『溝迴陸』當爲『迵溝陸』。玉篇：『迵，徒東切，通達也。』昭四年左傳注曰：『陸，道也。』迵溝陸者，通溝道也。淮南本經篇『平通溝陸』，正與此義同。迵之言洞也，史記倉公傳『臣意診其脈曰迵風』，集解曰：『迵音洞，言迵徹入四肢也。』淮南要略篇『通迵造化之母』，（今本迵誤爲迴。辨見淮南雜志。）又云『使人通迵周備』，迵亦通也。又上德篇『德迵乎天地』，高注曰：『迵，通也。』迴亦迵之誤。世人多見迴，少見迵，故迵誤爲迴矣。」舜一徙成邑，再徙成都，三徙成國，周禮「四井爲邑」，邑方二里也。「四縣爲都」，都方二十二里也。邑有封，都有成，然則邑小都大。傳曰：「都城過百雉，國之害也。」成國，成千乘之國也。○維遹案：注「都有成」當作「都有城」，故引傳以證之。今作「成」者，蓋涉上下文而誤。而堯授之禪位，因人之心也。授之禪位，與之天下也。人皆喜之，故曰「因人之心也」。湯、武以千乘制夏、商，因民之欲也。傳曰「衆曹所好，鮮其不濟」，湯、武是也。「衆曹所惡，鮮其不敗」，桀、紂是也。故曰「因民之欲也」。○畢沅曰：「周語下泠州鳩對周景王曰：『民所曹好，鮮其不濟也。其所曹惡，鮮其不廢也。』」如秦者立而至，有車也。立猶行也。車行陸而至也。○畢沅曰：「古者車皆立乘，故云『立』。與下『坐』字對文。注非也。」○吴先生曰：「畢說是也。御覽七百六十八引慎子曰：『行海者坐而至越，有舟也。行陸者立而至秦，有車也。』與此文正同。」適越者坐而至，有舟也。適，之也。秦、越遠塗也，竫立安坐而至者，因其械也。竫，正也。械，器也。

武王使人候殷，候，視也。反報岐周曰：「殷其亂矣。」武王曰：「其亂焉至？」對曰：

「讒慝勝良。」讒，邪也；慝，惡也，而皆進用之，忠良黜遠之，故曰「勝良」也。○維遹案：治要引「勝」下有「忠」字。下同。武王曰：「尚未也。」又復往，反報曰：「其亂加矣。」○維遹案：「復」字因「往」而誤衍。此與下文「又往」同一文例。治要引無「復」字。武王曰：「焉至？」對曰：「賢者出走矣。」謂箕子奔朝鮮。○梁玉繩曰：「此謂向摯、太師疵、少師彊之類。箕子封朝鮮，乃商亡後事也。」武王曰：「尚未也。」又往，反報曰：「其亂甚矣。」武王曰：「焉至？」對曰：「百姓不敢誹怨矣。」言百姓畏紂無道刑戮之誅，皆閉口無誹怨之言。武王曰：「嘻！」遽告太公。遽，疾。太公對曰：「讒慝勝良，命曰戮。戮，暴也。賢者出走，命曰崩。崩，壞也。百姓不敢誹怨，命曰刑勝。傳曰：「厲王虐，國人謗王。王使衛巫監謗者，得而殺之。乃不敢言，而道路以目。」刑辟勝也。其亂至矣，不可以駕矣。」駕，加也。故選車三百，虎賁三千，朝要甲子之期，而紂爲禽。朝，早朝也。與諸侯要期甲子之日也。○俞樾曰：「此當作『要期甲子之朝，而紂爲禽』。高注曰『與諸侯要期』以『甲子之日』，可證正文之本爲『要期』也。朝、期二字形相似〔一〕，又涉下文『吾已令膠鬲以甲子之期報其主』而誤耳。其下文曰『武王與周公旦明日早要期，則弗得也』，亦以『要期』二字連文。」則武王固知其無與爲敵也。因其所用，何敵之有矣！

武王至鮪水。○梁玉繩曰：「水經河水五注：『鞏縣北有山臨河，謂之崟㟪丘。其下有穴，謂之鞏穴。直穴有

〔一〕「似」，原作「形」，據諸子平議改。

渚，謂之鮪渚。河自鮪穴已上又兼鮪稱。武王伐紂至鮪水，即是處也。』」殷使膠鬲候周師，武王見之。膠鬲曰：「西伯將何之？無欺我也。」武王曰：「不子欺，將之殷也。」膠鬲曰：「朅至？」朅，何也。言以何日來至殷也。○王念孫曰：「朅猶曷也。」武王曰：「將以甲子至殷郊，子以是報矣。」報，白也。膠鬲行。天雨，日夜不休，行猶還也。不休止降雨，天地和同也，武王所以克紂也。武王疾行不輟。輟，止也。軍師皆諫曰：「卒病，請休之。」休，息也。武王曰：「吾已令膠鬲以甲子之期報其主矣。今甲子不至，是令膠鬲不信也。膠鬲不信也，其主必殺之。吾疾行以救膠鬲之死也。」武王果以甲子至殷郊。殷已先陳矣。至殷，因戰，大克之。此武王之義也。人爲人之所欲，己爲人之所惡，先陳何益？人，謂武王也。人之所欲，天必從之，順天誅也。己，謂紂也。人之所惡，天必壞之，所壞不可支，故曰「先陳何益」。適令武王不耕而穫。不耕而穫，不戰而克也。故孫子曰：「不戰而屈人之兵，善之善者也。」此之謂也。

武王入殷，聞殷有長者，武王往見之，而問殷之所以亡。殷長者對曰：「王欲知之，則請以日中爲期。」武王與周公旦明日早要期，則弗得也。武王怪之。周公曰：「吾已知之矣。此君子也，取不能其主，有以其惡告王，不忍爲也。○王念孫曰：「有讀爲又。」若夫期而不當，言而不信，此殷之所以亡也，已以此告王矣。」

夫審天者，察列星而知四時，因也。○畢沅曰：「舊校云：『一本此句〔一〕下有「動作因日光而治萬事，因也」十一字。』案：此淺陋，必非本文。」**推歷者，視月行而知晦朔，因也。禹之裸國，裸入衣出，**○舊校云：「一本作『入衣出否』。」**因也。墨子見荆王，錦衣吹笙，因也。**墨子好儉非樂，錦與笙非其所服也，而爲之，因荆王之所欲也。○孫先生曰：「『錦衣』本作『衣錦』，與『吹笙』平列。高注云云，是正笙與錦對，非與衣對也。御覽五百八十一引正作『衣錦』。」○維遹案：劉子新論隨時篇載此事亦作「衣錦吹笙」。**孔子道彌子瑕見釐夫人，因也。**彌子瑕，衛靈公之幸臣也。孔子因之，欲見靈公夫人南子。論語云：「子見南子，子路不悦。夫子矢之曰：『予所不者，天厭之，天厭之。』」是也。此釐夫人，未之聞。或云爲謚。謚法：「小心畏忌曰釐。」若南子淫佚，與宋朝通。太子蒯聵過宋野，野人歌之曰：「既定爾婁猪，盍歸我艾豭。」推此言之，不得謚爲釐明矣。○畢沅曰：「梁仲子云：『淮南泰族訓云「孔子欲行王道，東西南北七十説而無所偶，故因衛夫人、彌子瑕而欲通其道」，語義政合。此似有脱誤。然此皆戰國時人所爲也。』注『過宋野』，舊作『于野』，訛，今依左傳改正。」○梁玉繩曰：「釐夫人雖他無所見，然春秋時夫人别謚甚多，魯文姜、穆姜皆淫佚而得美謚，南子謚釐，無足異也。此與淮南語同義。鹽鐵論論儒篇亦云『孔子因彌子瑕見衛夫人』，非有脱誤。」張雲璈説同。○俞樾曰：「梁氏誤以道字爲行道之道，故疑有脱誤。其實非也。道者，由也。道彌子瑕見釐夫人者，由彌子瑕見釐夫人也。晏子春秋諫上篇曰『楚巫微導裔款以見景公』，文法正與此同。道、導

〔一〕「句」，四部叢刊本作「字」。

古通用。」湯、武遭亂世，臨苦民，揚其義，成其功，因也。故因則功，專則拙。因則成，故曰功。專則敗，故曰拙。○王念孫曰：「功讀爲工。」因者無敵。因民之欲，道以義，故無與之敵者，湯、武是也。○畢沅曰：「注『道』舊作『遵』，上文『道彌子瑕』，舊校云：『道一作遵。』案：皆訛。今改作『道』。」國雖大，民雖衆，何益！民雖衆多，不能使之不亡，故曰「何益」，桀、紂是也。

貴因

八曰：上胡不法先王之法，非不賢也，爲其不可得而法。胡，何也。先王之法，經乎上世而來者也，人或益之，人或損之，胡可得而法？雖人弗損益，猶若不可得而法。東夏之命，古今之法，言異而典殊，東夏，東方也。命，令也。○舊校云：「『言』一作『世』。」○孫鏘鳴曰：「『東夏』與『古今』對文，猶言夷、夏也。東方曰夷，故夷亦可言東。命，名也，亦言也。」○維遹案：東夏，地名。尚書微子之命云「尹茲東夏」，蔣廷錫云：「蔡傳云：『宋亳在東，故曰東夏。』今河南歸德府商邱縣。」故古之命多不通乎今之言者，○孫鏘鳴曰：「命，名也。謂古之名物與今之言不同。」今之法多不合乎古之法者。○舊校云：「『合』一作『同』。」殊俗之民，有似於此。其所爲欲同，其所爲異。○畢沅曰：「舊本『異』上亦有『欲』字，係誤衍。李本無，今從之。」○陶鴻慶曰：「上句『爲』字亦衍文也。爲欲篇云：『蠻、夷反舌殊俗異習之國，其衣服冠帶、宮室居處、舟車器械、聲色滋味也皆異，其爲欲使一也。』與此文異而義同。」口惛之命不愉，○吳汝綸曰：「惛讀若莊子『爲其脗合』之脗。愉讀爲渝。口惛之命，謂方音也。」若舟車衣冠滋味聲色之不同，人以自是，反以相誹。天下之學者多辯，言利辭倒，不求其實，務以相毁，以勝爲故。故，事也。先王之法，胡可得而法？雖可得，猶若不可法。凡先王之法，有要於時也，時不與法俱至。法雖今而至，猶若不可法。○陶鴻慶曰：「兩『至』字皆『在』字之誤。上文云『人或益之，人或損之，胡可得而法？雖人弗損益，猶若不可法』，下文云『時已徙矣而法不徙，以此爲治，豈不難哉』，皆言法雖存而時已去，故曰『時不與法俱在，法雖今而在，猶若不可法也』。」故擇先王之成法，而法其所以爲法。○舊校云：「『擇』一作『釋』。」○維遹案：「擇」字呂覽纂作「釋」。擇、釋聲同字通。先王之所以爲法者，何也？先王之所以爲法者，人也。而己亦人也，故察己則可以知人，察今則可以知古，古今一也，人與我同耳。有道之士，貴以近知遠，以今知古，以益所見，知所不見。○畢沅曰：「意林無『益』字。」○維遹案：呂覽纂亦無「益」字。故審堂下之陰，陰，日夕昃也。○畢沅曰：「注『夕昃』疑『晷』之誤。孫云：『李善注陸士衡演連珠引高誘曰：「陰，晷影之候也。」』」○維遹案：注探下文爲説，「夕」當是「月」字，形近之誤。陰者言日月，非專言日也。姜本正作「陰，日月昃也」。而知日月之行、陰陽之變；見〔一〕瓶水之冰，而知天下之寒、魚鼈之藏也；嘗一脟肉，而知一鑊之味、一鼎之調。調，和也。○畢沅曰：「『一脟』舊本作『一脬』，訛。盧云：『脟與臠同。舊本訛其下，而日

〔一〕四部叢刊本「見」下有注「一作先」。

抄引作「肘」，又脱其上。』今案：史記司馬相如傳載子虛賦有『脟割輪焠』之語，集解引郭璞曰：『脟音臠。』李善注文選亦同。又漢書相如傳師古曰：『脟與臠同。』今定爲『脟』字。意林及北堂書鈔百四十五、御覽八百六十三皆作『一臠』，他書亦皆作『一臠』，知『一脟』之即爲『一臠』者少矣。」○孫先生曰：「書鈔一百四十五引『調』下有『也』字，與上語略同。」

荆人欲襲宋，使人先表澭水。○舊校云：「『澭』一作『灌』。」澭水暴益，暴，卒。益，長。荆人弗知，循表而夜涉，溺死者千有餘人，軍驚而壞都舍。嚮其先表之時可導也，導，涉也。嚮其施表時水可涉也。今水已變而益多矣，荆人尚猶循表而導之，此其所以敗也。今世之主，法先王之法也，有似於此。似此表澭水而不知其長益也。其時已與先王之法虧矣，虧，毁也。○王念孫曰：「虧讀爲詭。詭，異也。虧、詭古字通。公子無虧或作『無詭』是也。」○俞樾曰：「如高注則但當曰『其時先王之法虧矣』，不得曰『其時已與』也。『虧』當爲『詭』，聲之誤耳。左傳『齊公子無虧』，史記齊世家作『無詭』，漢書古今人表亦作『無詭』，是其證也。詭之言異也，文選西京賦『豈不詭哉』，海賦『詭色殊音』，注竝曰：『詭，異也。』『其時已與先王之法詭矣』，猶曰『其時已與先王之法異矣』，故其下曰『世易時移，變法宜矣』。蓋先王之法所以不可行者，非法之毁，乃時之異也。注以本字釋之，未得其旨。」而曰「此先王之法也」而法之，以此爲治，豈不悲哉！○維遹案：「以」下「此」字，據元刻本、姜本、張本增，與下「以此爲治，豈不難哉」句法同。故治國無法則亂，守法而弗變則悖，悖亂不可以持國。世易時移，變法宜矣。譬之若良醫，病萬變，藥亦萬變。○孫先生曰：「御覽九百八十四引『良醫』下有『醫病』二字，義優。」病變而藥不變，嚮之壽民，今爲殤子矣。嚮，曩也。未成人夭折曰殤子也。故凡舉〔一〕事必循法以動，動，作也。變法者因時而化，若此論則無過務矣。務猶事也。○陶鴻慶曰：「『此論』上當有『行之』二字。下賢篇云『誠行之此論而內行修，王猶少』，此文當與彼同。今本脱去，則文義不足。」

夫不敢議法者，衆庶也；以死守者，有司也；○畢沅曰：「『守』下亦當有『法』字。」因時變法者，賢主也。是故有天下七十一聖，○維遹案：王念孫校本「一」改作「二」。其法皆不同，非務相反也，時勢異也。故曰良劍期乎斷，不期乎鏌鋣；鏌鋣，良劍也。取其能斷，無取於名也，故曰「不期乎鏌鋣」。良馬期乎千里，不期乎驥驁。驁，千里馬名也。王者乘之遊驁，因曰驥驁也。○梁玉繩曰：「『驥驁』二字僅見，別類云『驥驁綠耳』。」夫成功名者，此先王之千里也。楚人有涉江者，涉，渡也。其劍自舟中墜於水，遽契其舟曰：「是吾劍之所從墜。」遽，疾也。疾刻舟識之於此下墜劍者也。○舊校云：「『契』一作『刻』。」○維遹案：後漢書張衡傳注引「墜」下有「也」字。類聚六十引同。舟止，從其所契者入水求之。舟已行矣而劍不行，求劍若此，不亦惑乎！以此故法爲其國與此同。爲，治也。與此契舟求劍者同

〔一〕四部叢刊本「舉」下有注「一作學」。

也。○王念孫曰：「『此』字因下『以此』而衍。」陶鴻慶説同。○維遹案：呂覽纂正無「此」字。時已徙矣而法不徙，以此爲治，豈不難哉！有過於江上者，見人方引嬰兒而欲投之江中，嬰兒啼，人問其故，曰：「此其父善游。」其父雖善游，其子豈遽善游哉？此任物亦必悖矣。任，用也。○維遹案：「此」字上王念孫校本補一「以」字，呂覽纂正有「以」字。荆國之爲政，有似於此。似此悖也。○維遹案：呂覽纂「荆」作「亂」。

察今

呂氏春秋集釋卷第十六

榮成許維遹學

先識覽第四　觀世　知接　悔過　樂成　察微　去宥　正名

呂氏春秋訓解　高氏

一曰：凡國之亡也，有道者必先去，古今一也。傳曰：「君子見幾而作，不俟終日。」故必先去也。孔子曰：「賢者避世，其次避地，其次避人，其次避言。」故曰「古今一也」。○畢沅曰：「子華子神氣篇：『吾聞之，太上違世，其次違地，其次違人。』與此避人正相合。」**地從於城，**城不下，地不遷。**城從於民，**民不潰，城不壞。**民從於賢。**亶父處邠，狄人攻之，杖策而去，邑乎岐周，邠人繦負而隨之，故曰民從賢也。○畢沅曰：「所謂『天下之父歸之，其子焉往』是也。下文終古、向摯、屠黍諸人，亦是說在下之賢人。注尚未切。」**故賢主得賢者而民得，民得而城得，城得而地得。夫地得豈必足行其地、人說其民哉！得其要而已矣。**孝經曰：「非家至而日見之也。」以德化耳，故曰「得其要而已矣」。

夏太史令終古出其圖法，執而泣之。夏桀迷惑，暴亂愈甚，太史令終古乃出奔如商。湯喜而告諸侯曰：「夏王無道，暴虐百姓，窮其父兄，恥其功臣，輕其賢良，棄義聽讒，衆庶

咸怨，守法之臣，自歸于商。」知桀之必亡也。

殷内史向摯見紂之愈亂迷惑也，○梁玉繩曰：「『向』〔一〕，史通十一、通典職官三作『高』，通鑑外紀作『尚』。『摯』，淮南氾論作『藝』，通典作『勢』，紀年與此同。」○王念孫曰：「『愈』下當據上文補『暴』字。」於是載其圖法，出亡之周。武王大説，以告諸侯曰：「商王大亂，沈于酒德，辟遠箕子，爰近姑與息，箕子忠臣而疏遠之，姑息之臣而與近之。○畢沅曰：「尸子曰『棄黎老之言，用姑息之語』，注云：『姑，婦也。息，小兒也。』與此意同。」○梁玉繩曰：「通雅十九云：『御覽引武王曰：「紂愛近姑與息。」』則『爰』是『愛』譌。」妲己爲政，賞罰無方，方，道。不用法式，殺三不辜，剖比干之心，折材士之股，刳孕婦而觀其胞。○畢沅曰：「注『股』舊本作『肝』，誤，今據古樂篇注改正。」民大不服，守法之臣，出奔周國。」周國在豐、鎬也。

晉太史屠黍見晉之亂也，見晉公之驕而無德義也，以其圖法歸周。屠黍，晉出公之太史也。出公，頃公之孫，定公之子也。史記曰：「智伯攻出公，出公奔齊，而道死焉。」○畢沅曰：「『屠黍』，説苑權謀篇作『屠餘』。」周威公見而問焉，曰：「天下之國孰先亡？」周敬王後五世考烈王封其弟於河南爲桓公。威公，桓公之孫也。○畢沅曰：「謝云：『敬王五傳爲考王，人表作考哲，此誤考烈。西周威公爲桓公之子，非孫也。』」對曰：「晉先亡。」威公問其故。對曰：「臣比在晉也，不敢直言。示晉公以天妖、日月星辰之行

〔一〕「向」，原作「尚」，據呂子校補改。

多以不當，曰：『是何能爲？』不敢直言其亂也，但語以日月星辰之行多不當其宿度也，而云是無能爲也。○畢沅曰：「説苑作『多不當，曰：「是何能然？」』」**又示以人事多不義，百姓皆鬱怨，曰：『是何能傷？』又示以鄰國不服，賢良不舉，曰：『是何能害？』如是，是不知所以亡也，**○劉師培曰：「呂氏原本當作『是不知所以存所以亡也』，與説苑權謀篇同。今本脱『存所以』三字。」**故臣曰晉先亡也。」居三年，晉果亡。**屠黍居周三年也。○蘇時學曰：「晉亡非謂三家分晉時事，乃謂晉幽公之亂也。幽公遇亂而亡，魏文侯平晉亂，乃復立幽公子止，後數年而中山武公初立，是魏滅中山亦此時也，與屠黍所言正合。舊注以爲晉出公則不然。考出公之亡在貞定王世，是時周桓公尚未立國，安得有威公之問耶？」**威公又見屠黍而問焉，曰：「孰次之？」對曰：「中山次之。」**○蘇時學曰：「此魏文侯所滅之中山也。下文言：『白圭之中山，中山之王欲留之，白圭固辭，乘輿而去。又之齊，齊王欲留之仕，又辭而去。人問其故，曰：「之二國者皆將亡。」』此趙武靈王所滅之中山也。曷知之？以其時世知之。蓋周威公與魏文侯同時，而趙武靈王與晉湣王亦同時也。下言『五割而與趙』，是武靈也。言『悉起而拒軍於濟上』，是湣王也。」**威公問其故。對曰：「天生民而令有別。有別，人之義也，所異於禽獸麋鹿也，**○孫先生曰：「説苑『所』下有『以』字，疑此脱。」**君臣上下之所以立也。中山之俗，以晝爲夜，以夜繼日，男女切倚，固無休息，**切，磨。倚，近也。無休息，夜淫不足，續以晝日。○畢沅曰：「『切倚』，淮南齊俗訓作『切踦』，注：『踦，足也。』説苑同。」**康樂，歌謡好悲。**康，安也。安淫酒之樂，樂極則繼之以悲也。○畢沅曰：「『康樂』上説苑有『淫昏』二字。」○維遹案：水經滱水注引亦有「淫昏」二字，今本疑脱。**其主弗知惡。此亡**

國之風也，風，化也。臣故曰中山次之。」居二年，中山果亡。威公又見屠黍而問焉，曰：「孰次之？」屠黍不對。威公固問焉。對曰：「君次之。」威公乃懼。求國之長者，得義蒔、田邑而禮之，二人賢者也。○畢沅曰：「『義蒔』，説苑作『錡疇』。」得史驎、趙駢以爲諫臣，二人直人。○畢沅曰：「説苑作史理、趙巽。」去苛令三十九物，物，事。以告屠黍。對曰：「其尚終君之身乎！」其尚，尚也。○畢沅曰：「舊本『君』下衍『子』字，今從黄氏日抄所引去之。説苑亦無。」曰：○畢沅曰：「説苑無。」○劉先生曰：「『曰』字衍。上文既云『對曰』，此不當更有『曰』字隔斷文義，當據説苑删。」「臣聞之，國之興也，天遺之賢人與極言之士；極，盡。國之亡也，天遺之亂人與善諛之士。」諛，諂也。○次「遺」字，舊校云：「一作『予』。」威公薨，肂，九月不得葬，周乃分爲二。下棺置地中謂之肂。故有道者之言也，不可不重也。

周鼎著饕餮，有首無身，食人未〔一〕咽，害及其身，以言報更也。○畢沅曰：「廣雅釋言云：『更，償也。』」○徐時棟曰：「夏鑄九鼎，詳見墨子中，而散見羣書。左傳曰『鑄鼎象物』，不知所象何物。諸子説鼎者甚多，而未有言其所鑄之物者，惟吕氏四載之，非特廣異聞，抑三代鐘鼎無古於此者，以補博古、考古諸圖之缺，而惜其不全也。」爲不善亦然。白圭之中山，中山之王欲留之，白圭固辭，乘輿而去。又之齊，白圭，周人。齊王欲留之仕，又辭而去。人問其故，曰：「之二國者皆將亡。所學有五盡。」○陶鴻慶曰：

〔一〕四部叢刊本「未」下有注「一作來」。

「『學』當爲『覺』。説文：『學，覺悟也。』覺從學省聲，例得通假。覺猶知也。」○維遹案：李本「學」作「舉」。「何謂五盡？」曰：「莫之必則信盡矣。○畢沅曰：「説苑作『莫之必忠則言盡矣』。下『譽』字、『愛』字上皆有『必』字。」莫之譽則名盡矣。莫之愛則親盡矣。行者無糧，居者無食，則財盡矣。不能用人，又不能自用，則功盡矣。國有此五者，無幸必亡。中山、齊皆當此。」當此五盡。○畢沅曰：「『無幸』，舊本作『無辜』，誤，今從本生篇改正。説苑亦作『毋幸』。」○維遹案：李本「辜」正作「幸」。若使中山之王與齊王聞五盡而更之，則必不亡矣。更猶革也。其患不聞，雖聞之又不信。然則人主之務，在乎善聽而已矣。夫五割而與趙，悉起而距軍乎濟上，未有益也。中山五割地與趙，趙卒亡之。齊悉起軍以距燕人於濟上，燕卒破之，不能自存。故曰「未有益也」。是棄其所以存，而造其所以亡也。保地養民，所以存也，棄而不修。割地與趙，棄民於燕，不能自衛，而衆破亡，故曰「造其所以亡也」。

先識覽

二曰：天下雖有有道之士，國猶少。○王念孫曰：「治要『國』作『固』。」千里而有一士，比肩也。累世而有一〔一〕聖人，繼踵也。士與聖人之所自來，若此其難也，而治必待之，治奚由

〔一〕「一」，原脱，據諸子集成本補。

至？淮南記曰：「欲治之君不世出，可與治之臣不萬一，以不萬一待不世出，何由遇哉？」故曰「治奚由至」。○王念孫曰：「治要『至』下有『乎』字。」雖幸而有，未必知也，未必知其爲賢也。不知則與無賢同。不知其賢而不用之，故不治，則與無賢同。○王念孫曰：「治要引注作『不知其賢而用之，故不治，不治則與無賢同』。」此治世之所以短，而亂世之所以長也。短，少。長，多也。故王者不四，霸者不六，亡國相望，因主相及。言不絶也。得士則無此之患。無亡、因之患也。此周之所封四百餘，封，建。○畢沅曰：「『此』疑『比』。」服國八百餘，今無存者矣，雖存皆嘗亡矣。賢主知其若此也，故日慎一日，以終其世。沒世爲世。○畢沅曰：「疑是『沒身爲世』。」賢主時以其亡其亡〔一〕爲憂也。」譬之若登山，登山者，處已高矣，○王念孫曰：「治要『登山』二字不重。」左右視，尚巍巍焉山在其上。賢者之所與處，有似於此。身已賢矣，行已高矣，左右視，尚盡賢於己。故周公旦曰：「不如吾者，吾不與處，累我者也。○畢沅曰：「『不如吾者』，舊本作『吾不如者』，誤，今從意林改正。大戴曾子制言中盧注亦作『不如我者』。」與我齊者，吾不與處，無益我者也。」齊，等也。等則不能勝己，故曰「無益我者也」。惟賢者必與賢於己者處。○王念孫曰：「『惟賢者』，治要作『以爲賢者』。」賢者之可得與處也，禮之也。主賢世治，則賢者在上。上，上位也。主不肖世亂，則賢者在下。今周室既滅，天子既廢。○畢沅曰：「『天子』，舊本作『天

〔一〕「其亡」不當重，疑誤衍。

下』，訛。此段與前謹聽篇同，彼云『而天子已絶』。」亂莫大於無天子，無天子則彊者勝弱，衆者暴寡，以兵相剗，剗，滅。不得休息而佞進，佞諂者進而升用也。○王念孫曰：「『而佞進』三字與下文皆不相屬，前謹聽篇無。此三字疑當在上文『賢者在下』之下。」○俞樾曰：「『而佞進』三字，衍文也，謹聽篇無，當據刪。」○劉師培曰：「『而佞進』蓋與『賢者在下』聯詞，在『不得休息』四字前。今本倒移其後，則誼不克通。」今之世當之矣。今，謂衰周無天子之世，故曰「當之」。故欲求有道之士，則於江河之上，山谷之中，僻遠幽閒之所，若此則幸於得之矣。太公釣於滋泉，○畢沅曰：「説見謹聽篇。盧云：『説文「茲，黑也」，引春秋傳曰「何故使吾水茲」。今左傳作「滋」。則「茲」乃本字，後人加以水旁，實則一字耳。』」○俞正燮曰：「水經渭水注云：『磻溪水出南山〔一〕茲谷，吕氏春秋所謂太公釣茲泉也。』」○維遹案：史記齊太公世家正義引亦作「茲泉」，蓋據古本。遭紂之世也，故文王得之。○孫先生曰：「謹聽篇『得之』下有『而王』二字。」文王，千乘也。紂，天子也。天子失之，而千乘得之，知之與不知也。紂不知太公賢，故失之也。諸衆齊民，不待知而使，不待禮而令。令亦使也。若夫有道之士，必禮必知，然後其智能可盡也。可盡得而用也。

晏子之晉，見反裘負芻息於塗者，以爲君子也，晏子，齊大夫晏平仲也。使人問焉，曰：「曷爲而至此？」對曰：「齊人累之，名爲越石父。」累之，累然有罪。○畢沅曰：「『累』，新序節士篇作『纍』，

〔一〕「山」，原脱，據水經注補。

即史記所云『在縲紲中』也。」○維遹案：累與纍通。呂覽纂作「齊累人之名爲越石父」，句順。**晏子曰：「譆！」遽解左驂以贖之，載而與歸。至舍，弗辭而入。越石父怒，請絕。晏子使人應之曰：「嬰未嘗得交也，**○舊校云：「『交』一作『友』。」**今免子於患，吾於子猶未邪？」**○畢沅曰：「舊本下復有一『也』字，古『也』字亦與『邪』通，後人注『邪』字於旁以代音，而傳寫遂誤入正文。今去『也』留『邪』，蓋以便讀者，使不致惑耳。」○孫先生曰：「晏子春秋雜上篇作『吾於子尚未可乎』，新序節士篇作『吾於子猶未可也』，疑今本『未』下脱『可』字。」**越石父曰：「吾聞君子屈乎不己知者，而伸乎己知者，**○孫先生曰：「意林引『己知』竝作『知己』，與晏子、新序合，近是。」**吾是以請絕也。」**○畢沅曰：「史記晏子傳載石父之言云：『方吾在縲紲中，彼不知我也。夫子既已感寤而贖我，是知己。知己而無禮，固不如在縲紲之中。』如此，則所以絕之意方明。」**晏子乃出見之曰：「嚮也見客之容而已，今也見客之志。**○畢沅曰：「晏子雜上篇作『意』，新序同。」**嬰聞察實者不留聲，**實，功實也。言欲察人之功實，不復留意考其名聲也。**觀行者不譏辭。**欲觀人之至行，不譏刺之以辭。○陶鴻慶曰：「譏，察也。即孔子『聽其言而觀其行』之意。高注釋爲『譏刺』，非。」**嬰可以辭而無棄乎！」**辭，謝也。謝不敏而可以弗棄也。○李寶淦曰：「春秋左傳宣十一年『楚申叔曰：「猶可辭乎？」王曰：「可哉」』，與此同。言可以辭而不見棄也。」**越石父曰：「夫子禮之，敢不敬從。」晏子遂以爲客。**客，敬。○孫先生曰：「晏子、新序竝作『上客』。注訓客爲敬，是讀客爲愙，於義未安。」**俗人有功則德，德則驕。今晏子功免人於阨矣，而反屈下之，**○孫先生曰：「晏子、新序竝作『有功』，疑今本脱『有』字。」**其去俗亦遠矣。此令功之道也。**

○畢沅曰：「晏子、新序『令功』俱作『全功』。」

子列子窮，容貌有饑色。子列子，禦寇，體道人也，著書八篇，在莊子前，莊子稱之也。**客有言之於鄭子陽者，**子陽，鄭相也。一曰鄭君。○馬叙倫曰：「首時篇注同此。鄭世家『繻公二十五年殺駟子陽』，高氏謂鄭相者據此。韓非説疑篇曰『鄭王孫申之爲臣也，思小利，忘法義，進則揜蔽賢良以陰闇其主，退則擾亂百官而爲禍難，有臣如此，身死國亡，爲天下笑，故鄭子陽身殺，國分爲三』，高謂鄭君者疑據此。然史無鄭君名子陽者。鄭世家注：『徐廣曰：「一本云立幽公弟乙陽爲〔一〕君，是爲康公。」』然列子與子産、關尹同時，則又不合。倫謂『子陽』當作『子駟』，涉『駟子陽』而譌。子駟與子産同時，亦不善終者。」**曰：「列禦寇，蓋有道之士也，**○畢沅曰：「舊本『列禦寇』上衍一『子』字。案列子説符、莊子讓王俱無『子』字。新序作『子列子圄寇』。」**居君之國而窮，君無乃爲不好士乎？」鄭子陽令官遺之粟數十秉。**○維遹案：聘禮云「十斗曰斛，十六斗曰籔，十籔曰秉」，鄭注云：「秉十六斛，今江、淮之間量名。」**子列子出見使者，再拜而辭。使者去，子列子入。其妻望而拊心，**○維遹案：望猶怨也。漢書汲黯傳云「黯褊心不能無稍望」，顔注：「望，怨也。」即其義。莊子、列子於「望」下增「之」字，蓋後人未達「望」字之義而增入者。**曰：「聞爲有道者妻子皆得逸樂，**○維遹案：莊子、列子「者」下竝有「之」字，義長。**今妻子有饑色矣，君過而遺先生食，先生又弗受也，豈非命也哉！」子列子笑而謂之**

〔一〕「爲」，原脱，據史記補。

曰：○舊校云：「『笑』一作『歎』。」「君非自知我也，以人之言而遺我粟也，至已而罪我也，有罪且以人言，○畢沅曰：「『有』下『罪』字衍。有與又同。莊子作『至其罪我也，又且以人之言』，列子同。」此吾所以不受也。」其卒民果作難，殺子陽。子陽嚴猛，刑無所赦。家人有折弓者，畏誅，因國人逐猘狗之亂而殺子陽也。受人之養而不死其難則不義，死其難則死無道也，死無道，逆也。子列子除不義，去逆也，豈不遠哉！且方有饑寒之患矣，而猶不苟取，先見其化也。先見其化而已動，遠乎性命之情也。孔子曰：「貧觀其所取。」此之謂也。○畢沅曰：「『遠』疑『達』字之誤。」○王念孫曰：「新序作『通乎性命之情』。」

觀世

三曰：人之目以照見之也，以瞑則與不見同，同一目也。○畢沅曰：「謂目本非有異。」○陳昌齊曰：「注『同一目也』四字疑是正文。」其所以爲照、所以爲瞑異。謂見與不見，故曰異。○陶鴻慶曰：「瞑則不見，不當云『與不見同』。高注此句云『同一目也』，又與正文意不相涉。疑正文本無『與』字，由後人失其讀而妄增也。元文當讀云『人之目，以照見之也，以瞑則不。見同，其所以爲照、所以爲瞑異』。下文『智亦然』以下，當讀云『智亦然，其所以接智，所以接不。智同，其所能接、所不能接異』，與此文同一例。因此文『見同』及下文『智同』皆二字爲句，故高於此注云『同一目也』，下注云『同一智也』，是高讀此文本不誤。後人不知『不』之爲『否』，輒增『與』字連下句讀之，則義不明，而高注爲不倫矣。」瞑士未嘗照故未嘗見，瞑者目無由接也，接，見。無由接而言見，謊。謊讀誣妄之誣，億不詳審也。○畢沅曰：「舊本『謊』作『謊』。段云：『當作謊，說文：「謊，夢言也，從言，亡聲。」正如亡無、荒幠通用，故可讀誣。』又惠氏於左氏襄廿九年傳『祇見疏也』，亦謂當爲『謊』。」智亦然，其所以接智、所以接不智同，一同智也。○畢沅曰：「亦當作『同一智也』。」其所能接、所不能接異。異，謂能與不能。智者其所能接遠也，智者達於明，見未萌之前，故曰「接遠」。愚者其所能接近也。愚者蔽於明，禍至而不知，故曰「接近」。所能接近而告之以遠化，奚由相得？無由相得，說者雖工，不能喻矣。雖子貢辯敏，無由何如，故曰「弗能喻」。戎人見暴布者而問之曰：「何以爲之莽莽也？」爲，作也。莽莽，長大貌也。指麻而示之。怒曰：「孰之壤壤也，可以爲之莽莽也？」壤壤猶養治之。莽莽，均長貌。○畢沅曰：「注不明。壤壤，紛錯之貌。史記貨殖傳『天下壤壤，皆爲利往』。此指麻之未治者。戎人見其紛亂難理，言孰有如此而可以成長大之幅乎？疑人之欺己也。」○王念孫曰：「藝文類聚布帛部引此『壤壤』作『瀼瀼』，又引注云：『瀼瀼，叢皃。』」故亡國非無智士也，非無賢者也，謂雖有賢智之士，不能爲昏主謀，以存將亡之國也。其主無由接故也。無由接之患，自以爲智，○舊校云：「『爲智』一作『長智』。」智必不接。今不接而自以爲智，悖。悖，惑。若此則國無以存矣，主無以安矣。智無由接，○維遹案：「由接」原作「以接」。畢沅云：「李本作『由接』。」案元刻本、張本與李同。今據改。而自知弗智，則不聞亡國，不聞危君。言人君自知不智，則求賢而任之，故不聞亡國危君也。桀、紂所以國亡身滅，不自知不智故也。

管仲有疾，桓公往問之曰：「仲父之疾病矣，病，困也。將何以教寡人？」管仲曰：「齊鄙人有諺曰：『居者無載，行者無埋。』謂臣居職有謀計，皆當宣之於君，無有載藏之於心也。行謂即世也，亦當輸寫所知，使君行之，無有懷藏埋之地中。○梁玉繩曰：「天香樓偶得云：『蓋謂人之居止者，凡物皆不當載負。人之行徙者，凡物皆不當埋藏。高氏訓解甚謬。至下云「今臣將有遠行」，然後以遠行喻死耳。』」○陶鴻慶曰：「載爲車載，埋謂埋藏。鄙諺謂居者不爲行者之備，行者不爲居者之事，而管仲引以爲比，故下文云『今臣將有遠行，胡可以問』也。高注以居爲居職，行爲即世，殊謬。」今臣〔一〕將有遠行，胡可以問？」言不足問。桓公曰：「願仲父之無讓也。」管仲對曰：「願君之遠易牙、豎刀、常之巫、衛公子啟方。」遠猶疏也。無令相近。○畢沅曰：「『豎刀』舊本作『豎刁』，字俗刀亦有貂音。」公曰：「易牙烹其子以慊寡人，慊，快。猶尚可疑邪？」管仲對曰：「人之情，非不愛其子也，其子之忍，又將何有於君？」子，所愛也，而忍殺之，何能有愛於君。公又曰：「豎刀自宮以近寡人，宮，割陰爲奄人。猶尚可疑耶？」管仲對曰：「人之情，非不愛其身也，其身之忍，又將何有於君？」公又曰：「常之巫審於死生，能去苛病，苛，鬼病，魂下人病也。○吳先生曰：「此注『魂』字似誤，疑當作『苛病，鬼下人病也』。下猶降。鬼下人病，猶云天下灾異，其句例同。」猶尚可疑邪？」管仲對曰：「死生命也，苛病失也。精神失其守，魍魎鬼物乘以下人，故曰「失」。○畢沅曰：「孫云：『御覽四百四十六作「苛病本也」。觀下文「守其本」之言，似「本」字是。』」○孫鏘鳴曰：「失

〔一〕「今臣」原脱，據諸子集成本補。

讀曰佚，謂淫佚也。此言死生命爲之，苛病則淫佚之過也，能守其本則不至於淫佚而生病矣。」君不任其命、守其本，而恃常之巫，彼將以此無不爲也。」爲妖惑也。公又曰：「衛公子啟方事寡人十五年矣，其父死而不敢歸哭，猶尚可疑邪？」管仲對曰：「人之情，非不愛其父也，其父之忍，又將何有於君？」公曰：「諾。」管仲死，盡逐之，食不甘，宮不治，苛病起，朝不肅。居三年，公曰：「仲父不亦過乎？孰謂仲父盡之乎？」誰謂仲父言盡可用乎？於是皆復召而反。明年，公有病，常之巫從中出曰：「公將以某日薨。」易牙、豎刀、常之巫相與作亂，塞宮門，築高墻，不通人，矯以公令。令矯公命爲不通人之命。○畢沅曰：「注『矯公』二字當在『令命』之下，蓋先以命釋令也。」有一婦人踰垣入，至公所。公曰：「我欲食。」婦人曰：「吾無所得。」公又曰：「我欲飲。」婦人曰：「吾無所得。」言無從得飲食與公。公曰：「何故？」對曰：「常之巫從中出曰：『公將以某日薨。』」○畢沅曰：「此十三字疑衍。」○松皋圓曰：「此婦人詳説外事以告公者，非複衍也，乃秦、漢以上妙處，畢不知古文。再考此婦人，蓋易牙等所密遣告公，使其忿恚速死。」易牙、豎刀、常之巫相與作亂，塞宮門，築高墻，不通人，故無所得。無使得飲食也。衛公子啟方以書社四十下衛。」下，降也。社，二十五家也。四十社，凡千家。以降歸于衛。○維遹案：管子小稱篇作「書社七百」。公慨焉歎涕出曰：「嗟乎！聖人之所見，豈不遠哉！若死者有知，我將何面目以見仲父乎？」蒙衣袂而絶乎壽宮。蒙，冒也。袂，衣袖也。以衣覆面而絶。壽宮，寢堂也。○維遹案：注「堂」字許本作「室」。蟲流出於户，上

蓋以楊門之扇，楊門，門名。扇，屏也。邪臣爭權，莫能舉喪事，六十日而殯，蟲流出户，不欲人見，故掩以楊門之扇也。○王念孫曰：「襄十八年左傳『諸侯圍齊，晉范鞅門于揚門』，即此楊門。又注『扇，屏』當作『扇，扉』也。」○梁履繩曰：「楊門乃楊木之門，非門名也。南史恩倖傳敘『掩陽門之扇』。楊、陽古通。」○嚴元照曰：「釋名釋車：『陽門，在前曰陽，兩旁似門也。』畢氏疏證云：『考工記車人「羊車」，鄭仲師注云：「車羊門也。」』陽、羊古通。廣雅釋器：『陽門，蔽篚也。』是所謂陽門者，乃車中之蔽篚。門名、木名，兩解俱非。」**三月不葬。**○畢沅曰：「史記齊世家正義引作『二月不殯』。」**此不卒聽管仲之言也。**○舊校云：「『言』一作『敗』。」**桓公非輕難而惡管子也，**輕，易。**無由接見也。**○畢沅曰：「疑『見』字衍。」**無由接，固却其忠言，**接，知也。却，不用。○畢沅曰：「固與故通用。」劉本作『見』字，屬上句，非。」**而愛其所尊貴也。**愛其所尊所貴，謂豎刀、易牙、常之巫、衛公子啟方之屬也。

知接

四曰：穴深尋，則人之臂必不能極矣。八尺曰尋。○畢沅曰：「『極』，意林作『及』。」**是何也？不至故也。智亦有所不至。所不至，説者雖辯，爲道雖精，不能見矣。**精，微妙也。**故箕子窮于商，**爲紂所困。**范蠡流乎江。**佐越王句踐滅吴，雪會稽之恥，功成而還，輕舟浮于江而去也。○畢沅曰：「孫云：『離謂篇云「范蠡、子胥以此流」。意少伯乘扁舟，出入三江五湖，不知所終，傳聞異辭，遂有流江之説歟？』盧云：『案賈誼書耳痺篇建寧本作「范蠡負室而歸五湖」，潭本作「負石而蹈五湖」。潭本與流江之説頗相似，疑當時相傳有此言也。』」

昔秦繆公興師以襲鄭，不鳴鐘鼓密聲曰襲。蹇叔諫曰：「不可。臣聞之，襲國邑，以車不過百里，以人不過三十里，軍行三十里一舍。皆以其氣之趫與力之盛，至，是以犯敵能滅，去之能速。趫，壯也。故進能滅敵，去之能疾也。今行數千里，又絶諸侯之地以襲國，臣不知其可也。絶，過也。過諸侯之土地，遠行襲國，必不能以克，故曰「不知其可也」。君其重圖之。」重，深。○畢沅曰：「戒其勿輕易也。」繆公不聽也。蹇叔送師於門外而哭曰：「師乎！見其出而不見其入也。」蹇叔有子曰申與視，申，白乙丙也。視，孟明視也。皆蹇叔子也。○畢沅曰：「左氏『蹇叔之子與師』，則必非三帥明矣。史記秦本紀云：『百里傒子孟明視，蹇叔子西乞術、白乙丙。』孫云：『均屬傳訛。』」○松皋圓曰：「『申』恐『甲』字訛。韓子云『正妻之子曰甲』，蓋失其名，故以甲、乙稱之。『與視』恐與下『與師』字相涉而衍。『蹇叔有子曰甲，與師偕行』，則與傳合。左傳正義云：『傳稱蹇叔之子與師，言其在師中而已。若是西乞、白乙，則爲將帥，不得云與也。』此亦甚確。畢校何不引之？」○維遹案：若從松說，則下文「有子二人，皆與師行」當作「有子一人，與師偕行」。惟異聞已久，殊難定耳。與師偕行。蹇叔謂其子曰：「晉若遏師必於殽，殽，澠池縣西崤塞是也。女死不於南方之岸，必於北方之岸，爲吾尸女之易。」識之易也。繆公聞之，使人讓蹇叔曰：「寡人興師，未知何如。今哭而送之，是哭吾師也！」蹇叔對曰：「臣不敢哭師也。臣老矣，有子二人，皆與師行，比其反也，非彼死則臣必死矣，是故哭。」彼，謂其子。師行過周，周，今河南城，所謂王城也。公羊傳曰：「王城者，西周。」襄王時也。王孫滿要門而窺之，王孫滿，周大夫。要，徼也。○洪頤煊曰：「左氏僖三十三年傳作『王孫滿尚幼，觀之』。此當作『王孫滿要，門而窺之』。楚辭湘君篇『美要眇兮宜修』，漢書元帝紀『窮極幼眇』，師古曰『幼眇讀曰要眇』，要即幼假借字。」○馬叙倫曰：「高、洪二説並非是。要借爲闑。聲同宵類。説文：『闑，闑下牡。』（謂閉門下楗也。）今杭縣謂關門曰要上了，音正如此。古書要、徼通假，説文『敫讀若龠』，是其證。滿因秦師過境，恐其闖入，故闔門而窺之。左傳作『尚幼』者，『尚幼』二字即『要』字之譌。」曰：「嗚呼！是師必有疵。疵，病。若無疵，吾不復言道矣。夫秦非他，周室之建國也，周家所封立也。過天子之城，宜櫜甲束兵，○畢沅曰：「梁仲子云：『左傳僖卅三年正義引作「櫜甲束兵」。』」左右皆下，以爲天子禮。今袀服回建，左不軾，而右之袀，同也。兵服上下無別，故曰袀服。回建者，兵車四乘也。左，君位也。君不載而車右之不軾。○畢沅曰：「『袀服』即左傳之『均服』，舊本作『初服』，訛。『回建』，注所釋殊不明，此似言車上所建者。考工記有六建，謂五兵與人也。『君不載』以下，字亦多訛，竊疑『右之超乘者五百乘』本連下爲句，高氏誤分之。時秦伯不自行，亦不當言左君位也。蓋將在左，御居中。御主車，可不下，今左并不軾，右既下，復超乘以上，與左氏傳微異。」超乘者五百乘，○畢沅曰：「左傳作三百乘。」○梁玉繩曰：「禮喪服小記疏引吕作『三百人』，與左傳合。」力則多矣，然而寡禮，安得無疵？」超乘，巨踴車上也。不下車爲天子禮，故曰力多而寡禮。○畢沅曰：「注『巨踊』之『巨』，當從左傳『距躍曲踴』之『距』。車中如何跳踴？左傳所載『左右免胄而下』爲是。蓋既下而即躍以上車，示其有勇。」師過周而東。鄭賈人弦高、奚施○畢沅曰：「淮南人間訓作『蹇他』。」○梁玉繩曰：「左氏但稱弦高，此可補傳所未備。」張雲璈説同。將西市於周，道遇秦師，曰：「嘻！師所從來者遠矣，此必襲鄭。」遽使奚施歸告，乃矯鄭伯之命以勞之，擅稱君命曰矯。曰：「寡君固聞大國之將至久矣。大國不至，寡君與士卒竊爲大國憂，日無所與焉，惟恐士卒罷弊與糗糧匱乏。何其久也，使人臣犒勞以璧，膳以十二牛。」秦三帥對曰：「寡君之無使也，使其三臣丙也、術也、視也於東邊候⿰日晉之道，候，視也。⿰日晉，晉國也。○畢沅曰：「李善注文選謝靈運述祖德詩引此作『使臣』，無『人』字。舊本『⿰日晉』訛作『晉』，注亦訛，今從善注改正，而刪去舊校『一作⿰日晉〔一〕，注亦同』六字。」○孫鏘鳴曰：「『寡君之無使』，『之』當作『乏』。越語『大夫種行成於吳曰「寡君句踐乏無所使，使其下臣種」』，文與此同。」過是，以迷惑陷入大國之地。」○舊校云：「『陷入』一作『以及』。」不敢固辭，再拜稽首受之。三帥乃懼而謀曰：「我行數千里、數絶諸侯之地以襲人，未至而人已先知之矣，此其備必已盛矣。」盛，彊。○維通案：盛讀爲成，猶言其備已成，故淮南齊俗篇述此事作「其備必先成」。還師去之。當是時也，晉文公適薨，未葬。先軫言於襄公，襄公，文公之子驩。曰：「秦師不可不擊也，臣請擊之。」襄公曰：「先君薨，尸在堂，見秦師利而因擊之，無乃非爲人子之道歟？」先軫曰：「不弔吾喪，不憂吾哀，是死吾君而弱其孤也。若是而擊，可大彊。彊，霸也。○畢沅曰：「舊本注又有『一作若是而弗擊不可大彊』十一字，乃校者之辭。」○俞樾曰：「注云『一作若是而弗擊不可大彊』，此蓋校者之辭誤入注文，然作『若是而弗擊，不可』，較今本爲勝，當從之。惟『大彊』二字義不可通。今按：『若是而弗擊，不可』，先軫之言已止於此。『大彊』二字屬下句，當作『大臣彊請擊之，襄公不得已而許之』，『彊請』與『不得已』正相應。上文『先軫言於襄公曰：「秦師不可不擊也，臣請擊之。」』若此文猶言『臣請擊

〔一〕「⿰日晉」，四部叢刊本作「⿰耳留」。

之』，則詞複矣。今本即涉上文而誤。」臣請擊之。」襄公不得已而許之。先軫遏秦師於殽而擊之，大敗之，獲其三帥以歸。繆公聞之，素服廟臨，哭也。以說於衆曰：「天不爲秦國，使寡人不用蹇叔之諫，以至於此患。」此繆公非欲敗於殽也，智不至也。言但慮襲鄭之利，不知將有殽之敗也，故曰「智不至也」。智不至則不信。蹇叔哭其子云：「晉人遏師必於殽。」繆公不信。○畢沅曰：「正文舊本作『智至』，案：語當承上文，今增正。」○維遹案：元刻本、張本、李本作「智不至」。言之不信，師之不反也從此生，蹇叔言信，不可不信也。師之不反，敗殽也。穀梁傳曰「匹馬隻輪無反者」，從蹇叔言信生也。○畢沅曰：「首句舊多作『而言不可不信』，今從朱本改。注末句訛，當云『從不信蹇叔言生也』。」故不至之爲害大矣。師敗帥執，故害大也。

悔過

五曰：大智不形，大器晚成，大音希聲。

禹之決江水也，民聚瓦礫。事已成，功已立，爲萬世利。禹之所見者遠也，而民莫之知，故民不可與慮化舉始，始，首也。而可以樂成功。○王念孫曰：「以，與也。」

孔子始用於魯，魯人鷖誦之曰：「麛裘而韠，投之無戾。韠而麛裘，投之無郵。」孔子衣纍裘。投，棄也。郵字與尤同。言投棄孔子，無罪尤也。○畢沅曰：「『鷖』蓋魯人名。孔叢子作『謗』，御覽同。『韠』字舊訛『鞞』，案當作『韠』，與芾、韍、紱字同，孔叢子陳士義篇正作『芾』。」○李賡芸曰：「二句一轉韻也。孔叢子陳士義篇『韠』作『芾』。『芾』說文作『市』。詩召南甘棠『蔽芾甘棠』，作方味切，正與『戾』韻。韠與芾同物，冕服謂之芾，它服謂之韠。纍裘固宜芾。韠字古音亦不與戾叶。」○孫詒讓曰：「鷖當讀爲緊。左傳僖五年云：『民不易物，惟德緊物。』詩洞酌孔疏引服虔云：『緊，發聲也。』鷖、緊同聲叚借字，周禮巾車『鷖總』，鄭注云：『故書鷖或作緊。』是其證。畢說失之。」**用三年，男子行乎塗右，女子行乎塗左，財物之遺者，民莫之舉。**舉，取也。**大智之用，固難踰也。**踰，邁也。○畢沅曰：「盧云：『「踰」當本是「喻」字，言大智之用，固不能使人易曉也。注就訛文爲釋，非是。』」○王念孫曰：「諭、踰古字通，非訛文也，但不當訓爲邁耳。淮南覽冥篇『精神踰於六馬』，亦以『踰』爲『諭』。」**子產始治鄭，使田有封洫，都鄙有服。**封，界。洫，溝也。服，法服也。君子小人各有制。○俞樾曰：「說文又部：『𠬝，治也。從又，從卪。卪，事之制也。』然則服事之『服』，字本作『𠬝』，今經典皆作『服』，而『𠬝』字廢矣。卪爲事之制，故服亦爲制。都鄙有服者，都鄙有制也。襄三十年左傳杜注曰：『公卿大夫服不相踰。』則誤以爲車服之服。此篇高注曰『服，法服也』，然都鄙有法服，義不可通，疑高氏原文曰『服，法也』，蓋服爲制，故亦爲法。淺人不知其義，妄加『服』字耳。」○維遹案：左襄三十年傳云「子產使都鄙有章，上下有服」，俞亦校「服」爲「制」，似均失審。以王制「五服各有差等，異則必禁」，管子立政篇云「衣服有制」，而子產治鄭，亦猶如是。下文民誦之曰：「我有衣冠，而子產貯之。」正指都鄙有服而言，雖不改字亦通。**民相與誦之曰：「我有田疇，而子產賦之。我有衣冠，而子產貯之。**○畢沅曰：「左氏襄卅年傳『貯』作『褚』，同。盧云：『案周禮廛人注：「猪，藏。」釋文云：「本或作貯，或作褚。」』」梁仲子云：「『一切經音義四分律第四十一引傳亦作「貯」。』」○馬叙倫曰：「説文：『褚，卒也。』古書借褚爲貯，如莊子秋水篇『褚小者不可以懷大也』。此當作『褚』，作『貯』者，借字。褚訓卒，卒爲吏人給事者衣有題識者。子產使民衣服有別，故識其衣而民不便，故曰殺之也。」孰殺子產，吾其與之。」與猶助也。左傳曰：「鄭子產作丘賦，國人謗之。」此之謂也。後三年，民又誦之曰：「我有田疇，而子產殖之。殖，長也。我有子弟，而子產誨之。誨，教也。子產若死，其使誰嗣之？」嗣，續也。使鄭簡、魯哀當民之誹訿也而因弗遂用，則國必無功矣，言二國人民誹訿仲尼、子產之時，二君因不復用，則二國亦無用賢聖之功。子產、孔子必無能矣。若二人不見用，則必無所能爲也。非徒不能也，雖罪施，於民可也。言非但不能有爲也，雖施二人罪罰，於民意亦可。○畢沅曰：「注『施』舊作『此』，訛。案王肅注家語正論解『施生，施猶行也，行生者之罪也。』杜預注昭十四年左氏傳亦云：『施，行罪也。』今改正。」今世皆稱簡公、哀公爲賢，稱子產、孔子爲能，○梁玉繩曰：「『哀』字兩見，皆當作『定』。孔子仕于魯定公時也。」此二君者，達乎任人也。任，用也。舟車之始見也，三世然後安之。安，習也。夫開善豈易哉！開，通也。○維遹案：注未愜。開當訓始。故聽無事治，事治之立也，人主賢也。聽無事，謂民謗子產、孔子無用之爲事也，乃賢主所以爲事也；謗之無治也，又賢主能聽之，故曰「聽無事治，事治之立也」。○俞樾曰：「聽無事治，謂聽愚民之言，必無事治也。上文曰『使鄭簡、魯哀當民之誹訿也而因遂弗用，則國必無功矣，子產、孔子必無能矣』，即其義也，故又曰『事治之立也，人主賢也』。高注殊未明了。」

魏攻中山，樂羊將。樂羊爲將，以伐中山。已得中山，還反報文侯，報，白也。有貴功之色。○

舊校云：「『貴』一作『責』。」○畢沅曰：「盧云：『疑是「負功」。』」○劉先生曰：「説苑復恩作『喜功』，當從之。舊校與盧説皆非。」文侯知之，命主書曰：「羣臣賓客所獻書者，操以進之。」主書舉兩篋以進。○畢沅曰：「秦策作『謗書一篋』。」○維遹案：説苑「書」下「者」字在「主書」下，義長。令將軍視之，書盡難攻中山之事也。難，説。○維遹案：書鈔一百三十五引「之」下無「書」字，説苑同。又案：注「説」字猶「訟」，於義始合。韓非孤憤篇注「訟即説」，是也。將軍還走，北面再拜曰：「中山之舉，非臣之力，君之功也。」當此時也，論士殆之日幾矣，論士，議士也。殆，危。幾，近。中山之不取也，奚宜二篋哉，一寸而亡矣！中山之不取，謂樂羊不敢取以爲己功，一方寸之書則亡矣，何乃二篋也？○孫鏘鳴曰：「取亦舉也。謂文侯如信羣臣之言，則必以中山爲不可取，奚待二篋之多，即一方寸之書，而樂羊必無功矣。注非。○陶鴻慶曰：「此承上文『論士殆之日幾矣』而言，使文侯任之不專，則一寸之書足亡其功也。高注釋爲『樂羊不敢取以爲己功』，非是。」文侯，賢主也，而猶若此，又況於中主邪？中主之患，不能勿爲，而不可與莫爲。夫唯賢主能無爲耳。中庸之主不能無爲，故不可與爲無爲也。○陶鴻慶曰：「『勿爲』與『莫爲』意義不殊。高注義雖可通，然非本篇之旨，且於『無爲』上增出『爲』字，可知其非矣。『莫爲』疑當作『莫易』，言中主之患，不能禁使勿爲，而又不可使無中變也。下云『凡舉無易之事』，正承此言。下文『無易』，畢引舊校云『易一作爲』，彼作『爲』者，亦『易』之誤，即其例矣。」凡舉無易之事，○舊校云：「『易』一作『爲』。」氣志視聽動作無非是者，人臣且孰敢以非是邪疑爲哉？皆壹於爲，則無敗事矣。此湯、武之所以大立功於夏、商，成湯得夏，武王得商，故曰「立功」也。而句踐之所以能報其讎也。越王句踐破吳於五湖，故曰能報其讎也。以小弱皆壹於爲而猶若此，又況於以彊大乎？湯、武以百里，越王臣事吳王夫差，爲之前馬，故稱小弱。

魏襄王與羣臣飲，酒酣，王爲羣臣祝，令羣臣皆得志。魏襄王，孟子所見梁惠王之子也。祝，願也。史起興而對曰：「羣臣或賢或不肖，賢者得志則可，不肖者得志則不可。」賢者得志則忠，故曰「可」也。不肖得志則驕，驕則亂，故曰「不可」。公孫丑曰：「伊尹放太甲于桐宮，太甲賢，又反之。賢者之爲人臣，其君不賢則可放歟？」孟子曰：「有伊尹之志則可，無伊尹之志則篡也。」王曰：「皆如西門豹之爲人臣也。」史起對曰：「魏氏之行田也以百畝，鄴獨二百畝，是田惡也。漳水在其旁，而西門豹弗知用，是其愚也。知而弗言，是不忠也。愚與不忠，不可效也。」○畢沅曰：「梁伯子云『史記河渠書「西門豹引漳水溉鄴」，後漢書安帝紀「初元二年，修西門豹所分漳水爲支渠以溉田」，水經濁漳水注亦云「豹引漳以溉鄴」。呂氏所言不足據，漢書溝洫志乃誤仍之。左太沖魏都賦云「西門溉其前，史起灌其後」，斯得其實。』」魏王無以應之。明日，召史起而問焉，曰：「漳水猶可以灌鄴田乎？」史起對曰：「可。」王曰：「子何不爲寡人爲之？」史起曰：「臣恐王之不能爲也。」王曰：「子誠能爲寡人爲之，寡人盡聽子矣。」聽，從也。史起敬諾，言之於王曰：「臣爲之，民必大怨臣。大者死，其次乃藉臣。臣雖死、藉，願王之使他人遂之也。」遂，成也。王曰：「諾。」使之爲鄴令。史起因往爲之，鄴民大怨，欲藉史起。史起不敢出而避之。王乃使他人遂爲之。水已行，民大得其利，相與歌之曰：「鄴有聖令，時爲史公，決漳水，灌鄴旁，終古斥鹵，生之稻粱。」〇畢沅曰：「漢書溝洫志『民歌之曰：鄴有賢令兮爲史公，決漳水兮灌鄴旁，千古舄鹵兮生稻粱』，數字不同。」使民知可與不可，則無所用矣。〇畢沅曰：「『無所用』下似脱一『賢』字。」賢主忠臣，不能導愚教陋，則名不冠後，實不及世矣。史起非不知化也，以忠於主也。魏襄王可謂能決善矣。誠能決善，衆雖諠譁而弗爲變。功之難立也，其必由哅哅邪！〇維遹案：「哅哅」與「匈匈」同。荀子天論篇云「君子不爲小人匈匈也輟行」，楊注：「匈匈，諠譁之聲。」國之殘亡，亦猶此也。〇畢沅曰：「猶與由同。」故哅哅之中，不可不味也。中主以之哅哅也止善，賢主以之哅哅也立功。按魏王世家，文侯生武侯，武侯生惠王，惠王生襄王。西門豹，文侯用爲鄴令，史起亞之，不得爲四世之君臣也。又孟子見梁襄王，出，語人曰：「望之而不似人君，就之而不見所畏焉。」何能決善哉！此言復謬也。〇畢沅曰：「注『魏世家』，『王』字衍。以一見定其終身不能從善，此言亦過。梁仲子云：『左氏傳襄廿五年正義引此書云「魏文侯時，史起爲鄴令，引漳水以灌田」，與今本異』。」〇梁玉繩曰：「注『西門豹，文侯用爲鄴令，史起亞之』，此語不知何據。」

樂成

六曰：使治亂存亡若高山之與深谿，有水曰澗，無水曰谿。若白堊之與黑漆，則無所用智，

雖愚猶可矣。且治亂存亡則不然，如可知，如可不知；如可見，如可不見。○畢沅曰：「孫疑兩『可不』文倒。據李善注文選東方曼倩非有先生論作『不可』爲是。」**故智士賢者相與積心愁慮以求之，**積累其仁心，思慮其善政，以求致治也。○王引之曰：「高解愁慮二字之義未明。愁讀爲揫。揫，聚也。積心、揫慮，其義一也。爾雅曰：『揫，聚也。』説文曰：『𩏶，收束也。或作揫。』又曰：『揫，束也。』引商頌長發篇『百禄是揫』，今詩作『遒』，毛傳曰：『遒，聚也。』鄉飲酒義『秋之爲言愁也，愁之以時察，守義者也』，鄭注曰：『愁讀爲揫。揫，斂也。』漢書律曆志曰：『秋，𩏶也。物𩏶斂乃成熟。』𩏶、揫、愁、遒古同聲而通用。」**猶尚有管叔、蔡叔之事與東夷八國不聽之謀。**成王幼少，周公攝政，勤心國家，以致太平。管叔，周公弟也，蔡叔，周公兄也，流言作亂。東夷八國附從二叔，不聽王命。周公居攝三年，伐奄，八國之中最大，著在尚書。餘七國小，又先服，故不載於經也。○畢沅曰：「梁伯子以諸書皆言管、蔡是周公弟，唯孟、荀及史記以管叔爲周公兄，此又言蔡叔爲周公兄，益不可信。全謝山以皋鼬之會，將長蔡於衛，不聞長蔡於魯，安得如此注所言乎？」○梁玉繩曰：「余初校語有譌漏，今更之曰：『周公、管、蔡之長幼，當依史世家，管居周公上，蔡居周公下。左傳富辰敘魯於管、蔡之後，似是錯舉其次，不必如此。乃淮南泰族云「周公誅管叔、蔡叔」，未可謂弟」，齊俗云「周公放兄」，故賈逵、杜預皆言「蔡叔，周公兄」，楚語韋注亦言「管、蔡，周公兄」。高氏察微、開春兩注，竝同其說，然注淮南氾論則曰「管叔，周公兄。蔡叔，周公弟」。何自相異也？至管叔之爲周公兄，孟子已有明文。而書金縢孔傳、趙岐孟子注、褚生補三王世家、後書樊儵傳、白虎通姓名章、列女傳一俱以管叔爲周公弟，（淮南氾論云「周公有殺弟之累」，齊俗云「周公誅弟」，語又岐別。）高注仍之，殊不足據。』」**故治亂存亡，其始若秋毫。**喻微細也。**察其秋毫，則大物不過矣。**過，失也。

魯國之法，魯人爲人臣妾於諸侯，有能贖之者，取其金於府。子貢贖魯人於諸侯，來而讓不取其金。○維遹案：文選答東阿王牋注引「讓」作「辭」，與淮南道應篇合。孔子曰：「賜失之矣。自今以往，魯人不贖人矣。取其金則無損於行，言無所損於德行也。不取其金則不復贖人矣。」淮南記曰：「子貢讓而止善。」此之謂也。○畢沅曰：「『止善』，舊本誤作『亡義』，今據淮南齊俗訓本文改正。」子路拯溺者，其人拜之以牛，○維遹案：淮南齊俗篇作「子路拯溺而受牛謝」，然則拜之以牛，猶言謝之以牛也。子路受之。孔子曰：「魯人必拯溺者矣。」淮南記曰：「子路受而勸德。」此之謂也。孔子見之以細，觀化遠也。見其始，知其終，故曰「觀化遠也」。○俞樾曰：「『以細觀化遠也』，甚爲無義。高注亦曲說耳。『觀』下蓋脱『大以近觀』四字，『化』字當在『遠』字之下，而『化』上又脱『通於』二字。本作『以細觀大，以近觀遠，通於化也』。何以明之？淮南子齊俗篇載此事曰：『孔子之明，以小知大，以近知遠，通於論者也。』故知此文當作『以細觀大，以近觀遠』。説苑政理篇亦載此事曰：『孔子可謂通於化矣。』此文有『化』字，故知當作『通於化也』，與淮南子字異而句法同。」

楚之邊邑曰卑梁，○畢沅曰：「梁伯子云：『卑梁是吴邊邑，史記十二侯表及楚世家、伍子胥傳皆同。楚邊邑乃鍾離也。此與吴世家所載皆誤。』」○梁玉繩曰：「吴越春秋亦同此誤。」其處女與吴之邊邑處女桑於境上，戲而傷卑梁之處女。卑梁人操其傷子以讓吴人，吴人應之不恭，怒殺而去之。吴人往報之，盡屠其家。卑梁公怒，公，卑梁大夫也。楚僭稱王，守邑大夫皆稱公，若周之單襄公、成肅公、劉文公也。曰：「吴人焉敢攻吾邑！」舉兵反攻之，反，更也。老弱盡殺之矣。吴王夷昧聞之怒，使人舉兵侵楚之邊邑，克夷而後去之。夷，平。○劉師培曰：「夷爲楚邦邊邑。注非。」吳、楚以此大隆。「隆」當作「格」。格，鬭也。○孫詒讓曰：「隆讀爲鬨。大隆即大鬨也。孟子云『鄒與魯鬨』，孫奭音義引劉熙注云：『鬨，構也，構兵以鬭也。』隆與鬨古音相近，得相通借。」吳公子光又率師與楚人戰於雞父，公子光，夷昧之子也。大敗楚人，獲其帥潘子臣、小帷子、陳夏齧。潘子臣、小帷子，楚二大夫也。雞父之戰，胡、沈、陳、蔡皆佐楚戰，故吳獲之。夏，姓。齧，名。陳大夫。○畢沅曰：「雞父之戰，獲陳夏齧，在魯昭廿三年。吳太子終纍敗楚舟師，獲潘子臣、小惟子，在定六年。此誤合爲一。釋文云：『惟，本又作帷。』羣經音辨云：『小惟子，楚人也，音帷。』」又反伐郢，又，復也。郢，楚國都也。○劉師培曰：「即左傳入郥事。『郢』蓋『郥』誤，而高已訓爲楚都。」得荆平王之夫人以歸，○畢沅曰：「盧云：『案左氏昭廿三年傳云：「楚太子建之母在郥，召吳人而啓之。冬十月甲申，吳太子諸樊入郥，取楚夫人與其寶器以歸。」與雞父之戰同一年事。』」實爲雞父之戰。凡持國，太上知始，其次知終，其次知中。三者不能，國必危，身必窮。言楚不知始與終，又不知中，故國危身窮也。孝經曰：「高而不危，所以長守貴也。滿而不溢，所以長守富也。富貴不離其身，然後能保其社稷，而和其民人。」楚不能之也。○畢沅曰：「黄東發云：『觀此所引，然則孝經固古書也。』」○梁玉繩曰：「周、秦古書中引孝經處甚少。」○陳昌齊曰：「呂氏時孝經未出，無從引用。『孝經曰』四十六字當是注語。」○王念孫曰：「孝行篇『故愛其親不欲惡人』以下八句，亦與孝經同，則此似非注文。」○汪中曰：「孝行、察微二篇並引孝經，則孝經爲先秦之書，明。」○維遹案：王、汪説是。

鄭公子歸生率師伐宋。魯宣二年傳曰：「鄭公子歸生受命于楚伐宋。」言受命於楚，與晉爭盟也。宋華

元率師應之大棘，應，擊也。大棘，宋邑，今陳留襄邑南大棘是也。**羊斟御。明日將戰，華元殺羊饗士，羊斟不與焉。**與，及也。**明日戰，怒謂華元曰：「昨日之事，子爲制。**昨日之事，殺羊事也。**今日之事，我爲制。」**今日之事，御事也。○畢沅曰：「陳氏樹華春秋内傳攷正云：『左傳「子爲政」「我爲政」，此或因始皇名改。』但他卷不盡然。」**遂驅入於鄭師。宋師敗績，華元虜。**爲鄭虜。**夫弩機差以米則不發。**○孫鏘鳴曰：「古以一黍之廣爲一分，則以米計之也。」○維遹案：尸子分篇云：「夫弩機損若黍則不鉤，益若口則不發。」據此，「米」或爲「黍」之壞字。**戰，大機也。饗士而忘其御也，將以此敗而爲虜，豈不宜哉！**傳曰：「羊斟非人也，以其私憾，敗國殄民，刑孰大焉。」此之謂也。**故凡戰必悉熟偏備，知彼知己，然後可也。**古之良將，人遺之單醪，輸之於川，與士卒從下流飲之，示不自獨享其味也。華元羊肉不及羊斟而身見虜，故曰「凡戰必悉熟偏備，知彼知己」。○畢沅曰：「注『單醪』亦作『簞醪』，李善注文選張景陽七命引黄石公記曰：『昔良將之用兵也，人有饋一簞之醪，投河，令衆迎流而飲之。夫一簞之醪，不味一河，而三軍思爲致死者，以滋味及之也。』或以爲楚莊王事。『獨享』，宋邦乂本作『獨周』，形近而訛，今改正。」

魯季氏與郈氏鬬雞，郈氏介其雞，介，甲也。作小鎧著雞頭也。○畢沅曰：「淮南人間訓注云：『介，以芥菜塗其雞翅也。』與此互異。」○沈欽韓曰：「昭二十五年左傳云『季氏介其雞』，賈云：『擣芥子爲末，播其雞翼，可以坌郈氏雞目。』鄭司農云：『介，甲也。爲雞著介。』高二注不同，正兼用賈、鄭之説。」**季氏爲之金距。**以利鐵作鍛距，沓其距上。○俞樾曰：「此當從左傳作『季氏介其雞，郈氏爲之金距』。蓋爲金距更甚於介其雞，故季氏不勝而怒也。」季氏之雞不勝，季平子怒，因歸郈氏之宮而益其宅。平子，名意如，悼子紇之子也。侵郈氏宮以益己宅。○畢沅曰：「淮南『歸』作『侵』。又下句作『而築之宅』。」○俞樾曰：「歸讀爲壞。禮記緇衣篇『私惠不歸德』，鄭注曰：『歸或爲懷。』古懷、壞同聲，字亦通用，襄十四年左傳『王室之不壞』，服虔本『壞』作『懷』，是其證也。歸可爲懷，故亦可爲壞。」○孫先生曰：「『歸』本作『侵』，與淮南人間篇同，故高注云『侵郈氏宮以益己宅』也。『歸』俗書作『帰』，與『侵』相似，故『侵』誤爲『歸』。俞氏讀歸爲壞，非是。」○維遹案：孫先生說是。史記魯周公世家亦作「季平子怒，而侵郈氏」，集解引服虔曰：「怒其不下己也，侵郈氏之宮地以自益。」郈昭伯怒，傷之於昭公，郈氏，魯孝公子惠伯華之後也，以字爲氏，因曰郈氏。昭，謚也。傷猶譖也。○畢沅曰：「梁仲子云：『惠伯華，禮記檀弓上注作「惠伯鞏」，正義引世本作「革」，字形竝相近。「以字爲氏」當作「以邑爲氏」。孝公八世孫成叔爲郈大夫，因以爲氏。』」○梁玉繩曰：「魯語韋注稱郈惠伯，則惠伯始受郈邑，非始成叔。」曰：「禘於襄公之廟也，舞者二人而已，其餘盡舞於季氏。禘，大祭也。襄公，昭公之父也。禮，天子八佾，諸侯六佾。六佾者，四十八人。於襄公廟二人，餘在季氏，季氏僭也。○畢沅曰：「『二人』，左傳、淮南竝同。吴斗南兩漢刊誤補遺曰：『「人」當作「八」。舞必以八人成列，故鄭人賂晉以女樂二八。若四人尚不成樂，況二人乎？』盧云：『案秦遺戎王女樂，亦是二八。齊遺魯女樂八十人，御覽引家語作「二八」。知此「二人」，斷然字誤。魯自隱公初用六羽，當有六八。季氏大夫，本有四八，今又取公之四佾以往，故公止有二八。觀高氏注亦本不誤，乃轉寫之失也。』」○梁玉繩曰：「左傳隱五年，衆仲對羽數，杜預依何休，以人數如佾數遞減，故以六佾爲三十六人。范甯解同。誘注依服虔，不減人數，故爲四十八人。宋書樂志，太常傅隆舞伎議，以杜爲非，以服爲允。困學紀聞六亦言之。劉昭續百官志注引漢官曰：『八佾舞，三百八十人。』與舊說迥異。豈以四十八人爲一列乎？則尚少四人，不可解也。」季氏之舞道，無上久矣，弗誅，必危社稷。」公怒不審，審，詳也。○維遹案：「舞道」原作「無道」，改從元刻本、許本、張本、姜本，正與上文相承。淮南人間篇誤與此同，亦當據此訂正。乃使郈昭伯將師徒以攻季氏，遂入其宮。仲孫氏、叔孫氏相與謀曰：「無季氏，則吾族也，死亡無日矣。」遂起甲以往，陷西北隅以入之，三家爲一，郈昭伯不勝而死。昭公懼，遂出奔齊，卒於乾侯。乾侯，晉邑。魯昭聽傷而不辯其義，辨，别。義，宜。○孫鏘鳴曰：「傷，毀也，讒也。」懼以魯國不勝季氏，而不知仲、叔氏之恐而與季氏同患也，是不達乎人心也。不達乎人心，位雖尊，何益於安也？以魯國恐不勝一季氏，况於三季？同惡同惡昭公。○王念孫曰：「『同惡固相助』五字連讀。」○俞樾曰：「此當於『三季』絶句。言一季氏猶恐不勝，况於三季乎。『同惡』二字屬下『固相助』爲句，『同惡固相助』，言同惡之人固相輔助也。昭十三年左傳曰『同惡相求，如市賈焉』，即此義也。惡如字。」陶鴻慶説同。固相助，權物若此其過也。非獨仲、叔氏也，魯國皆恐。魯國皆恐，則是與一國爲敵也，其得至乾侯而卒猶遠。不薨國内，乃至乾侯，故以爲遠也。○松皋圓曰：「『遠』當作『幸』。『幸』訛爲『達』，遂誤『遠』耳。」○陶鴻慶曰：「此言『一國爲敵』，將身與簒殺之禍，得卒於乾侯，猶幸其遠也。高注未達其旨。」

察微

七曰：東方之墨者謝子，將西見秦惠王。謝子，關東人也，學墨子之道。惠王，秦孝公之子駟也。○畢沅曰：「說苑雜言篇作祁射子。古謝、射通。」○梁玉繩曰：「淮南修務亦有之，高注：『謝，姓。子，通稱。』然則祁乃地名，祁屬太原，政是關東。」惠王問秦之墨者唐姑果，唐姑果恐王之親謝子賢於己也，○畢沅曰：「說苑『唐姑』，無『果』字。舊校云：『親一作視。』」○梁玉繩曰：「淮南作『唐姑梁』。」對曰：「謝子，東方之辯士也，○維遹案：淮南作「謝子，山東辯士」，與此不同。其爲人也甚險，將奮於說，以取少主也。」奮，彊也。少主，惠王也。○俞樾曰：「高說非是。據下文云『人之老也，形益衰而智益盛。今惠王之老也，形與智皆衰邪』，然則惠王是時已老矣，非少主也。蓋因惠王年老，有漢景帝疑周亞夫非少主臣之意，故唐姑果以此言譖謝子耳。」王因藏怒以待之。謝子至，說王，王弗聽。謝子不說，遂辭而行。行，去也。凡聽言以求善也，所言苟善，雖奮於取少主，何損？所言不善，不奮於取少主，何益？○陶鴻慶曰：「『奮於』下皆當有『說以』二字。『將奮於說，以取少主』，本唐姑果譏謝子之言，此當全舉其辭，奪去二字，則文不成義。」不以善爲之慤，而徒以取少主爲之悖，慤，誠也。○吴汝綸曰：「『慤』當爲『彀』之借字。」惠王失所以爲聽矣。用志若是，見客雖勞，耳目雖弊，猶不得所謂也。此史定所以得行其邪也，史定，秦史。此史定所以得飾鬼以人，罪殺不辜，羣臣擾亂，國幾大危也。人之老也，形益衰，衰，肌膚消也。而智益盛，老者見事多，所聞廣，故智益盛。今惠王之老也，形與智皆衰邪！皆，俱也。

荆威王學書於沈尹華，昭釐惡之。威王好制，威王，楚懷王之父也。制，術數也。有中謝佐制者爲昭釐謂威王曰：「國人皆曰，王乃沈尹華之弟子也。」中謝，官名也。佐王制法制也。○畢沅曰：「梁仲子云：『楚官有中射士，見韓非十過篇。此作中謝，亦通用。』盧云：『史記張儀傳「後陳軫舉中謝對楚王」云云，索隱云「中謝，蓋謂侍御之官」，則知楚之官實有中謝，與此正同。』」王不說，因疏沈尹華。中謝，細人也，細，小人也。○維遹案：注「細」下脱一「人」字。君守篇注「鄙人，小人也」，其比正同。一言而令威王不聞先王之術，文學之士不得進，令昭釐得行其私，故細人之言，不可不察也。且數怒人主，以爲姦人除路，姦路以除，而惡壅却，豈不難哉！除猶開通也，故曰「而惡壅却，豈不難」也。夫激矢則遠，激水則旱，○畢沅曰：「淮南兵略訓、鶡冠子世兵篇俱作『水激則悍，矢激則遠』。史記賈誼傳索隱引此正作『旱』，以言水激則去疾，不能浸潤也，與兩家作『悍』不同。但近所行陸佃注鶡冠子本亦作『旱』，小司馬又云『説文旱與悍同音』，則亦可通用也。」激主則悖，悖則無君子矣。夫不可激者，其唯先有度。度，法也。

鄰父有與人鄰者，有枯梧樹。○陶鴻慶曰：「『鄰父』二字當作『人』。列子説符篇云：『人有枯梧樹者。』此云『人有與人鄰者，有枯梧樹』，文有詳略耳。」其鄰之父○孫先生曰：「『之』字疑涉下文『之』字而衍。此以『鄰父』與『鄰人』對言，不必稱『鄰之父』也。列子説符篇亦無『之』字。」言梧樹之不善也，鄰人遽伐之。○陶鴻慶曰：「『鄰人遽伐之』本作『其人遽伐之』。下文云『其人不説』，即此人也。列子作『其鄰人遽而伐之』，彼文衍『鄰』字，此沿彼文之誤，又奪『其』字。」鄰父因請而以爲薪，其人不説曰：「鄰者若此其險也，豈可爲之鄰哉？」此有所宥也。宥，利也。又云「爲」也。○畢沅曰：「注頗難通。疑宥與囿同，謂有所拘礙而識不廣也。

以下文觀之，猶言蔽耳。」○吴先生曰：「畢讀宥爲囿，是也。高注訓宥爲利，蓋誤以『此有所宥也』爲鄰人語，謂鄰父請伐樹，欲以樹爲薪耳，故展轉釋之。高注不解文義，往往類此。」夫請以爲薪與弗請，此不可以疑枯梧樹之善與不善也。齊人有欲得金者，清旦，被衣冠，○孫先生曰：「『被』字乃後人所加。『清旦衣冠』，其義已明，不必加『被』字也。文選齊竟陵文宣王行狀注引正無『被』字。列子說符篇同。」往鬻金者之所，見人操金，攫而奪之。吏〔一〕搏而束縛之，問曰：「人皆在焉，子攫人之金，何故？」對吏曰：「殊不見人，徒見金耳。」○孫先生曰：「列子說符、淮南氾論、劉子新論利害篇竝無『吏』字，疑涉上文而衍。」此真大有所宥也。夫人有所宥者，固以晝爲昏，以白爲黑，以堯爲桀，宥之爲敗亦大矣。亡國之主，其皆甚有所宥邪？故凡人必別宥然後知，○維遹案：宥、囿古通用。尸子廣澤篇云「料子貴別囿」。別宥則能全其天矣。天，身也。○畢沅曰：「『則能』，舊本作『別能』，今案文義改。」○維遹案：吕覽纂正作「則能」。

去宥

八曰：名正則治，名喪則亂。使名喪者，淫說也。說淫則可不可而然不然，是不是而非不非。不可者而可之也，不然者而然之也，不是者而是之也，不非者而非之也，故曰「淫說也」。故君子之說

〔一〕「吏」，原作「史」，據諸子集成本改。

也，足以言賢者之實，不肖者之充而已矣；充亦實也。足以喻治之所悖，亂之所由起而已矣；喻，明。悖，惑。○畢沅曰：「盧云：『左氏莊十一年傳云「禹、湯罪己，其興也悖焉」，杜注云：「悖，盛貌。」釋文云：「悖一作勃。」』此當以「治之所悖」爲句，不當訓惑，疑是「盛」字之訛。」足以知物之情，人之所獲以生而已矣。

凡亂者，刑名不當也。○孫鏘鳴曰：「刑、形古字通。下文『刑名異充』並當作形。」○陶鴻慶曰：「刑讀爲形，名生於形也。下文云『是刑名異充，而聲實異謂也』，刑與名相對，猶聲與實相對矣。」人主雖不肖，猶若用賢，猶若聽善，猶若爲可者，其患在乎所謂賢從不肖也，從，使人從不肖自謂賢。所爲善而從邪辟，使人從邪辟自謂善，故曰「其患」也。所謂可從悖逆也。可者乃從悖逆之道也。○王念孫曰：「『所爲善』，爲與謂同義，説見秦策『蘇代僞爲齊王曰』下。『邪辟』下當有『也』字。」又曰：「『三『從』字皆當爲『徒』。高注異用篇云：『徒猶但也。』言所謂賢者非賢也，但不肖耳。所謂善者非善也，但邪辟耳。所謂可者非可也，但悖逆耳。隸書『從』字作『從』，形與『徒』相似，故『徒』誤爲『從』。（禁塞篇『承從多羣』，『從』一本作『徒』。齊風載驅箋『徒爲淫亂之行』，『徒』一本作『從』。列子天瑞篇『食於道徒』，『徒』一本作『從』。史記仲尼弟子傳『壤駟赤字子徒』，『鄭國字子徒』，家語七十二弟子篇『徒』竝作『從』。）高不知『從』爲『徒』之誤，而云『使人從不肖』，『使人從邪辟』，又云『從悖逆之道』，皆失之。」○李寶洤曰：「言彼所謂賢，而所從實不肖；彼所謂善，而所從實邪辟；彼所謂可，而所從實悖逆。『而從邪辟』，『而』字疑衍。末應有『也』字。」○維遹案：「從邪辟」，舊校云：「從一作徒。」與王説正合。是刑名異充，而聲實異謂也。夫賢不肖，善邪辟，可悖逆，不肖者賢之，邪辟者善之，悖逆者可之也。國不亂，身不危，奚待也？言亂亡立至，無所復待也。齊湣王是以知説士而不知所謂士也，湣王，齊田常之孫田和立爲宣王，湣王，宣王之子也。言知當敬義士，不能知其所行，徒謂之士也。○畢沅曰：「梁仲子云：『前樂成篇「義士」作「議士」。』」○梁玉繩曰：「此注誤甚。田常之曾孫爲田和，田和之曾孫爲宣王。當云『湣王，齊田常七世孫宣王之子也。』」故尹文問其故問所以爲士之故也。而王無以應，此公玉丹之所以見信而卓齒之所以見任也。任卓齒而信公玉丹，豈非以自讎邪？公玉丹，齊臣。卓齒，楚人，亦爲湣王臣。其斃由在此二人，非欲以自斃也。然二人卒斃之。湣王無道，齒殺之而擢其筋，懸之於東廟終日，以自斃者也。」○畢沅曰：「梁仲子云：『卓齒，齊策作「淖齒」。顔師古注人表：「淖音女教反，字或作卓。」』梁伯子云：『潛夫論作「踔齒」，史記田單傳徐廣作「悼齒」。注「東廟」，後行論篇注亦同，國策作「廟梁」。』」

尹文見齊王，尹文，齊人，作名書一篇，在公孫龍前，公孫龍稱之。齊王謂尹文曰：「寡人甚好士。」尹文曰：「願聞何謂士？」王未有以應。尹文曰：「今有人於此，事親則孝，事君則忠，交友則信，居鄉則悌，有此四行者，可謂士乎？」齊王曰：「此真所謂士已。」○舊校云：「一作『矣』。」尹文曰：「王得若人，肯以爲臣乎？」○舊校云：「『肯』一作『用』。」王曰：「所願而不能得也。」尹文曰：「使若人於廟朝中，○舊校云：「『廟』一作『廣』。」深見侮而不鬬，王將以爲臣乎？」王曰：「否。大夫見侮而不鬬，則是辱也。○畢沅曰：「『大夫』疑衍『大』字。」○維遹案：畢説非。「大夫」當作「夫士」，方與上下文合。孔叢子論勢篇作「夫士也，見侮而不鬬是辱」，是其證。辱則寡人弗以爲臣矣。」尹文曰：「雖見侮而不鬭，未失其四行也。未失其四行者，是未失其所以爲士一矣。未失其所以爲士一而王以爲臣，失其所以爲士一而王不以爲臣，則鄉之所謂士者乃士乎？」○陳昌齊曰：「案前後文義，不得有『而王以爲臣失其所以爲士』一十二字。孔叢子載此事云『雖見侮而不鬭，是未失所以爲士也，然而王不以爲臣』云云，當據刪。」○俞樾曰：「上文云：『雖見侮而不鬭，未失其四行也。未失其四行者，是未失其所以爲士一矣。』然則此文『失其所以爲士』，上無所承，且於義亦不應有。疑呂氏原文本云：『未失其所以爲士一，而王不以爲臣，則鄉之所謂士者，乃士乎？』今衍十二字，遂不可讀。」○陶鴻慶曰：「俞說是也。今案『乃士乎』本作『乃非士乎』，乃反詰之辭。公孫龍子跡府篇載此文，正作『乃非士乎』。」王無以應。尹文曰：「今有人於此，將治其國，民有非則非之，民無非則非之，民有罪則罰之，民無罪則罰之，而惡民之難治，可乎？」王曰：「不可。」尹文曰：「竊觀下吏之治齊也，方若此也。」王曰：「使寡人治信若是，則民雖不治，寡人弗怨也。雖不可治，言不怨也。意者未至然乎？」王言意以爲未至如是。○畢沅曰：「此注各本脱，李本有。」○維遹案：元刻本、許本、張本、姜本亦有此注。宋邦乂本無。尹文曰：「言之不敢無說，請言其說。王之令曰：『殺人者死，傷人者刑。』民有畏王之令，深見侮而不敢鬭者，是全王之令也，○畢沅曰：「李本無『之』字。」而王曰『見侮而不敢鬭，是辱也』。夫謂之辱者，非此之謂也？以爲臣不以爲臣者罪之也，此無罪而王罰之也。」○陳昌齊曰：「『以爲臣』三字亦衍文，當據孔叢子及本篇前後文義删之。」○陶鴻慶曰：「上『臣』字當爲『士』，『罪之』當爲『辱之』。其文云：『夫謂之辱者，非此之謂也。以爲士不以爲臣者，辱之也，此無罪而王罰之也。』言見侮而不敢鬭，非辱，以爲士而不以爲臣，之乃爲辱，是無罪而見罰也。今本爲寫者所亂，則義不可曉。」齊王無以應。論皆若此，故國殘身危，走而之穀，穀，齊邑也。如衛。如，之也。齊湣王，周室之孟侯也，孟，長也。○俞樾曰：「『湣王』二字衍文也。齊，『周室之孟侯也』，乃推始封之齊而言。若湣王時，周室衰微，儕於列國，久無此稱矣。下文曰『太公之所以老也，桓公嘗以此霸矣』，皆承『齊』字而言。若此句是齊湣王，則下二句便不可通。高氏作注時，已衍『湣王』二字，故有『山頭井底』之譏，其實非也。」太公之所以老也。桓公嘗以此霸矣，管仲之辯名實審也。桓公以繼絶存亡，率義以霸，管子輔而成之，不以土地之大也。今此湣王繼篡國之胄，僭號不義之人，無管子之輔，假有之，又不能用，喻以桓公，山頭井底，不得方之者也。」○梁玉繩曰：「『山頭井底』，蓋當時方言。」

正名

呂氏春秋集釋卷第十七

榮成許維遹學

呂氏春秋訓解　高氏

審分覽第五　君守　任數　勿躬　知度　慎勢　不二　執一

一曰：凡人主必審分，然後治可以至，主，謂君也。分，謂仁義禮律殺生與奪之分也。至者，至於治也。姦僞邪辟之塗可以息，息，滅也。惡氣苛疾無自至。自，從也。君德合則祥瑞應，故苛疾無從來至也。

夫治身與治國，一理之術也。身治則國治，故曰一理之術也。今以衆地者，公作則遲，有所匿其力也。作，爲也。遲，徐也。遲用其力而不勤也。○孫鏘鳴曰：「『今以衆地者』，謂以衆治地。」分地則速，無所匿遲也。分地，獨也。速，疾也。獲稼穡則入己分而有之，各自欲得疾成，無藏匿，無舒遲也。○王念孫曰：「『無所匿遲也』，疑衍『遲』字。」○俞樾曰：「『遲』字衍文也。上云『公作則遲，有所匿其力也』，此云『分地則速，無所匿也』，其文甚明。因涉上文而衍『遲』字，義不可通。高氏曲爲之説，非是。」○維遹案：「分地則速」，疑爲「分作則速」，與上文「公作則遲」辭義相對，皆承「今以衆地者」而言。今本作「地」者，「地」、「作」隸書形略近，又涉上下文而誤。注「分地獨也」，「地」字後人據正文妄增。主亦有地，臣主同地，則臣有所匿其邪矣。邪，私也。不欲君知，故蔽之也。**主無所避其累矣。**累猶負也。謂主不以正臨之，令臣自欲容私，故君無所避其負也。○李寶淦曰：「言臣主同地，則臣有所匿其私力，而君不能免其負累。注不明。」**凡爲善難，任善易。奚以知之？人與驥俱走，則人不勝驥矣。居於車上而任驥，則驥不勝人矣。人主好治人官之事，則是與驥俱走也，**言君好爲人臣之官事，是謂與驥俱走，無以勝之也。○舊校云：「『人官』一作『人臣』。」○吴汝綸曰：「『官之事』，据注當作『之官事』。後勿躬篇『人君而好爲人官』，即此『好治人官』也。『之事』二字疑衍。」○維遹案：吴後説是。治要引正作「人主好人官」，惟脱一「治」字。**必多所不及矣。**言力不贍也。好自治人臣之所官事亦如之。**夫人主亦有居車，無去車，**去猶釋也。去讀去就之去。○維遹案：「居車」，畢本乙爲「車居」。畢沅云：「『居』字舊在『車』字上，係誤倒。『居』字當屬下句，今乙正。」陳昌齊云：「『有居車，無去車』，原本不誤。『居車』即上文『居於車上』之義也。又居、去爲句中之韻，必不可移易。」王念孫云：「『居車』即上文之所謂『居於車上』也，『有居車，無去車』，文義正相對。『居』字正當在『車』字上，非誤倒也。」案陳、王説是，今改從舊本。治要引作『夫人主亦有車，無去其車』。金樓子立言篇同。**則衆善皆盡力竭能矣，諂諛詖賊巧佞之人無所竄其姦矣，**竄猶容也。**堅窮廉直**堅，剛也。○劉師培曰：「『窮』爲『窾』之訛。」**忠敦之士畢競勸騁騖矣。**畢，盡。**人主之車，所以乘物也。察乘物之理，則四極可有。**察，明也。有之易也。**不知乘物而自怙恃，奪其智能，**○陳昌齊曰：「『奪』當作『奮』。後任數篇『以好唱自奮』，去宥篇『奮於取少主』，是其義也。」○王念孫曰：「『奪』疑當作『奮』。治要正作『奮』。」○俞樾曰：「『奪』當作『奮』，形似致誤也。奮猶矜也，説見前本味篇。『奮其智能』，謂矜其智能。今誤作『奪』，義不可通。」多其教詔，而好自以，詔亦教。以，用也。若此則百官恫擾，恫，動。擾，亂。○畢沅曰：「『恫』，玉篇作『挏』。」少長相越，萬邪竝起，權威分移，政在家門。不可以卒，不可以教，此亡國之風也。風，化。

王良之所以使馬者，約審之以控其轡，而四馬莫敢不盡力。王良，晉大夫郵無正郵良也，以善御之功，死託精於星，天文「王良策駟」是也。○畢沅曰：「郵無正見國語，即左傳之郵無恤。舊本『郵』作『孫』，意即孫陽。」○梁玉繩曰：「似順篇稱孫明，明、良音近。注作『孫無政』，淮南覽冥注同，似不必依晉語改舊本『孫』字作『郵』。若孫陽乃伯樂姓名，是秦穆公時人，恐不可爲一。晉語郵良亦曰伯樂，蓋『伯樂』星名，主典天馬，孫陽知馬，故以名焉，而郵良之善御同于孫陽，遂以爲號，後世并孫氏蒙之，然未見有直呼孫陽者。」○俞正燮曰：「漢書古今人表以郵無卹、王良、伯樂爲三人。今案：古有兩伯樂。趙之伯樂曰王良，曰郵無卹，亦曰郵良，又曰郵無政，曰王子期，曰王子於期。良、樂、無卹是一義，名字相發也。政、期是一義，亦名字相發。蓋簡子時名無卹字良，亦字樂，後避襄子名，則改名正字期矣。伯樂蓋王族，故曰『王』，曰『王子』。其曰『郵』者，以官氏也。秦之伯樂曰孫陽，曰孫明。莊子馬蹄篇釋文云：『伯樂姓孫名陽。』開元占經引石氏星經云：『伯樂，天星名，主典天馬，孫陽善御，故以爲名。』呂氏春秋似順論言晉陽事，以國語郵無正爲孫明，疑因伯樂而誤。注云『孫明，孫無政郵良也』，則又附無正之名。呂氏春秋觀表篇云『趙之王良，秦之伯樂』，漢書敘傳云『良、樂軼能於相馭〔一〕』，皆二人名字錯舉。今以左傳有郵無恤，國語有郵無正、伯樂，國語注有郵良，孟子有王良，韓非外儲説有王良、王子於期，喻老有王子期，皆言趙之伯樂。以孫陽秦人證孫陽、孫明爲秦伯樂，漢書

〔一〕「馭」，原作「遇」，據漢書敘傳改。

司馬相如傳云『陽子驂乘』，秦孫陽也。若依呂氏似順，則王良、郵良、孫明、孫陽、伯樂、郵無卹、郵無正、孫無政、王子期、王子於期，一人十名矣。」有道之主，其所以使羣臣者亦有轡。其轡何如？正名審分，是治之轡已。○維遹案：治要引「已」作「也」。故按其實而審其名，以求其情；聽其言而察其類，無使放悖。放，縱也。悖，亂也。○王念孫曰：「治要引注『縱』作『紛』。」夫名多不當其實而事多不當其用者，故人主不可以不審名分也。不審名分，是惡壅而愈塞也。名，虛實爵號之名也。分，殺生與奪之分也。傳曰「唯器與名，不可以假人」，君之所慎也，故曰不可不慎。愈，益也。不審之而欲治，猶惡溼而居下也，故曰「惡壅而愈塞也」。壅塞之任，不在臣下，在於人主。君明則臣忠，臣忠則政無壅塞，故曰「在於人主」。堯、舜之臣不獨義，○維遹案：治要引「臣」作「民」。下「桀、紂之臣」同。湯、禹之臣不獨忠，得其數也。御之得其術。桀、紂之臣不獨鄙，幽、厲之臣不獨辟，失其理也。厲王，周宣王之父。幽王，周宣王之子。言先幽、厲，偶文耳。殺戮不辜曰厲，壅過不達曰幽，皆惡謚也。○畢沅曰：「『壅過』，逸周書、獨斷、蘇明允竝作『壅遏』。」

今有人於此，求牛則名馬，求馬則名牛，所求必不得矣。失其名，故不得也。而因用威怒，有司必誹怨矣，牛馬必擾亂矣。百官，衆有司也。萬物，○舊校云：「一作『邦』。」羣牛馬也。不正其名，不分其職，而數用刑罰，亂莫大焉。夫說以智通而實以過悗，以，用。○畢沅曰：「舊校云：『「過」一作「遇」。』又本『悗』作『悅』。今案『遇』、『悅』皆非也。悗音瞞，又音懣，玉篇『惑也』，莊子大宗師釋文『廢忘也』。」○王念孫曰：「作『遇』者是也。遇即愚之假借，愚與智正相反。悗訓爲惑，亦與通相反。」○俞樾曰：「此當以作『遇』者爲是。遇與愚古通用。詩巧言篇『遇犬獲之』，釋文曰：『遇，世讀作愚。』莊子則陽篇『匿爲物而愚不識』，釋文曰：『愚本作遇。』竝其證也。愚字與上句智字正相對。玉篇：『悗，惑也。』然則遇悗猶愚惑也。『説以智通而實以愚悗』，與下文『譽以高賢而充以卑下，贊以潔白而隨以汙德，任以公法而處以貪枉，用以勇敢而堙以罷怯』諸句一律，下兩字與上兩字義皆相反，因借遇爲愚，又誤『遇』爲『過』，而其義始晦矣。」**譽以高賢而充以卑下，**充，實。**贊以潔白而隨以汙德，**以汙穢之德，隨潔白之蹤，里諺所謂「牛頭而賣馬脯」，此理之謂也。○梁玉繩曰：「晏子春秋六：『懸牛首于門，而賣馬肉于内。』續漢書百官志三注引決録曰：『懸牛頭，賣馬脯，盜跖行，孔子語。』蘇子由送柳子玉詩：『銜牛沽馬脯。』（晏子條亦見説苑政理、決録條見光武詔。）」○松皋圓曰：「注『牛頭』上宜有『懸』字，『理』字衍。」**任以公法而處以貪枉，**與上「賣馬脯」義同。**用以勇敢而堙以罷怯，**將行罷怯，以充勇敢之用，故芎窮之似藁本，蛇牀之類薇蕪，碧盧之亂美玉，非猗頓不能別也。闇主之於名實，亦不能知也，是以趙高壅蔽二世，以鹿爲馬，此之類也。○畢沅曰：「『薇蕪』，博物志作『蘼蕪』。」**此五者，皆以牛爲馬，以馬爲牛，名不正也。故名不正則人主憂勞勤苦，而官職煩亂悖逆矣。國之亡也，名之傷也，從此生矣。白之顧益黑，**顧，反。**求之愈不得者，其此義邪！**此牛名馬之類也。**故至治之務在於正名，名正則人主不憂勞矣，不憂勞則不傷其耳目之主，**主猶性也。○畢沅曰：「案注似『主』本是『生』字。」**問而不詔，**詔，教也。好問而行之，不自專獨爲教詔。**知而不爲，**雖知〔一〕之，不與爲名其功也。**和而不矜，**和則成矣，不自矜伐。**成而不處。**處，居也。老子曰「功成而弗居」，此之謂也。**止者不行，行者不止，因形而任之，不制於物，無肯爲使，**止者不行，謂土也。行者不止，謂水也。因形而任之，不令土行，不令水止也。不制於物者，不爲物所制，物不能制之也。若此人者，王公不能屈，何肯爲人之使令者乎？○陶鴻慶曰：「無肯爲使，言不爲物役。高注不肯爲人使令，非。」○維遹案：「形」原作「刑」，改從元刻本、張本。**清靜以公，**公，正。**神通乎六合，德耀乎海外，**六合，四方上下也。海外，四海之外。**意觀乎無窮，譽流乎無止，**流，行。**此之謂定性於大湫，**性，命也。大湫猶大竇。**命之曰無有。**無有，無形也。道無形，無形言得道也。**故得道忘人，乃大得人也，夫其非道也？**得道澹然無所思慮，故忘人也，而人慕之，此乃所以大得人也。夫其非道也，亦在其人也，不能使人人得之也，故曰「夫其非道也」。○畢沅曰：「舊本作『夫非其道也』，注同。今案下數句皆『其』字在『非』字上，今亦依例乙轉。」○陶鴻慶曰：「『夫其非道也』，『也』當讀爲『邪』，言忘人而大得人，安得謂之非道乎？蓋反言以明其爲道之至也。下文『夫其非德也』，『夫其不明也』，『夫其不假也』，『夫其不全也』，義並同。高注皆肌說，不可從。」**知德忘知，乃大得知也，夫其非德也？**自知有德，忘人知之，而人仰之，此乃所以大得知也。夫其非德也，亦在其人也，不能使人人知之也，故曰「夫其非德也」。**至知不幾，靜乃明幾也，夫其不明也？**幾，近也。至有德，雖萬里人猶知之，故曰「不幾」也。靜，

〔一〕「知」下四部叢刊本有「與」字。

安也。安處其德，乃所以使人明之也。望遠若近，故曰「靜乃明幾也」。夫其不明也，亦在其人也，明不能使人人見之，故曰「夫其不明也」。○畢沅曰：「盧云：『此所言幾，即今人所謂機警也。此與聖人言不逆詐，不億不信，先覺乃賢，意相似。注似非也。』」○劉師培曰：「『夫其不明也』，『明』當作『靜』。高據誤本爲説，非是。」**大明不小事，假乃理事也，夫其不假也？**大明者，垂拱無爲而化流行，不治小事也。假，攝。若周公、魯隱勤理成致之也。夫其不假也，亦在其人也。久假不歸，惡乃知非，故曰「夫其不假也」。○畢沅曰：「舊本正文『夫其不假』下缺『也』字，今依注補。」○陶鴻慶曰：「爾雅釋詁：『假，大也。』言事之大者，人君乃理之。高注解爲『假，攝』，且引周公、魯隱爲説，殊謬。」**莫人不能，全乃備能也，夫其不全也？**假攝者，務濟國事，事濟歸之，故曰「莫人不能，全乃備能也，夫其不全也」，亦在其人也。周公有流言之謗，魯隱有鍾巫之難，故曰「夫其不全也」。推其本情，但管、蔡傾邪，不達聖人之旨也，其大乎子翬有欲太宰之志，於是生之也。○畢沅曰：「注『其大乎』三字衍，仍當有一『公』字。又『生之』疑是『生心』。」○洪頤煊曰：「『莫』古通作『謨』字。謂有謀之人不自恃其能，至全乃備能也，與上文義相應。高注非。」○俞樾曰：「『莫人』當爲『真人』，字之誤也。隸書『真』字作『真』，『莫』字作『莫』，二形相似，故往往致誤。史記高祖功臣侯者表『甘泉戴侯莫搖』，漢表『莫搖』作『真粘』，新序雜事篇『黄帝學乎大真』，路史疏仡紀曰『大真或作大莫』，竝其證也。『真人不能，全乃備能也』，蓋即堯、舜不偏物之意。高注不知『莫』字之誤，曲爲之説，大謬。」○維遹案：俞説是。**是故於全乎去能，於假乎去事，於知乎去幾，所知者妙矣。**妙，微也。**若此則能順其天，意氣得游乎寂寞之**

宇矣，形性得安乎自然之所矣。全乎萬物而不宰，宰，主。澤被天下而莫知其所自始〔一〕，自，從〔二〕。始，首。雖不備五者，其好之者是也。人於此五者，雖不能備有，但能好慕則幾矣。

審分覽

二曰：得道者必靜，靜者無知。知乃無知，可以言君道也。故曰：中欲不出謂之扃，外欲不入謂之閉，○畢沅曰：「二語見文子上仁篇、淮南主術訓。」既扃而又閉。天之用密，有准不以平，有繩不以正。准，法。正，直。○畢沅曰：「『准』，說文本作『準』，从水，隼聲，而諸子書多省作『准』。五經文字云：『字林作准。』今姑仍舊本。」天之大靜，既靜而又寧，可以爲天下正。寧，安。正，主。身以盛心，心以盛智，○孫鏘鳴曰：「盛猶藏也。」智乎深藏，而實莫得窺乎。窺，見。鴻範曰：「惟天陰騭下民。」陰之者，所以發之也。陰陽升陟也。言天覆生下民，王者助天舉，發明之以仁義也。○李寶洤曰：「言陰覆之者，乃正所以發明之也。注非是。下『不出』、『不爲』亦相仿。」故曰：「不出於户而知天下，不窺於牖而知天道。因人之知以知之。○畢沅曰：「『故曰』者，本老子道德經之言。下二語亦是。」其出彌遠者，其知

〔一〕「始」，四部叢刊本作「姓」。
〔二〕「從」，四部叢刊本作「姓」。

彌少。」不知人而恃己明，不能察偏遠，故彌少也。故博聞之人，彊識之士，闕矣；闕，短。事耳目，深思慮之務，敗矣；敗，傷。堅白之察，無厚之辯，外矣。外，棄所以爲也。○吴先生曰：「注訓外爲棄，『所以爲』三字義無所施，蓋因下文而誤衍。」○維遹案：公孫龍子有堅白論，鄧析子有無厚篇。不出者，所以出之也。不爲者，所以爲之也。不出户庭而知天下，與出無異，故曰「所以出之」。不爲而有所成，與爲無異，故曰「所以爲之」。此之謂以陽召陽，以陰召陰。召，致也。○李寶洤曰：「疑應作『以陽召陰，以陰召陽』，求之下文可見。然二句本莊子徐無鬼篇。」○劉咸炘説同。末云：「不出、不爲陰也，出之、爲之陽也。以陰召陽，即上文陰之所以發之，彼注亦誤。」東海之極，水至而反。反，還。夏熱之下，化而爲寒。寒暑更也。○王念孫曰：「下猶後也。」故曰：「天無形而萬物以成，天無所制而物自成。○王念孫曰：「羣書治要引此『天』上有『昊』字。案下文『至精無象』句注云『説與昊天同』，則天上原有『昊』字明甚。（本句下注云『天無所制而物自成』，不言昊天者，省文耳。）『昊天無形』，『至精無象』，『大聖無事』，皆相對爲文也。」○俞樾曰：「『曰』乃『昊』字之誤。『昊』字闕壞，止存上半之『日』，因誤爲『曰』矣。下文高注曰『説與昊天同』，則其所據本正作『故昊天無形』。」至精無象而萬物以化，説與昊天同。○王念孫曰：「『象』當作『爲』。老子曰：『道常無爲而無不爲，侯王若能守之，萬物將自化。』又曰：『我無爲而民自化。』莊子天地篇曰：『無爲而萬物化。』皆其證也。隸書『象』字或作『為』，形與『爲』相似，故『爲』誤作『象』。形、成爲韻，爲、化爲韻，事、能爲韻。（爲古讀若譌，能古讀若而，竝見唐韻正。）若作『象』，則失其韻矣。管子兵法篇：『無設無形焉，無不可以成也。無形無爲焉，無不可以化也。』形、成爲韻，爲、化爲韻，正與此同。」陶鴻慶説同。大聖無事而千官盡能。」官得其人，人任其職，故盡能也。此乃謂不教之教，無言之詔。○維遹案：治要引「乃」字作「之」，與上文「此之謂以陽召陽，以陰召陰」辭例正同。故有以知君之狂也，以其言之當也；君狂言，臣不敢諫之，而自以其言爲當也，是以知其言之狂。○王念孫曰：「治要引注作『君狂言，臣下不敢諫止，而喜輕言，自以其言爲當，是以知其言之當』。」有以知君之惑也，以其言之得也。狂言而自得，所以知其惑也。○陶鴻慶曰：「此言君之狂，正以其言之當；君之惑，正以其言〔一〕之得，故下文云『君也者，以無當爲當，無得爲得者也』。此義亦見任數篇。高注解爲君狂言而自以爲當，自以爲得，殊失其旨。」君也者，以無當爲當，以無得爲得者也。當與得不在於君，而在於臣。待臣匡正。○維遹案：治要引注「正」字作「之」。故善爲君者無識，其次無事。有識則有不備矣，物不可悉識。備識其物，則爲不備也。○畢沅曰：「注『則爲』朱本作『則反有』。」○俞樾曰：「『無識』當爲『無職』。周官『職方氏』，脩華嶽碑作『識方氏』，是職與識古通用。『善爲君者無職，其次無事』，『無職』與『無事』義相近。若作『無識』，失其義矣。下文云『人主好以己爲，則守職者舍職而阿主之爲矣』，然則『善爲君者無職』，正以此也。高氏不知『識』之當爲『職』，乃曰『物不可悉識』，此曲說也。勿躬篇曰『人主知能不能之可以君民也，則幽詭愚險之言無不職矣』，無不職者，無不識也。此借識爲職，彼借職爲識，正可互證。」有事則有不恢矣，恢亦備也。不備不恢，此官之所以疑，而邪之所從來也。今之爲車者，數官然後成。輪輿轅軸，各自有材，故曰「數官然後成」。夫國豈特爲車哉！特，但。衆智衆能之所持也，不可以一物一方安車也。方，

〔一〕「言」下原衍「君」，據讀諸子札記刪。

道也。○王念孫曰：「治要『安』下無『車』字，是也。」○陶鴻慶曰：「此言爲國，不言爲車，『安車』之『車』，涉上文而衍。」

夫一能應萬、無方而出之務者，一者，道也。唯有道者能之。魯鄙人遺宋元王閉，鄙人，小人也。閉，結不解者也。元王號令於國，有巧者皆來解閉。人莫之能解。兒説之弟子請往解之。○畢沅曰：「韓非外儲説左上云：『兒説，宋人，善辯者也。』淮南人間訓注云：『宋大夫。』」乃能解其一，不能解其一，○陶鴻慶曰：「兩『能』字皆涉上下文而衍，本作『乃解其一，不解其一』。下文『鄙人曰：「我爲之而知其不可解也。今不爲而知其不可解也，是巧於我。」』正謂以不解解之，非可解而不能解也。衍兩『能』字，則非其旨。」且曰：「非可解而我不能解也，固不可解也。」問之魯鄙人，鄙人曰：「然。固不可解也，我爲之而知其不可解也。今不爲而知其不可解也，是巧於我。」故如兒説之弟子者，以不解解之也。言此不可以解也乃能解。鄭大師文終日鼓瑟而興，再拜其瑟前曰：「我效於子，效於不窮也。」故若大師文者，以其獸者先之，所以中之也。徼射其獸，走與矢會，故中之也。○陶鴻慶曰：「『以其獸者先之』二句，與大師鼓瑟事絶不相涉，『故若大師文者』之下當有脱句，爲師文之結論。『以其獸者』云云，據高注疑是引古善射者之事，而寫者奪之，其餘文與大師文事合併爲一耳。」○李寶洤曰：「效猶用也。獸者，蓋無知之意。言大師文之鼓瑟，效於瑟之自然，故可效於無窮。先使其心若獸之冥然無知，所以能中乎瑟之道。樂記：『知聲而不知音者，禽獸是也。』古人語質，不憚以獸爲喻。」故思慮自心傷也，思慮勞精神而亂於心，故自傷也。○陳昌齊曰：「『心』字据下文當删。」○俞樾曰：「『心』字衍文。『思慮自傷也，智差自亡也』，兩句一律。高注云云，正以『自傷』二字連文，可知本無『心』字，因涉注文『亂於心』句而誤衍耳。」○維遹案：治要引「思」上無「故」字，亦無「心」字。陳、俞説是。**智差自亡也，**差，過也。用智過差，極其情欲，以自消亡也。○俞樾曰：「差讀爲瑳。淮南子原道篇曰：『偶瑳〔一〕智故，曲巧譌詐。』」此云『智差』，即彼云『偶瑳智故』也，故與『思慮』相對。注未得其義。」○維遹案：吕覽纂「差」正作「瑳」。**奮能自殃，**奮，彊也。夏桀彊其能以肆無道，自取破滅之殃。**其有處自狂也。**○俞樾曰：「此當作『奮能自殃也，有處自狂也』，與上句『思慮自傷也，智差自亡也』兩句正一律。『也』字秦刻石文作『𠃟』，『其』字古鐘鼎文或止作『𠀠』，兩形微似，因而致誤。」○維遹案：治要及吕覽纂「殃」下竝有「也」字。**故至神逍遥倏忽而不見其容，至聖變習移俗而莫知其所從，離世别羣而無不同，**同，和。**君民孤寡而不可障壅，**孤寡，人君之謙稱也。能自卑謙名譽者，不可防障。○陶鴻慶曰：「『民』當爲『名』。高注云云，是其所據本正作『名』也。然高注實非吕氏本旨。此言人君雖自名孤寡，而不爲姦邪所障塞，即上文所謂『一能應萬』也，與上句『離世别羣而無不同』語意相類。」**此則姦邪之情得，**得猶知也。**而陰陂讒慝諂諛巧佞之人無由入。**無從自入而見用也。**凡姦邪險陂之人，必有因也。何因哉？因主之爲。**因猶順也。○陳昌齊曰：「『人』字据上文當作『入』。」○王念孫曰：「治要『也』字在『必有』上，注作『因猶隨也』。」**人主好以己爲，**己所好、情所欲則爲也。**則守職者舍職而阿**

〔一〕「瑳」，原作「差」，據諸子平議改。

主之爲矣。阿，從。阿主之爲，有過則主無以責之，則人主日侵而人臣日得。得其阿主之志也。是宜動者靜，宜靜者動也。尊之爲卑，卑之爲尊，從此生矣。此國之所以衰而敵之所以攻之者也。○維遹案：治要引「攻」下無「之者」二字。

奚仲作車，奚仲，黄帝之後，任姓也。傳曰：「爲夏車正，封于薛。」蒼頡作書。蒼頡生而知書，寫倣鳥跡以造文章。后稷作稼，后，君。稷，官也。烈山氏子曰柱，能植百穀蔬菜以爲稷。○畢沅曰：「杜在舜臣之稷之前。又下云『非至道者』，故不數弃，而以柱當之。」皋陶作刑，虞書曰：「皋陶，蠻夷猾夏，寇賊姦宄，女作士師，五刑有服。」昆吾作陶，昆吾，顓頊之後，吴回之孫，陸終之子，己姓也，爲夏伯制作陶冶埏埴爲器。○畢沅曰：「舊本注『吴回』下衍『黎』字，今删。」○梁玉繩曰：「作陶者當是陸終之子，非爲夏伯之昆吾氏也。注似誤合爲一人。」夏鮌作城，鮌，禹父也。築作城郭。此六人者所作當矣，當，合也。合其宜。然而非主道者。○舊校云：「『主』一作『至』。」故曰：「作者憂，因者平。○王念孫曰：「『憂』當作『擾』。任數篇『爲則擾矣，因則靜矣』，是其證。」陶鴻慶説同。惟彼君道，得命之情。」故任天下而不彊，此之謂全人。全人，全德之人，無虧闕也。

君守

三曰：凡官者，以治爲任，以亂爲罪。今亂而無責，則亂愈長矣。長，大。人主以好暴示能，以能暴示衆。○畢沅曰：「舊校云：『「暴」一作「爲」。』今案『爲』字是也。注『暴示』乃表暴之意。若作能爲威嚴解，正文與注竝窒礙。」○王念孫曰：「畢校是。『好爲』義見上篇。治要正作『好爲』，注亦無『暴』字。」**以好唱自奮。**奮，彊。**人臣以不爭持位，**孝經云：「臣不可以不爭於君。」此不爭持位，非忠臣也。**以聽從取容。**阿意曲從以自容。**是君代有司爲有司也，**有司，大臣也。大臣匡君，進思盡忠，退思補過。此聽從取容，無有正君者，君當自正耳，是爲代有司爲有司。○孫鏘鳴曰：「有司謂羣臣。注專屬大臣，非。」○陶鴻慶曰：「下『有司』字當衍，本作『是君代有司爲也』。君守篇云：『人君好以己爲。』本篇下云：『因者，君術也。爲者，臣道〔一〕也』。即此爲字之義。今本蓋校者不達其義而忘增耳。」**是臣得後隨以進其業。**後隨，隨後也。其業，不爭取容定業也。○維遹案：王念孫校本「業」下據上句及治要補一「也」字，注「定」字據治要改作「之」。**君臣不定，**君不君，臣不臣，故不定也。**耳雖聞不可以聽，**不可以聽五音。**目雖見不可以視，**不可以視五色。**心雖知不可以舉，**不可舉取。**勢使之也。**言其人不忠不正，苟取容説，志意傾邪，故曰「勢使之也」。**凡耳之聞也藉於靜，**藉，假也。靜無聲，乃有所聞，故藉於靜。**目之見也藉於昭，**昭，明也。非明，目無所見，故藉明以見物。**心之知也藉於理。**處物斷義，非理不決，故藉於理以決物。○維遹案：注「處物斷義」原作「去物斷義」，陳昌齊云：「去當作處。」案陳説是。張本正作「處」，今據改。**君臣易操，則上之三官者廢矣。**三官，耳目心。不得其正，故曰「廢」。**亡國之主，其耳非不可以聞也，其目非不可以見也，其心非不可以知也，君臣擾亂，上下不分別，雖聞曷**

〔一〕「道」，原作「術」，據正文改。

聞，雖見曷見，雖知曷知！ 雖知就利避害，不知仁義與就利避害之本也。去其本而求之於末，故曰「雖知曷知」。其聞、見之義亦然。**馳騁而因耳矣，此愚者之所不至也。** 馳騁，田獵也。田獵禽獸，亡國之主所樂及，脩其本者弗爲也，故曰「愚者之所不至也」。○吴先生曰：「『而因』語不可通，疑『因』當爲『田』字，形似而譌。文云『馳騁而田』，故注以『馳騁田獵』釋之。」**不至則不知，不知則不信。** 言不知其君，不信備〔一〕仁義，無欲爲可以致治安國之本。**無骨者不可令知冰。** 亡國之主，不知去貪暴，施仁惠，若無骨之蟲，春生秋死，不知冬寒之有冰雪。**有土之君能察此言也，則災無由至矣。**

且夫耳目知巧，固不足恃，惟脩其數、行其理爲可。 理，道。**韓昭釐侯視所以祠廟之牲，其豕小，** 昭釐，謚也。晉宣子起之後也。起生貞子，居平陽。生康子，與趙襄子共滅智伯而分其地。生武子，都宜陽。生景侯處〔二〕，徙陽翟。釐侯，景侯子也。○畢沅曰：「梁伯子云：『史記韓世家：貞子生簡子，簡子生莊子，莊子生康子。徐廣謂史記多無簡子、莊子。人表亦同。然韓簡子見左傳及史晉、趙世家，惟莊子無攷。今史記據世本，誘似未見此也。昭釐侯，史作昭侯，乃懿侯子，非景侯子也。』」**昭釐侯令官更之。** 以豕小，使官更易大者。**官以是豕來也，昭釐侯曰：「是非嚮者之豕邪？」官無以對。命吏罪之。從者曰：「君王何以知之？」君曰：「吾以其耳也。」** 言識其耳。**申不害聞之，** 申不害，鄭之京人，昭釐侯之相。**曰：「何以知其**

〔一〕「備」，原作「脩」，據四部叢刊本改。
〔二〕「處」，史記、大事紀作「虔」。

聾？以其耳之聰也。○畢沅曰：「『聰』，舊本作『聽』，訛，今案下文改。聰與聾韻協。」○注中曰：「『聽』當作『聰』。」何以知其盲？以其目之明也。何以知其狂？以其言之當也。故曰：去聽無以聞則聰，去視無以見則明，去智無以知則公。去三者不任則治，三者任則亂。」任，用也。○陳昌齊曰：「『去』當作『夫』。」以此言耳目心智之不足恃也。耳目心智，其所以知識甚闕，闕，短。其所以聞見甚淺。以淺闕博居天下，安殊俗，治萬民，其説固不行。博，曠。固，必。十里之間而耳不能聞，帷牆之外而目不能見，三畝之宮而心不能知，其以東至開梧，東極之國。○畢沅曰：「『其以』，意林作『而欲』。」南撫多顯，南極之國。○畢沅曰：「『顯』，意林作『鷃』。」西服壽靡，西極之國。「靡」亦作「麻」。○畢沅曰：「大荒西經作『南服壽麻』，『南』字訛。注引亦作『麻』。」○維遹案：靡、麻古通。漢書地理志「益州郡收靡」，李奇云：「靡音麻。」可證。北懷儋耳，北極之國。○畢沅曰：「大荒西經作『闒耳』。」○劉師培曰：「山海經注引作『闒』，蓋『闒』通作『耴』，別本作『耴』，因訛爲『耽』，與淮南同。後人習聞南方有儋耳，又易爲『儋』，此今失晉本之舊者也。○維遹案：大荒北經有儋耳之國，郝懿行云：「『儋』依字當爲『瞻』，見説文。此是北瞻耳也。」正與此合。若之何哉？○畢沅曰：「意林作『何以得哉』。」故君人者，不可不察此言也。治亂安危存亡，其道固無二也。故至智棄智，至仁忘仁，至德不德，無言無思，靜以待時，時至而應，心暇者勝。凡應之理，清淨公素，而正始卒，焉此治紀〔一〕，無唱有和，無先有隨。古之王者，其所爲少，其所因多。因者，君術也。爲者，臣道也。爲則擾矣，因則靜矣。因冬爲寒，因夏爲暑，君奚事哉！故曰：君道無知無爲，而賢於有知有爲，則得之矣。賢，愈。得，知。

有司請事於齊桓公，桓公曰：「以告仲父。」有司又請，公曰：「告仲父。」若是三。○孫先生曰：「書鈔四十九引作『若是者三』，與新序雜事四同。今本疑脱『者』字。」習者曰：「一則仲父，二則仲父，易哉爲君！」習，近習，所親臣也。○劉師培曰：「書鈔四十九引『習』作『贊』。」桓公曰：「吾未得仲父則難，已得仲父之後，曷爲其不易也？」○劉師培曰：「書鈔四十九引『後』作『教』。」桓公得管子，事猶大易，又況於得道術乎？

孔子窮乎陳、蔡之間，藜羹不斟，七日不嘗粒，無藜羹可斟，無粒可食，故曰不斟不嘗。○畢沅曰：「『斟』乃『糂』之訛。説文：『糂，以米和羹也。』前慎人篇作『不糝』。」○維遹案：畢説是。類聚七十九引作「糝」，風俗通窮通篇同。墨子非儒下篇、荀子宥坐篇竝作「糂」，楊注：「糂與糝同，蘇覽反。」説文云：「古文糂从參。」則糝、糂古今字。晝寢。顔回索米，得而爨之，幾熟。孔子望見顔回攫其甑中而食之。選間，食熟，選間，須臾。謁孔子而進食。孔子佯爲不見之。○俞樾曰：「『孔子佯爲不見之』七字，當在上文『選間，食熟』之

〔一〕四部叢刊本「紀」下有注「一作治亂」。

上。吕氏本文蓋云『孔子望見顔回攫其甑中而食之，孔子佯爲不見之。選間，食熟，謁孔子而進食。』今到其文，則義不可通。李善注文選君子行因并删此七字矣。」孔子起曰：「今者夢見先君，食潔而後饋。」○畢沅曰：「孫云：『御覽八百三十八『後』作『欲』。李善注文選陸士衡君子行作『食潔故饋』。」顔回對曰：「不可。嚮者煤炱入甑中，棄食不祥，回攫而飯之。」煤炱，煙塵也。入猶墮也。○畢沅曰：「『煤炱』，舊本訛作『煤室』。孫云：『選注作「炱煤」。』梁仲子云：『盧玉川詩「當天一搭如煤炱」，政用此。』室與炱形近致訛，今定作『煤炱』。舊本注『煙塵』下多『之煤』二字，乃衍文。又『墮』作『墜』。今皆依選注删正。」○王引之曰：「文選陸機君子行注引此，『煤室』作『炱煤』，又引高注『炱煤，煙塵也。炱讀作臺。』家語在厄篇『炱煤』作『炱墨』。（今本家語『炱』誤爲『埃』，蓋『炱』字似『矣』而誤爲『矣』，後人又加土旁耳。墨、煤古同聲，説見唐韻正。）説文：『炱，灰炱煤也。』一切經音義十五引通俗文云：『積煙爲炱煤。』案『煤室』當作『臺煤』，臺與室字形相似而誤，蓋正文借臺爲炱，而注讀臺爲炱也。今本『臺煤』二字誤倒，『臺』字又譌作『室』，而注内復有脱文。文選注所引『炱煤』，亦當作『臺煤』，其引高注『炱讀作臺』，當是『臺讀作炱』，今本文選亦後人所改。『炱』爲正字，『臺』爲借字，故云『臺讀作炱』。若云『炱讀作臺』，則是反以假借之字易正字，不可通矣。畢校本據文選注改『煤室』爲『煤炱』，非也。炱與室形聲俱不相近，若本是『炱』字，無緣誤爲『室』，且文選注及説文、玉篇、一切經音義皆作『炱煤』，非作『煤炱』也。」○鹽田曰：「『回攫』，唐類函『回』作『因』。」孔子歎曰：「所信者目也，而目猶不可信。所恃者心也，而心猶不足恃。目見妄，不可信。心憶妄，不足恃。弟子記之，知人固不易矣。」記，識。故知非難也，孔子之所以知人難也。○陶鴻慶曰：「『孔子之』三字衍文。此因孔子『知人固不易』之言而申説之，故曰『故知非難也，所以知人難也』。若專主孔子言，則非本篇之旨矣。」

任數

四曰：人之意苟善，雖不知，可以爲長。長，上。故李子曰：「非狗不得兔，兔化而狗，則不爲兔。」○陶鴻慶曰：「此三句文不成義，蓋傳寫亂之也。元文當云：『非狗不得兔，狗化爲兔，則不得兔。』下文云『人君而好爲人官，有似於此。其臣蔽之，人時禁之，君自蔽則莫之敢禁』，即承此意言之。『其臣蔽之，人時禁之』者，所謂非狗不得兔也。『君自蔽則莫之敢禁』者，所謂狗化爲兔則不得兔也。」○維遹案：陶説是。李本、黄本正作「狗化爲兔」。又案：李子即李悝。驕恣篇亦引其言。蘇時學云「漢書藝文志有李子三十二篇，李悝之言也。悝書失傳，人罕知之，唯食貨志採其盡地力之教近三百言」云。案李書隋、唐志均不著録，馬國翰有輯本一卷。人君而好爲人官，有似於此。作君而好治人官職，似兔化而爲狗也。○孫先生曰：「注『人官職』當作『人臣之職』。下注可證。」其臣蔽之，人時禁之，人時有止之者。○陶鴻慶曰：「『人時』疑『君得』二字之誤。」君自蔽則莫之敢禁。夫自爲人官，自蔽之精者也。精，甚。袚篲日用而不藏於篋，袚篲，賤物也，日用掃除，故不藏於篋。喻人君好治人臣之職，與袚篲何異。故用則衰，動則暗，作則倦。君用思臣職，則志衰也。舉動作臣安社稷利民之事，未必能獨當，是自見蒙闇也。代臣作趨走力役之事，則心倦。衰、暗、倦三者，非君道也。

大橈作甲子，黔如作虜首，○畢沅曰：「舊校云：『「虜」一作「慮」。』案『虜』與『慮』皆不可解。世本云：

『隸首作數。』或是此誤。亦疑『虜首』當是『蔀首』。」○孫先生曰：「疑原文作『虜首作數』。世本云『隸首作數』，虜、隸聲義竝近，虜首即隸首也。『黔如』二字左旁與數字相似，蓋『數』字誤分爲二文，展轉寫爲『黔如』，又到置於上，故不可解耳。」**容成作麻，羲和作占日，尚儀作占月，**○畢沅曰：「尚儀即常儀。古讀儀爲何，後世遂有嫦娥之鄙言。」**后益作占歲，胡曹作衣，夷羿作弓，祝融作市，儀狄作酒，高元作室，虞姁作舟，伯益作井，赤冀作臼，乘雅作駕，**○畢沅曰：「舊校云：『「雅」一作「持」。』案荀子解蔽篇云『乘杜作乘馬』，楊倞注云：『呂氏春秋作「一駕」。』『一』字或衍文。疑舊校『持』字乃『杜』字之誤，杜即相土也。」○王國維曰：「史記殷本紀：『契卒，子昭明立，昭明卒，子相土立。』『相土』之字，詩商頌、春秋左氏傳、世本帝繫篇皆作『土』，而周禮校人注引世本作篇『相士作乘馬』，作『士』，（楊倞荀子注引世本此條作『土』。）而荀子解蔽篇曰『乘杜作乘馬』，呂覽勿躬篇曰『乘雅作駕』，注『雅一作持』，持、杜聲相近，則『土』是『士』非。楊倞注荀子曰『以其作乘馬，故謂之乘杜』，是『乘』本非名。相土或單名土，又假用杜也。」**寒哀作御，**○畢沅曰：「寒哀即世本韓哀，古寒、韓通。『哀』舊本作『衰』，誤。孫云：『蜀志郤正傳注引作韓哀。』」**王冰作服牛，**○王國維曰：「篆文『冰』作『仌』，與『亥』字相似，『王仌』亦『王亥』之譌，世本作篇『胲作服牛』，其證也。服牛者，即大荒東經之『僕牛』，古服、僕同音。楚辭天問：『該秉帝德，厥父是臧，胡終弊于有扈，牧夫牛羊？』又曰：『恒秉季德，焉得夫朴牛？』『該』即『胲』，『有扈』即『有易』，『朴牛』亦即『服牛』。是山海經、天問、呂覽、世本皆以王亥爲始作服牛之人。蓋夏初奚仲作車，或尚以人挽之，至相土作乘馬，王亥作服牛，而車之用益廣。」**史皇作圖，巫彭作醫，巫咸作筮，**著，筮。○馬叙倫曰：「『史皇作圖』，即君守篇之『蒼頡作書』也。倉頡所造爲象形、指事、會意之文，皆圖畫也，故亦曰作圖。倉頡造文，因以記事，記事之職，是謂史官。倉頡始爲史官，故號史皇。後世不悟，歧爲兩人兩事。呂氏書不出一人，故君守、勿躬兩歧，或當時作者亦已不明圖書之同體矣。」此二十官者，聖人之所以治天下也。聖王不能二十官之事，然而使二十官盡其巧，畢其能，聖王在上故也。聖王在上，官使人人任其事也，故盡畢其巧能也。聖王之所不能也，所以能之也；用其人，得其任，故所以能。所不知也，所以知之也。老子曰：「不知乃知之。」此之謂。養其神、脩其德而化矣，無所思慮勞神，是養神也。無狀而能化，化育萬物謂也。○畢沅曰：「『謂』疑衍。否，或上當有『之』字。」豈必勞形愁弊耳目哉！○維遹案：「愁」下疑脱「慮」字。察微篇云：「相與積心愁慮以求之。」察賢篇云：「天下之賢主，豈苦形愁慮哉，執其要而已矣。」足證本書多以「愁慮」連文。是故聖王之德，融乎若日之始出，極燭六合，極，北極，天太陰也，日能燭之。○畢沅曰：「『日』舊譌『月』，注同。趙云：『極燭猶言徧燭。注非。』」而無所窮屈；昭乎若日之光，變化萬物而無所不行。神合乎太一，生無所屈，而意不可障。大通也。神與通合生道，乃無詘厭，志意通達，不可障塞。○吴先生曰：「注文當作『太一，道也。神與道合生□，乃無所詘厭』云云。說文：『惟初太極，道立於一。』阮籍通老論：『道者，法自然而爲化，易謂之太極，春秋謂之元，老子謂之道。』然則太極也，太一也，道也，同物而異名。此注以道釋太一，易、禮、孔、老之舊説也。原文『大通也』多有奪誤，幾不可通矣。」精通乎鬼神，深微玄妙，而莫見其形。今日南面，百邪自正，而天下皆反其情；南面，當陽而治，謂之天子也。反，本。○畢沅曰：「朱本注末有『也』字。」黔首畢樂其志，安育其性，而莫爲不成。莫，無。故善爲君者，矜服性命之情，而百官已治矣，○王念孫曰：「『矜』疑當作『務』。」俞樾説同。黔首已親矣，名號已章矣。

章，明也。

管子復於桓公，復，白。曰：「墾田大邑，○畢沅曰：「新序『大』作『剏』，韓詩外傳作『墾田仞邑』。」○維遹案：管子小匡篇作「墾草入邑」。韓非外儲説左下作「墾草仞邑」，注「仞，入也」，即本管子。廣雅釋詁：「入，得也。」此當各依本書爲解。辟土藝粟，盡地力之利，○孫先生曰：「御覽二百七十三引無『力』字，與管子小匡篇、新序雜事篇同。」臣不若甯遬，請置以爲大田。甯遬，甯戚。○畢沅曰：「古戚、速同音。遬即速。」登降辭讓，進退閑習，臣不若隰朋，請置以爲大行。大行，官名也。周禮：「大行人掌大賓客之禮，以親諸侯。」蚤入晏出，犯君顏色，進諫必忠，不辟死亡，不重貴富，臣不若東郭牙，請置以爲大諫臣。楚有箴尹之官，亦諫臣。○畢沅曰：「外傳、新序皆無『大』字。御覽二百七十三無『臣』字。」梁仲子云：「管子小匡篇作『鮑叔牙爲大諫。』」○王念孫曰：「管子作鮑叔牙，誤，當從吕覽。」平原廣城，○畢沅曰：「『城』疑『域』，新序作『囿』。」○維遹案：管子「城」作「牧」。車不結軌，士不旋踵，結，交也。車兩輪間曰軌。鼓之，三軍之士視死如歸，○孫先生曰：「御覽引『鼓之』下有『而』字。管子、新序同。」臣不若王子城父，○畢沅曰：「新序作『成甫』，外傳亦作『成』。」請置以爲大司馬。司馬，主武之官也。周禮「大司馬之職，掌建國之九法，以佐王平邦國」也。決獄折中，不殺不辜，不誣無罪，臣不若弦章，○畢沅曰：「管子作賓須無。王厚齋云：『案説苑弦章在景公時，當以管子爲正。』梁仲子云：『小匡篇作「子旗爲大理」，子旗蓋弦章之字。』孫云：『韓非外儲説左下作弦商，新序四作弦寧。』」○王念孫曰：「韓子作弦商。商與章古字通。費誓『我商賚爾』，徐邈音章，荀子王制篇『審詩章』作『審詩商』，皆是也。新序作弦寧，即弦章之譌。」請置以爲大理。大理，治獄官。君若欲治國彊兵，則五子者足矣。君欲霸王，則夷吾在此。」○孫先生曰：「御覽引『君』下有『若』字。管子作『若欲霸王，夷吾在此』，亦有『若』字。」桓公曰：「善。」令五子皆任其事，以受令於管子。受管子之令。十年，九合諸侯，一匡天下，皆夷吾與五子之能也。管子，人臣也，不任己之不能，○畢沅曰：「黄氏日抄引作『不任己之能』。」○維遹案：御覽二百七十二引作「不用己之不能」。而以盡五子之能，況於人主乎！

人主知能不能之可以君民也，○陶鴻慶曰：「『知能』二字誤倒，本作『人主能知不能之可以君民也』。下文云『夫人君而知無恃其能』，文義並與此同，『而知』亦即『能知』，古能、而通用。」則幽詭愚險之言無不職矣，○王念孫曰：「『愚』即暫遇姦宄之『遇』。『職』當作『聀』。」○孫鏘鳴曰：「『職』疑作『識』。」○維遹案：許本「職」作「識」。俞樾云「此借『職』爲『識』」。百官有司之事畢力竭智矣。五帝三王之君民也，○維遹案：張本、宋邦乂本、李本、凌本「王」竝作「皇」。下固不過畢力竭智也。夫君人而知無恃其能勇力誠信，則近之矣。凡君也者，處平靜，任德化，以聽其要，若此則形性彌羸而耳目愈精，百官慎職而莫敢偷綖，偷，解。綖，緩。○舊校云：「『慎』一作『順』。」○王念孫曰：「『羸』當爲『贏』，字之誤也。贏與盈古字通。言人君能處平靜，任德化，則形性充盈，而耳目聰明也。『綖』當爲『綎』，亦字之誤也。綎讀爲挺。仲夏篇『挺衆囚』，高注曰：『挺，緩也。』鄭注月令曰：『挺猶寬也。』寬亦緩也。後漢書臧宮傳『宜小挺緩，令得逃亡』，傳燮傳『賊得寬挺』，李賢竝云：『挺，解也。』解亦緩也。故序卦傳云：『解者，緩也。』挺與綎古字通。『愉』即安肆日偷之偷，（偷古作愉，見周官大司徒。）故注訓愉爲解，（與懈同。）綖爲緩也。此以贏、綖、名爲韻，若作綖則失其韻矣。」○維遹案：王説是。凌本「贏」作「嬴」。**人事其事，以充其名。**上「事」，治也。**名實相保，之謂知道。**○陶鴻慶曰：「『之謂』二字誤倒。『名實相保，謂之知道』，本四字句，保與道爲韻。○維遹案：陶説非。「之」猶是也。尊師篇云：「能全天之所生而勿敗之，是謂善學。」莊子天地篇云：「無爲爲之，之謂天。」辭例同此。

勿躬

五曰：明君者，非偏見萬物也，明於人主之所執也。有術之主者，非一自行之也，知百官之要也。知百官之要，故事省而國治也。明於人主之所執，故權專而姦止。姦止則説者不來，而情諭矣。情者不飾，飾，虛。**而事實見矣。此謂之至治。至治之世，其民不好空言虛辭，不好淫學流説，**不學正道爲淫學。邪説謂之流説。○俞樾曰：「流説即游説也，流、游義得相通。漢書項籍傳『必居上游』，注曰：『游即流也。』韋玄成傳『德盛而游廣』，注曰：『游亦流也。』匡謬正俗曰：『斿者旌旗之斿，訓與旒同。』然則從斿從㐬之字本得通用。荀子勸學篇『昔者瓠巴鼓瑟而流魚出聽』，流魚即游魚也。游説之爲流説，猶游魚之爲流魚矣。」**賢不肖各反其質，**反，本。質，正。**行其情不雕其素，**素，樸也。本性純樸，不雕飾之以爲華藻也。○畢沅曰：「『行其情』，舊作『其行情』。孫云：『李善注文選齊竟陵王行狀引作「行其情」。』今依乙正。」**蒙厚純樸以事其上。**○王念孫曰：「蒙讀敦庬之庬。」○俞樾曰：「蒙與厚同義。詩長發篇『爲下國駿庬』，毛傳曰：

「厖，厚也。」荀子榮辱篇引作『爲下國駿蒙』，楊注曰：『蒙讀爲厖，厚也。』此云『蒙厚純樸以事其上』，蒙亦當讀爲厖。厖厚爲一義，純樸爲一義。」若此，則工拙愚智勇懼可得以故易官，易官則各當其任矣。○維遹案：文選謝靈運從游京口北固應詔詩注引作「若此則工拙愚智可得而知矣」，義勝。下文未申述勇懼之義，與選注引合。故有職者安其職不聽其議，有亂衆干度之議者不聽之。無職者責其實以驗其辭。驗，功。○畢沅曰：「『功』字必誤，疑當爲『效』，又疑是『効』。」此二者審，則無用之言不入於朝矣。君服性命之情，去愛惡之心，愛惡，好憎。用虛無爲本，虛無，無所愛惡也。無所愛惡則公正，治之本也。以聽有用之言，謂之朝。有用之言，謂忠正有益於國者。凡朝也者，相與召理義也，召，致。相與植法則也。植，立。上服性命之情，則理義之士至矣，法則之用植矣，枉辟邪撓之人退矣，撓，曲。貪得僞詐之曹遠矣。曹，衆。故治天下之要存乎除姦，除姦之要存乎治官，治官之要存乎治道，治道之要存乎知性命。知性命則不珍難得之物，不爲無益之事，唯道是從，利民而已。○陶鴻慶曰：「『治道』皆當爲『知道』。勿躬篇云：『名實相保，之謂知道。』」○維遹案：「存」字均當作「在」，本書存、在二字往往互誤。務本篇云「安危榮辱之本在於主，主之本在於宗廟，宗廟之本在於民，民之本在於有司」，管子重令篇云「故安國在乎尊君，尊君在乎行令，行令在乎嚴罰」，辭例與此正同。故子華子曰：「厚而不博，敬守一事，子華子，體道人也。一事，正事。正性是喜。羣衆不周，而務成一能。一能，專一之能，言公正。盡能既成，四夷乃平。平，和。唯彼天

符，不周而周。忠信爲周。**此神農之所以長，而堯、舜之所以章也。」**長猶盛也。章，著明也。以，用也。**人主自智而愚人，自巧而拙人，**自智謂人愚，自巧謂人拙。詩云：「惟彼不順，自獨俾臧。自有肺腸，俾民卒狂。」愚拙者，此之謂也。○畢沅曰：「注『此』字疑衍。」**若此則愚拙者請矣，**君自謂智而巧，故愚拙者從之請也。**巧智者詔矣。**詔，教。**詔多則請者愈多矣，**聽益亂。**請者愈多，且無不請也。主雖巧智，未無不知也。**未能盡無所不知也。**以未無不知應無不請，其道固窮。**固，必。**爲人主而數窮於其下，將何以君人乎？窮而不知其窮，其患又將反以自多，**反，更。多，大。**是之謂重塞之主，無存國矣。**○陳昌齊曰：「『重塞』二字當疊。」○陶鴻慶曰：「『重塞』二字當疊。審爲篇云：『不能自勝而强不縱者，此之謂重傷，重傷之人，無壽類矣。』此文例與彼同。」○劉師培曰：「治要於『重塞』二字均爲疊詞。」**故有道之主，因而不爲，**因循舊法，不改爲。**責而不詔，**責臣成功，不妄以偏見教詔。○維遹案：治要引注作「責臣成功，不妄有所教詔」。**去想去意，靜虚以待，不伐之言，不奪之事，**○王念孫曰：「『伐』疑當作『代』。」○陶鴻慶曰：「兩『之』字指有司言。『伐』當爲『代』字之誤。淮南主術訓誤同。」**督名審實，官使自司，**○維遹案：「自司」當作「有司」，自、有形近致譌。淮南主術篇正作「官使有司」，（原脱「官」字，據王念孫校補。）是其證。**以不知爲道，以奈何爲實。**道尚不知，不知乃知也。以不知爲貴，因循長養，不戾自然之性，故以不可奈何爲實也。○畢沅曰：「自『有道之主』以下，亦見淮南主術訓，一二文異，不復别出。此爲『實』，舊校云『一作「寶」』，則正與淮南合。觀此注意，似亦當作『寶』爲是。」○俞樾曰：「舊校云『實一作寶』，與淮南主術篇合，當從之。高注『實』亦『寶』字之誤，惟正文但言『奈何』，而注文增出『不可』，恐非其旨。柰何即如何。昭十二年公羊傳注曰：『如猶柰也。』是柰與如同義。既以不知爲道，則遇事必曰『如何如何』，故以『如何』爲寶也。孔子曰：『不曰如之何如之何者，吾末如之何也已矣。』可證此義。下文『堯曰：「若何而爲及日月之所燭？」舜曰：「若何而服四荒之外？」禹曰：「若何而治青北，化九陽、奇怪之際？」』引三聖人言，皆有『若何』二字，若何即柰何也。以柰何爲寶之義，呂氏自申明之如此，足見高注之非。」○劉師培曰：「『柰何』當從文子上仁篇作『禁苛』，高以『不可柰何』爲訓，所據本已誤。」○劉先生曰：「作『寶』者是也。此文以道、寶爲韻，作『實』則義既不可通，又失其韻矣。淮南子許注『道貴無形，無形不可柰何，道之所以爲寶也』，最得此文之誼。」○維遹案：王念孫校本亦改「實」爲「寶」。治要引注作「道尚不知，不知乃知也，故以不知爲道，道尚因循長養，不違戾自然之性。」**堯曰：「若何而爲及日月之所燭？」**燭，照。**舜曰：「若何而服四荒之外？」**荒，裔遠也。○維遹案：注「裔」下脱「外」字。外訓遠，高注常見。**禹曰：「若何而治青北，化九陽、奇怪之所際？」**皆四夷之遠國。際，至也。○王念孫曰：「『青北』疑當作『青丠』。」○孫詒讓曰：「『青北』當作『青丠』。『奇怪』當作『奇肱』。求人篇云：『禹東至鳥谷、青丘之鄉。』又云：『南至九陽之山，西至其肱、一臂、三面之鄉。』（其、奇字通。）山海經海外東經云：『青丘國在朝陽北。』又海外西經云：『奇肱之國在一臂北，其人一臂三目。』『北』即『丠』之壞字。（『丠』，隸書作『丘』。）『肱』，説文作『厷』，與『怪』形近，故譌。」

趙襄子之時，以任登爲中牟令，○畢沅曰：「韓非外儲説左上『任登』作『王登』。」○維遹案：韓非作「王登」，「王」即「壬」字之誤，壬與任同，顧廣圻已校及。攷淮南人間篇，任登勸魏宣子與智伯地之事，疑任登仕魏又仕趙矣。**上計言於襄子，**○徐時棟曰：「『計』字見周官，後世『大計』本此，而襄子此事尤與後世保舉之法相類。督撫以大計之年保舉賢員，送入引見。既引見，不復有所考較，即以薦者之言爲信，而官之矣，而升擢之矣。」**曰：「中牟有**

士曰膽、胥己，請見之。」○畢沅曰：「韓非作『中章、胥己』，是二人。下云『一日而見二中大夫』。」○梁玉繩曰：「膽姓甚僻。」○王念孫曰：「『膽』疑『瞻』之誤。瞻、章聲近而通，上又脱『中』字耳。大雅桑柔篇『民人所瞻』，與相、臧、腸、狂爲韻，是瞻可讀爲章也。」襄子見而以爲中大夫。以，用也。相國曰：「意者君耳而未之目邪？爲中大夫若此其易也，○畢沅曰：「『易』，舊作『見』，訛，今案文義改正。」非晉國之故。」故，法。襄子曰：「吾舉登也，已耳而目之矣。登所舉，吾又耳而目之，謂耳任登之名，目任登之實，登之所舉，豈復假耳目哉。○畢沅曰：「舊本『吾又耳而目之』下亦有『矣』字，今從韓非去之。」是耳目人終無已也。」遂不復問，而以爲中大夫。襄子何爲任人，則賢者畢力。畢，盡也。

人主之患，必在任人而不能用之，用之而與不知者議之也。絶江者託於船，致遠者託於驥，霸王者託於賢。伊尹、吕尚、管夷吾、百里奚，此霸王者之船驥也。○孫先生曰：「此文不當有『者』字，蓋涉上文『霸王者託於賢』而衍。治要引無『者』字。説苑尊賢篇作『此霸王之船乘也』，亦無『者』字。」釋父兄與子弟非疏之也，言其父兄子弟不肖，不能爲霸王之船驥，故釋之，非苟遠也。任庖人釣者與仇人僕虜非阿之也，持社稷立功名之道不得不然也。庖人即伊尹，釣者即吕尚，仇人即管夷吾，僕虜即百里奚之輩。非阿之，取其可以爲社稷功名之道。○孫先生曰：「『庖人釣者』，當作『庖人釣屠』，與『仇人僕虜』對文。注『釣者即吕尚』，當作『釣屠即吕尚』，與『僕虜即百里奚』相對。此緣『屠』字捝去上半，誤爲『釣者』，不得不改注以就之。吕尚之事，書傳所載各異，六韜言其漁釣，國策言其賣飯，楚詞注言其屠牛，是正文『釣屠』與注亦正相合。説苑尊賢篇作『任庖人釣屠與仇讎僕虜，非阿之也』，是其證。治要引吕覽正文及注亦作『釣者』，是唐人所見本已誤。淮南氾論篇『太公之鼓刀』，注云『河内汲人，有屠釣之困』，是也。」又曰：「治要引正文『持』上有『用』字，引注作『僕虜即百里奚也。非阿私近之也，用其以持社稷立功名之道也，故曰不得不然』，較今本爲優。」**猶大匠之爲宫室也，量小大而知材木矣，訾功丈**〔一〕**而知人數矣。**訾，相也。相功力丈尺，而知用人數多少也。○畢沅曰：「説苑尊賢篇作『比功校而知人數矣』。」**故小臣、吕尚聽而天下知殷、周之王也，**殷之盡，周之興。○畢沅曰：「此注誤。小臣，湯之師也，謂伊尹，見尊師篇。」**管夷吾、百里奚聽**○畢沅曰：「舊校云：『一作任。』案説苑作『任』。」**而天下知齊、秦之霸也，豈特驥遠哉！**○畢沅曰：「當作『豈特船驥哉』。說苑作『豈特船乘哉』。」

夫成王霸者固有人，亡國者亦有人。桀用羊辛，○畢沅曰：「説見當染篇。」**紂用惡來，宋用唐鞅，**○畢沅曰：「從説苑作唐鞅，亦見當染篇。舊本作『駃唐』，誤。」**齊用蘇秦，而天下知其亡。**○畢沅曰：「舊本無『知』字，又『其』字訛作『甚』，今亦從説苑改正。」**非其人而欲有功，譬之若夏至之日而欲夜之長也，**○畢沅曰：「『若』，説苑作『苦』。」**射魚指天而欲發之當也，**當，中。**舜、禹猶若困，而況俗主乎！**○畢沅曰：「『苦』，説苑作『亦』。」

知度

六曰：失之乎數，求之乎信，疑。失誠信之數，欲人信之，故疑。**失之乎勢，求之乎國，危。**失

〔一〕四部叢刊本「丈」下有注「一作力」。

居上之勢，以恃有國，故危也。吞舟之魚，陸處則不勝螻蟻。螻蟻食也。○吴先生曰：「注『食也』疑當作『食之』，文義乃順。」權鈞則不能相使，勢等則不能相并，治亂齊則不能相正，故小大輕重少多治亂不可不察，察，知也。此禍福之門也。

凡冠帶之國，舟車之所通，通，達。不用象譯狄鞮，方三千里。周禮：「象胥掌蠻、夷、閩、越、戎、狄之國使，傳通其言也。」東方曰羈，南方曰象，西方曰狄鞮，北方曰譯，國語所謂曰羈南三千里内，被服五常，華夏之盛明，胡不用象譯狄鞮也。○畢沅曰：「注『象胥』下舊本衍『古』字，今删。『閩越』周禮作『閩貊』。王制『東方曰寄』，此作『羈』，未詳何出。『國語所謂曰羈南』七字，疑衍文。『胡』字亦疑衍。」○陳昌齊曰：「注『所謂』下脱『舌人』二字。其『曰羈南』三字因上文而衍也。『胡』字亦衍。」王念孫説略同。古之王者，擇天下之中而立國，國，千里之畿。擇國之中而立宫，擇宫之中而立廟。天下之地，方千里以爲國，所以極治任也。非不能大也，其大不若小，其多不若少。在德不在人，傳曰：「楚子觀兵于周疆，問鼎之大小輕重焉。王孫滿對曰：『在德不在鼎。德之休明，雖小，重。其姦回昏亂，雖大，輕。』」是也。故曰其大不若小，其多不若少。○畢沅曰：「注舊本作『在德之休明雖大輕』，文有脱漏，今依傳補十二字。」○陳昌齊曰：「『天下』當作『天子』。」○陶鴻慶曰：「古者封建諸侯無千里之制，惟王者畿内地方千里，此文『天下』當爲『天子』。上文云『古之王者，擇天下之中而立國』，此又言其廣袤之數，故曰『天子之地，方千里以爲國，所以極治任也』。」又曰：「此篇言王者以大制小，地方千里，正見其大，而下文云『非不能大也，其大不若小』，與上文語氣不屬，其間當有脱句。『非不能大也』云云，當指諸侯言之，其上疑奪『諸侯之地』四字。蓋諸侯之地，大者百里，小者十里，故曰『非不能大也，其大不若小』。觀於本篇全文皆發明此義，可知此文之有訛奪矣。」又曰：「『其多不若少』，多、少二字當互易。蓋大小以地言，多少以國言，地大則國少，地小則國多，故曰『其大不若小，其少不若多』，文雖異而義正同。下文云『衆封建，非以私賢也，所以便勢全威』，又云『權輕重，審大小，多建封，所以便其勢也』，皆申言『少不若多』之義，可知今本多、少二字之誤倒矣。高注據誤本而曲爲之説，且引左傳『在德不在鼎』爲證，大非吕氏之旨。」衆封建，非以私賢也，所以便勢全威，衆，多。所以博義。義博利則無敵，○畢沅曰：「孫云：『李善注文選陸士衡五等論引作「所以博利博義也。利博義博則無敵也」。』」無敵者安，故觀於上世，其封建衆者，其福長，其名彰。神農十七世有天下，與天下同之也。神農，炎帝也。農植嘉穀，化養兆民，天下號之曰神農。○梁玉繩曰：「御覽七十八引尸子、路史後紀四引吕覽竝作『七十世』，疑此譌倒。然易繫疏引世紀、禮祭法疏引命歷序皆云『神農八世』。又路史載十六帝各不同。」王者之封建也，彌近彌大，彌遠彌小，近國大，遠國小，彊幹弱枝。海上有十里之諸侯。海上，四海之上，言遠也。十里，小國。以大使小，以重使輕，以衆使寡，此王者之所以家以完也。家，室也。王者以天下爲家，故所以天下爲國。○陳昌齊曰：「劉節軒校本『完』字下注云：『一作室。』竊謂据注意，當作『以家爲國』，蓋『國』亦作『或』，遂訛爲室。舊校者不省，因改爲『以家以室』，而『室』又訛爲『完』也。後執一篇亦有『以家爲國』語。」故曰：以滕、費則勞，以鄒、魯則逸，滕、費小，故勞也。鄒、魯大，故逸也。以宋、鄭則猶倍日而馳也，倍日而馳，以行其威，易也。以齊、楚則舉而加綱旃而已矣。齊、楚最大，舉綱紀加之於小國，無大勞，故曰「而已矣」。所用彌大，所

欲彌易。用大使小，欲盡濟，故曰「彌易」。**湯其無鄣，武其無岐，賢雖十全，不能成功。**鄣、岐，湯、武之本國。假令無之，賢雖十倍，不能以成功業。○畢沅曰：「鄣，說見慎大篇。」○維遹案：其猶若也。**湯、武之賢而猶藉知乎勢，又況不及湯、武者乎？**○陶鴻慶曰：「『知』當爲『資』，以聲近而誤。」○維遹案：「知」字不誤。莊子庚桑楚篇：「知者，接也。」墨子經上：「知，接也。」然則藉知猶言藉接。**故以大畜小吉，以小畜大滅，**滅，亡也。**以重使輕從，**從，順。**以輕使重凶。**凶，逆也。**自此觀之，夫欲定一世，安黔首之命，功名著**〔一〕**乎槃盂，銘篆著乎壺鑑，其勢不厭尊，其實不厭多。多實尊勢，賢士制之，以遇亂世，王猶尚少。**以尊勢賢士之佐，遇亂世而王尚爲少。**天下之民，窮矣苦矣。民之窮苦彌甚，王者之彌易。**苦紂之民，紂之亂，與武王陳兵牧野，倒矢而射，橫戈而戰，武王由是彌易。○梁玉繩曰：「『倒矢而射，橫戈而戰』二語，本淮南泰族，『橫戈』作『傍戟』。」○吳先生曰：「注文似當作『紂之民苦紂之亂』。」○維遹案：「注『兵』字原作『其』，今改從姜本。**凡王也者，窮苦之救也。水用舟，陸用車，塗用輴，沙用鳩，山用樏，**○畢沅曰：「文子自然篇『水用舟，沙用肆，泥用輴，山用樏』，釋音云：『肆，乃鳥切，推版具。』又淮南齊俗訓『譬若舟車輴肆窮廬』，葉林宗本作『肆』，俗本作『鳩』，至修務訓葉本亦作『鳩』矣。」○陳昌齊曰：「『鳩』當作『肆』。據文子自然篇『水用舟，沙用肆』，釋音云：『肆，乃鳥切。』『鳩』字疑即『乃鳥』二字誤合爲一，蓋『乃』與『九』形近，遂爲『鳩』字，而校者不知其

〔一〕「著」，原作「著」，據諸子集成本改。

誤，棄『肆』用『鳩』，相沿已久，幾不復知有『肆』字矣。」○俞正燮曰：「尚書禹『乘四載』，史記夏本紀言『陸行乘車，水行乘船，泥行乘橇，山行乘檋』，河渠書則『檋』作『橋』，漢書溝洫志四載，山行乘梮，説文則𨊰以行泥，欙以行山，傳寫之字不一。橇者，徐廣云：『他書或作蕝。』孟康云：『橇形〔一〕如箕，擿行泥上。』檋者，字應從具作『輂』，或作『檋』，即『轎』。如淳云：『鐵如錐頭長半寸，施之履下，以上山不蹉跌。』非也。梮者，韋昭云：『木器，如今輿牀〔二〕，人舉以行。』應劭云：『梮或作欙，爲人所牽引也。』徐廣云：『檋者，直轅車。』又引説文：『輂，直轅車韉也。』如應劭、韋昭所説，則梮、欙、橋爲今山轎也。史記河渠書集解引尸子云：『以軌行沙，以楯行塗，以樏行險，以欙行山。』書正義引尸子云：『泥行以〔三〕蕝，山行以欙。』文子自然云：『水用舟，沙用肆，泥用輴，山用欙。』呂氏春秋慎勢云云，皆五車。蓋尸子以沙爲陸，以塗、險爲泥；呂氏以沙附陸，以塗爲泥；淮南脩務訓則云『水用舟，涉用鳩，泥用輴，山用蔂』，不數車數。」**因其勢也者令行。**○畢沅曰：「『因其勢也』下，似當云『因其勢者其令行』，補四字語氣方完。」

位尊者其教受，受，因。**威立者其姦止，此畜人之道也。故以萬乘令乎千乘易，以千乘令乎一家易，以一家令乎一人易。嘗識及此，雖堯、舜不能。**不能以行其化。○畢沅曰：「『嘗識及此』，疑是『嘗試反此』。」**諸侯不欲臣於人，而不得已，其勢不便，則奚以易臣？**奚，何也。**權輕重，**

〔一〕「形」，原脱，據漢書注補。

〔二〕「牀」，原作「狀」，據漢書注改。

〔三〕「以」，尚書正義引作「乘」。下同。

審大小，多建封，所以便其勢也。王也者，勢也。王也者，勢無敵也。○陳昌齊曰：「據文義，『勢也』句下不得重出『王也者』三字，當是衍文。」○陶鴻慶曰：「『王也者，勢也』，當作『王也者，王也』。上『王者』讀本字，下『王字』及『王也者』兩『王』字皆當讀爲往。下賢篇云『王也者，天下之往也』，順説篇『桓公則難與往也』，高彼注云：『往，王也。』往、王聲義皆同，古得通用，故此云『王也者，王也。王也者，勢無敵也』。上下文一意相承。後人不知兩『王』字之異讀，疑爲誤複，改『王也』爲『勢也』，則文贅而義乖矣。」○維遹案：陶説是。勢有敵，則王者廢矣。有知小之愈於大、少之賢於多者，則知無敵矣。知無敵，則似類嫌疑之道遠矣。故先王之法，立天子不使諸侯疑焉，立諸侯不使大夫疑焉，立適子不使庶孽疑焉。尊卑皆有別。疑生爭，爭生亂。○陶鴻慶曰：「疑皆讀爲擬，謂相比擬也。管子君臣篇云：『内有疑妻之妾，此宮亂也。庶有疑適之子，此家亂也。朝有疑相之臣，此國亂也。』韓非子説疑篇云：『孽有擬適之子，配有擬妻之妾，廷有擬相之臣，臣有擬主之寵，此四者，國之所危也。』是疑、擬古通用。」是故諸侯失位則天下亂，大夫無等則朝庭亂，妻妾不分則家室亂，適孽無別則宗族亂。愼子曰：「今一兔走，百人逐之。愼子名到，作法書四十二篇，在申不害、韓非前，申、韓稱之也。○畢沅曰：「注舊本作『四十一篇』，今據漢書藝文志改。」非一兔足爲百人分也，由未定。未定者，人欲望之也。由未定，堯且屈力，而況衆人乎！屈，竭也。○陶鴻慶曰：「此文當有譌脱，元文本云：『今一兔走，百人逐之，非一兔足爲百人欲，由分未定也。分未定，堯且屈力，而況衆人乎？』下文云：『積兔滿市，行者不顧。非不欲兔也，分已定矣。分已定，人雖鄙不爭。』文義與此相對。高於此注云『未定者，人欲望之也』，可證正文本有『欲』字，自寫者誤奪，而後人以意竄易，遂成今本之誤。」○維遹案：陶説是。慎子誤與此同，惟上「定」字下亦有「也」字。雜纂引呂覽同。**積兔滿市，行者不顧。**顧，視。**非不欲兔也，分已定矣。**分已定，人雖鄙不爭。**故治天下及國，在乎定分而已矣。」**分土畫界，各守其封，故定分也。○畢沅曰：「注『定分』似當作『分定』。」

莊王圍宋九月，莊王，楚穆王子，共王父也。圍宋在魯宣十五年。○畢沅曰：「春秋圍宋在宣十四年之秋，踰年而始與平，故高注每云十五年。」**康王圍宋五月，**康王，楚共王審之子，莊王之孫也。宋君病，不以告，故不書於經。**聲王圍宋十月。**聲王，楚惠王熊章之孫，簡王之子，在春秋後。**楚三圍宋矣而不能亡，非不可亡也，以宋攻楚，奚時止矣？**宋無德，楚亦無德，故曰「以宋攻楚」也。○陳昌齊曰：「据注意，當作『以宋攻宋』，與孟子『以燕伐燕』同一句法。」○陶鴻慶曰：「此文當有譌脱，元文本云：『楚三圍宋矣而不能亡，宋非不可亡也，以宋攻宋，奚時止矣？』高注『故曰以宋攻楚』，『攻楚』亦當作『攻宋』。『以宋攻宋』，猶言『以燕伐燕，以桀攻桀』也。今本『亡』下奪『宋』字則文不備〔一〕，『攻宋』誤作『攻楚』則不可通矣。」**凡功之立也，賢不肖彊弱治亂異也。齊簡公有臣曰諸御鞅，諫於簡公曰：「陳成常與宰予，之二臣者，甚相憎也，**簡公，悼公陽生之子壬也。陳成常，陳乞之子恒也。宰予字子我。○畢沅曰：「注『壬』舊本作『王子』，訛，今改正。闞止字子我，諸子遂誤以爲宰予。○梁玉繩曰：「『成』是謚，當衍。以『恒』爲『常』，後人所改。因闞子我誤宰我，此史記索隱之説，宋儒俱仍之，然非

〔一〕「備」，原作「傳」，據讀諸子札記改。

也。宰我死田常，史李斯傳、韓子難言以及淮南人間、説苑正諫指武、鹽鐵論殊路頌賢竝載其事。不韋、韓非、李斯去陳恒不遠，必非虚語。其死爲誅叛討賊，忠於簡公，不愧孔門弟子。馬遷著傳，稱宰我與田常作亂夷族，孔子恥之，豈不誣哉！」臣恐其相攻也。相攻唯固，則危上矣。願君之去一人也。」相憎不可竝也，故願去一人。簡公曰：「非而細人所能識也。」○舊校云：「『而』一作『汝』，『識』一作『議』。」居無幾何，陳成常果攻宰予於庭，即簡公於廟。○畢沅曰：「説苑正諫篇作『賊簡公於朝』。」○維遹案：淮南人間篇作『弒簡公於朝』。史記李斯傳作『即弒簡公於朝』。然『即』字亦通。」簡公喟焉太息曰：「余不能用鞅之言，以至此患也。」失其數，無其勢，雖悔無聽鞅也與無悔同，悔，恨。是不知恃可恃而恃不恃也。○松皋圓曰：「『而恃不恃』，『不』下脱『可』字。」周鼎著象，爲其理之通也。理通，君道也。○畢沅曰：「『周鼎著象』，詳見先識覽。」○孫鏘鳴曰：「先識覽云：『周鼎著饕餮，有首無身，食人未咽，害及其身，以言報更也。』離謂篇云：『周鼎著倕而齕其指，先王有以見大巧之不可爲也。』適威篇云：『周鼎有竊，（『有』疑『著』之誤。竊未詳何物。）曲狀甚長，上下皆曲，以見極之敗也。』達鬱篇云：『周鼎著鼠，令馬履之，爲其不陽也。』史記秦本紀昭襄王五十二年，周九鼎入秦，故〔一〕不韋目驗而詳言之。此『著象』下亦必有言其所著之狀而脱之矣。或曰：『著象者，象物而著之於鼎，與它文專指一物言者不同，非有脱文。』亦通。」

慎勢

〔一〕「故」，原作「姑」，形近而誤，今改。

七曰：聽羣衆人議以治國，國危無日矣。聽，從也。聽從衆人之議，人心不同，如其面焉，故國不能安寧也。詩曰：「如彼築室于道謀，是用不潰于成。」此之謂也。**何以知其然也？老耽貴柔，孔子貴仁，墨翟貴廉，**○孫詒讓曰：「爾雅釋詁邢疏引尸子廣澤篇『墨子貴兼』，『廉』疑即『兼』之借字」。**關尹貴清，**關尹，關正也，名喜，作道書九篇。能相風角，知將有神人，而老子到，喜說之，請著上至經五千言，而從之遊也。○畢沅曰：「老耽，困學紀聞十引仍作老聃。」○梁玉繩曰：「稱道、德二經爲『上至經』，他書未見，高氏必有所本。」○孫先生曰：「注『至』乃『下』字之譌。（『至』字草書與『下』形近。）非老子書別名『上至經』也。」**子列子貴虚，**體道人也，壺子弟子。○梁玉繩曰：「下賢篇言壺子爲子産之師。此注依列子天瑞諸篇以列子乃其弟子，似未合，蓋列子多寓言也。」○徐時棟曰：「惟列禦寇稱之爲子列子，蓋呂氏門客中有列子之門人弟子也。（觀世篇記子陽遺粟事，五稱子列子。）**陳駢貴齊，**陳駢，齊人也，作道書二十五篇。貴齊，齊死生，等古今也。○畢沅曰：「注舊本作『一十五篇』，今據漢書藝文志改。」○梁玉繩曰：「士容篇注是『二十五篇』。」**陽生貴己，**輕天下而貴己。孟子曰：「陽子拔體一毛以利天下弗爲也。」○畢沅曰：「李善注文選謝靈運述祖德詩引作楊朱。陽、楊古多通用。」**孫臏貴勢，**孫臏，楚人，爲齊臣，作謀八十九篇，權之勢也。○畢沅曰：「梁伯子云：『史、漢皆以孫臏爲齊人，此獨以爲楚人，當別有據。』」**王廖貴先，兒良貴後，**王廖謀兵事，貴先建策也。兒良作兵謀，貴後。○梁玉繩曰：「漢藝文志兵書四種，權謀類有良一篇。」**此十人者，皆天下之豪士也。**○畢沅曰：「舊本無此十一字，孫云：『李善注文選賈誼過秦論、陸士衡豪士賦序皆有。』今據補。盧云：『此下疑所脱尚多，引此十人，必不如是而止，應有斷制語。前安死篇「故反以相非」一段，頗似此處文。又此下段亦必別有發端語，而今無從考補矣。』」○維遹案：盧校引前安死篇「前」字原作「後」，今改正。有金鼓所以一耳。金，鐘也。擊金則退，擊鼓則進。必同法令所以一心也。○孫鏘鳴曰：「『必』當作『也』，屬上爲句。」○維遹案：孫説是。鹽田云：「唐類函鼓條引作『金鼓所以一耳也』。」智者不得巧，愚者不得拙，所以一衆也。○陶鴻慶曰：「『一衆』疑當爲『一智』，與上文『有金鼓所以一耳必，（『必』疑『也』字之誤。）同法令所以一心也』，下文『勇者不得先，懼者不得後，所以一力也』，文義相配。」勇者不得先，懼者不得後，所以一力也。故一則治，異則亂；一則安，異則危。夫能齊萬不同，○陶鴻慶曰：「『能』上當有『一』字。君守篇云：『夫一能應萬無方而出之務者，（案此句疑有譌脱。）唯有道者能之。』文義與此同。」愚智工拙皆盡力竭能，如出乎一穴者，○畢沅曰：「舊校云：「『穴』一作『空』」。案空與孔同。」○陶鴻慶曰：「『如』讀爲『而』。『穴』當爲『空』之壞字。商子農戰篇云『民見上利之從壹空出也』，則作『壹』。又靳令篇云『利出一空者其國無敵，利出二空者國半利，利出十空者其國不守』，空與孔同。若穴爲土室，於義不倫矣。」其唯聖人矣乎！無術之智，不教之能，而恃彊速貫習，不足以成也。

不二

八曰：天地陰陽不革，而成萬物不同。革，改也。不同，區以別也。目不失其明，而見白黑之殊。耳不失其聽，○陳昌齊曰：「据文義，『聽』當作『聰』。」○陶鴻慶曰：「『聽』當爲『聰』，字之誤耳。『不失其聽』，與上『目不失其明』相對。」而聞清濁之聲。清，商。濁，宮。王者執一，而爲萬物正。一者平。正者主。軍必有將，所以一之也。將，主。國必有君，所以一之也。天下必有天子，所以一之也。天子必執一，所以摶之也。○畢沅曰：「摶與專同，說見前。舊作『搏』，訛。」一則治，兩則亂。今御驪馬者，使四人人操一策，則不可以出於門閭者，不一也。驪馬，騑馬也。在中曰服，在邊曰騑。策，轡策也。御四馬者六轡，乃四人持，故曰不一。○洪頤煊曰：「漢書平帝紀『立軺併馬』，服虔曰：『併馬，驪駕也。』後漢書寇〔一〕恂傳『恂以輦車驪駕轉輸，前後不絕』，李賢注：『驪駕，併駕也。』一車兩馬併駕，故有四馬。高注以爲騑馬，失之。」○維遹案：注「騑馬」，許本、姜本作「駢馬」，與洪說合。

楚王問爲國於詹子，詹何，隱者。詹子對曰：「何聞爲身，不聞爲國。」身治國亂，未之有也，故曰爲身。○畢沅曰：「爲訓治也。意林兩『爲』字即改作『治』。」詹子豈以國可無爲哉？以爲爲國之本在於爲身，身爲而家爲，家爲而國爲，國爲而天下爲。故曰：以身爲家，以家爲國，以國爲天下。爲，治。此四者，異位同本，故聖人之事，廣之則極宇宙，窮日月，窮亦極也。約之則無出乎身者也。慈親不能傳於子，忠臣不能入於君，唯有其材者爲近之。近猶知也。

田駢以道術說齊，齊王應之曰：「寡人所有者，齊國也，願聞齊國之政。」○陶鴻慶曰：「當

〔一〕「寇」，原作「冠」，形近而誤，今改。

作『以道術説齊王，王應之曰』，今本『齊』字誤重，又奪『王』字。」○劉先生説同，末云：「淮南子道應篇正作『以道術説齊王，王應之曰』，是其證矣。」田駢對曰：「臣之言，無政而可以得政。譬之若林木，無材而可以得材。材從林生。願王之自取齊國之政也。駢猶淺言之也，博言之，豈獨齊國之政哉！變化應求而皆有章，○維遹案：元刻本「求」作「來」。因性任物而莫不宜當，當，合。彭祖以壽，三代以昌，彭祖，殷賢大夫，治性，壽益七百。論語曰：「竊比於我老彭。」此之謂也。三代，夏、殷、周。以治性而昌盛。五帝以昭，神農以鴻。」五帝，黄帝軒轅、顓頊高陽、帝嚳高辛、帝堯陶唐、帝舜有虞。神農炎帝，三皇之一也。皆以治世體道。昭，明。鴻，盛也。

吴起謂商文曰：「事君果有命矣夫！」吴起，衛人，爲楚將，又相魏，爲西河太守。商文，蓋魏臣也。○畢沅曰：「梁仲子云：『商文，史記吴起傳作田文，與孟嘗君同姓名。』」商文曰：「何謂也？」吴起曰：「治四境之内，成訓教，變習俗，○維遹案：張本、姜本「訓」作「馴」，古通。使君臣有義，父子有序，子與我孰賢？」商文曰：「吾不若子。」若，如也。曰：「今日置質爲臣，其主安重；置猶委也。今日釋璽辭官，其主安輕，○維遹案：荀子勸學篇楊注引無兩「日」字，無下「今」字，竝云：「蓋當時人通以『安』爲語助，或方言耳。」子與我孰賢？」商文曰：「吾不若子。」子謂吴起。○畢沅曰：「此可不注，又不應在次見下，得無後人所爲乎？」曰：「士馬成列，馬與人敵，人在馬前，援桴一鼓，使三軍之士樂死若生，子與我孰賢？」商文曰：「吾不若子。」吴起曰：「三者子皆不吾若也，位則在吾上，命也夫事君！」言事君由天命。商文曰：「善。子問我，我亦問子。世變主少，羣臣相疑，黔首不定，○畢沅曰：「孫云：『御覽四百四十六此下有「當此之時」四字。』」屬之子乎？屬之我乎？」吴起默然不對。少選曰：「與子。」少選，須臾也。與猶歸。商文曰：「是吾所以加於子之上已。」吴起見其所以長而不見其所以短，知其所以賢而不知其所以不肖，故勝於西河而困於王錯，王錯譖之於武侯，故曰「困於王錯」。傾造大難，身不得死焉。大難，車裂之難。○畢沅曰：「盧云：『起後在楚，事悼王。王死，貴人相與射起，起伏王尸而死。見史記本傳。此書後貴卒篇亦同。至戰國秦策、韓非難言、問田兩篇、史記蔡澤傳皆言起支解。此亦可信。既攢射矣，何必不臠割？唯此注言車裂則非是。』」○梁玉繩曰：「韓詩外傳一亦言吴起車裂。」夫吴勝於齊吴王夫差破齊於艾陵。而不勝於越，越王句踐破吴王夫差於五湖。齊勝於宋齊宣王伐宋而勝。○畢沅曰：「史表滅宋者齊湣王也。」而不勝於燕，燕昭使樂毅伐齊，下其城七十二也。故凡能全國完身者，其唯知長短羸絀之化邪？

執一

榮成許維遹學

呂氏春秋卷第十八

審應覽第六　重言　精諭　離謂　淫辭　不屈　應言　具備

呂氏春秋訓解　高氏

一曰：人主出聲應容，不可不審。凡主有識，言不欲先。淮南記曰：「先唱者窮之路，後動者達之原也。」故言動欲後。人唱我和，人先我隨，以其出爲之入，以其言爲之名，取其實以責其名，實，德行之實也。名，德行之名也。蓋虛名可以僞致，顯實難以詐成，故以其實考責其名也。○畢沅曰：「注『蓋虛名可以僞致』，舊本多作『虛稱不可以爲致』，今從劉本改正。」則説者不敢妄言，其爲名實不相當也。而人主之所執其要矣。要，約也。

孔思請行，魯君曰：「天下主亦猶寡人也，將焉之？」孔思，子思，伯魚之子也。行，去。之，他也。○維遹案：注「之」下「他」字當作「往」，形近致誤。爾雅釋詁：「之，往也。」是其義。孔思對曰：「蓋聞君子猶鳥也，駭則舉。」魯君曰：「主不肖而皆以然也，違不肖，過不肖，而自以爲能論天下之主乎？」○王念孫曰：「『過』當作『遇』。論，知也。」凡鳥之舉也，去駭從不駭。駭，擾也。去駭從不駭未可知也，去駭從駭則鳥曷爲舉矣？○陶鴻慶曰：「『去駭從不駭未可知也』，當作『駭不駭未可知也』，去、從二字涉上句而誤複耳。蓋鳥之去駭從不駭者，以所從之駭不駭未可知也。若知其所從又駭，則不復舉矣。駭不駭但指所從者言之，如今本則義不可曉。」孔思之對魯君也亦過矣。

魏惠王使人謂韓昭侯曰：「夫鄭乃韓氏亡之也，願君之封其後也，惠王，魏武侯子也，孟子所見梁惠王也。韓哀侯滅鄭，初兼其國。昭侯，哀侯之孫也，故適使封鄭之後。此所謂存亡繼絕之義，君若封之則大名。」昭侯患之。公子食我曰：「臣請往對之。」公子食我至於魏，見魏王曰：「大國命弊邑封鄭之後，弊邑不敢當也。弊邑爲大國所患，昔出公之後聲氏爲晉公，拘於銅鞮，大國弗憐也，而使弊邑存亡繼絕，弊邑不敢當也。」大國，謂魏國也。言韓當爲大國所憂。出公、聲氏，韓之先君也，曾爲晉公所執於銅鞮，魏國不救，故曰「大國不憐也」。欲使韓封鄭之後，故曰「弊邑不敢當也」。○孫志祖曰：「戰國時，衛入於魏。此出公、聲氏蓋指衛言。史衛世家出公後有聲公，疑即聲氏。言魏之於衛，亦未能存亡繼絕也。注非。」○蘇時學曰：「出公疑即晉出公也。出公奔楚，其子不得立，乃立昭公之孫，是爲敬公，則聲氏疑即出公子也。其爲公拘於銅鞮，蓋亦事之容或有者。舊注以出公、聲氏爲韓二先君，然韓無出公，蓋謬説也。」○孫詒讓曰：「史記韓世家韓先君無出公、聲氏，亦無見拘之事，高説殊不足據。孫謂衛事〔一〕，以史攷之，亦絕無證驗。竊疑此當讀『昔出公之後聲

〔一〕「事」，原作「氏」，據札迻改。

氏爲晉公』爲句，出公、聲氏皆晉君也。晉世家載出公爲四卿所攻，奔齊，智伯立昭公曾孫哀公驕，至哀公玄孫靜公俱酒二年，魏、韓、趙共滅晉，靜公遷爲家人。聲氏蓋即靜公也。（聲、靜古音相近字通。）但世家不詳其所遷之地，而趙世家則云『成侯十六年，與韓、魏分晉，封晉君以端氏，肅侯元年，又徙處屯留』，皆不云銅鞮。惟古文苑劉歆遂初賦云：『憐後君之寄寓兮，唁靖〔一〕公於銅鞮。（靜、靖字通。）是靜公亡國後，實有居銅鞮之事。西漢距戰國尚近，古籍遺聞間出正史之外，劉賦與呂書符合，必有所本。高氏不能檢勘，而望文肊說，其疏甚矣。（古文苑章樵注云：『靖公，晉之末君。三卿分晉，靖公寄寓於銅鞮，降爲家人。』樵蓋因劉賦上下文竝說晉事，肊揣爲釋，非實有根據，而與此書郤闇合，不可易也。世家所記晉末世系事實，舛互甚多，梁曜北史記志疑攷證極詳覈，而前後兩校呂書，不知此爲晉事，何也？）魏王慙曰：「固非寡人之志也，客請勿復言。」言封鄭非寡人意也，故令客勿復言也。是舉不義以行不義也。魏王雖無以應，韓之爲不義愈益厚也。厚，多也。公子食我之辯，適足以飾非遂過。飾好其非，遂成其過。

魏昭王問於田詘曰：「寡人之在東宮之時，昭王，哀王之子也。東宮，世子也。詩云：「東宮之妹，邢侯之姨。」○畢沅曰：「注舊本作『昭王，襄王之子』，訛，據魏世家改正。」○梁玉繩曰：「昭王，襄王之子。高注不誤。史記誤分襄王、哀王爲二王也。畢氏校本反據史改『襄』爲『哀』，謬矣。」聞先王之議曰：『爲聖易。』有諸

〔一〕「靖」，原作「靜」，據札迻改。

乎？」有是言不？○畢沅曰：「注末舊衍『可』字，今删。」田詘對曰：「臣之所舉也。」言有是言。昭王曰：「然則先生聖于？」于，乎也。○畢沅曰：「盧云：『古于、乎通。』列子黄帝篇「今汝之鄙至此乎」，殷敬順釋文云：「本又作于。」」田詘對曰：「未有功而知其聖也，是堯之知舜也；待其功而後知其舜也，是市人之知聖也。○陳昌齊曰：「『舜』、『聖』二字，据淮南氾論訓當互易。」○俞樾曰：「上文云『未有功而知其聖也，是堯之知舜也』，然則此文亦當云『待其功而後知其聖也，是市人之知舜也』，聖、舜二字傳寫互易。」○維遹案：陳、俞説是。論衡知實篇正作「未有功而知其聖者，堯之知舜也。待其有功而後知其聖者，市人之知舜也」。是其證。今詘未有功，而王問詘曰：『若聖乎？』敢問王亦其堯邪？」昭王無以應。田詘之對，昭王固非曰「我知聖也」耳，問曰「先生其聖乎」，己因以知聖對昭王，己，謂田詘。昭王有非其有，田詘不察。察，知也。

趙惠王謂公孫龍曰：「寡人事偃兵十餘年矣而不成，兵不可偃乎？」惠王，趙襄子後七世武靈王之子，吴娃所生。事，治。偃，止也。○畢沅曰：「『吴娃』，舊本作『吴姬』，訛，今改正。」○維遹案：「惠王」，史記趙世家作「惠文王」，趙策同。此疑脱「文」字。公孫龍對曰：「偃兵之意，兼愛天下之心也。兼愛天下，不可以虛名爲也，必有其實。虛，空。實，誠。今藺〔一〕、離石入秦二縣叛趙，自入於秦也，今屬西河。

〔一〕「藺」，原作「蔺」，據諸子集成本改。

而王縞素布總，縞素布總，喪國之服。○畢沅曰：「舊本『布』作『出』，校云：『一作布。』今案『出』明是訛字，故竟定作『布』。」東攻齊得城而王加膳置酒。得國之樂也。言王不兼愛也。秦得地而王布總，秦得藺、離石也。齊亡地而王加膳，置酒而爲歡。所非兼愛之心也，○畢沅曰：「『所非』疑是『此非』。」○鹽田曰：「諸子品節引『所』作『此』。」此偃兵之所以不成也。今有人於此，無禮慢易而求敬，阿黨不公而求令，煩號數變而求靜，暴戾貪得而求定，雖黄帝猶若困。」困，不能諧。

衛嗣君欲重税以聚粟，民弗安，以告薄疑曰：「民甚愚矣。」嗣君，蒯聵後八世平侯之子也，秦貶其號爲君。薄疑，其臣也，故以重税告之，謂民爲愚。○畢沅曰：「注舊本『後』下衍一『也』字，今删。以蒯聵後爲君者計之則八世，以序次言之，實六世也。」夫聚粟也，將以爲民也。其自藏之與在於上奚擇？」言民自藏粟於家與藏之於官何擇。擇，失也。○畢沅曰：「注『失也』似當作『異也』，見下注。」○吴先生曰：「差、擇互訓，亦爲連語。爾雅：『差，擇也。』差亦得訓爲失。此注以失訓擇，雖爲迂曲，而高氏多有展轉相訓之例。奚擇猶云無差矣。畢校不明注義，故誤説。」薄疑曰：「不然。其在於民而君弗知，知猶得也。其不如在上也。爲官言，不如其在上。上，謂官。其在於上而民弗知，其不如在民也。」爲民言，不如在於民。凡聽必反諸己，審則令無不聽矣。聽，從。國久則固，固則難亡。今虞、夏、殷、周無存者，皆不知反諸己也。

公子沓相周，申向説之而戰。申向，周人，申不害之族也。爲公子沓相，説見公子而戰。戰，懼也。公子沓訾之曰：「申子説我而戰，爲吾相也夫？」訾，毀也。説我，我説之也而戰懼。毀之，言不任爲吾相也夫。不滿之辭。○畢沅曰：「此兩節注皆非是。公子沓爲周之相，非申向相公子沓也。毀其説我而戰懼，將以我爲相尊嚴之故而然歟？如是與下文皆脗合。今注乃言公子沓以申向不任爲吾相，大謬。」申向曰：「向則不肖。雖然，公子年二十而相，見老者而使之戰，請問孰病哉？」孰，誰也。公子沓無以應。應，荅也。戰者，不習也。不慣習見尊者，故懼而戰。○陶鴻慶曰：「此言人之戰懼，非其素所慣習，乃嚴駔者使之然耳，故下文曰『使人戰者嚴駔也』。高注云云，則與下文意不相屬。」使人戰者，嚴駔也。嚴，尊。駔，驕。○畢沅曰：「駔與怚、姐同。」意者，恭節而人猶戰，任不在貴者矣。故人雖時有自失者，猶無以易恭節。自失不足以難，以嚴駔則可。言以嚴駔者失則可也。

審應覽

二曰：人主之言，不可不慎。高宗，天子也，即位諒闇，三年不言。高宗，殷王盤庚之弟小乙之子也，德義高美，殷人尊之，故曰高宗。諒闇三年不言，在小乙之喪也。論語曰：「高宗諒闇，三年不言，何謂也？孔子曰：『古之人皆然。君薨，百官總己聽於冢宰三年。』」此之謂也。卿大夫恐懼，患之。患，憂。○陶鴻慶曰：「『恐懼』二字不當有，疑是下文『余惟恐言之不類也』之注而羼入於此者。」高宗乃言曰：「以余一人正四方，余唯恐言之不類也，茲故不言。」類，善。茲，此。古之天子，其重言如此，故言無遺者。遺，失也。成王與唐叔虞燕居，援梧葉以爲珪，而授唐叔虞曰：「余以此封女。」削桐葉以爲珪冒以授叔虞。周禮「侯執信珪，七寸」，故曰「余以此封女」。○維遹案：書鈔四十六、事類賦二十五引「梧葉」作「桐葉」，與注合。叔虞喜，以告周公。周公以請曰：「天子其封虞邪？」成王曰：「余一人與虞戲也。」戲，不誠也。○畢沅曰：「説苑君道篇無『人』字，是。」周公對曰：「臣聞之，天子無戲言。天子言，則史書之，工誦之，士稱之。」於是遂封叔虞于晉。叔虞，成王之母弟也。傳曰：「當武王邑姜方娠太叔，夢天帝謂己曰：『余命而子曰虞，將與之唐。』及生，有文在其手曰『虞』，遂以命之。及成王滅唐，而封太叔爲晉侯。」此之謂也。○梁玉繩曰：「叔虞封唐，其子燮改國號爲晉也。御覽四百六十六引此作『唐』，則是今本之譌。」○維遹案：梁説本史記晉世家索隱。周公旦可謂善説矣，一稱而令成王益重言，明愛弟之義，有輔王室之固。輔，正。

荆莊王立三年，不聽而好讔。莊王，楚繆王商臣之子旅也。讔，謬言。○畢沅曰：「讔，廋辭也。史記滑稽傳作『喜隱』。」○陳昌齊曰：「『聽』下當有『朝』字。」○王念孫曰：「立與涖同。新序雜事二作『涖政』。今本無『政』字者，後人不知立字之義而妄删之也。制樂篇『周文王立國八年』，韓詩外傳三『立』作『莅』。」○維遹案：類聚二十四及渚宫舊事引竝作「不聽朝」，當據補。成公賈入諫，○畢沅曰：「孫云：『史記楚世家作五舉，新序雜事二作士慶，滑稽傳又以爲淳于髡説齊威王。』」王曰：「不穀禁諫者，今子諫，何故？」禁，止也。對曰：「臣非敢諫也，願與君王讔也。」王曰：「胡不設不穀矣？」設，施也。何不施讔言於不穀也？對曰：「有鳥止於南方之阜，三年不動不飛不鳴，是何鳥也？」王射之使王射不動不鳴何意也。○俞樾曰：「『王射之』三字當連下『曰』字爲句，非成公賈之言也。若如高注，則『曰』字上又當有『王』字矣。」○維遹案：本書此類句法，高氏皆在「曰」字上著注，全書盡然。曰：「有鳥止於南方之阜，其三年不動，將以定志意也。其不飛，將以長羽翼也。其不鳴，將以覽民則也。覽，觀。是鳥雖無飛，飛將沖天。雖無鳴，鳴將駭人。沖，至也。駭，驚也。○王念孫曰：「雖與唯同。」賈出矣，不穀知之矣。」明日朝，所進者五人，所退者十人。○維遹案：類聚二十四引「五人」作「五十人」，「十人」亦作「五十人」。韓非喻老篇作「處半年，乃自聽政，所廢者十，所起者九，誅大臣五，舉處士六」。蓋傳聞異辭耳。羣臣大説，荆國之衆相賀也。故詩曰：「何其久也？必有以也。何其處也？必有與也。」其莊王之謂邪？成公賈之讔也，賢於太宰嚭之説也。太宰嚭之説，聽乎夫差而吳國爲墟；嚭，晉柏州犂之子。州犂奔楚，嚭自楚之吳，以爲太宰。○維遹案：注當作「嚭，晉伯宗之子，州犂之孫」，今本誤脱，説在當染篇。成公賈之讔，喻乎荆王而荆國以霸。莊王霸。

齊桓公與管仲謀伐莒，謀未發而聞於國，發，行。聞，知。桓公怪之，曰：「與仲父謀伐莒，○維遹案：論衡知實篇「之」下有「問管仲」三字。謀未發而聞於國，其故何也？」管仲曰：「國必有聖人也。」桓公曰：「譆！日之役者，有執蹠⿸疒舀而上視者，蹠，踰。○畢沅曰：「『⿸疒舀』字無攷。注以踰訓蹠，亦難曉。説苑權謀篇作『執柘杵』。梁仲子云：『墨子備穴篇云：「用揺若松爲鯀户。」揺不知何物，字與『⿸疒舀』相似。』」○孫志祖曰：「疑『蹠⿸疒舀』即『柘杵』之譌。」○孫詒讓曰：「『⿸疒舀』疑『枱』之異文。説文木部云：『枱，耒耑也。』淮南子主術訓云『一人蹠耒而耕，不過十畝』，高注云：『蹠，蹈也。』（宋本『蹠』作『跖』，字通。）又齊俗訓云『脩脛者使跖钁』，注云：「長脛以蹋插者使入深。」(「插」當爲「臿」。文選舞賦李注引淮南子許慎注亦云：「跖，蹋也。」)此「蹠枱」猶言「蹠耒」、「跖钁」也。(蹠枱言可用足蹈之枱。論衡效力篇云：「鍤所以能撅地者，跖蹈之也。」「蹠枱」與彼義同。說苑作「柘杵」者，亦即「跖枱」之譌。)注「踚」以淮南注校之，亦當爲「蹋」。干祿字書「蹋」字通作「蹹」，(亦見左傳宣十二年釋文、曹憲廣雅音。)與「踚」形近而誤。」意者其是邪？」乃令復役，無得相代。少頃，東郭牙至。○畢沅曰：「說苑作東郭垂。」○梁玉繩曰：「管子小問作東郭郵，疑『垂』字譌。」○維遹案：韓詩外傳四、論衡知實篇均作東郭牙。管仲曰：「此必是已。」乃令賓者延之而上，分級而立。延，引。級，階陛。管子曰：「子邪言伐莒者？」對曰：「然。」子謂東郭牙。牙曰然也。○畢沅曰：「『管子』亦當作『管仲』。『子邪言伐莒者』，文似倒而實順。注『牙』字舊本不重，今案文義補之。」管仲曰：「我不言伐莒，子何故言伐莒？」對曰：「臣聞君子善謀，小人善意。○維遹案：意與億通，即度也。臣竊意之也。」管仲曰：「我不言伐莒，子何以意之？」對曰：「臣聞君子有三色：顯然喜樂者，鐘鼓之色也；湫然清靜者，衰經之色也；艴然充盈手足矜者，兵革之色也。矜，嚴也。○畢沅曰：「『顯然喜樂』，意林作『歡然喜樂』，舊本呂氏作『善樂』。又『清靜』，意林作『清淨』，本亦多同，唯李本作『靜』。又『艴』作『沸』。說苑字句亦間不同，今不悉記。」○王念孫曰：「矜猶奮也。言手足奮動也。燕策曰『矜戟砥劍』，言奮戟也。墨子所染篇曰：『其友皆好矜奮。』荀子正名篇曰：『有兼聽之明，而無奮矜之容。』淮南說林篇曰：『呂望使老者奮，項託使嬰兒矜。』是矜與奮同義。管子小問篇作『漻然豐滿而手足拇動者，兵甲之色也』，此尤其明證矣。」日者，臣望君之在臺上也，艴然充盈手足矜者，此兵革之色也。○陶鴻慶曰：「『艴然充盈手足矜』，與上句辭意相屬，句末不當有『者』字。涉上文論君子三色其末云『艴然充盈手足矜者，兵革之色也』，因而誤衍耳。説苑權謀篇載此文作『勃然充滿，此兵革之色也』，無『者』字可證。」君呿而不唫，呿，開。唫，閉。○畢沅曰：「『唫』本或作『唫』。説苑作『吁而不吟』。」○汪中曰：「案此則開口合口之呼，上世亦明著之矣。」所言者『莒』也。君舉臂而指，所當者莒也。臣竊以慮諸侯之不服者，其惟莒乎，故臣言之。」凡耳之聞以聲也，今不聞其聲而以其容與臂，是東郭牙不以耳聽而聞也。桓公、管仲雖善匿，弗能隱矣。匿，藏。隱，蔽。故聖人聽於無聲，視於無形，詹何、田子方、老耽是也。詹何，體道人也。田子方學於子貢，尚賢仁而貴禮義，魏文侯友之。老耽學於無爲而貴道德，周史伯陽也，三川竭，知周將亡，孔子師之也。○維遹案：注「田子方學於子貢」，本當染篇。張本、姜本「子貢」作「子夏」，與史記儒林傳合。莊子田子方篇又謂「師於東郭順子」。

重言

三曰：聖人相諭不待言，有先言言者也。海上之人有好蜻者，○畢沅曰：「列子黃帝篇作『有好漚鳥者』，下竝同。」○梁玉繩曰：「『好蜻，人罕用之。注謂『蜻蜓』，一名『白宿』，亦新。」每居海上，○畢沅曰：「孫云：『李善注文選江文通擬阮步兵詩作『每朝居海上』，御覽九百五十同。』」從蜻游，蜻之至者百數而不止，前後左右盡蜻也，蜻，蜻蜓，小蟲，細腰四翅。一名白宿。終日玩之而不去。玩，弄。其父告之曰：「聞蜻皆從女居，居，所。○畢沅曰：「注頗僻，似不若訓處。或本作古『処』字，而傳寫訛『所』。」取而來，吾將玩之。」明日之海上，而蜻無至者矣。○畢沅曰：「孫云：『選注沈休文詠湖中雁詩作「羣蜻翔而不下」。』」勝書說周公旦曰：○畢沅曰：「韓詩外傳四但作『客』。說苑指武篇作王滿生。」「廷小人衆，徐言則不聞，疾言則人知之，徐言乎？疾言乎？」周公旦曰：「徐言。」勝書曰：「有事於此，而精言之而不明，勿言之而不成，精言乎？勿言乎？」精，微。勿，無。周公旦曰：「勿言。」○陶鴻慶曰：「『徐言則不聞』，當作『徐言則人不聞』，謂不爲他人所聞也，故周公答以徐言也。今本奪『人』字，則語意不明。『勿言之而不成』，當作『勿言之而成』，謂不言而後能成也，即下文所謂『勝書能以不言說』也，故周公答以勿言也。今本衍『不』字，則文義難通。」故勝書能以不言說，而周公旦能以不言聽，此之謂不言之聽。不言之謀，不聞之事，殷雖惡周，不能疵矣。疵，病。○畢沅曰：「外傳、說苑皆作誅管、蔡事。」口唶不言，以精相告，紂雖多心，弗能知矣。紂多惡周之心，不能知周必病。○畢沅曰：「注『必病』下似當有一『己』字。」目視於無形，耳聽於無聲，商聞雖衆，弗能窺矣。窺猶見。同惡同好，志皆有欲，雖爲天子，弗能離矣。

孔子見温伯雪子，不言而出。伯雪子，得道人。子貢曰：「夫子之欲見温伯雪子好矣，○畢沅曰：「孫云：『莊子田子方篇「子貢」作「子路」，「好矣」作「久矣」。』」○吳先生曰：「好讀爲孔。孔，甚也。好矣猶云甚矣。」今也見之而不言，其故何也？」孔子曰：「若夫人者，目擊而道存矣，不可以容聲矣。」○維遹案：舊校云「『擊』一作『解』」，非。莊子田子方篇文與此同，郭注：「目裁往，意已達，無所容其德音也。」

釋文引司馬云：「見其目動而神實已著也。擊，動也。」故未見其人而知其志，見其人而心與志皆見，天符同也。符，道也。同，合也。聖人之相知，豈待言哉！

白公問於孔子曰：「人可與微言乎？」孔子不應。白公，楚平王之孫，太子建之子勝也。白，楚縣也。楚僭稱王，守縣大夫皆稱公。太子建爲費無極所譖，出奔鄭，與晉通謀，欲反鄭於晉，鄭人殺之。勝與庶父令尹子西、司馬子期伐鄭，報父之仇，許而未行，晉人伐鄭，子西、子期率師救鄭，勝怒曰：「鄭人在此，讎不遠矣。」欲殺子西、子期，故問微言。微言，陰謀密事也。孔子知之，故不應之。○畢沅曰：「注『勝與庶父』，當作『勝請庶父』。」○梁玉繩曰：「白公作亂，在孔子卒後三月，恐未必有問答。此本列子説符，當是寓言，而淮南道應又襲之。」白公曰：「若以石投水奚若？」喻微言若石沈没水中，人不知。孔子曰：「没人能取之。」没行水中之人能取之。白公曰：「若以水投水奚若？」孔子曰：「淄、澠之合者，易牙嘗而知之。」淄、澠，齊之兩水名也。易牙，齊桓公識味臣也，能別淄、澠之味也。○汪中曰：「此則別味之説，又遠在許敬宗之前矣。」白公曰：「然則人不可與微言乎？」孔子曰：「胡爲不可？唯知言之謂者爲可耳。」知言，言仁言義。言忠信仁義大行於民，民欣而戴之，則可用也。○陶鴻慶曰：「高説殊誤。謂猶意也。知言之謂者，聽言而知其意也。列子説符篇載此文，張注云：『謂者，所以發言之旨趣。』斯爲得之。」又曰：「下文云『言者，謂之屬也』，與離謂篇『辭者，意之表也』義同。」白公弗得也。弗得，不得知言之言。○吴先生曰：「『白公弗得也』，謂白公不知言之謂，故不可與微言也。注當作『弗得，不得知言之謂』，文義乃相應。今本句末『言』字譌。」知謂則不以言矣。不欲白公以微言言。○陶鴻慶曰：「『不以言』下，當疊『言』字。列子説符篇載此文云：『夫知言之謂者，不以言言也。』是其證。高注云云，是其所據本不誤。」○孫先生曰：「文子微言篇、淮南道應篇竝疊『言』字。陶校是也。」言者，謂之屬也。謂不仁不義之言。求魚者濡，爭獸者趨，○畢沅曰：「列子説符篇作『爭魚者濡，逐獸者趨』。文子微明篇亦同。」非樂之也。故至言去言，去不仁不義之言。○孫鏘鳴曰：「言之至者，無待乎言，故可以去言。論語曰：『天何言哉！』」至爲無爲。至德之人，爲乃無爲。無爲因天無爲，天無爲而萬物成，乃有爲也，故至德之人能體之也。淺智者之所爭則末矣，此白公之所以死於法室。末，小也。白公不能蹈無爲，遂行其志，殺子西、子期而有荆國。葉公子高率方城外衆攻白公，九日而殺之法室。法室，司寇也。一曰浴室，澡浴之室也。○畢沅曰：「列子及淮南道應訓俱作『浴室』。」○梁玉繩曰：「左傳：『白公奔山而縊，其徒微之。』此與列子、淮南言歸死，非實。又『九日而殺之』，本于淮南，亦不知何出。」

齊桓公合諸侯，合，會也。衛人後至。公朝而與管仲謀伐衛，退朝而入，衛姬望見君，下堂再拜，請衛君之罪。公曰：「吾於衛無故，子曷爲請？」對曰：「妾望君之入也，足高氣彊，有伐國之志也。見妾而有動色，伐衛也。」明日君朝，○陳昌齊曰：「据上文當作『公朝』。」揖管仲而進之。管仲曰：「君舍衛乎？」公曰：「仲父安識之？」管仲曰：「君之揖朝也恭，而言也徐，見臣而有慙色，臣是以知之。」君曰：「善。仲父治外，夫人治內，寡人知終不爲諸侯笑矣。」桓公之所以匿者不言也，今管子乃以容貌音聲，夫人乃以行步氣志，桓公雖不言，若暗夜而燭燎也。

晉襄公使人於周曰：「弊邑寡君寢疾，卜以守龜曰：『三塗爲祟。』弊邑寡君使下臣願藉途而祈福焉。」三塗之山，陸渾之南，故假道於周也。襄公，文公之子驩也。按春秋經，襄公以魯僖三十三年即位，至魯文公六年卒，無卜三塗爲祟之言也。魯昭十七年傳曰：「晉侯使屠蒯如周，請事於洛與三塗。萇弘謂劉子曰〔一〕：『客容猛，非祥也，其伐戎乎？陸渾睦於楚，必是故也。君其備之。』乃儆戎備。九月丁卯，晉荀吳帥師涉自棘津，使祭史先用牲于洛，陸渾人不知師從之。庚午，遂滅陸渾，數之以其貳於楚也。」計襄公卒至此，乃九十六年，歷世亡失。按傳，晉頃公也。此云襄公，復妄言也。〇畢沅曰：「注引傳多訛，今悉據傳文改正。唯『非祭也』作『非祥也』，誤涉昭十五年傳『非祭祥也』之文。」〇梁玉繩曰：「匠誨云：『左昭十五年傳「非祭祥也」，注誤涉彼文。』」天子許之。天子，周景王。朝，禮使者事畢，客出。萇弘謂劉康公曰：「夫祈福於三塗，而受禮於天子，此柔嘉之事也，而客武色，殆有他事，願公備之也。」晉襄公，周襄王時也。萇弘乃景王、敬王之大夫，春秋之末也。以世推之，當爲晉頃公，其不得爲襄公明矣。劉康公乃儆戎車卒士以待之。晉果使祭事先，因令楊子將卒十二萬而隨之，涉於棘津，〇維遹案：左昭十七年傳云：「九月丁卯，晉荀吳帥師涉自棘津。」此作楊子，與傳異。襲聊阮、梁、蠻氏，滅三國焉。〇王念孫曰：「哀四年左傳『楚襲梁及霍』，杜注云：『梁，河南梁縣西南故城也。梁南有霍陽山，皆蠻子之邑也。』」此形名不相當，聖人之所察也，萇弘則審矣。故言不足以斷小事，

〔一〕「曰」，原脱，據左傳補。

○陶鴻慶曰：「『小』字當衍。離謂篇云：『辭之不足以斷事也明矣。』是其證。」**唯知言之謂者可爲。**○王念孫曰：「『可爲』當作『爲可』，見上文。」陶鴻慶説同。

精諭

四曰：言者，以諭意也。言意相離，凶也。○孫鏘鳴曰：「『意』者，即上篇所云『言之謂也』。言意相離，是不知言之謂者也，故以『離謂』名篇。」**亂國之俗，甚多流言，而不顧其實，務以相毁，務以相譽，毁譽成黨，**○舊校云：「『毁譽』一作『巧辭』。」**衆口熏天，**熏，感動也。**賢不肖不分，以此治國，賢主猶惑之也，**分，别。惑，疑。**又況乎不肖者乎！惑者之患，不自以爲惑，故惑惑之中有曉焉，冥冥之中有昭焉。**○畢沅曰：「『昭』字當重。」○陳昌齊曰：「畢校謂『故惑』爲句，『昭』字當重。竊謂『故惑』二字當連下『惑之中』爲句，『昭』字不必重。淮南俶真訓云：『冥冥之中獨見曉焉，寂漠之中獨有照焉。』二語與此略同。此以惑惑對冥冥也。惑惑連文，亦見賈誼疏。」○陶鴻慶曰：「畢校非。今案惑者，謂有惑疾者也。『惑者之患』下衍『不』字，兩『惑』字、兩『冥』字當各衍其一。原文本云：『惑者之患，自以爲惑，故惑之中有曉焉，冥之中有昭焉。』言有惑疾者自知其惑，故有時而不惑。若亡國之主不自以爲惑，故與桀、紂、幽、厲皆也。今本『不』字涉下文誤衍，『冥冥』二字則以習見誤重，校者又妄增一『惑』字作『惑惑』，與『冥冥』相配，而辭意遂不可曉矣。畢校不審語勢，既以『故惑』斷句，因疑『昭』字當重，古書之難讀如此。」○維遹案：陳説義長。莊子天地篇「冥冥之中獨見曉焉，無聲之中獨聞和焉」，辭例亦同。

亡國之主，不自以爲惑，故與桀、紂、幽、厲皆也。然有亡者國，無二道矣。〇維遹案：「皆」，古「偕」字。偕，同也。者與諸字古通。廣雅釋言：「諸，之也。」「然有亡者國」，猶云「然有亡之國」。韓非顯學篇云「不道仁義者故」，俞樾釋者爲之，其例正同。

鄭國多相縣以書者。子産令無縣書，鄧析致之。子産令無致書，鄧析倚之。令無窮，則鄧析應之亦無窮矣，是可不可無辨也。辨，別。可不可無辨，而以賞罰，其罰愈疾，其亂愈疾，此爲國之禁也。爲，治。禁，法。〇陶鴻慶曰：「『其罰俞疾』，當作『其法愈疾』。法即承上賞罰言。下文云『於是殺鄧析而戮之，民心乃服，是非乃定，法律乃行』，義即承此。今作『罰』者，以聲同又涉上句而誤。」〇吴先生曰：「注似當作『禁，法禁』。今奪一『禁』字，義不可通。」故辨而不當理則僞，僞，巧也。知而不當理則詐，詐僞之民，先王之所誅也。理也者，是非之宗也。宗，本也。

洧水甚大，鄭之富人有溺者。人得其死者，〇畢沅曰：「死與尸同。史記秦本紀『晉、楚流死河二萬人』，漢書酷吏傳『安所求子死，桓東少年場』，此書期賢篇『扶傷輿死』，亦是。意林作『有人得富者尸』。」富人請贖之，其人求金甚多，以告鄧析。〇畢沅曰：「意林作『富人黨以告鄧析』。」鄧析曰：「安之，人必莫之賣矣。」〇畢沅曰：「意林作『必無買此者』。」得死者患之，以告鄧析。鄧析又答之曰：「安之，此必無所更買矣。」〇畢沅曰：「意林作『必無人更買，義必無不贖』，下五字疑是注。」夫傷忠臣者，有似於此也。夫無功不得民，則以其無功不得民傷之。有功得民，則又以其有功得民傷之。此鄧析之讒辯，所以車裂而死。人主之無度者，無以知此，豈不悲哉！比干、萇弘以此死，以世詭辯，反白爲黑，而主不知，故死。箕子、商容以此窮，箕子，紂之庶父也。商容，紂時賢人，老子所從學者也。以主不知，故窮。周公、召公以此疑，以管、蔡流言，故疑也。論語曰：「雖有周親，不如仁人。」此之謂也。○畢沅曰：「此引論語，不解所用意。」○茆泮林曰：「論語孔注：『親而不賢不忠則誅之，管、蔡是也。』疑誘引即指管、蔡。」范蠡、子胥以此流，流，放。死生存亡安危從此生矣。此譏辯無理若鄧析。○吳先生曰：「注以『譏辯』釋『從此生』之『此』，則當疊一『此』字，今本誤挩。」

子產治鄭，鄧析務難之，與民之有獄者約，大獄一衣，小獄襦袴。○畢沅曰：「舊校云：『一作「䘹」，下同。』案玉篇『䘹，子憒切，襌衣也』。」民之獻衣襦袴而學訟者不可勝數，以非爲是，以是爲非，是非無度，而可與不可日變，○維遹案：舊校云：「『日』一作『因』。」當從之。所欲勝因勝，所欲罪因罪，鄭國大亂，民口讙譁。子產患之，於是殺鄧析而戮之，民心乃服，是非乃定，法律乃行。今世之人，多欲治其國，而莫之誅鄧析之類，有如鄧析者無能誅。○畢沅曰：「列子力命篇亦云『子產殺鄧析』。考左氏定九年傳：『鄭駟歂殺鄧析而用其竹刑。』駟歂乃代子太叔爲政者，則鄧析、子產並不同時。張湛注列子云：『子產卒後二十年而鄧析死也。』」○梁玉繩曰：「此既仍列子力命、荀子宥坐之誤，而述鄧析之亂法有不可不誅者，恐語增非實。果爾，則何以鄭用其竹刑，而君子謂子然不忠乎？今其書存二篇。」此所以欲治而愈亂也。

齊有事人者，所事有難而弗死也。遇故人於塗，故人曰：「固不死乎？」對曰：「然。

凡事人以爲利也，死不利，故不死。」故人曰：「子尚可以見人乎？」對曰：「子以死爲顧可以見人乎？」顧，反。是者數傳。○松皋圓曰：「『是』上恐脱『如』字。」不死於其君長，大不義也，其辭猶不可服，辭之不足以斷事也明矣。夫辭者，意之表也，鑒其表而棄其意，悖。悖，惑。故古之人得其意則舍其言矣。聽言者，以言觀意也，聽言而意不可知，其與橋言無擇。橋，戾也。擇猶異。

齊人有淳于髠者，以從説魏王。魏王辯之，關東六國爲從也。魏王以爲辯達。約車十乘，將使之荆。辭而行，有以横説魏王，魏王乃止其行。關西爲横。髠以合關東從爲未足，復説欲連關西之横，王多其言，故輟不使行之也。○畢沅曰：「『有以』讀爲『又以』。」失從之意，又失横之事。夫其多能不若寡能，寡，少。其有辯不若無辯，周鼎著倕而齕其指，先王有以見大巧之不可爲也。倕，堯之巧工也，以巧聞天下。周家鑄鼎，著倕於鼎，使自齧其指，明不當大巧爲也。一説周鑄鼎象百物，技巧絶殊，假令倕見之，則自銜齧其指，不能復爲，故言大巧之不可爲也。○畢沅曰：「注前説是也。淮南本經訓、道應訓皆有此語。」

離謂

五曰：非辭無以相期，從辭則亂。亂辭之中，又有辭焉，心之謂也。○陳昌齊曰：「『亂辭』，『亂』字因上句而衍。」○陶鴻慶曰：「『從』當爲『徒』，以形似而誤。徒，空也，即下文所謂欺心之言也。」又曰：

「『亂』字不當重，即『辭』字之誤而衍者。」言不欺心，則近之矣。凡言者，以諭心也。言心相離，而上無以參之，則下多所言非所行也，所行非所言也。言行相詭，不祥莫大焉。

空雄之遇，秦、趙相與約，空雄，地名。遇，會也。約，盟也。○畢沅曰：「『空雄』，前聽言篇作『空洛』。此疑本是『空雒』，寫者誤耳。」約曰：「自今以來，秦之所欲爲，趙助之；趙之所欲爲，秦助之。」居無幾何，秦興兵攻魏，趙欲救之。秦王不説，使人讓趙王曰：「約曰：『秦之所欲爲，趙助之；趙之所欲爲，秦助之。』今秦欲攻魏，而趙因欲救之，此非約也。」趙王以告平原君，趙王，趙惠王也。平原君，趙公子勝也。平原君以告公孫龍，公孫龍曰：「亦可以發使而讓秦王曰：『趙欲救之，今秦王獨不助趙，此非約也。』」

孔穿、公孫龍相與論於平原君所，深而辯，至於藏三牙。公孫龍言藏之三牙甚辯，公孫龍、孔穿，皆辯士也。論，相易奪也。龍言藏之三牙。辯，説也。若乘白馬禁不得度關，因言馬白非白馬，此之類也，故曰甚辯也。○畢沅曰：「謝云：『「臧三耳」見孔叢子公孫龍篇。「耳」字篆文近「牙」，故傳寫致誤。愚意臧、戕古字通用，謂羊也。此作「藏」，尤誤。』盧云：『作「三耳」是也。龍意兩耳形也，又有一司聽者以君之，故爲三耳。但此下又言馬齒，則此書似是作「三牙」。』又案：『新論言：「龍乘白馬無符傳，關吏不聽出關，此虚言難以奪實也。」今此注意又相反，非也。』」○王念孫曰：「『三耳』是也。今作『三牙』者，即因下文『與牙三十』而誤。」孔穿不應。少選，辭而出。少選，須臾。明日，孔穿朝，朝，見也。平原君謂孔穿曰：「昔者，公孫龍之言甚辯。」昔，昨日也。其辯，謂藏三牙之説也。孔穿曰：「然。幾能令藏三牙矣。雖然，難。言藏三牙之説近難成也。願得有問於君：謂藏三牙甚難而實非也，謂藏兩牙甚易而實是也，難易之説未聞。不知君將從易而是者乎？〇畢沅曰：「舊『者乎』上有『也』字，衍，今删去。」將從難而非者乎？」平原君不應。明日，謂公孫龍曰：「公無與孔穿辯。」辯，相易奪也。〇畢沅曰：「孔叢子有『其人理勝於辭，公辭勝於理』二語，亦當竝引。」

荆柱國莊伯柱國，官名，若秦之有相國。令其父視。曰：「日在天。」「視其奚如？」曰：「正圓。」「視其時。」「日當今。」令謁者駕。曰：「無馬。」令涓人取冠。「進上。」問馬齒，圉人曰：「齒十二與牙三十。」馬上下齒十二，牙上下十八，合爲三十。謂若公孫龍滅去其三牙，多而偏，不可均，故難也。藏去其二，少而均，故易。〇畢沅曰：「正文與注皆難曉。」〇陳昌齊曰：「『曰日』二字倒誤。『日當今』，『日』字當作『曰』。」〇孫鏘鳴曰：「『視曰』當作『視日』。『日在天』當作『曰在天』。『日當今』當作『曰當今』。視日，問日之早莫也，乃始以『在天』對，繼以『正圓』對。至問其時，則又不告以日所加之辰。謁者主駕，而言『無馬』。問馬齒，欲知馬之年數也，而以齒與牙對。皆所答非所問也。涓人，中涓也。涓，潔也。主知潔清洒掃之事。（漢書陳勝傳『嘗爲項燕軍視日』，如淳曰：『視日時吉凶舉動之占。』）」〇孫詒讓曰：「陳校是也。『進上』上亦當有『曰』字，陳失校。此章皆言辭意相左之弊。莊伯令其父視日者，（父字疑誤。）欲知其蚤莫，而乃答以『在天』。視其奚如者，欲知其中昃，而乃答以『正圓』。又令視其時者，問其所加何時，而乃答以適當今時。謁者本不掌駕，今令之駕者，謂令傳命使騶駕，而謁者乃辭以『無馬』。此皆與所使之意不相當也。惟令涓人取冠，曰『進上』，未詳其義耳。」

人有任臣不亡者，○李寶淦曰：「任，保任。」臣亡。莊伯決之，任者無罪。斷之便無罪，析言破律之刑。○畢沅曰：「注『便』似當作『使』。」

宋有澄子者，亡緇衣，求之塗。塗，道也。見婦人衣緇衣，援而弗舍，欲取其衣，曰：「今者，我亡緇衣。」婦人曰：「公雖亡緇衣，此實〔一〕吾所自爲也。」澄子曰：「子不如速與我衣。昔吾所亡者，紡緇也。今子之衣，禪緇也。以禪緇當紡緇，子豈不得哉？」得猶便也。澄子橫認路婦緇衣，計其禪與紡以爲便，非其理也，言宋亂無法也。○俞樾曰：「紡與禪對，紡猶複也。紡字從方，方之本意爲兩舟相竝，其字亦或作『舫』。衣之複者謂之紡，猶舟之竝者謂之舫矣，故計其禪與紡，而因以爲得耳。」○吴先生曰：「聘禮『賄用束紡』，注：『紡，紡絲爲之，今之縳也。』紡緇即緇色之紡帛耳。俞校以紡爲複，與禪相對，古書無以紡爲複者。棄明文而任肊説，殆不可從。」

宋王謂其相唐鞅曰：「寡人所殺戮者衆矣，而羣臣愈不畏，其故何也？」宋王，康王也。言何故不畏我。唐鞅對曰：「王之所罪，盡不善者也。罪不善，善者故爲不畏。○畢沅曰：「楊倞注荀子解蔽篇引論衡作『善者胡爲畏』。」○俞樾曰：「此本作『罪不善，善者故爲畏』，故讀爲胡。墨子尚賢中篇『故不察尚賢爲政之本也』，一本『故』作『胡』，下文曰『胡不察尚賢爲政之本也』，是上文『故』字乃『胡』之叚字。管子侈靡篇『公將

〔一〕四部叢刊本「實」下有注「一作真」。

有行，故不送公』，亦以『故』爲『胡』。竝其證也。『故爲畏』即『胡爲畏』，言所罪者止是不善者，則善者胡爲畏也。後人不知故與胡通，而疑『胡爲畏』三字文不成義，遂臆加『不』字，失其旨矣。楊倞注荀子解蔽篇引論衡正作『善者胡爲畏』。」王欲羣臣之畏也，不若無辨其善與不善而時罪之，若此則羣臣畏矣。」居無幾何，宋君殺唐鞅。唐鞅之對也，不若無對。鞅令宋王善與不善皆罪之以立威，王是以殺唐鞅，故曰「唐鞅之對，不若無對」。

惠子爲魏惠王爲法，爲法已成，以示諸民人，民人皆善之。惠子，惠施，宋人也，仕魏，爲惠王相也，孟子所見梁惠王也。○王念孫曰：「淮南道應篇作『惠子爲惠王爲國法，已成而示諸先生』。」○俞樾曰：「舊校云：『「民人」一作「良人」。』當從之。『良人』見序意篇，蓋當時有此名目。高彼注曰『君子也』，非是，說見前。」○維遹案：惠子，國策魏惠王、襄王、哀王皆記其事。莊子至樂篇云「惠子相梁」，則施作相在惠、襄之世，至哀王時猶存也。天下篇云：「惠施多方，其書五車，其道舛駁，其言不中。」漢志名家有惠子一篇，注：「施與莊子竝時。」其書隋、唐志皆不著録，佚已久，馬國翰有輯本一卷。獻之惠王，惠王善之，以示翟翦，翟翦曰：「善也。」翟翦，翟黄之後也。惠王曰：「可行邪？」翟翦曰：「不可。」惠王曰：「善而不可行，何故？」翟翦對曰：「今舉大木者，前呼輿謣，後亦應之，此其於舉大木者善矣。「輿謣」或作「邪謣」。前人倡，後人和，舉重勸力之歌聲也。○維遹案：文子微明篇「輿謣」作「邪許」，淮南同。他籍或作「邪所」。竝聲近而義同。今北方共著力於一事者，猶有勸力之歌。豈無鄭、衛之音哉，然不若此其宜也。鄭、衛之音皆新聲，非雅樂，凡人所說也，不如呼「輿謣」宜於舉大木也。夫國亦木之大者也。」言惠子之法若鄭、衛之音，宜於衆人之耳，於治國之法未可用也，故曰「善而不可行」也。

淫辭

六曰：察士以爲得道則未也。雖然，其應物也，辭難窮矣。辭難窮，其爲禍福猶未可知。猶，尚也。察而以達理明義，則察爲福矣。察而以飾非惑愚，則察爲禍矣。惑，誤。古者之貴善御也，以逐暴禁邪也。○維遹案：語意不完，疑有脱文。

魏惠王謂惠子曰：「上世之有國，必賢者也。○維遹案：「有國」下當有「者」字。下文「古之有國者，必賢者也」，辭例正同。今寡人實不若先生，願得傳國。」傳，授。惠子辭。謝不受之。王又固請曰：「寡人莫有之國於此者也，○吴汝綸曰：「『之國』，之猶是也。」而傳之賢者，民之貪爭之心止矣。欲先生之以此聽寡人也。」聽，從。惠子曰：「若王之言，則施不可而聽矣。王固萬乘之主也，以國與人猶尚可。○陶鴻慶曰：「『猶尚可』下當有『止貪爭之心』五字。上文云『王又固請曰，寡人莫有之國於此者也，而傳之賢者，民之貪爭之心止矣』，下文云『今施，布衣也，可以有萬乘之國而辭之，此其止貪爭之心愈甚也』，皆與此文反復相應。如今本，則語意不完。」今施，布衣也，可以有萬乘之國而辭之，此其止貪爭之心愈甚也。」惠王謂惠子曰古之有國者「必賢者也」。夫受而賢者，舜也，是欲惠子之爲舜也。夫辭而賢者，許由也，是惠子欲爲許由也。傳而賢者，堯也，是惠王欲爲堯也。堯、舜、許由之作，○陶鴻慶曰：「『作』當爲『行』字之誤，故下云『他行稱此』。」非獨傳舜而由辭也，他行稱此。○維遹案：「舜」爲「受」字形誤。「由」字衍。而猶與也。觀上文可知。今無其他，而欲爲堯、舜、許由，故惠王布冠而拘於鄄，鄄，邑名也。自拘於鄄，將服於齊也。齊威王幾弗受；威王，田和之孫，孟子所見宣王之父。幾，危。危不受魏惠王也。惠子易衣變冠，乘輿而走，幾不出乎魏境。言幾不免難於魏境内也。凡自行不可以幸爲，必誠。言惠王幸享傳國之名，惠子幸享以不受之名，以爲必誠也。○陶鴻慶曰：「高注云云，是讀正文十字爲句，非也。此當於『幸爲』絶句，『必誠』二字爲句。」

匡章謂惠子於魏王之前曰：「蝗螟，農夫得而殺之，奚故？爲其害稼也。匡章，孟子弟子也。蝗，螽也。食心曰螟。食葉曰螣。今兗州謂蝗爲螣。諭王與惠子擅相禪受，害於義者也。○畢沅曰：「梁仲子云：『高氏注淮南氾論訓以陳仲子〔一〕爲孟子弟子，此以匡章爲孟子弟子，均妄説也。』」○維遹案：王念孫校本改正文「蝗螟」作「螣螟」，注「蝗，螽也」作「螣，螽也」。案：王改是。下文亦以「螣螟」連文，高注仲夏紀可作旁證。今公行，多者數百乘，步者數百人；少者數十乘，步者數十人。此無耕而食者，其害稼亦甚矣。」甚於蝗螟。惠王曰：「惠子施也，難以辭與公相應。公，謂匡章。雖然，請言其志。」惠子曰：○陳昌齊

〔一〕「子」，原脱，據諸子集成本補。

曰：「此段皆惠子語，訛爲惠王，又誤衍『惠子』及『惠子曰』五字，遂不成文義，當删正。」**『今之城者，或者操大築乎城上，或負畚而赴乎城下，或操表掇以善睎望。若施者，其操表掇者也。**施，惠子名也。表掇，儀度。○孫鏘鳴曰：「表訓儀度，是。『掇』疑『椴』，蓋以木爲杖，如子罕揩朴之類。表以審方位之邪正，椴以課工役之勤惰，皆有事於睎望者也。睎，眄也。」○維遹案：首二句有脱誤，當作「今之城城者，或操大築築乎城上」，今本脱「城」、「築」二字，則文不成義矣。呂覽纂「或」下無「者」字。大築即大杵。廣雅釋器：「築謂之杵。」左宣十一年傳「稱畚築」，孔疏：「畚者，盛土之器。築者，築土之杵。」校者昧於大築爲直舂之器，遂删去下「築」字。亦或「築築」叠文易脱，「城城」亦然。所謂「築乎城上」，猶言擣土於城牆之上。説文：「築，所以擣也。」是其義。墨子耕柱篇：「譬若築牆然，能築者築，能實壤者實壤，能欣者欣。」此云「或操大築築乎城上」，即彼所云「能築者築」。此云「或負畚而赴乎城下」，即彼云「能實壤者實壤」。此云「或操表掇以善睎望」，即彼云「能欣者欣」。欣在諄部，睎在脂部，二部古音相通。**使工女化而爲絲，不能治絲。使大匠化而爲木，不能治木。使聖人化而爲農夫，不能治農夫。施而治農夫者也。』**而，能也。○王念孫曰：「而猶乃也。」**公何事比施於螣螟乎？」惠子之治魏爲本，其治不治。當惠王之時，五十戰而二十敗，所殺者不可勝數，大將、愛子有禽者也。**言惠王用惠子之謀，爲土地之故，麋爛其民而戰之，大敗。又將復之，恐不勝，用乃驅其所愛子弟以殉之。此謂以其所不愛及其所愛，故曰「大將、愛子有禽者」矣。○維遹案：孟子：「梁惠王曰：『及寡人之身，東敗於齊，長子死焉。』」史記魏世家，惠王三十年，太子申與齊人戰，敗於馬陵。齊虜魏太子申，殺將軍龐涓。據此，大將即龐涓，愛子即太子申。**大**

術之愚，爲天下笑，得舉其諱，天下人笑之，得舉書其諱惡。乃請令周太史更著其名。言惠王比惠子於管夷吾，欲更著其名。名，「仲父」之名也。○梁玉繩曰：「今之具牒改名，古有其例矣。」圍邯鄲三年而弗能取，士民罷潞，潞，羸也。○畢沅曰：「潞與露同。」○梁玉繩曰：「管子短語十四：『天下〔一〕乃路。』左傳昭元年『以露其體』，注：『羸也。』韓子亡徵云：『罷露百姓。』風俗通第九：『大用羸露。』蓋三字古通。」○梁履繩曰：「逸書職方解『其浸汾露』，周禮作『汾潞』，蓋露、路本通，潞字以音同假借。」國家空虚，府藏竭也。天下之兵四至。救邯鄲之兵從四方來至也。衆庶誹謗，怨望多也。諸侯不譽，皆〔二〕道其惡也。謝於翟翦而更聽其謀，社稷乃存。翟翦言惠子之法善而不可行，又爲惠王説舉大木，前呼輿謣，後亦和之，豈無鄭、衛之音，不若此其宜也。嘗謝負於翟翦而從其謀，社稷乃存也。○畢沅曰：「注『嘗』疑是『當』。末『也』字舊作『之』，誤，今改正。」名寶散出，土地四削，魏國從此衰矣。名寶散出，以賂鄰國也。土地爲四方所侵削，故曰「魏國從此衰」。仲父，大名也。讓國，大實也。説以不聽、不信。聽而若此，不可謂工矣。不工而治，賊天下莫大焉，賊，害。幸而獨聽於魏也。言惠子之言獨見聽用於魏者，幸也。以賊天下爲實，以治之爲名，匡章之非，不亦可乎？匡章之非惠子，不亦可也。

〔一〕「天下」，管子作「國家」。

〔二〕「皆」上四部叢刊本有「一作舉」三字。

白圭新與惠子相見也，惠子説之以彊，以彊力也。白圭無以應。惠子出，白圭告人曰：「人有新取婦者，婦至，宜安矜煙視媚行。媚行，徐行。○梁玉繩曰：「謂若人在煙中，目不能張，其視甚微也。」徐時棟説同。○凌曙曰：「燕有煙音，古字通用。説文：『睇，小視也。』夏小正『燕乃睇』。燕視曰睇。煙視即燕睇。後世新婦入門閉目，即小視之遺也。」豎子操蕉火而鉅，新婦曰：『蕉火大鉅。』○畢沅曰：「蕉，薪樵也。」○俞樾曰：「『蕉』當作『焦』。求人篇『十日出而焦火不息』，是其證也。字亦作『爝』，舉難篇『爝火甚盛』，蓋爝、焦聲近通用。莊子逍遥遊篇『日月出矣，而爝火不息』，釋文曰：『爝本作燋。』儀禮士喪禮『楚焞置於燋』，注曰：『燋，炬也，所以然火者也。』禮記少儀篇『執燭抱燋』，注曰：『未爇曰燋。』是其字本作『燋』。説文火部：『燋，所以然持火也。』求人篇作『焦』者從省，此篇作『蕉』則叚字耳。」入於門，門中有歛陷〔一〕，歛讀曰脅。○畢沅曰：「歛從欠，呼濫切。疑即坎窞。注不可曉。舊校云：『「陷」一作「埳」。』梁仲子疑『歛』爲『欿』字之誤。」○李賡芸曰：「歛、脅聲甚遠，疑『歙』之譌。」王紹蘭説同。○維遹案：李、王説是。淮南本經篇「開闔張歙」，高彼注「歙讀曰脅」，正與此合。新婦曰：『塞之，將傷人之足。』此非不便之家氏也，家氏，婦氏。○畢沅曰：「此與衛策滅竈徙臼之事相似。」○松皋圓曰：「『之家氏』猶言其夫家也。注誤。」然而有大甚者。今惠子之遇我尚新，遇，見。其説我有大甚者。」惠子聞之曰：「不然。詩曰：『愷悌君子，民之父母。』愷者，大也。悌者，長也。

〔一〕「陷」，原作「險」，據諸子集成本改。

君子之德，長且大者，則爲民父母。父母之教子也，豈待久哉？何事比我於新婦乎？詩豈曰『愷悌新婦』哉！」誹汙因汙，誹辟因辟，是誹者與所非同也。白圭曰「惠子之遇我尚新，其説我有大甚者」，惠子聞而誹之，因自以爲爲之父母，其非有甚於白圭，亦「有大甚者」。○松皋圓曰：「十二字句。白圭固以惠子爲有太甚者，然觀惠子所説，失理自飾，比諸白圭所誹，其謬更爲過甚也。」○陶鴻慶曰：「『有甚』之『有』讀爲又。『亦有大甚者』五字疑是注文。」○維遹案：松説似勝。

不屈

七曰：白圭謂魏王曰：「市丘之鼎以烹雞，多洎之則淡而不可食，市丘，魏邑也。鼎，大鼎，不宜烹小也。能知五味也。肉汁曰洎。淡者洎多無味，故不可食之也。○畢沅曰：「梁仲子云：『市丘之爲魏邑，無攷。「市」疑是「巿」，讀若貝，與「市」字異。沛丘，齊地，見史記齊世家。左氏莊八年傳作「貝丘」。沛、貝同音，省文作「巿」。』盧云：『昭廿年傳「齊侯田于沛」，釋文：「沛音貝。」是則沛丘之即貝丘，信矣。』」余案：史記孟荀列傳索隱引呂氏春秋作『函牛之鼎不可以烹雞』，疑當以『函牛』爲是。函牛之鼎，大鼎也，與喻意似更切。又案：蔡邕集載薦邊讓書引傳曰：『函牛之鼎以烹雞，多汁則澹而不可食，少汁則燋而不熟。』其文與此正同。市丘、沛丘俱不聞以大鼎著名。今欲言大鼎，何必定取某地所出？然蔡集舊本亦注云『一曰市丘之鼎』，故并載梁説，以俟後來擇焉。又注『能知五味也』上，疑有脱文。」○維遹案：「市丘」當作「帝丘」，注同。「市」篆書作「帀」，「帝」古文作「帝」，二字形近易誤。墨子耕柱篇云：

「昔者，夏后開使蜚廉折金於山川而鑄鼎於昆吾。」孫詒讓謂：「通典州郡篇：『濮州濮陽縣即昆吾之虛，亦名帝丘。』濮陽故城在今直隸大名府開州西南，即古昆吾國也。濮陽古亦名帝丘，呂氏春秋應言篇『市丘之鼎』，宋本蔡邕集薦邊文禮書作『帝丘之鼎』，亦即指夏鼎言之。」據此，宋本呂氏春秋作「帝丘」明矣。左僖三十一年經「衛遷于帝丘」，杜注：「帝丘，今東郡濮陽縣。」漢書地理志同。是帝丘本屬衛地。攷史記衛康叔世家「元君十四年，秦拔衛東地，秦初置東郡，更徙衛野王縣而并濮陽爲東郡」，索隱云：「魏都大梁，濮陽、黎陽並是魏之東地，故立郡名東郡也。」然則高注魏邑，知其所據本必作「帝丘」。梁、盧定爲沛丘，沛丘屬齊地，史、傳有明文，高氏不致失照。史記孟荀列傳索隱引作「函牛之鼎」，殆誤以傳文爲呂文耳。後漢書邊讓傳章注引呂文作「市丘」，雖經後人據誤本呂氏春秋改「帝」爲「市」，其不作「函牛」明矣。此當傳文爲「函牛」，呂文爲「帝丘」，傳聞異辭，不必强同。少泊之則焦而不熟，焦，燥。雞難臑熟。然而視之蝺焉美無所可用。蝺讀齲齒之齲。齲，鼎好貌。○畢沅曰：「『蝺』字無攷，疑是『竬』，與偊、踽皆同。」○孫詒讓曰：「『蝺』當與『竘』同。方言云：『竘，貌治也，吳、越飾貌爲竘。』說文立部云：『竘，健也，讀若齲。』與高讀正同。淮南子人間訓說高陽魁爲室云：『其始成，竘然善也。』許注云：『高壯貌。』此云『蝺然美』，猶淮南云『竘然善』矣。」惠子之言，有似於此。」似此鼎好而不可用。惠子聞之曰：「不然。使三軍饑而居鼎旁，適爲之甑，則莫宜之此鼎矣。」○吳汝綸曰：「『宜』下『之』字猶『於』也。」白圭聞之曰：「無所可用者，意者徒加其甑邪？」白圭之論自悖，其少魏王大甚。以惠子之言「蝺焉〔一〕美無所可用」，是魏王以言無所可用者爲仲父也，是以言無所用者爲美也。

公孫龍説燕昭王以偃兵，龍，魏人也。昭王，燕王噲之子也。偃，止也。昭王曰：「甚善。寡人願與客計之。」公孫龍曰：「竊意大王之弗爲也。」王曰：「何故？」公孫龍曰：「日者，大王欲破齊，諸天下之士其欲破齊者大王盡養之，知齊之險阻要塞君臣之際者大王盡養之，雖知而弗欲破者大王猶若弗養，其卒果破齊以爲功。○陶鴻慶曰：「『弗養』當作『養之』。上文云『諸天下之士其欲破齊者大王盡養之，知齊之險阻要塞君臣之際者大王盡養之』，故此云『雖知而弗欲破者人王猶若養之』，言但知齊王之情勢即不欲破齊者猶然養之，正見昭王之急於破齊也。今作『弗養』，則語氣不合，蓋後人不審文義而妄改之。」今大王曰：『我甚取偃兵。』諸侯之士在大王之本朝者，盡善用兵者也，臣是以知大王之弗爲也。」王無以應。

司馬喜難墨者師於中山王前以非攻，司馬喜，趙之相國也。○梁履繩曰：「中山策『司馬憙使趙，爲己求相中山』，注謂趙相國，誤。」曰：「先生之所術非攻夫？」墨者師曰：「然。」然，如是。曰：「今王興兵而攻燕，先生將非王乎？」墨者師對曰：「然則相國是攻之乎？」○吳先生曰：「『對曰』下疑

〔一〕「焉」，原作「然」，據諸子集成本改。

脱一『然』字，蓋先對曰『然』，復以『然則』云云反詰之也。」司馬喜曰：「然。」墨者師曰：「今趙興兵而攻中山，相國將是之乎？」○陳昌齊曰：「『趙』當作『燕』，蓋以燕攻中山反形中山攻燕之非也。」司馬喜無以應。

路説謂周頗曰：「公不愛趙，天下必從。」周頗曰：「固欲天下之從也。天下從，則秦利也。」路説應之曰：「然則公欲秦之利夫？」周頗曰：「欲之。」路説曰：「公欲之，則胡不爲從矣？」

魏令孟卬割絳、窌、安邑之地以與秦王。○畢沅曰：「『孟卬』乃『孟卯』之誤。淮南子注云：『孟卯，齊人。』戰國策作『芒卯』。案魏策『芒卯謂秦王曰：「王有所欲於魏者，長羊、王屋、洛林之地也。王能使臣爲魏之司徒，則臣能使魏獻之。」』今此云『割絳、窌、安邑之地』，『窌』疑即『汾』之異文，字書不載。梁仲子云：『安邑，魏都也。柰何割其國都以與人？此殊不可信。』」○王念孫曰：「梁説非。此時魏已都大梁矣。」松皋圓説同。王喜，令起賈爲孟卬求司徒於魏王。○畢沅曰：「『起賈』疑即『須賈』。」魏王不説，應起賈曰：「卬，寡人之臣也。寡人寧以臧爲司徒，無用卬。臧亦魏臣。○蘇時學曰：「臧，臧獲也，甚賤之之詞。言雖用臧獲之賤，猶勝於卬也。」○俞樾曰：「高注曰『臧亦魏臣』，此恐不然。若『臧』實有其人，則魏王已有爲司徒之人矣，何以下文又曰『願大王之更以他人詔之也』乎？此『臧』乃臧獲之臧，方言曰：『荆、淮、海、岱雜齊之間，駡奴曰臧。』是也。『寧以臧爲司徒，無用卬』，乃極言卬之不可用，故下文起賈謂孟卬曰『公甚賤於公之主也』。蓋視之不如臧獲，賤之至矣。若『臧亦魏臣』，則何賤之有乎？」願大王之更以他人詔之也。」詔，告。起賈出，遇孟卬於廷。曰：「公之事何如？」起賈曰：「公甚賤於公之主。公之主甚賤公。公之主曰『寧用臧爲司徒』，無用公。」公，謂卬。孟卬入見，謂魏王曰：「秦客何言？」王曰：「求以女爲司徒。」孟卬曰：「王應之謂何？」王曰：「寧以臧，無用卬也。」孟卬太息曰：「宜矣王之制於秦也。王何疑秦之善臣也？以絳、窌、安邑令負牛書與秦，猶乃善牛也。言王使負牛持絳、窌、安邑之書致之於秦，秦猶善牛。○畢沅曰：「負牛當亦是魏臣，在孟卬之下者。舊校云：『「乃」一作「之」。』」○陳昌齊曰：「『負牛』當作『牛負』，言使牛負書耳。淮南道應訓：『王壽負書而行。』」○蘇時學曰：「『令負牛書與秦』者，言令牛負此書以致於秦也。牛雖賤畜，秦猶善之，豈卬之賤而不逮一畜乎？語意最爲分曉，而注者以『臧』與『負牛』爲二臣名，真夢夢矣。」○俞樾曰：「正文、注文『牛』字竝當在『負』字之上，今『牛負』字到，義不可通。畢説誤矣。」卬雖不肖，獨不如牛乎？且王令三將軍爲臣先曰『視卬如身』，王身。是臣重也。令二輕臣也，二，疑也。臣見疑則不重矣。令臣責，令秦責臣。卬雖賢，固能乎？」言不能也。○陳昌齊曰：「『令二輕臣也』，當作『今二輕臣也』。」○俞樾曰：「『令二』兩字，義不可通，疑『今王』兩字之誤。言王令三將軍爲臣先曰『視卬如身』，是重臣也。今王輕臣也，令臣責，卬雖賢，固能乎？因涉上下文竝有『令』字，故誤『今』爲『令』，因又誤『王』爲『二』耳。高注曰：『二，疑也。臣見疑則不重矣。』此注亦有誤。高注本云：『輕，疑也。臣見疑則不重矣。』蓋高氏以疑訓輕也，又以其義未足，故加下句以申明之。今作『二，疑也』，乃後人以既誤之正文改不誤之注文耳。又高氏於『令臣責』下注曰『令秦責臣』，此注亦誤。當云『令臣責秦』，言王既輕臣，日後秦復有隙，臣不能復責之也。今到其文曰『令秦責臣』，則失其義矣。古書錯誤，所在多有，學者宜悉心考正之。」居三日，魏王乃聽起賈。聽起賈言，用卬爲司徒。凡人主之與其大官也，爲有益也。

今割國之錙錘矣，而因得大官，割，分也。錙錘，銖兩也。謂分絳、窈、安邑而得大官。大官，司徒也。且何地以給之？給，足。大官，人臣之所欲也。孟卬令秦得其所欲，所欲田邑。秦亦令孟卬得其所欲，所欲司徒。責以償矣，尚有何責？魏雖彊，猶不能責無責，又況於弱！魏王之令乎○王念孫曰：「『乎』字當在『魏王之令』上。『又況於弱乎』爲句，『魏王之令孟卬爲司徒』爲句。」○俞樾曰：「『乎』字衍文。『又況於弱』四字爲句，當連上文讀之曰：『魏雖强，猶不能責無責，又況於弱。』『魏王之令』四字屬下文讀，當云：『魏王之令孟卬爲司徒，以棄其責，則拙也。』今衍『乎』字，遂失其讀，并失其義。」孟卬爲司徒，以棄其責，則拙也。

秦王立帝，宜陽令許綰誕魏王，誕，詐也。許綰，秦臣也。秦實未爲帝也，詐魏王，言帝欲令魏王入朝也。○孫志祖曰：「此疑即新序刺奢篇説魏王罷起臺之許綰，魏臣，非秦臣也。」魏王將入秦。魏敬謂王曰：○畢沅曰：「『魏敬』，魏策作周訢。」「以河内孰與梁重？」王曰：「梁重。」又曰：「梁孰與身重？」王曰：「身重。」又曰：「若使秦求河内，則王將與之乎？」王曰：「弗與也。」魏敬曰：「河内，三論之下也。三論，謂河内與梁及身也。身，三論之上也。秦索其下而王弗聽，索其上而王聽之，臣竊不取也。」王曰：「甚然。」甚善。○畢沅曰：「舊本注二字在『甚』字之下，誤，今移正。」乃輟行。輟，止。不入秦。○畢沅曰：「舊本『輟』上有『輒』字，係誤衍，今删。」秦雖大勝於長平，三年然後決，秦將白起攻趙三年，坑其卒四十萬衆於長平，故曰「大勝」也。士民倦，糧食。○畢沅曰：「此二字下脱一字。」當此時也，兩周全，其北存。魏舉陶削衛，地方六百，○孫鏘鳴曰：「『兩周全』，謂東、西周未亡也。『其北存』三字未詳，疑有誤文。『舉陶削衛』者，史記梁哀王八年伐衛，拔列城二。舉陶事無考。」○陶鴻慶曰：「上文言秦雖大勝，而士倦食盡，此文則言魏王之勢尚足自保，不當以兩周發端。疑『兩周全其北』五字本在『舉陶削衛』下，『存』字衍文。其文云『魏舉陶削衛，兩周全其北』，言兩周在大梁之北爲之障塞也。」○維遹案：孫説是。「其北存」，猶云梁北尚存。史記魏世家，安釐王十一年，無忌謂「異日者，秦在河西，晉國去梁千里，有河山以闌之，有周、韓以間之，從鄉林軍以至于今，秦七攻魏，五入囿中，又長驅梁北，東至陶、衛之郊」，可互證此文。**有之勢是，**有之勢是，有是之勢。○陳昌齊曰：「當作『有之是勢』，與十二紀『行之是令』同一句法。」○陶鴻慶曰：「『有之勢是』，當作『有之是勢』，（注誤同。）與他篇『行之是令』、『行之是術』、『行之此論』句例並同。高注釋之云『有是之勢』，是其所見本不誤。」**而入大蚤，**入秦大蚤。**奚待於魏敬之説也？**言何必待魏敬之説乃不入秦邪〔一〕。**夫未可以入而入，其患有將可以入而不入，**○畢沅曰：「舊本作『夫未可以入而入，其患有將可以入而入，其患有將可以入而不入』，衍正文九字，又於兩『將』字下俱注『將大』二字，殊謬。『其患有將可以入而不入』，本是一句。有與又同。誘豈不諳文義而以兩『將』字爲句乎？今削去。」**入與不入之時，不可不熟論也。**論，辯也。

應言

〔一〕「邪」，原作「也」，據諸子集成本改。

八曰：今有羿、蠭蒙、繁弱於此而〔一〕無弦，則必不能中也。羿，夏之諸侯，有窮之君也，善射，百發百中。蠭蒙，羿弟子也，亦能百中。繁弱，良弓所出地也，因以爲弓名。○畢沅曰：「孫宣公音孟子『逢蒙』作『逄蒙』，音薄江反，似未攷乎此。」○梁履繩曰：「漢書、文選上林賦『彎蕃弱』，文穎曰：『夏后氏良弓名。』善曰：『左傳「分魯公以封父之繁弱」。蕃、繁古通。』案封父疑夏時諸侯，明堂位有『封父龜』。」中非獨弦也，而弦爲弓中之具也。○俞樾曰：「『弓』字衍文也。無弦則必不能中，故弦爲中之具。今衍『弓』字，則文不成義矣。」夫立功名亦有具，不得其具，賢雖過湯、武，則勞而無功矣。湯嘗約於郼薄矣，「薄」或作「亳」。武王嘗窮於畢裎矣，畢裎，畢豐。○畢沅曰：「裎與程同。孫宣公孟子音義：『裎音程，亦作程。』注『畢裎，畢豐』，蓋以豐即程也。畢、豐皆在咸陽。案周書大匡解『維周王宅程三年』，孔晁注云：『程，地名，在岐州左右，後以爲國，初王季之子文王因焉，而遭饑饉，乃徙豐焉。』是豐、程不得爲一地。雍録云：『豐在鄠縣，程在咸陽北。』案孟子云：『文王卒於畢郢。』文王墓在今西安府咸寧縣。畢裎疑當即畢郢。」伊尹嘗居於庖厨矣，○王念孫曰：「『居』疑當作『尼』。」太公嘗隱於釣魚矣，賢非衰也，智非愚也，皆無其具也。故凡立功名，雖賢必有其具然後可成。

宓子賤治亶父，恐魯君之聽讒人而令己不得行其術也，子賤，孔子弟子宓不齊。○畢沅曰：「『讒』舊本作『説』，訛，今改正。」將辭而行，請近吏二人於魯君，○畢沅曰：「家語屈節解『吏』字作『史』。下

〔一〕四部叢刊本「而」下有注「一作向」。

文『邑吏皆朝』並同。」與之俱至於亶父。邑吏皆朝，宓子賤令吏二人書。吏方將書，宓子賤從旁時掣搖其肘。吏書之不善，則宓子賤爲之怒。吏甚患之，辭而請歸。宓子賤曰：「子之書甚不善，子勉歸矣。」勉猶趣也。二吏歸報於君，報魯君也。曰：「宓子不可爲書。」君曰：「何故？」吏對曰：「宓子使臣書，而時掣搖臣之肘，書惡而有甚怒，○維遹案：有讀爲又。家語襲此文作「又」。吏皆笑宓子，吏，邑吏也。此臣所以辭而去也。」魯君太息而歎曰：「宓子以此諫寡人之不肖也。寡人之亂子，而令宓子不得行其術，必數有之矣。○陶鴻慶曰：「『亂子』當作『亂宓子』。」○維遹案：陶說是。呂覽纂正有「宓」字。家語作「寡人亂宓子之政」，此省「之政」二字，亦通。微二人，寡人幾過。」遂發所愛，發，遣。而令之亶父，告宓子曰：「自今以來，亶父非寡人之有也，子之有也。有便於亶父者，子決爲之矣。五歲而言其要。」要，約最簿書。宓子敬諾，乃得行其術於亶父。三年，巫馬旗短褐衣弊裘而往觀化於亶父，○維遹案：巫馬旗，張本「旗」作「期」，與察賢篇、古今人表合。又案：淮南覽冥篇「短褐不完」，高注：「褐，毛布，如今馬衣。」墨子非樂上「萬人不可衣短褐」，孫詒讓云：「『短褐』即『裋褐』之借字。荀子大略篇作『豎褐』。豎與短、裋聲同。」見夜漁者，得則舍之。巫馬旗問焉，曰：「漁爲得也，今子得而舍之，何也？」對曰：「宓子不欲人之取小魚也。古者魚不尺不升于俎。宓子體聖人之化，爲盡類也，故不欲人取小魚。所舍者，小魚也。」巫馬旗歸，告孔子曰：「宓子之德至矣。使民闇行，闇，夜。若有嚴刑於旁。敢問宓子何以至於此？」孔子曰：「丘嘗與之言曰：『誠乎此者刑乎彼。』施至誠於近以化之，使刑行於遠。○梁玉繩曰：「淮南道應作『誠於此者刑於彼』。水經泗水注作『誠彼形此』。形、刑古通，然與注義別矣。」○陶鴻慶曰：「刑與形同。猶言誠中而形外也。高注讀刑爲本字，非。」○維遹案：呂覽纂「刑」正作「形」。宓子必行此術於亶父也。』夫宓子之得行此術也，魯君後得之也。魯君後得之者，宓子先有其備也。先有其備，豈遽必哉？○王引之曰：「詎與豈同義，故或以『豈詎』連文，或言『豈遽』，其義一而已矣。」此魯君之賢也。三月嬰兒，軒冕在前，弗知欲也，斧鉞在後，弗知惡也，慈母之愛諭焉，誠也。故誠有誠乃合於情，精有精乃通於天。○陶鴻慶曰：兩『有』字皆讀爲又。『情』亦當爲『精』，上下文正相承。文子精誠篇云：『其所以能行者，精誠也。』又云：『故精誠内形，氣動於天。』可證此文之義。」乃通於天，水○畢沅曰：「五字疑誤衍。」○陳昌齊曰：五字似尚可解。或『乃』字『水』字係誤衍耳。」○吳汝綸曰：「下『乃通於天』非重文也，乃讀爲能。『水』字屬下爲句。畢衍此五字，非。」○維遹案：吳說是。李本、凌本亦以「水」字屬下爲句。木石之性皆可動也，又況於有血氣者乎？故凡說與治之務莫若誠。以誠說則信著之，以誠治則化行之。聽言哀者不若見其哭也，聽言怒者不若見其鬬也，說與治不誠，其動人心不神。動，感。神，化。言不誠不能行其化也。

具備

呂氏春秋集釋卷第十九

榮成許維遹學

離俗覽第七　高義　上德　用民　適威　爲欲　貴信　舉難

呂氏春秋訓解　高氏

一曰：世之所不足者，理義也；人能蹈之者少，故曰不足。所有餘者，妄苟也。妄作苟爲，不尊理義，君子少，小人多，故有餘也。民之情，貴所不足，賤所有餘。所不足者，理與義也，故貴之。所有餘者，妄與苟也，故賤之。故布衣人臣之行，潔白清廉中繩，愈窮愈榮。繩，正也。行如此者，益窮困益有榮名。○陶鴻慶曰：「高注云：『繩，正也。』下文『所不足也』，注云：『所潔白中正，若周時伯夷，衛之弘演。』『潔白中正』即此文之『潔白中繩』，（高蓋讀中如字。）是其所見本無『清廉』二字。疑是高氏爲『潔白』二字作注而亂入正文者。」雖死，天下愈高之，所不足也。高，貴也。所潔白中正，若周時伯夷，衛之弘演，身雖死亡，天下聞之而益貴。然而以理義斲削，神農、黄帝猶有可非，微獨舜、湯！微亦非也。舜有卑父之謗，湯有放弒之事，然以通義斲削，神農、黄帝之行猶有可苛者，非獨舜與湯也。言雖聖不能無闕，況賢者乎！○畢沅曰：「注『卑父之謗，見下舉難篇及淮南汜論訓。○維遹案：注「猶有可苛者」，張本「苛」字作「非」。飛兔、要裹，古之駿馬也，材猶有短。飛兔、要裹，皆馬名也，日行萬里，馳若兔之飛，因以爲名也。材猶有短，力有所不足。裹字讀如曲撓之撓也。○維遹案：「要裹」或作「騕褭」，開元占經馬占引應劭漢書注作「騕褭」。「要裹」之名，本取叠韻，故他籍作「要裊」。後漢書張衡傳云：「斥西施而弗御兮，羈要裊以服箱。」章注引呂覽亦作「要裊」。故以繩墨取木，則宮室不成矣。正材難得，故宮室不成也。

舜讓其友石户之農，石户之農曰：「棬棬乎后之爲人也，○畢沅曰：「『棬棬』，莊子讓王篇作『捲捲』，釋文云：『音權，郭音眷，用力貌。』」葆力之士也。」以舜之德爲未至也，於是乎夫負妻戴攜子○畢沅曰：「『戴』，舊本作『妻』，訛，今依莊子改正。」以入於海，去之終身不反。舜又讓其友北人無擇，○俞樾曰：「廣韻二十五德『北』字注：『古有北人無擇。』則『北人』是複姓。古今人表作北人亡擇。」北人無擇曰：「異哉后之爲人也，居於甽畝之中，而游入於堯之門。不若是而已，已，止也。又欲以其辱行漫我，我羞之。」漫，汙也。而自投於蒼領之淵。投猶沈也。「蒼領」或作「青令」。○畢沅曰：「莊子作『清泠』，淮南齊俗訓亦同。」○維遹案：「蒼領」與「清泠」同。中山經亦作「清泠」。莊子釋文引此經云：「在江南。一云在江南郡西鄂山下。」所引蓋郭注之文也。薛綜注東京賦亦云：「清泠，水名，在南陽鄂山下。」與莊子釋文同。湯將伐桀，因卞隨而謀，卞隨辭曰：「非吾事也。」湯曰：「孰可？」卞隨曰：「吾不知也。」湯又因務光而謀，○畢沅曰：「莊子作『瞀光』，荀子成相篇作『牟光』。」務光曰：「非吾事也。」湯曰：「孰可？」務光曰：「吾不知也。」湯曰：「伊尹何如？」務光曰：「彊力忍詢，詢，辱也。○畢沅曰：

「莊子『詢』作『垢』。」吾不知其他也。」湯遂與伊尹謀夏伐桀，○畢沅曰：「莊子無『夏』字。」○松皋圓曰：「當作『謀伐夏桀』，文殺次耳。」克之。以讓卞隨，卞隨辭曰：「后之伐桀也，謀乎我，必以我爲賊也。勝桀而讓我，必以我爲貪也。吾生乎亂世，而無道之人再來詢我，吾不忍數聞也。」乃自投於潁水而死。以湯伐桀，故謂之無道之人也。以受湯之讓爲貪辱也。不忍聞之，故投水而死。潁出於潁川陽城西山中也。○畢沅曰：「梁仲子云：『水經潁水注引云：「卞隨恥受湯讓，自投此水而死。」張顯逸民傳、嵇叔夜高士傳竝言投洞水而死，未知其孰是也。』案莊子作『椆水』，釋文云：『本又作「桐水」，司馬本作「洞水」。』」○馬叙倫曰：「朱謀瑋云：『潁、洞古字通，故禮「潁衣」一作「絅」，是其例也。椆、桐二字皆誤。』」湯又讓於務光曰：「智者謀之，圖之也。武者遂之，遂，成也。○舊校云：「『武』一作『賢』。」仁者居之，居，處也。古之道也。吾子胡不位之？請相吾子。」胡，何。何不位天子之位也。言己請爲吾子爲相。○畢沅曰：「『位之』，莊子作『立乎』。」又曰：「注下『爲』字疑衍。」○俞樾曰：「『之』字衍文也。高注曰『何不位天子之位也』，則所據本正作『胡不位』。」務光辭曰：「廢上，非義也。上，天子，謂桀。廢之，非禮義也。殺民，非仁也。戰伐殺民，非仁心。人犯其難，我享其利，非廉也。吾聞之，非其義不受其利，無道之世不踐其土，況於尊我乎？吾不忍久見也。」乃負石而沈於募水。募，水名也，音千伯之伯。○畢沅曰：「募無伯音，疑『蒦』之訛。莊子作『廬水』，司馬本作『盧水』。」故如石户之農、北人無擇、卞隨、務光者，其視天下若六合之外，人之所不能察；察，見也。其視富貴也，苟可得已，則必不之賴。不之賴，不賴之也。賴，利也，一曰善也。高節厲行，獨樂其意，而物莫之害；不欲於物，故物無能害。不漫於利，不牽於埶，漫，汙。牽，拘也。而羞居濁世，惟此四士者之節。四士，謂石户之農、北人無擇、卞隨、務光。羞居亂世，皆遠引而去，或自投而死。此四人，介之大者。若夫舜、湯，則苞裹覆容，緣不得已而動，因時而爲，以愛利爲本，以萬民爲義。譬之若釣者，魚有小大，餌有宜適，羽有動靜。羽，釣浮也。

齊、晉相與戰，平阿之餘子亡戟得矛，失戟得矛，心不平。平阿，齊邑也。餘子，官氏也。與晉人戰，亡其所執戟，而得晉人之矛也。○劉先生曰：「注『失戟得矛，心不平』，與下文『却而去，不自快』注『失戟得矛，心不自安』相複，且『平阿，齊邑也。餘子，官氏也』二語不得在『失戟得矛，心不平』句下，疑下文之注誤竄入此句下也。」却而去，不自快，失戟得矛，心不自安。○畢沅曰：「舊校云：『「却」一作「退」。』案御覽三百五十三作『退而不自快』。」謂路之人曰：「亡戟得矛，可以歸乎？」路之人曰：「戟亦兵也，矛亦兵也，亡兵得兵，何爲不可以歸？」去行，心猶不自快，遇高唐之孤叔無孫，當其馬前曰：「今者戰，亡戟得矛，可以歸乎？」高唐，齊邑也。孤，孤特，位尊。叔，姓。無孫，名。守高唐之大夫也。餘子當其馬前而問之。叔無孫曰：「矛非戟也，戟非矛也，亡戟得矛，豈亢責也哉？」亢，當也。平阿之餘子曰：「嘻！還反戰，趨尚及之。」遂戰而死。叔無孫曰：「吾聞之，君子濟人於患，必離其難。」濟，入也。疾驅而從之，亦死而不反。反，還也。令此將衆，亦必不北矣。北，走也。令此處人主之旁，亦必死義矣。今死矣而無大功，其任小故也。任小者，不知大也。今焉知天下之無平阿餘子與叔無孫也？故人主之欲得廉士者，不可不務求。

齊莊公之時，莊公，名光，頃公之孫，靈公之子，景公之兄。有士曰賓卑聚，夢有壯子，白縞之冠，丹績之袧，袧，纓也。○畢沅曰：「『績』疑『繢』。」東布之衣，新素履，墨劍室，從而叱之，唾其面。惕然而寤，徒夢也，寤，覺。徒，但。○維遹案：「東布」亦見達鬱篇。左閔二年傳云「衛文公人布之衣」，杜注：「大布，麤布。」墨子兼愛下、淮南齊俗篇皆有「大布之衣」語。此作「東布」，其義未詳。終夜坐不自快。明日，召其友而告之曰：「吾少好勇，年六十而無所挫辱。今夜辱，吾將索其形，期得之則可，不得將死之。」每朝與其友俱立乎衢，三日不得，却而自殁。○舊校云：「『却』一作『退』。」○王念孫曰：「殁之言刎也。」○俞樾曰：「『殁』當爲『刎』。一切經音義引字略曰：『斷首曰刎。』又曰：『刎，古文歾同。』荀子彊國篇『是猶欲壽而歾頸也』，楊倞注曰：『歾當爲刎。』蓋古無『刎』字，古人每借『歾』爲『刎』。此又作『殁』者，殁即歾之或作體也。高義篇『殁頭乎王庭』，『殁』亦當爲『刎』。」謂此當務則未也，雖然，其心之不辱也，有可以加乎！加，上也。

離俗覽

二曰：君子之自行也，○舊校云：「『自』一作『爲』。」動必緣義，行必誠義，所行誠義也。俗雖謂之窮，通也。通，達也。行不誠義，動不緣義，俗雖謂之通，窮也。然則君子之窮通，有異乎俗者也。故當功以受賞，當罪以受罰。賞不當，雖與之必辭。辭，不敢受也。罰誠當，雖赦之不外。不敢遠也。度之於國，必利長久。長久之於主，必宜内反於心不慙然後動。○畢沅曰：「舊本『反』作『及』，孫據李善注文選崔子玉座右銘所引改。」○維遹案：李本「及」作「反」。

孔子見齊景公，景公，名杵臼，莊公光之弟，靈公環之子。景公致廪丘以爲養，孔子辭不受，入謂弟子曰：「吾聞君子當功以受禄。○松皋圓曰：「家語六本解、説苑立節篇『入』作『出』，是。」今説景公，景公未之行而賜之廪丘，其不知丘亦甚矣。」令弟子趣駕，辭而行。行，去也。孔子，布衣也，官在魯司寇，爲魯定公之司寇。萬乘難與比行，三王之佐不顯焉，取舍不苟也夫。○舊校云：「一作『不苟且也』。」

子墨子游公上過於越，公上過，子墨子弟子也。○畢沅曰：「墨子魯問篇作『公尚過』。」公上過語墨子之義，義，道。越王説之，○蘇時學曰：「越王當爲句踐之後。」謂公上過曰：「子之師苟肯至越，苟，誠也。請以故吴之地陰江之浦書社三百以封夫子。」社，二十五家也。三百社，七千五百家。公上過往復於子墨子，復，白也。子墨子曰：「子之觀越王也，能聽吾言、用吾道乎？」公上過曰：「殆未能也。」殆，近也。墨子曰：「不唯越王不知翟之意，雖子亦不知翟之意。若越王聽吾言、用吾道，翟度身而衣，量腹而食，○維遹案：舊校云：「『量』一作『裹』。」墨子亦作「量」字。比於賓萌，未敢求仕。賓，客也。萌，民也。○梁玉繩曰：「稱客民爲賓萌，頗新。」越王不聽吾言，不用吾道，雖全越以與我，吾無所用之。無用越爲之也。越王不聽吾言，不用吾道，而受其國，舊校云：「『受』一作『愛』。」是以義翟也，義翟何必越，雖於中國亦可。」○畢沅曰：「墨子作『是我以義糶也。鈞之糶，亦於中國耳，何必於越哉！』此兩『翟』字訛。『糶』字無攷，當是『糴』字之誤。○洪頤煊曰：「『翟』、『糶』皆『耀』字之譌。謂是我以義炫耀於人，何必越。」○維遹案：畢說是。爾雅釋詁「糶，賣也。」凡人不可不熟論。秦之野人，以小利之故，弟兄相獄，親戚相忍。今可得其國，恐虧其義而辭之，可謂能守行矣，其與秦之野人相去亦遠矣。

荊人與吳人將戰，荊師寡，吳師衆。荊將軍子囊曰：「我與吳人戰，必敗。敗王師，辱王名，虧壤土，忠臣不忍爲也。」不復於王而遁。復，白也。遁，走也。至於郊，使人復於王曰：「臣請死。」王曰：「將軍之遁也，以其爲利也。今誠利，將軍何死？」子囊曰：「遁者無罪，則後世之爲王臣者，○畢沅曰：「舊本缺『臣』字，今據説苑立節篇補。渚宮舊事作『則後之爲將者』。此處『者將』二字若乙轉，可不添『臣』字。」○陳昌齊曰：「舊本無『臣』字，不必補。『者將』二字倒誤。」將皆依不利之名而效臣遁，若是則荊國終爲天下撓。」撓，弱也。遂伏劍而死。王曰：「請成將軍之義。」○畢沅曰：「『之』字從渚宮舊事補。此脱在下句，下句可無『之』字。」乃爲之桐棺三寸，加斧鑕其上。○畢沅曰：「梁仲子云：『案此即左傳襄十四年楚子囊還自伐吳卒之事。檢傳上文言伐吳之役，爲吳所敗，未能全師而還。呂覽大與傳違。蓋子囊之死，適當旋師之時，遂相傳異說。夫見可知難，軍之善政，子囊何至自討？王亦何至忍與子玉、子反同誅？殆不可信。」人主之患，存而不知所以存，亡而不知所以亡，此存亡之所以數至也。郼、岐之廣也，郼，湯所居也。岐，武王所居也。萬國之順也，從此生矣。順，從。○舊校云：「『生』一作『至』。」荆之爲四十二世矣，○王念孫曰：「『爲』下當有『荆』字。」○孫鏘鳴曰：「『爲』下疑脱『國』字或『荆』字。」嘗有乾谿、白公之亂矣，靈王作乾谿之臺，百姓愁怨，公子棄疾弒之而立，是爲平王。白公勝，平王太子建之子也，出犇鄭，鄭人殺之〔一〕，勝請令尹子西、司馬子旗伐鄭復讎，許而未行。晉人伐鄭，子西、子旗率師救鄭，勝怒，殺令尹子西、司馬子旗。故曰「乾谿、白公之亂」也。○畢沅曰：「注舊本『殺之』作『殺報』，訛，今改正，并補『勝請』二字。」○諸以敦曰：「此指楚靈王自縊乾谿也。注云『靈王作乾谿之臺，百姓愁怨』，不引左氏而引公羊，非作書之意。」嘗有鄭襄、州侯之避矣，鄭襄、州侯事晉而伐楚，楚人避之也。○王念孫曰：「『襄』當作『褎』。」避讀爲辟，謂淫辟也。舊本呂覽無注，此注乃後人妄加。」○維遹案：王説是。鄭褎、州侯助楚王淫辟事，見楚策四。而今猶爲萬乘之大國，○維遹案：姜本「今」上無「而」字。其時有臣如子囊與！子囊之節，非獨厲一世之人臣也。言子囊之忠，雖百世猶不可忘，故曰「非獨厲一世之人臣」。

荆昭王之時，有士焉曰石渚，○畢沅曰：「韓詩外傳二、新序節士篇、史記循吏傳皆作『石奢』，渚宮舊事與此同。」○維遹案：書鈔三十七引亦作「石奢」，漢書古今人表同。其爲人也公直無私，王使爲政。昭王，

〔一〕史記作「白公父建亡在鄭，鄭殺之，白公亡走吴」。

楚平王棄疾之子熊軫。道有殺人者，○畢沅曰：「『道』舊作『廷』，新序同，皆誤也。今從外傳、史記作『道』，方與下『追之』及『反立於廷』相合。」石渚追之，則其父也。○維遹案：則猶乃也。書鈔三十七引作「乃」。還車而反，立於廷曰：「殺人者，僕之父也。以父行法，不忍。不忍行刑於父，孝也。阿有罪，廢國法，不可。阿，私也。失法伏罪，人臣之義也。」於是乎伏斧鑕，請死於王。免父殺身，忠孝之義。王曰：「追而不及，豈必伏罪哉？子復事矣。」事，職事也。石渚曰：「不私其親，不可謂孝子。事君枉法，不可謂忠臣。君令赦之，○畢沅曰：「舊校云：『「君令」一作「令吏」。』案渚宮舊事作『令吏捨之』。」○劉師培曰：「書鈔三十七引『忠臣』作『竭忠』。」上之惠也。不敢廢法，臣之行也。」不去斧鑕，歾頭乎王廷。○維遹案：渚宮舊事引作「遂不去斧鑕，刎頸於王廷」。韓詩外傳二、新序節士篇亦作「刎頸」。歾、刎義同，說見離俗覽。正法枉必死，父犯法而不忍，王赦之而不肯，石渚之爲人臣也，可謂忠且孝矣。

高義

三曰：爲天下及國，爲，治也。莫如以德，莫如行義。以德以義，不賞而民勸，勸，善也。不罰而邪止，此神農、黃帝之政也。以德以義，則四海之大，江河之水，不能亢矣；○陶鴻慶曰：「『水』當爲『永』字之誤，與下『太華之高，會稽之險』文例並同。」太華之高，西岳也。會稽之險，山名，在吴郡。不能障矣；障，防也。闔廬之教，孫、吴之兵，不能當矣。孫、吴，吴起、孫武也。吴王闔廬之將也，兵法五千言是也。故古之王者，德迴乎天地，迴，通。○王念孫曰：「『迴』亦『迵』之誤，世人多見『迴』，少見『迵』，故『迵』誤爲『迴』矣。」澹乎四海，澹，之也。○畢沅曰：「注疑未是。劉本作『泊也』，亦是妄改。或是『安也』，與『憺』義同。」○王念孫曰：「注『之』字疑是『足』字之誤。」○俞樾曰：「高注曰『澹，之也』，『之』乃『足』字之誤。古書每以『澹』爲贍足之『贍』，漢書食貨志、司馬遷傳、東方朔傳、趙充國傳師古注竝曰：『澹，古贍字。』是其證也。畢校本謂澹、憺義同，疑是『安也』之誤，非是。」東西南北極日月之所燭，天覆地載，愛惡不臧，臧，匱也。○維遹案：「惡」，畢本作「思」。畢沅云：「『思』舊作『惡』。校云：『惡』一作『思』，今從舊校改。臧之訓匱，未知何出。」陳昌齊云：「『臧』疑作『減』，減與匱義近。」案：畢、陳説未審。舊本不誤，今改正。愛惡不臧，猶云愛惡而不匿藏，其義與上下文亦相應。注「匱」字乃「匿」之形譌。「臧」爲「藏」之本字，經傳多通用。重言篇注「匿，藏」，則臧亦可訓匿，是其例證。虚素以公，素，質也。惡其質以奉公，王之實也。○畢沅曰：「注『惡』疑當作『虚』，『王』疑當作『正』。」小民皆之。皆公己也。○畢沅曰：「『己』亦疑是『正』之誤。」○維遹案：畢説是。然正文「之」字亦爲「正」之譌。之、正二字隸書形似。言在上者能虚其質以奉公正，則小民自皆公正也。老子曰：「我好靜而民自正。」即其義也。其之敵而不知其所以然，此之謂順天。○維遹案：「其」下「之」字，「之」猶「與」也。敵與適古通。適，往也。此言小民與王偕往而不知其所以然也。若如字，則與全篇之意違矣。教變容改俗而莫得其所受之，得猶知也。此之謂順情。情，性也。順其天性也。故古之人身隱而功著，形息而名彰，身没於前，名明於後世。説通而化奮，利行乎天下利民之化，行滿天下。而民不識，識，知也。堯時民不知堯德，以季世視之則覩也。豈必以嚴罰厚賞哉？嚴罰厚賞，此衰世之政也。

三苗不服，禹請攻之，三苗，遠國，在豫章之彭蠡也。舜曰：「以德可也。」行德三年而三苗服。○畢沅曰：「孫云：『李善注文選王元長曲水詩序「行德」作「修德」。』」孔子聞之曰：「通乎德之情，則孟門、太行不爲險矣。孟門，太行之險也。太行塞在河内野王之北上黨關也。○畢沅曰：「注『之險也』疑是『皆險也』。」故曰：德之速，疾乎以郵傳命。」○孫志祖曰：「王厚齋謂『此可以證孟子引孔子之言』。」○梁履繩曰：「鹽鐵論論勇『德之召遠，疾於馳傳重驛』，亦本之。」周明堂，金在其後，有以見先德後武也。作樂金鑄在後，故曰「先德後武」。舜其猶此乎？○舊校云：「『此』一作『上』。」其臧武通於周矣。

晉獻公爲麗姬遠太子，太子申生居曲沃，○沈欽韓曰：「水經注：『涑水又西南逕左邑縣故城南，故曲沃也。』一統志：『左邑故城，今絳州聞喜縣治。』按續志注：『曲沃在聞喜縣東北數里。』」公子重耳居蒲，○沈欽韓曰：「一統志：『故蒲城，今大名府長垣縣治。』」公子夷吾居屈。麗姬謂太子曰：「往昔君夢見姜氏。」太子祠而膳於公，姜氏，申生母也。膳，胙之也。○畢沅曰：「注『之』字疑衍。」○王念孫曰：「昔與夕同。」麗姬易之。易猶毒也。○畢沅曰：「梁仲子疑是易以毒也。汪本改作『置也』，義不足。」公將嘗膳，姬曰：「所由遠，請使人嘗之。」太子自曲沃歸膳，故曰「所由遠」。姬施酖於酒，寘毒於肉，故先使人嘗之。嘗人人死，食狗狗死，○維遹案：「狗」字姜本、張本作「犬」，殆據左僖四年傳改。故誅太子。太子不肯自釋，釋，理也。曰：「君非麗姬，居不安，食不甘。」遂以劍死。○畢沅曰：傳云：『縊於新城。』」○梁玉繩曰：「匠誨云：『內、外傳皆言申生自縊，獨穀梁言刎脰而死。此言劍死，殆用穀梁説。』」公子夷吾自屈奔梁。公子重耳自蒲奔翟。去翟過衛，衛文公無禮焉。文公名燬，宣公庶子頑烝宣姜而生之。無禮，不禮重耳也。過五鹿如齊，○維遹案：左僖二十三年傳杜注：「五鹿，衛地。」今衛縣西北有地名五鹿，陽平元城縣東亦有五鹿。沈欽韓云：「元城之五鹿，當是沙鹿地誤。」引水經注爲證。其説是也。齊桓公死。去齊之曹，曹共公視其駢脅，使袒而捕池魚。共公名襄，昭公之子。○畢沅曰：「此與淮南人間訓同。黄氏日抄云：『恐無此理。』」○洪亮吉曰：「説文：『骿，并脅也。』晉文公骿脅，論衡作『比脇』，金樓子作『胼脇』，並同。今左傳本作『駢』，駢、骿古字一也。然駢脅亦非曰其相，大抵多力者合榦居多，故史記商君傳趙良謂鞅曰：『多力而駢脅者參乘。』是矣。」去曹過宋，宋襄公加禮焉。襄公名兹父，桓公御説之子。之鄭，鄭文公不敬，文公名捷，鄭厲公之子。被瞻諫〔一〕曰：「臣聞賢主不窮窮。○馬叙倫曰：「下『窮』字借爲『終』。莊子在宥篇『躬身求之，乃今也得』，躬身即終身也，此終、窮可通之證。」今晉公子之從者，皆賢者也。君不禮也，不如殺之。」鄭君不聽。去鄭之荆，荆成王慢焉。慢，易，不敬也。傳曰：「及楚，楚子饗之曰：『公子若反晉國，則何以報不穀？』對曰：『子女玉帛則君有之，羽毛齒革則君地生焉，其波及晉國者，君之餘也，其何以報君？』曰：『雖然，則何以報我？』對曰：『若以君之靈得反晉國，晉、楚治兵，遇于中原，其避君三舍。若不獲命，其左執鞭弭，右屬櫜鞬，以與君周還。』子玉請殺之，楚子曰：『晉公子廉而儉，文而有禮。其從者肅而寬，忠而能力。晉侯無親，外内惡之。吾聞姬姓，唐叔之後，其後衰者也。其將由晉公子重耳乎？天將興之，誰能廢之？違天必有大咎。』乃送諸秦。」推此言之，不得爲慢之也。○畢沅曰：「注

〔一〕四部叢刊本「諫」下有注「一作曰」。

本左傳。『雖然』下『則』字衍。『廉而儉』，傳作『廣而儉』，無『重耳』二字。」去荆之秦，秦繆公入之。入，晉納也。○畢沅曰：「注當云『納之晉也』。」○維遹案：注當作「入猶納也」。「猶」字爛脱爲「酋」，「酋」與「晉」形近，故譌爲「晉」字。後無義篇注「入猶納也」，是其切證。晉既定，興師攻鄭，求被瞻。被瞻謂鄭君曰：「不若以臣與之。」鄭君曰：「此孤之過也。」被瞻曰：「殺臣以免國，臣願之。」被瞻入晉軍，文公將烹之。被瞻據鑊而呼曰：「三軍之士皆聽瞻也，自今以來，無有忠於其君，忠於其君者將烹。」文公謝焉。罷師，歸之於鄭。且被瞻忠於其君而君免於晉患也，行義於鄭而見説於文公也，故義之爲利博矣。博，大也。

墨者鉅子孟勝，善荆之陽城君，鉅子、孟勝，二人學墨道者也，爲陽城君所善。○畢沅曰：「莊子天下釋文引向秀云：『墨家號其道理成者爲鉅子，若儒家之碩儒。』此注非。下云『我將屬鉅子於宋之田襄子』，亦以名歸之，而使其弟子皆從之受學也。」陽城君令守於國，毁璜以爲符，約曰：「符合聽之。」荆王薨，羣臣攻吴起，兵於喪所，陽城君與焉，荆罪之。陽城君走，荆收其國。孟勝曰：「受人之國，與之有符，今不見符，而力不能禁，不能死，不可。」○陶鴻慶曰：「『與之有符』，『有』字當在『不能死』上，讀爲又。」其弟子徐弱諫孟勝曰：「死而有益陽城君，死之可矣。無益也，而絶墨者於世，不可。」孟勝曰：「不然。吾於陽城君也，非師則友也，非友則臣也，不死，自今以來，求嚴師必不於墨者矣，求賢友必不於墨者矣，求良臣必不於墨者矣。死之，所以行墨者之義，而繼其業者也。義，道。繼，續也。我將屬鉅子於宋之田襄子，我，謂孟勝也。屬，託也。○孫詒讓曰：「田襄子言行無攷。説苑尊賢篇有衛君問田讓語，疑即田襄子。」田襄子，賢者也，何患墨者之絶世也！」田襄子，亦墨者也。徐弱曰：「若夫子之言，弱請先死以除路。」還歿頭前於孟勝。因使二人傳鉅子於田襄子。二人，孟勝之弟子也。傳，送也。○維遹案：此文猶云還歿頭於孟勝前，孟勝因使二人傳鉅子於田襄子。呂文辭例倒略，往往類此。校者若强改文從義順，失之遠矣。孟勝死，弟子死之者百八十。三人以致令於田襄子，○畢沅曰：「句上當有『二人』二字。以猶已也。」○吴闓生曰：「畢説非也。上文『百八十』爲句，『三人』下屬，『三』乃『二』之誤耳。」○維遹案：淮南泰族篇云：「墨子服役百八十人，皆可使赴火蹈刃，死不旋踵，化之所致也。」與吴説合。欲反死孟勝於荆。田襄子止之曰：「孟子已傳鉅子於我矣，當聽。」○維遹案：「當聽」，畢本作「不聽」。畢沅云：「舊本作『當聽』，非，今改正。」松皐圓云：「此田襄子諭二人之辭也。言我既受鉅子之號，則二人亦屬我門下，須從我言，無反死耳。畢校臆斷，改作『不聽』，可謂妄矣。」案：松説是。今改從舊本。遂反死之。反死孟勝於荆。墨者以爲不聽鉅子不察，○孫鏘鳴曰：「『墨者以爲』十字，疑有誤文。」○維遹案：察猶知也。謂墨者以爲不聽鉅子之言，是爲不知墨者之義也。於義亦通。嚴罰厚賞不足以致此。今世之言治，多以嚴罰厚賞，此上世之若客也。○畢沅曰：「義未詳。」○梁履繩曰：「『上世』即上文神農、黄帝之時，『不賞而民勸，不罰而邪止』也。『若客』疑即使民如借之義。」○維遹案：「若客」疑爲「苛察」，形似之誤。謂上世言治，雖不重賞罰，而民自趨於正，故上文云神農、黄帝之時，「不賞而民勸，不罰而邪止」也。今世言治，雖重賞罰，而政反趨於亂，故上文云「嚴罰厚賞，此衰世之政也」。然則今世之言治，多以嚴罰厚賞，即上世所謂苛察者也。細繹全篇文義自明矣。莊子天下篇云「君子不爲苛察」，淮南道應篇云「其爲政也，以苛爲察」，竝其義。梁説不可從。

上德

四曰：凡用民，太上以義，其次以賞罰。其義則不足死，賞罰則不足去就，若是而能用其民者，古今無有。民無常用也，無常不用也，唯得其道爲可。可用也。闔廬之用兵也不過三萬，闔廬，吴王光也。吴起之用兵也不過五萬。吴起，衛人，爲楚將。萬乘之國，其爲三萬五萬尚多。今外之則不可以拒敵，内之則不可以守國，其民非不可用也，不得所以用之也。不得所以用之，○畢沅曰：「孫云：『御覽二百七十一『守國』作『守固』。兩『用之』下皆有『術』字，然案下文似不當有。」國雖大，勢雖便，卒無衆，何益？不知用之，何益於不能以尅敵也。古者多有天下而亡者矣，其民不爲用也。自古以來，有天下者多，而多無遺。民不爲之用，故滅亡。用民之論，不可不熟。劍不徒斷，車不自行，或使之也。夫種麥而得麥，種稷而得稷，人不怪也。用民亦有種，不審其種，而祈民之用，惑莫大焉。祈，求。

當禹之時，天下萬國，至於湯而三千餘國，○吴先生曰：「周書殷祝解：『湯放桀而復薄，三千諸侯大會。』與此說同。又公羊說云：『殷三千諸侯。』蓋本於此。」今無存者矣，皆不能用其民也。民之不用，賞罰不充也。當賞不賞，當罰不罰，則民不懷不威，故不爲之用也。○維遹案：「充」下疑脱「實」字。下文「賞罰皆有充實」，即承此而言。湯、武因夏、商之民也，得所以用之也。管、商亦因齊、秦之民也，得所以用之也。管，管仲。商，商鞅。民之用也有故，故，事也。○維遹案：故，所以也。言用民之道，必有其所以也。下文「用民有紀有綱」，即其義。高訓故爲事，失之。得其故，民無所不用。用民有紀有綱，壹引其紀，萬目皆起，壹引其綱，萬目皆張。爲民紀綱者何也？欲也惡也。何欲何惡？欲榮利，惡辱害。辱害所以爲罰充也，榮利所以爲賞實也。賞罰皆有充實，則民無不用矣。無不可用也。闔廬試其民於五湖，劍皆加於肩，地流血幾不可止；試，用，習肄之也。句踐試其民於寢宮，○畢沅曰：「舊作『寑宮』，劉本作『寢宮』。案劉勰新論閱武篇正作『寢宮』，今從劉本。○維遹案：張本亦作「寢宮」。御覽二百七十九引同。民爭入水火，○畢沅曰：「韓非内儲説上：『越王將復吴而試其教，燔臺而鼓之，使民赴火者，賞在火也，臨江而鼓之，使人赴水者，賞在水也。』即此事。」死者千餘矣，遽擊金而却之，却猶止也。○畢沅曰：「舊校云：『「却」一作「退」。』案：新論正作『退』。」○維遹案：御覽引「却」亦作「退」。賞罰有充也。○松皋圓曰：「『充』下當有『實』字。」○鹽田曰：「淵鑑『講武』條引作『賞罰有充實也』。」莫邪不爲勇者興懼者變，莫邪，良劍也。不爲勇者利，怯者鈍也。○王念孫曰：「『興』當爲『與』。莫邪不爲勇者與懼者變，言不爲勇者變而大利，不爲怯者變而大鈍也。」○維遹案：王說是。元刻本舊校云：「『興』一作『與』。」勇者以工，懼者以拙，能與不能也。○陶鴻慶曰：「此爲能用其民者設譬。『能與不能也』，疑當作『能用與不能用也』，奪兩『用』字，則義不明。」

夙沙之民，自攻其君，而歸神農。夙沙，大庭氏之末世也。其君無道，故自攻之。神農，炎帝。○梁玉繩曰：「淮南道應作『宿沙』，古字通。逸周書史記解作『質沙』。」**密須之民，自縛其主，而與文王。**詩云：「密人不共，敢距大邦。」此之謂也。○沈欽韓曰：「方輿紀要：『陰密城在涇州靈臺縣西五十里，志云：古之密國也。』」**湯、武非徒能用其民也，又能用非己之民。能用非己之民，國雖小，卒雖少〔一〕，功名猶可立。**立，成也。**古昔多由布衣定一世者矣，**終一人之身爲世。○徐時棟曰：「上言神農、文王、湯、武，下言三代，是一世者，天下也。注誤。」○陶鴻慶曰：「一世猶言天下。下篇云：『舜，布衣而有天下。』與此文異而義同。高注失之。」**皆能用非其有也。用非其有之心，不可察之本。**本，始也。○畢沅曰：「似當云『不可不察之本』，少一『不』字。」**三代之道無二，以信爲管。**管，准法。

宋人有取道者，其馬不進，倒而投之鸂水。倒，殺。投，棄之。○畢沅曰：「梁仲子云：『水經淮水注引作「投之雞水」。』」○王念孫曰：「倒與殺義不相近，『倒』當爲『剄』。說文曰：『剄，刑也。』故高訓爲殺。今本作『倒』者，俗書『剄』字作『到』，形與『到』相似，『剄』譌爲『到』，（史記韓世家『不如出兵以剄之』，『剄』譌作『到』，是其例。）後人又加人旁耳。羣書治要引此作『剄而投之谿水』，論衡非韓篇云『宋人有御馬者，不進，剄而棄之於溝中』，此皆其明證

〔一〕四部叢刊本「少」下有注「一作年雖少」。

矣。」又曰：「水經淮水注云：『鷄水出雞坡，呂氏春秋曰：「宋人有取道者，其馬不進，投之雞水。」是也。』據此，則雞爲水名。然論衡言『剄而棄之溝中』，溝與谿同類，則作谿者是也。此直爲殺而投之谿中耳，非謂水名也。谿、雞形近而譌。酈氏因以爲汝南思善之雞水，誤矣。『谿』或作『溪』，『雞』或作『鷄』，今本作『鸂』，則又『溪』、『鷄』二字之合譌也。」○茆泮林曰：「御覽引正文『倒』作『剄』，引注『剄，殺』。今本『倒』恐『剄』之譌。」又復取道，其馬不進，又倒而投之鸂水。如此者三。雖造父之所以威馬，不過此矣。不得造父之道，而徒得其威，無益於御。無益於不知御之道。人主之不肖者，有似於此。不得其道，而徒多其威。威愈多，民愈不用。民不爲之用。亡國之主，多以多威使其民矣。○王念孫曰：「治要無下『多』字。」故威不可無有，而不足專恃。譬之若鹽之於味，凡鹽之用，有所託也，不適則敗託而不可食。○孫先生曰：「『敗託』當作『敗所託』。此緊承上句而言。治要引有『所』字。」威亦然，○王念孫曰：「治要引『然』下有『矣』字。」必有所託，然後可行。行之也。惡乎託？託於愛利。○王念孫曰：「治要有注云：『愛則利民。』」愛利之心諭，威乃可行。威太甚則愛利之心息，愛利之心息而徒疾行威，身必咎矣〔一〕，此殷、夏之所以絶也。君，利勢也，次官也。處次官，執利勢，不可而不察於此。○俞樾曰：「『次官』二字，義不可通，疑當作『大官』。蓋『大』誤作『欠』，因誤作『次』矣。貴公篇曰：『夫相，大官也。處大官者不欲小察。』」

〔一〕四部叢刊本「矣」下有注「咎一作見」。

可以爲證。」○劉師培曰：「『次』爲『羡』之挩。」○維遹案：俞説義勝。**夫不禁而禁者，其唯深見此論邪！**

用民

五曰：先王之使其民，若御良馬，輕任新節，節，節也。○畢沅曰：「注疑『節，飾也』。或是『節，節其力也』。」○維遹案：「新節」當作「執節」，注「節，節也」當作「節，策也」，皆因形近而誤。淮南主術篇謂「造父之御，執節于掌握之間」，注：「節，策也。」是其證。畢説非是。**欲走不得，故致千里。善用其民者亦然。民日夜祈用而不可得，**祈，求也。**若得爲上用，民之走之也，若決積水於千仞之谿，**七尺曰仞。**其誰能當之？周書曰：「民善之則畜也，不善則讎也。」**周書，周公所作。畜，好。**有讎而衆，不若無有。厲王，天子也，**厲王名胡。謚法：「殺戮不辜曰厲。」周夷王之子，宣王之父。**有讎而衆，故流于彘，禍及子孫，**流，放也。彘，地名，今河東永安是也。**微召公虎而絶無後嗣。**微，無也。虎臣宣王。詩云：「王命召虎，式辟四方，徹我疆土。」此之謂也。○畢沅曰：「趙云：『此注大繆。周本紀云：「厲王太子靜匿召公家，國人圍之，召公以己子代太子，太子得免，是爲宣王。」是也。「虎臣宣王」，似當作「虎，宣王臣」。』」**今世之人主，多欲衆之，**○畢沅曰：「似當作『多欲民衆』。」○維遹案：「多欲衆之」，之指民言，雖不改字亦通。**而不知善，此多其讎也。不善則不有，**不得有其位。○畢沅曰：「注『位』當作『衆』。下同。」○陶鴻慶曰：「『不善則不有』，『善』乃『若』字之誤，『則』字衍文，本云『此多其讎也，不若不有』。上文云：『周書曰：「民善之則畜也，不善則讎也。」有讎而衆，不若無有。』」

是其證矣。『善』字隸書或作『善』，與『若』相似，故『若』誤爲『善』，後人又加『則』字以成文耳。高注云：『不得有其位。』是其所據本已誤。」有必緣其心愛之謂也。緣其仁心，故曰「心愛之謂也」。○畢沅曰：「似當作『故曰愛之謂也』。」有其形，不可謂有之。形，體也。不可謂有天下之位也。舜，布衣而有天下。桀，天子也，而不得息，由此生矣。息，安也。不得安其位，由此多其讎生矣。有無之論，不可不熟。熟猶知。湯、武通於此論，故功名立。立猶見也。

古之君民者，仁義以治之，愛利以安之，忠信以導之，導猶先也。務除其災，思致其福。○維遹案：治要、御覽引「致」上竝無「思」字。故民之於上也，若璽之於塗也，抑之以方則方，抑之以圜則圜；○維遹案：璽之沿革，郝懿行證俗文論之甚詳，謂其璽封之者曰泥，濡之者曰塗，引西京雜記及此文爲證。案塗即封泥。今驗此物，其制爲土凷，面有印文，背有版痕及繩跡，其色或青或紫，其填於印齒中者則爲正方，其施於無印齒之簡牘者則爲圓形。高無注者，緣漢時此物通行易明，故不煩解。淮南齊俗篇云「若璽之抑埴，正與之正，傾與之傾」，許注云：「埴，泥也。」若五種之於地也，必應其類，而蕃息於百倍，此五帝三王之所以無敵也。無能敵之也。身已終矣，而後世化之如神，從其化有如神也。其人事審也。其所施行，皆可爲人法式，故曰審也。

魏武侯之居中山也，○畢沅曰：「韓詩外傳十、新序雜事五俱作魏文侯。」○梁玉繩曰：「淮南道應亦作武侯。」○維遹案：攻中山爲文侯之事，樂成篇、魏策、史記魏世家皆有明文。外傳、新序作文侯是也。淮南蓋沿此而誤，不足爲據。問於李克曰：「吳之所以亡者何也？」武侯，文侯之子也。樂羊伐中山得中山，故武侯居之也。○維遹案：漢志儒家李克七篇，注云：「子夏弟子，爲魏文侯相。」據期賢篇、魏世家，文侯亦師子夏。其書隋、唐志不著録，佚已久，馬國翰有輯本一卷。李克對曰：「驟戰而驟勝。」驟，數也。武侯曰：「驟戰而驟勝，國家之福也。○維遹案：韓詩外傳、新序竝無「家」字。其獨以亡，何故？」○陳昌齊曰：「『其』當作『吳』。」○維遹案：淮南、韓詩外傳、新序同。其即指吳言。對曰：「驟戰則民罷，驟勝則主驕。以驕主使罷民，然而國不亡者，天下少矣。驕則恣，恣則極物。極盡可欲之物。罷則怨，怨則極慮。極其巧欺不臣之慮。上下俱極，吳之亡猶晚，猶，尚。此夫差之所以自殁於干隧也。」爲越所破，自剄於干隧。東野稷以御見莊公，進退中繩，○舊校云：「『退』一作『却』。下同。」左右旋中規。東野，姓。稷其名。莊公曰：「善。」以爲造父不過也。過猶勝也。使之鉤百而少及焉。不達也。○孫鏘鳴曰：「莊子達生篇作『使之鉤百而返』，釋文：『司馬云：「稷自矜其能，圓而驅之，如鉤復迹，百反而不知止。」』」○章炳麟曰：「百即今阡陌之陌字。鉤陌，謂般旋陌上一周也。」顔闔入見，見，謁也。莊公曰：「子遇東野稷乎？」對曰：「然。臣遇之。按魯世家，莊公，桓公之子同也。顔闔在春秋後，蓋魯穆公時人也，在莊公後十二世矣。若實莊公，顔闔爲妄矣。若實顔闔，莊公爲妄矣。由此觀之，咸陽市門之金，固得載而歸也。○畢沅曰：「梁伯子云：『東野稷事，此本於莊子達生篇，釋文曰：「李云魯莊公。」或云顔闔不與魯莊公同時，當是衛莊公。」余攷莊子人間世言「顔闔將傅衛靈公太子」，讓王言「魯君致幣顔闔」，李云「魯哀公」，亦見本書貴生篇，又莊子列禦寇篇言「魯哀公問顔闔」，則此爲衛莊公是也。而荀子哀公篇、韓詩外傳二、新序雜事五、家語顔回篇皆云「魯定公問顔回，東野之御」，蓋傳聞異辭耳。高氏未加詳考，誤以爲魯莊公，訾吕子妄説，思載咸陽市門之金而歸，何其陋也。又荀、韓、新序、人表、家語「稷」字竝作「畢」。』」其馬必敗。」○維遹案：治要引「必」作「將」，與莊子達生篇、荀子哀公問篇合。莊公曰：「將何敗？」少頃，東野之馬敗而至。○維遹案：治要引「東野」下有「稷」字，當據補。莊公召顔闔而問之曰：「子何以知其敗也？」顔闔對曰：「夫進退中繩，左右旋中規，造父之御，無以過焉。鄉臣遇之，猶求其馬，臣是以知其敗也。」善當自求於心，而反求於御馬速疾，故知其敗也。○畢沅曰：「此注非是。『猶求其馬』，即下所云『極』是也。」故亂國之使其民，○維遹案：莊子則陽篇「之」字下有「君」字。淮南齊俗篇、文子下德篇有「法」字。不論人之性，不反人之情，煩爲教而過不識，過，責。識，知。數爲令而非不從，令不可從，而非人不從之也。巨爲危而罪不敢，不敢登其危者而罪之也。○維遹案：莊子作「大爲難而罪不敢」，文異而義同。重爲任而罰不勝。不能勝其所任者而罪之也。○維遹案：莊子、淮南、文子文竝與此同。惟治要引吕文「罰」作「罪」，又引注「罪」作「罰」，亦通。民進則欲其賞，退〔一〕則畏其罪。知其能力之不足也，則以爲繼矣。以爲繼知，則上又從而罪之，罪之，罪其爲也。○畢沅曰：「『則以爲繼矣，以爲繼知』，疑當作『則

〔一〕四部叢刊本「退」下有注「一作知」。

難以爲繼矣，難以爲繼」，脱兩『難』字。下『知』字衍。」○陳昌齊曰：「二『爲』字疑當作『僞』。『知』字衍。注『爲』字亦當作『僞』。」○洪頤煊曰：「『繼』當是『㡭』字之譌。『㡭』古『絶』字。下『知』字當在下句『以爲繼』上。言知能力之不足，則自以爲絶矣。知以爲絶，則上又從而罪之。義亦得通。」○俞樾曰：「畢謂下『知』字衍，是也。謂脱兩『難』字，非也。爲當讀作僞，古字通用。『知其能力之不足也，則以僞繼矣。以僞繼，則上又從而罪之』，文義甚明。莊子則陽篇亦有此文，大略相同，正作『民知力竭，則以僞繼之』，可證明此文之義。」○陶鴻慶曰：「爲與僞同。『則以爲繼矣』，當作『則以爲繼之矣』。『以爲繼知』，『知』亦『之』字之誤。莊子則陽篇正作『民智力竭，則以僞繼之』，是其證也。畢校非是。」○維遹案：陳、俞説近是。惟下「知」字不衍，疑「知」爲「矣」字之壞。呂氏文例往往類此。治要雖截引此文，「爲」竝作「僞」，注同。**是以罪召罪，**召，致也。**上下之相讎也，由是起矣。故禮煩則不莊，業煩則無功，**○舊校云：「一作『准』。」○維遹案：治要引「煩」作「衆」。**令苛則不聽，禁多則不行。**設禁而不禁，爲不行也。**桀、紂之禁，不可勝數，故民因而身爲戮，**○畢沅曰：舊校云：「『因』一作『用』」。案當是『困』字。」○孫先生曰：「『故民因而身爲戮』，本作『故民不用而身爲戮』。舊校作『用』者，蓋脱『不』字，今本又轉誤爲『因』，故文不可説。治要引正作『故民不用而身爲戮』。畢校非。」**極也，不能用威適。**適，宜也。○陳昌齊曰：「『不能用威適宜也』，据文義當爲『極也』句下之注。原本誤以『不能用威適』爲正文，而以『宜也』爲注，遂多出『適』字。」陶鴻慶説同。**子陽極也好嚴，**○陳昌齊曰：「『極也』二字因上文而誤衍。」俞樾、陶鴻慶説同。**有過而折弓者，恐必死，遂應猘狗而弒子陽，極也。**子陽，鄭君也，一曰鄭相也。好嚴猛，於罪刑無所赦。家人有折弓者，恐誅，因國人有逐猘〔一〕狗之擾而殺子陽，極於刑之故也。**周鼎有竊，曲狀甚長，上下皆曲，以見極之敗也。**未聞。○舊校云：「『竊』一作『窮』。」○孫鏘鳴曰：「竊，未詳何物。『有』必是『著』之誤。詳見慎勢篇。」

適威

六曰：使民無欲，上雖賢，猶不能用。民無欲，不爲物動，雖有賢君，不能得用之也。**夫無欲者，其視爲天子也與爲輿隸同，**輿，衆也。**其視有天下也與無立錐之地同，**同，等也。**其視爲彭祖也與爲殤子同。**彭祖，殷賢大夫也，蓋壽七百餘歲。九歲以下爲下殤，七歲以下爲無服殤。○吴先生曰：「喪服傳：『年十九至十六爲長殤，十五至十二爲中殤，十一至八歲爲下殤，不滿八歲以下爲無服之殤。』計殤皆以十二箇月爲一歲，注當云『十一歲以下爲下殤』，即生世一百三十二箇月者爲下殤。如入一百三十三箇月之限，則爲中殤矣。今注作『九歲以下』，誤。」又曰：「殤有三等，注不言上殤中殤，而以下殤釋殤子者，蓋十九將冠，十五爲志學之年，皆有成人之端，故不數也。」**天子至貴也，天下至富也，彭祖至壽也，誠無欲則是三者不足以勸。**勸，樂也。**輿隸至賤也，無立錐之地至貧也，殤子至夭也，誠無欲則是三者不足以禁。會有一欲，則北至大**

〔一〕「猘」，原作「狡」，據諸子集成本改。

夏，南至北户，西至三危，東至扶木，不敢亂矣；亂猶難也。○畢沅曰：「錢詹事云：『扶木即蟠木。古音扶如酺，聲轉爲蟠。漢書天文志「奢爲扶」，鄭氏云：「扶當爲蟠。」』」犯白刃，冒流矢，趣水火，○舊校云：「『趣』一作『赴』。」不敢却也；却猶止也。晨寤興，務耕疾庸，⿰木異，⿰木異，古耕字。○畢沅曰：「上既云『務耕疾庸』，則⿰木異必非耕字。又似屬下句，闕疑可也。」○梁玉繩曰：「廣雅『⿰木異，耕也』，音弋。五音集韻作『穓』，疑與『⿰木異』是一字。然上下必有脱文。」○維遹案：王念孫校本改注「⿰木異，古耜字」。爲煩辱，不敢休矣。故人之欲多者，其可得用亦多；人之欲少者，其得用亦少；○孫鏘鳴云：「以上句例之，『得』上脱一『可』字。」○孫先生曰：「御覽六百二十五引『得』上有『可』字。」無欲者，不可得用也。人之欲雖多，而上無以令之，人雖得其欲，人猶不可用也。○孫先生曰：「『用』上當有『得』字，上下文竝作『得用』，此不應獨異，蓋誤脱。」令人得欲之道，不可不審矣。

善爲上者，能令人得欲無窮，故人之可得用亦無窮也。○維遹案：御覽引作「能令人欲無窮，故人亦可得用而無窮」。蠻夷反舌殊俗異習之國，反舌，夷語，與中國相反，故曰「反舌」也。其衣服冠帶，宫室居處，舟車器械，聲色滋味皆異，其爲欲使一也。一，同也。三王不能革，不能革而功成者，順其天也。天，身也。桀、紂不能離，不能離而國亡者，逆其天也。逆而不知其逆也，湛於俗也，久湛而不去則若性。性異非性，不可不熟。○孫鏘鳴曰：「『異』疑『與』。」○陶鴻慶曰：「『異』當爲『與』字之誤。」不聞道者，何以去非性哉？無以去非性，則欲未嘗正矣。欲不正，以治身則夭，以治國則亡。故古之聖王，審順其天而以行欲，則民無不令矣，○維遹案：令謂聽從也。令、聆古今字，廣雅釋詁：「聆，從也。」功無不立矣。聖王執一，四夷皆至者，其此之謂也。執一者，至貴也。至貴者無敵。聖王託於無敵，故民命敵焉。○陳昌齊曰：「下『敵』字當作『繫』。淮南齊俗訓云『聖人託於無敵，故民命繫焉』，語蓋本此。」

羣狗相與居，皆靜無爭。投以炙雞，則相與爭矣，炙雞，狗所欲之，故鬬爭之。○畢沅曰：「注兩『之』字皆衍。」○丁聲樹曰：「正文及注『炙雞』皆當爲『雞炙』。炙與跖通。用衆篇高注云：『跖，雞足踵。』說文：『跖，足下也。』漢書賈誼傳字作『蹠』，从炙聲。本味篇『貛貛之炙』，王念孫云『炙讀爲雞跖之跖』，是也。」或折其骨，或絶其筋，爭術存也。爭術存，因爭。不爭之術存，因不爭。取爭之術而相與爭，萬國無一。○孫鏘鳴曰：「上『爭』字上當有『不』字。」○陶鴻慶曰：「『而相與爭』，當作『而不爭』，涉上文『則相與爭矣』而誤。」凡治國，令其民爭行義也。亂國，令其民爭爲不義也。彊國，令其民爭樂用也。弱國，令其民爭競不用也。夫爭行義、樂用，與爭爲不義、競不用，此其爲禍福也，天不能覆，地不能載。言其大也。

晉文公伐原，原，晉邑。文公復國，原不從，故伐之。今河内軹縣北原城是也。與士期七日，七日而原不下，下，降。○畢沅曰：「僖廿五年左氏傳、淮南道應訓俱作『三日』，韓非外儲說左上作『十日』，新序雜事四作『五日』。」命去之。謀士言曰：「原將下矣。」○王念孫曰：「『謀士』當爲『諜出』，字形相似而誤。（『諜』旁『世』

字，唐人避諱作『廿』，遂與『諜』相似而誤。漢書藝文志『大歲諜日晷二十九卷』，今本『諜』誤作『謀』。史記夏本紀『稱以出』，大戴禮五帝德篇譌作『稱以上士』，墨子號令篇『若贖出親戚所知罪人者，以令許之』，又云『出候無過十里』，『出』字竝譌作『士』。荀子大略篇『君子聽律習容而後士』，『士』亦『出』之譌。）僖二十五年左傳及晉語正作『諜出』，蓋諜者入城探知其情，出而告晉侯也。」師吏請待之。○孫先生曰：「左僖二十五年傳作『軍吏曰：「請待之。」』有『曰』字。」公曰：「信，國之寶也。得原失寶，吾不爲也。」○維遹案：左傳、韓非、新序「得原失寶」竝作「得原失信」。遂去之。明年，復伐之，○畢沅曰：「與左傳、韓非不合。」與士期必得原然後反，原人聞之乃下。衛人聞之，以文公之信爲至矣，乃歸文公。故曰「攻原得衛」者，此之謂也。文公非不欲得原也，以不信得原，不若勿得也，必誠信以得之，歸之者非獨衛也。文公可謂知求欲矣。

爲欲

七曰：凡人主必信。信而又信，誰人不親？誰猶何也。故周書曰：「允哉允哉！」以言非信，則百事不滿也，周書，逸書也。滿猶成。故信之爲功大矣。信立，則虛言可以賞矣。虛言可以賞，則六合之内皆爲己府矣。信之所及，盡制之矣。制之而不用，人之有也。人之有，他人之有也。制之而用之，己之有也。己有之，則天地之物畢爲用矣。畢，盡也。人主有見此論者，其王不久矣。人臣有知此論者，可以爲王者佐矣。

天行不信，不能成歲。地行〔一〕不信，草木不大。不信，氣節陰陽皆不交，故不成歲也。春之德風，風不信，其華不盛，華不盛則果實不生。在木曰實。在地曰蓏。夏之德暑，暑不信，其土不肥，土不肥則長遂不精。遂，成也。秋之德雨，雨不信，其穀不堅，穀不堅則五種不成。堅，好。成，熟也。冬之德寒，寒不信，其地不剛，地不剛則凍閉不開。不開，氣不通也。○俞樾曰：「冬之德寒，則凍閉不開，固其所也，何以反是不信之故？此說殊不可通。孟冬紀曰：『孟冬行春令，則凍閉不密。』疑此文『開』字亦『密』字之誤。高注曰：『不開，氣不通也。』其所據本已誤。」○孫詒讓曰：「俞校是也。但『開』、『密』形不相近，不宜致誤。疑『開』當爲『閟』，即『密』之叚字，『閟』又譌『開』耳。（閟、密聲類同。）」天地之大，四時之化，而猶不能以不信成物，又況乎人事？乎，於也。君臣不信，則百姓誹謗，社稷不寧。處官不信，則少不畏長，貴賤相輕。賞罰不信，則民易犯法，不可使令。易，輕也。交友不信，則離散鬱怨，不能相親。親，比也。百工不信，則器械苦僞，○維遹案：周禮「辨其苦良」，鄭注：「苦讀如盬。盬，麤也。」詩四牡篇「王事靡盬」，毛傳：「盬，不堅固也。」丹漆染色不貞。貞，正也。○孫鏘鳴曰：「以上皆四字爲句，有韻之文。『染色』二字當是注文，轉寫者誤入正文耳。」夫可與爲始，可與爲終，可與尊通，可與卑窮者，其唯信乎！信而又信，重襲於身，乃通於天。以此治人，則膏雨甘露降矣，寒暑四時當矣。當猶應也。

〔一〕四部叢刊本「行」下有注「一作安」。

齊桓公伐魯，魯人不敢輕戰，去魯國五十里而封之，魯請比關内侯以聽，〇畢沅曰：「梁仲子云：『關内侯，秦爵也。劉昭注續漢書百官志引劉劭爵制曰：「秦都山西，以關内爲王畿，故曰關内侯。」然則齊安得有關内侯乎？管子大匡篇載此事云：「魯不敢戰，去國五十里而爲之關，魯請比於關内，以從于齊。」據此，疑「侯」字衍。』盧云：『案曹沬事出於戰國之人所撰造，事既不實，辭亦鄙誕不經，但以耳目所見，施之上世，而不知其有不合也。』」〇梁玉繩曰：「春秋之初，安得有關内侯？恐亦未必以後之爵制施於上世。案戰國魏策『竇屢關内侯』，鮑注云：『侯於關内耳，此時未爲爵。』然則關内者，郊關之内也，故管子小匡言『魯、邢請爲關内之侯』。或謂『侯』當作『候』。秦策：『黄歇曰：「韓必爲關中之侯。」』魏亦關内，侯，言比於侯吏。」〇俞正燮曰：「蓋戰國時，大臣實封稱君，如孟嘗、昌國、安陵、龍陽、平原、信陵等，皆通名關内侯。所謂關者，凡國皆有關。燕策：『蒙嘉云：「願舉國爲内臣，比諸侯之列，給貢賦，比郡縣。」』是魯比關内侯之義，其地固不能遷也。」〇維遹案：俞説是。關内侯爲戰國通制，墨子號令篇亦有此名。漢書百官公卿表專指秦制言，恐非。**桓公許之。曹翽謂魯莊公曰：**〇畢沅曰：「曹翽，左傳作曹劌，公羊、國策、史記竝作曹沬。」**「君寧死而又死乎？其寧生而又生乎？」莊公曰：「何謂也？」曹翽曰：「聽臣之言，國必廣大，身必安樂，是生而又生也。不聽臣之言，國必滅亡，身必危辱，是死而又死也。」莊公曰：「請從。」於是明日將盟，莊公與曹翽皆懷劍至於壇上。莊公左搏桓公，右抽劍以自承，**承，佐也。〇畢沅曰：「梁仲子云：『注非也。左氏昭廿一年傳「子皮承宜僚以劍」，哀十六年傳「承之以劍」，杜云：「拔劍指其喉。」蓋曹翽以劍自向，故下云「戮於君前」，即以頸血湔衣之意。』」〇諸以敦曰：

「繹上下文，乃莊公自劫也，與他書言曹子劫桓公異。梁仲子校云『曹劌以劍自向』，非。」曰：「魯國去境數百里，今去境五十里，亦無生矣。鈞其死也，戮於君前。」鈞，等也。戮亦死也。管仲、鮑叔進，曹劌按劍當兩陛之間曰：「且二君將改圖，毋或進者。」莊公曰：「封於汶則可，不則請死。」管仲曰：「以地衛君，非以君衛地，君其許之。」乃遂封於汶南，與之盟。歸而欲勿予。管仲曰：「不可。人特劫君而不盟，君不知，不可謂智。○畢沅曰：「御覽四百三十作『人將劫君而不知，不可謂智』。此『不盟君』三字賸。」○馬叙倫曰：「此文當作『人將劫君盟而不知』，傳寫譌衍『不』、『君』二字，『而』字又譌乙於『盟』字上。或『盟』字涉上文『與之盟』衍。」臨難而不能勿聽，不可謂勇。許之而不予，不可謂信。不智不勇不信，有此三者，不可以立功名。予之，雖亡地亦得信。以四百里之地見信於天下，君猶得也。」莊公，仇也；曹劌，賊也，信於仇賊，又況於非仇賊者乎？公羊傳曰：「莊公升壇，曹子手劍而從之，請復汶陽之田。管子曰：『君許之。』桓公曰：『諾。』曹子請盟。桓公下，與之盟。要盟可犯，而桓公不欺，曹子可讎，而桓公不怨。桓公之信著乎天下，自柯之盟始焉。」此之謂也。夫九合之而合，壹匡之而聽，從此生矣。管仲可謂能因物矣。以辱爲榮，以窮爲通，雖失乎前，可謂後得之矣，物固不可全也。○孫鏘鳴曰：「此句於上文不相繫屬，當是下篇之首句。後文『物豈可全哉』，又云『先王知物之不可全也』，正與起句相應。」○俞樾曰：「『物固不可全也』六字與上文不屬，疑此篇之文止於『可謂後得之矣』，言管仲失乎前而得乎後，其意已足。『物固不可全也』，乃下舉難篇之起句，當云『物固不可全也，以全舉人固難，物之情也。人傷堯以不慈之名，舜以卑父之號，禹以貪位之意，湯、武以放弒之謀，五伯以侵奪之事。由此觀之，物豈可全哉？』『物豈可全』正與『物不可全』相應，傳寫者誤繫於上篇之尾耳。」

貴信

八曰：以全舉人固難，物之情也。物，事。事難全也。人傷堯以不慈之名，舜以卑父之號，禹以貪位之意，湯、武以放弒之謀，五伯以侵奪之事。傷，毀也。由此觀之，物豈可全哉？故君子責人則以人，○畢沅曰：「梁仲子云：『此即以衆人望人之意。』」○俞樾曰：「下『人』字當讀作仁。『責人則以仁』，與下文『自責則以義』正相對。」自責則以義。責人以人則易足，易足則得人。自責以義則難爲非，難爲非則行飾，飾讀曰勑。勑，正也。故任天地而有餘。德饒也。不肖者則不然，責人則以義，自責則以人。責人以義則難瞻，○維遹案：「則難瞻」，「則」字原作「責」，陳昌齊云：「『責』字當作『則』。」陶鴻慶說同。末云：「與下文『自責以人則易爲，易爲則行苟』文例同。」案：許本、姜本、張本、李本竝作「則」，今據改正。難瞻則失親。難瞻則恐，恐則離叛，故失所親也。○畢沅曰：「梁仲子云：『「瞻」疑當作「贍」。』」○劉師培曰：「『恐』亦『怨』字之訛。」自責以人則易爲，易爲則行苟，苟且，不從禮義也。故天下之大而不容也，身取危，國取亡焉，此桀、紂、幽、厲之行也。尺之木必有節目，寸之玉必有瑕瓋。○畢沅曰：「管子水地篇云『夫玉瑕適皆見，精也』，注云：『瑕適，玉病也。』今此加玉旁，乃俗作，字書不載。」○維遹案：畢說是。惟適當讀爲謫。謫與瑕義同，老子曰：「善言無瑕謫。」是也。先王知務之不可全也，○畢沅曰：「『不可全』，舊本『全』上衍二『不』字，今删。」○維遹案：李本作「不可必全也」，别本作「不」者，聲誤也。故擇務〔一〕而貴取一也。一，分。○陶鴻慶曰：「『擇務』下當有『博』字，下文云『擇者，欲其博也』，是其證。如今本則文義不完。『貴取』二字，疑當倒乙，『擇務博』、『取貴一』，相對成文，謂所擇者廣，而所取者約也。下文云『且人固難全，權而用其長者』，即此義。」

季孫氏劫公家，孔子欲諭術則見外，季孫氏，武子，季文子子也。劫奪公家政事而自專之也。孔子欲以道而見遠外。○畢沅曰：「舊校云：『二「諭」一作「論」。』案注誤，當云『桓子，季平子子也』。末疑有文脱，似當云『孔子欲以道術諭之而慮見遠外也』。」○梁玉繩曰：「淮南説山有此語，注：『魯大夫季桓子斯，一曰康子肥，脅定公而專其政。』與此注異。」於是受養而便説，孔子受其養，而季氏便之。○畢沅曰：「注非也。受其養則不見遠外，於以諭道術則便矣。」魯國以訾。訾，毀也。毀孔子也。孔子曰：「龍食乎清而游乎清，螭食乎清而游乎濁，魚食乎濁而游乎濁。螭，龍之别也。今丘上不及龍，下不若魚，丘其螭邪？」夫欲立功者，豈得中繩哉？救溺者濡，追逃者趨。趨，走也。

魏文侯弟曰季成，友曰翟璜。○畢沅曰：「亦作『黄』。」文侯欲相之而未能決，以問李克。○維遹案：「李克」原作「季充」，畢沅云：「乃『李克』也，因形近而訛。」案李本、凌本正作「李克」，適威篇、史記魏世家、韓

〔一〕「務」，原作「物」，據諸子集成本改。

詩外傳二、説苑臣術篇竝同，今據改正。李克對曰：「君欲置相，置，立。則問樂騰與王孫苟端孰賢？」孰，誰。○畢沅曰：「新序四『樂騰』作『樂商』，下同。」文侯曰：「善。」以王孫苟端爲不肖，翟璜進之。以樂騰爲賢，季成進之，○畢沅曰：「『爲不肖』，舊本作『而不肖』，『賢』作『貴』，今竝從新序改正。」故相季成。凡聽於主，言人不可不慎。季成，弟也；翟璜，友也，而猶不能知，何由知樂騰與王孫苟端哉？疏賤者知，親習者不知，理無自然。自然而斷相過，○俞樾曰：「『理無自然』下奪『理無』二字，蓋言疏賤者知，而親習者不知，此理之所無由然也。理之所無由然，而以之斷其孰爲相，則過矣。今奪二字，文義未足。」○陶鴻慶曰：「『自然而斷相過』，涉上句衍『自』字。本作『然而斷相過』，言如是而斷其孰可爲相則過也。」○維遹案：俞説是。李克之對文侯也亦過。過，長也。論語曰：「過猶不及。」言俱不得其適。雖皆過，譬之若金之與木，金雖柔猶堅於木。

孟嘗君問於白圭曰：「魏文侯名過桓公，而功不及五伯，何也？」孟嘗君，齊公子田嬰之子田文也。白圭，周人。問文侯功何以不及五伯也。白圭對曰：「文侯師子夏，友田子方，敬段干木，此名之所以過桓公也。卜相曰：『成與璜孰可？』此功之所以不及五伯也。卜，擇也。成，季成。璜，翟璜也。相也者，百官之長也。擇者，欲其博也。今擇而不去二人，與用其讎亦遠矣。且師友也者，公可也。戚愛也者，私安也。以私勝公，衰國之政也。然而名號顯榮者，三士羽翼之也。」羽翼，佐之。○畢沅曰：「舊本脱『翼』字，今據李善注文選王子淵四子講德論補。新序四作『三士翊之也』。」

注『羽翼』舊倒，選注枚叔七發引作『羽翼，佐也』。」

甯戚欲干齊桓公，〇黄生曰：「淮南子作『甯越』，乃知『戚』當作『戉』，即古『鉞』字，以音相近，故借爲『越』。『戚』字則後傳寫之譌也。」〇維遹案：黄説非。淮南道應篇「甯越」爲「甯戚」之譌，當據此訂正。高注氾論篇謂「甯戚商歌以干桓公，事在道應訓」，足證高所見本亦作「甯戚」。攷甯戚與甯越爲二人。博志篇謂甯越爲周威公之師。漢志儒家有甯越一篇，顔注即本吕覽。擊牛角而歌以干齊桓公者爲甯戚，直諫篇及楚辭離騷篇皆有明文，晏子春秋問篇、淮南繆稱篇亦述其事。**窮困無以自進，於是爲商旅將任車以至齊，**任亦將也。〇畢沅曰：「注非是，與下『辟任車』不可通。淮南道應訓注云：『任，載也。詩曰：「我任我輦。」』此則是已。」**暮宿於郭門之外。桓公郊迎客，夜開門，辟任車，爝火甚盛，從者甚衆。甯戚飯牛居車下，望桓公而悲，擊牛角疾歌。**歌碩鼠也。其詩曰「碩鼠碩鼠，無食我黍，三歲貫女，莫我肯顧，逝將去女，適彼樂土，樂土樂土，爰得我所。碩鼠碩鼠，無食我麥，三歲貫女，莫我肯得，逝將去女，適彼樂國，樂國樂國，爰得我直。碩鼠碩鼠，無食我苗，三歲貫女，莫我肯逃，逝將去女，適彼樂郊，樂郊樂郊，誰之永號」者是也。〇畢沅曰：「孫云：『後漢書馬融傳注引説苑曰：「甯戚飯牛於康衢，擊車輻而歌碩鼠。」與此正合。』梁仲子云：『今説苑善説篇云：「甯戚飯牛康衢，擊車輻而歌顧見，桓公得之霸也。」以上下文義求之，「顧見」當是「碩鼠」之訛。』盧云：『案史記鄒陽傳集解引應劭曰：「齊桓公夜出迎客，而甯戚疾擊其牛角商歌曰：『南山矸，白石爛，生不遭堯與舜禪，短布單衣適至骭，從昏飯牛薄夜半，長夜曼曼何時旦。』」此歌出三齊記。藝文類聚又載一篇云：「滄浪之水白石粲，中有鯉魚長尺半，穀布單衣裁至骭，清朝飯牛至夜半，黄犢上坂且休息，吾將捨汝相齊國。」李善注文選成公子安嘯賦又載一篇云：「出東門兮厲石班，上有松柏兮清且蘭，麤布衣兮緼縷，時不遇兮堯、舜主，牛兮努力食細草，大臣在爾側，吾當與爾適楚國。」三歌真贋雖不可知，合之亦自成章法。仁和陳嗣倩云：「疾商歌，殆非一歌也。」今故具録之，以備參攷焉。』」○梁玉繩曰：「『白石』三歌，後書蔡邕傳注、孟子『舜發畎畝』章疏、洪興祖離騷補注、郭茂倩樂府亦有之。馮惟納詩紀引蜩笑外藁云：『此歌不類春秋時人語，蓋後世所僞，高誘未之見也。』」○蔡雲曰：「列女傳甯戚商歌曰：『浩浩乎白水。』蓋歌白水之詩『浩浩白水，儵儵者魚』。（管子作『育育者魚』。）其歌未畢，故管仲待婧語始解。或是詩當管仲時已缺佚耶？」桓公聞之，撫其僕之手曰：「異哉！之歌者，非常人也。」○畢沅曰：「新序五『之』作『此』。」命後車載之。桓公反，至，從者以請。請所置。桓公賜之衣冠，將見之。甯戚見，説桓公以治境内。明日復見，説桓公以爲天下。爲，治。桓公大説，將任之。任，用也。羣臣爭之曰：「客，衛人也。衛之去齊不遠，君不若使人問之，而固賢者也，○畢沅曰：「而與如同。」用之未晚也。」桓公曰：「不然。問之，患其有小惡，以人之小惡，亡人之大美，此人主之所以失天下之士也已。」凡聽必有以矣。今聽而不復問，合其所以也。且人固難全，權而用其長者。當舉也，○畢沅曰：「新序作『當此舉也』。」○維遹案：淮南道應篇作「當是舉也」。此疑誤脱一字。桓公得之矣。

舉難

呂氏春秋集釋卷第二十

榮成許維遹學

恃君覽第八 長利 知分 召類 達鬱 行論 驕恣 觀表

呂氏春秋訓解 高氏

一曰：凡人之性，爪牙不足以自守衛，衛，扞也。肌膚不足以扞寒暑，扞，禦也。筋骨不足以從利辟害，從，隨也。勇敢不足以却猛禁悍，禁，止也。然且猶裁萬物，制禽獸，服狡蟲，狡蟲，蟲之狡害者。寒暑燥溼弗能害，古人知爲之備。不唯先有其備，而以羣聚邪。羣之可聚也，相與利之也。利之出於羣也，君道立也，衆之所奉戴，故道立。故君道立則利出於羣，羣，衆也。而人備可完矣。

昔太古嘗無君矣，太古，上古。兩儀之始，未有君臣之制。其民聚生羣處，知母不知父，無親戚兄弟夫妻男女之别，無上下長幼之道，無進退揖讓之禮，無衣服履帶宫室畜積之便，無器械舟車城郭險阻之備，此無君之患，上苟所無者，無以化下，故以無君爲患。故君臣之義不可不明也。明，知也。自上世以來，天下亡國多矣，而君道不廢者，天下之利也。君施慶賞威刑以正之，故天下之利也。○陶鴻慶曰：「『天下之利也』，當作『天下利之也』。上文云：『羣之可聚也，相與利之也。利之出於羣也，君道立也。』此文正與相應。高注『之利』亦當作『利之』。」○維遹案：陶説是。御覽六百二十引正作「利之」。**故廢其非君，而立其行君道者。**行，奉也。**君道何如？利而物利章。**熊虎爲旗。章，明識也。○俞樾曰：「『章』字衍文。『物』當爲『勿』。尚書立政篇『時則勿有間之』，論衡譴告篇作『時則物有間之』。莊子天道篇『中心物愷』，釋文曰：『物本亦作勿。』是古字本通也。『君道何如？利而勿利』，言君人之道宜何如乎？務在利民而勿以自利而已。貴公篇曰：『伯禽將行，請所以治魯，周公曰：「利而勿利也。」』此可爲證。下文曰：『德衰世亂，然後天子利天下，國君利國，官長利官，此國之所以遞興遞廢也，亂難之所以時作也。』然則君道以利而勿利爲貴，正呂氏此篇之旨矣。」○維遹案：俞説是。據注，「章」字非衍文。意謂利民而勿自利以爲標識。注引「熊虎爲旗」，乃助解「章」字，見仲夏紀注。

非濱之東，朝鮮樂浪之縣，箕子所封，濱於東海也。○畢沅曰：「『非』疑當作『北』，猶言北海之東也。」**夷、穢之鄉，**東方曰夷。穢，夷國名。**大解、陵魚、其、鹿野、搖山、揚島、大人之居，多無君。**東方之夷，無有君長。○呂〔一〕調陽曰：「『其』當作『共』，今處州。周書曰『共人玄貝』是也。」**揚、漢之南，**揚州，漢水南。**百越之際，**越有百種。**敝凱諸、夫風、餘靡之地，縛婁、陽禺、驩兜之國，多無君。**皆南越之夷無君者。○孫詒讓曰：「周書王會篇『伊尹獻令云正東符婁』，疑即此縛婁。縛從專聲，符從付聲，古音近字通。」**氏、羌、呼唐、**

〔一〕「呂」，原作「吳」，形近而誤，今改。

離水之西，僰人、野人、僰讀如匍匐之匐。篇筰之川，舟人、送龍、突人之鄉，多無君。西方之戎無君者。先言氐、羌，後言突人，自近及遠也。鴈門之北，鷹隼、所鷙、須窺之國，饕餮、窮奇之地，叔逆之所，儋耳之居，多無君。北方狄無君者也。孔子曰：「夷、狄之有君，不如諸夏之亡。」故曰「多無君」也。此四方之無君者也。其民麋鹿禽獸，不知禮義，無長幼之别，如麋鹿禽獸也。少者使長，長者畏壯，有力者賢，賢，豪者也。暴傲者尊，日夜相殘，無時休息，以盡其類。類，種也。聖人深見此患也，故爲天下長慮慮，計也。莫如置天子也，置，立也。爲一國長慮莫如置君也。置君非以阿君也，阿猶私爲也。置天子非以阿天子也，置官長非以阿官長也。德衰世亂，然後天子利天下，幼奉長，卑事尊，彊不得陵弱，衆不得暴寡，以此利之。○畢沅曰：「盧云：『注非是。利天下，言以天下爲己利也。古之聖王有天下而不與，後世則以天下爲己利，故有興有廢，而亂難時作。如此方與〔一〕下文意相承接。』」國君利國，官長利官，此國所以遞興遞廢也，亂難之所以時作也。不得常施，時盜作耳。○維遹案：「國」下脱一「之」字。貴直篇「此觸子之所以去之也，達子之所以死之也」，句法正同。故忠臣廉士，内之則諫其君之過也，諫，止也。○維遹案：注疑作「諫，正也」。周禮地官有「司諫」，鄭注：「諫猶正，以道正人行。」外之則死人臣之義也。義重於身。

〔一〕「與」，原作「如」，據諸子集成本改。

豫讓欲殺趙襄子，欲爲智伯殺趙襄子也，已説在上篇。滅鬚去眉，自刑以變其容，爲乞人而往乞於其妻之所。其妻曰：「狀貌無似吾夫者，其音何類吾夫之甚也？」又吞炭以變其音。其友謂之曰：「子之所道甚難而無功。○畢沅曰：「所道猶言所由。趙策無『所』字。」○王念孫曰：「道，行也。」謂子有志則然矣，謂子智則不然。○俞樾曰：「下『然』字衍文。『不』讀爲否。則然、則否相對爲文。後人不知『不』爲『否』之叚字，故又加『然』字耳。」戰國策正作『謂子智則否』。」以子之材而索事襄子，索，求也。○維遹案：李本「材」作「才」。張本、宋邦乂本與今本同。襄子必近子，子得近而行所欲，此甚易而功必成。」豫讓笑而應之曰：「是先知報後知也，爲故君賊新君矣，大亂君臣之義者無此，失吾所爲爲之矣。○畢沅曰：「趙策作『是爲先知報後知，爲故君賊新君，大亂君臣之義者無此矣』，無『失吾所爲爲之』六字。兩本皆可通。『無此』猶言『無如此』。吳師道疑其有缺字，非也。」凡吾所爲爲此者，所以明君臣之義也，非從易也。」

柱厲叔事莒敖公，莒，子國也。敖公，謚。公，君也。○畢沅曰：「此與列子説符篇同。説苑立節篇作『莒穆公有臣曰朱厲附』。」自以爲不知，而去居於海上，柱厲叔自以不爲敖公之所知，而遠去居於海上也。夏日則食蔆芡，蔆，芰也。芡，雞頭也，一名鴈頭，生水中。○維遹案：揚子方言云：「青、徐、淮、泗之間謂之芡，南楚、江、湘之間謂之雞頭，或謂之鴈頭，或謂之烏頭。」高注淮南説山篇：「雞頭，水中芡，幽州謂之鴈頭。」古今注：「芡葉似荷而大，葉上蹙皺如沸，實芒刺，其中如米，可以度飢。」蜀本圖經云：「生水中，葉大如荷，皺而有刺，華子如拳大，形似雞頭，實若石榴，皮青黑，肉白如菱米。」冬日則食橡栗。橡，皁斗也，其狀似栗。莒敖公有難，柱厲叔辭其友而往死之。往死敖公之難也。其友曰：「子自以爲不知故去，今又往死之，是知與不知無異別也。」言叔爲不見知於敖公而舍之去，今復往死其難，是與見知、不見知無別異也。柱厲叔曰：「不然。自以爲不知故去。今死而弗往死，是果知我也。今不死其難，是爲使敖公果知我爲不良臣也。吾將死之，以醜後世人主之不知其臣者也，醜，愧也。唯明君能知忠臣耳，敖公弗及也。死其難，可以使後世不知良臣之君慙於不知人也。所以激君人者之行，而厲人主之節也。激，發也。所以發起君人之行。厲，高也。人君務在知人，知人則哲，所以厲人主之志節也。○畢沅曰：「『人主』，御覽六百二十一作『人臣』，非是。下云『行激節厲，忠臣幸於得察』，則『節厲』正指人主言。」行激節厲，忠臣幸於得察，察，知也。忠臣察則君道固矣。」臣見知則盡忠以衞上，故君道安固不危殆也。

恃君覽

二曰：天下之士也者，慮天下之長利，而固處之以身若也。○孫鏘鳴曰：「伯成子高禁後世之亂，而身辭諸侯。周公不欲子孫之長爲無道，而不受險固之封。戎夷有利人之心，而必死見義。此皆以身處天下之長利者也。處，居也。若猶然也。」○陶鴻慶曰：「『身』當爲『自』字之誤。『自若』即自然。『固處之以自若』者，安處之以自然也。知分篇云：『命也者，不知所以然而然者也，人事智巧以舉錯者不得與焉。故命也者，就之未得，去之未失。國士知其若此也，故以義爲之決而安處之。』可證此文之義。」○維遹案：孫説義長。王念孫校本改「若」爲「者」。利雖倍於今，而不便於後，弗爲也。爲，施也。安雖長久，而以私其子孫，弗行也。私，利也。由此觀之，陳無宇之可醜亦重矣，陳無宇，齊大夫，陳須無之子桓子也。醜，謂其貪也。與鮑文子俱伐欒、高氏，戰于稷，欒、高氏敗。又敗於莊，國人追之。又敗於鹿門，欒施、高彊出奔。陳、鮑分其室，是其貪禄也。其與伯成子高、周公旦、戎夷也形雖同，取舍之殊，豈不遠哉？伯成子高辭諸侯而耕。周公旦股肱周室，輔翼成王，而致太平。戎夷，齊之仁人也。陳無宇雖身形與之同，然其行貪欲，相去絶遠也。

堯治天下，伯成子高立爲諸侯。堯授舜，舜授禹，伯成子高辭諸侯而耕。禹往見之，則耕在野。禹趨就下風而問曰：「堯理天下，吾子立爲諸侯，○劉先生曰：「『理』當爲『治』。作理者，疑唐人避諱改之也。莊子天地篇、新序節士篇竝作『堯治天下』。上文『堯治天下，伯成子高立爲諸侯』，此不得獨作『理』也。」今至於我而辭之，故何也？」○畢沅曰：「莊子天地篇作『其故何也』。」伯成子高曰：「當堯之時，未賞而民勸，未罰而民畏，民不知怨，不知説，愉愉其如赤子。今賞罰甚數，而民爭利且不服，德自此衰，利自此作，作，起也。○畢沅曰：「莊子作『刑自此立』，新序節士篇作『刑自此繁』。」後世之亂自此始。始，首也。夫子盍行乎，無慮吾農事。」盍，何不也。行，去也。慮猶亂也。○畢沅曰：「莊子作『無落吾事』。慮、落聲相近。」○李賡芸曰：「漢書雋不疑傳『每行縣録囚徒』，師古曰：『省録之，知情狀有冤滯不，今云慮囚。』案慮與録一聲之轉。莊子天地篇『無落吾事』，呂氏春秋長利篇作『無慮吾農事』，落亦轉慮也。今京師人讀録如慮。漢書百官表『諸侯王金璽盭綬〔一〕』，如淳曰：『盭音戾，緑〔二〕也。』蓋亦與聲相近耳。」**協而耰，遂不顧。**協，和悦也。耰，覆種也。顧，視也。○劉師培曰：「『協』即莊子天地篇之『悒悒』。協又訓和。」**夫爲諸侯，名顯榮，實佚樂，繼嗣皆得其澤，伯成子高不待問而知之，**○陶鴻慶曰：「『伯成子高』四字當在『爲諸侯』上，今本誤脱在下，則文不可曉。」**然而辭爲諸侯者，以禁後世之亂也。**以止後世爭榮之亂也。

辛寬見魯繆公曰：○梁玉繩曰：「『辛寬』，説苑至公作『辛櫟』。」**「臣而今而後知吾先君周公之不若太公望封之知也。**○陳昌齊曰：「『不若太公望』下不得有『封』字，當是因下句而誤衍。」孫鏘鳴、俞樾説同。**昔者，太公望封於營丘，之渚海阻山高，險固之地也，**○畢沅曰：「孫云：『李善注文選司馬相如子虛賦引辛寬曰：「太公望封於營丘，渚海阻山。」無「之」字「高」字。「渚」屬下讀，是。營丘恐不得言渚也。』梁仲子云：『賦云「齊東陼鉅海」，注引此，則「渚」當爲「陼」。』盧云：『案韋昭注越語云：「水邊曰陼。」此正言邊海耳。「山高」疑本是一「嵩」字誤分。爾雅：「山大而高，嵩，中嶽。」蓋依此名，爾雅本非專爲中嶽作釋，故齊亦可言嵩。餘當從選注。』」**是故地日廣，子孫彌隆。**廣，大也。隆，盛也。**吾先君周公封於魯，無山林谿谷之險，諸侯四面以達，**達，通也。**是故地日削，子孫彌殺。」**削，小也。殺，衰也。**辛寬出。南宮括入見，**○梁玉繩曰：「説苑作

〔一〕「綬」，原作「緩」，據漢書改。
〔二〕「緑」，原作「録」，據漢書注改。

南宮邊子，人表無『子』字。」公曰：「今者，寬也非周公，其辭若是也。」南宮括對曰：「寬，少者，弗識也。少，小也。不知也。君獨不聞成王之定成周之説乎？其辭曰：『惟余一人，營居於成周。惟余一人，有善易得而見也，有不善易得而誅也。』言恃德不恃險也。故曰善者得之，不善者失之，古之道也。得之者若湯、武也，失之者若桀、紂，故曰「古之道也」。夫賢者豈欲其子孫之阻山林之險以長爲無道哉？小人哉，寬也！今使燕爵爲鴻鵠鳳皇慮，則必不得矣。燕爵諭辛寬也。言寬亦不能爲賢者慮也。其所求者，瓦之間隙，屋之翳蔚也，燕爵志小而近也。與一舉則有千里之志，德不盛、義不大則不至其郊。爲聖德之君至其郊也。○孫鏘鳴曰：「『不至其郊』下文義未完，恐有脱文。」愚庳之民，其爲賢者慮，亦猶此也。固妄誹訾，豈不悲哉！」亦如燕爵爲鴻鵠鳳皇慮，何時能得？既不得，又妄誹謗訾毁之，故曰「豈不悲哉」，痛傷之也。

戎夷違齊如魯，天大寒而後門，違，去。去齊至魯也。後門，日夕門已閉也。○梁玉繩曰：「人表作『視夷』，師古謂：『即式夷，見呂氏春秋。』今本呂作『戎』。廣韻注戎、式皆姓，而古式字叶音試，與視聲近，則作『戎』譌也。」與弟子一人宿於郭外，寒愈甚，謂其弟子曰：「子與我衣，我活也。我與子衣，子活也。我國士也，爲天下惜死。惜，愛也。○維遹案：書鈔、意林引「惜」下竝無「死」字。子不肖人也，不足愛也。愛亦惜也。子與我子之衣。」○維遹案：書鈔引作「子與我衣」，與上文一律，於文較順。弟子曰：「夫不肖人也，又惡能與國士之衣哉？」惡，安也。不肖人亦自愛其死，安能與國士之衣哉！○王念孫曰：「水經泗水注引此作『惡能與國士并衣哉』。」戎夷太息歎曰：「嗟乎！道其不濟夫。」死之，道其不濟也。〇維遹案：類聚五及書鈔引「戎夷太息歎曰」，竝作「戎夷笑曰」，亦無「嗟乎」二字。解衣與弟子，夜半而死，弟子遂活。謂戎夷其能必定一世，則未之識。識，知也。若夫欲利人之心，不可以加矣。加，上也。達乎分仁愛之心識也，〇陳昌齊曰：「『識』當作『誠』。」〇孫鏘鳴曰：「疑當作『達乎生死之分，仁愛之心誠也』，文脱三字，『誠』誤爲『識』。」故能以必死見其義。誘以戎夷不義之義耳。欲求弟子之衣以惜其死，是不義也。弟子拒之以不肖人惡能與國士之衣，計不能兩生，窮乃解衣，是不義之義也。淮南記曰：「楚有賣其母者，而謂其買者曰：『此母老矣，幸善食之。』」不亦不義也。〇畢沅曰：「注末『也』字當與『邪』同，猶言此豈可謂之義。所引淮南記見説山訓。」〇吳先生曰：「注末當作『亦不義之義也』。賣母不義，謂買母者善食其母，爲不義之義，與戎夷事略相當，故注引以爲證。亦者，亦戎夷也。如依誤本，則不義之事傳記所載多矣，何必取賣母爲説邪？畢校讀也爲邪，失之遠矣。」

長利

三曰：達士者，達乎死生之分。君子死義，不求苟生，不義而生，弗爲也，故曰「達乎死生之分」。淮南記曰：「左手據天下之圖，右手刎其喉，愚夫弗爲，生貴於天下也。」死君親之難者，則當視死如歸，蓋義重於身也，此之謂達於死生之分者也。達乎死生之分，則利害存亡弗能惑矣。不爲利存而遂苟生，不爲害亡而辭死，故曰利害存亡弗能惑移也。故晏子與崔杼盟而不變其義；崔子盟，國人曰：「所不與崔、慶者不祥。」晏子仰天歎曰：

「嬰所不惟忠於君利社稷者是與。」故曰「不變其義」。○畢沅曰：「舊本注多訛，今從許本參以左傳改正。『是與』下左傳有『有如上帝』四字。」延陵季子，吴人願以爲王而不肯；季子，吴壽夢子札也，不肯爲王，去之延陵，不入吴國，故曰延陵季子也。○畢沅曰：「注『子札』舊本作『孫子』，訛，今改正。」孫叔敖三爲令尹而不喜，叔敖，薳賈伯盈之子。三去令尹而不憂，令尹，楚卿也。論語曰「令尹子文」，不云叔敖。皆有所達也。達於高位疾顛，厚味腊毒者也。有所達則物弗能惑。惑，動也。

荆有次非者，得寶劍于干遂，干遂，吴邑。○畢沅曰：「『次非』，漢書宣帝紀注如淳引作『茲非』，後漢書馬融蔡邕等傳注及北堂書鈔百三十七竝引作『佽飛』，李善注文選郭景純江賦作『佽非』，唯楊倞注荀子勸學篇所引同。『干遂』，如淳作『干將』，楊倞作『于越』。」○梁玉繩曰：「淮南道應作『佽非』，後漢書馬融傳作『茲飛』，水經江水三注、馬融蔡邕傳注、江賦注、北堂書鈔竝作『佽飛』，與邕釋誨同。別本荀注亦作『佽飛』，惟博物志作『次非』，以爲是荆軻之字也。」還反涉江，涉，度也。至於中流，有兩蛟夾繞其船。魚滿二千斤爲蛟。○畢沅曰：「淮南注作『二千五百斤』。」次非謂舟人曰：「子嘗見兩蛟繞船能兩活者乎？」○王念孫曰：「下『兩』字疑衍。淮南作『嘗有如此而得活者乎』，御覽四百三十七作『子嘗見兩蛟繞船而活者乎』。」○俞樾曰：「『兩活』無義，『兩』疑『而』字之誤，本在『能』字之上，其文曰『子嘗見兩蛟繞船而能活者乎』。『兩』、『而』形似，又涉上文『兩蛟』字而誤，後人因移之『能』字之下耳。」船人曰：「未之見也。」次非攘臂袪衣拔寶劍曰：「此江中之腐肉朽骨也。棄劍以全己，余奚愛焉！」於是赴江刺蛟，赴，入也。○陳昌齊曰：「淮南道應訓作『此江中之腐肉朽骨，棄劍而已』，當据改。蓋次非惟視骨肉與劍皆爲腐朽廢棄之物，故赴江刺蛟而無所憚。若作『棄劍以全己』，則亦棄之而已，何必赴江哉。」○孫鏘鳴曰：「腐肉朽骨，謂蛟之必死也。兩蛟夾船，欲得劍也。次非謂此不過江中之腐肉朽骨耳，棄劍與之，求以自全，非余所欲也，故赴江刺殺之。」○維遹案：孫說是。**殺之而復上船，**○維遹案：書鈔一百二十二引「復」作「後」。**舟中之人皆得活。荆王聞之，仕之執圭。**周禮：「侯執信圭。」楚以次非勇武而侯之。○孫先生曰：「書鈔一百二十二又一百三十七、類聚七十一又九十六、御覽三百四十四又九百三十引『之』竝作『以』。淮南子道應篇作『爵爲執珪』。」○維遹案：文選郭景純江賦注引「之」亦作「以」。**孔子聞之曰：「夫善哉！不以腐肉朽骨而棄劍者，其次非之謂乎？」**○陳昌齊曰：「据淮南，『善哉』當作『善載』，『不以』、『而』三字衍。」

○維遹案：陳說非是。淮南本誤，俞樾已據此訂正。

禹南省，方濟乎江，黄龍負舟，舟中之人五色無主。○孫鏘鳴曰：「謂懼而色變，蒼黄失措之狀。」**禹仰視天而歎曰：**○孫先生曰：「『歎』當作『笑』。蓋『歎』或作『咲』，『笑』或作『咲』，故『笑』誤爲『歎』。此顯禹從容之狀，無取於歎也。御覽八十二又九百二十九引竝作『笑』。淮南子精神篇作『禹乃熙笑而稱曰』。」**「吾受命於天，竭力以養人。生，性也；死，命也，余何憂於龍焉！」**憂，懼也。**龍俛耳低尾而逝。**逝，去也。**則禹達乎死生之分、利害之經也。**經，道。

○維遹案：事類賦二十八引「低尾」作「曳尾」，竹書紀年注同。

凡人物者，陰陽之化也，陰陽者，造乎天而成者也。天固有衰嗛廢伏，有盛盈蚠息，○畢沅曰：『蚠』，梁仲子疑『坌』。案賈誼書『坌冒楚棘』，一作『蚠』。」○孫鏘鳴曰：「蚠、坌通，猶墳起也。息，生也。」**人亦**

有困窮屈匱，有充實達遂，達，通。遂，成。此皆天之容物理也，而不得不然之數也。古聖人不以感私傷神，感念私邪，傷神性也。俞然而以待耳。俞，安。

晏子與崔杼盟，其辭曰：「不與崔氏而與公孫氏者，受其不祥。」公孫氏，齊羣公子之子，故曰「公孫氏」。公黨之〔一〕不與崔杼同者也，故曰「不祥」也。晏子俛而飲血，仰而呼天曰：「不與公孫氏而與崔氏者，受此不祥。」反其盟也。崔杼不説，直兵造胷，句兵鉤頸，直，矛也。句，戟也。謂晏子曰：「子變子言，變，更。則齊國吾與子共之。子不變子言，則今是已。」已，竟也。言今竟了。○畢沅曰：「注『竟』，舊本作『競』，誤。杼欲置晏子於死，則是終竟之，今俗間惡詈人語尚有相似者。」○陶鴻慶曰：「高注殊不成辭，畢校從之，非也。『已』通作『矣』，語詞耳。『今』指上『直兵造胷，句兵鉤頸』而言。王氏經傳釋詞云：『今，指事之詞也。』是也。」○維遹案：陶説是。新序義勇篇「白公勝怨楚逐其父，將弒惠王及子西，欲得易甲陳士勒兵以示易甲曰：『與我，無患不富貴。不吾與，則此是也。』」此云「則今是已」，即彼云「則此是也」。晏子曰：「崔子，子獨不爲夫詩乎？詩曰：『莫莫葛藟，延于條枚，凱弟君子，求福不回。』」詩大雅旱麓之卒章。莫莫，葛藟之貌。延蔓于條枚之上，得其性也。樂易之君子，求福不以邪道，順於天性，以正直受大福。○畢沅曰：「『延于條枚』，此韓詩，見外傳二，後漢書黃琬傳注同。『豈弟』作『凱弟』，禮記表記同。注『旱麓』，李本作『干麓』。」嬰且可以回而

〔一〕「之」，原作「也」，據四部叢刊本改。

求福乎？子惟之矣。」惟，宜也。○畢沅曰：「梁仲子云：『當訓爲思。』」○俞樾曰：「高注曰『惟，宜也』。義不可通。呂氏原文當作『子推之矣』。晏子春秋雜上篇曰：『嬰且可以回而求福乎？曲刃鉤之，直兵推之，嬰不革矣。』呂氏此文蓋即本晏子春秋而省其詞。『子推之矣』，即所謂『直兵推之』。晏子謂持直兵者曰『子推之矣』，正見其勇於死義。若謂崔子曰『子惟之矣』，轉失當時語氣矣。『推』與『惟』形似，因而致誤耳。」○維遹案：俞說是。崔杼曰：「此賢者，不可殺也。」罷兵而去。晏子援綏而乘，○畢沅曰：「『援』，舊多作『授』，汪本作『受』。案意林作『援』，今從之。」其僕將馳，晏子撫其僕之手○畢沅曰：「『撫』，舊本作『無良』，訛。案晏子雜上及韓詩外傳二俱作『撫』，新序義勇篇作『拊』，俱無『良』字，今據删正。」曰：「安之，毋失節。疾不必生，徐不必死。鹿生於山而命懸於廚，今嬰之命有所懸矣！」晏子可謂知命矣。命也者，不知所以然而然者也，人事智巧以舉錯者不得與焉。故命也者，就之未得，去之未失。蹈義就死，未必死也，故曰「就之未得」。苟從不義，以去死求生，未必生，故曰「去之未失」也。國士知其若此也，故以義爲之決而安處之。處，居也。

白圭問於鄒公子夏后啟曰：「夏后啓，鄒公子之名。○梁玉繩曰：「鄒公子之名甚奇。齊武帝時，小史名皇太子，亦此類。」踐繩之節，四上之志，三晉之事，此天下之豪英。踐繩之節，正直也。四上，謂君也。卿大夫士與君爲四，四者之中，君處其上，故曰「四上之志」。晉之三卿，韓、魏、趙氏，皆以豪英之才專制晉國，三分之爲諸侯，卒皆稱王，故曰「三晉之事，此天下之豪英」。萬人爲英，百人爲豪。○俞樾曰：「高説『四上』，義甚迂迴，且下文所言，亦非君之志也。『四上』疑當作『匹士』，皆字之誤耳。禮記禮器篇『匹士太牢而祭謂之攘』，此『匹士』二字之證。下文云：『爲之，天下弗能禁矣。釋之，天下弗能使矣。』又云：『生不足以使之，則利曷足以使之矣。死不足以禁之，則害曷足以禁之矣。』正所謂匹夫不可奪志者。然則『四上』爲『匹士』之誤無疑也。」以處於晉而迭聞晉事，未嘗聞踐繩之節、四上之志，處，居。居於晉，數聞三晉之事。○畢沅曰：「舊校云：『迭一作亟。』今案注，作『亟』爲是。」願得而聞之。」願聞踐繩之節、四上之志也。夏后啟曰：「鄙人也，焉足以問？」言不足問。白圭曰：「願公子之毋讓也。」夏后啟曰：「以爲可爲，故爲之。爲之，天下弗能禁矣。禁，止也。以爲不可爲，故釋之。釋之，天下弗能使矣。」釋，舍。白圭曰：「利弗能使乎？威弗能禁乎？」夏后啟曰：「生不足以使之，則利曷足以使之矣？生重利輕。言令必生猶不可使也，但以所利諭之，何足以使之？死不足以禁之，則害曷足以禁之矣？」死重害輕也。言爲義者，雖死爲之，故曰「不足以禁之」。死且猶弗禁，何況害也，何足以禁之也？白圭無以應。夏后啟辭而出。出，去。凡使賢不肖異，使賢以義，使不肖以利，故曰「異」也。使不肖以賞罰，言賞必生，罰必死，不肖者喜生惡死，則可使矣。使賢以義。賢者不畏義死，不好不義生，唯義之所在，死生一也。故賢主之使其下也必義，審賞罰，○維遹案：治要引作「必以義，必審賞罰」，較今本爲優。「必以義」者，指上文「使賢以義」而言。「必審賞罰」者，與「使不肖以賞罰」相應。然後賢不肖盡爲用矣。盡可得使爲己用也。

知分

四曰：類同相召，召，致也。○陳昌齊曰：「『同』當爲『固』。」○維遹案：陳説非。説見前應同篇。氣同則合，合，會也。聲比則應，應，和也。故鼓宮而宮應，鼓大宮，小宮應。鼓角而角動，擊大角，小角動。以龍致雨，以形逐影。龍，水物也，故致雨。影出於形，形行日中則影隨之，故曰「以形逐影」。禍福之所自來，衆人以爲命焉，不知其所由。○陳昌齊曰：「前應同篇作『衆人以爲命，安知其所』，注云：『不知其所由也。』此以雨、影、所爲韻，不當於『所』下著『由』，疑『不』字『由』字皆因前注而衍。」○王念孫曰：「『焉不知其所由』，本作『焉知其所』。其『不知其所由』五字，乃是高注，非正文也。今本作『焉不知其所由』者，正文脱去『知其所』三字，而注内『不知其所由』五字又誤入正文耳。此以雨、影、所爲韻，（景字古音在養部，養部之音多與語部相通，故景與雨、所爲韻。樂記『和正以廣』與旅、鼓、武、雅、語、古、下爲韻。淮南原道篇『翺翔忽區之上』與下、野、與、後爲韻。繫辭傳『易之序也』，虞翻本『序』作『象』。考工記『陶瓬』，鄭司農云：『瓬讀爲甫始之甫。』皆其例也。）若『所』下有『由』字，則失其韻矣。前應同篇曰『故以龍致雨，以形逐景，師之所處，必生棘楚，禍福之所自來，衆人以爲命，安知其所』，高注云：『凡人以爲天命，不知其所由也。』是其明證矣。」故國亂非獨亂，有必召寇。召，致。○畢沅曰：「有讀曰又。」獨亂未必亡也，召寇則無以存矣。

凡兵之用也，用於利，用於義。傳曰：「利，義之和也。」攻亂則服，服則攻者利。得其利。攻亂則義，義則攻者榮。得榮名也。榮且利，中主猶且爲之，有況於賢主乎？○畢沅曰：「有讀曰又。」故割地寶器戈劍卑辭屈服不足以止攻，唯治爲足。足以止人攻。治則爲利者不攻矣，爲利動者，不來攻己。爲名者不伐矣。爲武移者，不來伐己。凡人之攻伐也，非爲利則固爲名也。名實不得，國雖彊大，則無爲攻矣。無名實之國雖彊大，則無爲往攻之矣。傳曰：「取亂侮亡。」此是也。○吳先生曰：「文意謂不得名實，國雖强大，有戰勝攻取之具，亦不欲妄攻人國也。注文『無名實之國雖强大』，文意不了，疑有捝誤。」兵所自來者久矣。堯戰於丹水之浦，以服南蠻。丹水在南陽。浦，岸也，一曰崖也。○畢沅曰：「梁仲子云：『水經丹水注引作「堯有丹水之戰，以服南蠻。」』」舜却苗民，更易其俗。苗民，有苗也。却猶止。更，改。禹攻曹魏、屈驁、有扈，以行其教。春秋傳曰：「啓伐有扈。」言屈驁，不知出何書也。○畢沅曰：「路史國名紀：『夏后攻曹魏、屈驁，呂覽云：「啓。」潛夫論：「曹，姜姓。」詹伯曰：「祖自夏，以稷、魏、駘爲吾西土。」盟會圖云：「嬴姓。隰之吉鄉北有古屈城，北屈也。」』舊本『禹攻曹魏』下有小注『攻伐』二字，此殊可省，且其離句，亦非也。」○孫志祖曰：「本書竝不云啓，路史不知何据。」○梁玉繩曰：「莊子人間世『禹攻有扈』，此與之同。說苑政理亦言之。疑禹先有伐扈事也。」○梁履繩曰：「莊子：『堯攻叢枝、胥驁。』『屈驁』與『胥驁』相似，恐有譌錯。」○馬叙倫曰：「莊子齊物論云：『堯問於舜曰：「我欲伐宗膾、胥敖。」』朱亦芹云：『胥敖切爲苗。』孫詒讓云：『胥爲骨譌，骨敖即屈驁。』朱、孫說是。竹書：『堯七十六年，司空伐曹魏之戎。』」三王以上，固皆用兵也。亂則用，治則止。治而攻之，不祥莫大焉。亂而弗討，害民莫長焉。此治亂之化也，化，變也。文武之所出起也。文者愛之徵也，武者惡之表也。愛惡循義，文武有常，聖人之元也。元，寶。譬之若寒暑之序，時至而事生之。聖人不能爲時，而能以事適時，事適於時者其功大。事之適得其時，則無不成，故功大。

士尹池爲荆使於宋，司城子罕觴之。司城，司空，卿官。宋武公名司空，故改爲司城。觴，爵飲尹池酒也。○畢沅曰：「『士尹池』，御覽四百十九引作『工尹他』。新序刺奢篇與此同。」○維遹案：文選張景陽雜詩注引作「士尹陁」。池、他、陁聲同字通。南家之牆，犫於前而不直；犫猶出。曲出子罕堂前也。○洪頤煊云：「『犫』當作『讎』。漢書灌夫傳晉灼注：『讎，當也。』」○王引之曰：「犫之爲出，古無此訓。新序刺奢篇『犫』作『擁』。疑『擁』字隸作『㩋』，因誤爲『犫』也。」劉師培說與王同。西家之潦，徑其宮而不止，西家地高，潦東流經子罕之宮而不禁。○畢沅曰：「『徑』，新序、御覽作『經』。舊校云：『一作「注」。』」孫云：「『李善注文選張景陽雜詩引作「注於庭下而不止」。』」士尹池問其故。問不直牆、不止潦之故。司城子罕曰：「南家，工人也，爲鞔者也。鞔，履也。作履之工也。一曰：鞔，鞙也。作車鞙之工也。○畢沅曰：「『者也』，舊本作『百也』，訛，今改正。」說文云：「『鞔，履空也。』徐曰：『履殸。』」○段玉裁曰：「空、腔古今字。履腔如今人言鞵幫也。高不云履空者，渾言之也。」三蒼：『鞔，覆也。』考工記注『飾車，謂革鞔輿也』。此鞔引伸之，凡鞔皆如綴幫於底。」吾將徙之，其父曰：『吾恃爲鞔以食三世矣。作鞔以共食。今徙之，是宋國之求鞔者不知吾處也，吾將不食。鞔不售，無以自食。願相國之憂吾不食也。』爲是故，吾弗徙也。西家高，吾宮庳，潦之經吾宮也利，故弗禁也。」士尹池歸荆，荆王適興兵而攻宋，士尹池諫於荆王曰：「宋不可攻也。其主賢，主，君。其相仁。相，子罕。賢者能得民，得民歡心。仁者能用人。人爲之用也。荆國攻之，其無功而爲天下笑乎！」故釋宋而攻鄭。孔子聞之曰：「夫脩之於廟堂之上，而折衝乎千里之外者，其司城子罕之謂乎？」衡車所以衝突敵之軍，能陷破之也。有道之國，不可攻伐，使欲攻己者折還其衝車於千里之外，不敢來也。宋在三大萬乘之間，南有楚，北有晉，東有齊，故曰「三大萬乘之間」也。子罕之時，無所相侵，邊境四益，四境不侵削則爲益。相平公、元公、景公以終其身，其唯仁且節與？節，儉也。故仁節之爲功大矣。按春秋，子罕殺宋昭公，不但相三君以終身。○畢沅曰：「梁伯子云：『春秋時，子罕是樂喜，乃宋賢臣，柰何以爲殺君乎？戰國時，宋亦有昭公，其時亦有子罕，逐君擅政，如韓非子、韓詩外傳、淮南、説苑諸書所説耳。』」○梁玉繩曰：「初校殊略，今補之云：高注謬甚。春秋時子罕是樂喜，爲宋賢臣，孔子贊其仁節，柰何誣以殺君乎？宋有二昭公，一在魯文時，一在戰國時，先後與樂喜不涉。史記李斯上二世書、韓子二柄、外儲右下、説疑、忠孝等篇、韓詩外傳七、淮南道應、説苑君道皆云子罕逐君擅政。蓋子罕之後，以字爲氏，世爲司城，如鄭罕氏之常掌國政，故鄒陽書言子罕與墨翟竝時。且諸書但言宋君，高氏以昭公實之，何所據也？（韓詩外傳六有昭公出亡事。）故明堂茅茨蒿柱，土階三等，以見節儉。等，級也。茅可覆屋。蒿非柱任也，雖云儉節，實所未聞。○畢沅曰：「大戴盛德篇〔一〕云：『周時德澤洽和，蒿茂大，以爲宮柱，名蒿宮也。』」

趙簡子將襲衛，使史默往睹之，睹，視。○畢沅曰：「御覽四百二引作『瞶之』，注：『瞶，視也，音貴。』案：睹，見也，疑非視義。」○王念孫曰：「『睹』疑『瞶』之譌，御覽引高注『音貴』，疑『音責』之譌。玉篇：『瞶，居畏切。

〔一〕「盛德篇」，當爲「明堂篇」。

倉頡篇云：「極視也。」』」期以一月，六月而後反。反，還也。趙簡子曰：「何其久也？」史默曰：「謀利而得害，猶弗察也？察，知。今蘧伯玉爲相，史鰌佐焉，伯玉，衛大夫蘧莊子無咎之子瑗，謚曰成子。史鰌亦衛之大夫，字子魚。論語云：「直哉，史魚。」○梁玉繩曰：「蘧、史不與趙簡子同時，伯玉亦未爲相，記事之譌爾。淮南主術亦誤襲之。諸子書往往有此乖剌。」孔子爲客，子貢使令於君前，甚聽。君從其言。易曰：『渙其羣，元吉。』渙者，賢也。羣者，衆也。元者，吉之始也。『渙其羣，元吉』者，其佐多賢也。」謂孔子、子貢之客也。吴公子札適衛，説蘧瑗、史鰌、公子荆、公叔發、公子翬曰：「衛多君子，未有患也。」故曰「其佐多賢也」。○畢沅曰：「左傳『蘧瑗』下有『史狗』，陸德明作『史朝』，此公子翬疑是『鼂』之訛，即『朝』也。但公子朝通於宣姜，懼而作亂，不得爲賢。」○梁玉繩曰：「左襄二十九注『史狗，史朝之子文子』，故釋文云『史朝如字』，非以史狗爲史朝也。」又曰：「『翬』字必『鼂』之譌。公子朝作亂在後，不得以難季札。又文選東征賦注引傳『公子朝』上有『謂』字，甚精，恐是今本左傳脱之。」趙簡子按兵而不動。凡謀者，疑也。疑則從義斷事，從義斷事則謀不虧，謀不虧則名實從之。既有美名，又有其實，故曰「名實從之」。賢主之舉也，豈必旗僨將斃而乃知勝敗哉？察其理而得失榮辱定矣。故三代之所貴，無若賢也。若，如也。

召類

五曰：凡人三百六十節，九竅五藏六府，肌膚欲其比也，比猶致也。○畢沅曰：「謂密緻。」血脈欲其通也，通，利。筋骨欲其固也，固，堅。心志欲其和也，和，調也。精氣欲其行也，精氣以行血脈，榮衛三百六十節，故曰欲其行也。若此則病無所居，而惡無由生矣。○維遹案：類纂引「居」作「留」，與下文相應。病之留，惡之生也，精氣鬱也。鬱，滯，不通也。○維遹案：治要引「生」下無「也」字。故水鬱則爲污，水淺不流曰污。樹鬱則爲蠹，蠹，蝎，木中之蟲也。草鬱則爲蕢。蕢，穢。○畢沅曰：「梁仲子云：『續漢書郡國志三注引爾雅「木立死曰菑」，又引此「草鬱即爲菑」。疑「蕢」本是「葘」字，即「菑」也，因形近而訛。』」○王念孫曰：「治要亦作『菑』，注同。淮南本經篇『菑榛穢』，注：『茂草曰菑。』」國亦有鬱，主德不通，○維遹案：「主德」原作「生德」，畢沅云：「『生德』疑『主德』。」案：畢說是，今改從姜本、張本、李本。治要引同。民欲不達，此國之鬱也。國鬱處久，則百惡竝起，而萬災叢至矣。叢，聚也。○王念孫曰：「治要『國鬱』作『國之鬱』，『至』作『生』。」上下之相忍也，由此出矣。出，生也。故聖王之貴豪士與忠臣也，○孫先生曰：「治要引作『故聖人貴豪士與忠臣也』。」爲其敢直言而決鬱塞也。

周厲王虐民，國人皆謗。謗，怨。召公以告曰：「民不堪命矣。」王使衛巫監謗者，召公，周大夫召公奭也。監，視。○畢沅曰：「召公奭未必至厲王時尚在。據韋昭注周語，以爲召康公之後穆公虎也。」得則殺之。國莫敢言，道路以目。以目相視而已，不敢失言。○維遹案：周語「國」下有「人」字。王喜，以告召公曰：「吾能弭謗矣。」弭，止也。召公曰：「是障之也，非弭之也。障，防。防民之口，甚於防川，川壅而潰，敗人必多。夫民猶是也，是故治川者決之使導，治民者宣之使言。是故天子聽政，使公卿列士正諫，好學博聞獻詩，矇箴師誦，目不見曰矇。師，瞽師。詩云：「矇叟奏功。」○畢沅曰：「周語云：『使公卿至於列士獻詩，瞽獻曲，史獻書，師箴，瞍賦，矇誦，百工諫。』注引詩與今毛詩異。案：詩釋文云：『瞍，依字作叟。』又案：史記屈原傳集解亦引作『奏功』。」庶人傳語，庶人，無官者，不得見王，故傳語，因人以通。近臣盡規，規，諫。○維遹案：盡與進通，列子書「進」多作「盡」。親戚補察，而後王斟酌焉。斟酌，取其善而行。是以下無遺善，善皆達王所。上無過舉。過，失。今王塞下之口，而遂上之過，恐爲社稷憂。」王弗聽也。三年，國人流王於彘。流，放也。彘，河東永安是也。此鬱之敗也。鬱者，不陽也。周鼎著鼠，令馬履之，爲其不陽也。不陽者，亡國之俗也。○梁玉繩曰：「此事未聞。」○維遹案：論衡物勢篇云：「子亦水也，其禽鼠也。午亦火也，其禽馬也。火爲水所害，故馬食鼠屎而腹脹。」據此，鼠屬陰，馬屬陽。馬履鼠，即以陽制陰，故曰「爲其不陽也」。應同篇云：「文王曰：『火氣勝，火氣勝。』故其色尚赤，其事則火，代火者必將水。」據此，周以火德王。水尅火，是代周者以水德王，故曰「不陽者，亡國之俗也」。

管仲觴桓公，日暮矣，桓公樂之而徵燭。觴，饗也。徵，求也。○畢沅曰：「『日暮』舊作『曰暮』，訛，今改正。」○維遹案：姜本、張本、李本正作「日暮」。管仲曰：「臣卜其書，未卜其夜。君可以出矣。」出，罷。○梁玉繩曰：「此左傳陳敬仲之言，而云管仲，蓋因同謚敬仲而誤傳之。」公不說，曰：「仲父年老矣，寡人與仲父爲樂將幾之？○畢沅曰：「疑是『幾何』。」○王念孫曰：「『幾之』，『之』疑當讀爲『時』，古字時與之通。」○俞樾曰：「幾與既通，周易歸妹六五、中孚六四『月幾望』，釋文竝曰：『荀本幾作既。』既之言終也。『將既之』者，將終之也。畢氏疑是『幾何』，非是。」請夜之。」以夜繼晝。管仲曰：「君過矣。夫厚於味者薄於德，沈於樂者反於憂。○孫先生曰：「『德』疑當作『行』，草書形近之譌。管子中匡篇作『沈於樂者洽於憂，厚於味者薄於行』，御覽五百六十五引子思子曰『繁於樂者重於憂，厚於味者薄於行』，竝其證。」壯而怠則失時，怠，懈。老而解則無名。無善終之名。○畢沅曰：「注舊本作『之始』，訛。」○維遹案：解與懈古字通，張本作「懈」。臣乃今將爲君勉之，勉，勵。勵君使不沈於夜樂。若何其沈於酒也？」管仲可謂能立行矣。凡行之墮也於樂，墮，壞。酣樂。今樂而益飭；飭，正也。○王念孫曰：「正文兩『樂』字疑本作『酣』，後人依注改之也。」行之壞也於貴，貴則驕。今主欲留而不許。伸志行理，貴樂弗爲變，以事其主，此桓公之所以霸也。管仲不與桓公燭，不留桓公夜樂，所以能致桓公於霸也。○畢沅曰：「梁伯子云：『管子中匡篇所載略同。又説苑反質篇以爲景公、晏子事，恐皆由左傳而附會耳』。」

列精子高聽行乎齊湣王，列精子高，六國時賢人也。聽行，其德行見敬於齊王也。湣王，宣王之子。○維遹案：御覽三百八十二引「聽」作「德」，非是。善衣東布衣，白縞冠，顙推之履，特會朝雨袪步堂下，謂其侍者曰：「我何若？」顙推之履，弊履也。袪步，舉衣而步也。列精子高自謂其從者曰：「我好醜如何也？」○畢沅曰：「鄭注禮記深衣曰：『善衣，朝祭之服也。』然則顙推之履必非弊履可知。列精子高方且自矜其容以問侍者，惡有著〔一〕弊履者乎？高不能注，不若闕諸。」○梁玉繩曰：「顙推，蓋履之名狀，非弊履也。」○陳昌齊曰：「此數

〔一〕「著」，原脱，據諸子集成本補。

語殊不可曉，疑『善』爲『當』之訛，『特』爲『將』之訛，『雨』爲『而』之訛也。」○維遹案：「善衣東布衣」，當作「著東布衣」。「著」隸書作「着」，與「善」形近，故譌爲「善」，後人遂在「善」下增一「衣」字，以足其義。御覽引正作「著布衣」，省「東」字。「東布衣」亦見離俗篇。「會朝」猶言天黎明，詩大明篇「會朝清明」，馬瑞辰釋會朝爲黎明是也。「雨」爲「而」誤，當從陳校。據文義，列精子高蓋爲當時賢士，見敬於齊王，未必是其臣吏，故「會朝」不得解作朝見之朝，其所服之衣冠履亦然。墨子兼愛下云：「晉國之士，大布之衣，練帛之冠，且苴之履。」此云「顙推之履」，即彼云「且苴之履」。高訓弊履，殆亦指粗惡言。其名狀謂顙推，亦通。下文謂「窺於井，粲然惡丈夫狀」，知其衣冠履及祛步皆爲醜狀，而侍者竟阿其姣麗。畢氏因侍者之言，以爲列精子高自矜其容，失之遠矣。侍者曰：「公姣且麗。」姣、麗，皆好貌也。○畢沅曰：「孫云：『李善注文選陸士衡日出東南隅行「高臺多妖麗」，引此「姣」作「妖」。』」列精子高因步而窺於井，粲然惡丈夫之狀也，臨井自照，見不好，故曰「惡丈夫之狀也」。○維遹案：御覽引「步」作「出」。喟然歎曰：「侍者爲吾聽行於齊王也，夫何阿哉？阿，曲媚也。列精子高言侍者以我爲齊王所聽而敬，謂我美麗，不言惡，故曰阿我也。○畢沅曰：「注『以我』，舊本缺『以』字，今補。」又況於所聽行〔一〕乎萬乘之主。人之阿之亦甚矣，萬乘之主，謂齊王。從者且猶阿我〔二〕，而云美且麗也，人之阿齊王，齊王實不良，而言其良，甚於己

〔一〕「行」，原脱，據諸子集成本補。
〔二〕「我」，四部叢刊本作「也」。

侍者之言也。○畢沅曰：「此又影合鄒忌修事。」而無所鏡，其殘亡無日矣。言齊王無所用自見其殘暴也，亡無期日矣。孰當可而鏡？孰能鏡照。○維遹案：注「能」字，許本、張本、姜本作「誰」。今本「能」字釋正文「可而」，亦通。其唯士乎？獨士履禮蹈正，不阿於俗，而能鏡之也。人皆知説鏡之明己也，而惡士之明己也。鏡明見人之醜，而人不椎鏡破之，而抆以玄錫，摩以白旃，是説鏡之明己也。士有明己者，陳己之短，欲令改之，以除其病，而不德之，反欲殺之，是惡士之明己也。○畢沅曰：「注『醜』舊作『首』，又『改』作『長』，皆譌，今案文義改正。」○梁玉繩曰：「注『抆以玄錫，摩以白旃』二句，出淮南修務，『抆』作『粉』。」鏡之明己也功細，細，小。士之明己也功大，正己之服，而以匡君致治，安定社稷，故功之大也。得其細，失其大，不知類耳。」類，事。

趙簡子曰：「厥也愛我，鐸也不愛我。厥，趙厥，趙簡子家臣也。鐸，尹鐸，亦家臣也。傳曰：「季孫之愛我，疾疹也。孟孫之惡我，藥石也。美疹不如惡石。」此之謂也。○畢沅曰：「梁仲子云：『説宛臣術篇作尹綽、赦厥。此注云趙厥，未知所本。又「疹」，左傳作「疢」。』」○俞樾曰：「説苑『尹綽』當爲『尹鐸』，聲之誤也。至『趙厥』當從説苑作『赦厥』，注『趙』字蓋涉下『趙簡子』之文而誤。」○維遹案：治要引末句作「鐸也不我愛也」。厥之諫我也，必於無人之所；所，處也。鐸之諫我也，喜質我於人中，質，正。必使我醜。」醜，惡。○畢沅曰：「醜當訓恥。」尹鐸對曰：「厥也愛君之醜也，愛，惜。而不愛君之過也。過，明也。○畢沅曰：「過當訓失。」鐸也愛君之過也，而不愛君之醜也。臣嘗聞相人於師，敦顏而土色者忍醜。敦，厚也。土色，黃色也。土爲四時五行之主，多所戴受，故能辱忍醜也，謂簡子之色也。○畢沅曰：「注『戴受』疑是『載受』，別本『受』作

『愛』，今從許本作『受』。」不質君於人中，恐君之不變也。」變，改。此簡子之賢也。人主賢，則人臣之言刻。刻，盡。簡子不賢，鐸也卒不居趙地，居，處。有況乎在簡子之側哉！側猶在左右也。○維遹案：有讀爲又。呂覽纂作「又」。

達鬱

六曰：人主之行與布衣異，布衣，匹夫。勢不便，時不利，事讎以求存。讎，周也。○舊校云：「『存』一作『全』。」○維遹案：注「周」字當是「𠷎」之形誤。集韻：「讐，古文作𠷎。」詳義賞篇。執民之命，執民之命，重任也，不得以快志爲故。故，事也。○松皋圓曰：「『執民之命』，疑衍一句。」故布衣行此指於國，不容鄉曲。指猶志。布衣之人行此志於國，不能自容於鄉曲。○陶鴻慶曰：「『布衣』上『故』字不當有。上文言人主事讎求存，執民之命，此言布衣若行此指則不容鄉曲矣，正見人主之行與布衣異也。今本衍『故』字，涉上句『不得以快志爲故』之文而誤重耳。」堯以天下讓舜，讓猶予也。鮌爲諸侯，怒於堯曰：「得天之道者爲帝，得地之道者爲三公。今我得地之道，而不以我爲三公。」以堯爲失論，論猶理也。欲得三公，怒甚猛獸，○王念孫曰：「論衡率性篇作『怒其猛獸』，當從之。」欲以爲亂。比獸之角能以爲城，以爲城池之固。舉其尾能以爲旌，以爲旌旗之表也。○孫鏘鳴曰：「以獸之怒喻鮌之怒，比猶比爾干之比。」○俞樾曰：「兩『能』

皆當讀爲而。」召之不來，仿佯於野以患帝。舜於是殛之於羽山，副之以吴刀。羽山，東極之山也。書云：「鮌乃殛死。」先殛後死也。○畢沅曰：「副當讀如『爲天子削瓜者副之』之副。梁仲子云：『海内經郭注引啓筮「副」作「剖」。』」○維遹案：副與疈同。説文：「副，判也。」疈爲籀文。周禮大宗伯「以疈辜祭四方百物」，鄭注：「疈，疈牲胸也。疈而磔之。」禹不敢怨而反事之，官爲司空，禹，鮌子也。不敢怨舜，而還事舜，治水土者也。○畢沅曰：「注『者』字衍。」以通水潦，顏色黎黑，步不相過，竅氣不通，以中帝心。中猶得。○維遹案：「以通水潦」，荀子非相篇楊注引作「通水瀋川」。

昔者，紂爲無道，殺梅伯而醢之，殺鬼侯而脯之，以禮諸侯於廟。肉醬爲醢。肉熟爲脯。梅伯、鬼侯皆紂之諸侯也。梅伯説鬼侯之女美，令紂取之，紂聽妲己之譖，曰以爲不好，故醢梅伯，脯鬼侯，以其脯燕諸侯於廟中。○畢沅曰：「注『曰』字疑是『因』。」○王念孫曰：「注『肉熟』當作『肉乾』，蓋『乾』訛爲『孰』，『孰』又訛爲『熟』也。」文王流涕而咨之。咨，嗟，歎辭。紂恐其畔，欲殺文王而滅周。○維遹案：李本、凌本「畔」作「叛」，義同。文王曰：「父雖無道，子敢不事父乎？君雖不惠，臣敢不事君乎？孰王而可畔也？」紂乃赦之。天下聞之，以文王爲畏上而哀下也。詩曰：「惟此文王，小心翼翼，昭事上帝，聿懷多福。」詩大雅大明之三章。言文王小心翼翼然敬慎，明於事上，不敢攜貳，所以得衆福也。

齊攻宋，燕王使張魁將燕兵以從焉，齊王殺之。燕王聞之，泣數行而下，召有司而告之曰：「余興事而齊殺我使，請令舉兵以攻齊也。」○畢沅曰：「『請令』疑當作『請今』。」○維遹案：畢説是。驕恣篇云：「寡人請今止之。」今與即義同。使受命矣。凡繇進見，爭之曰：「賢主故願爲臣，〇維遹案：「賢主」原作「賢王」，今改從李本，與下文「今王非賢主也」一律。今王非賢主也，願辭不爲臣。」辭，去也。昭王曰：「是何也？」對曰：「松下亂，先君以不安，棄羣臣也。王苦痛之而事齊者，力不足也。昭王，燕王子噲之子。先君，謂子噲也。松下，地名也。齊伐燕，子噲與松下戰，爲齊所獲，故曰棄羣臣也。王苦傷之而奉事齊者，蓋力不足以伐齊。〇王念孫曰：「正文『松下』下〔一〕脱二『之』字。注『子噲與松下戰』，當作『子噲與戰松下』。」今魁死而王攻齊，是視魁而賢於先君。」王曰：「諾。」從凡繇諫也。「請王止兵。」請王出令止兵也。王曰：「然則若何？」凡繇對曰：「請王縞素辟舍於郊，遣使於齊，客而謝焉，曰：『此盡寡人之罪也。大王賢主也，豈盡殺諸侯之使者哉！然而燕之使者獨死，此弊邑之擇人不謹也，願得變更請罪。』」更，改更也。使者行至齊，行，還也。〇孫鏘鳴曰：「此燕所遣之使至齊也。行訓還，何邪？」齊王方大飲，左右官實，御者甚衆，因令使者進報。使其使者進報燕使之至也。〇王念孫曰：「『實』疑『寮』之譌。」〇維遹案：王説非是。左宣十二年傳云：「在軍無日不討軍實而申儆之。」官實與軍實同比。軍實指士卒言，官實指寮屬言。高下注「官實，官長也」，義亦未晐。使者報，言燕王之甚恐懼而請罪也。畢，又復之，以矜左右官實。説燕王謂伏罪，訖，又復使説之，以自矜大於左右官實官長也，使聞知

〔一〕「下」，原脱，據正文補。

也。○王念孫曰：「注『謂』字當作『請』。」因乃發小使以反令燕王復舍。小使，微者也。反燕王使復舍也。此濟上之所以敗，此齊所以爲燕軍所敗於濟上也。齊國以虛也。七十城，微田單固幾不反。虛，弱也。燕昭王使樂毅伐齊，得七十餘城，事未訖，使騎劫代之，田單率即墨市民擊騎劫軍，盡破之，悉反其城，故曰「無田單幾不反」矣。○畢沅曰：「『不反』舊作『不及』，注末作『幾不及免矣』，兩『及』字皆當作『反』，又『免』字衍，今并删正。○孫鏘鳴曰：「虛、墟同。」○維遹案：據高注釋虛爲弱，齊國以虛也」，當作「齊國之所以虛也」。分職篇云：「此功名之所以傷，國家之所以敗。」辭例同此。若從孫説，當以「齊國以虛也七十城」爲句，以與已同。湣王以大齊驕而殘，田單以即墨城而立功。湣王驕暴，淖齒殺之，擢其筋，懸之東廟，故曰「而殘」也。田單以即墨市民大破燕軍，故曰「而立功」也。詩曰：「將欲毀之，必重累之。將欲踣之，必高舉之。」其此之謂乎？詩，逸詩也。累矣而不毀，舉矣而不踣，累之重，乃易毀也。踣，破也。舉之高，乃易破也。以喻湣王驕亂甚，乃易破也。燕軍攻高亦易破，使田單序其名也。○畢沅曰：「據注，踣當讀剖，與舉爲韻。『序其名』，『序』字必誤，疑是『成其名』。」其唯有道者乎！有道者，能滿而不溢，高而不危，故曰「其唯有道者乎」也。

楚莊王使文無畏於齊，過於宋，不先假道。莊王，楚穆王商臣之子，恭王之父也。無畏申周，楚大夫也，使如齊，不假道於宋也。○畢沅曰：「申周即申舟，古字通。」還反，華元言於宋昭公曰：「往不假道，來不假道，是以宋爲野鄙也。昭公，宋成公王臣之子杵臼。往來不假道，欲以宋爲鄙邑。楚之會田也，故鞭君之僕於孟諸，言往日與楚會田於孟諸，無畏撻宋公之僕。請誅之。」乃殺文無畏於揚梁之隄。○畢沅曰：「梁仲子云：『案：揚梁，宋地，見左氏襄十二年傳。又水經注：「渙水又東逕楊亭北，即春秋楊梁也。」近水，故有隄防。楊、揚古通用。』『隄』，李本作『腹』。」莊王方削袂，聞之曰：「嘻！」嘻，怒貌也。○畢沅曰：「孔太史廣森經學卮言曰：『削，裁也。投袂，投其所削之袂也。左氏宣十四年傳文未備，杜氏遂以投爲振，豈若拂袖之義，誤已。』」投袂而起，履及諸庭，傳曰「履及於經皇」也。劍及諸門，傳曰：「劍及寢門。」車及之蒲疏之市，○畢沅曰：「蒲疏左傳作『蒲胥』，二字通。」○維遹案：及者，追及之也。謂莊王興師之速，急遽而走，未納履，未帶劍，未乘車。履人奉履，追及于庭。劍人進劍，追及于門。車人駕車，追及於蒲疏之市。（說略本梁履繩左通補釋。）遂舍於郊，邑外曰郊。興師圍宋九月。圍宋在魯宣公十四年。宋人易子而食之，析骨而爨之。宋公肉袒執犧，犧牲也。委服告病，病，困。曰：「大國若宥圖之，唯命是聽。」莊王曰：「情矣宋公之言也。」○舊校云：「『情』一作『殆』。」○劉先生曰：「作『情』者是也。情、誠古通用。『情矣宋公之言』，猶『誠矣宋公之言』也。」乃爲却四十里，○畢沅曰：「左傳作『三十里』。」而舍於盧門之闔，盧門，宋城門。闔，扉也。所以爲成而歸也。成，平。凡事之本在人主，○畢沅曰：「舊此下有『之患〔一〕』二字，乃因下文而衍，今删。」人主之患，在先事而簡人，簡人則事窮矣。今人臣死而不當，親帥士民以討其故，討，伐也。可謂不簡人矣。宋公服以病告而還師，還，反也。○維遹案：「服」上疑脱一「委」字。此承上「委服告病」言，似不可省。

〔一〕「之患」，原作「患之」，據諸子集成本乙。

可謂不窮矣。夫舍諸侯於漢陽水北曰陽。○畢沅曰：「『舍』疑『合』字誤。」而飲至者，其以義進退邪？叛而討之，以義進也。服而舍之，以義退也。彊不足以成此也。傳曰：「彊而不義，其斃必速。」唯義以濟，故曰「彊不足以成」也。○畢沅曰：「注『斃』舊作『弊』，今據昭元年左氏傳改正。」

行論

七曰：亡國之主，必自驕，○孫先生曰：「治要引無『自』字，疑涉下文『自智』而衍。」必自智，必輕物。自謂有過人之智，故曰「輕物」。○劉師培曰：「治要引注作『自謂有過人之智，故輕物。物，人也』。以人釋物，後人删『物人也』三字，則『必輕物』無注文，因於『故』下增『曰』字。」○孫先生曰：「此節『必驕、必自智、必輕物』三者平列，而意實一貫。驕則自以爲智，則輕事物，故下文申之曰：『驕則簡士，自智則專獨，輕物則無備』高氏舍驕而言自智，誼既未晐，以輕物爲輕人，與簡士何異，又失吕氏之本旨矣。」自驕則簡士，簡，傲也。○維遹案：治要引注「簡，賤也」。今本作「傲」者，蓋後人昧簡有賤訓，遂妄改之。淮南俶真篇高注「簡，賤也」，是其切證。自智則專獨，不咨忠臣。輕物則無備。傳曰：「無備而官辦者，猶拾瀋也。」此之謂也。○畢沅曰：「舊本無『辦者』二字，今從哀三年左傳文補。又『瀋』，傳作『潘』。」○維遹案：治要引注「官」下有「辦」字，「瀋」作「潘」，與左傳合。無備召禍，專獨位危，簡士壅塞。士不盡規，故壅塞無聞知。欲無壅塞必禮士，欲位無危必得衆，欲無召禍必完備。三者，人君之大經也。經，道也。○維遹案：「欲位無危」，據上下文例當作「欲無位危」，今本「位無」二字誤倒。

晉厲公侈淫，好聽讒人，欲盡去其大臣而立其左右。胥童謂厲公曰：「必先殺三郤。三郤，錡、犨、至也。族大多怨，去大族不偪。」不偪迫公室。公曰：「諾。」乃使長魚矯殺郤犨、郤錡、郤至于朝而陳其尸。於是厲公遊于匠麗氏，欒書、中行偃劫而幽之，欒書，武子也。中行偃，荀偃荀伯游獻子也。幽，囚也。○畢沅曰：「偃字伯游。」諸侯莫之救，百姓莫之哀，言厲公之惡。三月而殺之。人主之患，患在知能害人，而不知害人之不當而反自及也。不當，謂害賢近不肖。自及，死於匠麗氏。是何也？智短也。智短則不知化，不知化者舉自危。危，敗。

魏武侯謀事而當，攘臂疾言於庭曰：「大夫之慮，莫如寡人矣！」武侯，文侯之子也。疾言於庭，伐智自大也。立有間，再三言。言自多也。李悝趨進曰：○畢沅曰：「荀子堯問篇、新序雜事一李悝皆作吳起。」「昔者，楚莊王謀事而當，有大功，退朝而有憂色。左右曰：『王有大功，退朝而有憂色，敢問其說？』王曰：『仲虺有言，不穀說之。仲虺，湯左相也。不穀，自謂也。曰：「諸侯之德，能自爲取師者王，能自取友者存，其所擇而莫如己者亡。」擇，取也。孔子曰：「無友不如己者，過則勿憚改。」故曰取無如己者亡。○畢沅曰：「困學紀聞二引此，『取友』上亦有『爲』字。」○孫先生曰：「『取友者』下，當有脱文。荀子堯問篇作『諸侯自爲得師者王，得友者霸，得疑者存，自爲謀而莫己若者亡』。吳子圖國篇作『能得其師者王，能得其友者霸』。韓詩外傳六作『吾聞諸侯之德，能自取師者王，能自取友者霸，而與居不若其身者亡』。新序雜事一作『吾聞之，諸侯自擇師者王，自擇友者霸，足己而羣臣莫之若者亡』。所載微有異同，竝以王霸對舉。今書仲虺之誥作

「能自得師者王，謂人莫己若者亡」，蓋梅氏所删節。細繹本書，『取友者』下當脱『霸』字。蓋王霸對舉，存亡對舉，意同荀子，而其文句自不必同，故『霸』下『存』上所脱之文，不可塙考矣。」今以不穀之不肖也，羣臣之謀又莫吾及也，我其亡乎！』今以不穀之名不肖，羣臣之謀又無如吾，無能相匡以濟道，故曰「我其亡乎」。○畢沅曰：「注『名』字似衍。」曰：『此霸王之所憂也，而君獨伐之，其可乎？』」霸王唯此之憂，憂不得友而自存也，而獨自務伐，言不可。○維遹案：注「務」字當作「矜」，形近而誤。武侯曰：「善。」人主之患也，不在於自少，而在於自多。自多則辭受，辭受，當受言而不受。辭受則原竭。不受謀臣之言而自謀之，則謀慮之言竭盡也。○畢沅曰：「盧云：『原，水之原也。川仰浦而後大，君受言而後聖，原豈可竭乎？』」李悝可謂能諫其君矣，壹稱而令武侯益知君人之道。

齊宣王爲大室，○畢沅曰：「『大』舊作『太』，今從新序刺奢篇校改。」大益百畝，○畢沅曰：「『益』，新序作『蓋』，下同。御覽一百七十四同。」堂上三百户。以齊之大，具之三年而未能成。宣王，齊威王之子，孟子所見易釁鐘之牛者也。成，立也。羣臣莫敢諫王。莫，無。春居問於宣王曰：○畢沅曰：「『春居』，新序作『香居』。」○梁玉繩曰：「作『香』者非也。困學紀聞五謂即書大傳之春子。大傳名衛。觀春居諫宣王爲大室，知孟子巨室之論，指見在事，非虛喻也。」「荆王釋先王之禮樂而樂爲輕，語曰：「君子不重則不威。」而反自樂，何以爲賢也？○畢沅曰：「注『反自』，舊本倒，今乙正。」敢問荆國爲有主乎？」王曰：「爲無主。」爲無賢主。「賢臣以千數而莫敢諫，敢問荆國爲有臣乎？」王曰：「爲無臣。」爲無賢臣。「今王爲大室，其大益百畝，堂上三百戶。以齊國之大，具之三年而弗能成。羣臣莫敢諫，敢問王爲有臣乎？」王曰：「爲無臣。」○畢沅曰：「『臣』字舊本缺，從新序補。」春居曰：「臣請辟矣。」趨而出。出，去也。王曰：「春子！春子反！何諫寡人之晚也？寡人請今止之。」遽召掌書曰：「書之：○畢沅曰：「『掌』，新序作『尚』。尚，主也。」寡人不肖，而好爲大室，春子止寡人。」箴諫不可不熟。莫敢諫若，非弗欲也。○王念孫曰：「『若』，疑當爲『者』。」○俞樾曰：「此當作『莫敢諫者，非弗欲也』。言羣臣莫敢諫者，非不欲諫，乃未得進言之道耳，故下文曰：『春居之所以欲之與人同，其所以入之與人異。』今本『者』作『若』，以形似致誤耳。」春居之所以欲之與人同，其所以入之與人異。宣王微春居，幾爲天下笑矣。微，無。幾，近。由是論之，失國之主，多如宣王，然患在乎無春居。故忠臣之諫者，亦從人之，不可不慎，此得失之本也。本，原也。趙簡子沈鸞徼於河，○畢沅曰：「說苑君道篇作欒激，水經河水四注同。」曰：「吾嘗好聲色矣，而鸞徼致之。吾嘗好宮室臺榭矣，而鸞徼爲之。吾嘗好良馬善御矣，而鸞徼來之。○畢沅曰：「說苑『來』作『求』。」今吾好士六年矣，而鸞徼未嘗進一人也，是長吾過而絀善也。」所得者皆過，所不進者乃善，故曰「長吾過而絀善也」。○畢沅曰：「說苑作『而黜吾善也』。」○陶鴻慶曰：「『絀善』，當作『絀吾善』，與『長吾過』相對成文。善指好士言之。說苑君道篇正作『進吾過而黜吾善也』。」○孫先生曰：「治要引『善』上有『吾』字，注同，疑今本誤脫。」故若簡子者，能厚以理督責於其臣矣。○畢沅曰：「『厚』，舊本作『後』，今從水經注四引改正。」○維遹案：治要引無「後」字。以理督責於其臣，則人主可與爲善，而不可與爲非；可與爲直，而不可與爲枉，此三代之盛教。○維遹案：治要引句末有「也」字。

驕恣

八曰：凡論人心，觀事傳，○孫鏘鳴曰：「傳猶迹也，謂已行之事也。必己篇『萬物之情，人倫之傳』，義亦同。彼注訓傳爲轉，未明。」不可不熟，不可不深。天爲高矣，而日月星辰雲氣雨露未嘗休也。休，止也。○畢沅曰：「『休也』，舊本作『休矣』，今從意林作也。」地爲大矣，而水泉草木毛羽裸鱗未嘗息也。毛蟲，虎狼之屬也。羽蟲，鳳皇鴻鵠鶴鶩之屬也。裸蟲，麟麟麋鹿牛羊之屬也，蹄角裸見，皆爲裸蟲。鱗蟲，蛇鱗之屬。凡居於天地之間、六合之内者，其務爲相安利也？夫爲相害危者不可勝數。○陶鴻慶曰：「『其務爲相安利也』，也讀爲邪。言外若相安利，而内實相害危也。」人事皆然。事隨心，心隨欲。欲無度者，其心無度。心無度者，則其所爲不可知矣。人之心隱匿難見，淵深難測，測猶知也。故聖人於事志焉。○孫鏘鳴曰：「謂於事先觀其志。」聖人之所以過人以先知，先知必審徵表，徵，應。表，異。一曰奇表。無徵表而欲先知，堯、舜與衆人同等。聖人以徵表爲異也。徵雖易，表雖難，聖人則不可以飄矣，飄，疾也。必翔而後集，故不可以疾也。衆人則無道至焉。徵無表以道以至先也。○吴先生曰：「衆人不能審徵表，故不能先知。此注似當作『無徵表之道以至先知也』，今本譌亂不可讀。」無道至則以爲神，以爲幸。無表之道，能過絶於人以先知者，則以爲有神有幸。非神非幸，其數不得不然。言非有神、非有幸者必須表，故曰「其數不得不然」。郈成子、吳起近之矣。○舊校云：「『近』一作『有』。」

郈成子爲魯聘於晉，過衛，郈成子，魯大夫也，郈敬子國之子，郈青孫也。適晉，道經衛。○畢沅曰：「梁仲子云：『外傳魯語上注「國」作「同」。』」右宰穀臣止而觴之，陳樂而不樂，酒酣而送之以璧，右宰穀臣，衛大夫也。以璧送郈成子。○畢沅曰：「李善注文選劉孝標廣絶交論『穀臣』作『轂臣』。」顧反，過而弗辭，反，還也。自晉還，過衛，不辭右宰穀臣。其僕曰：「嚮者，右宰穀臣之觴吾子也甚歡，嚮，曩也。甚，厚也。○維遹案：「吾子」二字原重，陳昌齊云：「誤重『吾子』二字。」陶鴻慶説同。末云：「甚歡，指右宰言，不指郈成子言。下文『郈成子曰：「夫止而觴我，與我歡也。」』是其證。案：元刻本不重，今據删。今侯渫過而弗辭？」侯，何也。重過爲渫過。何爲不辭右宰。郈成子曰：「夫止而觴我，與我歡也。陳樂而不樂，告我憂也。酒酣而送我以璧，○畢沅曰：「舊本作『送之我以璧』，孔叢子陳士義篇及廣絶交論注皆無『之』字，今據删。」寄之我也。若由是觀之，衛其有亂乎？」倍衛三十里，○畢沅曰：「孔叢、選注『倍』皆作『背』。」○維遹案：類聚八十四引「倍」作「背」，古字通用。聞甯喜之難作，右宰穀臣死之。甯喜，衛大夫甯惠子殖之子悼子也。惠子與孫林父共逐獻公出之。惠子疾，臨終謂悼子曰：「吾得罪於君，名載諸侯之策。君入則掩之。若能掩之，則吾子也。」悼子許諾。魯襄二十六年，殺衛侯剽而納獻公，故曰「甯喜之難作」也。還車而臨，三舉而歸。臨，哭也。右宰息如是者三，故曰「三舉」。○畢沅曰：「注『右宰息』三字有訛脱，疑當作『右宰一哭一息』。」○孫詒讓曰：「畢校非也。息謂右宰穀之子息。（戰國策趙策云：『左師觸讋曰：「賤息舒祺。」』）言喪主與成子泣三舉哭也。無誤挩。」至，使人迎其妻子，隔宅而異之，○畢沅曰：「孔叢『異』作『居』。」○維遹案：類聚八十四引「異」亦作「居」，然「異」非誤文。淮南泰族篇有「割宅而異之」語。分祿而食之，其子長而反其璧。反，還也。孔子聞之曰：「夫智可以微謀，仁可以託財者，○畢沅曰：「孔叢作『仁可與託孤，廉可與寄財者』。」其郈成子之謂乎！」郈成子之觀右宰穀臣也，深矣妙矣，不觀其事而觀其志，可謂能觀人矣。

吳起治西河之外，吳起，衞人，仕於魏文侯，爲治西河。○畢沅曰：「注舊本作『魏侯』，今補『文』字。」王錯譖之於魏武侯，武侯使人召之。吳起至於岸門，止車而休，望西河，泣數行而下。○維遹案：長見篇無「休」字。文選丘希範與陳伯之書注引「休」作「立」，於義爲長。其僕謂之曰：「竊觀公之志，視舍天下若舍屣。屣，弊履。○畢沅曰：「前長見篇已載此事，兩『舍』字皆作『釋』。」今去西河而泣，何也？」吳起雪泣而應之，雪，拭也。曰：「子弗識也。君誠知我，而使我畢能，畢，盡。秦必可亡，而西河可以王。可以立王政也。今君聽讒人之議，而不知我，西河之爲秦也不久矣，言西河畔魏入於秦也。魏國從此削矣。」削，弱也。吳起果去魏入荆，而西河畢入秦，魏日以削，秦日益大。此吳起之所以先見而泣也。

古之善相馬者，寒風是相口齒，○畢沅曰：「『寒風，淮南齊俗訓作『韓風』。又『是』字，朱本作『氏』。案：寒、韓，是、氏古皆通用。」○維遹案：事類賦二十一引無「是」字。麻朝相頰，子女厲相目，衞忌相髭，許鄒相朊，朊，後竅也。朊字讀如窮穹之穹。○畢沅曰：「『朊』乃『尻』之俗體，玉篇『苦刀切』，此音讀未詳。」○梁玉繩曰：「當作『讀如穹高之高』，字形相似而誤。」○吳先生曰：「朊字從九聲，在侯部，對轉東則讀如穹。『营藭』之『营』，字亦作『鞠』，是其明比。投伐褐相廚脅，○梁玉繩曰：「『投伐』疑是複姓。」○蔡雲曰：「『投』，姓。漢有投調。複姓則有投壺氏。『投伐』未聞。」管青相膹肳，○畢沅曰：「李善注文選張景陽七命作『脣吻』，御覽八百九十六同。」陳悲相股腳，秦牙相前，贊君相後。○畢沅曰：「『贊』，御覽作『賁』。」凡此十人者，皆天下之良工也。若趙之王良，秦之伯樂、九方堙，尤盡其妙矣。○畢沅曰：「以上十七字，舊本無，據七命注補。孫云：『又見七發及薦禰衡表、與吳季重書注，無九方堙。』」其所以相者不同，以，用。見馬之一徵也，徵，驗也。而知節之高卑，足之滑易，材之堅脆，能之長短。非獨相馬然也，人亦有徵，事與國皆有徵。聖人上知千歲，下知千歲，非意之也，蓋有自云也。綠圖幡薄，從此生矣。幡亦薄也，鍛作鐵物，言薄令薄也。○畢沅曰：「語未詳。當出緯書。注亦欠明。『言薄』或是『言幡』。梁仲子云：『淮南俶真訓有「洛出丹書，河出綠圖」語。』」○梁玉繩曰：「『綠』疑同『絡』。『幡』疑作『轓』。薄，簾也。淮南覽冥述聖王瑞應云『席羅圖，黃雲絡』，注：『羅列圖籍，以爲席蓐。一説羅圖車上席。』（後説是。）絡謂車之垂絡。黃雲之氣絡其車。蓋此言瑞圖羅絡於轓薄也。高注非。」○孫詒讓曰：「此注難通。『薄令薄』，當作『搏令薄』。言以金鐵爲椎，搏擊之令薄。爾雅釋器云：『鉼金謂之鈑。』薄即金版之類。」

觀表

吕氏春秋集釋卷第二十一

榮成許維遹學

開春論第一　察賢　期賢　審爲　愛類　貴卒

呂氏春秋訓解　高氏

一曰：開春始雷則蟄蟲動矣，動，蘇也。時雨降則草木育矣，育，長也。飲食居處適則九竅百節千脈皆通利矣。通利，不壅閉，無疾病矣。王者厚其德，積衆善，而鳳皇聖人皆來至矣。雄曰鳳，雌曰皇，三代來至門庭，周室至於山澤。詩云：「鳳皇鳴矣，于彼高岡。」此之謂也。聖人皆來至，謂堯得夔、龍、稷、契，舜得益，湯得伊尹，武丁得傅説之屬是也。共伯和修其行，好賢仁，而海内皆以來爲稽矣。共，國。伯，爵。夏時諸侯也。以好賢仁而人歸之，皆以來附爲稽遲也。○畢沅曰：「竹書紀年厲王十二年奔彘，十三年共伯和攝行天子事，至二十六年宣王立，共伯和遂歸國。誘時竹書未出，故説此多訛。」○俞樾曰：「『以』、『爲』二字衍文也。『而海内皆來稽矣』，與上文『而鳳皇聖人皆來至矣』文法一律。稽之言同也。詩玄鳥篇正義引尚書緯曰『曰若稽古帝堯』，稽，同也。鄭注堯典亦曰：『稽，同也。』是稽有同義，故韓子主道篇曰：『保吾所以往而稽同之。』禮記儒行篇『古人與稽』，鄭注曰：『稽猶合也。』合亦同也。『海内皆來稽』，言海内皆來同也。因衍『以』、『爲』二字，高注乃曰『皆以來附爲稽遲』，失之矣。」周厲之難，天子曠絶，難，厲王流于彘也。周無天子十一年，故曰曠絶也。○梁玉繩曰：「史記共和攝政十四年。」而天下皆來謂矣。謂天子也。○洪頤煊曰：「釋詁：『謂，勤也。』」○孫鏘鳴曰：「謂諸侯皆請共伯爲天子也。」○劉師培曰：「高注『謂天子也』，則高本『謂』作『謁』。」○維遹案：莊子讓王篇『共伯得乎共首』，注引司馬説本此。孫、劉説近是。注「謂」字元刻本、張本作「請」，則正文「謂」字非「請」即「謁」矣。以此言物之相應也，故曰行也成也。善説者亦然，言盡理而得失利害定矣，豈爲一人言哉！善説者，大言天下之事，得其分理，愛之不助，憎之不枉，故曰「豈爲一人言哉」。

魏惠王死，葬有日矣。孟子所見梁惠王也。秦伐魏，魏徙都大梁。梁在陳留浚儀西大梁城是也。○松皋圓曰：「注『在』上衍一『梁』字。」天大雨雪，至於牛目。羣臣多諫於太子者曰：「雪甚如此而行葬，民必甚疾之，○畢沅曰：「戰國魏策作『甚病之』。」官費又恐不給。給，足也。請弛期更日。」更，改也。太子曰：「爲人子者，以民勞與官費用之故，而不行先王之葬，不義也。子勿復言。」羣臣皆莫敢諫，而以告犀首。犀首，魏人公孫衍也。佩五國相印，能合從連横，號爲犀首。犀首曰：「吾末〔一〕有以言之。末猶無也。是其唯惠公乎？請告惠公。」言唯惠公能諫之也。惠公，惠王相惠施也。惠公曰：「諾。」駕而見太子曰：「葬有日矣？」太子曰：「然。」惠公曰：「昔王季歷葬於渦山

〔一〕「末」，四部叢刊本作「未」。注同。

之尾，欒水齧其墓，○畢沅曰：「梁仲子云：『魏策作「楚山之尾」，論衡死僞篇作「滑山之尾」，初學記十四引作「渦水之尾」。』欒從水，舊本訛從木。吳師道國策注：『姚宏云：「欒音鸞，說文云漏流也，一曰漬也。」』」見棺之前和。棺題曰和。○畢沅曰：「『題』舊本作『頭』，據李善注文選謝惠連祭古冢文所引改。說文云：『題，頟也。』」○章炳麟曰：「今浙江猶謂棺之前端曰前和頭，音如華。淮南謂題字於棺前端曰題和，音如壺。」○維遹案：祭古冢文爲謝惠連作，畢引作謝靈運，今改。文王曰：「譆！先君必欲一見羣臣百姓也，天故使欒水見之。」見猶出也。○畢沅曰：「『天』，國策、論衡皆作『夫』。又『欒水』，初學記引作『明水』，國策注同。」○王念孫曰：「『天』，當從戰國策作『夫』。『夫故使欒水見之』，謂先君使之，非謂天使之也。下文云『先王必欲少留而撫社稷安黔首也，故使雨雪甚』，是其明證。」○俞樾曰：「『天』，當從國策、論衡作『夫』，屬上句讀。」於是出而爲之張朝，○維遹案：魏策「張」下有「於」字。百姓皆見之，三日而後更葬，此文王之義也。今葬有日矣，而雪甚，及牛目，難以行，太子爲及日之故，得無嫌於欲亟葬乎？願太子易日。先王必欲少留而撫社稷安黔首也，故使雨雪甚。○畢沅曰：「國策無『雨』字。」因弛期而更爲日，此文王之義也。若此而不爲，意者羞法文王也？」太子曰：「甚善。敬弛期，更擇葬日。」惠子不徒行說也，○維遹案：魏策「行」下有「其」字。又令魏太子未葬其先君，而因有說文王之義。○畢沅曰：「『因有』當作『有因』，有與又同。國策作『又因』。」說文王之義以示天下，豈小功也哉！」

韓氏城新城，期十五日而成。韓氏本都弘農宜陽，其後都潁川陽翟。新城，今河南新城是也，故戎蠻子之國也。段喬爲司空。有一縣後二日，段喬執其吏而囚之。因者之子走告封人子高曰：「唯先生能活臣父之死，子高，賢者也。封人，田大夫，職在封疆，故謂之封人。周禮亦有封人之官。傳曰「潁考叔爲潁谷封人」也。願委之先生。」封人子高曰：「諾。」乃見段喬，自扶而上城。封人子高左右望曰：「美哉城乎！一大功矣。子必有厚賞矣。自古及今，功若此其大也，而能無有罪戮者，未嘗有也。」封人子高出，出，去也。段喬使人夜解其吏之束縛也而出之。故曰：封人子高爲之言也，而匿己之爲而爲也。段喬聽而行之也，匿己之行而行也。説之行若此其精也。封人子高可謂善説矣。○陶鴻慶曰：「『封人子高爲之言也』四句，當有舛誤，元文本云『封人子高爲之而言也，匿己之爲而言也。段喬聽之而行也，匿己之聽而行也』。兩『爲』字皆去聲，讀相爲之爲。言子高之言若無所爲，段喬之行若不緣於聽，乃見行説之精。如今本則文義難通矣。」

叔嚮之弟羊舌虎善欒盈，欒盈，晉大夫，欒書之孫，欒黶之子懷子也。欒盈有罪於晉，晉誅羊舌虎，叔嚮爲之奴而朡。奴，戮也。律坐父兄没入爲奴。周禮曰：「其奴，男子入于罪隸。」此之謂也。朡，繫也。○畢沅曰：「字書無『朡』字，疑是『朘』，縮朒〔一〕之意也。」○朱駿聲曰：「『艐』誤作『朡』。」○吳先生曰：「書序『遂伐三艐』，字從舟，㚇聲。此『艐』字之見於經者。説文：『㚇，斂足也。』周禮注：『稯，束也。』是㚇聲之字本有繫縛之義，此文

〔一〕「朒」，原作「肉」，據諸子集成本改。

假『膄』字爲之。高訓爲繫，正與許、鄭合。畢校失之。」○維遹案：吴先生説是。史記司馬相如傳「蹋以艘路兮」，漢書作「膄」，張揖云：「膄，箸也。」箸與繫義亦相近。祈奚曰：「吾聞小人得位，不爭不祥。當諫君退之，故不爭不祥也。君子在憂，不救不祥。」憂，阨也。當諫君免之，故不救不祥也。乃往見范宣子而説也，祈奚，高梁伯之子祈黄羊也。爲范宣子説叔嚮也。范宣子，范文子之子丐也。○畢沅曰：「『丐』乃『匄』之或體。」曰：「聞善爲國者，賞不過而刑不慢。賞過則懼及淫人，刑慢則懼及君子。與其不幸而過，寧過而賞淫人，毋過而刑君子。故堯之刑也殛鯀於虞而用禹，殛，誅也。於舜用禹。禹，鯀之子也。○松皋圓曰：「『於虞』二字衍，左傳無。或云『虞，羽音訛』。」○維遹案：據注當以「故堯之刑也殛鯀」爲句。左僖卅三年傳云「舜之罪也殛鯀，其舉也興禹」，句法同此。攷鯀之死，傳聞異辭。書舜典篇云「殛鯀於羽山」，本書行論篇云「舜於是殛鯀於羽山」，王逸注楚辭離騷篇言「堯使鯀治洪水，婞很自用，不順堯命，乃殛之羽山」。韋昭注周語下略同。周之刑也戮管、蔡而相周公。管叔，周公弟，蔡叔其兄也。二人流言，欲亂周室，而戮之。周公相成王而尹天下也。○畢沅曰：「注以蔡叔爲周公兄，誤。説已見察微篇。」不慢刑也。」宣子乃命吏出叔嚮。救人之患者，行危苦，不避煩辱，猶不能免。今祈奚論先王之德，而叔嚮得免焉。學豈可以已哉！類多若此。

開春論

二曰：今有良醫於此，治十人而起九人，所以求之萬也。以術之良，故人多求之也。故賢者之致功名也，比〔一〕乎良醫，而君人者不知疾求，豈不過哉！人皆知求良醫以治病，人君不知求賢臣以治國，故曰「豈不過哉」。今夫塞者，○畢沅曰：「『塞』，舊本作『寒』。趙云：『當作「塞」。』今從之。『塞』亦作『簺』，先代切，説文云：『行棊相塞也。』」勇力、時日、卜筮、禱祠無事焉，善者必勝。立功名亦然，要在得賢。要，約也。魏文侯師卜子夏，友田子方，禮段干木，禮，式其閭也。國治身逸。逸，不勞也。天下之賢主，豈必苦形愁慮哉？執其要而已矣。要，謂師賢友明，敬有德而已也。○維遹案：愁讀若揫。揫，聚也。苦形、揫慮相對成誼。説詳察微篇。雪霜雨露時，則萬物育矣，育，成也。人民修矣，疾病妖厲去矣。妖，怪。厲，惡。去猶除也。故曰「堯之容若委衣裘」，以言少事也。

宓子賤治單父，子賤，孔子弟子宓不齊也。○畢沅曰：「孫云：『李善注文選潘正叔贈河陽詩「宓」作「虙」。』今案：『虙』字是。虙羲字作此。」彈鳴琴，身不下堂而單父治。巫馬期以星出，以星入，日夜不居，以身親之，而單父亦治。巫馬期問其故於宓子，宓子曰：「我之謂任人，子之謂任力。任力者故勞，任人者故逸。」○畢沅曰：「説苑政理篇兩『故』字作『固』，古通用。」○維遹案：文選潘正叔贈河陽詩注引兩「故」字亦作「固」。宓子則君子矣，逸四肢，全耳目，平心氣，而百官以治義矣，任其數而已矣。數，術也。○陶鴻慶曰：「説苑政理篇無『義矣』二字。義當讀爲宜，義、宜聲義皆通。」巫馬期則不然，弊生

〔一〕「比」，四部叢刊本作「必」。

事精，○畢沅曰：「說苑作『弊性事情』。」○俞樾曰：「當從說苑。爾雅釋詁『事，勤也。勤，勞也。』然則事亦猶勞也。言弊其性、勞其情也。生與性，精與情，古字竝通。」勞手足，煩教詔，雖治猶未至也。

察賢

三曰：今夫爚蟬者，務在乎明其火，振其樹而已。火不明，雖振其樹，何益？雖振樹，蟬飛去，不能得之，故曰「何益」也。○維遹案：淮南說山篇「爚」作「燿」，聲同字通。荀子致仕篇作「耀」，郝懿行云：「『耀』，俗『燿』字。燿者，照也。燿蟬者，火必明而後蟬投焉，蟬以陽明爲趨也。」明火不獨在乎火，在於闇。闇，冥無所見。火乃光耳，故曰「在於闇」也。○孫先生曰：「上『火』字衍，類聚八十八、御覽九百五十二、事類賦三十引竝無上『火』字。」當今之時世闇甚矣，人主有能明其德者，天下之士，其歸之也，若蟬之走明火也。走，趨也。○畢沅曰：「孫云：『李善注文選干令升晉紀總論引作「赴明火」，御覽九百五十二亦同。』」凡國不徒安，名不徒顯，必得賢士。傳曰：「不有君子，其能國乎？」故曰「必得賢士」。

趙簡子晝居，喟然太息曰：「異哉！吾欲伐衛十年矣，而衛不伐。」不伐，不果伐也。侍者曰：「以趙之大，而伐衛之細，君若不欲則可也。君若欲之，請令伐之。」○畢沅曰：「『令』疑『今』。」簡子曰：「不如而言也。而，汝。衛有士十人於吾所，於猶在也。吾乃且伐之，十人者其言不義也，○俞樾曰：「『其言』，當作『言其』。『十人者言其不義也』，謂言伐衛之不義。『其』即指伐衛之事而言。」

而我伐之，是我爲不義也。」故簡子之時，衛以十人者按趙之兵，按，止也。殁簡子之身。衛可謂知用人矣，遊十士而國家得安。簡子可謂好從諫矣，聽十士而無侵小奪弱之名。

魏文侯過段干木之閭而軾之，閭，里也。周禮二十五家爲閭。軾，伏軾也。禮，國君軾馬尾。兵車不軾，尚威武也。○梁玉繩曰：「文選魏都賦注引此文異。」其僕曰：「君胡爲軾？」曰：「此非段干木之閭歟？段干木蓋賢者也，吾安敢不軾？且吾聞段干木未嘗肯以己易寡人也，謂以己之德易寡人之處不肯也。吾安敢驕之？驕慢之也。段干木光乎德，寡人光乎地。○畢沅曰：「孫云：『李善注左太沖魏都賦「地」作「勢」。』」○劉先生曰：「光、廣古通用。『光乎德』、『光乎地』，即廣乎德、廣乎地也。」段干木富乎義，寡人富乎財。」其僕曰：「然則君何不相之？」何不以段干木爲輔相也。於是君請相之，段干木不肯受，則君乃致禄百萬，而時往館之。時往詣其館也。於是國人皆喜，相與誦之曰：「吾君好正，段干木之敬。吾君好忠，段干木之隆。」隆，高也。○王念孫曰：「『段干木』下兩『之』字，之，是也。」居無幾何，秦興兵欲攻〔一〕魏，司馬唐諫秦君曰：○畢沅曰：「古今人表有司馬庚，與魏文侯相接。淮南正作『庚』，注云：『秦大夫。或作「唐」。』」○梁玉繩曰：「新序五作『唐且』，誤加『且』字。魏都賦注作『司馬康』，亦誤。攷戰國魏策、史魏世家，『康』亦作『庚』，在秦昭、魏襄之世，乃别一人。」「段干木，賢者也，而魏禮之，天

〔一〕「攻」，原作「功」，據諸子集成本改。

下莫不聞，無乃不可加兵乎！」○畢沅曰：「選注『兵乎』二字倒。」秦君以爲然，乃按兵輟不敢攻之。輟，止也。○畢沅曰：「『敢』字疑衍。」○維遹案：敢即攻字之譌衍。御覽三百二十七引無『敢』字。新序雜事五、淮南修務篇同。魏文侯可謂善用兵矣。嘗聞君子之用兵，○維遹案：御覽引「兵」下有「也」字，與下文「野人之用兵也」文例正同。莫見其形，其功已成，其此之謂也？野人之用兵也，鼓聲則似雷，號呼則動地，塵氣充天，流矢如雨，扶傷輿死，○畢沅曰：「死與尸同。」履腸涉血，無罪之民其死者量於澤矣，量猶滿也。而國之存亡、主之死生猶不可知也，其離仁義亦遠矣。

期賢

四曰：身者，所爲也；天下者，所以爲也，審所以爲而輕重得矣。身所重，天下所輕也。得猶知也。○陶鴻慶曰：「『爲』字皆當讀去聲。（下文『則不知所爲矣』，注云：『爲讀相爲之爲。』當在此。）『審所以爲而輕重得矣』，當作『審所爲而輕重得矣』。所爲者重，所以爲者輕，此當舉其重者言之。下文兩言『不知所爲』，即承此。」今有人於此，斷首以易冠，殺身以易衣，世必惑之。惑，怪也。是何也？冠所以飾首也，衣所以飾身也，殺所飾，要所以飾，則不知所爲矣。爲謂相爲之爲。○畢沅曰：「注『謂』疑『讀』。」○孫先生曰：「御覽引『要』上有『而』字，疑今本誤脫。」世之走利，有似於此。危身傷生刈頸斷頭以徇利，則亦不知所爲也。

太王亶父居邠，狄人攻之，太王亶父，公祖之子，王季之父，文王之祖，號曰古公。詩曰：「古公亶父，來朝走馬，率西水滸，至于岐下。」避狄難也。狄人，獫狁，今之匈奴也。○畢沅曰：「注『公祖』，史記本紀作『公叔祖類』，索隱引皇甫謐云：『公祖，一名祖紺諸盩，字叔類，號曰太公也。』舊本脱『詩曰古公』四字，今補。」**事以皮帛而不受，事以珠玉而不肯。**○畢沅曰：「莊子讓王篇『皮帛』句下有『事之以犬馬而不受』一句，此『肯』字亦作『受』。淮南道應訓云：『事之以皮帛珠玉而弗受。』則『犬馬』句可不增。詩大雅緜正義云：『毛傳言「不得免焉」，書傳略説云「每與之不止」，吕氏春秋云「不受」。』據此則此『肯』字定誤。」**狄人之所求者，地也。**○畢沅曰：「淮南句上有『曰』字，此亦可不增。」○王念孫曰：「大雅緜釋文引『地』上有『土』字，莊子亦有。」**太王亶父曰：「與人之兄居而殺其弟，與人之父處而殺其子，吾不忍爲也。**言忍爭〔一〕土地，與狄人戰鬭，殺人之子弟也。○維遹案：禮記哀公問疏引「忍」下無「爲」字，與莊子讓王篇合。**皆勉處矣，爲吾臣與狄人臣奚以異？**勉，務。處，居也。教邠人務安居，爲臣等耳，故曰「奚以異」。○畢沅曰：「莊子云：『子皆勉居矣。』則此疑亦當有『子』字。」**且吾聞之，不以所以養害所養。」杖策而去，**所以養者，土地也。所養者，謂〔二〕民人也。策，箠也〔三〕。○維遹案：禮記哀公問疏引「不以」下有「其」字，淮南同。又「杖策而去」，疏引作「乃策杖而去」，莊子作「因杖策而去」。淮南與今本吕

〔一〕「爭」，原作「事」，據諸子集成本改。四部叢刊本作「事」。

〔二〕「謂」，原脱，據諸子集成本補。

〔三〕「策，箠也」，原脱，據諸子集成本補。

文同。民相連而從之，遂成國於岐山之下。連，結也。民相與結檐隨之衆多，復成爲國也。岐山在右扶風美陽之北，其下有周地，周家因之以爲天下號也。○俞樾曰：「高注『連』字未得其義。連當讀爲輦。周官鄉師注曰：『故書「輦」作「連」。鄭司農曰：「連讀爲輦。」』又巾車職曰『連車組輓』，釋文曰：『「連」本亦作「輦」。』是連、輦古通用。管子海王篇『行服連軺輂者』，亦叚連爲輦，是其證。『相連而從之』者，言相輦而從之也。人挽車爲輦。莊十二年左傳『以乘車輦其母』，又襄十年傳『輦重如役』，皆是。莊子讓王篇亦載此事，司馬彪曰：『連讀曰輦。』得之矣。」太王亶父可謂能尊生矣。尊，重也。能尊生，雖貴富不以養傷身，○維遹案：莊子「雖」上有「者」字。雖貧賤不以利累形。今受其先人之爵祿，則必重失之；生之所自來者久矣，而輕失之，豈不惑哉！言今人重失其先人之爵祿，爭土地而失其生命，故曰「豈不惑哉」。

韓、魏相與爭侵地。子華子見昭釐侯，昭釐侯有憂色。子華子，體道人也。昭釐侯，謚也，韓武子五世之孫哀侯之子也。○畢沅曰：「昭釐已說見任數篇。此『五世』當作『六世』，『哀侯』當作『懿侯』也。」○維遹案：注「釐」下「侯」字原作「復」，改從張本。子華子曰：「今使天下書銘於君之前，書之曰：『左手攫之則右手廢，右手攫之則左手廢，然而攫之必有天下。』君將攫之乎？亡其不與？」○畢沅曰：「音否歟。」○維遹案：亡其，轉語之詞。亡與忘同。趙策云：「不識三國之憎秦而愛懷邪？忘其憎懷而愛秦邪？」亦作「亡將」，論衡定賢篇云：「不知壽王不得治東都之術邪？亡將東都適當復亂，而壽王之治偶逢其時？」後人多以「抑」字爲之。昭釐侯曰：「寡人不攫也。」子華子曰：「甚善。自是觀之，兩臂重於天下也，身又重於兩臂。韓之輕於天下遠，今之所爭者，其輕於韓又遠，遠猶多也。君固愁身傷生以憂之戚不得也？」戚，近也。○畢沅曰：「舊本『戚』作『臧』。案：臧不當訓近，莊子讓王篇作『戚』，此應不異。」○王念孫曰：「『之』字衍，莊子無。也與邪同。」○孫鏘鳴曰：「固、顧通。也讀曰邪。不得，謂不得侵地也。」昭釐侯曰：「善。教寡人者衆矣，未嘗得聞此言也。」子華子可謂知輕重矣。知輕重，故論不過。過，失也。

中山公子牟謂詹子曰：「身在江海之上，心居乎魏闕之下，奈何？」子牟，魏公子也，作書四篇。魏伐得中山，公以邑子牟，因曰中山公子牟也。詹子，古得道者也。身在江海之上，言志放也。魏闕，心下巨闕也。心下巨闕，言神內守也。一說：魏闕，象魏也。懸教象之法，浹日而收之，魏魏高大，故曰魏闕。言身雖在江河之上，心存王室，故在天子門闕之下也。○畢沅曰：「後一說得本意。」○維遹案：漢志道家有公子牟四篇，與高注合。其書隋、唐志皆不著録，佚已久，馬國翰有輯本一卷。詹子曰：「重生。重生則輕利。」言不以利傷生也。中山公子牟曰：「雖知之，猶不能自勝也。」言人雖知重生當輕利，猶不能自勝其情欲也。詹子曰：「不能自勝則縱之，神無惡乎？言人不能自勝其情欲則放之，放之神無所憎惡，言當寧神以保性也。○畢沅曰：「『縱之』下當再疊『縱之』二字。文子下德篇、淮南道應訓俱疊作『從之從之』，又下『不縱』作『不從』。又『惡乎』淮南作『怨乎』，文子作『則神無所害也』。」不能自勝而强不縱者，此之謂重傷。重傷之人，無壽類矣！」言人不能自勝其情欲而不放之，則重傷其神也。神傷則夭殞札瘥，故曰「無壽類」也。重讀復重之重。○畢沅曰：「此『重』不當讀平聲，當從莊子釋文音直用反。」○俞樾曰：「『重傷』猶再傷也。不能自勝則已傷矣，又强制之而不使縱，是再傷也，故曰「此之謂重傷」。高注曰『重讀復重之重』，是也。釋文音直用反，非是。」○章炳麟曰：「壽借疇字，言殃及子孫。漢人多作『嚋類』，嚋亦疇字。子孫相繼，稱疇人、疇官。」

審爲

五曰：「仁於他物，不仁於人，不得爲仁。不仁於他物，獨仁於人，猶若爲仁。仁也者，仁乎其類者也。故仁人之於民也，可以便之，無不行也。便，利也。行，爲也。神農之教曰：神農，炎帝也。「士有當年而不耕者，則天下或受其饑矣。當其丁壯之年，故不耕植則穀不豐，故有受其饑者也。○王念孫曰：「丁、當語之轉，當年猶丁年耳。注謂當其丁壯之年，失之。鴻烈齊俗篇作『丈夫丁壯而不耕，天下有受其饑者』。管子輕重丁篇『男女當壯』，輕重戊篇作『丁壯』。」女有當年而不績者，則天下或受其寒矣。」詩云：「不績其麻，市也婆娑。」衣服不供，有受其寒者。○畢沅曰：「舊本作『不績其麻布也』，誤。案：當全引詩文，今補正。」故身親耕，妻親績，身，神農之身也。所以見致民利也。賢人之不遠海內之路，而時往來乎王公之朝，非以要利也，要，徼也。以民爲務故也。以利民爲務。人主有能以民爲務者，則天下歸之矣。王也者，非必堅甲利兵選卒練士也，非必隳人之城郭，殺人之士民也。上世之王者衆矣，而事皆不同。其當世之急、憂民之利、除民之害同。同，等也。

公輸般爲高雲梯，欲以攻宋。公輸，魯般之號也，在楚爲楚王設攻宋之具也。墨子聞之，自魯往，裂裳裹足，日夜不休，十日十夜而至於郢，郢，楚都也。見荆王曰：「臣北方之鄙人也，鄙，小也。聞大王將攻宋，信有之乎？」王曰：「然。」墨子曰：「必得宋乃攻之乎？亡其不得宋且不義猶攻之乎？」猶，尚也。王曰：「必不得宋，○舊校云：「『必』一作『既』。」且有不義，則曷爲攻之。」○維遹案：有讀爲又。墨子曰：「甚善。臣以宋必不可得。」臣以爲攻宋必不可得也。王曰：「公輸般，天下之巧工也，已爲攻宋之械矣。」械，器也。墨子曰：「請令公輸般試攻之，臣請試守之。」於是公輸般設攻宋之械，墨子設守宋之備。公輸般九攻之，○畢沅曰：「舊本此句無『公輸般』三字，今據御覽三百二十所引補。」墨子九却之，不能入，入猶下也。故荆輟不攻宋。墨子能以術禦荆免宋之難者，此之謂也。

聖王通士不出於利民者無有。言皆欲利民也。昔上古龍門未開，呂梁未發，龍門，河之阸，在左馮翊夏陽之北。呂梁，在彭城呂縣，大石在水中，禹決而通之，號曰呂梁。發，通也。○俞正燮曰：「列子黃帝篇記孔子觀呂梁事，説符篇云：『孔子自衛反魯，息駕河梁而觀焉。』實是一事。莊子達生篇河梁即孔子所觀，釋文引司馬彪云：『河水有石絕處也。今西河離石西有此懸絕，世謂之黃梁。』呂氏春秋愛類篇『呂梁未發』，淮南本經訓『呂梁未發』，注並云『在彭城』。按四書所説，是兩呂梁。莊、列之文合在彭城，呂氏、淮南呂梁確離石，古注乃互錯。水經注於泗水引孔子事，河水引呂文及司馬説，真爲通矣。」河出孟門，大溢逆流，昔龍門、呂梁未通，河水稸積，其深乃出於孟門山之上，大溢逆流，無有涯畔也。**無有丘陵沃衍平原高阜盡皆滅之，**滅，没也。**名曰鴻水。**鴻，大也。**禹於是疏河決江，爲彭蠡之障，**彭蠡澤在豫章。障，防也。○畢沅曰：「黄氏日抄云：『此於地里不合。』盧云：『此「爲彭蠡之障」不必承上爲文，且亦不必連下「乾東土」也。』」**乾東土，所活者千八百國，**乾，燥也。禹致羣臣於會稽，執玉帛者萬國，此曰「千八百」者，但謂被水災之國耳。言使民得居燥土不溺死，故曰活之也。**此禹之功也。**功，治水之功也。**勤勞爲民，無苦乎禹者矣。**事功曰勞。其治水鑿龍門，辟伊闕，決江疏河，其勤苦無如禹者也。

匡章謂惠子曰：「公之學去尊，今又王齊王，何其到也？」去尊，棄尊位也。今王事齊王，居其尊位，謂惠子言行何其到逆相違背也。○畢沅曰：「古『倒』字皆作『到』。」○蘇時學曰：「魏惠成王後元年，齊、魏會於徐州，始相王也。時惠施相魏，則齊之王必魏令惠施致之，故匡章以此語詰之，謂其言行顛倒也。舊注以『王齊王』爲『王事〔一〕齊王居其尊位』，殊謬。」○徐時棟曰：「正文、注語皆不可解，蓋『尊』字是『爭』字之譌。惠子常言去兵，至此復言能使齊王王天下。匡章以爲去兵則不能與天下爭矣，何以王天下？故謂惠子曰『子之學去爭』也，今又曰『王齊王』，何其説之倒逆也。上『王』字去聲。下文明白如此，吾説確不可易也。」**惠子曰：「今有人於此，欲必擊其愛子之頭，石可以代之。」**愛子，所愛之子也。舍愛子頭而擊石也，故曰石可以代子也。**匡章曰：「公取之代乎？其不與？」**言公取石以代子頭乎？其不與邪？○蘇時學曰：「不與即否歟，轉詰之詞也。舊注似誤作如

〔一〕「事」，原脱，據注補。

字。」○劉師培曰：「不與猶言否歟。高蓋以邪釋與，『邪』上『與』字碻屬後人誤增。」**「施取代之。子頭所重也，石所輕也，擊其所輕，以免其所重，豈不可哉！」**言其可也。○畢沅曰：「施，惠子名。此段乃惠子語。」○孫鏘鳴曰：「『公取代之乎？其不與也？』（今誤作『施』。）仍是惠子語，直接『石可以代之』句，不當有『匡章曰』三字。也讀曰邪，注文可證。今作『施』，字近誤也。『取代之』至『豈不可哉』六句，乃匡章語，上文『匡章曰』三字，當移在『取代之』上。不知『施』爲『也』字之誤，遂以『施』爲惠子名，屬下爲句，謂此段乃惠子語，誤矣。」○陶鴻慶曰：「惠子以石代頭之説，本意未明，必待匡章之問而始畢其辭，殊爲無謂。『匡章』二字蓋衍文，『曰』字當在『施取代之』句上，其文云：『今有人於此，欲必擊其愛子之頭，石可以代之，公取之代乎？（『之代』當作『代之』，與上下文相應。）其不與？曰：施取代之，子頭所重也，石所輕也，擊其所輕以免其所重，豈不可哉？』自『今有人於此』至『豈不可哉』，皆惠子語。蓋先設問而復自決之，故中間重出『曰』字，古書多有此例。後人不深考，移『曰』字於前，而以爲匡章之言，非吕氏元文也。」**匡章曰：「齊王之所以用兵而不休，攻擊人而不止者，其故何也？」**爲何等故也。**惠子曰：「大者可以王，其次可以霸也。**○孫鏘鳴曰：「『齊王之所以用兵而不休』至『何爲不爲』九句，皆惠子語，『匡章』二字當作『惠子』，『大者可以王，其次可以霸也』當直接『其故何也』下。蓋自設爲問答之辭，不當有『惠子曰』三字，乃衍文也。」**今可以王齊王，而壽黔首之命，免民之死，是以石代愛子頭也，何爲不爲？**言何爲不用兵也。○蘇時學曰：「惠子意，言齊王所以用兵而不休者，亦欲成霸王之名耳，今以王之虚名奉之，而可以免民之死，是亦以石代子頭之説也，何爲不可乎？舊注大謬。」**民寒則欲火，暑則欲冰，燥則欲溼，溼則欲燥。**

寒暑燥溼相反，其於利民一也。利民豈一道哉？當其時而已矣！」冬寒欲温，夏暑欲涼，故曰「當其時而已矣」。

愛類

六曰：力貴突，智貴卒。○畢沅曰：「音倉卒之卒。」得之同則遬爲上，勝之同則溼爲下。溼猶遲久之也。○畢沅曰：「荀子修身篇『卑溼重遲』，作『濕』字爲是，音他合切。」所爲貴驥者，爲其一日千里也，貴其疾也。旬日取之，與駑駘同。十日爲旬。駑駘十日亦至千里，故曰「與駑駘同」也。所爲貴鏃矢者，爲其應聲而至，鏃矢輕利也。小曰鏃矢，大曰篇矢。○梁玉繩曰：「淮南兵略『疾如錐矢』，注：『錐，金蔟箭羽之矢也。』史蘇秦傳索隱引作『錐』字。」○馬叙倫曰：「說文：『鏃，利也。』高蓋據此。然周禮司弓矢有鍭矢，無鏃矢。鍭者，說文云：『金鏃翦羽謂之鍭。』此『鏃』當作『鍭』，形近而譌。莊子天下篇『鏃矢之疾，而有不行不止之時』，『鏃』亦『鍭』之譌。以莊義亦可證此『鏃』當爲『鍭』。」終日而至，則與無至同。射三百步，終一日乃至，是爲與無所至同也。○舊校云：「『無至』一作『無矢』。」

吳起謂荆王曰：「荆所有餘者地也，所不足者民也。今君王以所不足益所有餘，臣不得而爲也？」臣無所得爲君計耳。○孫鏘鳴曰：「也讀曰邪。言以不足益有餘，非人臣得爲之事邪？」於是令貴人往實廣虛之地，皆甚苦之。貴人，貴臣也。皆不欲往實廣虛之地，苦病之也。○王念孫曰：「廣讀曰曠。」荆王死，貴人皆來，尸在堂上，貴人相與射吴起。吴起號呼曰：「吾示子，吾用兵也？」○孫鏘鳴曰：「『示』字未詳，或『禦』字爛脱其半。言吾欲禦子，吾將用兵邪？謂不必用兵也。也字亦讀曰邪。」拔矢而走，伏尸插矢而疾言曰：「羣臣亂王，吴起死矣！」吴起拔人所射之矢，以插王尸，因言曰「羣臣謂王爲亂，而射王尸」，欲令羣臣被誅，以自爲報也。且荆國之法，麗兵於王尸者，盡加重罪，逮三族。吴起之智，可謂捷矣。捷，疾也。言發謀以報其讎之速疾也。

齊襄公即位，憎公孫無知，收其禄。齊襄公，莊公購之孫，僖公禄父之子諸兒也。公孫無知，僖公之弟夷仲年之子，故曰孫，於襄公爲從弟。無知不説，殺襄公。公子糾走魯，公子小白奔莒。既而國殺無知，未有君，公孫無知自立爲君，故國人殺之，未有其君也。○孫先生曰：「據注似『國』下脱『人』字。」公子糾與公子小白皆歸，俱至，争先入公家。公家，公之朝也。管仲扜弓射公子小白，中鉤。鉤，帶鉤也。鮑叔御，公子小白僵。御猶使也。僵猶偃也。○維遹案：此文當從「御」字絶句，「御」下宜有「令」字。下文「鮑叔因疾驅先入」，則鮑叔爲車御，明矣。下文「鮑叔之智應射而令公子小〔一〕白僵也」，即承此言。高釋御爲使，是其所據本已奪「令」字。管子以爲小白死，告公子糾曰：「安之。公子小白已死矣。」鮑叔因疾驅先

〔一〕「小」，原脱，今補。

入，故公子小白得以爲君。鮑叔之智應射而令公子小白僵也，其智若鏃矢也。鏃矢，言其捷疾也。○王念孫曰：「『應射』上似衍『智』字。」

周武君使人刺伶悝於東周，伶悝僵，周武君，西周之君。伶悝，東周之臣也。僵，斃也。○畢沅曰：「此『僵』與上小白佯死之『僵』一也，上訓偃，此不當又訓斃，似當删去。」令其子速哭曰：「以誰刺我父也？」刺者聞，以爲死也。刺者聞伶悝已死，因報西周武君曰「伶悝已死矣」。周以爲不信，因厚罪之。罪所使刺伶悝者也。

趙氏攻中山，中山之人多力者曰吾丘鴆，○畢沅曰：「『吾丘』即『虞丘』，漢書吾丘壽王，説苑作『虞丘』。『鴆』當即『駇』之或體。集韻音戎用切，從鯀得聲，未必然也。孫云：『御覽三百十三又三百五十六竝作「鳩」。』」衣鐵甲、操鐵杖以戰，而所擊無不碎，所衝無不陷，以車投車，以人投人也，幾至將所而後死。將，趙氏之將也。近至其將所然後死，言吾丘鴆力有餘也。

貴卒

呂氏春秋集釋卷第二十二

榮成許維遹學

慎行論第二　無義　疑似　壹行　求人　察傳

呂氏春秋訓解　高氏

一曰：行不可不孰。不孰，如赴深谿，雖悔無及。孰猶思也。有水曰澗，無水曰谿。不可不思，行仁如入深谿，不可使滿而平也。雖悔行不純淑，陷入刑辟，無所復及也。○吴先生曰：「不思而行，動必有悔。如赴深谿，猶駟不及舌之意耳。注云『行仁如入深谿，不可使滿而平』，似用堯、舜猶病之義以釋此文，可謂迂而無當矣。」君子計行慮義。慮，度也。度義而後行之也。小人計行其利，乃不利。傳曰：「蘊利生孽。」故曰「乃不利」也。○陶鴻慶曰：「『其利』二字屬上爲句。『其』借爲『期』。易繫辭『死其將至』，陸氏釋文云：『其一作期。』是其例也。『小人計行期利』與『君子計行慮義』文正相對。」有知不利之利者，則可與言理矣。理，道也。

荆平王有臣曰費無忌，○畢沅曰：「宋邦乂本從左傳作『極』，各本俱作『忌』，與史記、吴越春秋同。」害太子建，欲去之。平王，楚恭王之子棄疾也。王爲建取妻於秦而美，美，好也。無忌勸王奪。奪，取也。王已奪之，而疏太子。疏，遠也。無忌説王曰：「晉之霸也，近於諸夏，而荆僻也，僻，遠也。故不能與爭。爭霸也。不若大城城父而置太子焉，以求北方，城父，楚北境之邑，今屬沛國。北方，宋、鄭、魯、衛也。王收南方，是得天下也。」南方，謂吳、越也。王説，使太子居于城父。居一年，乃惡之曰：○孫先生曰：「惡當讀爲謳。説文：『謳，相毀也。』」「建與連尹將以方城外反。」連尹，伍奢，子胥之父也。方城，楚之阨塞也。反，叛也。王曰：「已爲我子矣，又尚奚求？」子，太子也。對曰：「以妻事怨。且自以爲猶宋也，猶，如也。○畢沅曰：「左傳作『猶宋、鄭也』。」齊、晉又輔之，輔，助也。將以害荆，其事已集矣。」集，合也。王信之，使執連尹。執，囚也。太子建出犇。出犇鄭也。左尹郄宛，國人説之，無忌又欲殺之，謂令尹子常曰：「郄宛欲飲令尹酒。」子常，名囊瓦，令尹子臺之孫。郄尹，光唐之子也。宛，字也。○畢沅曰：「注光唐無攷。高或據世本爲説。宛字子惡，注『也』字訛。」○維遹案：注「子臺」原作「子囊」，今改從元刻本、許本、姜本。又謂郄宛曰：「令尹欲飲酒於子之家。」郄宛曰：「我，賤人也，不足以辱令尹。令尹必來辱，辱，屈辱也。我且何以給待之？」無忌曰：「令尹好甲兵，甲，鎧也。兵，戟也。子出而寘之門，寘，置也。令尹至，必觀之，已，因以爲酬。」酬，報也。詩云：「獻酬交錯。」此之謂也。○畢沅曰：「古者燕飲，於酬之時皆有物，以致勸侑之意，故曰因以爲酬。注『報也』，舊訛作『執也』，今據詩彤弓傳改正。」○維遹案：姜本、張本正作「酬，報」也。及饗日，惟門左右而寘甲兵焉。○畢沅曰：「左氏昭廿七年傳作『帷諸門左』。梁仲子云：『惟、帷形聲俱相近，古多通借。左氏定六年釋文：「小惟子，本又作帷。」莊子漁父釋文：「緇帷，本或作惟。」』」無忌因謂令尹曰：「吾幾禍令尹。郄宛將殺令尹，甲在門矣。」令尹使人視之，信，信有甲也。遂攻郤宛，殺之。國人大怨，動作者莫不非令尹。非，咎也。○畢沅曰：「『動作者』，左傳作『進胙者』。」○梁玉繩曰：「『胙』即古文『作』字。進胙猶動作也。杜注以『國中祭祀』解之，非。」○王念孫曰：「『動作』二字，於義無取，疑胙、作古字通。本作『進胙』，而後人妄改之也。」○孫先生曰：「非當讀爲誹。説文：『誹，謗也。』左昭二十七年傳作『莫不謗令尹』，故下文云『殺衆不辜，以興大謗』。高注非也。」沈尹戌謂令尹曰：「夫無忌，荆之讒人也，沈尹戌，莊王之孫，沈諸梁葉公子高之父也。○畢沅曰：「『戌』，左傳作『戌』，莊王之曾孫也。」亡夫太子建，○畢沅曰：「『夫』，衍字。案昭廿七年左氏傳作『喪太子建』。」殺連尹奢，屏王之耳目，屏，蔽也。今令尹又用之，殺衆不辜，以興大謗，患幾及令尹。」幾，近也。令尹子常曰：「是吾罪也，敢不良圖。」乃殺費無忌，盡滅其族，以説其國。動而不論其義，知害人而不知人害己也，以滅其族，費無忌之謂乎！以讒邪害人，人以公正害之，故族滅也。

崔杼與慶封謀殺齊莊公，莊公死，更立景公，崔杼相之。莊公名光，靈公之子也。景公名杵臼，莊公之弟也。慶封又欲殺崔杼而代之相，於是㧻崔杼之子，令之爭後。崔杼之子相與私閧，閧，鬭也。閧讀近鴻，緩氣言之。○畢沅曰：「㧻與椓同。左氏哀十七年傳『太子又使椓〔一〕之。』舊訓訴，於此不切，義當與㖔同，今人言挑撥，意頗近之。『閧』，舊本門内作卷，字書無此字。廣韻一送『閧』字下云：『兵鬭也，又下降切，俗

〔一〕「椓」，原作「椽」，據左傳改。

作闔。』集韻、類篇皆同。韻會『閴』依説文从門，謂廣韻『今與門户字同』之説爲非，今『闔』字亦從之。」崔杼往見慶封而告之。慶封謂崔杼曰：「且留，吾將興甲以殺之。」因令盧滿嫳興甲以誅之，○畢沅曰：「盧滿嫳，左傳作『盧蒲嫳』。蒲、滿二字形近，古書多互出。『嫳』，舊本作『嫯』，訛，今改正。」盡殺崔杼之妻子及枝屬，燒其室屋，報崔杼曰：「吾已誅之矣。」崔杼歸無歸，因而自絞也。絞，經也。慶封相景公，景公苦之。慶封出獵，景公與陳無宇、公孫竈、公孫蠆誅封。無宇，陳須無之子桓子也。公孫竈，惠公之孫，公子欒堅之子子雅也。蠆，惠公之孫，公子高祈之子子尾也。與共誅慶封也。○畢沅曰：「堅，子欒名。祈，子高名。舊本『子雅』作『子射』，訛，今改正。」慶封以其屬鬭，不勝，走如魯。齊人以爲讓，責讓魯爲其受慶封。又去魯而如吴，王予之朱方。朱方，吴邑，以封慶封也。○畢沅曰：「『吴』字當重。」荆靈王聞之，率諸侯以攻吴，圍朱方，拔之，靈王，恭王庶子圍也。覆取之曰拔。得慶封，負之斧質，以徇於諸侯軍，○維遹案：質與鑕同，高義篇作「鑕」。因令其呼之曰：「毋或如齊慶封，弑其君而弱其孤，以亡其大夫。」乃殺之。亡其大夫，謂崔杼强而死。○畢沅曰：「『以亡』，左氏昭四年傳作『以盟』。」○劉師培曰：「亡即左傳『盟大夫』之盟，亡、盟音轉。」黄帝之貴而死，黄帝得道仙而可貴，然終歸於死。堯、舜之賢而死，孟賁之勇而死，人固皆死。若慶封者，可謂重死矣，○畢沅曰：「死而又死，謂之重死。」身爲僇，支屬不可以見，行忮之故也。忮，惡也。○王念孫曰：「『見』當爲『完』，隸書『完』作『㒰』，與『見』相似。」凡亂人之動也，其始相助，後必相惡。爲義者則不然，始而相與，久而相信，卒而相親，後世以爲法程。程，度也。

慎行論

二曰：先王之於論也極之矣，極，盡也。故義者百事之始也，始，首也。萬利之本也，本，原也。○傳曰：「利，義之和也。」故曰「利之本也」。中智之所不及也。不能及知之也。不及則不知，不知趨利。○畢沅曰：「似當作『不知則趨利』，脱一『則』字。」趨利固不可必也，公孫鞅、鄭平、續經、公孫竭是已。公孫鞅，商鞅也。鄭平，秦臣也。續經，趙人也。公孫竭，亦秦之臣也。竝下自解。以義動則無曠事矣。曠，廢也。人臣與人臣謀爲姦，猶或與之，○陶鴻慶曰：「『與人臣謀爲姦』，本作『與人謀爲姦』，下『臣』字涉上而衍。」又況乎人主與其臣謀爲義，其孰不與者？非獨其臣也，天下皆且與之。

公孫鞅之於秦，非父兄也，非有故也，以能用也，欲堙之責，非攻無以，堙，塞也。鞅欲報塞相秦之責，非攻伐無以塞責。於是爲秦將而攻魏。魏使公子卬將而當之。當，應也。公孫鞅之居魏也，固善公子卬，使人謂公子卬曰：「凡所爲游而欲貴者，以公子之故也。今秦令鞅將，魏令公子當之，豈且忍相與戰哉？公子言之公子之主，鞅請亦言之主，而皆罷軍。」於是將歸矣，使人謂公子曰：「歸未有時相見，言歸相見無有時也。願與公子坐而相去别也。」公子曰：「諾。」魏吏爭之曰：「不可。」公子不聽，遂相與坐。公孫鞅因伏卒與車騎以取公子卬。秦孝公薨，惠王立，以此疑公孫鞅之行，欲加罪焉。公孫鞅以其私屬與母歸魏。襄庇〔一〕不受，曰：「以君之反公子卬也，吾無道知君。」故士自行不可不審也。惠王殺鞅，車裂之，何得以其私族與母歸魏而不見受乎？公子卬家何以不取而殺之？鞅執公子卬，有罪於魏。推此言之，復歸魏妄矣。戰國策曰：「鞅欲歸魏。秦人曰：『商君之法急，不得出也。』惠王得而車裂之。」襄庇，魏人也。○畢沅曰：「襄庇即穰庇。竹書紀年，梁惠成王二十八年『穰庇帥師及鄭孔夜戰于梁赫』。本或作『疵』者，訛。」○梁玉繩曰：「史商君傳亦言鞅亡魏，弗受，復入秦被誅，不得以爲妄也。」

鄭平於秦王臣也，其於應侯交也，欺交反主，爲利故也。方其爲秦將也，天下所貴之無不以者，重也。重以得之，輕必失之。去秦將，入趙、魏，天下所賤之無不以也，所可羞無不以也。行方可賤可羞，而無秦將之重，不窮奚待！待，恃也。

趙急求李欸，李言續經與之俱如衛，抵公孫與，公孫與見而與入。抵，主也。入猶納也。○畢沅曰：「史記張耳傳『去抵父客』，索隱云：『抵，歸也。』此訓最愜。廣雅則云『至也』。」○維遹案：注「主」字當爲「至」，形近而譌。許本正作「至」。續經因告衛吏使捕之，捕李欸也。續經以仕趙五大夫，五大夫，爵也。○維遹案：漢書百官表，秦爵九「五大夫」，師古注：「大夫之尊也。」案「五大夫」見墨子號令篇、趙策、魏策、楚策，蓋戰

〔一〕「襄庇」，原作「庇襄」，據諸子集成本乙。

國通制，非秦所創立也。人莫與同朝，賤續經之行也。子孫不可以交友。人不交友之也。公孫竭與陰君之事，而反告之樗里相國，樗里疾也。以仕秦五大夫，功非不大也，然而不得入三都，三都，趙、衛、魏也。又況乎無此其功而有行乎？無有交友受寄託之功，而有其相輸告之行也。

〇畢沅曰：「正文『其』字，疑當在『有』字下。」

無義

三曰：使人大迷惑者，必物之相似也。〇維遹案：治要、文選陸士衡樂府十七首注引「似」下並有「者」字，疑脱。玉人之所患，患石之似玉者。相劍者之所患，患劍之似吳干者。吳干，吳之干將者也。賢主之所患，患人之博聞辯言而似通者。通，達也。亡國之主似智，亡國之臣似忠。相似之物，此愚者之所大惑，而聖人之所加慮也，慮則知之也。〇維遹案：治要引注「慮」作「思」。故墨子見歧道而哭之。爲其可以南可以北，言乖別也。〇梁玉繩曰：「楊子哭逵路，見淮南説林。北山移文所謂『慟朱公之哭』。（選注引淮南作『歧路』。）此與賈誼新書審微並作墨子，恐因泣絲事而誤。」〇陳昌齊曰：「淮南説林訓云：『楊子見逵路而哭之，爲其可以南可以北。墨子見練絲而泣之，爲其可以黄可以黑。』此『墨子』下當是脱『見練絲而泣之，爲其可以黄可以黑。楊子』十六字，而又以『爲其可以南可以北』八字混入注內，當据增正。本書當染篇亦有『墨子見染素絲者〔一〕而歎」之語。」○維遹案：梁、陳説是。又注「乖」字，姜本、張本作「無」，當從之。

周宅酆、鎬近戎人，○孫先生曰：「書鈔百二十一引『戎人』作『犬戎』。」**與諸侯約，爲高葆禱於王路，**○畢沅曰：「御覽三百三十八『葆』作『堡』，無下四字。」○俞樾曰：「禱字不可通，當讀爲壔。説文土部：『壔，保也。』連言之則曰『保壔』，九章算術『今有方堢壔』是也。『堢壔』即『保壔』之異文。此作『葆禱』者，或古文叚借，或聲近而誤也。王路者，大路也。廣雅釋詁：『王，大也。』如大父母稱王父母，鮪大者謂之王鮪，皆其例也。『爲高葆禱於王路』，猶云爲高堢壔於大路。御覽引此文『葆』作『堡』，蓋易以今字，無下四字，則由不達而臆删之。」○孫先生曰：「此文不當有『禱』字。『葆』即月令『四鄙入保』之『保』。置鼓其上，以聞遠近，無取於禱也。此蓋因注以壔訓葆，（説文：『壔，保也，高土也。』）混入正文，又誤爲『禱』，故不可説耳。書鈔一百二十一兩引此文，竝無『禱』字。」**置鼓其上，遠近相聞，即戎寇至，傳鼓相告，諸侯之兵皆至，救天子。戎寇當至，**○畢沅曰：「『當至』，別本作『嘗至』，今從元本。御覽三百九十一作『戎嘗寇周』。」○陳昌齊曰：「『當至』，別本作『嘗至』，是也。」○維遹案：當讀爲嘗，同聲叚借。孟子萬章篇「是時孔子當阨」，説苑至公篇引作「嘗阨」，史記西南夷傳「嘗擊南越者八校尉」，漢書「嘗」作「當」，竝其例證。**幽王擊鼓，諸侯之兵皆至，褒姒大説喜之。**○畢沅曰：「御覽作『大説而笑』。」○維遹案：事類賦十九引與御覽同。**幽王欲褒姒之笑也，因數擊鼓，諸侯之兵數至而無寇。至於後戎寇**

〔一〕「染」、「者」，原脱，據當染篇補。

真至，幽王擊鼓，諸侯兵不至，幽王之身乃死於麗山之下，爲天下笑。○畢沅曰：「舊本無『幽王擊鼓，諸侯兵不至』九字，『之身』倒作『身之』，今竝從御覽補正。」○維遹案：事類賦引下「諸侯」上有「而」字。**此夫以無寇失真寇者也。賢者有小惡以致大惡。**惡積足以滅身，故曰「以致大惡」。**襃姒之敗，乃令幽王好小説以致大滅，**詩云「赫赫宗周，襃姒滅之」也。○梁玉繩曰：「注『滅』，詩作『威』，釋文云：『本或作滅』，故左氏昭元年傳及列女傳七竝引作『滅』。」**故形骸相離，三公九卿出走。此襃姒之所用死，而平王所以東徙也，**平王，幽王之太子宜臼也。東徙於洛邑，今河南縣也。**秦襄、晉文之所以勞王勞而賜地也。**秦襄公，秦仲之孫，莊公之子也。幽王爲犬戎所敗，平王東徙，襄公將兵救周有功，受周故地酆、鎬，列爲諸侯。晉文侯仇，穆侯之子也。傳曰：「平王東遷，晉、鄭焉依。」此之謂也。○畢沅曰：「『焉依』，舊誤倒，今從左氏隱六年傳乙正。」○王念孫曰：「下『勞』字衍文也。勞王猶勤王也。」

梁北有黎丘部，有奇鬼焉，○畢沅曰：「孫云：『章懷注後漢書張衡傳「部」引作「鄉」。』」○維遹案：文選思玄賦注引作「梁國之北，地名黎丘，有奇鬼焉」。**喜効人之子姪昆弟之狀。**○畢沅曰：「孫云：『李善注文選張平子思玄賦「喜」引作「善」。』案子姪之稱，始見於此。」○王引之曰：「『善効人之子姪昆弟之狀』，（舊本『善』譌作『喜』，文選思玄賦注引此作『善』，今據改。）太平御覽神鬼部三引此『子姪』作『子姓姪』，文選思玄賦注引作『子姪』。古者唯女子謂昆弟之子爲姪，男子則否。『子姪』本作『子姓』，『姓』與『姪』草書相似，故『姓』譌爲『姪』。漢書田蚡傳『跪起如子姓』，（師古曰：『姓，生也，言同子禮，若己所生。』）史記譌作『子姪』，是其證也。御覽作『子姓姪』者，後人據誤本呂氏春秋旁記『姪』字，而傳寫者因誤合之。文選注作『子姪』，則後人據誤本改之耳。古者謂子孫曰姓，或曰子姓。特牲饋食禮曰『子姓兄弟，如主人之服』，鄭注曰：『所祭者之子孫。言子姓者，子之所生。』曲禮曰『納女於天子曰備百姓』，鄭注曰：『姓之言生也。天子皇后以下百二十人，廣子姓也。』玉藻曰『縞冠元武，子姓之冠也』，注曰：『謂父有喪服，子爲之不純吉也。』喪大記曰『卿大夫父兄子姓立于東方』，注曰：『子姓，謂衆子孫也。姓之言生也。』楚語曰：『帥其子姓，從其時享。』（韋注曰：『姓，同姓也。』非是。下文曰『比爾兄弟親戚』，乃始言同姓耳。）越語曰：『凡我父兄昆弟及國子姓。』（韋注曰：『國子姓年在衆子同姓之列者。』亦非是。）列子説符篇曰：『秦穆公謂伯樂曰：「子之年長矣，子姓有可使求馬者乎？」伯樂對曰：「臣之子皆下才也。」』韓子八經篇曰：『亂之所生者六也，主母、后姬、子姓、弟兄、大臣、顯賢。』史記外戚世家曰：『既驩合矣，或不能成子姓。』」宋翔鳳説同。

邑丈人有之市而醉歸者，黎丘之鬼効其子之狀，扶而道苦之。丈人歸，酒醒而誚其子，誚，讓。○維遹案：御覽八百八十三引「誚」作「譙」，聲義俱同。**曰：「吾爲汝父也，豈謂不慈哉？**○畢沅曰：「御覽八百八十三『謂』作『爲』。」**我醉，汝道苦我，何故？」其子泣而觸地曰：「孽矣！無此事也。**○維遹案：御覽引「泣」作「伏」。**昔也往責於東邑人，可問也。」其父信之，曰：「譆！是必夫奇鬼也，我固嘗聞之矣。」明日端復飲於市，**○維遹案：端，專故也。韓非飾邪篇「豎穀陽之進酒也，非以端惡」，注：「端，故也。」是其義。御覽引呂文無「端」字，乃不解其義而妄刪之。**欲遇而刺殺之。明旦之市而醉，其真子恐其父之不能反也，**反，還也。**遂逝迎之。**逝，往也。**丈人望其真子，**○畢沅曰：「選注作『丈人望見之』。」**拔劍而刺之。丈人智惑於**

似其子者，而殺其真子。○畢沅曰：「『其真子』，舊本作『於真子』，今從選注改正。」夫惑於似士者，而失於真士，此黎丘丈人之智也。疑似之迹，不可不察，○維遹案：「迹」，張本作「間」，文選陸士衡樂府十七首注引作「道」。察之必於其人也。舜爲御，堯爲左，禹爲右，入於澤而問牧童，入於水而問漁師，奚故也？其知之審也。夫孿子之相似者，其母常識之，知之審也。○梁玉繩曰：「據戰國韓策、淮南修務『人子』當作『孿子』。」○維遹案：各本均作「人子」，故梁説如是，未知畢所據何本。

疑似

四曰：先王所惡，無惡於不可知，○孫鏘鳴曰：「不可知，謂無信也。此篇名『壹行』者，專壹其行，所謂信也。」不可知則君臣、父子、兄弟、朋友、夫妻之際敗矣。十際皆敗，亂莫大焉。凡人倫以十際爲安者也，釋十際則與麋鹿虎狼無以異，多勇者則爲制耳矣。不可知則知無安君、無樂親矣，○陳昌齊曰：「『則』字下衍『知』字。」○俞樾曰：「下『知』字衍文。『不可知則無安君、無樂親矣』，不當於『則』下更出『知』字。上文曰『不可知則君臣父子兄弟朋友夫妻之際敗矣』，是其例也。」無榮兄、無親友、無尊夫矣。

强大未必王也，而王必强大。王者之所藉以成也何？藉其威與其利。非强大則其威不威，其利不利。其威不威則不足以禁也，禁，止也。其利不利則不足以勸也，勸，進也。故賢主必使其威利無敵，故以禁則必止，以勸則必爲。爲，治也。威利敵，而憂苦民、行可知者王。

威利無敵，而以行不知者亡。無仁義之行見知，故亡也。○俞樾曰：「『威利敵』當作『威利無敵』。上云『故賢主必使其威利無敵，故以禁則必止，以勸則必爲』，此承上文而言，不當云『威利敵』也。蓋同是威利無敵，而王與亡異，則以所行者有可知、有不可知耳。今奪『無』字，義不可通。」又曰：「『以行不知者亡』，當作『以行不可知者亡』。『可知』、『不可知』相對爲文。下云『小弱而不可知，則强大疑之』，即承此而言。本篇『不可知』之文凡七見，無作『不知』者。」**小弱而不可知，則强大疑之矣。**小而不小，弱而不弱，故强國大國疑之也。○維遹案：「而」下疑脱一「行」字，上文「行可知者王」，「行不知者亡」，下文「故不可知之道，王者行之廢，强大行之危，小弱行之滅」，皆有「行」字，此不當獨省。注當云「小弱而行不可知之道，則强大者疑之」。**人之情不能愛其所疑，小弱而大不愛則無以存。**小國弱國而爲强大者，不爲大國所愛，則無以自存。○維遹案：注當云「小國弱國，不爲大國所愛，則無以自存」。高氏增「而爲强大者」五字，義反迂晦。**故不可知之道，王者行之廢，**廢，壞也。**强大行之危，**危，傾隕也。**小弱行之滅。**滅，破亡也。

今行者見大樹，必解衣縣冠倚劍而寢其下。大樹非人之情親知交也，而安之若此者，信也。大樹不欺詐人，故信之。○李寶洤曰：「寢大樹之下，必受其芘蔭，此人所共信者。注誤。」**陵上巨木，人以爲期，易知故也。**巨木，人所同見也，期會其下，蔭休之也，故曰「易知故也」。○李寶洤曰：「陵上巨木，高而易見，故以其地爲期會。」**又況於士乎？士義可知故也，則期爲必矣。**聚人復期會於其所而咨諏之。○陳昌齊曰：「『故也』二字，當是因上文而誤衍。」○俞樾説同。末云：「此言士之義苟可知，則必爲人所期會矣。不當有『故也』

二字。」○陶鴻慶曰：「俞氏云『故也』二字衍，是也。『期爲』當作『爲期』，承上文『陵上巨木，人以爲期』而言，謂爲人所期會也。」○吴先生曰：「注『聚人』當作『衆人』，形近致譌。」**又況彊大之國？彊大之國誠可知，則其王不難矣。**孟子曰：「以齊王猶反手也。」故曰「不難矣」。

人之所乘船者，爲其能浮而不能沈也。○陶鴻慶曰：「『所』下當有『以』字，與下文『世之所以賢君子者』文法一律。」**世之所以賢君子者，爲其能行義而不能行邪辟也。**

孔子卜，得賁。孔子曰：「不吉。」賁，色不純也。詩云：「鶉之賁賁。」○畢沅曰：「詩作『奔奔』。賁與奔古通用。左傳僖五年、襄廿七年、禮記表記皆作『賁賁』。」○李賡芸曰：「賁卦之賁，今皆讀作彼義切，釋文：『賁，李軌府瓫反，傅氏云「賁，古斑字」，王肅符文反。』案：份、頒等字與斑音同，而皆從分聲。分轉音如斑，斑轉音如賁，然則賁卦賁字亦可讀博昆切也。呂覽壹行篇高注：『賁，色不純也。』説苑反質篇載此事，則曰『賁非正色也，白當白，黑當黑』，較呂覽文尤明顯。蓋賁固色之不一者，故亦讀爲斑，所謂斑駁是也。『斑』説文作『辬』，从文，辡聲。」**子貢曰：**○梁玉繩曰：「説苑反質作『子張』。」**「夫賁亦好矣，何謂不吉乎？」孔子曰：「夫白而白，黑而黑，夫賁又何好乎？」**○王念孫曰：「而猶則也。」**故賢者所惡於物，無惡於無處。**惡物之無目，惡其無處可名之也。○俞樾曰：「王氏引之經義述聞曰：『處之爲居爲止，常訓也。而又爲審度爲辨察，書傳具有其義。』所引證凡七事。王説是也。此文云『無惡於無處』者，謂無惡於無辨也。篇首『先王所惡，無惡於不可知』，即其義也。高注未得其旨。」

夫天下之所以惡，莫惡於不可知也。○陶鴻慶曰：「『所以惡』當作『所惡』。上文云『先王所惡，無惡於不可知』，又云『故賢者所惡於物，無惡於無處』，皆其證。」夫不可知，盜不與期，賊〔一〕不與謀。盜賊大姦也，而猶所得匹偶，○畢沅曰：「『所得』二字疑倒。」陳昌齊說同。又況於欲成大功乎？夫欲成大功，令天下皆輕勸而助之，勸，進也。必之士可知。

壹行

五曰：身定，國安，天下治，必賢人。身者，國之本也。詹子曰：「未聞身亂而國治者也。」故曰身定國安而治，須賢人也。○維遹案：注當作「故曰身定國安而天下治」，今本脫「天下」二字。古之有天下也者，七十一聖。觀於春秋，自魯隱公以至哀公十有二世，其所以得之，所以失之，其術一也。得賢人，國無不安，名無不榮；失賢人，國無不危，名無不辱。先王之索賢人無不以也，以，用也。極卑極賤，極遠極勞。虞用宮之奇、吳用伍子胥之言，此二國者，雖至於今存可也，則是國可壽也。有能益人之壽者，則人莫不願之。○舊校云：「『願』一作『事』。」今壽國有道，而君人者而不求，過矣。

堯傳天下於舜，禮之諸侯，妻以二女，臣以十子，身請北面朝之，至卑也。舜，布衣也，故曰

〔一〕四部叢刊本「賊」下有注「一作賤」。

「至卑」。**伊尹，庖厨之臣也；傳説，殷之胥靡也，**胥靡，刑罪之名也。○牟庭曰：「孟子稱傳説版築。版築，今之瓦工也。胥靡當讀爲須眉，古字假借。蓋古者人有刑罪則髡而役作之，無刑罪而役作者其須眉完，因而版築之人名爲胥靡。莊子庚桑楚篇曰：『胥靡登高而不懼。』言版築之人習慣升高，遺死生而不懼。今瓦工能登屋騎危是也。據此，知胥靡亦瓦工之名也。韓非云『傳説轉鬻』者，謂胥靡非役作於官，而自以版築之事轉次鬻力於人者也。辨證諸書，知傳説古之瓦工也。」**皆上相天子，至賤也。禹東至榑木之地，日出、九津、青羌之野，**榑木，大木也。津，崖也。淮南記曰：「日出陽谷。」青羌，東方之野也。○畢沅曰：「榑木即扶木。爲欲篇『東至扶木』。」○郝懿行曰：「榑木即扶桑，但不當讀木爲桑。扶桑見海外東經。」○維遹案：孫志祖謂「古木字有桑音」，故郝説如是。**攢樹之所，揞天之山，**山高至天也。○畢沅曰：「揞音民，撫也。疑亦與『捫』同音義。」**鳥谷、青丘之鄉，黑齒之國；**東方其人齒黑，因曰黑齒之國也。○維遹案：青丘、黑齒二國，見海外東經。**南至交阯、孫樸、續樠之國，丹粟、漆樹、沸水、漂漂、九陽之山，**南方積陽，陽數極於九，故曰九陽之山也。**羽人、裸民之處，不死之鄉；**羽人，鳥喙，背上有羽翼。裸民，不衣衣裳也。鄉亦國也。○維遹案：羽人、不死二國，見海外南經。**西至三危之國，巫山之下，飲露、吸氣之民，積金之山，**飲露吸氣，養形人也。西方剛氣所在，故曰「積金之山」也。**其〔一〕肱、一臂、三面之鄉；北至人正之國，夏海之窮，衡山之上，**今正，北極之國也。夏海，大冥也。北方純陰，故曰大冥之中處。衡山者，北極之山也。○畢沅曰：「『其肱』疑即海外西經之奇肱，所謂一臂三目者是也。

〔一〕「其」，四部叢刊本作「共」。

注首『今正』與正文『人正』，不知孰是。又『之中處』疑是『之窮處』，或三字是衍文。」○諸以敦曰：「攷淮南時則訓『令正之谷』，御覽引作『令止』，竝引注云：『令止，丁令，北海胡地。』尚書大傳政作『丁令』，則『人』、『今』二字皆『令』之譌脱。『正』與『止』未詳。」○陳昌齊曰：「淮南時則訓作『令正』，注云：『令正，丁令，北海胡地。』」○俞樾曰：「『人正』、『今正』皆誤字也，當作『令正』。淮南子時則篇作『北至令正之谷』是也。」又曰：「『夏海』當作『夏晦』，故高注曰：『夏海，大冥也。』淮南子正作『夏晦』，高注曰：『夏，大也。晦，冥也。』與此正同。『海』字雖亦有晦義，然使正文是『海』字，則高氏以夏海爲地名足矣，何必定訓爲大冥乎？」**犬戎之國，夸父之野，禺彊之所，積水、積石之山，不有懈墮，**犬戎，西戎之別也。夸父，獸名也。禺彊，天神也。之所，處也。積水，謂海也。積石，山名也。經營行之，不懈墮休息也。○畢沅曰：「郭璞注海外北經云：『夸父者，蓋神人之名也。』經云：『北方禺彊，人面鳥身，珥兩青蛇，踐兩赤蛇。』」○維遹案：「積水」，許本、李本無，元刻本、張本有。**憂其黔首，顏色黎黑，竅藏不通，**病也。**步不相過，**罷也。**以求賢人，欲盡地利，至勞也。**地利，嘉穀也。至，大也。事功曰勞。**得陶、化益、真窺、橫革、之交五人佐禹，**○畢沅曰：「王厚齋云：『荀子成相曰：「禹得益、皋陶、橫革、直成爲輔。」』此陶即皋陶也，化益即伯益也，真窺即直成也。「真」與「直」字相類，橫革名同，唯之交未詳。』盧云：『案：「窺」或木是「窺」字，與「成」音近。』」○梁玉繩曰：「『之交』疑『支父』之譌，即莊子讓王、本書貴生、尊師所稱子州支父也。」李慈銘說同。**故功績銘乎金石，**金，鍾鼎也。石，豐碑也。**著於盤盂。**盤盂之器，皆銘其功。

昔者堯朝許由於沛澤之中，曰：「十日出而焦火不息，不亦勞乎？○畢沅曰：「梁仲子云：

『莊子逍遥遊「焦火」作「爝火」，釋文云：「本亦作燋，音爵。」此「焦」下已從火，則不必更加火旁。』」夫子爲天子，而天下已治矣，夫子，謂許由也。請屬天下於夫子。」○孫鏘鳴曰：「此文疑有脱誤，莊子作『夫子立而天下治，而吾猶尸之，吾自視缺然，請致天下』，文義較明。」許由辭曰：「爲天下之不治與？而既已治矣。自爲與？啁噍巢於林，不過一枝；自爲，爲己也。與，即也。啁噍，小鳥也。巢，蔟也。偃，息也。啁音超。○畢沅曰：「『啁噍』，莊子作『鷦鷯』。注『與即也』，疑誤。兩『與』字皆語辭。又『偃息也』衍。『啁音超』亦非高注。」○孫鏘鳴曰：「言以天下爲己之利歟？則何不觀之啁噍偃鼠也？」偃鼠飲於河，不過滿腹。歸已君乎！滿腹，不求餘也。歸，終也。○劉師培曰：「『歸已』即莊子逍遥游之『歸休』。已爲終詞。」惡用天下？」惡，安也。遂之箕山之下，潁水之陽，耕而食，箕山在潁川陽城之西。水北曰陽也。終身無經天下之色。經，横理也。○吴先生曰：「『横理』不辭，疑當作『經猶理也』，傳寫之譌。」故賢主之於賢者也，物莫之妨，不以物故，妨害賢者。戚愛習故，戚，親也。○孫鏘鳴曰：「習，近習。故，故舊也。」不以害之，故賢者聚焉。賢者所聚，天地不壞，鬼神不害，人事不謀，人不以姦邪謀之也。此五常之本事也。○松皋圓曰：「『五常』初見。或云『五帝』，訛。」

皋子衆疑取國，召南宫虔、孔伯産，而衆口止。皋子，賢者也。其取國，告虔、産，口乃止。虔、産，其徒之賢者也。其事不與許由相連也。皋子衆疑許由欲取國也。○畢沅曰：「此注上下異説。『其取國』上當有『衆疑』二字。末云『皋子衆疑許由欲取國也』，或當有『一云』二字。以衆爲皋子之名，然於『衆口止』仍難强通。」○維遹案：皋子即睪子，皋、睪聲同字通。列女傳「睪子生五歲而贊禹」，曹大家注：「皋陶之子伯益也。」餘當闕疑。

晉人欲攻鄭，令叔嚮聘焉，視其有人與無人。視其有無賢人也。子產爲之詩曰：「子惠思我，褰裳涉洧。子不我思，豈無他士？」○梁玉繩曰：「褰裳之詩，豈子產所作乎？蓋爲之歌耳。○王念孫曰：「左傳昭十六年，鄭六卿餞韓宣子於郊，子大叔賦褰裳，宣子曰：『起在此，敢勤子至於他人乎？』此云叔向與子產，傳之者異也。」叔嚮歸曰：「鄭有人，子產在焉，不可攻也。秦、荆近，其詩有異心，不可攻也。」鄭近秦與荆也。其詩云「子不我思，豈無他人」，將事秦、荆，故曰「有異心，不可攻也」。晉人乃輟攻鄭。輟，止也。孔子曰：「詩云：『無競惟人。』子產一稱而鄭國免。」詩大雅抑之二章也。「無競惟人，四方其訓之」，無競，競也。國之强，惟在得人，故曰鄭國免其難也。

求人

六曰：夫得言不可以不察，○王念孫曰：「『得』疑當作『傳』。」○陶鴻慶曰：「『得』當爲『傳』字之誤，即本篇命名之旨。」數傳而白爲黑，黑爲白，故狗似玃，玃似母猴，母猴似人。人之與狗則遠矣，玃，猳玃，獸名也。此愚者之所以大過也。聞而審則爲福矣，聞而不審，不若無聞矣。齊桓公聞管子於鮑叔，楚莊聞孫叔敖於沈尹筮，審之也，故國霸諸侯也。鮑叔牙説管仲於桓公，沈尹筮説叔敖於莊王，察其賢明審也。○吳闓生曰：「『侯』下脱『服』字。」吳王聞越王句踐於太宰嚭，智伯聞趙襄子於張武，不審也，故國亡身死也。太宰嚭，吳王夫差臣也。張武，智伯臣也。不審句踐、襄子之智能，故越攻吳，吳王夫差死於干遂，智伯圍趙襄子於晉陽，襄子與韓、魏通謀，殺智伯於高梁之東，故曰「國亡身死也」。

凡聞言必熟論，其於人必驗之以理。驗，效也。理，道理也。魯哀公問於孔子曰：「樂正夔一足，信乎？」孔子曰：「昔者舜欲以樂傳教於天下，乃令重黎舉夔於草莽之中而進之，舜以爲樂正。樂官之正也。夔於是正六律，和五聲，以通八風，而天下大服。六律，六氣之律。陽爲律，陰爲吕，合十二也。五聲，五行之聲，宫、商、角、徵、羽也。八風，八卦之風也。通和陰陽，故天下大服也。○畢沅曰：「『和五聲』，風俗通正失篇引作『和均五聲』，李善注文選馬季長長笛賦亦有『均』字。」重黎又欲益求人，益求如夔者也。舜曰：『夫樂，天地之精也，得失之節也，故唯聖人爲能和，樂之本也。夔能和之，以平天下。和，調也。○維遹案：「樂」上「和」字，當更增一「和」字，文義乃順。若夔者，一而足矣。』故曰夔一足，非一足也。」宋之丁氏，家無井而出溉汲，常一人居外。及其家穿井，○孫先生曰：「此文疑當作『及自穿井』，『家』字涉上文而衍，『其』乃『自』字之誤。御覽一百八十九引作『及自穿井』，風俗通正失篇同。」○維遹案：宋丁〔一〕氏穿井事，與子華子問鼎篇略同。告人曰：「吾穿井得一人。」有聞而傳之者曰：

〔一〕「丁」，原脱，據正文補。

「丁氏穿井得一人。」國人道之，聞之於宋君，宋君令人問之於丁氏，丁氏對曰：「得一人之使，非得一人於井中也。」求能之若此，○畢沅曰：「孫疑是『求聞若此』。」不若無聞也。無聞則不妄言也。

子夏之晉，過衛，子夏，孔子弟子卜商也。有讀史記者曰：「晉師三豕涉河。」○畢沅曰：「意林作『渡河』。」○梁玉繩曰：「史記之名始此。」子夏曰：「非也，是己亥也。夫『己』與『三』相近，『豕』與『亥』相似。」○畢沅曰：「『己』，古文作『己』。『亥』，古文作『豣』。」○王紹蘭曰：「畢說本說文。據隸續魏二體石經左傳遺字，『己』，古文作『己』，是古文左氏春秋魏時猶及見之。『己』亦作『己』，與許稱古文正合。又說文豕部『𤜣，古文』，亥部『𢁒，古文亥爲豕，與豕同』，是古文𢁒與古文𤜣形甚相近，故『己亥』譌爲『三豕』。然則衛人所讀誤本史記，爲古文春秋也。」至於晉而問之，則曰「晉師己亥涉河」也。辭多類非而是，多類是而非。是非之經，不可不分，經，理也。分，明也。此聖人之所慎也。然則何以慎？緣物之情及人之情以爲所聞，則得之矣。物之所不得然者，推之以人情，則夔不得一足，穿地作井不得一人，明矣，故曰「以爲所聞得之矣」。

察傳

吕氏春秋集釋卷第二十三

榮成許維遹學

貴直論第三　直諫　知化　過理　壅塞　原亂

吕氏春秋訓解　高氏

一曰：賢主所貴莫如士。所以貴士，爲其直言也。言直則枉者見矣。覩玉之白，别漆之黑也，故曰「枉者見矣」。○維遹案：注原脱「曰」字，今據張本增。人主之患，欲聞枉而惡直言，是障其源而欲其水也，障，塞也。○畢沅曰：「孫云：『御覽四百二十八作「是障水源而欲其流也」。』」水奚自至？奚，何也。是賤其所欲而貴其所惡也，所欲奚自來？所欲，欲聞己枉也。貴其所惡，惡聞直言，則己枉何自，從也。從來至？淮南記曰：「塞其耳而欲聞五音，掩其目而欲瞀青黃，不可得也。」此之謂也。○孫先生曰：「注語疑有錯誤。治要引作『所欲，欲聞己枉。所惡，惡聞直言也。直言何從來至』，誼較明晰。」

能意見齊宣王，宣王曰：「寡人聞子好直，有之乎？」能，姓也。意，名也，齊士也。宣王，威王之子也。○梁玉繩曰：「能姓甚僻。自知有魏將鑽茶，當賞〔一〕有秦大夫菌改，亦僅見。」對曰：「意惡能直？意聞好直之士，家不處亂國，身不見污君。身今得見王，○王念孫曰：「『身今』二字，治要作『今身』，當乙正。」而家宅乎齊，意惡能直？」宅，居也。惡，安也。宣王怒曰：「野士也！」言鄙野之士也。將罪之。能意曰：「臣少而好事，長而行之，王胡不能與野士乎？將以彰其所好耶？」與猶用也。彰，明也。上有明君，下乃有直臣，王胡爲不能用意之好直也？○陶鴻慶曰：「『好事』二字無義，『事』當作『爭』，爭讀爲諍。好爭，言好直諫也。高注云云，疑其所見本正作『好爭』。作『事』者，以形似而誤。」○吳先生曰：「『少而好事』，『事』疑當爲『直』，以上下文義證之可知。」王乃舍之。舍，不誅也。能意者，使謹乎論於主之側，亦必不阿主。阿，曲也。○王念孫曰：「『能意』上治要有『若』字，當據補。」不阿主之所得豈少哉！○孫先生曰：「治要引重『主』字，是也。『不阿主』爲句，緊承上句『亦必不阿主』言之，脱去『主』字，合爲一句，失之遠矣。」此賢主之所求，而不肖主之所惡也。惡，疾也。

狐援説齊湣王曰：「殷之鼎陳於周之廷，狐援，齊臣也。湣王，齊宣王之子也。殷紂滅亡，鼎遷於周，故陳其庭也。○畢沅曰：「狐援，齊策作『狐咺』，古今人表作『狐爰』。」其社蓋於周之屏，屏，障也。言周存殷社而屋其上，屏之以爲戒也。其干戚之音在人之游。干，楯。戚，斧。舞者所執以舞也。游，樂也。○維遹案：「人」

〔一〕「賞」，原作「貴」，今改。

上「在」字當作「充」，下文「充人之游」即承此而言，前後不應異。亡國之音不得至於廟，亡國之社不得見於天，亡國之器陳於廷，所以爲戒。戒，懼滅亡。王必勉之。其無使齊之大呂陳之廷，大呂，齊之鐘律也。陳，列也。無使太公之社蓋之屏，太公，田常之孫田和也，始代呂氏爲齊侯，田氏宗之，號爲太公。無使齊音充人之游。」齊王不受。狐援湣王不受狐援之言。出而哭國三日，狐援哭也。○畢沅曰：「合兩注觀之，正文本無『狐援』二字。『三日』，困學紀聞考史引作『五日』，或筆誤。」○陳昌齊曰：「『狐援』二字當連『出』字爲句。」其辭曰：「先出也出，去也。衣絺紵，後出也滿囹圄。吾今見民之洋洋然東走而不知所處。」齊王問吏曰：「哭國之法若何？」吏曰：「斮。」斮，斬。王曰：「行法。」吏陳斧質於東閭，○維遹案：左襄十九年傳杜注：「東閭，齊東門。」不欲殺之，而欲去之。狐援聞而蹶往過之，蹶，顛蹶走往也。過猶見也。吏曰：「哭國之法斮。先生之老歟？昏歟？」昏，亂也。狐援曰：「曷爲昏哉！」於是乃言曰：「有人自南方來，鮒入而鯢居，鮒，小魚。鯢，大魚，魚之賊也，啖食小魚。而鯢居人國，喻爲人害。使人之朝爲草而國爲墟。墟，丘墟也。殷有比干，吳有子胥，齊有狐援。已不用若言，若言猶直言也。○吳先生曰：「『若』疑是代名詞。荀子王霸篇『亦可以察若言矣』，楊注：『若言，如此之言。』是也。高氏訓若爲直，似不相應。」又斮之東閭。每斮者以吾參夫二子者乎！」每猶當也。斮狐援者，比比干、子胥而三之也，故曰以參夫二子者。○維遹案：注「每猶當」，當之爲言將也，說見經傳釋詞。狐援非樂斮也，國已亂矣，上已悖矣，哀社稷與民人，故出若言。出若言非平論也，將以救敗也，固嫌於危。

固，必也。嫌猶近也。此觸子之所以去之也，達子之所以死之也。樂毅爲燕昭王將，伐齊，齊使觸子應之。齊湣王不禮觸子，觸子欲齊軍敗，觸子乘車而去，故曰「所以去之」。達子代觸子將，又爲燕敗，故曰「達子之所以死也」。○畢沅曰：「事見權勳篇。」

趙簡子攻衛附郭，自將兵。及戰，且遠立，附郭，近郭也。遠立，立於矢石所不及也。又居於犀蔽屏櫓之下，○畢沅曰：「孫云：『御覽三百五十一作「屏蔽犀櫓」。又三百十三亦作「犀櫓」。說文繫傳广部「庰」字引「趙簡子立於庰蔽之下」。蓋今本犀與屏互易也。』」○維遹案：孫說是。韓非難二篇載此事亦以「犀櫓」連文。說文：「櫓，大盾也。」釋名釋兵謂「盾，遯也，跪其後避刃以隱遯也」。以犀皮作之曰犀盾，以木作之曰木盾，皆因所用爲名也。然則彼稱「犀盾」，此云「犀櫓」，其比正同。鼓之而士不起。簡子投桴而歎曰：投，棄也。「嗚呼！士之遬弊一若此乎？」遬猶化也。一猶皆也。言士之變化弊惡皆如此乎。○吳汝綸曰：「一猶乃也。注誤。」○馬叙倫曰：「說文『遬』乃『速』之籀文也。弊借爲憊。易遯卦『有疾憊也』，釋文引王肅作『斃』，此敝聲、備聲通假之證。」行人燭過免冑横戈而進曰：「亦有君不能耳，士何弊之有？」○畢沅曰：「舊本脱『士』字，今從御覽補，與下文合。」簡子艴然作色曰：「寡人之無使，而身自將是衆也，○畢沅曰：「『而』，舊訛『汝』，今從御覽改正。」子親謂寡人之無能，有說則可，無說則死。」對曰：「昔吾先君獻公即位五年，兼國十九，○畢沅曰：「韓非難二作『并國十七』。」○梁玉繩曰：「此虚言也。直諫篇『楚文王兼國三十九』，又說苑正諫『荆文王兼國三十』，竝妄。」用此士也。惠公即位二年，淫色暴慢，身好玉女，玉女，美女也。秦人襲我，遜去絳七十，○畢沅曰：「韓非作『秦人來侵，去絳十七里』。」○孫鏘鳴曰：「『遜』字疑衍。」○維遹案：「遜」字無緣致衍。廣雅釋詁：「遜，去也。」是古人行文，自有複詞。用此士也。隕於韓，爲秦所獲也。文公即位二年，厎之以勇，○孫鏘鳴曰：「厎、砥同。」故三年而士盡果敢，城濮之戰，五敗荆人，圍衛取曹，○維遹案：韓非難二篇「曹」作「鄴」。拔石社，○畢沅曰：「梁仲子云：『淮南齊俗訓：「殷人之禮，其社用石。」詳陳氏禮書九十二。』」○孫鏘鳴曰：「石社，地名。梁謂社用石，非。」定天子之位，天子，周襄王也，避子帶之亂，出居于鄭，文公納之，故曰「定天子之位」也。成尊名於天下，尊名，霸諸侯之名也。用此士也。亦有君不能耳，○維遹案：「耳」字原作「取」，畢沅云：「韓非作『耳』，御覽三百十三同。」案李本作「耳」，今據改正。士何弊之有！」簡子乃去犀蔽屏櫓而立於矢石之所及，矢，箭。石，砮也。及，至也。一鼓而士畢乘之。畢，盡也。乘，陵也。○畢沅曰：「『陵』，舊訛『後』，今案文義改。」簡子曰：「與吾得革車千乘也，不如聞行人燭過之一言。」行人燭過可謂能諫其君矣，戰鬭之上，○維遹案：上猶前也，時也。枹鼓方用，賞不加厚，罰不加重，一言而士皆樂爲其上死。燭過之諫，簡子能行。

貴直論

二曰：言極則怒，極，盡也。人能受逆耳之盡言者少，故怒之。怒則說者危，非賢者孰肯犯危？而非賢者也，將以要利矣。要，求也。○王念孫曰：「而讀爲如。」要利之人，犯危何益？故不肖主無賢者。無賢則不聞極言，不聞極言則姦人比周，百邪悉起，起，興也。若此則無以存矣。〇孫鏘鳴曰：「『無』上當有『國』字。」凡國之存也，主之安也，必有以也。詩云：「何其久也，必有以也。」此之謂也。不知所以，雖存必亡，雖安必危，書曰：「於安思危。」此之謂也。〇畢沅曰：「『於安思危』，周書程典解文。劉本作『居安思危』，出左氏襄十一年傳，魏絳亦引書以告晉悼公者。」所以不可不論也。論猶知也。

齊桓公、管仲、鮑叔、甯戚相與飲酒酣，酣，樂也。桓公謂鮑叔曰：「何不起爲壽？」〇維遹案：漢書灌夫傳：「酒酣，蚡起爲壽。」王文彬云：「爲壽即大行酒也。」鮑叔奉杯而進曰：「使公毋忘出奔在於莒也。桓公遭公孫無知殺襄公之亂也，出奔莒。毋忘之者，欲令其在上不驕也。使管仲毋忘束縛而在於魯也。不死公子糾之難，出犇於魯。魯人束縛之，以歸於齊。使甯戚毋忘其飯牛而居於車下。」甯戚，衛人也。爲商旅，宿於齊郭門之外。桓公夜出郊迎客，甯戚於其車下飯牛，疾商歌。桓公知其賢，舉以爲大夫也。桓公避席再拜曰：「寡人與大夫能皆毋忘夫子之言，則齊國之社稷幸於不殆矣。」避席，下席也。殆，危也。當此時也，桓公可與言極言矣。可與言極言，故可與爲霸。

荆文王得茹黄之狗、宛路之矰，文王，荆武王之子。矰，弋射短矢。〇畢沅曰：「說苑正諫篇『茹黄』作『如黄』，『宛路』作『箘簬』。御覽二百六亦作『如黄』。」以畋於雲夢，畋，獵也。雲夢，楚澤，在南郡華容也。三月不反。得丹之姬，〇畢沅曰：「說苑『丹』作『舟』。」〇維遹案：「丹」字渚宮舊事引作「丹望」，御覽二百六引作「丹陽」，下同。疑今本脱一字。淫，朞年不聽朝。淫，惑也。朝，政也。〇維遹案：注「政」原作「正」，改從張本。畢沅云：「注似以政訓朝，不當作『正』。」葆申曰：「先王卜，以臣爲葆吉。葆，太葆，官也。申，名也。○畢沅曰：「說苑『葆』俱作『保』。淮南說山訓作『鮑申』，非。」○維遹案：御覽引「葆」作「保」，下同。今王得茹黃之狗、宛路之矰，畋三月不反。得丹之姬，淫，朞年不聽朝。王之罪當笞。」○維遹案：治要引「王」上有「今」字。王曰：「不穀免衣繈緥而齒於諸侯，繈，縷格繩。緥，小兒被也。齒，列也。○畢沅曰：「舊本『縷』訛『樓』，『被』訛『補』。案明理篇注云：『繈，縷格上繩也。』此少一『上』字。『縷』字、『被』字據改正。」○劉師培曰：「說苑正諫篇作『免於襁褓』，則故本『衣』作『於』。」○維遹案：劉說是。渚宮舊事及御覽引「免衣」竝作「免於」。又御覽引「侯」下有「矣」字。願請變更而無笞。」葆申曰：「臣承先王之令，不敢廢也。王不受笞，是廢先王之令也。臣寧抵罪於王，毋抵罪於先王。」王曰：「敬諾。」引席，王伏。○畢沅曰：「說苑作『乃席王，王伏』。」葆申束細荊五十，○畢沅曰：「說苑『荊』作『箭』。」跪而加之于背。如此者再，謂王：「起矣。」王曰：「有笞之名一也。」遂致之。遂痛致之。申曰：「臣聞君子恥之，小人痛之。○維遹案：治要、渚宮舊事引「申」上竝有「保」字，說苑同，疑脫。恥之不變，痛之何益！」葆申趣出，○畢沅曰：「說苑作『趨出』。」○維遹案：渚宮舊事引與說苑同，治要引作「起出」。自流於淵，請死罪。○維遹案：渚宮舊事引作「自流諸荊」，當從之。荊即指上細荊而言，謂自移諸荊而請死罪。考工記弓人「寒奠體則張不流」，鄭注：「流猶移也。」說苑作「欲自流，乃請罪於王」，義同。文王曰：「此不穀之過也。○維遹案：渚宮舊事引「過」作「罪」。葆申何罪！」王乃變更，召葆申，殺茹黃之狗，析宛路之矰，○畢沅曰：「說苑『析』作

『折』，當從之。」○維遹案：治要、渚宮舊事、御覽引「析」竝作「折」。**放丹之姬。後荊國兼國三十九。**○畢沅曰：「說苑作『兼國三十』。」○孫先生曰：「治要引『後荊國』作『務治荊國』，類聚引無『九』字，竝與說苑正諫篇合。」○維遹案：渚宮舊事引作「務治國政，并國三十九焉」。**令荊國廣大至於此者，葆申之力也，極言之功也。**

直諫○梁玉繩曰：「各本作『真諫』，此依黃氏日抄改。」

三曰：夫以勇事人者，以死也。未死而言死，不論。詐言已死，不可爲人論說。○畢沅曰：「此注未明。事人以死，謂扞敵禦難而致死，死有益於人國也。未得死所，而徒以言死，其言又不用，是不論也。下『知之』指君言，下文甚明。注皆非。」○孫鏘鳴曰：「論猶察也。未死，自許能死，人不之察。」○俞樾曰：「『論』當作『諭』，字之誤也。言未死而言死，則人不諭也。不諭，謂不知也。」○維遹案：「論」字不誤。直諫篇注：「論猶知也。」且知字與下文義正一貫。**以，雖知之，與勿知同。**詩云：「既明且哲，以保其身。」傳曰：「生，好物也。死，惡物也。」好物，樂也。惡物，哀也。雖知以死事人，是爲樂可哀也，故與勿知同。勿，無也。○王念孫曰：「『以』下當有『死』字。以與已同。」○孫鏘鳴曰：「以、已同。及其已死，雖知其勇，無及矣。與勿知同。」○俞樾曰：「以讀爲已。已者，已然也，一字爲句。言已然之後，雖知之與勿知同矣。篇末曰『夫患未至則不可告也。患既至，雖知之，無及矣，故夫差之知慙於子胥也，不若勿知』，正其義也。高注未明。」**凡智之貴也，貴知化也。人主之惑者則不然，**不然，不知化也。**化未至則不知，化已至，雖知之，與勿知一貫也。**○劉先生曰：「『貫』疑當爲『實』，字之壞也。一貫也，猶言無異也。古書多有，不煩覼縷。（過理篇：『亡國之主一貫。』此或後人依彼改之，而不知其不同也。）事有可以過者，○孫鏘鳴曰：「過，失誤也。」有不可以過者，而身死國亡則胡可以過，此賢主之所重，惑主之所輕也。所輕，國惡得不危？身惡得不困？危困之道，身死國亡，在於不先知化也。吴王夫差是也。夫差，吴王闔廬光之子也。夫差不知勝越，而爲越所滅也。子胥非不先知化也，諫而不聽，故吴爲丘墟，禍及闔廬。越王句踐報吴，滅其社稷，故爲丘墟也。宗廟破滅，不得血食，故曰「禍及闔廬也」。

吴王夫差將伐齊，子胥曰：「不可。夫齊之與吴也，習俗不同，言語不通，我得其地不能處，處，居也。得其民不得使。使，役也。○孫先生曰：「據上下〔一〕文校之，下『得』字當作『能』。」夫吴之與越也，接土鄰境，壤交通屬，屬，連也。○陶鴻慶曰：「『通』乃『道』字之誤。」習俗同，言語通，我得其地能處之，得其民能使之。越於我亦然。夫吴、越之勢不兩立。越之於吴也，譬若心腹之疾也，雖無作，其傷深而在内也。夫齊之於吴也，疥癬之病也，不苦其已也，○維遹案：至忠篇注「已猶愈也」。且其無傷也。今釋越而伐齊，譬之猶懼虎而刺猬，獸三歲曰猬也。雖勝之，其後患無央。」虎之患未能央。○畢沅曰：「央亦訓盡，後患不必指虎言。」太宰嚭曰：「不可。君王之令所以不行於上國者，齊、晉也。君王若伐齊而勝之，徙其兵以臨晉，晉必聽命矣。是君王一舉而

〔一〕「下」，原作「上」，形近而誤，今改。

服兩國也，君王之令必行於上國。」上國，中國也。夫差以爲然，不聽子胥之言，而用太宰嚭之謀。子胥曰：「天將亡吴矣，則使君王戰而勝。天將不亡吴矣，則使君王戰而不勝。」夫差不聽。子胥兩袪高蹶而出於廷，兩手舉衣而行。蹶，蹈也。傳曰：「魯人之皋，使我高蹈。」瞋怒貌。此之謂也。○畢沅曰：「此與舉趾高正相似。哀廿一年傳注：『高蹈，遠行也。』無瞋怒意。」曰：「嗟乎！吴朝必生荆棘矣。」嗟，歎辭也。子胥謂太宰嚭勸王伐齊，國必破亡，故朝生荆棘也。夫差興師伐齊，戰於艾陵，艾陵，齊地也。大敗齊師，反而誅子胥。子胥將死，曰：「與，吾安得一目以視越人之入吴也！」乃自殺。夫差乃取其身而流之江，傳曰：子胥自殺，吴王盛之鴟夷，投之江。故曰流。抉其目著之東門，曰：○梁玉繩曰：「莊子盗跖云：『子胥抉眼。』此與韓詩外傳七、賈子耳痺、楚辭九歎竝仍其説，然非事實，匡謬正俗辨之。」「女胡視越人之入我也！」居數年，越報吴，殘其國，絶其世，滅其社稷，夷其宗廟，夷，平也。夫差身爲擒。爲越所擒也。夫差將死，曰：「死者如有知也，吾何面以見子胥於地下！」乃爲幎以冒面而死。冒，覆也。慙見於子胥也。○維遹案：畢本作「以冒而死」。畢沅云：「『以冒而死』，舊本作『以冒面死』。案注云『冒，覆面也』，則正文不當有『面』字，今改正。」案：畢改非是。正文本作「乃爲幎以冒面而死」，注本作「冒，覆也」，蓋正文「而」字誤爲「面」，而錯入注内，今改正。知接篇「桓公蒙衣袂而絶乎壽宫」，注：「蒙，冒也。」管子小稱篇「桓公乃援素幭以裹首而絶」，事與此相類，文例亦同。小爾雅廣服：「大巾謂之幎。」幎與幭聲義俱近，幭謂帊幞也。方言「幡裷謂之幭」，郭注：「即帊幞也。」廣雅釋器：「幭，幞也。」説文：「幭，蓋幭也。」帊幞可以覆面，故曰「爲幎以冒面而死」。**夫患未至則不可告也。患既至，雖知之，無及矣，故夫差之知慙於子胥也，不若勿知。**

知化

四曰：亡國之主一貫。一，道也。貫，同也。其所以亡之道同，同於不仁，且不知足也。**天時雖異，其事雖殊，所以亡同者，**○陶鴻慶曰：「『同者』二字當倒乙。」**樂不適也，樂不適則不可以存。**○孫鏘鳴曰：「不僭不濫、動中禮義之謂適。不適者反是。以不適爲樂，則事皆過理，故以『過理』名篇。」

糟丘酒池，肉圃爲格，格以銅爲之，布火其下，以人置上，人爛墮火而死，笑之以爲樂，故謂之「樂不適」也。○畢沅曰：「『炮格』各書俱訛作『炮烙』，得此可以正之。」○俞樾曰：「畢説本段氏玉裁，詢足訂向來傳寫之誤。惟炮格似有二義，荀子議兵篇『紂剖比干，囚箕子，爲炮格刑』，此則淫刑以逞之事，如高氏所説是也。韓非子喻老篇云『紂爲肉圃，設炮格，登糟丘，臨酒池』，則似爲飲食奢侈之事，蓋取肉置格上，炮而食之也。此云『肉圃爲格』，可知格即在肉圃中，其爲飲食事無疑矣。高注非是。説詳韓非子。」○馬叙倫曰：「此及下文所敘皆紂事，然此上略不及紂，於辭律無主格，蓋本作『紂爲糟丘酒池，肉圃炮格』，今有奪譌。韓非子喻老篇可證。」**雕柱而桔諸侯，不適也。**雕畫高柱，施桔槔於其端，舉諸侯而上下之，故曰「不適」。○俞樾曰：「此即後世鞦韆之戲所自始，高注正得其義，蓋此與上文『糟丘酒池，肉圃爲格』皆飲食遊戲之事。玉篇革部：『鞦韆，繩戲也。』」○孫詒讓曰：「注所説近於戲，古書別無所見，恐不可信。竊謂『桔』當爲『梏』，形近而誤。梏諸侯庨紂之酷，雕柱庨紂之侈，二事不相蒙〔一〕也。賈子新書君道篇云：『紂作梏數千，睨諸侯之不諂己者，杖而梏之。文王桎梏，囚于羑里。』此即梏諸侯之事。」○維遹案：雕當讀爲鑄，雕、鑄古同聲類。鑄亦有祝音，詳慎大篇。祝雕又爲雙聲疊均，故雕可借爲鑄。孫說「桔」爲「梏」誤，是也。惟「梏」當是「酷」之借字，此謂紂鑄柱而酷諸侯。淮南俶真篇載此事，有「鑄金柱」之語，蓋本此。高注望文生訓，遂與它書述此事者不合。**刑鬼侯之女而取其環，**聽妲己之譖，殺鬼侯之女以爲脯，而取其所服之環也。○畢沅曰：「『環』，舊本作『瓌』，訛，今改正。」**截涉者脛而視其髓，**以其涉水能寒也，故視其髓，欲知其與人有異不也。○畢沅曰：「注『能寒』，能讀曰耐。」**殺梅伯而遺文王其醢，不適也。**梅伯，紂之諸侯也，說鬼侯之女美好。紂受妲己之譖，以爲不好，故殺梅伯以爲醢。醢，肉醬也。以遺文王，故曰不適也。**文王貌受，以告諸侯。**貌受，心不受也，故口「告諸侯」也。**作爲琁室，築爲頃宮，**琁室，以琁玉文飾其室也。頃宮，築作宮牆滿一頃田中，言博大也。○畢沅曰：「書傳多云桀作璇室，紂作傾宮。今舉屬之紂，以言其土木之侈，固不必細爲分別也。梁仲子云：『淮南本經訓注「琁」或作「旋」，言室施機關，可轉旋也。頃宮，此注作如字讀，它書俱作「傾」字。』」**剖孕婦而觀其化，**化，育也。視其胞裹。○黃生曰：「化字甚新，蓋指腹中未成形之胚胎也。按大戴記云：『男十六然後精通，然後其施行。女十四然後其化成。』又淮南子云：『衆雄而無雌，又何化之能造乎？』義並同此。」○畢沅曰：「注舊本作『胞裹』，『裹』當作『裹』，亦疑是『裹』字。」○

〔一〕「蒙」，原作「冡」，形近而誤，今改。

維遹案：畢後説是。淮南本經篇「剔孕婦」，高彼注「紂剔觀其胞裹」，足證此注舊本作「胞裏」。裏爲裹字形近之誤，畢改作「胞裹」，於義雖通，恐非高氏之舊。**殺比干而視其心，不適也。**比干，紂之諸父也。數諫紂之非，紂不能聽，故視其心，欲知其何以不與人同也。**孔子聞之曰：「其竅通，則比干不死矣。**聖人心達性通，紂性不仁，心不通，安於爲惡，殺比干，故孔子言其一竅通則比干不見殺也。**夏、商之所以亡也。」**桀殺關龍逢，紂殺比干，故曰此「夏、商之所以亡也」。○維遹案：「夏」上疑奪「此」字，高注云云，是正文本有「此」字明矣。用民篇云「此殷、夏之所以絶也」，句法正同。

晉靈公無道，從上彈人而觀其避丸也；靈公，襄公之子，文公之孫也。從高臺上引彈，觀其走而避丸，以爲樂也。○松皋圓曰：「『從』下觀注似脱『臺』字，當云『從臺上』。」○維遹案：松説是。左宣二年傳「從」下正有「臺」字。若今本則「上」字無著矣，當據補。**使宰人臑熊蹯，不熟，**○畢沅曰：「左氏宣二年傳作『宰夫胹熊蹯不熟』。」**殺之；令婦人載而過朝以示威，不適也。趙盾驟諫而不聽，公惡之，乃使沮麛，**盾，趙成子之子宣子也。○畢沅曰：「左傳『使鉏麑賊之』，今此『賊之』二字亦當有。或下文『見之』字誤，而又誤入下文耳。」**沮麛見之，不忍賊，**賊，殺也。**曰：「不忘恭敬，民之主也。賊民之主，不忠。**大夫稱主，因曰「民之主」也。**棄君之命，不信。**違命不信。**一於此，不若死。」**不忠不信，若行之，必有其一也。○畢沅曰：「正文『一』上，左傳有『有』字。」**乃觸廷槐而死。**觸，畜也。○畢沅曰：「『畜』疑『撞』字之誤。」

齊湣王亡居衛，湣王，宣王之子。**謂公王丹曰：「我何如主也？」**公王丹，湣王臣也。○畢沅曰：

「公王丹即公玉丹，古玉字作王，三畫勻。」王丹對曰：「王，賢主也。臣聞古人有辭天下而無恨色者，臣聞其聲，聲，名也。於王而見其實。所行之實。王名稱東帝，實辨天下。辨，治也。去國居衛，容貌充滿，顔色發揚，光明也。無重國之意。」言輕之也。王曰：「甚善。丹知寡人。寡人自去國居衛也，帶益三副矣。」「副」或作「倍」。度湣王之亡國宜也，但湎涎無憂恥辱，喜於公玉丹巧佞之言，因云「丹知寡人」也。帶益三倍，苟活者肥，令腹大耳。○梁玉繩曰：「魯昭公居喪而三易衰，猶有童心也。齊湣王去國而三益帶，全無心肝也。苟活者肥，當亦是古語。」

宋王築爲蘖帝，鴟夷血高懸之，射著甲胄從下，血墜流地。宋王，康王也。「蘖」當作「巘」，「帝」當作「臺」。蘖與巘其音同，帝與臺字相似，因作蘖帝耳。詩云：「庶姜巘巘。」高長須也，言康王築爲臺。革囊之人者爲鴟夷，盛血於臺上高懸之，以象天。著甲胄，自下射之，血流墮地，與之名言中天神下其血也。○畢沅曰：「注『須』舊本作『類』，訛。『與之名言』四字，劉本作『謂之』二字。」○梁玉繩曰：「詩作『孽孽』，釋文云：『韓詩作「巘」。』」○陶鴻慶曰：「此文傳寫錯亂，幾不可讀。依高注當云：『宋王築爲巘臺，鴟夷盛血，高懸之，著甲胄，從下射，血流墜地。』」左右皆賀曰：「王之賢，過湯、武矣。湯、武勝人，今王勝天，賢不可以加矣。」加，上也。宋王大説，飲酒，室中有呼萬歲者，堂上盡應；堂上已應，堂下盡應；門外庭中聞之，莫敢不應，不適也。不僭不濫、動中禮義之謂適。今此畏無道，不敢不應耳，故曰「不適也」。

過理

五曰：亡國之主，不可以直言。不可以直言，則過無道聞，不可以直言諫正也，則其過成，以無道遠聞，人皆聞之。○畢沅曰：「過無道聞，言過無路以聞於主也。注非是。」○俞樾曰：「道之言由也，從也。過無道聞，言過無由聞，與『善無自至』義同。當賞篇曰：『民無道知天，民以四時寒暑日月星辰之行知天。』又曰：『人臣亦無道知主，人臣以賞罰爵禄之所加知主。』慎小篇曰：『輕小物則上無道知下，下無道知上。』凡言『無道』者，竝猶言無由也。高注失之。」而善無自至矣。無自至，則壅。自，從也。傳曰：「善進善，不善蔑由至矣。不善進不善，善亦蔑由至矣。」故曰「壅」。○畢沅曰：「注『傳曰』下文有脱，今據論人篇注增補。」

秦繆公時，戎彊大，秦繆公遺之女樂二八與良宰焉。戎王大喜，以其故，數飲食，日夜不休。左右有言秦寇之至者，因扜弓而射之。寇，兵也。扜，引也。○畢沅曰：「『扜』舊訛作『扞』，注同。案大荒南經『有人方扜弓射黄蛇，名曰蜮人』，郭璞注：『扜，挽也，音紆。』今據改正。扜亦音烏。」秦寇果至，戎王醉而卧於樽下，卒生縛而擒之。未擒則不可知，不知將見擒也。已擒則又不知，醉不自知也。○畢沅曰：「舊校云：一本作『既擒則無及矣』。李本『矣』作『也』。」雖善説者猶若此，何哉？言説無〔一〕如之何。

齊攻宋，齊湣王攻宋，滅之也。宋王使人候齊寇之所至。候，視也。使者還，曰：「齊寇近矣，國人恐矣。」左右皆謂宋王曰：「此所謂肉自生蟲者也。○畢沅曰：「『生』，舊本作『至』，訛，今改

〔一〕「無」，原作「爲」，據諸子集成本改。

正。」以宋之强，齊兵之弱，惡能如此！」言宋强盛，齊兵之弱，安能來至此也。宋王因怒而詘殺之。詘，枉也。無罪而殺之曰枉。又使人往視齊寇。使者報如前，宋王又怒詘殺之。如此者三。其後又使人往視，齊寇近矣，國人恐矣。使者遇其兄曰：「國危甚矣！若將安適？」適，之也。○陳昌齊曰：「『使者遇其兄』上，据文不得有『齊寇近矣，國人恐矣』八字，當是因上文而誤衍。」其弟曰：「爲王視齊寇，○畢沅曰：「『爲王』，舊本作『爲兄』，訛，今改正。」不意其近，而國人恐如此也。今又私患鄉之先視齊寇者，皆以寇之近也報而死。今也報其情死，以齊寇至之情實告宋王，必誅死也。不報其情又恐死，不以寇至之情報而設備，齊寇至，殺人，是又恐死。將若何？」其兄曰：「如報其情，有且先夫死者死，先夫亡者亡。」○畢沅曰：「有讀與又同。」於是報於王曰：「殊不知齊寇之所在，國人甚安。」王大喜，左右皆曰：「鄉之死者宜矣。」王多賜之金。寇至，王自投車上馳而走，此人得以富於他國。夫登山而視牛若羊，視羊若豚。牛之性不若羊，羊之性不若豚，性猶體也。若猶如也。所自視之勢過也，而因怒於牛羊之小也，此狂夫之大者。狂而以行賞罰，此戴氏之所以絶也。戴氏子罕，戴公子孫也，别爲樂氏。傳曰「宋之樂其與宋升降乎？」宋國衰，子罕後子孫亦衰，賞罰失中，故曰此「戴氏之所以絶也」。○舊校云：「『戴氏』，一本作『叔世』。」○蘇時學曰：「戴氏篡宋之説，則雜見於韓詩、淮南、説苑諸書，而莫不始於韓非子。韓非子曰『戴氏奪子氏於宋』，又曰『司城子罕取宋』。又曰『戴驩爲宋太宰，皇喜重於君，二人者爭事而相害也，皇喜遂殺宋君而奪之政』。韓非於此事固屢言之，而必與齊之田氏並言，明田氏與戴氏皆篡之臣也。而吕氏春秋於宋偃之亡，亦曰此戴氏所以絶也。不言子氏而獨言戴氏，則戰國之宋爲戴氏之宋，而非前日子氏之宋，固明甚。然韓非既言戴氏，又曰皇喜、曰子罕者何也？則戴其氏而喜其名，子罕乃其字也。凡名喜者，多字子罕，若鄭之公孫喜字子罕是也。而宋之名喜者，亦有兩子罕焉。春秋時有司城樂喜，字子罕，宋之賢臣也。戰國時有司城皇喜，亦字子罕，宋之篡臣也。之二人者，其名同，其字同，其官亦同。而樂、皇二族並出於戴，則其所自出又未嘗不同，而一爲賢臣，一爲篡臣，其行事又何不相同之甚耶？或曰：『戴氏之篡宋固然矣，然則其篡宋當以何時歟？』按紀年云『宋易城肝廢其君璧而自立』。璧者，宋桓侯，而易城肝殆即司城子罕歟？」○俞樾曰：「此即上文齊滅宋之事，戴氏爲宋公族，孟子書有戴盈之、戴不勝，韓非子内儲説有戴驩爲宋太宰，蓋皆戴公之後，世執國柄，時人習見戴氏爲宋公族，遂相沿以宋爲戴氏，故曰『此戴氏之所以絶也』。乃結上文齊攻宋事，非別一事也。高注未達此旨。」

齊王欲以淳于髡傅太子，髡辭曰：「臣不肖，不足以當此大任也。王不若擇國之長者而使之。」齊王曰：「子無辭也，寡人豈責子之令太子必如寡人也哉！寡人固生而有之也。子爲寡人令太子如堯乎，其如舜也。」凡説之行也，道不智聽智，從自非受是也。○畢沅曰：「道謂有道也。自字疑衍。」○陳昌齊曰：「道當讀爲導，連下『不智聽智』爲句。」○俞樾曰：「畢以『自』爲衍字，是也。以『道』爲有道，則失之。道者，由也。道不智聽智者，由不智聽智也。由不智聽智，從非受是，文義一律。言説之所以得行者，以人主能由不智而聽智，從非而受是也。『從』下衍『自』字者，從與自同義，疑一本作『從』，一本作『自』，而傳寫誤合之也。畢以『道』字屬上句讀，而釋爲有道，失其旨矣。」○陶鴻慶曰：「俞氏解道爲由，是也。惟從畢校以『自』爲衍字，則恐未然。『自非』與『自是』義相反，人必自知其非，而後可以受是，故曰『從自非受是也』。下文云『今自以賢過於堯、舜，彼且胡可以開説哉』，又云『宣王之情，所用不過三石，而終身自以爲用九石，豈不悲哉』，正謂其不知自非耳。」

今自以賢過於堯、舜，〇舊校云：「『過』一作『遠』。」**彼且胡可以開説哉！**〇維遹案：「開」字元刻本同，惟别本多作「聞」。**説必不入，不聞存君。**不納忠言之説，鮮不危亡，故曰「不聞存君」也。

齊宣王好射，好，喜也。**説人之謂己能用彊弓也。**示有力也。〇畢沅曰：「『用』，舊作『則』，孫據御覽三百四十七改正。」〇孫先生曰：「治要引亦作『用』，尹文子大通篇同。」**其嘗所用不過三石，以示左右，左右皆試引之，中關而止，**關，謂關弓。弦正半而止也。〇惠棟曰：「鄉射禮『不貫不釋』，注云：『古文關。』案中關而止，即儀禮所謂不貫也。史記五子胥傳云『五胥貫弓執矢嚮使者』，注云：『烏還反。』司馬貞曰：『滿張。』一云：『貫謂上弦也。』」〇維遹案：惠説是。治要引「關」作「開」，乃涉形近而誤，惟引注「正」字作「至」，於義爲長。**皆曰：「此不下九石，非王其孰能用是！」**言九石之弓獨王用之耳。**宣王之情，情，實也。所用不過三石，而終身自以爲用九石，豈不悲哉！**傷其自輕而不知其實。〇畢沅曰：「注『自輕』疑『用輕』之誤。」〇孫先生曰：「畢校非也。『輕』乃『誣』字形近之譌。宣王所用不過三石，三石實也，而終身自以爲九石，是自欺也，故注云然。治要引正作『誣』。」〇維遹案：事類賦十三引「爲」下有「能」字。**非直士其孰能不阿主？世之直士，其寡不勝衆，數也，**數，道數也。**故亂國之主，患存乎用三石爲九石也。**力不足而自以爲有餘也。其功德，其治理，皆亦如之也。〇孫先生曰：「治要引『存』作『在』。」

壅塞

六曰：**亂必有弟，**弟，次也。○畢沅曰：「『弟』，本一作『第』，今從汪本，乃古『第』字。」**大亂五，小亂三，訒亂三，**大亂五，謂晉國廢長立少，立而復殺之也。小亂三，謂殺里克之黨也。訒亂三，謂於朝欒盈以兵晝入于絳也。○畢沅曰：「『訒』字或音喧聲也，或云與訒同，義皆不當，注亦不明了。此似皆指驪姬之亂，安得忽及欒盈。又『於朝』上似尚有缺文。竊疑『訒』或是『討』字之訛。惠公殺里克，文公殺吕郤，是討亂三也。」○李寶洤曰：「此篇驟讀之似不可解，細求之自可能。大亂五者，里克殺奚齊一，殺卓子二，秦繆公率師納惠公三，秦、晉戰於韓原，秦獲惠公以歸，因之靈臺四，秦奉重耳入立，殺懷公於高梁五。小亂三者，即後文所謂三君死，蓋奚齊、卓子、懷公皆不當立，以及於難。以一身而言，則爲小亂。古書以一事解作兩層者甚多，不足異也。訒亂三者，『訒』或本『討』，或『罰』字失其半。此指晉文公而言，即後文所謂敗荆人於城濮，定襄王，釋宋出穀戍，是謂訒亂三。高注多訛脱，又言欒盈以兵入絳及以申生列於三君，皆謬甚。」**故詩曰「毋過亂門」，所以遠之也。**逸詩也。○畢沅曰：「左氏昭十九年傳，子産引作諺。」○梁玉繩曰：「左傳昭二十二及周語下竝引以爲人之言，不云詩也。」○桂馥曰：「古者謡諺皆謂之詩，其采於遒人者，如國風是也。未采者，傳聞里巷。凡周、秦諸書引詩不在四家編者，皆得之傳聞，故曰『逸詩』。或謂逸詩皆夫子所删，此淺學之臆説也。」**慮福未及，慮禍之，所以皃之也。**○畢沅曰：「『皃』疑『免』字之誤。」○陳昌齊曰：「『慮禍』下脱『過』字。淮南人間訓云『計福勿及，慮禍過之』，語本此。『皃』當作『免』。」○王念孫曰：「『禍』下舊本脱『過』字，當據淮南人間篇補。」又曰：「『皃』當爲『完』。完，全也，言所以全其身也。隸書『完』字作『完』，因譌而爲『皃』。（黄庭經云『保守完堅身受慶』，又云『玉户金籥身完堅』，字竝作『皃』。）」○維遹案：陳、王二説均通。**武王以武得之，以文持之，倒戈弛弓，示天下不用兵，所以守之也。**

晉獻公立驪姬以爲夫人，以奚齊爲太子，里克率國人以攻殺之。殺奚齊也。荀息立其弟公子卓，已葬，里克又率國人攻殺之。復殺公子卓也。於是晉無君。公子夷吾重賂秦以地而求入，地，河外之城五。求入爲晉君也。秦繆公率師以納之，晉人立以爲君，是爲惠公。惠公既定於晉，背秦德而不予地。傳曰：「入而背秦賂。」此之謂也。秦繆公率師攻晉，晉惠公逆之，與秦人戰於韓原。○沈欽韓曰：「元和志同州韓城縣，春秋戰於韓原即此地。一統志：『韓原在同州韓城縣西南二十里。』方輿紀要：『或曰故韓原當在今河東。今山西芮縣河北城有韓亭，即秦、晉戰處。』」晉師大敗，秦獲惠公以歸，囚之於靈臺，十月乃與晉成，成，平也。歸惠公而質太子圉。太子圉逃歸也，惠公死，圉立爲君，是爲懷公。秦繆公怒其逃歸也，起奉公子重耳以攻懷公，殺之於高梁。高梁，晉地。○沈欽韓曰：「水經注：『汾水又南逕高梁故城西。』紀年：『晉出公十三年，智伯瑶城高梁。』一統志：『高梁城在平陽府臨汾縣東北。』」而立重耳，是爲文公。文公施舍，振廢滯，匡乏困，救災患，禁淫慝，薄賦斂，宥罪戾，宥，寬也。節器用，用民以時，敗荊人于城濮，荊人，成王。定襄王，周襄王辟子帶之難，出居于鄭，文公納之，故曰「定」也。釋宋，出穀戍，楚子圍宋，又使申公叔侯守齊之穀邑。晉文伐曹、衛，將平之。楚愛曹、衛，與晉俱成，解宋之圍，召穀戍而去之也。○王念孫曰：「『釋宋』下當有『圍』字。」○沈欽韓曰：「方輿紀要：『穀城，今東平州東阿縣治，亦曰小穀。』」外内皆服，外，諸侯。内，卿大夫也。皆服文公之德也。而後晉亂止。故獻公聽驪姬，近梁五、優施，殺太子申生，而大難隨之者五，三君死，一君虜，三君死，申生、奚齊、公子卓也。一君虜，惠公爲秦所執，囚之靈臺也。○畢沅曰：「謝云：『三君死，謂奚齊、卓子、懷公。注誤。』」大臣卿士之死者以百數，離咎二十年。自上世以來，亂未嘗一。而亂人之患也，皆曰一而已，此事慮不同情也。事慮〔一〕不同情者，心異也。故凡作亂之人，禍希不及身。希，鮮也。

原亂

〔一〕「慮」，原作「虜」，據諸子集成本改。

吕氏春秋集釋卷第二十四

榮成許維遹學

不苟論第四　贊能　自知　當賞　博志　貴當

吕氏春秋訓解　高氏

一曰：賢者之事也，雖貴不苟爲，雖欲尊貴，不苟爲也。不如禮曰「苟爲」也。雖聽不自阿，雖言見聽，當以忠正，不自阿媚以取容也。必中理然後動，非理不移也。必當義然後舉，非義不行也。此忠臣之行也。賢主之所説，説猶敬也。而不肖主之所不説，○畢沅曰：「舊作『而不肖主雖不肖其説』，乃因下文而訛，今改正。」非惡其聲也。人主雖不肖，其説忠臣之聲與賢主同，同，等也。行其實則與賢主有異。賢主能用忠臣之言，不肖主能刑殺之，故曰「有異」也。異，故其功名禍福亦異。賢主受大福，不肖主獲大禍，故曰「亦異」也。異，故子胥見説於闔閭，而惡乎夫差；夫差惡子胥也。○陳昌齊曰：「『異』字當緣上句而衍。」比干生而惡於商，商紂惡之也。死而見説乎周。周武王説其忠也。

武王至殷郊，係墮。○畢沅曰：「韓非外儲説左下云：『文王伐崇，至鳳黄虚，韈繫解，因自結。』一事而傳者異。」○梁玉繩曰：「韓子一爲文王，一爲晉文公。」五人御於前，莫肯之爲，○畢沅曰：「疑是『爲之係』，倒二字，脱一字。」○鹽田曰：「唐類函作『莫爲之係』。」○維遹案：書鈔四十九引作「莫肯爲之」，亦脱「係」字。曰：「吾所以事君者，非係也。」武王左釋白羽，右釋黄鉞，勉而自爲係。孔子聞之曰：「此五人者之所以爲王者佐也，不肖主之所弗安也。」故天子有不勝細民者，天下有不勝千乘者。天下，海内也。千乘，一國也。

秦繆公見戎由余，説而欲留之，由余不肯。繆公以告蹇叔，蹇叔曰：「君以告内史廖。」内史廖對曰：「戎人不達於五音與五味，君不若遺之。」繆公以女樂二八人與良宰遺之。宰，謂膳宰。○畢沅曰：「『人』字疑衍。」孫先生曰：「畢校是也。壅塞篇云：『秦繆公時，戎彊大，秦繆公遺之女樂二八與良宰焉。』亦無『人』字，蓋即『八』字之譌衍。」戎王喜，迷惑大亂，飲酒晝夜不休。由余驟諫而不聽，因怒而歸繆公也。蹇叔非不能爲内史廖之所爲也，其義不行也。繆公能令人臣時立其正義，故雪殽之恥，而西至河雍也。雪，除也。

秦繆公相百里奚，以百里奚爲相也。晉使叔虎、○畢沅曰：「梁仲子云：『叔虎即下文郤子虎，晉大夫郤芮之父郤豹也。見韋昭晉語注。』」齊使東郭蹇如秦，公孫枝請見之。公孫枝，秦大夫子桑也。公曰：「請見客，子之事歟？」對曰：「非也。」「相國使子乎？」相國，百里奚也。對曰：「不也。」公曰：「然則子事非子之事也。事，見客事也。○畢沅曰：「上『子』字疑衍。」○俞樾曰：「子事非子之事，言子所事者非子之事也。下文『今子爲非子之事』，是其證矣。畢氏疑上『子』字爲衍文，非是。」秦國僻陋戎夷，事服其任，人事其事，猶懼爲諸侯笑。今子爲非子之事，退，將論而罪。」而，汝也。公孫枝出，自敷於百里氏。○孫鏘鳴曰：「敷，陳也。自陳其事狀也。」百里奚請之，公曰：「此所聞於相國歟？枝無罪，奚請？有罪，奚請焉？」奚，何也。百里奚歸，辭公孫枝。公孫枝徙，自敷於街。○孫鏘鳴曰：「徙，自百里氏辭出也。街，市朝也。」百里奚令吏行其罪。定分官，此古人之所以爲法也。今繆公鄉之矣，其霸西戎，豈不宜哉！

晉文公將伐鄴，趙衰言所以勝鄴之術，文公用之，果勝。還，將行賞。衰曰：「君將賞其本乎？賞其末乎？賞其末則騎乘者存，賞其本則臣聞之郤子虎。」文公召郤子虎曰：「衰言所以勝鄴，鄴既勝，將賞之，曰：『蓋聞之於子虎，請賞子虎。』」○畢沅曰：「新序四、御覽六百三十三皆無兩『虎』字，是。」子虎曰：「言之易，行之難。臣言之者也。」公曰：「子無辭。」郤子虎不敢固辭，乃受矣。凡行賞欲其博也，博則多助。今虎非親言者也，而賞猶及之，此疏遠者之所以盡能竭智者也。晉文公亡久矣，歸而因大亂之餘猶能以霸，其由此歟？亡久，謂避驪姬之亂，在狄十二年，歷行諸侯五年，凡十七年。歸晉國，因大亂之後，能建霸功，皆由用此術也。

不苟論

二曰：賢者善人以人，中人以事，賢者以人，以人之德也。中人任人，以人之力也。○陶鴻慶曰：「『善人以人』，文不可通，疑本作『任人以善』。高注云『賢者任人，(今本誤作『以人』，依下文改正。)以人之德也。中人任人，以人之力也。不肖者任人，以人之財賄也。』明正文有『任人』二字。『以人之德』，正釋正文『以善』之義。」○維通案：此文當作「賢者責人以仁」。善、責形近致誤。人、仁古字通用。注三「任」字，(陶校注是。)皆釋正文「責」字。「以人之德」，始釋「以仁」之義。類聚二十引作「賢者遺人以仁」，「遺」字亦爲「責」誤。舉難篇「君子責人則以人」，其比正同。淮南氾論篇「責人以人力」，與此中人以事義亦相合。蓋謂賢者任人，以人之仁德也，下文「舜得皋陶」，「湯得伊尹」，「文王得吕望」，是也。即鮑叔之進夷吾，沈尹莖之進孫叔敖，亦莫不然。**不肖者以財。**不肖者任人，以人之財賄也。傳曰：「政以賄成。」此之謂也。**得十良馬不若得一伯樂，**伯樂善得馬。得伯樂則得良馬，不但十也，故曰「不若得一伯樂」也。**得十良劍不若得一歐冶，**歐冶善爲劍工也。義與伯樂同。**得地千里不若得一聖人。**義與歐冶同。○畢沅曰：「孫云：『初學記十七賢類引作「不如得一賢士」。意林及御覽四百二皆作「賢人」。御覽八百九十六作「聖人」，當由後來傳本誤也。』」**舜得皋陶而舜受之，**受，用也。○畢沅曰：「注『受』字舊本作『授』，今案：『受之』即書所謂『俾予從欲以治也』，不當訓用。舜未授皋陶以天下，亦不當作『授』。」○陳昌齊曰：「据上下文義，正文『舜受』當作『堯授』，言舜得皋陶而堯授之天下，方與上文『得地千里，不若得一聖人』，下文『湯得伊尹而有夏民，文王得吕尚而服殷商』等語相連屬。」○陶鴻慶曰：「『而舜受之』，文不成義。畢校乃曲説也。竊疑此文當有舛誤，元文雖不可考，以下文推之，當是謂舜得皋陶而受堯禪，與下文『湯得伊尹而有夏民，文王得吕望而服殷商』文義一律。舜臣獨舉皋陶者，舉一以概其餘耳。」**湯得伊尹而有夏民，**有夏桀之民也，王天下也。**文王得吕望而服殷商。**殷紂之衆服從文王之德也。**夫得聖人，豈有里數哉！**言得其用多不可數也，故曰「豈有里數哉」。

管子束縛在魯。爲魯所束縛也。桓公欲相鮑叔，欲以鮑叔爲齊相也。鮑叔曰：「吾君欲霸王，則管夷吾在彼，彼，魯也。臣弗若也。」桓公曰：「夷吾，寡人之賊也，射我者也，不可。」傳曰：「乾時之役，申孫之矢，射于桓公，中鉤。」故曰「不可」。鮑叔曰：「夷吾爲其君射人者也。其君，公子糾也。君若得而臣之，則彼亦將爲君射人。」桓公不聽，不從鮑叔之言。强相鮑叔。固辭讓而相，固，必也。○畢沅曰：「『鮑叔』當重。『而相』二字衍文。」○陳昌齊曰：「『鮑叔』二字當重。『而相』疑是『夷吾』之訛。」○松皋圓曰：「『固辭讓』句，『而桓公果聽之』句。『相』字與『桓』字形似而衍耳。」○維遹案：松説義勝。桓公果聽之。於是乎使人告魯曰：「管夷吾，寡人之讎也，願得之而親加手焉。」言欲得管仲，親手自殺之以爲辭也。○維遹案：事類賦八引「願」下有「生」字，與管子小匡篇、大匡篇合。魯君許諾，乃使吏鞹其拳，鞹，革也，以革囊其手也。膠其目，盛之以鴟夷，置之車中。至齊境，境，界也。桓公使人以朝車迎之，祓以爟火，釁以犧豭焉，火所以祓除不祥也。周禮「司爟掌行火之政令」，故以爟火祓之也。殺牲以血塗之爲釁。小事不用大牲，故以豭豚也。傳曰：「鄭伯使卒出豭，行出犬雞。」此之謂也。爟讀如權衡。○畢沅曰：「『權衡』，舊本誤作『權字』，今依本味篇注改正。」○孫先生曰：「注『火所以祓除不祥也』，疑『火』上有『爟』字，而今本脱之。」生與之如國。如，至也。命有司除廟筵几而薦之，薦，進也。曰：「自孤之聞夷吾之言也，目益明，耳益聰，孤弗敢專，敢以告于先君。」告，白也。因顧而命管子曰：「夷吾佐予。」予，我也。管仲還走，再拜稽首，受令而出。出於廟也。管子治齊國，舉事有功，桓公必先賞鮑叔，曰：「使齊國得管子者，鮑叔也。」桓公可謂知行賞矣。凡行賞欲其本也，本則過無由生矣。過，失也。

孫叔敖、沈尹莖相與友。○畢沅曰：「『莖』當作『筮』，下同。」○維遹案：文選顏延年五君詠注、渚宮舊事引「莖」作「筮」，與察傳篇合。叔敖遊於郢三年，聲問不知，修行不聞。郢，楚都也。○舊校云：「『聲問』一作『聲晦』。」○維遹案：問、聞古通。渚宮舊事引作「聲聞」，與張本合。沈尹莖謂孫叔敖曰：「説義以聽，方術信行，能令人主上至於王，下至於霸，我不若子也。耦世接俗，○維遹案：選注及渚宮舊事引「耦」竝作「偶」，義同。説義調均，以適主心，子不若我也。○王念孫曰：「三倉：『適，悦也。』」子何以不歸耕乎？吾將爲子游。」欲令孫叔敖隱也。○畢沅曰：「游，謂游揚也。」沈尹莖遊於郢五年，荆王欲以爲令尹，○維遹案：渚宮舊事引作「王悦之，欲以爲令尹」。沈尹莖辭曰：「期思之鄙人有孫叔敖者，聖人也，○畢沅曰：「梁仲子云：『左傳文十年杜注：「楚期思邑，今弋陽期思縣。」楊倞注荀子非相篇云：「鄙人，郊野之人也。」』」王必用之，臣不若也。」荆王於是使人以王輿迎叔敖，以爲令尹，十二年而莊王霸。此沈尹莖之力也，功無大乎進賢。

贊能

三曰：欲知平直，則必準繩。準，平。繩，直也。○畢沅曰：「李本『準』皆作『准』。」欲知方圓，則必規矩。規，圓。矩，方也。人主欲自知，則必直士。唯直士能正言也。故天子立輔弼，設師保，所

以舉過也。舉猶正也。**夫人故不能自知，人主猶其。**○畢沅曰：「孫云：『御覽七十七作「夫人固不能自知，人主獨甚。」此「猶其」二字訛。』」○陳昌齊曰：「『猶其』當作『尤甚』，猶、尤音訛，其、甚形訛也。」**存亡安危，勿求於外，**言皆在己也。**務在自知。**

堯有欲諫之鼓，欲諫者擊其鼓也。○畢沅曰：「淮南主術訓作『堯置敢諫之鼓』。」○維遹案：「欲」字當據淮南作「敢」，注同。鄧析子轉辭篇亦作「敢」。**舜有誹謗之木，**書其過失以表木也。○畢沅曰：「注『以』字，淮南注作『於』。」**湯有司過之士，**司，主也。主，正也。正其過闕也。○維遹案：王念孫校本正文「過」字改作「直」，注文「主正」改作「直正」。案：王改是。淮南、鄧析子竝作「直」，是其明證。惟高注淮南「司直，官名」，據本書高序，先訓淮南，後解呂氏，此不言官名者，亦其愼耳。**武王有戒愼之鞀，**欲戒者搖其鞀鼓之。**猶恐不能自知。**猶尚恐己不能自知其過失也。**今賢非堯、舜、湯、武也，而有掩蔽之道，奚繇自知哉！荆成、齊莊不自知而殺，**荆成王爲公子商臣所殺，齊莊公爲崔杼所殺，皆不自知之咎也。**吳王、智伯不自知而亡，**吳王，夫差也。智伯，晉卿智襄子也。夫差爲越所破，死于干隧；智伯爲趙襄子所破，死于高梁之東，故曰「而亡」也。**宋、中山不自知而滅，**宋康王無道，爲齊所滅。中山亂男女之别，爲魏所滅也。○維遹案：據注，「宋」下當有「王」字或「康」字，方與上文「荆成、齊莊不自知而殺，吳王、智伯不自知而亡」辭例一律。宋王爲齊所滅，事見壅塞篇。**晉惠公、趙括不自知而虜，**惠公爲秦所虜。趙括以軍降，秦坑其兵四十萬於長平也。**鑽荼、龐涓、太子申不自知而死，**鑽荼、龐涓，魏惠王之將。申，魏惠王之太子也，與龐涓東伐齊，戰於馬陵，齊人盡殺之，故惠王謂孟子曰：「晉國，天下莫强焉，叟之所知也。及寡人身，東敗於齊，長子死。」此之謂也。**敗莫大於不自知。**莫，無也。○孫先生曰：「治要引『敗』上有『故』字，疑今本誤脱。」

范氏之亡也，范氏，晉卿范武子之後也。謂簡子率師逐范吉射也。一曰智伯伐范氏而滅之，故曰「亡也」。**百姓有得鍾者，**○維遹案：治要及文選任彦昇百辟勸進牋注引「得」下竝有「其」字，於義爲長。**欲負而走，則鍾大不可負，以椎毁之，鍾況然有音，**○畢沅曰：「李善注文選任彦昇百辟勸進牋『況然』作『怳然』，淮南説山訓作『鎗然有聲』。」○陳昌齊曰：「況然猶鍠然也。古兄、皇聲通。」○王念孫曰：「況然即鍠然。説文：『鍠，鐘聲也。』無逸曰：『無皇曰今日耽樂。』漢石經『皇』作『兄』，與此相類。」○俞樾曰：「況讀爲鍠。説文金部：『鍠，鐘聲也。』此作『況』者，古字通用。尚書秦誓篇『我皇多有之』，公羊傳作『況乎我多有之』，『況』之爲『鍠』，猶『況』之爲『皇』矣。」**恐人聞之而奪己也，**○維遹案：治要引「人」下有「之」字。下「惡人聞之」同。**遽揜其耳。**遽，疾也。**惡人聞之，可也；惡己自聞之，悖矣。爲人主而惡聞其過，非猶此也？**此自揜其耳也。○畢沅曰：「『非猶此也』，也與邪通用。選注作『亦猶此也』，則如字。」○孫先生曰：「治要引亦作『亦猶此也』。又引注作『此自揜其耳之類也』，有『之類』二字。」**惡人聞其過尚猶可。**

魏文侯燕飲，皆令諸大夫論己。○畢沅曰：「李善注文選孔文舉薦禰衡表引作『問諸大夫，寡人何如主也』。」**或言君之智也。**○畢沅曰：「孫云：『御覽六百二十二作「或言君仁，或言君義，或言君智」，疑此有脱文。』」**至於任座，任座曰：「君，不肖君也。得中山不以封君之弟，而以封君之子，是以知君之不**

肖也。」文侯不説，知於顔色。知猶見也。任座趨而出。次及翟黄，翟黄曰：「君，賢君也。臣聞其主賢者，其臣之言直。今者任座之言直，是以知君之賢也。」文侯喜曰：「可反歟？」歟，邪也。謂任座可反邪？翟黄對曰：「奚爲不可？臣聞忠臣畢其忠，畢，盡也。而不敢遠其死。座殆尚在於門。」殆猶必也。翟黄往視之，任座在於門。以君令召之，任座入，文侯下階而迎之，終座以爲上客。客，敬也。○松皋圓曰：「注『客』上宜有『上』字。」文侯微翟黄，則幾失忠臣矣。微，無也。幾，近也。上順乎主心以顯賢者，其唯翟黄乎。○畢沅曰：「新序一，前作翟黄語，後作任座語，與此互異。」

自知

四曰：民無道知天，民以四時寒暑日月星辰之行知天。以，用也。四時寒暑日月星辰之行當，則諸生有血氣之類皆爲得其處而安其産。産，生也。○畢沅曰：「日抄作『皆得其處』，無『爲』字。」人臣亦無道知主，主，君也。人臣以賞罰爵禄之所加知主。加，施也。主之賞罰爵禄之所加者宜，宜猶當也。則親疏遠近賢不肖皆盡其力而以爲用矣。爲君用也。

晉文公反國，賞從亡者，而陶狐不與。賞不及之也。○畢沅曰：「梁仲子云：『陶狐，史記晉世家作「壺叔」，外傳三、説苑復恩篇作「陶叔狐」。』」左右曰：「君反國家，爵禄三出，而陶狐不與，敢問其說。」欲知之也。文公曰：「輔我以義，導我以禮者，吾以爲上賞。教我以善，彊我以賢者，吾以爲次賞。拂吾所欲，數擧吾過者，吾以爲末賞。三者所以賞有功之臣也。若賞唐國之勞徒，則陶狐將爲首矣。」唐國，晉國也。勤勞之徒，則陶狐也，故不與三賞中也。○畢沅曰：「注『故』字舊作『欲』，訛，今改正。」周內史興聞之曰：「晉公其霸乎！內史興，周大夫也，奉使來賜文公命聞之。○維遹案：說苑作「周內史叔興聞之曰：『文公其霸乎。』」昔者聖王先德而後力，晉公其當之矣。」當先德而後力也。

秦小主夫人用奄變，羣賢不說自匿，百姓鬱怨非上。小主，秦君也，秦厲公曾孫惠公之子也。夫人用奄變，爲惑亂也。○畢沅曰：「以史記秦本紀攷之，小主即出子也。」公子連亡在魏，聞之，欲入，因羣臣與民從鄭所之塞。公子連，一名元，秦厲公曾孫靈公之子也，於小主爲從父昆弟也。○畢沅曰：「公子連即獻公，於小主爲從祖昆弟。索隱云：『名師隰。』殆據世本。」○梁玉繩曰：「秦獻公亦謚元，故史索隱引〔一〕世本作元獻公，越絶稱元王，非別名爲元也。」右主然守塞，弗入，右主然，秦守塞吏也。弗內公子連也。曰：「臣有義，不兩主。○陶鴻慶曰：「『有』當爲『聞』字之誤。」公子勉去矣。」內公子連則兩主矣。勸之使疾去。公子連去，入翟，從焉氏塞，塞在安定。將之北翟。○畢沅曰：「注『將翟』二字疑衍。」○王念孫曰：「焉氏塞，蓋即在漢之

〔一〕「引」，原脱，據吕子校補補。

烏氏縣。烏氏即焉氏，故注云『塞在安定』。」菌改入之。菌改，亦守塞吏也。入之，內公子連也。○王念孫曰：「菌改，史記秦本紀謂之庶長改。」夫人聞之，大駭，小主夫人也。駭，驚也。令吏興卒，奉命曰：「寇在邊。」卒與吏其始發也，發，行也。皆曰：「往擊寇。」中道因變曰：「非擊寇也，迎主君也。」主君，謂公子連。公子連因與卒俱來，至雍，圍夫人，夫人自殺。雍，秦都也。公子連立，是爲獻公，怨右主然而將重罪之，怨其不入己也。德菌改而欲厚賞之。德其入己也。監突爭之曰：「不可。監突，秦大夫也。秦公子之在外者衆，衆，多也。若此則人臣爭入亡公子矣。此不便主。」如此則諸臣爭內亡公子。亡公子得入，則爭爲君，故於主不便也。獻公以爲然，故復右主然之罪，復，反也。反其罪，不復罪也。而賜菌改官大夫，官大夫，秦爵也。○俞樾曰：「高注曰：『復，反也。反其罪，不復罪也。』若然，獻公於右主然僅不治其罪，而於菌改則賜之官大夫之爵，未見其能用賞罰也。下文云：『凡賞非以愛之也，罰非以惡之也，用觀歸也。所歸善，雖惡之，賞。所歸不善，雖愛之，罰。』是獻公必賞右主然而罰菌改，於下文之義方合。疑右主然、菌改傳寫互易，呂氏原文本作『故復菌改之罪，而賜右主然官大夫』。復之言報也，見周官宰夫職注。復菌改之罪，即報菌改之罪。說文㚔部：『報，當罪人也。』即此文『復』字之義也。後人見上文皆先言右主然，後言菌改，遂互易之，以順上文之序。然正文言復而注文言不復，其義正相反，足知非呂氏之旨矣。且下云『賜守塞者人米二十石』，夫守塞者即助右主然守塞之人也，故承『賜右主然』句而言。若如今本作菌改，則菌改乃內獻公者，何有守塞之人乎？是故『賜守塞者』與『賜右主然』兩文必相接，其傳寫之誤易，更可見矣。」賜守塞者人米二十石。獻公可謂能用賞罰矣。凡賞非以愛之也，罰非以惡之也，用觀歸也。所歸善，雖惡之，賞。所歸不善，雖愛之，罰。傳曰：「善有章，雖賤，賞也。惡有釁，雖貴，罰也。」此之謂也。此先王之所以治亂安危也。亂者能治之也，危者能安之也。

當賞

五曰：先王有大務，去其害之者，故所欲以必得，所惡以必除，此功名之所以立也。立，成也。俗主則不然，有大務而不能去其害之者，此所以無能成也。夫去害務與不能去害務，此賢不肖之所以分也。分，别也。使獐疾走，馬弗及至，已而得者，其時顧也。反顧稽其行，故見得也。○孫志祖曰：「藝文類聚九十五引：『使麕疾走，馬弗及也，而得之者，時顧也。』」驥一日千里，車輕也；以重載則不能數里，任重也。任，載也。賢者之舉事也，不聞無功，〈言有功也。〉然而名不大立、利不及世者，愚不肖爲之任也。愚不肖人爲之任政事，故使其君賢名不立，福利不及後世子孫也。冬與夏不能兩刑，傳曰：「火中而寒暑退。」故曰「不能兩刑」。○畢沅曰：「刑猶成也。」草與稼不能兩成，新穀熟而陳穀虧，凡有角者無上齒，果實繁者木必庳，有覈曰果。物莫能兩大，故戴角者無上齒，果實繁者木爲之庳小也。○畢沅曰：「大戴禮易本命篇：『戴角者無上齒。』又戰國秦策引詩曰：『木實繁者披其枝。』亦是此義。梁仲子云：『齒、庳爲韻。』」用智褊者無遂功，天之數也。遂，成也。○陶鴻慶曰：「『無遂功』當作『功無遂』。遂與上文虧、齒、庳爲韻。」故天子不處全，不處極，不處盈。全則必缺，極則必反，盈則必虧。先王知物之不可兩大，故擇務當而處之。

孔、墨、甯越皆布衣之士也，慮於天下，以爲無若先王之術者，孔子、墨翟也。甯越，中牟人也，知道術之士也。故日夜學之。有便於學者無不爲也，有不便於學者無肯爲也。蓋聞孔丘、墨翟，晝日諷誦習業，夜親見文王、周公旦而問焉。夜則夢見文王、周公而問其道也。論語曰：「吾衰久矣，吾不復夢見周公。」○畢沅曰：「『吾衰久矣』，尚是朱子以前讀法，宋本句讀亦如此。」○梁玉繩曰：「人但知孔子夢周公，不知夢文王，然則不僅于琴見文王矣。墨翟何人，亦能見文王、周公乎？恐語增非實。」用志如此其精也，精，微密也。何事而不達？何爲而不成？故曰：「精而熟之，鬼將告之。非鬼告之也，精而熟之也。」史曰：「日精所學致無鬼神。」故曰有鬼告之也。○王念孫曰：「注當作『史游曰：「積學所致無鬼神。」』此引急就篇語也。今本急就篇『無』作『非』，皇象本作『無』。」○維遹案：王説是。尊師篇注「學以致之無鬼神」，亦約用急就篇語。今有寶劍良馬於此，玩之不厭，視之無倦。寶行良道，一而弗復，○孫鏘鳴曰：「寶行，可寶之行。良道，善道也。上言『寶劍良馬』，故此言『寶行良道』。『一而弗復』，爲而輒止，不精熟也。」欲身之安也，名之章也，不亦難乎！甯越，中牟之鄙人也，苦耕稼之勞，謂其友曰：「何爲而可以免此苦也？」其友曰：「莫如學。學三十歲則可以達矣。」甯越曰：「請以十五歲。○畢沅曰：「『五』字舊本脱，據李善注文選韋宏嗣博弈論補。御覽六百十一同。」人將休，吾將不敢休；人將卧，吾將不敢臥。」○畢沅曰：「『吾』下兩『將』字皆疑衍。」○維遹案：世説新語政事篇注及御覽六百十一引「吾」下竝無「將」字。

十五歲而周威公師之。威公，西周君也。師之者，以甯越爲師也。○維遹案：世説新語注引作「十五歲而爲周威公之師也」。矢之速也而不過二里止也，步之遲也而百舍不止也。今以甯越之材而久不止，其爲諸侯師，豈不宜哉！

養由基、尹儒，皆文藝之人也。○畢沅曰：「『尹儒』，一作『尹需』。『文藝』，本或作『六藝』，今從李本，與下篇合。」○梁玉繩曰：「淮南道應及文選魏都賦注引莊子作『尹需』。（困學紀聞采莊子逸篇作『儒』。）○俞樾曰：「明李瀚本『六藝』作『文藝』，畢刻從之，謂與下篇合，其實非也。養由基善射，尹儒善御，皆六藝之事，則作『六藝』爲是。下貴當篇曰：『故賢主之時見文藝之人也，非特具之而已也，所以就大務也。』『文藝』亦當作『六藝』，此承上善相人者而言，亦藝術事也。今作『文藝』者，字之誤耳。反據此以改上篇，謬矣。」荆廷嘗有神白猨，荆之善射者莫之能中。荆王請養由基射之，養由基矯弓操矢而往，未之射而括中之矣，發之則猨應矢而下，則養由基有先中中之者矣。幽通記曰：「養流睇而猨號。」此之謂也。○畢沅曰：「注『流』字舊作『由基』二字，訛，今改正。」○孫志祖曰：「藝文類聚引『荆王有神白猨，王自射之，則搏樹而嬉。使養由基射之，始調弓矯矢，未發，猨擁樹而號』。與此不同，疑誤以淮南説山爲吕也，然文亦小異。」尹儒學御三年而不得焉，苦痛之，痛，悼也。夜夢受秋駕於其師。明日往朝，其師望而謂之曰：○畢沅曰：「『望』上『師』字當重。」○陳昌齊曰：「『師』字不必重。當以『明日往朝』爲句，『其師望而謂之』爲句。此段亦見淮南道應訓。」○劉先生曰：「畢校是也。文選魏都賦注引莊子作『明日往朝其師，其師望而謂之曰』，王元長三日曲水詩序注引莊子亦重『師』字，皆其證也。」「吾非愛道也，恐子之未可與也。今日將教子以秋駕。」秋駕，御法也。尹儒反走，北面再拜曰：「今昔臣夢受之。」○維遹案：昔、夕古通。淮南道應篇作「夕」。先爲其師言所夢，所夢固秋駕已。上二士者，可謂能學矣，可謂無害之矣，此其所以觀後世已。二士，甯越、尹儒也。觀，示也。○維遹案：「上二士者」，王念孫校本改「上」爲「此」。案：務本篇云：「此二士者，皆近知本矣。」亦或「上」爲「之」誤，「之」、「上」篆形相似，慎勢篇云「之二臣者」，辭例均同。

博志

○王念孫曰：「『博』當爲『摶』，與『專』同，謂專一其志也。篇內云『用志如此其精也，何事而不達，何事而不成』，是其明證矣。古書以摶爲專，傳寫者多誤作『博』，説見管子『博一純固』下。」

六曰：名號大顯，不可彊求，必繇其道。繇，用也。治物者，不於物，於人。治人者，不於事，於君。治，飭也。君，侯也。○陳昌齊曰：「『不於事』，淮南作『不於人』，是也。」治君者，不於君，於天子。治天子者，不於天子，於欲。欲，貪欲也。不貪欲則天子安樂也。治欲者，不於欲，於性。性者，萬物之本也，不可長，不可短，因其固然而然之，此天地之數也。窺赤肉而烏鵲聚，貍處堂而衆鼠散，窺，見也。散，走也。○維遹案：「烏」，原作「鳥」。王念孫校本改「鳥」爲「烏」。案：張本作「烏」，今據改正。衰絰陳而民知喪，竽瑟陳而民知樂，湯、武修其行而天下從，修其仁義之行，故天下順從之也。桀、紂慢其行而天下畔，慢，易也。豈待其言哉！君子審在己者而已矣。

荆有善相人者，所言無遺策，遺猶失也。聞於國。國人聞之也。○維遹案：御覽六百四引「國」上有「楚」字。莊王見而問焉，對曰：「臣非能相人也，能觀人之友也。觀布衣也，其友皆孝悌純謹畏令，如此者，其家必日益，益，富也。身必日榮矣，所謂吉人也。○維遹案：「矣」當作「此」。治要引「榮」作「安」，「矣」作「此」。韓詩外傳九、新序雜事五竝同。「此所謂吉人也」，與下文「此所謂吉臣也」、「此所謂吉主也」文同一例。觀事君者也，其友皆誠信有行好善，如此者，事君日益，官職日進，此所謂吉臣也。吉，善也。觀人主也，其朝臣多賢，左右多忠，主有失，皆交爭証諫，交，俱也。○畢沅曰：「外傳九、新序五〔一〕作『正諫』。」案：証亦諫也，見説文。○維遹案：治要「皆」作「敢」，「証」作「正」。如此者，國日安，主日尊，天下日服，服其德也。此所謂吉主也。臣非能相人也，能觀人之友也。」莊王善之，於是疾收士，○維遹案：御覽引「收」作「取」。日夜不懈，遂霸天下。故賢主之時見文藝之人也，非特具之而已也，所以就大務也。就，成也。夫事無大小，固相與通。田獵馳騁，弋射走狗，賢者非不爲也，爲之而智日得焉，不肖主爲之而智日惑焉。志曰：「驕惑之事，不亡奚待！」志，古記也。○王念孫曰：「之事，是事也。」

〔一〕「五」，原作「二」，據新序改。

齊人有好獵者，〇畢沅曰：「『齊人』，舊本或作『君』，或作『尹』，皆訛，今從日抄改正。孫云：『御覽八百三十二又九百五竝作「齊」字。』」曠日持久而不得獸，入則媿其家室，出則媿其知友州里。惟其所以不得之故，則狗惡也。欲得良狗，則家貧無以。無以買狗。於是還疾耕，疾耕則家富，家富則有以求良狗，狗良則數得獸矣，田獵之獲常過人矣。過猶多也。非獨獵也，百事也盡然。霸王有不先耕而成霸王者，古今無有。此賢者不肖之所以殊也。殊，異也。〇陳昌齊曰：「『下』『者』字當据別本删。」賢不肖之所欲與人同，堯、桀、幽、厲皆然，所以爲之異。故賢主察之，以爲不可，弗爲；以爲可，故爲之，爲之必繇其道，物莫之能害，此功之所以相萬也。萬倍也。

貴當

呂氏春秋集釋卷第二十五

榮成許維遹學

呂氏春秋訓解　高氏

似順論第五　別類　有度　分職　處方　慎小

一曰：事多似倒而順，多似順而倒。倒，逆也。有知順之爲倒、倒之爲順者，則可與言化矣。化，道也。至長反短，至短反長，天之道也。夏至極長，過至則短，故曰「至長反短」。冬至極短，過至則長，故曰「至短反長」也。天道有盈縮之數，故曰「天之道也」。

荆莊王欲伐陳，莊王，楚穆王之子也。使人視之。使者曰：「陳不可伐也。」莊王曰：「何故？」對曰：「城郭高，溝洫深，蓄積多也。」寧國曰：「陳可伐也。寧國，楚臣。○畢沅曰：「說苑權謀篇『蓄積多』下云『其國寧也』。王曰：『陳可伐也』。後『莊王聽之』作『興兵伐之』。」夫陳，小國也，而蓄積多，賦斂重也，則民怨上矣；城郭高，溝洫深，則民力罷矣。興兵伐之，陳可取也。」莊王聽之，遂取陳焉。傳曰：「伐而言取，易也。」○畢沅曰：「注『傳曰』，舊作『陳曰』，訛，今改正。」

田成子之所以得有國至今者，有兄曰完子，仁且有勇。成子，田常也。有國，齊國也。○梁玉繩曰：「陳完爲田氏得國之祖，陳恒之兄安得與之同名？」○吴先生曰：「注文『有國，齊國也』不辭，當作『有國，有齊國也』，傳寫失之。」越人興師誅田成子曰：「奚故殺君而取國？」殺君，殺齊簡公而取其國也。田成子患之。完子請率士大夫以逆越師，請必戰，戰請必敗，敗請必死。田成子曰：「夫必與越戰可也。戰必敗，敗必死，寡人疑焉。」疑焉，不欲其死也。完子曰：「君之有國也，百姓怨上，賢良又有死之，臣蒙恥。○俞樾曰：「『又有死』三字衍文也。『賢良之臣蒙恥』，文義甚明。疑『有死』二字本在下文，其文云『今越人起師，臣與之戰，戰而敗，敗而有死，賢良盡死，不死者不敢入於國』，蓋『戰而敗，敗而有死』，即上文所謂『戰請必敗，敗請必死』也。有讀爲又。『敗而又死』，此謂完子自死也。完子爲將而死，則賢良莫敢不死。其或不死，亦必畏罪而不敢入國矣。所以不敢入國，正以主將先死之故。若無此句，但曰『戰而敗』，則賢良之死者固死矣，其不死者何不敢入之有？未足以盡國中之賢良也。『有死』二字羼入上文，因并『敗而』二字删去之矣。至『有死』即又死，又、有二字不當疊用，蓋讀者因此有字當讀作又，旁注又字，因而致衍耳。」以完觀之也，國已懼矣。今越人起師，臣與之戰，戰而敗，賢良盡死，不死者不敢入於國。君與諸孤處於國，以臣觀之，國必安矣。」完子行，田成子泣而遣之。夫死敗，人之所惡也，而反以爲安，豈一道哉！故人主之聽者與士之學者不可不博。聽博則達義，學博則達道也。

尹鐸爲晉陽下，有請於趙簡子。尹鐸者，趙簡子家臣也。晉陽，簡子邑。爲，治也。簡子曰：「往而夷夫壘。我將往，往而見壘，是見中行寅與范吉射也。」夷，平也。中行文子與范昭子專晉君權，伐趙簡子，圍之晉陽，所作壘壁培堙也。簡子不欲見之，故使尹鐸平除之也。○畢沅曰：「晉語九『壘』下有『培』字，觀此注似亦本有『培』字。又『是』字下舊本脱『見』字，據晉語補。」○維遹案：注「圍之晉陽」當作「圍晉陽」，「之」字當移在「所作」下，文義乃順。鐸往而增之。增益其壘壁令高大也。簡子上之晉陽，望見壘而怒曰：「譆！鐸也欺我。」於是乃舍於郊，將使人誅鐸也。孫明進諫曰：「以臣私之，鐸可賞也。孫明，簡子臣，孫無政郵良也。私，惟也。○畢沅曰「晉語郵無正字伯樂。左傳郵無恤亦名郵良，即王良也。此云孫明，當即孫陽。注云孫無政，亦見前。」鐸之言固曰：『見樂則淫侈，見憂則諍治，此人之道也。』○王念孫曰：「諍當作竫。」今君見壘念憂患，而況羣臣與民乎？夫便國而利於主，雖兼於罪，鐸爲之。○畢沅曰：「舊注云：『兼或作謙。』疑亦校者之辭。謙字無義，或當爲『嫌』。」夫順令以取容者，衆能之，而況鐸歟？』容，説也。況鐸爲賢人也。君其圖之。」圖，議之也。簡子曰：「微子之言，寡人幾過。」過，失也。於是乃以免難之賞賞尹鐸。人主太上喜怒必循理，太上，上德之君。其次不循理必數更，雖未至大賢，猶足以蓋濁世矣。更，革也。變革不循危亡之迹，雖未至大賢，尚足以蓋濁世專欲之人也。簡子當此。簡子之行與此相值也。世主之患，恥不知而矜自用，好愎過而惡聽諫，鄙恥於不知，而矜大於自用，愎過惡諫，固敗是求，世主之大病也。○畢沅曰：「注舊本缺『求』字。案『固敗是求』，見左傳慶鄭語，此用其成文，今補。」以至於危。恥無大乎危者。危敗則滅亡，恥但慙辱耳，故無大於危者也。

似順論

二曰：知不知，上矣。過者之患，不知而自以爲知。物多類然而不然，故亡國僇民無已。夫草有莘有藟，〇畢沅曰：「御覽九百九十四『莘』作『華』，日抄作『萃』。」獨食之則殺人，合而食之則益壽。合藥而服，愈人病，故曰益人壽也。萬堇不殺。〇畢沅曰：「堇，烏頭也，毒藥，能殺人。萬堇則不能殺，未詳。」漆淖水淖，〇畢沅曰：「『水』下舊無『淖』字，今案文義補。」合兩淖則爲蹇，蹇，彊也。言水漆相得，則彊而堅也。溼之則爲乾。乾，燥也。金柔錫柔，合兩柔則爲剛，燔之則爲淖。火熾金流，故爲淖也。或溼而乾，或燔而淖，類固不必，可推知也。漆得溼而乾燥，金遇燔而流淖，皆非其類也，故曰不必可推知也。小方，大方之類也。〇孫鏘鳴曰：「小方大方未詳。或曰『方』與『犬』字篆形相似，疑『犬』之誤，故下言『小馬大馬之類』。」〇俞樾曰：「小方大方義不可通，『方』疑『犬』字之誤，因篆文相似而誤也。犬、馬義正一例。高氏無注，以犬不煩更釋也。若作『小方大方』，則不容無注矣。」〇孫詒讓曰：「此即墨子經説下『一方盡類』之義。」〇維遹案：孫詒讓説是。小馬，大馬之類也。小智，非大智之類也。大智知人所不知，見一隅則以三隅反，小智聞十裁通其一，故不可以爲類也。

魯人有公孫綽者，告人曰：「我能起死人。」淮南記曰王孫綽。〇畢沅曰：「見淮南覽冥訓。彼注云：『蓋周人。一曰衛人。王孫賈之後也。』」人問其故，對曰：「我固能治偏枯，〇畢沅曰：「舊校云：『治一作爲，爲亦治也。』」今吾倍所以爲偏枯之藥，則可以起死人矣。」物固有可以爲小，不可以爲大；可以爲半，不可以爲全者也。半謂偏枯，全謂死人也。〇畢沅曰：「梁仲子云：『小、大、半、全，乃概論物情。注太泥。」」

相〔一〕劍者曰：「白所以爲堅也，黄所以爲牣也，○畢沅曰：「牣與韌、忍、刃、紉古皆通用。李善注王文憲集序引作『紉』。」黄〔二〕白雜則堅且牣，良劍也。」○維遹案：事類賦十三引「雜」作「兼」。難者曰：「白所以爲不牣也，黄所以爲不堅也，黄白雜則不堅且不牣也。又柔則錈，○畢沅曰：「字書無此字，當與『卷』同。」堅則折，劍折且錈，焉得爲利劍？」劍之情未革，而或以爲良，或以爲惡，説使之也。○維遹案：「使」下「之」字，事類賦引作「然」。故有以聰明聽説則妄説者止，無以聰明聽説則堯、桀無别矣。無聰明以聽説，不能知賢不肖，故堯、桀無有所别也。○陶鴻慶曰：「『有以聰明聽説』，『無以聰明聽説』，兩『以』字皆當在『聰明』二字之下。高注云云，是其所見本不誤。」○維遹案：王念孫校本兩「以」字皆乙在「聰明」二字之下，與陶説正合。此忠臣之所患也，患，憂也。○維遹案：「所」下疑有「以」字，方與下句一律。賢者之所以廢也。不見别白黑，故廢棄也。

義，小爲之則小有福，大爲之則大有福。於禍則不然，小有之不若其亡也。禍雖微小，積小成大，以危身亡國，故曰小有之不若無也。射招者欲其中小也，射獸者欲其中大也。物固不必，安

〔一〕四部叢刊本「相」下有注「一作持」。
〔二〕「黄」，原作「黑」，據諸子集成本改。

可推也？招，埻藝也。中小，謂剖微不失毫分，射之工也。射獸欲其中大者，得肉多，故以中爲工也。射則同也，中之大小異，故曰「物固不必，安可推也」。○陶鴻慶曰：「『物固不必』句絶。安猶於是也。安可推者，於是可推也。上文云『類固不必，可推知也』，文義與此相同。」

高陽應將爲室家，匠對曰：「未可也，木尚生，加塗其上，必將撓。高陽，宋邑，因以爲氏。應，名也。或作高魋，宋大夫也。家匠，家臣也。撓，弱曲也，故曰「未可也」。○畢沅曰：「梁仲了云：『淮南人間訓作高陽魋。廣韻陽字下引呂氏有辯士高陽魋，此注内脱一「陽」字。』」○梁玉繩曰：「家匠者，匠人也。韓子外儲左上作『虞慶爲屋』。」○沈濤曰：「如廣韻所引，則古本呂氏作『魋』不作『應』。淮南書即取諸呂氏，則『應』字乃傳寫之誤。高注當作『魋，名也。或作「向魋」，宋大夫也』。梁氏不知『高』爲『向』字之誤，轉謂脱一『陽』字，非也。淮南注亦云：『或曰高陽魋，宋大夫。』此蓋傳寫有脱。既稱或曰，則必有正解，彼注當與此注同。高氏疑高陽魋之即向魋，故存此二説。『向』其『高陽』之合聲歟？」○俞樾曰：「此當於『家』字絶句。書梓材篇『若作室家』，詩緜篇『俾立室家』，皆以『室家』連文。此云『將爲室家』，亦猶是也。高氏於『室』字絶句，云『家匠，家臣也』，失之。」○維遹案：沈、俞説是。疑「匠」下脱一「人」字，下文亦以「匠人」連文，前後不宜有異。韓非、淮南皆作「匠人」，不作「家匠」，是其證。注「家匠，家臣也」五字，因正文脱「人」字，校者遂以「家匠」連讀而妄加之，非高氏之舊也。**以生爲室，今雖善，後將必敗。」**家臣所謂，直於辭而合事實者也。**高陽應曰：「緣子之言，則室不敗也。木益枯則勁，**勁，彊也。**塗益乾則輕，**○王念孫曰：「據下文及淮南人間篇，此文當作『木枯則益勁，塗乾則益輕』。」**以益勁任益輕則不敗。」**此僞於辭，而後必敗，其言不合事實者也。○畢沅曰：「俛當是勉强之義。」匠人無辭而對，受令而爲之。室之始成也善，其後果敗。高陽應好小察，而不通乎大理也。

驥驁綠耳背日而西走，至乎夕則日在其前矣。日東行，天西旋。日行遲，天旋疾。及夕，日入於虞淵之北，驥不能及，故曰在前矣。○畢沅曰：「注説迂曲。」目固有不見也，智固有不知也，數固有不及也。不知其説所以然而然，聖人因而興制，不事心焉。

別類

三曰：賢主有度而聽，故不過。度，法也。有度而以聽，則不可欺矣，欺，誤也。不可惶矣，不可恐矣，不可喜矣。以凡人之知，不昏乎其所已知，而昏乎其所未知，昏，闇也。則人之易欺矣，可惶矣，可恐矣，可喜矣，知之不審也。

客有問季子曰：「奚以知舜之能也？」季子，户季子，堯時諸侯也。○王念孫曰：「淮南繆稱篇『昔東户季子之世』，高注：『東户季子，古之人君也。』此注『户』上脱『東』字。」○孫鏘鳴曰：「『奚』上當有『堯』字。」季子曰：「堯固已治天下矣，舜言治天下而合己之符，己，堯也。是以知其能也。」「若雖知之，奚道知其不爲私？」私，邪也。○畢沅曰：「此二句，客又問也。」季子曰：「諸能治天下者，固必通乎性命之情者，當無私矣。○陳昌齊曰：「『通乎性命之情』下，似當疊『通乎性命之情』六字，吕氏文例多如此。」○孫先生曰：「陳校是也。書鈔三十七引正重『通乎性命之情』六字。」夏不衣裘，非愛裘也，暖有餘也。○維遹案：「非愛裘也」，意林引作「非不愛裘也」。下文「非愛籆也」，「非」下亦有「不」字。冬不用籆，籆，扇也。○畢沅曰：「籆與箑同。」○維遹案：文選謝靈運遊南亭詩注引「籆」作「箑」。揚子方言：「扇自關而東謂之箑，自關而西謂之扇。」非愛籆也，清有餘也。清，寒。聖人之不爲私也，非愛費也，節乎己也。○畢沅曰：「『費』，舊本誤作『貴』。孫云：『重己篇云「非好儉而惡費也，節乎性也」，與此正相同。御覽四百二十九亦作「費」。』今改正。」節己，雖貪汙之心猶若止，又況乎聖人？許由非彊也，有所乎通也，通於無爲也。有所通則貪汙之利外矣。」外，棄也。○陳昌齊曰：「『利』當作『私』。」

孔、墨之弟子徒屬充滿天下，皆以仁義之術教導於天下，然而無所行。教者術猶不能行，又況乎所教？所教，謂孔、墨弟子之弟子也。是何也？仁義之術外也。夫以外勝內，匹夫徒步不能行，又況乎人主？人主，謂俗主，又不能行也。唯通乎性命之情，而仁義之術自行矣。

先王不能盡知，執一而萬物治。不能盡知萬物也，執守一道，而萬物治理矣。使人不能執一者，物感之也。感，惑也。故曰：通意之悖，解心之繆，去德之累，通道之塞。悖、繆、累、塞四者，所以爲人病也，唯執一者能解去道之塞，不壅閉也。貴富顯嚴名利六者，悖意者也。此六者，人情所欲也。孔子曰：「富與貴人之所欲也，不以其道，得之不居。」故曰悖意。悖，亂也。○畢沅曰：「古讀皆以『不以其道』爲句，此注亦當爾。論語『不處』，此作『不居』，論衡問孔、刺孟兩篇竝同。」容動色理氣意六者，繆心者也。此六者不節，所以惑人心者也。惡欲喜怒哀樂六者，累德者也。此六者不節，所以爲德累者也。智能去就取舍六者，塞道者也。此六者宜適難中，所以窒塞道，使不通者也。此四六者不蕩乎胷中則正，蕩，動也。此四六者皆得其適，不傾邪蕩動於胷臆之中，則正矣。詩云：「靜恭爾位，正直是與。」此之謂也。正則靜，靜則清明，清明則虛，虛則無爲而無不爲也。虛者，道也。道尚空虛，無爲而無不爲。人能行之，亦無不爲也。

有度

四曰：先王用非其有，如己有之，○畢沅曰：「孫云：『御覽六百二十作「如己之有」。案下文皆作「如己有之」，御覽非也。』」通乎君道者也。桀、紂有天下，非湯、武之有也，而湯、武有之，此之類也，故曰「通乎君道者也」。○吴先生曰：「『用非其有，如己有之』，即下文『能令智者謀，能令勇者怒』。注以有爲有天下，似失之。」夫君也者，處虛素服而無智，○王念孫曰：「『素服』疑當爲『服素』。」故能使衆智也；智反無能，故能使衆能也；能執無爲，故能使衆爲也。無智、無能、無爲，此君之所執也。君執一以爲化之也。○畢沅曰：「注『之』字疑衍。」人主之所惑者則不然，○王念孫曰：「『所』字疑因上句而衍。」○陶鴻慶曰：「『所』字不當有，涉上文『此君之所執也』而誤衍耳。高於下文注云：『若此者，雖舜之聖不能無壅塞，況惑主乎？』是其所見本不誤。」以其智彊智，以其能彊能，以其爲彊爲，此處人臣之職也。處人臣之職，而欲無壅塞，雖舜不能爲。若此者，雖舜之聖不能無壅塞，況惑主乎？

武王之佐五人，五人者，周公旦、召公奭、太公望、畢公高、蘇公忿生也。○梁玉繩曰：「淮南道應有此語，彼注以毛公易蘇公，與此異。」武王之於五人者之事無能也，然而世皆曰：「取天下者，武王也。」故武王取非其有，如己有之，通乎君道也。通乎君道，則能令智者謀矣，能令勇者怒矣，能令辯者語矣。夫馬者，伯樂相之，造父御之，伯樂善相馬，秦繆公臣也。造父，嬴姓，飛廉之子，善御，周穆王臣也。賢主乘之，一日千里，無御相之勞，而有其功，則知所乘矣。功，千里之功也，故曰知乘也。

今召客者，酒酣，召，請也。飲酒合樂爲酣。歌舞鼓瑟吹竽，明日不拜樂己者，拜，謝也。樂己者，謂倡優也。而拜主人，主人使之也。先王之立功名，有似於此，有似於主人使之者也。使衆能與衆賢，功名大立於世，不予佐之者，而予其主，其主使之也。○畢沅曰：「『其主』二字，舊本不重，今據困學紀聞十所引補。」譬之若爲宮室，必任巧匠，奚故？奚，何也。曰：「匠不巧則宮室不善。」○維遹案：治要引句末有「也」字。夫國，重物也，其不善也，豈特宮室哉！特猶直也。巧匠爲宮室，爲圓必以規，爲方必以矩，爲平直必以准繩。巧已就，就，成也。○畢沅曰：「李本作『准』，別本作『準』。」不知規矩繩墨，而賞匠巧。匠之宮室已成，○畢沅曰：「困學紀聞『賞匠巧』下有『也』字，又有『巧』字。盧云：『案「也」字當有。下「匠之」二字係衍文，當刪。』」○維遹案：盧説近是。惟「繩墨」當作「準繩」。「準繩」乃承上文。今作「繩墨」者，蓋後人習見繩墨，遂妄改之。治要引正作「不知規矩準繩，而賞巧匠。宮室已成」。而皆曰：「善。此某君某王之宮室也。」此不可不察也。察猶知也。人主之不通主道者則不然，○維遹案：治要「通」下有「乎」字。此篇「通乎」連文，凡三見，疑脱。自爲人則不能，○畢沅曰：「『自爲人』，疑是『自爲之』。」○陶鴻慶曰：「『自爲人則不能』句當有脱誤，元文雖不可考，其意蓋謂『自爲則不得，爲人則不能』，即下文所謂『不能爲人，又不能自爲』，爲白公立案耳。『任賢者則惡之，與不肖者議之』二句，則對下文衞靈公聽宛春之事而反言以明之也。畢校疑『人』當作『之』，未碻。」○孫先生曰：「治要引正作『自爲之』，畢校是也。」任賢者則惡之，與不肖者議之，此功名之所以傷，傷，敗也。國家之所以危。危，亡也。棗，棘之有；裘，狐之有也。食棘之棗，衣狐之皮，○維遹案：事類賦二十六引「皮」作「裘」。先王固用非其有，而己有之。○陶鴻慶曰：「而讀爲如。篇首云『先王用非其有，如己有之』，文與此同。」湯、武一日而盡有夏、商之民，盡有夏、商之地，盡有夏、商之財，以其民安而天下莫敢之危，○畢沅曰：「『敢之』二字似當乙轉。」○維遹案：治要引正作「莫敢危之」。以其地封而天下莫敢不説，以其財賞而天下皆競，競，進也。○孫先生曰：「治要引『競』下有『勸』字，又引注云『勸，進也』，與今本異。」無費乎郼與岐周，而天下稱大仁，稱大義，通乎用非其有。通，達也。○維遹案：治要引句末有「也」字。

白公勝得荆國，殺令尹子西、司馬子期而得荆國也。不能以其府庫分人。七日，石乞曰：「患至矣。石乞，白公臣也。不能分人則焚之，毋令人以害我。」白公又不能。不能焚之也。九日，葉公入，乃發太府之貨予衆，葉公，楚葉縣大夫沈諸梁子高也。○劉先生曰：「『予衆』上敚『以』字，與下句句法不一律。淮南子道應篇正作『以予衆』，當據增。」出高庫之兵以賦民，賦，予也。因攻之。十有九日，而白公死。

國非其有也而欲有之，可謂至貪矣。不能爲人，又不能自爲，可謂至愚矣。譬白公之嗇，若梟之愛其子也。梟愛養其子，子長而食其母也。白公愛荆國之財而殺其身也。○孫鏘鳴曰：「『譬』疑在『若』字上。」

衛靈公天寒鑿池，靈公，襄公之子。宛春諫曰：「天寒起役，恐傷民。」傷，病也。公曰：「天寒乎？」○維遹案：治要及類聚二十四引「乎」下竝有「哉」字。宛春曰：「公衣狐裘，○維遹案：白帖四及書鈔引「衣」上「公」字竝作「君」，新序刺奢篇同，當從之。坐熊席，陬隅有竈，○畢沅曰：「新序刺奢篇『陬隅』作『陝隅』。」是以不寒。今民衣弊不補，履決不組。○畢沅曰：「新序作『苴』。」○維遹案：白帖四、類聚五引「組」作「苴」，與新序同。「組」字是。苴亦爲組之借字。君則不寒矣，民則寒矣。」公曰：「善。」令罷役。左右以諫曰：「君鑿池，不知天之寒也，而春也知之。以春之知之也而令罷之，福將歸於春也，○畢沅曰：「新序『福』作『德』，御覽三十四同。」而怨將歸於君。」公曰：「不然。夫春也，魯國之匹夫也，而我舉之，舉，用也。夫民未有見焉，未見其德。今將令民以此見之。曰春也有善，於寡人有也，○畢沅曰：「『曰』，新序作『且』。」○維遹案：「且」字是。「善」下「於」字與如同。治要引正作「且春也有善，如寡人有也」。春之善非寡人之善歟？」靈公之論宛春，可謂知君道矣。君者固無任，而以職受任。工拙，下也；賞罰，法也；君奚事哉？若是則受賞者無德，而抵誅者無怨矣，人自反而已，此治之至也。抵，當也。

分職

五曰：凡爲治必先定分。君臣父子夫婦，君臣父子夫婦六者當位，則下不踰節而上不苟爲矣，少不悍辟而長不簡慢矣。悍，兇也。辟，邪也。簡，惰也。慢，易也。金木異任，水火殊事，陰陽不同，其爲民利一也。六者皆所以爲民用，故曰「爲民利一也」。故異所以安同也，同所以危異也。言同異更相成。同異之分，貴賤之别，長少之義，此先王之所慎，而治亂之紀也。聖人以治，亂人以亂，在所以由之也。

今夫射者儀毫而失牆，儀，望也。晞望毫毛之微，而不視堵牆之大，故能中也。畫者儀髮而易貌，畫者晞毫髮，寫人貌，儀之於象，不失其形，故曰「易貌」也。○孫鏘鳴曰：「注未明。文心雕龍附會篇引此二語，下言『銳精細巧，必疏體統，似謹於小而忽於大之意。』」○維遹案：孫説是。説文：「儀，度也。」度有慎義。易爲傷之借字。説文：「傷，輕也。」此謂畫者謹慎其髮而輕易其貌。淮南説林篇襲此文作「畫者謹毛而失貌，射者儀小而遺大」，語尤明。言審本也。射必能中，畫必象人，故曰「審本」。本不審，雖堯、舜不能以治。本，身。審，正也。身不正而欲治者，堯、舜且猶不能，況凡人乎？故凡亂也者，必始乎近而後及遠，必始乎本而後及末。近，喻小。遠，喻大也。爲亂之君，先小後大也。本謂身，末謂國也。詹何曰：「未聞身亂而國治也。」故曰「始乎本而後及末」。治亦然。未聞身治而國亂也，故曰「亦然」。故百里奚處乎虞而虞亡，處乎秦而秦霸；虞公貪璧馬之賂，不從其言，爲晉所滅，故亡也。秦繆公用其謀而兼西戎，故霸也。○梁玉繩曰：「不從宮之奇言耳。」孟子曰：「百里奚不諫。」向摯處乎商而商滅，處乎周而周王。向摯，紂之太史令也。紂不從其言而犇周，朞年而紂滅，周武王用其謀而王天下也。百里奚之處乎虞，智非愚也；○孫先生曰：「文選運命論注引『愚』作『遇』。遇與愚通。疑選注所引呂氏古本如此。」向摯之處乎商，典非惡也，無其本也。本謂虞、商之君。身不治，自取滅亡也。其處於秦也，智非加益也；其處於周也，典非加善也，有其本也。有其本，言秦、周之君身正而治也。其本也者，定分之謂也。言其爲君，治理分定，不悖惑也。

齊令章子將而與韓、魏攻荆，荆令唐蔑將而應之。應，擊也。○畢沅曰：「唐蔑，楚世家作唐昧。『應之』，舊作『拒之』。注『拒』一作『應』。梁仲子云：『水經泚水注引作「荆使唐蔑應之」。』則『應』字正是本文，今改正。」軍相當，六月而不戰，齊令周最趣章子急戰，其辭甚刻。趣，督也。刻亦急也。章子對周最曰：「殺之免之，殘其家，王能得此於臣。不可以戰而戰，可以戰而不戰，王不能得此於臣。」與荆人夾泚水而軍，○畢沅曰：「『泚』，舊作『沘』。梁仲子云：『舊本水經「沘水」，何氏焯改作「泚水」，注引此文。新校本從漢地理志改作「比水」，引此作「夾比而軍」。』」章子令人視水可絶者，荆人射之，水不可得近。近猶迫也。有芻水旁者，告齊候者，候，視也。曰：「水淺深易知。荆人所盛守，盡其淺者也；所簡守，皆其深者也。」候者載芻者與見章子，章子甚喜，因練卒以夜奄荆人之所盛守，果殺唐蔑。章子可謂知將分矣。

韓昭釐侯出弋，靷偏緩。弋，獵也。論語曰：「弋不射宿。」○維遹案：説文：「靷，所以引軸者也。」詩小戎疏：「靷者，以皮爲之，繫於陰板之上，令參馬引之。」昭釐侯居車上，謂其僕：「靷不偏緩乎？」其僕曰：「然。」至舍，昭釐侯射鳥，其右攝其一靷，適之。適猶等也。○孫鏘鳴曰：「攝，收也，結也。見莊子胠篋篇釋文。」昭釐侯已射，駕而歸。上車選間，選間猶選頃也。曰：「鄉者靷偏緩，今適，何也？」其右從後對曰：「今者臣適之。」昭釐侯至，詰車令，詰，讓也。各避舍。○畢沅曰：「句上似當有『與右』二字。」故擅爲妄意之道，雖當，賢主不由也。由，用也。今有人於此，擅矯行則免國家，利輕重則若衡石，爲方圜則若規矩，此則工矣巧矣，而不足法。巧而不足法者，以其不循規矩故也。○陶鴻慶曰：「『擅矯行則危國家』，蓋衍句也。此七字當是上文『故擅爲妄意之道，雖當，賢主不由也』二句之注。『免』當爲『危』。傳寫以上文之注羼入於此耳。」又曰：「『利』當爲『制』字之誤。『制輕重』與『爲方圓』義同。」法也者，衆之所同也，賢不肖之所以其力也。○畢沅曰：「『其力』疑當作『共力』。」謀出乎不可用，○舊校云：「一作『行』。」事出乎不可同，此爲先王之所舍也。舍而不爲也。

處方○王念孫曰：「『方』字疑當作『分』，篇內『分』字凡四見。」

六曰：上尊下卑。卑則不得以小觀上。觀，視也。上，君也。尊則恣，恣則輕小物，小物，凡小事也。輕小物則上無道知下，下無道知上。上下不相知，則上非下，下怨上矣。人臣之情，不能爲所怨；不能爲之竭力盡節也。人主之情，不能愛所非，方非罪之，何能愛也？此上下大相失道也，故賢主謹小物以論好惡。好，善也。惡，惡也。○陶鴻慶曰：「『大』當爲『交』字之誤，『論』當爲『諭』字之誤。下文『吴起治西河，欲諭其信於民』，高注云：『諭，明也。』即其義。」○維遹案：「論」字不誤，論亦訓明。尊師篇「説義必稱師以論道」，適音篇「故先王必託於音樂以論其教」，高竝釋論爲明。**巨防容螻而漂邑殺人**，巨，大。防，隄也。如隄有孔穴容螻蛄，則潰漏竅決，至於漂没閭邑，溺殺人民也。**突泄一熛而焚宫燒積**。竈突煙泄出，則火濫炎上，燒人之宫室積委也。○畢沅曰：「『突』亦作『堗』。廣雅：『竈窻謂之堗。』或謂『突』當作『突』。案説文：『突，深也，一曰竈突。』然則突特竈突之一名。説文亦但云『一曰竈突』，不云『竈突』，何得以『突』爲『突』之誤？故今仍作『突』字。又『熛』，舊本訛作『煙』，今從日抄改正。」○維遹案：一切經音義十四引「煙」亦作「熛」。注「煙」字亦當作「熛」。説文：「熛，火飛也，讀若摽。」**將失一令而軍破身死**，教令不當爲失。失令不從，十無先登之心，而懷北之志，故軍破敗，將見禽獲而身死也。**主過一言而國殘名辱，爲後世笑**。主過一言，猶將失一令，故國殘亡，惡名著聞，以自汙辱，乃爲後世之人所非笑也。

衛獻公戒孫林父、甯殖食。林父，孫文子也。甯殖，惠子也。○維遹案：據文義，戒，約也。**鴻集于囿，虞人以告**，畜禽獸，大曰苑，小曰囿。虞人，主囿之官也。以告，以鴻告也。**公如囿射鴻。二子待君，日晏，公不來至**。晏，暮也。**來不釋皮冠而見二子，二子不説，逐獻公，立公子黚**。傳曰：「衛人立公孫剽，孫林父、甯殖相之。」此云立公子黚，復誤矣。案衛世家，公子黚乃靈公之子，太子蒯聵之弟也，是爲悼公，於獻公爲曾孫也，焉得立之乎？**衛莊公立，欲逐石圃**，莊公，靈公之子蒯聵也。石圃，衛卿石惡之子也。蒯聵在外，圃不欲納之，故立而逐之也。○梁玉繩曰：「左襄二十八年傳『石惡出奔晉，衛人立其從子圃』，則『之子』當作『從子』。處素据疑似篇『子姪』之稱，欲改爲『姪』，未安。舊本作『石惡之名』，尤非。」**登臺以望，見戎州而問之曰：「是何**

爲者也？」侍者曰：「戎州也。」戎州，戎之邑也。莊公曰：「我姬姓也，戎人安敢居國？」使奪之宅，殘其州。晉人適攻衛，戎州人因與石圃殺莊公，立公子起。公子起，衛靈公子，莊公之弟也。此小物不審也。審，慎也。人之情，不蹷於山蹷，躓顛頓也。而蹷於垤。垤，蟻封也。蟻封卑小，人輕之，故躓顛也。

齊桓公即位，三年三言，而天下稱賢，羣臣皆說。去肉食之獸，去食粟之鳥，去絲罝之網。是三言也。

吴起治西河，欲諭其信於民，吴起，衛人也，爲魏武侯西河守。諭，明也。夜日置表於南門之外，置，立也。表，柱也。○吴闓生曰：「『夜日』謂前一日，猶次日爲旦日也。此蓋古語，它書少見。」令於邑中曰：「明日有人能僨南門之外表者，仕長大夫。」僨，僵也。長大夫，上大夫也。○畢沅曰：「『能』字舊本缺，孫據紀聞十補。御覽四百三十同。」○梁玉繩曰：「長大夫之稱，他書未見。」明日日晏矣，莫有僨表者。莫，無也。民相謂曰：「此必不信。」不信其有賞也。有一人曰：「試往僨表，不得賞而已，何傷？」言不敢必得其賞也。○畢沅曰：「『而已』，紀聞作『則已』。言縱不得賞，非有害也。注不得解。」○吴先生曰：「注『不敢必得賞』，釋本文『不得賞』句，謂不得賞而止矣，未必有害也。畢校以注爲不得解，非也。」往僨表，來謁吴起。謁，告也。吴起自見而出，仕之長大夫。夜日又復立表，又令於邑中如前。邑人守門爭表，表加植，不得所賞。如前，與前令同也。邑人貪賞，爭往僨表，表深植而不能僨，不得其所賞也。自是之後，民信吴起之賞罰。吳起賞罰不欺民，民信之也。賞罰信乎民，何事而不成，豈獨兵乎！言非獨信用兵以成功也，大信用賞罰以成事，故使秦人不敢東向犯盜西河也。○畢沅曰：「舊校云：「『豈獨兵乎』，作『非獨兵也』。」案注『大』，劉本作『亦』。」

慎小

呂氏春秋集釋卷第二十六

榮成許維遹學

士容論第六　務大　上農　任地　辯土　審時

呂氏春秋訓解　高氏

一曰：士不偏不黨，柔而堅，虚而實。而，能也。其狀朖然不儇，若失其一。一謂道也。能柔堅虚實之士，其狀貌朖然舒大，不儇給巧僞爲之，畏失其道也。○劉先生曰：「莊子徐無鬼篇『若卹若失，若喪其一』，淮南子道應篇『若滅若失，若亡其一』，（高彼注以『若亡』絶句，『其一』屬下讀，非是。說詳王氏淮南子雜志。）與此文『若失其一』誼皆相類，蓋周、秦之恒言，謂其狀髣髴無定耳。高注『一謂道也』，其失也泥矣。」傲小物而志屬於大，傲，輕也。輕略叢脞翳薉之事，而志屬連於有大成功也。似無勇而未可恐，未可恐以非義之事也。狼，執固横敢而不可辱害，狼，貪獸也，所搏執堅固。横猶勇敢。之士若此者不可辱，亦不可害也。○畢沅曰：「注『猶』疑『獷』。」○王念孫曰：「高説非也。『狼』當爲『猲』，字之誤也。（隸書『狼』字作『狼』，形與『猲』相似。）『恐猲』二字連讀，猶今人言恐嚇也。（一切經音義一云：『或言「恐嚇」，或言「恐喝」，皆一義也。』）趙策曰「以秦權恐猲諸侯」，史記蘇秦傳作『恐愒』，索隱曰：『謂相恐脅也。』漢書王子侯表『葛魁侯戚坐縛家吏恐猲受賕，平城侯禮坐恐猲取雞』，王莽傳『各爲權勢，恐猲良民』，皆其證也。『似無勇而未可恐猲』爲句，『執固横敢而不可辱害』爲句，（論威篇云『深痛執固，不可摇蕩』。）二句相對爲文。若以『狼執固横敢』五字連讀，則文不成義矣。此段以大、猲、害、越、大、外、賴、世、揭、衛、厲、折十二字爲韻，若以『恐』字絶句，則失其韻矣。」又曰：「注『横猶勇敢』，『横』下脱『敢』字。『之士若此者』，『之士』二字誤倒，下注云：『士之如此者，使即南面之君位，亦處義而已，當據以乙正。」**臨患涉難而處義不越，**越，失也。**南面稱寡而不以侈大，**南面，君位也。孤寡，謙稱也。士之如此者，使即南面之君位，亦處義而已，不以奢侈廣大也。○畢沅曰：「注『位』字闕，今案文義補。」**今日君民而欲服海外，節物甚高而細利弗賴，**海外，四海之外。而欲服之，化廣大也。節物，事也。行事甚高，細小之利不恃賴之也。**耳目遺俗而可與定世，**耳目視聽，禮義是則，故能遺棄流俗，可與大定於一世也。**富貴弗就而貧賤弗揭，**輕富貴，甘貧賤。○畢沅曰：「揭，去也。宋玉九辯云：『車既駕兮揭而歸。』」**德行尊理而羞用巧衛，**尊重道理而行，羞以巧媚自榮衛也。○畢沅曰：「注『榮』疑『營』。」○王念孫曰：「衛猶慧也。」○俞樾曰：「『衛』當作『躗』，乃叚借字或壞字也。哀二十四年左傳『是躗言也』，正義引服虔曰：『躗，僞，不信也。』然則巧躗猶云巧僞。高注謂『羞以巧媚自榮衛』，非是。」**寛裕不訾而中心甚厲，**不訾，毁敗人也。甚厲，至高遠也。**難動以物而必不妄折，**不爲物動，唯義所在，不妄屈折也。**此國士之容也。**容猶法也。

齊有善相狗者，其鄰假以買取鼠之狗，假猶請也。請善相狗者，買取鼠之狗也。○畢沅曰：「舊校云：『一本作「其鄰借之買鼠狗」。借猶請也。』今案御覽九百五作『其鄰藉之買鼠狗』，則當作『藉』字。」○吴先生曰：「借、藉音義同，假則音異而義同，皆可通。何由知作『藉』者定是邪？」**朞年乃得之，曰：「是良狗也。」其鄰**

畜之數年，而不取鼠，○維遹案：「而不取鼠」，事類賦二十三引作「不能取鼠」。以告相者。相者曰：「此良狗也，其志在獐麋豕鹿，不在鼠。欲其取鼠也則桎之。」其鄰桎其後足，桎，械也。著足曰桎，著手曰梏。狗乃取鼠。○舊校云：「一本作『狗則取鼠矣』。」夫驥驁之氣，鴻鵠之志，有諭乎人心者，誠也。人亦然，誠有之，則神應乎人矣，言豈足以諭之哉？此謂不言之言也。不言之言，以道化也。

客有見田駢者，田駢，齊人也，作道書二十五篇。被服中法，進退中度，趨翔閑雅，辭令遜敏。遜，順也。敏，材也。田駢聽之畢而辭之。辭，遣也。客出，田駢送之以目。以目送而視之也。弟子謂田駢曰：「客，士歟？」田駢曰：「殆乎非士也。殆，近也。今者客所弇斂，士所術施也。士所弇斂，客所術施也。○畢沅曰：「舊校云：『「術」皆當作「述」』。」今案：古亦通用。」○鹽田曰：「諸子品節引此下有『弇斂，謹慎。斂，束也。術施，恢大也，矜大也』。十五字注。」客殆乎非士也。」故火燭一隅，則室偏無光。燭，照也。偏，半也。骨節蚤成，空竅哭歷，身必不長。長，大也。○梁玉繩曰：「『哭』疑當作『突』。」衆無謀方，乞謹視見，多故不良。良，善也。○孫鏘鳴曰：「未詳。」志必不公，公，正也。不能立功。立，成也。好得惡予，國雖大，不爲王，好得，厚斂也。惡予，慳嗇也。多藏厚亡，故必不爲王。禍災日至。故君子之容，純乎其若鍾山之玉，桔乎其若陵上之木，純，美也。鍾山之玉，燔以爐炭，三日三夜，色澤不變。陵上之木鴻且大，皆天性也。君子天性純敏，故以此爲喻也。○孫鏘鳴曰：「『桔』當作『梏』。梏，直也，見爾雅。」○孫詒讓曰：「桔無鴻大之義，疑亦當作『梏』。爾雅釋詁云：『梏，直也。』上云『純乎其若鍾山之玉』，言其溫純，此則言其峻直也。『梏』誤爲『桔』，與前過理篇同。」淳淳乎慎謹畏化而不肯自足，化，教也。常畏而奉之，不肯自足。其智思以事，必問詳而後行之也。乾乾乎取舍不悅而心甚素樸。乾乾，進不倦也。取舍不悅，常敬慎也。心甚素樸，精潔專一，情不散欲也。○王念孫曰：「『淳淳』、『乾乾』當互易。」○維遹案：「悅」，張本作「說」，注同。悅、說皆從兑得聲，與銳義同。文選陸士衡五等論云「夫進取之情銳」，李注：「銳猶疾也。」與高注「取舍不悅，常敬慎也」義正相因。若解如字，則非其旨矣。又案：注「情不散欲」，當作「情欲不散也」，於義乃順。

唐尚敵年爲史，史，國史也。○梁玉繩曰：「黃氏日抄謂『年相若之名』，是也。抱朴子交際篇：『位顯名美，門齊年敵』。」○馬叙倫曰：「說文：『尉律，學僮年十七已上，始試諷籀書九千字，乃得爲史。』此雖漢法，蓋沿用周、秦矣。唐尚敵年爲史』，敵借爲適，言其年適當爲史也。」其故人謂唐尚願之，故人者，唐尚知舊也。以唐尚明習天文宿度，審咎徵之應，故爲願之也。以謂唐尚。唐尚曰：「吾非不得爲史也，羞而不爲也。」其故人不信也。不信其羞爲史。及魏圍邯鄲，唐尚說惠王而解之圍，以與〔一〕伯陽，惠王，魏文侯之孫，武侯之子，孟子所見梁惠王也。解邯鄲圍也。以與伯陽，以伯陽邑資之也。其故人乃信其羞爲史也。居有間，其故人爲其兄請。請於唐尚，欲仕其兄。唐尚曰：「衛君死，吾將汝兄以代之。」其故人反興再拜而信之。夫可信而不信，不可信而信，此愚者之患也。可信，謂唐尚羞爲史。不可信，謂唐尚欲以其兄

〔一〕四部叢刊本「與」下有注「一作于」。

代衛君。衛君不可得也，而信爲可得，故曰不可信而信也。患者猶病也。○維遹案：「衛君」，姜本、李本作「魏君」，注同。張本、凌本與今本同。知人情不能自遺，以此爲君，雖有天下，何益？不能自遺亡其貪欲之情，必危亡也，故曰「雖有天下，何益」。故敗莫大於愚。愚之患在必自用，自用則戇陋之人從而賀之，有國若此，不若無有。古之與賢，從此生矣。古人傳位于賢，以子不肖，不可予也。非惡其子孫也，非徼而矜其名也，反其實也。徼，求也。矜，大也。以國予賢則興，子孫不肖，予其國必滅亡，故曰「反其實也」。

士容論

二曰：嘗試觀於上志，上志，古記也。○梁玉繩曰：「此段幾及百字與諭大篇同，蓋不韋集諸客爲之，失於檢照。高氏屢欲載咸陽之金，何以不糾之？三王之佐，其名無不榮者，榮，顯也。其實無不安者，功大故也。實猶終也。○李寶洤曰：「『實』與上句『名』字並舉。注非。」俗主之佐，其欲名實也與三王之佐同，同，等也。其名無不辱者，其實無不危者，無功故也。無大功故也。皆患其身不貴於其國也，而不患其主之不貴於天下也，此所以欲榮而逾辱也，逾，益也。欲安而逾危也。孔子曰：「燕爵爭善處於一屋之下，母子相哺也，區區焉相樂也，區區，得志貌也。○畢沅曰：「『區區』當作『嘔嘔』，下同。前諭大篇作『姁姁』。」自以爲安矣。竈突決，上棟焚，○俞樾曰：「此本作『上焚棟』，傳寫誤倒。諭大篇作『竈突決，則火上焚棟』，是其證。」燕爵顔色不變，是何也？不知禍之將及之也，不亦愚乎！○畢沅曰：「『及之』，當作『及己』。」爲人臣而免於燕爵之智者寡矣。夫爲人臣者，進其爵禄富貴，父子兄弟相與比周於一國，區區焉相樂也，而以危其社稷，其爲竈突近矣，而終不知也，其與燕爵之智不異。故曰：『天下大亂，無有安國。一國盡亂，無有安家。一家盡亂，無有安身。』此之謂也。故細之安細，小也。必待大，大之安必待小。言相須也。○畢沅曰：「兩『待』字，前諭大篇俱作『恃』，下『贊』字亦作『恃』。」細大賤貴，交相爲贊，交，更也。贊，助也。然後皆得其所樂。」樂，願也。

薄疑説衛嗣君以王術，嗣君，衛平侯之子也，秦貶其號曰君。嗣君應之曰：「所有者，千乘也，願以受教。」衛君國之賦兵車千乘耳，王者萬乘，故願以受教也。○畢沅曰：「淮南道應訓『所有』上有『予』字。」此注非是。願以受教者，願以千乘之國受教也。薄疑之對，以千鈞論王術，一斤喻治國。言王術可爲，於治國乎何有？注皆不得本意。」薄疑對曰：「烏獲舉千鈞，又況一斤？」千鈞，三萬斤也。喻衛君之賢，爲王術，若烏獲之力以舉一斤，言其易也。○維遹案：「舉」字原作「奉」。畢沅云：「淮南『奉』作『舉』。」案：張本、姜本竝作「舉」，今改正。杜赫以安天下説周昭文君，杜赫，周人，杜伯之後也。周昭文君，周分爲二，東周之君也。昭文君謂杜赫曰：「願學所以安周。」以，用也。杜赫對曰：「臣之所言者不可，則不能安周矣。臣之所言者可，則周自安矣。」所言安行仁與義也。此所謂以弗安而安者也。當昭文君時，人不安行仁義，而仁義不行也。然仁義，必安之本也，故曰「以弗安而安者也」。○陶鴻慶曰：「此言杜赫不言安周而周自安耳。高注以爲時人不安行仁義，非。」

鄭君問於被瞻曰：「聞先生之義，不死君，不亡君，信有之乎？」鄭君，穆公也。被瞻事鄭文公，故穆公即位，問瞻所行之義信有乎。○維遹案：「信」下「有」字原作「不」，今從張本、姜本改正。被瞻對曰：「有之。夫言不聽，道不行，則固不事君也。若言聽道行，又何死亡哉？」言從賢臣之言，不死亡也。故被瞻之不死亡也，賢乎其死亡者也。使君無道，臣不能正，乃死亡耳。被瞻言聽道行，不死不亡，故曰「賢乎死亡者也」。

昔有舜欲服海外而不成，既足以成帝矣。○王念孫曰：「『昔有』當爲『昔者』。」禹欲帝而不成，既足以王海内矣。湯、武欲繼禹而不成，既足以王通達矣。五伯欲繼湯、武而不成，既足以爲諸侯長矣。孔、墨欲行大道於世而不成，既足以成顯榮矣。夫大義之不成，既有成已，故務事大。○維遹案：諭大篇作「故務在事，事在大」，注：「事，爲也。」

務大

三曰：古先聖王之所以導其民者，先務於農。民農非徒爲地利也，貴其志也。民農則樸，樸則易用，易用則邊境安，主位尊。尊，重也。○畢沅曰：「次『易用』，舊本脱『用』字，據御覽七十七補。亢倉子農道篇作『易用則邊境安，安則主位尊』，又多『安則』二字。」民農則重，重則少私義，○畢沅曰：

「『重』，亢倉子作『童』，亦如大戴之王言篇與家語『童』、『重』互異也。○維遹案：御覽引「義」作「議」，下同。 **少私義則公法立，力專一。** **民農則其産復，**○畢沅曰「御覽『復』作『厚』，亢倉子作『複』，下竝同。○俞樾曰：「兩『復』字竝當作『後』，字之誤也。後與厚古通用，釋名釋言語曰：『厚，後也。』莊子列禦寇篇注曰：『靜而怯乃厚其身耳。』釋文曰：『元嘉本厚作後。』是其證也。『民農則其産後』，言民農則其産厚也，其産厚故重徙矣。御覽兩『後』字竝作『厚』，正得其義。但字仍當作『後』，以仍古書叚借之舊。辯土篇曰：『必厚其靹。』又曰：『其靹而後之。』亦厚、後通用之證。」○維遹案：復字亦通。季冬紀「水澤復」，月令「復」作「腹」，鄭注：「腹，厚也。」茆泮林云：「復、腹義同。」是其例。 **其産復則重徙，重徙則死其**〔一〕**處** 處，居。 **而無二慮。** **民**〔二〕**舍本而事末則不令，** 令，善。○孫詒讓曰：「『不令』，謂不受令也。此三言『民舍本事末』之害，與上文三言『民農』之善，文反正相對。上云『民農則樸，樸則易用，易用則邊境安，主位尊』。彼農則易用，故此舍本事末則不受令，猶言不可用耳，不當訓令爲善也。亢倉子農道篇用此文作『人捨本而事末則不一令』，雖與呂子文意小異，而亦不釋令爲善，蓋唐人已知高説之未安而不從之矣。」 **不令則不可以守，不可以戰。** 戰，攻。 **民舍本而事末則其産約，其産約則輕遷徙，輕遷徙則國家有患皆有遠志，無有居心。** 居，安也。 **民舍本而事末則好智，好智則多詐，多詐則巧法令，** 巧讀如巧智之巧。○畢沅曰：「亢倉子有『巧法令則』四字在下句首。」 **以是爲非，以非爲是。**

〔一〕「其」，原脱，據諸子集成本補。
〔二〕「民」，原脱，據諸子集成本補。

后稷曰：○梁玉繩曰：「後任地亦引后稷之言，蓋上世農書也。古重農事，故以上農四篇終焉。」○陳昌齊曰：「『曰』字衍。」「所以務耕織者，以爲本教也。」是故天子親率諸侯耕帝籍田，大夫士皆有功業，傳曰：「王耕一發，班三之，庶人終于千畝。」故曰「皆有功業」也。○畢沅曰：「『皆有功業』，亢倉子作『第有功級』。」注「一發」，周語作「一墢」，此作「發」，訛。韋昭注：「一墢，一耜之發也。」玩注意，似亢倉子本是。是故當時之務，農不見于國，當啓蟄耕農之務，農民不見于國都也。孟春紀曰：「王布農事，命田舍東郊。」故農民不得見于國也。以教民尊地產也。地產，嘉穀也。后妃率九嬪蠶於郊，桑於公田，是以春秋冬夏皆有麻枲絲繭之功，以力婦教也。力，任其力，效其功也。○畢沅曰：「亢倉子作『勸人力婦教也』。」是故丈夫不織而衣，婦人不耕而食，男女貿功以長生，貿，易也。○畢沅曰：「『以長生』，亢倉子作『資相爲業』。」此聖人之制也。制，法也。故敬時愛日，非老不休，休，止也。○維遹案：亢倉子「敬愛時日」，下有「將實課功」四字。非疾不息，非死不舍。舍，置也。

上田，夫食九人。下田，夫食五人。可以益，不可以損。損，減也。一人治之，十人食之，六畜皆在其中矣。此大任地之道也。故當時之務，不興土功，不作師徒，庶人不冠弁、弁，鹿皮冠。詩云：「冠弁如星。」○畢沅曰：「冠弁不見詩攷，恐是字誤。」○汪中曰：詩淇澳「會弁如星」，按文，高氏爲長。冠、會語之轉。」○吳先生曰：「『庶人不冠弁』，蓋與玉藻『國家未遂則不充其服』同意，又與周禮閭師『凡庶民不蠶者不帛，不績者不衰』亦略相近。所云『冠弁』，散文通言之，非正指皮弁服，以庶人本不得服皮弁也。高云：『弁，鹿皮冠。』

蓋失之矣。注又引詩『冠弁如星』，『冠』當爲『會』，會弁乃能如星，冠弁如星，則文義皆不可説。畢疑文出逸詩亦非。」**娶妻、嫁女、享祀，不酒醴聚衆，**禮取婦之家三日不舉樂，嫁女之家三日不絶燭」，故不以酒醴聚衆也。○陶鴻慶曰：「據高注，正文『不』下當有『以』字。然此文之旨，言農人嫁娶、享祀但取成事，不以飲讌妨其農功耳。高注附會禮文，實非本旨。」○維遹案：注非。此謂庶人非冠弁、娶妻、嫁女、享祀不以酒醴聚衆，與下文句法正同。**農不上聞，不敢私籍於庸，**○孫詒讓曰：「『上聞』，謂賜爵也。前下賢篇説魏文侯『東勝齊於長城，虜齊侯獻諸天子，天子賞文侯以上聞』。（今本譌作『卿』，畢依史記樊噲傳如淳注引校正。）史記樊噲傳『賜上間爵』，集解如淳云：『「間」或作「聞」。』索隱本作『聞』，引張晏云：『得竟上聞。』晉灼云：『名通於天子也。』然則此農得上聞者，亦謂名通於官也。（商子來民篇云：『民上無通名，下無田宅。』無通名即不上聞也。）『不敢私籍於庸』，謂不得私養庸以代耕。」○維遹案：孫説是。養庸代耕之説，亦見韓非外儲説左上。**爲害於時也。然後制野禁，苟非同姓，**苟，誠也。**農不出御，**御妻也。○松皋圓曰：「『農』字誤，當作『男』。注『御』下欠『迎』字。」**女不外嫁，以安農也。**異姓之女，不出閭邑而嫁也。

野禁有五：地未辟易，不操麻；不出糞；出猶捐也。**齒年未長，不敢爲園囿；量力不足，不敢渠地而耕；**渠，溝也。**農不敢行**守其疆畝也。**賈，不敢爲異事，**異猶他也。○孫鏘鳴曰：「『賈』屬上讀。『行』字離句，似非。」○俞樾曰：「此當以『農不敢行賈』爲句，言農恒爲農，不敢爲商也。行賈者，商也。僖三十二年左傳『鄭商人弦高』，杜注曰：『商，行賈也。』高氏以『農不敢行』爲句，而釋之曰『守其疆畝』，失之矣。『不敢爲異事』，亦以農。言，若如高注以賈言，則非所謂野禁也。」爲害於時也。然後制四時之禁：山不敢伐材下木，伐，斫也。澤人不敢灰僇，燒灰不以時多僇。○王念孫曰：「管子輕重己篇『毋戮大衍』。戮、僇古通。」繯網罝罦不敢出於門，罛罟不敢入於淵，罝，獸罟也。詩云：「肅肅兔罝。」罛，魚罟也。詩云：「施罛濊濊，鱣鮪發發。」○維遹案：注「魚」上「罛」字原作「罟」，涉上文而誤。爾雅釋器：「魚罟謂之罛。」詩衛風碩人篇「施罛濊濊」，毛傳云：「罛，魚罟。」此皆高注所本。張本正作「罛」，今據改正。澤非舟虞不敢緣名，爲害其時也。舟虞，主舟官。○李寶淦曰：「澤中非舟虞有事不敢藉以爲名。」

若民不力田，墨乃家畜，國家難治，三疑乃極，○畢沅曰：「義未詳。」○維遹案：疑讀爲擬，謂相比擬也，僭也。（説見慎勢篇。）下注：「三官，農、工、賈也。」此云「三疑」，或指三官相僭而言。下文「農攻粟，工攻器，賈攻貨」，是謂三官不相疑也。否則三疑乃極，於是民舍本而事末，「國家有患，皆有遠志」。（見上文。）故下文結之曰「是謂背本反則，失毀其國」。是謂背本反則，則，法也。失毀其國。凡民自七尺以上屬諸三官，三官，農、工、賈也。農攻粟，工攻器，賈攻貨。攻，治也。時事不共，是謂大凶。奪之以土功，是謂稽，不絶憂唯，必喪其粃。奪之以水事，是謂籥，喪以繼樂，繼，續也。四鄰來虛。○梁玉繩曰：「籥、喪二字未詳。」○俞樾曰：「『籥』字義不可通，疑當作『淪』。莊子知北遊篇釋文：『瀹，漬也。』瀹即淪之異文。『奪之以水事』正與漬義相應。蓋『淪』變作『瀹』，又省作『蘥』，又誤作『籥』耳。『四鄰來虛』，當作『四鄰來虐』，亦字之誤。虐與淪、樂爲韻，若作虛，則失其韵矣。」奪之以兵事，是謂厲，禍厲，摩也。因胥歲，不舉銍艾。○陶鴻慶曰：「高注殊誤。此當於『厲』字絶句，讀爲凶厲之厲。『禍』字屬下讀，以四字爲句，與上文一律。上文稽、唯、粃爲韻，籥、樂、虐爲韻，（『虐』字從俞校改。）此文厲、歲、艾爲韻也。」劉師培説同。**數奪民時，大饑乃來，野有寢耒，或談或歌，旦則有昏，喪粟甚多。皆知其末，莫知其本真。**不敏也。○畢沅曰：「三字疑亦正文。」○劉先生曰：「漢儒朴質，於所不知，皆直言『不敏』。淮南子天文篇注『鍾律上下相生，誘不敏也』，與此注正同。畢以爲正文，失之。」

上農

四曰：后稷曰：「子能以窐爲突乎？窐，容汙，下也。突，理出，豐高也。○陳昌齊曰：「注『容』當作『谷』，『理』當作『垤』。」○俞樾曰：「下文土、處爲韻，淫、風爲韻，堅、均爲韻，穅、彊爲韻，獨此二句無韻，疑『突』乃『突』字之誤，突與陰正爲韵。高注云云，是以窐爲突，猶以下爲高，然下文諸句竝不從相反取義，不必定如高氏之説。且諸句之意皆不甚可解，而韵則塙有可憑，『突』字之誤，殆無疑也。」○孫詒讓曰：「陳云『容當作谷』，非也。『容』當爲『容』，形近而譌。一切經音義十云：『凹，蒼頡篇作容，烏交反，墊下也。』窐即墊下之義。」**子能藏其惡而揖之以陰乎？**陰猶潤澤也。**子能使吾士靖而甽浴士乎？**「士」當作「土」。○畢沅曰：「古士、土亦通用。」**子能使保溼安地而處乎？子能使雚夷毋淫乎？**淫，延生也。**子能使子之野盡爲泠風乎？**泠風，和風，所以成穀也。**子能使藁數節而莖堅乎？子能使穗大而堅均乎？**詩云：「實發實秀，實堅實好。」此之謂也。**子能使粟圜而薄糠乎？子能使米多沃而食之彊乎？無之若何？**

凡耕之大方：力者欲柔，柔者欲力。息者欲勞，勞者欲息。棘者欲肥，肥者欲棘。棘，羸瘠也。詩云：「棘人之欒欒。」言羸瘠也。土亦有瘠土。急者欲緩，緩者欲急。急者，謂彊壚剛土也，故欲緩。緩者，謂沙埂弱土也，故欲急。和二者之中，乃能殖穀。溼者欲燥，燥者欲溼。溼，謂下溼近汙泉，故欲燥。燥，謂高明暵乾，故欲溼。不燥不溼，取其中適，乃成黍稷也。上田棄畝，下田棄甽。五耕五耨，必審以盡。其深殖之度，陰土必得，大草不生，草，穢也。又無螟蜮。「蜮」，或作「螣」。食心曰螟，食葉曰蜮。兖州謂蜮爲螣，音相近也。○畢沅曰：「惠氏棟云：『「蜮」當爲「蟘」。』」今兹美禾，來兹美麥。兹，年也。是以六尺之耜，所以成畝也。其博八寸，所以成甽也。耜六尺，其刃廣八寸。古者以耜耕，廣六尺爲畝，三尺爲甽，遼西之人謂之堵也。○畢沅曰：「周禮：『廣尺深尺曰甽。』此云『三尺』，黄東發謂於正文不合。其言曰：『耜者，今之犂，廣六尺，旋轉以耕土，其塊彼此相向，亦廣六尺，而成一疄，此之謂畝。而百步爲畝，總畝之四圍總名。「其博八寸，所以成甽」者，犂頭之刃，逐塊隨刃而起，其長竟畝，其起而空之處與刃同其闊，此之謂甽。』案此所云，則與周禮相近。堵，字書無攷。」○梁玉繩曰：「注『三尺』，一本作『五尺』，竝非。玉海百七十六作『二尺』，是也。錢竹汀云：『一夫百畝，廣袤皆百步。一尺爲甽，則爲百畝；二尺爲甽，則爲五十畝；一尺四寸有奇爲甽，則爲七十畝，皆以一甽爲一晦也。疑孟子所言三代田制如此。』」○王念孫曰：「注當云：『古者以耜耕，六尺爲步，步百爲畝，廣尺爲甽。』」耨柄尺，此其度也。度，制也。其耨六寸，所以間稼也。耨，所以耘苗也，刃廣六寸，所以入苗間也。地可使肥，又可使棘。人肥必以澤，地耕熟則肥，肥即得穀多，不則瘠，瘠則得穀少，故曰「可使」也。人肥則顏色潤澤。○王念孫曰：「『人肥』之『肥』，疑當作『耕』。」○俞樾曰：「高注『人肥則顏色潤澤』，此大誤也。通篇皆言耕種事，不當此句獨言人之顏色。且此句與下文『人耨必以旱』正相對。然則澤者，雨澤也，非謂顏色潤澤也。『肥』疑『耜』字之誤。上文曰：『是以六尺之耜，所以成畝也。其博八寸，所以成甽也。耨柄尺，此其度也。其耨六寸，所以間稼也。』以耜、耨竝言，則此文『人耜必以澤』，『人耨必以旱』，亦承上而以耜、耨竝言可知矣。耜謂耕也，耨謂芸也。言耕宜雨，耘宜旱也。『耜』字從『㠯』，『肥』字從『卪』，篆文相似，又涉上文『地可使肥』而誤耳。」○劉先生曰：「『人肥必以澤，使苗堅而地隙』，與下文『人耨必以旱，使地肥而土緩』相對爲文，誼亦相類。肥謂糞田，非言人身之肥瘠也。高注望文生義，其失也迂矣。」**使苗堅而地隙。人耨必以旱，使地肥而土緩。**緩，柔也。

草端大月。大月，孟冬月也。○梁玉繩曰：「孟冬稱大月者，六陰俱升，大陰之月也。或謂秦以十月爲歲首，故云大月，殊非。此四篇疑是古農書，未必呂氏所撰。」○蔡雲曰：「陽大陰小，詳易泰卦。孟冬稱大，猶爾雅十月爲陽，純陰用事，嫌於無陽而名之。」**冬至後五旬七日，菖始生。**菖，菖蒲，水草也。冬至後五十七日而挺生。**菖者，百草之先生者也，於是始耕。**傳曰：「土發而耕。」此之謂也。**孟夏之昔，殺三葉而穫大麥。**昔，終也。三葉，薺、亭歷、菥蓂也。是月之季枯死，大麥熟而可穫。大麥，旋麥也。○畢沅曰：「初學記二十七引呂氏『孟夏之山百穀三葉而穫太麥』。」○王念孫曰：「昔猶夕也。尚書大傳云：『月之朝，月之中，月之夕。』鄭注：『上旬爲朝，中旬爲中，下旬爲夕。』莊七年穀梁傳云：『日入至於星出謂之昔。』楚辭大招注引詩：『樂酒今昔。』是昔與夕通。」又曰：「初學記『山百』二字即『昔』之譌，『穀』即『殺』之譌。」**日至，苦菜死而資生，**菜名也。○畢沅曰：「『資』疑即『薋』，蒺藜也。」○孫詒讓曰：「日至亦謂冬日至也。資與薺字通。（詩大雅楚茨、禮記玉藻鄭注『茨』作『薺』，楚辭離騷王注又作『資』，此『資』與『薋』字同。）即爾雅釋草『蒫薺實』之『薺』。詩邶風谷風篇『誰謂荼苦，其甘如薺』，亦即此也。故高云『菜名』。畢以『資』爲『薋』，得之，而謂即『蒺藜』則非。淮南子墬形訓云：『薺冬生，中夏死。』春秋繁露循天之道篇云：『薺以冬美，而荼以夏成。』（依凌曙本。）荼即苦菜，夏生而冬死。薺爲甘菜，夏死而冬生。二者正相反，故呂兼舉之。」**而樹麻與菽**，樹，種也。菽，豆也。○程瑤田曰：「伏生尚書大傳、淮南子、劉向説苑皆云『大火中種黍菽』，而呂氏春秋則云『日至樹麻與菽』。麻生於二三月，夏至後則刈牡麻矣。今云『日至樹麻』，其爲『樹麋』之譌無疑。禾屬而黏者黍，禾屬而不黏者穈，對文異，散文則通。」**此告民地寶盡死。凡草生藏日中出，狶首生而麥無葉**，凡草，庶草也。日中，春分也。衆草生而出也。狶首，草名也，至其生時，麥無葉，皆成熟也。○維遹案：爾雅釋草「茢薽，豕首」，郭注：「江東呼狶首。」然則「狶首」即「豨首」，今藥中之天名精也。**而從事於蓄藏**，藏之於倉也。**此告民究也**。究，畢也。刈麥畢也。**五時見生而樹生，見死而穫死**。五時，五行生殺之時也。見生，謂春夏種稼而生也。見死，謂秋冬穫刈收死者也。○李寶洤曰：「五時，即春夏秋冬及中央土也。」**天下時，地生財，不與民謀**。天降四時，地出稼穡，自然之道也，故曰「不與民謀」。○維遹案：「下」字當作「有」，涉下文而誤。荀子天論篇「天有其時，地有其財，人有其治」，其比正同。高釋「下」爲降，知其所見本已誤。

有年瘞土，無年瘞土，祭土曰瘞。年，穀也。有穀祭土，報其功也。無穀祭土，禳其神也。○畢沅曰：「『禳』，舊作『讓』，訛，趙改正。」**無失民時，無使之治**。○劉師培曰：「『治』爲『怠』字之譌。」**下知貧富，利**

器皆時至而作，竭時而止，利用之器，有其時而爲之，無其時而止之。○王念孫曰：「竭，盡也。」**是以老弱之力可盡起，**○畢沅曰：「亢倉子作『可使盡起』。」**其用日半，**○維遹案：姜本、李本「日」作「曰」，誤。**其功可使倍。**一辟曰倍。○畢沅曰：「注『一辟』疑是『一倍』。」**不知事者，時未至而逆之，時既往而慕之，**慕，思也。**當時而薄之，**薄，輕也，言不重時也。「薄」或作「怠」。○吴先生曰：「逆、慕、薄、郄爲韻。注云『薄或作怠』，怠則非韻矣。疑此是後人校語誤入注文耳。」**使其民而郄之。**郄，逆之也。○李寶洤曰：「郄與隙同。史記張釋之傳：『雖錮南山猶有郄。』此當作曠闕之意解，謂不可盡民之力。」**民既郄，乃以良時慕，此從事之下也。操事則苦，不知高下，民乃逾處。**○孫詒讓曰：「逾當讀爲偷。禮記表記云：『君子莊敬日强，安肆日偷。』（墨子脩身篇云『故君子力事日彊，願欲日逾』，與表記文正相類，亦借逾爲偷，與此文可相證。）鄭注云：『偷，苟且也。』言民怠惰，苟且安處，不肯力作也。」**種稑禾不爲稑，種重禾不爲重，**晚種早熟爲稑，早種晚熟爲重。詩云：「黍稷重稑，稙穉菽麥。」此之謂也。**是以粟少而失功。**不當其時，故粟少也。食之少氣力，故曰「少而失功」也。

任地

五曰：凡耕之道，必始於壚，壚，埴壚地也。**爲其寡澤而後枯；**言土燥溼也。○畢沅曰：「注『燥淫』下疑當有一『均』字。」必厚其靹，厚，深也。○畢沅曰：「靹〔一〕，音義缺。」爲其唯厚而及；⿰飠良者「⿰飠良」或作「選」。⿱艹紝之，堅者耕之，澤○畢沅曰：「梁仲子云：⿰飠良疑即⿰飠缶字。集韻飽或從缶。」音義並缺。」其靹而後之；○孫詒讓曰：「此文多譌體，不能盡通。以意求之，『厚』竝當爲『後』，高釋爲『深』，非也。『靹』當爲『⿰韋內』，廣雅釋詁云：『⿰韋內，弱也。』玉篇韋部云：『⿰韋內，⿰韋內耎也。』『唯』當讀爲雖。『及』當讀爲急。澤其靹而後之之『澤』當讀爲釋。唯雖、及急、澤釋竝聲類同，古通用。蓋壚爲剛土，（説文土部云：『壚，黑剛土也。』）⿰韋內爲耎土，『必後其⿰韋內』與『必始於壚』文正相對，謂先耕剛土，後耕耎土，故承之云『釋其⿰韋內而後之』，即謂捨其耎土而後耕之也。（畢讀『澤』屬『耕之』爲句，誤。）堅與⿰韋內，文亦正相對。『⿰飠良』當從集韻爲『飽』之異文。『爲其唯厚而及⿰飠良』，言因⿰韋內土禾易長成，耕雖稍後於壚土，而禾成實甚急，可與壚土同時穫也。『⿱艹紝』字未詳。」上田則被其處，下田則盡其汙。無與三盜任地。○李寶洤曰：「下文地竊、苗竊、草竊，是謂三盜。」夫四序參發，大甽小畝，爲青魚胠，苗若直獵，地竊之也；既種而無行，耕而不長，則苗相竊也；弗除則蕪，蕪，穢也。除之則虚，虚，動稼根。則草竊之也。故去此三盜者，而後粟可多也。

所謂今之耕也，營而無獲者，「獲」或作「種」。其蚤者先時，晚者不及時，寒暑不節，稼乃多菑實。其爲晦也，高而危則澤奪，陂則埒，見風則僠，僠，仆也。高培則拔，培，田側也。寒則雕，

〔一〕「靹」，原作「⿰韋內」，據諸子集成本改。

雕，不實也。熱則脩，脩，長也。○陳昌齊曰：「脩當讀如詩『暵其脩矣』之脩。注訓長，誤。」○俞樾曰：「詩中谷有蓷篇『暵其脩矣』，毛傳曰：『脩，且乾也。』釋名釋飲食曰：『脩，脩縮也，乾燥而縮也。』『熱則脩』者，言熱則乾縮也，正與『寒則雕』同義。」一時而五六死，故不能爲來。來，丕成也。○吴先生曰：「注『丕』當爲『不』，謂不成爲來耳。」不俱生而俱死，虚稼先死，虚，根不實。衆盜乃竊。望之似有餘，就之則虚。虚，不穎不栗。詩云『實穎實栗，有邰家室』也。○維遹案：今本詩生民篇「栗」下有「即」字。李賡芸云：「南宋小字本説文『邰』下引詩亦無『即』字。與此注所引正同。」農夫知其田之易也，易，治也。易讀如易綱之易也。○畢沅曰：「注『易綱』，梁仲子疑是『易疇』。」不知其稼之疏而不適也。疏，希也，不中適也。知其田之際也，不知其稼居地之虚也。虚，亦希也。○陳昌齊曰：「『際』字，据文義及韻，並當作『除』。」○王念孫曰：「『際』字於義無取，蓋『除』字之誤。上言『田之易』，此言『田之除』，易與除皆治也。曲禮『馳道不除』，鄭注曰：『除，治也。』且易、適爲韻，除、虚爲韻。若作『際』，則失其韻矣。」不除則蕪，除之則虚，此事之傷也。傷，敗也。故晦欲廣以平，甽〔一〕欲小以深，○畢沅曰：「孫云：『李善注文選王元長策秀才文『清甽泠風』，引此『深』作『清』。』今案：『深』字是。亢倉子作『甽欲深以端』。」○梁玉繩曰：「文選王元長策秀才文注引此前後七句，亦以爲后稷語。」○王念孫曰：「平、清、生爲韻，則作『清』者是也。清讀如『下崝嶸而無地』之崝。崝，深也。作『清』者，古字假借耳。注内當有『清，深也』三字，今本正

〔一〕「甽」，原脱，據諸子集成本補。

文脱去『清』字，而注内『深』字又誤入正文。亢倉子作『端』，乃『竫』字之譌。」下得陰，陰，溼也。上得陽，陽，日也。然後咸生。咸，皆也。

稼欲生於塵而殖於堅者，殖，長也。○維遹案：亢倉子「塵」下有「土」字，「土」與「者」屬語韻。慎其種，勿使數，亦無使疏，於其施土，無使不足，土，壤也。亦無使有餘。餘猶多也。熟有耰也，耰，覆種也。必務其培。其耰也植，植者其生也必先。先猶速也。其施土也均，均者其生也必堅。堅，好也。是以晦廣以平，則不喪本本，根也。莖。生於地者，五分之以地，分，別也。莖生有行故遫長，弱不相害故遫大。遫，疾也。○孫詒讓曰：「亢倉子作：『立苗有行，故速長。强弱不相害，故速大。』此『弱』上疑亦挩『强』字。」衡行必得，縱行必術，○俞樾曰：「術讀爲遂。春秋文十二年『秦伯使術來聘』，左、穀並同，公羊作『遂』。禮記學記篇『術有序』，鄭注曰：『術當爲遂。』是術與遂古通用。『衡行必得，縱行必遂』，言衡縱皆必順其性也。」正其行，通其風，行，行列也。夬心中央，帥爲泠風。夬，決也。心於苗中央。帥，率也。嘯泠風以搖長之也。○夬或作使。○畢沅曰：「選注引作『夬必中央，師爲泠風』。又引注云：『必於苗中央，師師然肅泠風以搖長也。』」苗其弱也欲孤，弱，小也。苗始生小時，欲得其孤特疏數適中則茂好也。其長也欲相與居，言相依植不偃仆。○畢沅曰：「舊本無『其』字。又注作『相依助不偃仆』，皆訛脱，今據齊民要術所引補正。亢倉子亦有『其』字。要術『居』作『俱』。今案亢倉作『居』，與此同。」其熟也欲相扶，扶相扶持，不可傷折也。○畢沅曰：「齊民要術作『相扶持，不傷折』，此亦衍二字。」是故三以爲族，乃多粟。族，聚也。○畢沅曰：「亢倉子作『稼乃多穀』。」

凡禾之患，不俱生而俱死。是以先生者美米，○孫先生曰：「御覽八百二十三引『美』作『爲』。」後生者爲粃。粃，不成粟也。是故其耨也，長其兄而去其弟。養大殺小。樹肥無使扶疏，樹墝不欲專生而族居。專，獨也。○俞樾曰：「高注於誼未得。專讀爲摶。史記秦始皇紀『摶心壹志』，索隱曰：『摶，古專字。』周易繫辭傳『其靜也專』，釋文曰：『專，陸作摶。』昭二十一年左傳『若琴瑟之專一』，釋文曰：『專，本作摶。』是專與摶古同字而通用。管子霸言篇『不摶不聽』，見本篇『夫摶國不在敦古』，尹注竝曰：『摶，聚也。』又內業篇『摶氣如神』，注曰：『摶謂結聚也。』然則『不欲專生』者，不欲聚生也，與『族居』同義。若訓專爲獨，則與族居義反矣。下文曰『墝而專居則多死』，蓋以『專生』、『族居』義同，故省文言『專居』。專居者，聚居也，猶族居也。如高注則不可通矣。」肥而扶疏則多粃，根扇迫也。○孫詒讓曰：「扇者，侵削之意。齊民要術云：『榆性扇地，其陰下五穀不植。』陶弘景周氏冥通記云：『年內多勞，扇削鬼神。』蓋漢、晉、六朝人常語。」墝而專居則多死。專，獨。不能自蔭潤其根，故多枯死也。不知稼者，其耨也去其兄而養其弟，殺其大者，養其小者也。○維遹案：亢倉子「稼」作「耨」，疑「耨」字是。不收其粟而收其粃，上下不安則禾多死。○畢沅曰：「舊本『粃』作『粗』，下『不』字脱，竝依亢倉子補正。」厚土則孽不通，壤深不能自達，故多孽死也。○吳先生曰：「『孽』即『甹枠』之『枠』。注『多孽死』當作『孽多死』。」○維遹案：王念孫校本改「通」爲「達」，與所著周秦諸子韻譜改同。案「達」與下文「發」屬祭韻。薄土則蕃轓而不發。○劉師培曰：「『轓』即『蕃』字訛衍，『而』亦『不』之訛衍。」壚埴冥色，剛土柔種，免耕殺匿，使農事得。○王念孫曰：「免讀爲勉。匿讀爲慝。」○孫詒讓曰：「當讀爲『勉耕殺慝』。免、勉，匿、慝，聲類竝同。說文無『慝』

字，古書多以『匿』爲之。管子明法篇云：『比周以相爲匿。』明法解『匿』作『慝』，是其證。禮記樂記鄭注云：『慝，穢也。』」

辯土

○維遹案：張本「辯」作「辨」。

六曰：凡農之道，厚之爲寶。斬木不時，不折折猶堅也。必穗。稼就而不穫，穫，得也。必遇天菑。菑，害也。夫稼爲之者人也，爲，治也。生之者地也，養之者天也。是以人稼之容足，耨之容耨，據之容手，謂根苗疎數之間也。○畢沅曰：「亢倉子作『耨之容耰，耘之容手』。」此之謂耕道。

是以得時之禾，長稠長穗，大本而莖殺，「殺」或作「小」。○本，根也。莖稍小，鼠尾桑條穀也。疏機而穗大，機，禾穗果羸也。○程瑶田曰：「禾采成實，離離若聚珠相聯貫者謂之機，與珠璣之璣同意。高注是也。」○王筠曰：「機，吾鄉謂之馬。其疏密各有種族，秫分稀馬、密馬是也。」其粟圓而薄糠，圓，豐滿也。薄糠，言米大也。○維遹案：說文繫傳引作「圓粒而薄糕」，校勘記云：「今呂覽作『粟圓而薄糠』，糠蓋糕之譌。」非。其米多沃而食之彊，彊，有勢力也。如此者不風。風，落也。○維遹案：詩北山鄭箋：「風，放也。」風、放雙聲，放、落義近，此展轉相訓。釋名：「風，放，氣放散也。」先時者，莖葉帶芒以短衡，穗鉅而芳奪，秮米而不香。「奪」或作「奮」字〔一〕。○洪頤煊曰：「字書無『秮』字，當是『秳』字之譌。說文：『秳，春粟不潰也。』」○俞樾曰：「高注非也。此

〔一〕「字」，原脱，據諸子集成本補。

當以作『奪』者爲是。『奪』者，『脱』之本字。説文奞部：『奪，手持隹失之也。』故引申之爲脱失字。後人借作『敓』，而本義晦矣。後漢書李膺傳：『豈可以漏奪名籍苟安而已。』漏奪即今言漏脱也。此文『芳』字當讀爲房。房者，柎也。山海經西山經『員葉而白柎』，郭注曰：『今江東呼草木子房爲柎。』是也。『穗鉅而房奪』，言穗雖大而其房必脱落也。因借『芳』爲『房』，而後人又昧於『奪』之本義，遂不得其解，而誤以爲芳薌奮發，致有作『奮』之本，不可從也。」**後時者，莖葉帶芒而末衡，**○畢沅曰：「舊校云：『末一作小。』案：亢倉子作『小莖』。」**穗閲而青零，**青零，未熟而先落。○畢沅曰：「『閲』，亢倉子作『鋭』。」○孫詒讓曰：「注蓋釋『青零』爲色尚青而先零落。亢倉子作『穗鋭多秕而青蘦』，（鋭、閲聲同字通。）亦同高義，然高説實非也。後文説麥云：『後時者，弱苗而穗蒼狼。』畢校云：『蒼狼，青色也。在竹曰蒼筤，在天曰倉浪，在水曰滄浪，字異而義皆同。』畢説甚塙。此青零即蒼狼。蓋禾麥後時，其穗皆青而不黄，爲病同也。青零、倉狼一聲之轉。」**多秕而不滿。**滿，成也。○維遹案：江有誥先秦韻讀改「滿」爲「盈」，是也。盈與零屬耕韻，殆避漢諱改耳。

得時之黍，芒莖而徼下，穗芒以長，○畢沅曰：「亢倉子『穗』下有『不』字。」**摶米而薄糠，**○俞樾曰：「摶之言圜也。考工記梓人『摶身而鴻』，廬人『刺兵摶』，弓人『紾而摶廉』，鄭注竝曰：『摶，圜也。』楚辭橘頌篇『圓果摶兮』，王注曰：『摶，圜也。楚人名圜爲摶。』然則『摶米而薄糠』，與上文『其粟圓而薄糠』文義正同。下文曰『大菽則圓，小菽則摶』，亦以圓、摶竝言。」**春之易，而食之不噮而香，**香，美也。噮讀如餲厭之餲。**如此者不飴。**○畢沅曰：「御覽八百四十二作『餲』。竊疑上注『讀如餲厭之餲』當在此句下。據御覽噮音北縣切，決不當讀餲也。」○維遹案：畢謂上注當在此句下，非。上注本作「噮讀如䭇厭之䭇」，䭇、餲形近致譌。攷噮即䭇之借字。説文：「䭇，厭也。」

廣韻：「餵，甘而厭也。」集韻鐸韻引伊尹曰：「甘而不餶。」本味篇作「甘而不餵」。（原作〔一〕「餵」，誤，依玉篇引改正。）是餵、餶字同，俱有厭訓，故注云然。**先時者，大本而華。莖殺而不遂，**遂，長。**葉藁短穗。**○畢沅曰：「『藁』，御覽作『高』。」○維遹案：亢倉子「藁」作「膏」。**後時者，小莖而麻長，短穗而厚糠，小米鉗而不香。**小米故厚糠也。○畢沅曰：「『米鉗』，御覽作『米令』，注云：『令，新也。』」

得時之稻，大本而莖葆，長秱疏機，穗如馬尾，大粒無芒，搏米而薄糠，舂之易，而食之香，如此者不益。益，息也。○畢沅曰：「舊校云：『益一作蒜。』案：御覽八百三十九作『森』，注：『益，息也。』義亦難曉。」○陳昌齊曰：「『益』當作『嗌』，籀文益作⿱廿林，舊校作蒜，御覽作森，皆形訛。王石臞亦云然。」○俞樾曰：「『益』，疑當作『嗌』。方言曰：『嗌，噎也。秦、晉或曰嗌，又曰噎。』然則不嗌者，言食之不噎也。呂氏，秦人，故言秦耳。舊校云：『益一作蒜。』蒜者，⿱廿林之誤也。說文口部曰：『⿱廿林，籀文嗌字。』然則呂氏原文之作『嗌』，固無疑矣。」○李慈銘曰：「『益』即『嗌』字。嗌、噎聲近相通。蒜、森皆⿱廿林之譌。⿱廿林，嗌之籀文也。說文：『嗌，咽也。籀文作⿱廿林，上象口，下象頸脈理也。噎，飯窒也。嗢，咽也。』咽可訓嗢，即可通噎。詩王風『中心如噎』，毛傳：『噎憂不能息也。』噎憂二字連讀，噎憂同歐嚘。『噎憂不能息』者，謂歐嚘而气息不調也。此言食之不益者，謂食之气息通利，不致哽噎及歐嚘也。注云『息也』者，即包得噎、歐兩義，此高氏訓說之簡古處。漢書百官公卿表『⿱廿林作朕虞』，應劭曰：『⿱廿林，伯益也。』師古

〔一〕「作」，原作「在」，形近而誤，今改。

曰：『𦬁，益之古字。』彼假嗌之籀文𦬁爲益，此則假益爲嗌。而舊校云『一作𦬁』者，乃正字也。」先時者，本大而莖葉格對，對，等也。短稠短穗，多粃厚糠，薄米多芒。後時者，纖莖而不滋，厚糠多粃，庭辟米，不得恃辟，小也。「恃」或作「待」。○畢沅曰：「御覽無『庭』字，字書無攷。下作『辟米不大』，注止『辟小』二字，正文『得恃』及注『恃或作待』皆無。」○孫志祖曰：「『庭』，疑即下句『定』字之譌衍。」○陳昌齊曰：『恃』當作『待』。○王石臞以『不得待定熟』爲句。」○王念孫曰：「『不得恃』，舊本御覽引作『不得待』，今本作『不大』者，妄人改之也。竊謂『不得待定熟』五字當作一句讀，言後時之稻不得待成熟之時即卬天而死也。」定熟，卬天而死。得時之麻，必芒以長，疏節而色陽，○維遹案：御覽八百四十一引「必芒以長」作「必莖長」，「色陽」作「危陽」。小本而莖堅，厚枲以均，後熟多榮，日夜分復生，如此者不蝗。蝗蟲不食麻節也。○梁玉繩曰：「麻不説先時、後時，疑有缺脱。」

得時之菽，長莖而短足，其莢二七以爲族，多枝數節，競葉蕃實，二七，十四實也。○畢沅曰：「『莢』，舊訛作『美』，今從初學記、御覽改。下訛作『英』，亦併改。」大菽則圓，小菽則摶以芳，稱之重，食之息以香，如此者不蟲。蟲不齧其莢芒也。先時者，必長以蔓，浮葉疏節，小莢不實。後時者，短莖疏節，本虚不實。

得時之麥，稠長而頸黑，二七以爲行，而服薄糕而赤色，○王筠曰：「禹貢『納秸服』，傳曰：『服稾役』。謂服力稾之役也。呂覽曰：『得時之麥，服薄糕而赤色。』知服者糕之别名，今呼禾葉之下半包其稾者爲蘆服，即此義也。」**稱之重，食之致香以息，使人肌**「肌」或作「肥」。**澤且有力，**○維遹案：御覽八百三十八引「肌」作「肥」。亢倉子同。惟御覽無「澤」字。**如此者不蚼蛆。先時者，暑雨未至，**「至」或作「上」。○維遹案：「至」字是。至與下文疾、節屬至韻。**胕動蚼蛆而多疾，**胕動，病心。胕讀如疛○畢沅曰：「洪氏亮吉漢魏音引此注云：『胕讀如疛。』案：胕如疛，音同，知胕、肘本一字也。今本「疛」作「痛」，誤，從舊本改正。亢倉『胕動』作『胕腫』。」○梁玉繩曰：「當是『痛』字，傳譌作『痛』。胕與肘不同音，未必是一字。」○王念孫曰：「『蚼蛆』二字疑因上文而衍。『胕』當作『肘』，注『病心』當乙轉。」**其次羊以節。後時者，弱苗而穗蒼狼，**○畢沅曰：「蒼狼，青色也。在竹曰『蒼筤』，在天曰『倉浪』，在水曰『滄浪』，字異而義皆同。」**薄色而美芒。**

是故得時之稼興，興，昌也。**失時之稼約。**約，青病也。○梁玉繩曰：「今俗所云『青腰』。」○張雲璈曰：「今米有青瞖、白臍之名，米之病也。高注『約，青病也』，當即俗所云『青瞖』，而青病字甚雅，約字亦奇。」**莖相若，稱之，得時者重，粟之多。**○陶鴻慶曰：「高注以『得時之稼興，失時之稼約』相對爲文，而釋之曰：『興，昌也。約，青(『青』疑『眚』字之誤。)病也。』然上文於得時、失時之異論之甚詳，此不煩更説，『興』當爲『與』字之誤。『約』字屬下讀之。『粟之多』三字乃高爲『重』字作注而羼入正文者。元文當云：『是故得時之稼與失時之稼約莖相若稱之，得時者重。』約，束也。説文：『秉，禾束也。』正此約字之義。謂束其莖而稱之，多寡均而輕重異也。與下文『量粟相若而春之，得時者多米。量米相若而食之，得時者忍饑』文同一例。」**量粟相若而春之，得時者多米。量米相若而食之，**○舊校云：「一作『以爲食』。」**得時者忍饑。**忍猶能也。能，耐也。**是故得時之稼，其臭香，其味**

甘，其氣章，氣，力也。章，盛也。百日食之，「百日食之」者，食之百日也。耳目聰明，心意叡智，叡，明也。四衛變彊，四衛，四枝也。殈氣不入，身無苛殃。苛，病。殃，咎。黄帝曰：「四時之不正也，正五穀而已矣。」五穀正時，食之無病，故曰「正五穀而已」。

審時

呂氏春秋舊跋

右呂氏春秋總二十六卷，凡百六十篇。餘杭鏤本亡三十篇，而脱句漏字合三萬餘言。此本傳之，虧東牟王氏，今四明使君，元豐初，奉詔修書於資善堂，取大清樓所藏本校定。元祐壬申，余卧疾京師，喜得此書，每藥艾之間，手校之，自秋涉冬，朱黄始就，即爲一客挾之而去。後三年見歸，而頗有欲得色，余亦心許之。得官江夏，因募筆工録之竟，以手校本寄欲得者云。鏡湖遺老記。

呂氏春秋附攷

序說畢沅述，今重校補。

呂氏春秋序意：「維秦八年，歲在涒灘，高誘注：秦始皇即位八年。秋，甲子朔。朔之日，良人請問十二紀。文信侯曰：『嘗得學黃帝之所以誨顓頊矣，爰有大圜在上，大矩在下，汝能法之，爲民父母。蓋聞古之清世，是法天地。凡十二紀者，所以紀治亂存亡也，所以知壽夭吉凶也。上揆之天，下驗之地，中審之人，若此則是非可不可無所遁矣。天曰順，順維生。地曰固，固維寧。人曰信，信維聽。三者咸當，無爲而行。行也者，行其理也。行數，循其理，平其私。夫私視使目盲，私聽使耳聾，私慮使心狂。三者皆私設精畢沅曰：「疑『情』。」則智無由公，智不公則福日衰，災日隆，以日倪而西望知之。』」畢沅曰：「此呂氏十二紀原序，且其言近道，故以爲冠冕。

史記呂不韋列傳：「呂不韋者，陽翟大賈人也。太子政立爲王，尊呂〔一〕不韋爲相國，

〔一〕「呂」，原脫，據史記補。

號稱『仲父』。當是時，魏有信陵君，楚有春申君，趙有平原君，齊有孟嘗君，皆下士喜賓客以相傾。呂不韋以秦之彊，羞不如，亦招致士，厚遇之，至食客三千人。是時諸侯多辯士，如荀卿之徒，著書布天下。呂不韋乃使其客人人著所聞，集論以爲八覽、六論、十二紀，二十餘萬言，以爲備天地萬物古今之事，號曰呂氏春秋，布咸陽市門，懸千金其上，延諸侯游士賓客，有能增損一字者，予千金。」畢沅曰：「不韋著書之由，惟此最詳且確。太史公曰：『孔子之所謂聞者，其呂子乎。』真能灼見不韋本意。後之言呂氏春秋者多失之。」

十二諸侯年表：「呂不韋者，秦莊襄王相，亦上觀尚古，删拾春秋，集六國時事，以爲八覽、六論、十二紀，爲呂氏春秋。」

太史公自序：「不韋遷蜀，世傳呂覽。」正義曰：「即呂氏春秋。」

漢書司馬遷傳：「不韋遷蜀，世傳呂覽。」蘇林曰：「呂氏春秋篇名八覽、六論。」

漢書楚元王傳：「劉向曰：『秦相呂不韋集知略之士而造春秋，亦言薄葬之義，皆明於事情者也。』」案：畢本無，今補。

桓譚新論：「秦呂不韋請迎高妙，作呂氏春秋。書成，布之都市，懸置千金，以延示衆士，而莫能有變易者。乃其事約豔，體具而言微也。」文選楊德祖答臨淄侯牋注引。案：畢本無，今補。

鄭康成曰：「月令本呂氏春秋十二月紀之首章也，以禮家好事抄合之，後人因題之名曰禮記。」三禮目録。

又曰：「呂氏説月令而謂之春秋，事類相近焉。」禮運注。

蔡邕曰：「周書七十一篇，而月令第五十三。秦相呂不韋著書，取『月令』爲紀號。淮南王安亦取以爲第四篇，改名曰『時則』。故偏見之徒，或云月令呂不韋作，或云淮南，皆非也。」蔡中郎集。

司馬貞曰：「八覽者，有始、孝行、慎大、先識、審分、審應、離俗、時畢沅曰：「本書作『恃』。」君也。六論者，開春、慎行、貴直、不苟、以畢沅曰：「本書作『似』。」順、士容也。十二紀者，記十二月也，其書有孟春等紀，二十餘萬言，三十餘卷也。」史記索隱。畢沅曰：「漢志及隋、唐志皆二十六，此及子鈔與書録解題俱作三十，誤也。

唐馬總曰：「呂不韋，始皇時相國，乃集儒士爲十二紀、八覽、六論，暴於咸陽市，有能增損一字與千金。無敢易者。」意林。

宋呂祖謙曰：「不韋春秋，成於始皇八年。有曰：維遹案：「『有曰』疑爲『序意』或『序曰』之譌。『維秦八年，歲在涒灘，秋，甲子朔。朔之日，請問十二紀。此其書成之歲月也。」經義考引。案：畢本無，今補。

宋黄震曰：「呂氏春秋者，秦相呂不韋恥以貴顯，而不及荀卿子之徒著書布天下，使其賓客共著八覽、六論、十二紀，竊名春秋。高誘爲之訓解。淳熙五年冬，尚書韓彦直爲之序，謂士之傳於天下後世者，非徒以其書。夫子之聖，則書宜傳。孟子之亞聖，則書宜傳。過是而以書傳者，老聃以虚無傳，莊周以假寓傳，屈原以騷傳，荀卿以刑名傳，畢沅曰：「此句似有訛脱，或是『荀卿以性惡傳，韓非以刑名傳』。」司馬遷以史傳，揚雄以法言傳，班孟堅以續史遷傳。然槩之孔、孟，宜無傳，而皆得竝傳者，其人足與也。吕氏春秋言天地萬物之故，其書最爲近古，今獨無傳焉，豈不以吕不韋而因廢其書邪？愈久無傳，恐天下無有識此書者，於是序而傳之。栝蒼蔡伯尹又跋其書之後曰：『漢興，高堂生、后倉、二戴之徒取此書之十二紀爲月令，河間獻王與其客取其大樂、適音爲樂記，司馬遷多取其説爲世家、律曆書，孝武藏書以預九家之學，劉向集書以繫七略之數。今其書不得與諸子爭衡者，徒以不韋病也，然不知不韋固無與焉者也。』」黄氏日抄。

宋高似孫曰：「淮南王尚奇謀，募奇士，廬館一開，天下雋絶馳騁之流，無不雷奮雲集，蜂議横起，瓌詭作新，可謂一時傑出之作矣。及觀吕氏春秋，則淮南王書殆出於此者乎？不韋相秦，蓋始皇之政也。始皇不好士，不韋則徠英茂，聚畯豪，簪履充庭，至以千計。始皇甚惡書也，不韋乃極簡册，攻筆墨，采精録異，成一家言。吁！不韋何爲若此者也？不亦異乎！春秋之言曰：『十里之間，耳不能聞；帷牆之外，目不能見；三畝之間，心不能知，而欲東至開晤，南撫多鶪，西服壽靡，北懷儋耳，何以得哉！』畢沅曰：「語見任數篇，『開晤』作『開梧』，『多鶪』作『多顯』，意林所載作『開悟』、『多鶪』也。」此所以譏始皇也，始皇顧不察哉！不韋以此書暴之咸陽門曰：『有能損益一字者，與千金。』人卒無一敢易者。是亦愚黔之甚矣，秦之士其賤若此，可不哀哉！雖然，是不特人可愚也，雖始皇亦爲之愚矣。異時亡秦者，又皆屠沽負販，不一知書之人，嗚呼！」子略。維遹案：畢本此下有宋馬端臨曰一則，即通考所載晁氏曰一則，周中孚鄭堂讀書記已言其誤。案晁氏説見郡齋讀書志，此删去。

宋王應麟曰：「書目，是書凡百六十篇，以月紀爲首，故以『春秋』名書。十二紀篇首與月令同。」玉海。

元陳澔曰：「吕不韋相秦十餘年，此時已有必得天下之勢，故大集羣儒，損益先王之禮，而作此書，名曰春秋，將欲爲一代興王之典禮也，故其間亦多有未見與禮經合者。其後徙死，始皇并天下，李斯作相，盡廢先王之制，而吕氏春秋亦無用矣。然其書也，亦當時儒生學士有志者所爲，猶能彷彿古制，故記禮者有取焉。」禮記集説。

元鄭元祐序：「江南内附初，北方賢士大夫宦轍南邁者，往往嗜古籍學，考索研稽，惟恐弗逮。元祐恨生晚，無以參侍。諸大老若徐公子方父、暢公純父、劉公居敬父號節軒先生尚及，以諸生拜之於諸老先生坐席間。久之，金華胡汲仲先生講道虎林山之僧舍，踈簷古屋之下，中設一木榻，賓友終日相過從，其獲延致中坐，與先生劇談古今，南北士大夫不數人，而節軒先生則其一也。公踈秀而明潤，玉立而長身。時與先生論先秦古書，以爲秦自用商鞅，驅其民不戰則畊，禁絶先王之學，固不待李斯建言之時也。然呂不韋乃能招延四方辨博之士，成呂覽一書，其書雖醇疵相參，至於奇聞異見，有裨世教。若月令爲書，小戴取之以記禮，先儒不謂其爲不可也。顧其書版本不復刊，而讀者亦甚寡。元祐聞先生此言也，時年二十餘，今忽四十餘年矣。已而元祐饑驅東西漂頗，聞節軒先生不樂仕，僅以監察御史終，位不究德，而始發於其子嘉興公。嘉興公以文儒起家，歇歷朝箸，出爲嘉興路總管，念其家所藏書，皆節軒先生所手校，於是出其一二，俾以刊于嘉禾之學宫，與學者共，而呂氏春秋其一也。公念元祐嘗受學於胡先生之門，固以諸生拜御史公者矣。呂覽既刊版，乃俾元祐爲之序。御史公海岱人，諱克誠，字居敬，累贈至禮部尚書。嘉興公名貞，字庭幹，由嘉興擢授海道都漕運萬户云。遂昌鄭元祐序。」見元刻本。案：畢本無，今補。

明方孝孺曰：「呂氏春秋十二紀、八覽、六論，凡百六十篇。呂不韋爲秦相時，使其賓客所著者也。太史公以爲不韋徙蜀，乃作呂覽。夫不韋以見疑去國，歲餘即飲酖死，何有賓客，何暇著書哉？史又稱不韋書成，懸之咸陽市，置千金其上，有易一字者，輒與之。不韋已徙蜀，安得懸書於咸陽？由此而言，必爲相時所著，太史公之言誤也。○畢沅曰：「本傳不誤。」不韋以大賈乘勢市奇貨，致富貴，而行不謹，其功業無足道者，特以賓客之書顯其名於後世，況乎人君任賢以致治者乎？然其書誠有足取者，其節喪、安死篇譏厚葬之弊，其勿躬篇言人君之要在任人，用民篇言刑罰不如德禮，維遹案：此文在上德篇，非用民篇。達鬱、分職篇皆盡君人之道，切中始皇之病，其後秦卒以是數者僨敗亡國，非知幾之士，豈足以爲之哉！第其時去聖人稍遠，論德皆本黄、老，書出於諸人之所傳聞，事多舛謬，如以桑穀共生爲成湯，以魯莊與顔闔論馬，與齊桓伐魯，魯請比關内侯，皆非實事，而其時竟無敢易一字者，豈畏不韋勢而然耶？然予獨有感焉，世之謂嚴酷者，必曰秦法，而爲相者乃廣致賓客以著書，書皆詆訾時君爲俗主，至數秦先王之過無所憚，若是者，皆後世之所甚諱，而秦不以罪。嗚呼！然則秦法猶寛也。」

盧文弨曰：「玉海云：『書目，是書凡百六十篇。』今書篇數與書目同。然序意舊不入數，則尚少一篇。此書分篇極爲整齊，十二紀，紀各五篇；六論，論各六篇；八覽，覽當各八篇，今第一覽止七篇，正少一。考序意本明十二紀之義，乃末忽載豫讓一事，與序意不類，且舊校云『一作「廉孝」』，與此篇更無涉，即豫讓亦難專有其名。黄氏震云「十二紀終而綴之以序意，主豫讓」云，則在宋時本已如此，然以爲主豫讓者，其説亦誤也。因疑序意之後半篇俄空焉，別有所謂『廉孝』者，其前半篇亦簡脱，後人遂强相附合，併序意爲一篇，以補總數之缺。然序意篇首無『六曰』二字，後人於目中專輒加之，以求合其數，而不知其迹有難掩也。今故略爲分別，正以明不敢妄作之意云耳。」

又書呂氏春秋後：「呂氏春秋一書，大約宗墨氏之學，而緣飾以儒術，其重己、重生、節喪、安死、尊師、下賢皆墨道也，然君子猶有取焉。秦之君臣曷嘗能行哉！猶墨子非樂，而此書不然，要由成之者非一人，其墨者多也。漢志謂墨家者流蓋出於清廟之守。清廟，明堂也。此書十二月紀非所謂順四時而行者歟？則漢志之言信也。孟子尊孔子，斥楊、墨，書中無一言及之。所稱引者，莊、惠、公孫龍、子華子諸人耳。世儒以不韋故，幾欲棄絕此書，然書於不韋固無與也。以秦皇之嚴，秦丞相之勢餤，而其爲書時寓規諷之旨，求其一言近於揣合而無有，此則風俗人心之古，可以明示天下後世而不怍者也。世儒不察，猥欲并棄之，此與耳食何異哉！」抱經堂文集。案：畢本無，今補。

畢沅呂氏春秋新校正序：「漢書藝文志雜家，呂氏春秋二十六卷，秦相呂不韋輯智略士作，原夫六經以後，九流競興，雖醇醨有間，原其意恉，要皆有爲而作。降如虞卿諸儒，或因窮愁託于造述，亦皆有不獲已之故焉。其著一書，專覬世名，又不成于一人，不能名一家者，實始于不韋，而淮南內、外篇次之。然淮南王後不韋幾二百年，其采用諸書，能詳所自出者十尚四五。即如今道藏中文子十二篇，淮南王書前後采之殆盡，間有增省一二字，移易一二語以成文者，類皆當時賓客所爲，而淮南王又不暇深攷與。不韋書在秦火以前，故其採綴原書類亡，不能悉尋其所本。今觀其本〔一〕味一篇，皆述伊尹之言，而漢儒如許慎、應劭等間引其文，一則直稱伊尹曰，一則又稱伊尹書。今考藝文志道家伊尹五十一篇，不韋所本，當在是矣。又上農、任地、辨土等篇述后稷之言，與亢倉子所載略同，則亦周、秦以前農家者流相傳爲后稷之説無疑也。他如採老子、文子之説，亦不一而足。是以其書沈博絶麗，彙儒墨之旨，合名法之源，古今帝王天地名物之故，後人所以探索而靡盡與！隋書經籍志雜部呂氏春秋二十六卷，高誘注。誘序自言嘗爲孟子章句及孝經解等，今已不見。世所傳誘注國策，亦非真本，唯此書及淮南王書注，最爲可信。誘注二書，亦間有不同。有始覽篇『大汾冥阸』，解云『大汾，處未聞。冥阸、荆阮、方城皆在楚』，而淮南王書注則云『大汾在晉』，『冥阸』淮南作『澠阸』，注云：『今宏農澠池是也。』先識覽篇『男女切倚』，解云：『切，磨。倚，近也。』淮南王書『倚』作『踦』，注又云：『踦，足也。』知分篇解云『魚滿二千斤爲蛟』，而淮南王書又作『二千五百斤』。至于音訓，亦時時不同。此蓋隨文生義，或又各依先師舊訓爲解，故錯出而不相害與。暇日取元人大字本以下悉心校勘，同志如抱

〔一〕「本」，原誤「至」，今改。

經前輩等又各有所訂正，遂據以付梓。鳩工于戊申之夏，逾年而告成。若淮南王書，則及門莊知縣炘已取道藏足本刊于西安，故不更及云。乾隆五十四年歲在己酉孟夏月吉序。」

新校呂氏春秋所據舊本

元人大字本脱誤與近時本無異。

李瀚本明弘治年刻，篇題尚是古式，今皆仍之。

許宗魯本從宋賀鑄舊校本出，字多古體，嘉靖七年刻。

宋啟明本不刻年月，有王世貞序。

劉如寵本神廟丙申刻。

汪一鸞本神廟乙巳刻。

朱夢龍本每用他書之文以改本書，爲最劣。

陳仁錫奇賞彙編本

又書内審正參訂姓氏

餘姚盧文弨紹弓　嘉善謝墉崑城

嘉定錢大昕曉徵　仁和孫志祖詒穀

金壇段玉裁若膺　江陰趙曦明敬夫

嘉定錢塘學淵　陽湖孫星衍淵如
陽湖洪亮吉穉存　仁和梁玉繩燿北
錢塘梁履繩處素　武進臧鏞堂在東

汪中呂氏春秋序：原注：「代畢尚書作。」「呂氏春秋，世無善本，余向所藏，皆明時刻，循覽既久，輒有所是正。于時嘉善謝侍郎、仁和盧學士並好是書，及同學諸君各有校本，爰輯爲一編，而屬學士刻之，既成，爲之序曰：周官失其職，而諸子之學以興，各擇其術以明其學，莫不持之有故，言之成理。及比而同之，則仁之與義，敬之與和，猶水火之相反也。最後呂氏春秋出，則諸子之説兼有之，故勸學、尊師、誣徒、一作詆役。善學一作用衆。四篇，皆教學之方，與學記表裏。大樂、侈樂、適音、一作和音。古樂、音律、音初、制樂皆論樂。藝文志言劉向校書，別得樂記二十三篇。今樂記有其一篇，而其他篇名載在別録者，惟見于正義所引。按本書適音篇，樂記載之。疑劉向所得，亦有采及諸子同于河間獻王者。凡此諸篇，則六藝之遺文也。十二紀發明明堂禮，則明堂陰陽之學也。貴生、情欲、盡數、審分、君守五篇，尚清淨養生之術，則道家流也。蕩兵、一作用兵。振亂、禁塞、懷寵、論威、簡選、決勝、愛士七篇，皆論兵，則兵權謀、形勢二家也。上農、任地、辨土三篇，皆農桑樹藝之事，則農家者流也。其有牴牾者，振亂、禁塞、大樂三篇，以墨子非攻、救守及非樂爲過，而當染篇全取墨子，應言篇司馬喜事則深重墨氏之學。甚者吴起之去西河，長見、觀表二篇一事兩見，惟有始覽所謂解見某書者，于本書能觀其會通爾。司馬遷謂不韋使其客人人著所聞，以爲備天地萬物古今之事，然則是書之成，不出于一人之手，故不名一家之學，而爲後世修文御覽、華林偏略之所託始。藝文志列之雜家，良有以也。然其所采摭，今見于周、漢諸書者，十不及三四。其餘則本書已亡，而先哲之話言，前古之佚事，賴此以傳于後世，其善者可以勸，其不善者可以懲焉。亦有閭里小智，一意采奇詞奥旨，可喜可觀，庶幾乎立言不朽者矣。其文字異同，已注于篇中，兹不復及。故序其著書之意，以質之諸君子，幸正教之。」述學補遺。案：畢本無，今補。

錢保塘跋畢氏呂氏春秋序：「汪容甫述學載代畢尚書作呂氏春秋序曰『余所藏皆明時刻，循覽既久，輒有是正。於時〔一〕嘉善謝侍郎、仁和盧學士及同學諸君各有校本，爰輯爲一編，而屬學士刻之，既成，爲之序』云云。畢氏經訓堂刻本自序則云：『暇日取元人大字本以下悉心校勘，同志如盧抱經前輩又各有所訂正，遂據以付梓。』其文絶不同。盧氏是書刻本亦未之見。疑畢氏本屬盧氏刻之，屬汪氏代爲之序，後盧氏不果刻，畢氏乃自刻之，

〔一〕「時」，原作「是」，據清風室文鈔改。

別撰斯序，而汪氏自以其原稾載之集耳，非有兩本也。畢氏序文，間有未審處，如云淮南王後不韋幾二百年。按史記秦始皇本紀，十二年，文信侯死。淮南王傳，孝文八年，淮南王有子四人，皆七八歲，乃封子安爲阜陵侯。於四人中首舉安，則安乃厲王長子，時年八歲，當生於文帝元年，上距始皇十二年纔五十七年，即以元狩元年安没時計之，亦祇百十餘年，不得云後幾二百年也。又云呂氏上農、任地、辨土等篇與亢倉子所載略同。按亢倉子云天寶中王士元撰，見本書自序及晁氏讀書志，新唐書藝文志正取呂氏之言而爲此説。畢氏乃以爲周、秦間書，亦誤。至云文子十二篇，淮南王書採之略盡，則不知後人勦淮南書託爲文子，非淮南王取文子也。金山錢氏文子刻本辨之甚詳，此則畢氏所未及見矣。」清風室文鈔。

日本松皐圓畢校呂氏春秋補正序：「今之所行呂氏春秋百六十篇，後漢高誘注，明宋邦乂、徐益孫同校。予頃讀之，尋繹案省，頗有所疑。夫司馬遷作史記十二紀、十表、八書、三十世家、七十列傳，篇目整齊，題義粲明，古人用心正嚴固然。然如此書十二紀，自孟春至仲冬各五篇，惟季冬多序意一篇；八覽則有始七篇，餘竝八篇。竊謂篇目參差不齊，恐非呂氏之舊也。意者自此書出，降于明季，世之相去幾二千載，屢經喪亂，簡編爛脱，或失有始覽中一篇，或雜在中，未得其説。案序意者，假設問答，總明十二紀之義耳，全類後世題跋之體，宜繼置不侵篇末，不必別爲一篇。如荀子王制篇中提出『序官』二字，以説官職之例而可也。且其所載豫讓一事，不屬上文，此乃不侵篇後脱簡錯亂在此，後人不察，分爲一篇，以足其數，非呂氏之舊，明矣。又觀高注，傳寫相承，或遇改竄，或係譌脱，若其解義猥瑣淺陋不足據者，蓋居其半。案高氏亦碩儒，嘗注戰國策、淮南子等，豈如此注之無識多誤哉！或如宋、徐輩好事者私添削歟？何以言之？觀士容『術皆當作述，刻者誤』。夫板刻起乎唐，高氏漢人也，何知刻者誤？其證一也。偏閱此注及淮南注，少改字者，此亦先儒篤信之風，故如其曰某當作某者，唐、明以下口吻，決非漢儒之言，況術、述古字通借乎？其證二也。如安死篇解小旻之詩，專據毛傳，旁採鄭箋，於義疏遠，與上文不相接，高氏豈不知詩無定義乎？其證三也。如季春紀『無出國門』，『國』下分注『一作「九」』，然觀本注獨解九門之義，不及國門，因考凡曰某一作某者，竝校者辭，宜置圈外。其證四也。檢全書注十二紀極詳，八覽尚備，至中六論則寥寥僅存，上農以下諸篇，其最難解而闕不注，何其詳彼而略此乎？念十二紀之所以獨詳者，或係後人取時則訓注而增補歟？其證五也。因考高序所謂十七萬三千五十四言者，或遭攙入，或被勦略，蓋亦不辭，可勝歎哉！予爲發憤捃摭衆説，引据羣籍，以正後人假託之謬，以雪高氏誣罔之屈，觀者察諸。寬政十一年春三月二十五日，抹筆於青山書屋。此跋乃始校呂覽時所誌者也，時予年二十有五，屈指數之，距今文化乙亥已歷十六年，會福山鹽田屯購得畢沅校本，損貲翻刻。予與其藩太田叔龜友善，以故惠其新鐫初摺本。於是教授生徒之暇，挑燭展閱，亦足以觀彼國承平之久，業斯文者，比諸前代，更得精密。就取舊校，記入標間。其說與畢氏暗合者，率居什七，悉爲棄去，不復贅矣。間有異同，竊不自量，正其紕繆，補其缺漏，始乎季秋，終乎仲冬，加以鹽田考證類書。嗚呼！蒲柳之質先衰，矧數年前，病熱瀕死，頭髮半秃，及後更生，外視猶黑，櫛沐之際，對鏡逆搔，既覺種種。試以舊校，較諸今考，所獲不多，蓋懶性之爲咎，而學力之難進歟？慙歎奚已！古云『日月空從閑裏過，功名豈向懶中來』，信。因記斯言，竝録舊跋。後之讀者，須務努力，勿效尤哉。文化十有四年秋九月，迂齋松皋圓識。」

章學誠校讎通義：「呂氏春秋亦春秋家言，而兼存典章者也。當互見於春秋、尚書，而猥次於雜家，亦錯誤也。古者春秋家言，體例未有一定，自孔子有知我罪我之說，而諸家箸書往往以春秋爲獨見心裁之總名。然而左氏而外，鐸椒、虞卿、呂不韋之書，雖非依經爲文，而宗仰獲麟之意，觀司馬遷敘十二諸侯年表而後曉然也。呂氏之書，蓋司馬遷之所取法也。十二本紀倣其十二月紀，八書倣其八覽，七十列傳倣其六論，則亦微有所以折衷之也。四時錯舉，名曰春秋，則呂氏猶較虞卿晏子春秋爲合度也。劉知幾譏其本非史書，而冒稱春秋，失其旨矣。」

陳澧東塾讀書記：「呂氏春秋多采古儒家之說，故可取者最多。古之儒家，多偉人名論，其書雖亡，其姓名雖湮没，而其言猶有存者，令人發思古之幽情耳。」

徐時棟呂氏春秋雜記序：「周、秦之際，儒墨分途，異端横起，其家自爲學，人自爲書者，何可殫數。暴秦吹燄，衆説銷鑠，然而存於今者，六經、孔、曾、思、孟之道，昭昭乎日月矣。其他逸周書、穆天子傳之餘於書，大戴之餘於禮，國語、國策、竹書紀年之餘於春秋，三朝記之餘於論語，弟子職之餘於孝經，晏嬰、荀況之儒，鬻熊、管夷吾、老聃、辛文、關尹喜、鬼谷、莊周、列禦寇、鶡冠子之道，商鞅、韓非之法，尹文子之名，墨翟之墨，太公、孫子、司馬法之兵書，屈原、宋玉之詩賦，山海經之數術，黄帝、扁鵲之方技，無論僞作也，即前儒指稱爲古本者，亦既皓首而不能徧讀，況在秦以前哉！於時呂不韋以相父之尊，耦國之富，招致天下豪桀士，羅古今圖書，刺取衆説，采精録異，勒成巨編，僭其名曰春秋，專其號曰呂氏，劉略、班志品目之以爲雜家，蓋精確乎不可易矣。其書瑰瑋宏博，幽怪奇豔，上下鉅細事理名物之故，粲然皆具，讀之如身入寶藏，貪者既得恣所欲以去，廉介之士，雖一毫無取，而不能不歎羨其備物之富有也。乃儒者獨以不韋之書而羞稱之。嗚呼！此豈陽翟大賈與奔走於其門下者之所能爲哉。夫蠭之毒也，而蜜人食之。衣工之賤也，而裘人衣之。蜜成於蠭也，蠭采之於百華。裘成於工也，工集之於千狐。惡蠭而傾其蜜，賤工而裂其服，則豈不悖矣！呂氏之書，呂氏爲之，抑豈呂氏之爲哉？遺文軼事，名言至理，往往而在。攷其徵引神農之教，黄帝之誨，堯之戒，舜之詩，后稷之書，伊尹之説，夏之鼎，商、周之箴，三代以來禮樂刑政，以至春秋、戰國之法令，易、書、詩、禮、孝經，周公、孔子、曾子、子貢、子思之言，以及夫關、列、老、莊、文子、子華子、季子、李子、魏公子牟、惠施、慎到、甯越、陳駢、孫臏、墨翟、公孫龍之書，上志故記，歌誦謡諺，其攟摭也博，故其言也雜，然而其説多醇而少疵。嗚呼！此豈賈人子與其食客之所能爲者哉！漢人高誘有言，尋繹此書，大出諸子之右。吾習其書尤信，故於諸子中每好觀是書。竊嘗總攬大略，以論之如此。高氏訓解稱善本，自宋以來，刊刻多謬譌。至於我聖朝有畢沅氏校刻者，最爲精審。循環誦繹，覺高注、畢校或羝牾本意，失其旨趣，私輒病之。間以鄙意，箋諸眉端，積久愈多，别録成册，爲吕氏春秋雜記。千慮一得，或未必無補於讀是書之君子。若謂斲而裁之，則吾豈敢。咸豐六年十二月甲午序。」

又後序：「余既爲吕氏春秋雜記，記鄉先生黄東發氏嘗校是書，取視之，但記每篇大意，時或掇采其語，而論衡者寡，因摘其所論與吾言異同者附見一二。又記近人梁氏玉繩嘗作吕子校補，復取視之，則詮釋駁辯，所證據之書與吾合者十有八條。愛士篇「處廣門之官」，順民篇「湯旱五年」，孟冬紀「物勤工名」，至忠篇「文摯治病」，長見篇「覩存」，本味篇「伊尹説」，長攻篇「服衰登山」，慎人篇「共伯」，精諭篇「好蜻」，不屈篇「煙視」，高義篇「賓萌」，知分篇「夏后啓」，召類篇「司城〔一〕子罕」，過理篇「帶益三副」，原亂篇「無過亂門」，博志篇「夢文王、周公」，上農篇「后稷曰」，共十七條。又庭立紀聞採諸以敎説貴信篇「抽劍自承」一條。

各存其説，更不删薙。或纖悉盡符，或大略不異。豈惟不妒其先得，抑亦足以驗吾言之或庶幾無大謬也。各存其說，更不刪薙。而其餘條由鄙意以爲乖背者，亦或辨折之，未能盡也。凡雜記爲卷八，爲條二百二十七，爲文三萬三千有奇，既而以示陳君子相，或有所商搉，取其説附之卷中。又偶以記中語語宋君蓮叔，亦嘗參數語，又附之。久之，某君宿草堂，讀是記，半夜而盡，既歸，書來辯難，所駁詰者四事，滔滔九百五十餘言。又久之，余始答其辯，四倍於原書，今具以兩書附記末，爲四千八百餘言。於是擘卷著録，冠初脱稿時弁言於首，復記成書以後所聞見者爲此序，合爲序目，復二千言。總凡十卷，幾四萬言。付之削氏，就正有道。吾嘗謂自得之聰明每苦於不足，求勝之意氣常處於有餘。以有餘之意氣，而睊目攘臂囂囂然爲不足之聰明爭勝負，此水火之所以日甚，而門户之所以日闢也。博其識以淵源乎周、秦之書，平其心以酌量乎漢、宋之學，博則會，會則通，平則公，公則明。由斯道也，雖治經

〔一〕「城」，原作「馬」，據召類篇改。

無難，而况諸子。然而知之〔一〕艱，行之惟艱，蓋未嘗不景仰先哲而撫卷以怍也。咸豐七年九月望後三日書。」烟嶼樓文集。

曹楙跋王念孫呂氏春秋手校本：「弇山畢尚書湛博墳典，提振儒疋，海內通才，感嚮風義，悉出其門，以求張顯。秦郵王先生沈酣經郛，喬焉茂焉，挺其脩名，少壯植之，至老而不敢倦。二公者又皆遭逢盛世，海宇清砥，得以餉其嗜，恣其志。時不可再，皃無可儗，後生愁悱，能希之者有幾？呂氏春秋一書，畢尚書聚吳、越俊彥於梁孝王園，羅置羣籍，攷證讐校，刊之以惠士林，善本也。王先生又竭稽古之力，正其舛錯，丹墨而竄乙之，善之又善者也。楙胡畐覯之，獲窺前哲力學之勤，審文定義之精，益恍然於古書沿訛襲盭之所因，充其極，雖百智慧不能釋其紛而袪其纇，雖百聰明不能抉其奧而通其神。王先生，尚書之功臣也，先後不同時，容有所恡，尚書不歿羣善，著參訂姓氏於篇首，雅量奚若。叚王先生預校書之役，尚書之敬禮，更當奚若！呂不韋行駔儈之詐，以名位爲市，何知文字？藉賓客以成此書，賓客因自宣其藴結，而反覆致嘅於世無真士與知己之難求，序意曰：『私視使目盲，私聽使耳聾，私慮使心狂。三者皆私設精則智無由公，智不公則福日衰，災日隆。』不韋

〔一〕「之」下疑當有「非」字。

侈然自大，驕蹇無狀之態窮盡如繪。故下即自託於青荓、豫讓之爲人，蓋言不韋雖不賢，而既爲其客，未可悖之也。咸陽市門無一字之增損，非不能也，不忍也。揚子思輩其金以自豪，吾恐當時有子雲其人，一訾議間，容不保其軀，而爲子雲者，亦可危也。嗚呼！天地否，大通圮，良士委，今之不捄，徒論古以爲娱，是之謂愚。光緒二十有八年正月二日曹楞書。」維遹案：姜宸英湛園未定稿書呂氏春秋、梁章鉅退庵隨筆、馬其昶抱潤軒未刊稿讀呂氏春秋，文繁不録，附識於此。

卷帙

漢書藝文志雜家：「呂氏春秋二十六篇。秦相呂不韋輯智略士作。」

梁庾仲容子鈔：「呂氏春秋三十六卷。」子略。

隋書經籍志雜部：「呂氏春秋二十六卷，秦相呂不韋撰，高誘注。」

馬總意林：「呂氏春秋二十六卷。」

舊唐書經籍志雜家：「呂氏春秋二十六卷，呂不韋撰。」

新唐書藝文志雜家：「呂氏春秋二十六卷，呂不韋撰，高誘注。」

崇文總目：「呂氏春秋三十六卷。」錢侗曰：「諸家書目並二十六卷。」案畢本無，今補。

通志藝文略雜家：「呂氏春秋二十六卷，秦相呂不韋撰，高誘注。」

郡齋讀書志雜家類：「呂氏春秋二十卷。」王先謙曰：「袁本『二十』下有『六』字。」右秦呂不韋撰，後漢高誘注。按史記不韋傳云：不韋相秦，招致辯士厚遇之，使人人著所聞，集論以爲八覽、六論、十二紀，二十餘萬言，以爲備天地萬物古今之事，號曰呂氏春秋，暴之咸陽市門，王先謙曰：「袁本暴之作布。」懸千金其上，有能增損一字者，予之。王先謙曰：「袁本『其上』下作『延諸侯遊士賓客，有能增損一字，予千金』。」時人無增損者。高誘以爲非不能也，畏其勢耳。昔張侯論爲世所貴，崔浩五經注學者尚之，二人之勢猶能使其書傳如此，況不韋權位之盛，學者安敢牾其意而有所更易乎！誘之言是也。然十二紀者，本周公書，後儒置於禮記，善矣，而目之爲『呂令』者，誤也。王先謙曰：「『時人無增損』以下，袁本所無。」維遹案：畢沅據袁本引至「後漢高誘注」止，今增補。

直齋書録解題雜家類：「呂氏春秋三十六卷，秦相呂不韋撰，後漢高誘注。其書有十二紀、八覽、六論。十二紀者，即今禮記之月令也。」畢沅曰：「此與子鈔卷數皆誤。」

漢書藝文志考證雜類：「呂氏春秋二十六篇。史記：呂不韋招致辯士，厚遇之，至食客三千人。是時，諸侯多辯士，如荀卿之徒，著書布天下。不韋乃使其客人人著所聞，集論以爲八覽、六論、十二紀，二十餘萬言，以爲備天地萬物古今之事，號曰呂氏春秋。索隱曰：『八覽者，有始、孝行、愼大、先識、審分、審應、離俗、恃君。凡八十三篇。六論者，開春、愼行、貴直、不苟、似順、士容。凡三十六篇。十二紀者，記十二月也。有孟春等紀，凡六十一篇。是書以月紀爲首，故以春秋名，高誘注。二十六卷。月令本十二月紀之首章。東萊呂氏曰：『不韋春秋成於始皇八年。按呂氏春秋「維秦八年，歲在涒灘，秋，甲子朔，朔之日，良人請問十二紀」。此其書成之歲月也。涒灘者，申也。通鑑、皇極經世「始皇八年，歲在壬戌」，後呂氏春秋二年。不韋當時人，必不誤，蓋後世算曆者之差也。不韋引夏書曰：「天子之德廣運，乃神乃武乃文。」商書曰：「五世之廟，可以觀怪，萬夫之長，可以生謀。」仲虺有言曰：「諸侯之德，能自爲取師者王，能自爲取友者存，其所擇而莫如己者亡。」周書曰：「若臨深淵，若履薄冰。」舜自爲詩曰：「普天之下，莫非王土。率土之濱，莫非王臣。」其舛異如此，豈一字不能增損乎？』」案：畢本無，今補。

文獻通考經籍雜家：「呂氏春秋二十卷。」畢沅曰：「此脱『六』字。」

宋史藝文志雜家類：「呂不韋呂氏春秋二十六卷，高誘注。」

明南雍經籍考子類：「呂氏春秋二十六卷，高誘註。秦呂不韋招延四方辯博之士成此書，凡百六十篇。或問不韋以呂易嬴，揚子雲曰：『不韋以位易宗，其爲人無足論者。然史角往魯之說，足以祛明堂位、祭統之誣成王、伯禽，學者不可以不之考也。』」案：畢本無，今補。下同。

天禄琳琅書目九：「明版子部。吕氏春秋，一函四册。秦吕不韋著，漢高誘訓解，二十六卷。前誘序、目録，後有鏡湖遺老識語，明張登雲跋。考是書卷目，各家著録互異，唐、宋藝文志及晁氏讀書志並作二十六卷，惟馬氏文獻通考作二十卷，與陳氏書録解題又作三十六卷，與此本亦異。按鏡湖遺老識語，稱『餘杭鏤本亡三十篇，又有脱字漏句。此本得於東牟王氏，四明使君於元豐初奉詔修書於資善堂，取大清樓藏本爲之校定。元祐壬申，余喜得此書，校讎始定，爲一客挾去。後三年見歸，因募筆工録之』云云。據此，則鏡湖遺老爲宋人，其時所校定者，原未嘗刊刻。此本有陳世寶訂正，朱東光參補，張登雲繙校，諸名目刊列於標題之下，是其書爲登雲所手校，而遵用鏡湖遺老校定舊本，概可見也。陳世寶、朱東光爵里俱無考。張登雲，山東兖州府寧陽縣人，登隆慶辛未進士，見太學題名碑。」

又後編：「吕氏春秋，二函十六册。秦吕不韋撰，漢高誘訓解。書二十六卷，凡百六十篇。曰十二紀，子目六十一。曰八覽，子目六十三。曰六論，子目三十六。前有誘序。每卷標題下，刻明雲間宋邦乂、張邦瑩、徐益孫、何三畏校。三畏字士柳，華亭人，萬曆壬午舉人，官紹興府推官。餘無考。」

四庫全書總目子部雜家類：「吕氏春秋二十六卷，兩江總督採進本。舊本題秦吕不韋撰。考史記文信侯列傳，實其賓客之所集也。太史公自序又稱『不韋遷蜀，世傳吕覽』。考序意篇稱『維秦八年，歲在涒灘』，是時不韋未遷蜀。故自高誘以下皆不用後説，蓋史駁文耳。漢書藝文志載呂氏春秋二十六篇。今本凡十二紀、八覽、六論，紀所統子目六十一，覽所統子目六十三，論所統子目三十六，實一百六十篇，漢志蓋舉其綱也。其十二紀即禮記之月令，顧以十二月割爲十二篇，每篇之後〔一〕各間他文四篇。惟夏令多言樂，秋令多言兵，似乎有義。其餘則絶不可曉。先儒無説，莫之詳矣。又每紀皆附四篇，而季冬紀獨五篇，末一篇標識年月，題曰序意，爲十二紀之總論，殆所謂紀者猶内篇，而覽與論者外篇、雜篇歟？唐劉知幾作史通内、外篇，而自序一篇亦在内篇之末，外篇之前，蓋其例也。不韋固小人，而是書較諸子之言獨爲醇正，大抵以儒爲主，而參以道家、墨家，故多引六籍之文與孔子、曾子之言。其他如論音則引樂記，論鑄劍〔二〕則引考工記，雖不著篇名，而其文可案。所引莊、列之言皆不取其放誕恣肆者，墨翟之言不取其非儒、明鬼者，而縱横之術，刑名之説，一無及焉，其持論頗爲不苟。論者鄙其爲人，因不甚重其書，非公論也。自漢以

〔一〕「之後」原脱，據四庫全書總目補。
〔二〕「劍」，原脱，據四庫全書總目補。

來，註者惟高誘一家，訓詁簡質，於引證顛舛之處，如制樂篇〔一〕稱成湯之時穀生於庭，則據書序以駁之，稱南子爲釐夫人，則據論語、左傳以駁之，稱西門豹在魏襄王時，則據魏世家、孟子以駁之，稱晉襄公伐陸渾，稱楚成王〔二〕慢晉文公，則皆據左傳以駁之，稱顔闔對魯莊公，則據魯世家以駁之，稱衛逐獻公立公子黚，則據左傳、衛世家以駁之，皆不蹈註家附會之失。然如稱魏文侯虜齊侯，獻之天子，傳無其事，不知誘何以不糾？其謂梅伯説鬼侯之女好，妲己以爲不好，因而見醢；謂白乙〔三〕丙、孟明皆蹇叔子；謂甯戚扣角所歌乃碩鼠之詩；謂公孫龍爲魏人，竝不著所出，亦不知其何所據。又共伯得乎共首及張毅、單豹事，均出莊子，乃於共伯事則曰不知其出何書，於張毅、單豹事則引班固幽通賦，竟未見漆園之書，亦爲可異。若其註『五世之廟』曰逸書，則梅賾僞本尚未出，引〔四〕詩『庶姜孽孽』作『钀钀』，『鼉鼓逢逢』作『韸韸』，則經師異本，均不足爲失也。」

〔一〕「篇」，原脱，據四庫全書總目補。
〔二〕「王」，原脱，據四庫全書總目補。
〔三〕「乙」，原作「乞」，據四庫全書總目改。
〔四〕「引」，原脱，據四庫全書總目補。

拜經樓藏書題跋記：「呂覽二十六卷。元刻本，卷首有遂昌鄭元祐序，序後有『嘉興路儒學教授陳泰至正十下缺。吴興謝盛之刊』一行。每葉二十行，每行大小字俱三十。有『南書房史官海甯查慎行字夏重』、又曰『悔餘得樹樓藏書』諸圖記，蓋曾爲初白先生收藏。序首缺半頁，先生手書補全。先君子識簽云：『此元初刻本。序文前半頁，乃查初白先生手筆鈔補，真如白獺髓矣。兔床志。』」

鄭堂讀書記子部雜家類：「呂氏春秋二十六卷，經訓堂叢書本。舊題秦呂不韋撰，實其賓客之所集也。不韋，陽翟人，莊襄王時官丞相，封文信侯，始皇尊爲相國，號稱仲父。四庫全書著録。漢志作二十六篇，篇即卷也。隋志所載二十六卷，高誘注。新、舊唐志、崇文目、讀書志、通志、宋志俱同。書録解題作三十六卷，通考作二十卷，皆字之誤脱耳。是書首爲十二紀，每紀各分五目，終以序意。次爲八覽，各分八目，惟首一覽止七目。次爲六論，每論各分六目。大凡一百六十篇。漢志惟舉其十二紀、八覽、六論之數也。其以月紀爲首，故以春秋名書。十二紀篇首與月令同。書成于始皇八年，有序意篇可證。而太史公自序及漢書遷傳載報任安書俱云『不韋遷蜀，世傳呂覽』，蓋欲遷就蒙難著書之意，而非其實也。方希直遜志齋集有呂氏春秋篇，稱『不韋以大賈乘勢市奇貨致富貴，而行不謹，其功業無足道者，特以賓客之書顯其名于後世，況乎人君任賢以致治者乎？然其書誠有足取者。其節喪、安死篇譏厚葬之幣，其勿躬篇言人君之要在任人，用民篇言刑罰不如德禮，達鬱、分職皆盡人君之道，切中始皇之病，其後秦卒以是數者僨敗亡國，非知幾之士，豈足以爲之哉。第其時去聖人稍遠，論德皆本黄、老，書出于諸人之所傳聞，事多舛謬。而其時竟無敢易一字者，豈畏不韋勢而然耶』？余謂希直所論，能抉作者之旨，高續古子略、黄東發日鈔所未見及者也。誘所注書，如孟子章句、孝經解，久佚不傳，國策注亦非足本，惟此書及淮南子注最爲可信。其注二書，亦間有不同，此蓋隨文生義，或又各依先師舊訓爲解，故錯而不相害歟。前有誘自序。末有宋元祐壬申後三年鏡湖遺老跋，不著名氏，當記于紹聖乙亥云。鎮洋畢秋帆撫豫時，取元人大字本以下八種，悉心校勘，盧抱經等又各有所訂正，遂據以付梓，冠以乾隆己酉新校正序及附考，並新校所據舊本，審正參訂姓氏。其附載『馬端臨曰』一則，即通考所載『晁氏曰』一則，張冠李戴，莫此爲甚，而當時參訂十二人中，竟無有爲之審正者，豈亦畏其勢而然耶？別有明雲間宋邦乂等校刊本，前有王弇羽序，秋帆所據舊本内有宋啟明本，注云『不刻年月』，與此本相合，而其名異，或邦乂等又取啟明本而重刻之耳。」

郎園讀書志子部：「呂氏春秋二十六卷。明萬曆庚申，淩氏朱墨套印本。呂氏春秋，世傳元嘉興路儒學刻本爲最古。乾隆中，畢沅校刻此書，前列引據諸本，以元人大字爲第一，按：此即元嘉興路儒學本。謂其脱誤與近時本無異。而所列第二本則爲明弘治時李瀚刻本，謂其篇題是古式，今皆仍之。畢氏此説，殊爲未審，不知李瀚有重刻元大字本者，刻于弘治十一年河南巡撫任内，二十六卷末有『弘治十一年秋河南開封府許州重刻』一行，版心刻大小字數，本依元本舊式。書估往往割去重刻序及卷尾末葉，僞充元刻，近人藏書家往往爲其所欺，惟仁和丁氏善本書室藏書志于李瀚刻本揭破其僞。丁藏此書刻本最富，悉皆明刻。李刻外有明翻元本，云『巡按直隸監察御史陳世寶訂正，河南按察司僉事朱東光參補，直隸鳳陽知府張登雲繙校』，每半葉十行，行二十字。謂弘治刊本，即同此式。有嘉靖七年許宗魯刻本，有明無年月雲間宋邦乂、宋啟明父子校刻本，按：此前有王世貞序，當亦嘉靖時所刻。有明新安汪一鸞刻本，有明皇甫龍、沈兆廷刻本。近時藏書家殆無比其富者。然諸本皆爲畢校所見。皇甫龍、沈兆廷本，即畢引之朱夢龍本。其本每引他書之文以改本書，于明刻中爲最劣。又一劉如寵刻本，爲萬曆丙申刻，却出丁藏之外，而皆未見此萬曆庚申凌毓枏套印硃評本，蓋由此刻傳本絶少故也。套印本卷一大題下有硃字二行，一云『宋鏡湖遺老陸游評』，一云『明天目逸史凌稚隆批』。稚隆即毓枏之父。當時套印刻本書頗多，至今與閔齊伋所刻之書同爲收藏家所珍貴。顧其識甚闇陋，如鏡湖遺老記一則，本不署名，以記文有『元祐壬申余卧疾京師』數語證之，知爲賦『梅子黄時雨』詞之賀鑄，即許宗魯所云從賀鑄舊校本出者是也。陸游慶元間人，上去元祐遠矣。鏡湖因避宋翼祖嫌名改字，當時或以

『鑑』字代『鏡』，皆以避敬之故。淩氏不知，題爲陸游别號，已是可笑。尤可異者，上闌硃評不稱某曰，亦不以他色套印，竟不知誰爲陸誰爲淩，是又無論爲賀鑄爲陸游，真是無寃可訴矣。明嘉、萬以後刻書，多不明來歷，大都如此。即如許宗魯之多古體字，亦其所自造，而非出于宋、元。余藏有許刻國語，中字體多以説文楷寫，全不知篆變爲隸，隸變爲楷，中間尚隔一墻，如何可以飛渡？殆亦好奇而不知根柢者。然此書評批，誠不可據，而圈點句讀，能使讀者目快神飛，是固文章家之所取資，知其謬誤而不繩以考據可也。光緒癸卯春三月二十日葉德輝題記。」維遹案：記吕氏春秋元刻本者，見孫星衍平津館鑒藏書籍記、陸心源皕宋樓藏書志、繆荃孫藝風堂藏書記、王頌蔚寫禮廎遺集、瞿鏞鐵琴銅劍樓藏書目録、恬裕齋藏書記、鄧邦述羣碧樓善本書録、清學部圖書館善本書目、京師圖書館善本書目、傅增湘雙鑑樓善本書目，記明刻本者，見丁丙善本書室藏書志、日本藤佐經籍訪古志、姚範援鶉堂筆記。文繁不録，附識于此。治吕氏春秋版本者，必有所取焉。